COLLECTION DE TEXT

POUR SERVIR A L'ÉTUDE ET A L'ENSEIGNEME

I0046158

PHILIPPE DE BEAUMANOIR

COUTUMES

DE

BEAUVAISIS

*Texte critique publié avec
une introduction, un glossaire et une table analytique*

PAR

Am. SALMON

Ancien élève de l'École des Hautes-Études

TOME PREMIER

PARIS

ALPHONSE PICARD ET FILS, ÉDITEURS

Libraires des Archives nationales et de la Société de l'Ecole des Chartes

82, RUE BONAPARTE, 82

1899

PHILIPPE DE BEAUMANOIR

—

COUTUMES

DE

BEAUVAISIS

CHARTRES. — IMPRIMERIE DURAND, RUE FULBERT

L'Introduction qui fait partie de ce premier volume et qui doit y être reliée paraîtra seulement avec le second. Pour faciliter l'intelligence du texte critique et des variantes, nous donnons immédiatement la liste des manuscrits utilisés et la lettre qui représentent chacun d'eux :

A	Bibl. nat. 11652	*G*	Bibl. nat. 24059
B	Bibl. roy. de Berlin. Hamilton 193	*H*	— 18761
C	Bibl. nat. 4516	*I*	Carpentras, Peiresc LXIII
D	— 5357	*J*	Tribunal de Beauvais, arm. C, 4
E	Vatican, Christine 1055	*K*	Bibl. nat. 24060
F	— Ottoboni 1155	*L*	Orléans 401
		M	Troyes 615

Les six premiers forment une famille α, les autres une famille β; chaque famille comprend des groupements qui seront étudiés dans l'Introduction. Les manuscrits *C, D, G, H, K* sont respectivement ceux auxquels Beugnot a donné dans son édition (t. I, p. cxxviii et cxxix), les nos 1°, 2°, 6°, 4°, 5°.

LI LIVRES DES COUSTUMES ET DES USAGES DE BEAUVOISINS

SELONC CE QU'IL COUROIT OU TANS QUE CEST LIVRES FU FES, C'EST ASSAVOIR EN L'AN DE L'INCARNACION NOSTRE SEIGNEUR .M.CC.IIII[xx] ET TROIS.

C'est li prologues.

1. La grant esperance que nous avons de l'aide a celui[a] par qui toutes choses sont fetes et sans qui riens[b] ne pourroit[c] estre fet, — c'est li Peres et li Fius et li Sains Esperis, lesqueles trois tres saintes et tres precieuses choses[d] sont uns seus Dieus en Trinité[e] — nous donne[f] talent de metre nostre cuer et nostre entendement[g] en estude et en pensee de trouver un livre par lequel cil qui desirent vivre en pes[h] soient enseignié briement comment il se defendront de ceus qui a tort et par[i] mauvese cause les assaudront de plet[j],

---

Titre) *Il manque dans E G J K L;* C coustumes de Biauvoisis et des usages selonc che que on usoit... en l'an de grace N. S.; M li livre qui parole des usages, et des coust... l'an de grace N. S.; B M qui couroit. — Rubrique) E Chi commenche li prologues des coustumes de la chastelerie de Clermont en Biauv.; *le prologue manque dans J K L.* — a) G H l'aide celui (H celi); M av. d'avoir l'aide de chelui. — b) C nulle bonne euvre. — c) G puest; H pot; M toutes bonnes œuvres peuent estre parfaites et sans qui nulle bonne ne pueent estre f. — d) G H tres saintes choses et tres precieuses; M choses saintes et tres prec. — e) M et Trin. et une meisme cose. — f) *Tous les mss. ont* donnent *au lieu de* donne. — g) M nostre entendem. et nostre cuer. — h) H ou pais. — i) B a mauv. — j) D omet de plet.

et comment il connoistront le droit du tort, usé et acoustumé en la conteé[a] de Clermont en Beauvoisins. Et pour ce que nous sommes de celui[b] païs et que nous nous sommes entremis de garder et de fere garder les drois et les coustumes de ladite conteé par la volenté du[c] tres haut homme et tres noble[d] Robert[1], fil du roi[e] de France[2], conte[f] de Clermont[g], devons nous avoir plus grant volenté de trouver selonc les coustumes dudit païs que[h] d'autre[i]; et si regardons .iii. resons principaus qui a ce nous doivent[j] mouvoir.

2. La premiere reson, c'est assavoir que Dieus commanda que l'en amast son proisme comme soi[k] meisme, et cil dudit[l] païs sont nostre proisme par reson de voisinage et de nacion, et[m] teus i a de lignage. Si nous semble grans pourfis se nous, par nostre travail, a l'aide de Dieu[n], leur pouons parfere cest livre par lequel il puissent estre[o] enseignié de pourchacier leur[p] droit et de lessier leur[q] tort.

3. La seconde reson[r] si est pour ce que nous puissons fere, a l'aide de Dieu[s], aucune chose qui plese a nostre seigneur le conte et a ceus de son conseil, car[t], se Dieu plest, par

---

a) *B G* conté. — b) *B* ichelui; *C* iceli. — c) *C G M* de. — d) *M* noble mon seigneur Rob. — e) *A M* fil de roi de France; *C D* fieus jadis dou saint roy Loys, roi de France. — f) *C* et conte. — g) *M* Clermont en Biauvoisis en devons. — h) *G* dudit pais pour en user que. — i) *C* de .i. autre. — j) *A* donnent; *C* doiv. esmouvoir. — k) *M* res., est la remembrance que Diex quemanda que on ama son prochain conme li meisme. — l) *G H M* du pais. — m) *M* et de tieus. — n) *M* Dex nostre pere. — o) *B* il feussent enseignié. — p) *H* le droit. — q) *H* le tort. — r) *H* omet reson; *M* omet si. — s) *M* omet a l'aide de Dieu. — t) *G H* que se Dex.

---

1. Robert, sixième fils de Louis IX, né en 1256, fut apanagé par son père du comté de Clermont en mars 1269, et mourut à Paris le 7 février 1318. Il est l'auteur de la branche capétienne de Bourbon. Cf. Lépinois. *Recherches historiques et critiques sur l'ancien comté et les comtes de Clermont en Beauvaisis*, Beauvais, 1877.

2. *Fils du roi*, plus ordinairement *fils de roi* ou *fils de roi de France*, ont été fort usités au moyen âge avec le sens de *prince du sang*. La leçon de *C D*, qui provient sans doute de ce que les copistes de ces mss. ne connaissaient pas cette signification, constitue un anachronisme. Beaumanoir, écrivant quatorze ans avant la canonisation de Louis IX, ne pouvait le qualifier de *saint;* c'eût été contraire à toutes les habitudes du temps. Cf. le § 294 où la même expression est répétée.

cest livre pourra il estre enseignié comment il devera garder[a]
et fere garder[b] les coustumes de sa terre de la conteé de
Clermont, si que si homme et li menus pueples puissent[c]
vivre en pes dessous lui, et que par cest enseignement li
tricheeur[d] et li bareteeur soient tuit conneu en leur barat et[e]
en leur tricherie et bouté arrieres par le droit et par la
justice[f] le conte.

4. La tierce reson si est pour ce que nous devons mieus
avoir en memoire ce que nous avons veu user et jugier de
nostre enfance en nostre païs que d'autre[g] païs dont nous
n'avons pas aprises les coustumes ne les usages[h].

5. Et ne pourquant nous n'esperons pas en nous le sens[i]
par lequel nous puissons fournir[j] cest livre et ceste emprise.
Mes l'en a souvent veu[k] avenir que maint homme ont com-
mencié[l] bonnes euvres qui n'avoient pas le sens en aus de
parfournir[m], mes Dieus qui connoissoit leur cuers et leur
entendemens[n], leur envoioit sa grace, si qu'il parfesoient
legierement[o] ce qui leur sembloit grief au commencier[p]. Et
en la Sainte Escripture dist il[q] : « Commence et je par-
ferai. »

6. Et en la fiance qu'il parface et que nous puissons
aquerre son gré par la peine et par le travail que nous i
metrons[r], avons nous commencié en tel maniere[s] que nous
entendons a confermer[t] grant partie de cest livre par les
jugemens qui ont esté fet en nos[u] tans en ladite conteé de
Clermont; et l'autre partie par clers usages[v] et par cleres
coustumes usees et acoustumees de lonc tans[x] pesiblement;

a) C garder il devera. — b) C et garder fera; G omet et fere garder. —
c) A B H puisse. — d) G li traitour et li bareteur — e) A B ou en leur tri-
cherie. — f) C et par la coustume le c. — g) G que en autre pais. — h) C in-
tervertit usages et coustumes. — i) C le sens en nous; G omet en nous. —
j) C parfournir; M finer. — k) C on a veu souvent; G souvent on a veu.
— l) C encommenchies. — m) H de furnir; M de parfiner. — n) M congnout
les cuer et lors entendemens. — o) G omet legierement. — p) M trop grief
au commencement. — q) M dist Dieus. — r) M entendons a y metre;
H metons. — s) M omet en tel maniere; commencié che que. — t) H finer
grant partie. — u) C G M nostre. — v) A B de clers usages; M usagiers. —
x) B M dou tans.

et l'autre partie, des cas douteus en ladite conteé, par le jugement des[a] chasteleries voisines; et l'autre partie par le droit qui est communs a tous ou roiaume[b] de France[1]. Et s'aucuns a faim[c] de savoir qui cil fu qui commença cest livre, nous ne nous[d] voulons nommer devant la fin du livre, se Dieus[e] donne[f] que nous le metons a fin. Car aucune fois est li bons vins[g] refusés quant on nomme le terroir[h] la[i] ou il crut[j], pour ce que l'on ne croit pas que teus[k] terroirs puist tel vin porter[l], et aussi[m] nous doutons nous, se l'en savoit si tost nostre non, que, pour le petit sens qui est en nous, nostre euvre[n] n'en[o] fust meins prisiee.

7. Mes[p] pour ce que nous veons user selonc les coustumes des terres et lessier les anciennes lois[q] pour les coustumes[r], il m'est avis, et as[s] autres aussi, que teus[t] coustumes qui maintenant sont usees[u] sont bonnes et pourfitables a escrire et a enregistrer[v] si qu'eles soient maintenues sans changier des ore en avant, que[x], par les memoires qui sont escoulour-jans[y] et par les vies as gens qui sont courtes, ce qui n'est

---

a) *H* de chastel. — b) *E* par tout le roi.; *G H M* tous es coustumes de Fr. — c) *C* a grand desirrier; *M* a volonté. — d) *C H* nous ne le voul.; *G* nous ne vous voul. — e) *C* Nostre Sires Dieus. — f) *M* se Dex nous veut preste grasse. — g) *A B H* sont li bons vins; *C* avient que li bons vins est; *M* il avient souvent que on mesprise le boin vin. — h) *G* refusé pour le terroir; *M* on set le terroir. — i) *G H* omettent la. — j) *E F* il crurent; *H* il ont crut; *M* la ou il croit. — k) *B* omet teus. — l) *A* porter tel vin; *M* puest aporter si boin vin. — m) *C* ainsint nous. — n) *G H* nous que nostre euvre. — o) *C M* ne fust. — p) *M* Et pour. — q) *C* les aucunne fois. — r) *M* coustumes tenir. — s) *A* a autres. — t) *C* ches coustumes; *B* les coustumes. — u) *G* ausees. — v) *A* et a escrire; *C* a faire metre en escript et en livre; *M* pour escrire et pour enregistrer; *B* et enregistrer; *H* registrer. — x) *M* car. — y) *C* remuans et escoulans.

---

1. La Thaumassière, estimant que Beaumanoir admet le droit romain comme quatrième autorité, donne *roiaume*; Beugnot, croyant au contraire qu'il veut s'appuyer sur les « règles générales du droit coutumier », préfère *coutumes*. Il nous semble que Beaumanoir vise simplement ici ceux des *establissements le Roi* qui étaient obligatoires dans tout le royaume et qu'il cite en plusieurs passages, entre autres § 51. Comme les familles α et β ont ici chacune sa leçon propre, sans pénétration de l'une dans l'autre, c'est l'intelligence de la pensée de l'auteur des *Coutumes* qui seule peut guider pour le rétablissement de son texte authentique.

escrit est tost[a] oublié. Et bien i pert a ce que les coustumes[b] sont si diverses que l'en[c] ne pourroit pas trouver ou roiaume de France deus chasteleries qui de tous cas usassent d'une meisme coustume[d]. Mes pour ce ne doit on pas lessier a aprendre et a retenir[e] les coustumes du païs[f] ou l'en est estans et demourans, car plus legierement en aprent on et retient on les autres[g], et meismement de pluseurs cas eles s'entresievent[h] en pluseurs chasteleries.

8. Et tout aussi[i] comme cil qui a une[j] besogne a fere[k], laquele il ne puet[l] fere sans l'aide du roi de France, et n'a pas[m] tant[n] deservi vers le roi qu'il ne doutast a faillir[o] s'il le requeroit sans aide, quiert volentiers l'aide[p] et la begnivolence[q] de ceus de son conseil[r] pour li aidier a prier envers le roi, tout aussi[s] nous est il mestiers et plus sans comparoison que nous appelons en nostre[t] aide ceus et celes qui sont en la compaignie le Roi[u] de paradis pour nous aidier a prier le Seigneur du ciel et de la terre. Si en apelons la benoite Virge Marie, qui mieus et plus hardiement veut prier son Fil[v] que nus autres, et apres tous sains et toutes saintes

a) *C* molt tost. — b) *G H* pert ce que les personnes sont; *M* a cheus qui les personnes sont. — c) *M* sont de vers ensement si que on. — d) *M omet* deux chasteleries; France qui usast de cas semblables par une meisme coustume. — e) *G* et retenir. — f) *G* du pais la ou on; *M* coustumes ne aprendre de son pais; *il omet* ou l'en est... aprent. — g) *G* aprent on les autres et retient on : *C H* et retient les. — h) *C* s'entresemblent; *G* et les s'entresievent; *M* car on en retient les autres mieus et plus legierement et meesmement on use de cas semblables en plusieurs chasteleries par une meisme coustume. — i) *M* Autant est comme. — j) *M* aucune besogne. — k) *A* besogne fere. — l) *G* porroit. — m) *M omet* fere sans... n'a pas. — n) *G omet* tant; devers le roi. — o) *B* envers le roi qu'il ne se doutast a defaillir; *M* redoutast affaillir. — p) *C D* il quiert vol. aide; *G omet* il quiert vol. l'aide. — q) *C* la bonne veuillance; *M* la volenté. — r) *H* l'aide de son conseil et la benivolenté d'eus pour. — s) *G* donc ainsy; *H* tout ainsi. — t) *G M* a nostre. — u) *M* le benoit roy. — v) *C* son chier fils; *M termine ainsi le prologue*: le benoite vierge Marie qui miex et plus hastieument veelle de prier (*sic*) pour nous son chier fil, et que ele, qui est estoille de mer, pouresclairier nous veille en cheste œuvre, et que ele nous doint grasse de puichier a le fontaine de science de droiture. Et pour che que ele est mere de misericorde et nus ne porroit estre misericors sans scienche. Car qui est misericors lau (*ms.* lan)misericorde affiert, il est saige et pour cheu peut on entendre que ele est mere sapience (*sic*) et de grace de tous biens et fontaine de sagesse. Sy li prions qu'elle nous prest grace de trouver et de avoir sapience de parfaire cheu que nous avons empris. Et il nous y velle esclairier envers

tous ensemble et chascun par soi[a], en laquele priere nous
avons[b] fiance que Dieus nous.[c] aït en ceste euvre et en toutes
nos autres euvres. Si commencerons des ore mes nostre
livre[d] en la maniere qui ensuit.

Ci faut li prologues de ce livre.

Ci commence la division de cest livre.

9. Pour ce que ce seroit anieuse[e] chose a ceus qui vour-
ront regarder en cest livre[f] en aucun lieu qui leur soit con-
venables a ce qu'il avront a faire pour aus ou pour leur amis,
de cherchier cest livre de chief en chief, nous, en ceste
partie, deviserons briement et nommerons tous les cha-
pitres[g] qui en cest livre seront[h] contenu[i] et tout en ordre si
comme[j] il cherront, et les seingnerons par le[k] nombre en
ceste division et de ce meisme seing nous seingnerons
chascun chapitre la ou[m] il cherra[n], si que par ce pourra l'en
trouver legierement[o] la matiere[p] seur[q] laquele l'en vourra
estudier.

Jhesucrist qu'il nous prest pooir de parfaire cheste enprise. Et apres nous en
requerons tous sains et toutes saintes emsable (*sic*) et cascum par soy qu'il
voillent pour nous deprier le Seigneur du chiel qu'il nous croisse nostre engien
et prest grace de parfaire che que nous avons empris. En laquelle proiere nous
avons fianche grant que Dieus nous aist en cheste œuvre et en toutes autres
bonnes œuvres. Si conmencherons de sor (*sic*) mes nostre livre en la mengniere
qui s'ensuit. Explicit prologus. — Chi conmenche la devision de chest livre.
— a) *C* a par soi. — b) *C* aions. — c) *C omet* nous. — d) *G* nostre livre
des ore mais. — Expl.) *A omet* livre; *B G n'ont pas d'explicit; H* explicit.
— Rubr.) *C omet* de cest livre; *B n'a pas de rubrique; dans K la
table est à la fin du volume et sans préambule; elle contient l'indication
du folio du ms.* — e) *M trop* anieuse. — f) *A* regarder cest livre. — g) *M*
chapitres par ordre qui. — h) *C H* sont. — i) *H* continu; *G* nonmé et con-
tenu. — j) *M omet* et tout en ordre si comme. — k) *B omet* le. — l) *A B C*
de meisme ce seing. — m) *C omet* ou et *H* la; *G* chapitre si comme il. —
n) *E F omettent* et de ce ... il cherra. — o) *G transpose* legierement *après*
estudier. — p) *M* la partie. — q) *G* en laquele; *C* dessus laquele.

10. Sachent tuit qu'en cest livre sont contenu .lxx. chapitre qui parolent des matieres qui ensievent :

.i.ᵃ cap[itulum]. Parole de l'office as baillis[b], quel il doivent estre et comment il se doivent maintenir en leur office[c].

.ii. cap. Parole des semonses et des semonceurs, et de ceus qui n'obeïssent pas[d] aus semonses[e], et comment l'en doit semonre.

.iii. cap. Parole des essoines et des contremans que l'en puet fere par coustume[f].

.iiii. cap. Parole des procureeurs et des establis pour autrui, et qui puet[g] fere procureeur, et lesqueles[h] procuracions valent[i] et lesqueles non, et comment li procureeur doivent ouvrer en leur office[j].

.v. cap. Parole des avocas, comment il doivent estre receu et comment il se doivent maintenir en leur office, et liquel puent estre debouté.

.vi. cap. Parole des demandes, comment l'en doit former sa demande par devant justice, et des requestes et des denonciacions ; et en quel cas ivrece ou ignorance[k] puet escuser ; et de serement de verité.

.vii. cap. Parole des defenses que li defenderes puet[l] metre avant contre[m] les demandes qui li[n] sont fetes, que li clerc apelent excepcions; et des replicacions et des niances.

.viii. cap. Parole de ceus qui vienent trop tard a leur demande fere, et de quel tans teneure pesible soufist en demande de mueble, et de quel[o] tans en eritage.

.ix. cap. Parole des cas ou jours de[p] veue apartient, et comment l'en doit[q] barroier en court laie et veue doit estre

---

a) *C met toujours* li *devant le numéro du chapitre.* — b) *M* au baillif. — c) *B* offices. — d) *B omet* pas. — e) *M* sem. qui leur sont faites. — f) *M* des l'essoine comment on puet essoinier et contremander et par coustume. — g) *C* pueent. — h) *A omet* queles. — i) *M* pour aucun qui puent faire procurations esquelles valent; *omet* et lesq. non. — j) *B* offices. — k) *M* q. cas yvresthes et yvranche. — l) *M* defendeur pueuent. — m) *C* avant encontre. — n) *M* leur sont. — o) *M* mueble et de cateus quel; *B* et en quel. — p) *C omet* jours de. — q) *H* pot barr.

moustree[a], et que les tesmoing[b] aient jour d'avisement[c] s'il le requierent.

.x. cap.[d] Parole des cas desqueus li cuens de Clermont n'est pas tenus a rendre la court a ses hommes, ainçois l'en demeure la connoissance par reson de souveraineté.

.xi. cap. Parole des cas desqueus la connoissance apartient a sainte Eglise et desqueus a la court laie, et en quel cas l'une doit aidier l'autre[e], et de la disference qui est entre lieu saint et lieu religieus, et de quel cas sainte Eglise ne doit pas garantir, et de la prise des clercs.

.xii. cap. Parole des testamens, liquel valent et liquel non, et que l'en puet lessier en testament, et comment l'en puet debatre testament ou apeticier; et que l'en les face tenir pour le pourfit des ames; et comment li executeur doivent ouvrer des execucions, et la[f] forme de fere testament[g].

.xiii. cap. Parole des douaires, comment il doivent estre delivré as fames, et comment eles les[h] doivent tenir[i], et comment eles doivent partir après la mort de leur seigneurs[j].

.xiiii. cap. Parole[k] des descendemens et des escheoites[l] de costé et de parties d'eritage; et de raporter[m]; et des[n] dons qui ne font pas a soufrir; et de fere hommage.

.xv. cap. Parole des baus[o] et des gardes des enfans sousaagiés, et de la disference qui est entre bail et garde[p]; et a quel tans[q] enfant sont aagié par la coustume de Beauvoisins[r].

.xvi. cap. Parole des enfans sousaagiés, comment[s] et en quel cas il pueent perdre ou[t] gaaignier; et comment il

---

a) *M* faite et moustree. — b) *A B* que tesmoing; *G* quels tesmoins a jour; *H* quel tesmoin aient. — c) *C M* avis. — d) *M* *intervertit les sommaires des chapitres* x *et* xi. — e) *A G H* a l'autre. — f) *C* et de le fourme. — g) *H M* forme du (*M* des) test.; *G omet* de fere test. — h) *C H omettent* les. — i) *G H M* a tenir. — j) *M* de leurs oirs. — k) *A omet* parole. — l) *A B E F* de descendement et d'escheoite (*B* escheance). — m) *A* rapporter. — n) *A B E F* de dons. — o) *C* dou bail. — p) *C* entre le bail et le garde. — q) *M* dedens quel temps. — r) *M omet* de Beauv. — s) *B* souaag. et comm. — t) *B C H* perdre et gaaig.

puent rapeler leur decevance[a]; et comment leur aages se puet[b] prouver; et comment partie se puet fere contre[c] aus.

.xvii. cap. Parole des tuteurs qui sont baillié as enfans sousaagiés pour garder[d] et pour aministrer leur besoignes.

.xviii. cap. Parole liquel oir sont loiaus pour tenir eritages[e], et liquel en puent estre debouté par bastardie, et comment bastardie puet estre prouvee; et liquel mariage sont bon et liquel non.

.xix. cap. Parole des degrés de lignages, par quoi chascuns puist[f] savoir combien si parent li sont prochien ou loingtien[g], car ce puet avoir mestier pour les[h] guerres ou pour rescousses[i] d'eritage.

.xx. cap. Parole de ceus qui tienent eritages ou autres choses pour[j] cause de bonne foi, comment il doivent estre gardé de domage, et comment cil qui a tort et par mauvese cause tienent l'autrui chose[k] doivent estre pugni, et comment certaines parties ne se puent fere en aucuns cas.

.xxi. cap. Parole de compaignie et comment compaignie se fet[l] par coustume, et comment l'en puet perdre et[m] gaaignier en compaignie[n], et comment compaignie faut[o]; et comment l'en puet oster enfans hors de bail[p].

.xxii. cap. Parole d'autres manieres de compaignies que l'en apele compaignies d'eritage[q], lesqueles se puent partir et lesqueles non, et comment l'en doit ouvrer en teus[r] compaignies.

.xxiii. cap.[s]. Parole queus choses sont[t] mueble et queus choses sont eritage selonc la coustume de Beauvoisins.

a) *C* leur tenanche. — b) *C H* doit pr.; *M* doivent pr. — c) *G* entre eus; *C* encontre; *M* partie le fait comme aus. — d) *C* gardes; *H* omet et. — e) *M* erit. et liquel non. — f) *H* pot; *M* peut. — g) *M* pres ou loing. — h) *B* omet les. — i) *G* pour les resc. d'er.; *M* omet d'eritage. — j) *G H* par cause. — k) *M* omet chose. — l) *C* se puet faire. — m) *A B* ou gaaignier. — n) *C* par compaignie; *M* omet et comment compaignie... en compaignie. — o) *C* omet et comment compaignie faut. — p) *M* enf. de bail. — q) *A* eritages. — r) *G H J K M* en toutes comp. — s) *B interverit les sommaires des chapitres* xxiii *et* xxiiii. — t) *G H* omettent sont.

.xxiiii. cap. Parole quel chose est coustume et quel chose est usage, et de la disference qui est entre coustume et usage, et liquel usage valent et liquel non ; et de lessier la terre[a] pour le cens[b] ; et des edefices.

.xxv. cap. Parole des chemins, de quel[c] largece il doivent estre et comment il doivent estre maintenu sans empirier et sans estrecier, et a qui la justice en apartient ; et du conduit as pelerins et as marcheans ; et de ce qui est trouvé es[d] chemins, et des crois[e] et des autres aaisemens communs[f].

.xxvi. cap. Parole des mesures et des pois, et comment l'en doit peser et mesurer[g], et comment cil doivent estre pugni qui mauvesement mesurent[h].

.xxvii. cap. Parole des esplois qui pueent venir as seigneurs des eritages qui d'aus muevent, si comme de rachas ou[i] de ventes, et de pris d'eritage[j].

.xxviii. cap. Parole comment on doit servir son seigneur[k] de ronci de service par reson[l] de fief, et en quel damage il sont[m] s'il ne[n] servent si comme il doivent.

.xxix. cap. Parole des services qui sont fes par louier ou par mandement ou par volenté, et des contes as serjans[o] et des autres services que l'en fet par[p] reson de fief ; et de redemander arrieres ce que l'en a trop paié[q].

.xxx. cap. Parole des mesfès et quel venjance doit estre prise de chascun mesfet, et queus amendes sont a volenté ; et des bonnages[r] ; et des banis et des faus tesmoins ; et combien[s] gage doivent estre gardé ; et des aliances et de quel cas[t] l'en se passe par son serement, et de quoi l'en est tenus

---

a) *G* les terres. — b) *G H* les cens. — c) *A B* et de quele. — d) *C* dedens les chem. — e) *M* et destrois. — f) *G* aisemens qui sont es chemins. — g) *M* user et mesurer. — h) *M* mesurent mauvesement. — i) *C* omet ou. — j) *C* vent. ou de pris d'erit. ; *M* erit. comment on les doit prisier. — k) *C* son seign. serv. — l) *C* par le res. — m) *M* sont de faillir se il. — n) *A B E F* nen serv. — o) *C* aus seigneurs. — p) *A B* pour. — q) *A B H J K* l'en paie trop. — r) *H* homages. — s) *G* coment gage. — t) *G* et de queles choses ; *H* et de quel coze.

a rendre a autrui son damage[a]; et de mener sa prise par autrui[b] seignourie, et de ceus qui sont apelé ou emprisonné[c] pour[d] cas de crime, et de ceus qui en menent la fame ou la fille d'autrui ; des lais dis et des mellees[e].

.xxxi. cap. Parole des larrecins apers et de ceus qui sont en doute, et comment larrecins se prueve.

.xxxii. cap. Parole de nouvele dessaisine et de force, et de nouvel tourble, et comment l'en en doit ouvrer ; et de l'obeïssance que l'ostes doit a son seigneur.

.xxxiii. cap. Parole que[f] ce qui est fet par force ou par tricherie ou par trop[g] grant paour ne fet pas a tenir.

.xxxiiii. cap. Parole des convenances, et lesqueles font a tenir et lesqueles non ; et des marchiés et des fermes[h] ; et des choses qui sont obligies sans convenance ; et comment paie se prueve sans tesmoing ; et quel chose est force ; et[i] des fraudes[j].

.xxxv. cap. Parole de soi obligier par letres, et comment on les doit fere tenir, et comment l'en puet dire encontre[k], et la forme de fere letres.

.xxxvi. cap. Parole des choses qui sont baillies a garder, et[l] comment on les doit garder et[m] rendre a ceus qui les baillierent[n].

.xxxvii. cap. Parole des choses qui sont prestees, et comment cil qui les empruntent[o] en pueent user.

.xxxviii. cap. Parole des choses baillies par louier, et des fermes et des engagemens.

.xxxix. cap. Parole des prueves et de fausser tesmoins ; et des espurgemens et du peril qui est en[p] menacier et de

---

a) *A B* a rendre autrui dam. ; *G H* a autrui [*G* autre] rendre son dam. ; *M* a autrui a rendre son dam. — b) *C omet* son damage et ... prise par autrui. — c) *M* ou en personnez. — d) *G* par cas. — e) *G H* de lais dis et de mell. ; *M* de mell. conment on en doit vengier. — f) *B C* de ce qui. — g) *A omet* trop. — h) *H* des fremiers. — i) *G omet* force et. — j) *M* pr. s. tesmoins et des fraudes es quele coze force. — k) *G* dire contre ; *M* d. contre les letres ; *C omet* et comm. l'en p. d. enc. — l) *A B omettent* et. — m) *G omet* garder et. — n) *M* baillerent a garder. — o) *M* les ont empruntees. — p) *G* a menacier.

dire contre tesmoins, et queus cas pueent cheoir en prüeve.

.xL. cap. Parole des enquesteurs et des auditeurs; et des aprises[a]; et de examiner tesmoins; et de la disference qui est entre aprise et enqueste, et de debatre[b] tesmoins.

.xLI. cap. Parole des arbitres[c] et du pouoir qu'il ont[d], et liquel valent et liquel non; et comment arbitrages faut[e], et de quel cas l'en se puet metre en arbitrage[f].

.xLII. cap. Parole des peines qui sont pramises, en quel cas eles font a paier et en quel cas[g] non, et de la disference qui est entre peine de cors et peine d'argent[h].

.xLIII. cap. Parole des plegeries, et[i] comment et en[j] quel maniere[k] l'en doit delivrer ses pleges, et des damages que l'en doit rendre en court laie, et qui puet[l] plegier; et queus journees chascuns doit avoir.

.xLIIII. cap. Parole des rescousses des eritages[m] et des eschanges; et que li barat ne soient soufert.

.xLV. cap. Parole des aveus et des desaveus[n], et des servitudes, et des franchises; et du peril qui est en desavouer[o], et comment l'en doit suir[p] ceus qui se desaveuent.

.xLVI. cap. Parole de la garde des eglises, et comment l'en doit pugnir ceus qui leur mesfont; et des deus espees[q], l'une temporel et l'autre esperituel; et quel damage eglise[r] puet avoir de[s] desavouer son[t] droit seigneur.

xLVII. cap. Parole comment li fief pueent alongier et raprochier leur seigneurs selonc la coustume de Beauvoisins et que li tenant se gardent[u] de partir contre coustume[v].

---

a) *G H* prises. — b) *A B* de batre tesmoins. — c) *A* arbitrages. — d) *B* et de preuve que il sont. — e) *C* com. si faut arbitres. — f) *H* arbitre; *M* et quel cas on i peut metre arbitre. — g) *G H J K M omettent* cas. — h) *G* et en peine d'argent; *M* entre paine de cors et d'argent. — i) *C omet* et. — j) *B* comment ne en. — k) *M* coment et en quel cas et en quele man. — l) *M* et quelles personnes pueent pleg. — m) *A B* de rescousse d'eritage. — n) *A omet* et des desaveus; *C* et desavoues; *G H J K M* des aveuemens et des desaveuemens. — o) *G* est a des desavouer. — p) *C* servir. — q) *C* espies. — r) *A B* l'eglise; *C* les eglises pueent. — s) *M* en desavouer. — t) *C* leur dr. seign. — u) *A* li tenant si garde. — v) *C M* contre le coust.

.XLVIII. cap. Parole comment li homme de poosté pueent tenir fief[a] en foi et en hommage, et comment il le[b] doivent deservir.

.XLIX. cap. Parole des establissemens et du tans ou quel coustume ne doit pas estre gardee pour cause de necessités qui avienent[c].

.L. cap. Parole des gens[d] des bonnes viles et de leur drois, et comment il doivent estre gardé et justicié[e] si qu'il puissent vivre en pes.

.LI. cap. Parole pour queus causes il loit as seigneurs a saisir et a tenir[f] en leur mains[g] et comment il en doivent ouvrer au pourfit de leur sougiès et en gardant leur droit[h].

.LII. cap. Parole des choses desfendues et des prises qui sont fetes pour mesfès ou pour damages[i], et comment l'en doit prendre et ouvrer de la prise; et des eritages[j] vendus par force et des ventes[k].

.LIII. cap. Parole des recreances, et[l] en quel cas l'en doit fere recreance et en quel non, et comment recreance doit estre requise et comment ele doit estre fete es[m] cas es queus ele chiet[n].

.LIV. cap. Parole comment l'en doit fere paier les creanciers et garder de damage; et la maniere de prendre es[o] mesons; et pour quel cas et comment l'en doit[p] metre garde seur autrui et queus les gardes doivent estre[q].

.LV. cap. Parole des reclameurs, lesqueles sont fetes a droit et lesqueles a tort, et comment li seigneur en doivent ouvrer.

.LVI. cap. Parole de ceus qui ne doivent pas tenir eritage, et que l'en doit fere des fous et des forsenés[r]; et de la garde

---

a) *M* omet fief. — b) *A B omettent* le ; *M* les. — c) *C* qui i viennent. — d) *M* des bonnes gens. — e) *G* gardes en justice. — f) *G H M omettent* a *devant* saisir; atenir. — g) *C* par. coment les seign. doivent sais. et ten. en l. m. asses de plurieus choses et comm.; *K* sais. fief et aultres terres et attenir en l. m. et comm. — h) *H M* drois. — i) *H* pour dam. et pour mesfes ; *G* pour mesfachon pour dommage. — j) *H* d'erit. — k) *C* par forche de ventes. — l) *A B H omettent* et. — m) *C* dedens les cas. — n) *B* elles chieent; *G* enquiet; *H* fete la u ele esquiet. — o) *C* dedens les mes. — p) *G* cas il convient metre. — q) *H K omettent* et queus les g. d. estre. — r) *A* soz et forsenez.

des osteleries et des maladeries, et[a] a qui la garde et la justice en apartient.

.LVII. cap. Parole des mautalens qui muevent entre homme et fame qui sont assemblé par mariage, comment[b] li seigneur en doivent ouvrer, et pour queus causes[c] il loit a departir[d] l'un de l'autre.

.LVIII. cap. Parole de haute justice et de basse, et des cas qui apartienent a l'une justice[e] et a l'autre; et de ceus qui vont armé par autrui justice; et que pes[f] ne soit souferte de vilain cas; et que li souverain puent prendre[g] les forterreces de leur sougiès.

.LIX. cap. Parole des guerres, comment guerre se fet par coustume et comment ele faut, et comment l'en se puet aidier de droit de guerre.

.LX. cap. Parole des trives et des asseuremens[h], et liquel en puent estre[i] mis hors, et[j] du peril de l'enfraindre[k].

.LXI. cap. Parole des apeaus, et[l] comment l'en doit former son[m] apel, et de quel cas l'en puet apeler, et de poursuir son apel[n]; et des banis; et en[o] queus armes l'en se combat[p].

.LXII. cap. Parole des apeaus qui sont fes pour[q] defaute de droit et comment on doit[r] sommer[s] son seigneur avant que l'en[t] ait bon apel contre li de defaute[u] de droit.

.LXIII. cap. Parole queus defenses puent valoir a ceus qui sont apelé pour anientir les gages, et des cas des queus gage ne font pas a recevoir.

.LXIIII. cap. Parole des presentacions qui doivent estre fetes en plet de gages en armes et en paroles, et des sere-

a) *C omet* et. — b) *C H* et com. — c) *G H J K M* quel (*ou* quelle) cause. — d) *C* convient a aus departir; *G* a les despartir. — e) *C* a l'une partie; *M omet* just. — f) *G* just. en quel pais; *M* et quel cas. — g) *M* emprunter. — h) *A B C* de tr. et d'ass. — i) *B omet* estre. — j) *B omet* et. — k) *M* p. de l'enfrainture et du damage. — l) *B omet* et. — m) *C omet* son. — n) *M* form. s. apel et furnir et de son apel poursivir. — o) *H* et de. — p) *M* s. apel et en ques armes on se combat et des banis. — q) *H J* de defaute. — r) *A B* il convient. — s) *C* araisoner; *M* comm. on somme. — t) *G omet* l'en. — u) *H J* contre le defaute; *M* contre le droit; *C* par defaute.

mens, et des choses qui ensievent dusques a la fin de la bataille [a].

.lxv. cap. Parole des delais [b] que coustume donne et des respis [c] que li homme pueent prendre avant qu'il puissent ne ne doivent [d] estre contraint [e] de fere jugement.

.lxvi. cap. Parole de refuser les juges et en quel cas uns seus tesmoins est creus, et que [f] li seigneur [g] facent vigue-reusement tenir et metre a execucion ce qui est jugié et [h] passé sans apel.

.lxvii. cap. Parole des jugemens et de la maniere de fere jugemens [i], et comment on doit jugier, et liquel pueent [j] jugier, et comment li sires [k] doit envoier pour savoir le droit que si [l] homme font [m], et comment l'en puet fausser jugement [n] et comment li serjant doivent estre renvoié pour conter [o].

.lxviii. cap. Parole des usures et des termoiemens, et comment l'en se puet defendre par cause d'usure contre les useriers [p].

.lxix. cap. Parole des cas d'aventure qui avienent par mescheance, es queus [q] cas pitiés et misericorde doivent mieus avoir lieu que rade [r] justice [s].

.lxx. cap. Parole des dons outrageus qui par reson ne doivent pas estre tenu, et de ceus qui font a tenir, que l'en ne puet ne ne doit debatre [t].

---

a) *A* de bataille ; *M ajoute* et de tout le court du camp. — b) *C* de-laiemens. — c) *M* delais. — d) *G H J K omettent* ne ne doivent. — e) *M* avant qu'il soient contr. — f) *H omet* que. — g) *M* li juges. — h) *M omet* jugié et. — i) *Après* jugemens *M ajoute* et qui peut fere jugement. — j) *C* si pueent. — k) *G* le seigneur. — l) *G* li homme. — m) *C* que on fit a ses hommes et c. — n) *M* com. le souverains peut envoier en la court et des hommes pour savoir quel jugement il font et quel droit et comment on peut famler (*sic*) jug. — o) *G* raconter ; *M* pour rendre conte a leur seigneurs. — p) *M* desfendre et vivre encontre les useries (*sic*). — q) *B* et quieus. — r) *C omet* rade ; *G* qui rendre justice. — s) *M* pit. et mis. appartiennent mieus que radeur de justiche droite. — t) *B* par raison debatre ; *G H M ajoutent* [*M* explicit] Ci fine (*H* finent) la division (*H* les divisions) de toz les cap. de cest [*G* present] livre [*M* Dieu grasse].

I.

Ci commence li premiers chapitres qui parole de l'office
as baillis.

11. Tout soit il ainsi qu'il[a] n'ait pas en nous toutes les
graces qui doivent estre en homme qui s'entremet de baillie,
pour ce ne lerons nous pas a traitier premiers en cest cha-
pitre de l'estat et de l'office as baillis, et dirons briement
une partie des vertus qu'il doivent avoir, et comment il se
doivent maintenir, si que cil qui s'entremetront·de l'office[b]
i puissent prendre[c] aucune essample.

12. Il nous est avis que cil qui veut estre loiaus baillis
et droituriers doit avoir en soi[d] .x. vertus, es queles[e] l'une
est et[f] doit estre dame et mestresse de toutes les autres, ne
sans lui ne pueent estre les autres vertus[g] gouvernees. Et
cele vertus est appelee sapience, qui vaut autant comme
estre sages[h]. Donques disons nous que cil qui s'entremet
de baillie garder et de justice fere doit estre sages, ne[i] au-
trement il ne saroit pas fere ce qui apartient a office[j] de
baillif[k].

13. La seconde vertus si est, que li baillis doit avoir[l],
qu'il doit tres durement[m] amer Dieu nostre pere et nostre
sauveur[n], et, pour l'amour de Dieu[o], sainte Eglise; et non

a) *K* comme il. — b) *A* de tel office ; *G* de l'office de bailliage. — c) *K* puis-
sent aprendre. — d) *B* en li. — e) *C* vertus en le quelle. — f) *C* si est qui d. ;
H est qui d. — g) *B C* pueent les autres vert. estre gouv. — h) *A B* sap. car
autant vaut estre sapiens comme [*B* estre] sages ; *C* sap. car autretant vaut a
estre sapiens comme· sages estre. — i) *C G* ou autrement. — j) *A C K* a
l'office. — k) *B* baillie ; *C* dou b. — l) *G* omet que ... avoir. — m) *J* tres
durem. de tout son cœur am. — n) *A B G J K omettent* nostre pere et nostre
sauveur. — o) *C* amour de J.-C. ; *J K* amour de luy.

pas de l'amour que li aucun[a] des sers[b] ont[c] a leur seigneurs, qui ne les aiment fors que pour ce qu'il les crienent et doutent, mes d'amour entiere, si comme li fius doit amer le pere, car de li amer et servir vienent tuit li bien ; ne cil n'a sapience en soi qui par desour toutes choses n'otroie son cuer a l'amour de Dieu, et mout trouverions de matere de parler des resons[d] pour quoi on le doit amer[e], et des biens qui en vienent. Mes il nous convenroit issir une grant piece de la matere que nous avons emprise[f], et meismement sainte Eglise le nous moustre et enseigne tous les jours.

14. La tierce vertus que li baillis[g] doit avoir, si est qu'il doit estre dous et debonaires, sans felonie et sans cruauté[h] ; et non pas debonaires entre[i] les felons, n'envers les crueus[j], n'envers ceux qui font les mesfès, car a tous manieres de gens doit il moustrer[k] semblant de[l] cruauté et[m] de felonie et de force de justice, pour leur malice estre mendre. Car tout aussi[n] comme li mires qui le malade[o], pour pitié de sa maladie[p], lesse[q] a ateindre la plaie[r] de[s] laquele il le doit garir, le met[t] en peril de mort, tout aussi li baillis, qui est debonaires vers les mesfesans[u] de sa baillie, met ceus qui vuelent[v] vivre en pes en peril de mort ; ne nus plus grans biens, uns pour un, ne puet estre a baillif que d'essarter les mauvès hors des bons par radeur de justice. Donques ce que nous avons dit qu'il doit estre debonaires, nous l'entendons vers ceus qui bien vuelent et vers le commun pueple, et es cas qui avienent plus par mescheance que par malice.

---

a) *A* li auquant. — b) *J K* que aucuns serviteurs. — c) *H* sers de l'amour ont. — d) *B* mostrer raison ; *G H J K omettent* des resons. — e) *G H J K* doit amer Dieu. — f) *A* commencie ; *C* entreprise. — g) *H* que baillis. — h) *B* sans orgueilz sans felonie ; *G H J K* sans vilenie et sans rancune. — i) *C* envers les felons. — j) *A B* et vers les crueus ne vers ceus ; *G* ne vers les cruels. — k) *G H J K* doit on monstrer. — l) *G* omet semblant de. — m) *G* omet et. — n) *C* tout autresi ; *G* trestout ainsi. — o) *A B E F omettent* le malade. — p) *B E F* de la mal. ; *H* de mal. — q) *G H J K* laisse bien a at. ; *C* li mires qui por pitié de maladie de cheli qui est entre ses mains lesse. — r) *A B C* at. bien la plaie. — s) *H J K* plaie por laq. ; *E* pl. au navré de leq. — t) *C* et le met ; *J* met a mort en per. de m. ; *M* li m. q. porte le pit. du malade, laisse le plaie a ataindre de quoy il doit garir, met le malade en p. de m. — u) *E F* maufaiteurs ; *M* malfesteurs. — v) *E F* vauroient.

Et pour ce que nous avons dit que sapience est la souveraine
vertus de celes qui doivent estre en baillif, l'en ne doit pas
tenir le baillif pour sage qui vers tous est fel et cruels. Et
souvent avient que les simples gent, qui ont bonnes quereles
et loiaus, lessent perdre léur quereles pour ce qu'il ne les
osent maintenir par devant teus baillis pour[a] leur felonie,
pour[b] doute de plus perdre.

15. La quarte vertus qui doit estre en baillif[c], si est qu'il
soit soufrans et escoutans, sans soi[d] couroucier ne mouvoir
de riens, car li baillis qui est trop hastis de respondre, ou
qui se tourmente et courouce de ce qu'il oit, n'a pouoir de
bien retenir ce qui est proposé devant lui en jugement. Et
puis qu'il ne le[e] puet bien retenir, il ne le[f] puet bien re-
corder[g]; et sans bien retenir et sans bien recorder nus ne se
doit entremetre de baillie[h] garder. Donques li baillis doit
estre soufrans et escoutans, en tele maniere qu'il lest a
ceus qui sont devant lui en jugement dire toute leur volenté
et ce qu'il leur plera, partie[i] contre autre, sans corrompre
leur paroles; et s'il le fet ainsi, il les pourra mieus et plus
sagement jugier, ou fere jugier se c'est court[j] ou l'en juge
par hommes. Et aussi comme nous deismes ci dessus que la
debonairetés du baillif ne se doit pas estendre[k] vers les
mauvès, aussi disons nous que sa soufrance ne se doit pas[l]
estendre[m] vers aus, mais escouter les doit dilijanment, que[n],
par bien escouter les[o], font il souvent connoistre la mau-
vestié qui est en leur cuers, si que li baillis en set mieus
ouvrer après que devant. Et aussi n'entendons nous pas
que li baillis doie estre trop soufrans en chose qui porte
despit ne damage[p] a son seigneur ne a soi. Donques se tors

---

a) *C* par leur felonie. — b) *G* felonie et pour doute. — c) *H J K* omettent
qui doit estre en baill.; *C place cette incidente après si est.* — d) *G H* li
cour. — e) *G H* omettent le. — f) *G H J K* omettent le. — g) *A B* et bien
recorder; *G* et recorder; *C* et quant ne l'a pas bien retenu ... recorder en
l'estat. ne en la maniere que le fet fu devant dit et conté. — h) *G* bailliage.
— i) *C* l'une part. contre autre. — j) *G H J K* en court. — k) *G* entendre.
— l) *A omet* pas. — m) *G* entendre. — n) *C* car. — o) *B C J K* leur. —
p) *G H J K* damage ne despit.

ou despis est fes a son seigneur ou a li[a], il le doit vengier
hastivement et sagement[b], en justiçant selonc ce que li fes
le requiert, si que, par la venjance qu'il en[c] prendra, li autre
i[d] aient essample[e] de fere ce qu'il doivent vers leur[f] sei-
gneurs et vers leur[g] baillis, car li baillis, tant comme il[h]
est en office de baillie, represente la persone son[i] sei-
gneur ; et pour ce, qui mesfet au baillif, il mesfet au sei-
gneur. Et de tant comme[j] li baillis est en greigneur estat
de l'autorité son[k] seigneur, de tant se doit il plus garder
qu'il ne mesface, et metre peine qu'il ait en lui les vertus
qui en cest chapitre[l] sont dites.

16. La quinte vertus que cil qui s'entremet de baillie
garder doit avoir en soi[m], si est[n] qu'il soit hardis et vigue-
reus, sans nule perece. Car baillis qui est pereceus lesse
mout besoignes a fere et passer[o] qui fussent bonnes a retenir,
et si fet fere mout de besoignes par autrui main qui deus-
sent[p] estre fetes par li, et si alonge et met en delai mout de
choses par sa perece, lesqueus il deust haster ; et de ce
puet nestre au baillif qui est pereceus vilenie et disfame et
damage[q], et pour ce leur louons nous qu'il se gardent du
vice de perece. Et ce que nous disons qu'il soit hardis,
c'est une vertus sans laquele li baillis ne puet fere ce qui
apartient a son office, car[r], s'il estoit[s] couars, il n'oseroit
couroucier le riche homme qui avroit a fere contre le povre,
ou il n'oseroit celui qui avroit mort deservie fere justicier,
pour paour de son lignage, et si n'oseroit prendre les mes-
feteurs ne les mellis, pour paour qu'il ne se rescousissent ;
et toutes ces choses qu'il leroit a fere[t] par couardise apar-

---

a) *C omet* ou a li ; *G* ou au baillif. — b) *G omet* et sagement. — c) *H J K
omettent* en. — d) *A B omettent* i. — e) *C* puissent penre en essample ;
G y prengnent exemples. — f) *C* envers leur ; *G* v. les seign. — g) *H J K* les
baillifs. — h) *G H J K* tant qu'il. — i) *B* dou seigneur ; *C H J K* de son seigneur.
— j) *H J K* tant que. — k) *J K* l'autorité de son seigneur. — l) *C* en chestui
premier chapitre ; *G H J K* qui sont en ce (*H* cest) chap. dites [*G* et devisees
— m) *H J K omettent* que cil ... en soi. — n) *A G omettent* si est. — o) *G*
laisse mout a faire des besongnes son seigneur et passer. — p) *C* peussent —
q) *C* diffamement et grant damage. — r) *G H J K omettent* car. — s) *C* se
il est couars. — t) *A omet* a fere.

tienent a fere a lui. Donques doit il estre hardis sans couar-
dise et sans riens[a] douter, ou autrement il ne fet pas ce qui
a lui apartient et a son estat. Et toutes voies quant il fera
aucunes choses la ou il apartendra hardement, qu'il le face
sagement. Car .II. manieres de hardemens sont : l'uns sages,
et[b] l'autres fous[c]. Li sages hardis si est cil qui sagement et
apenseement[d] moustre son hardement[e] ; li fous hardis si est
cil qui ne se prent[f] garde a quel fin il puet venir de ce qu'il
entreprent, et cil qui fet son hardement en point et en tans
qu'il n'en est mestiers, si comme se j'aloie tous seus et[g] des-
armés assaillir plusieurs persones la ou mes hardemens
ne[h] pourroit riens[i] valoir, et ce apele l'en fol hardement.

17. La sizisme vertus qui doit estre en baillif, si est lar-
gece[1] ; et de ceste vertu descendent .II. autres qui grant
mestier li[j] puecent avoir a maintenir son estat et a soi[k] avan-
cier et fere amer de Dieu et du siecle : c'est courtoisie et
neteés[l]. Ne[m] largece ne vaut riens[n] sans ces .II., ne ces .II.
sans largece. Et grans mestiers est que largece soit[o] de-
menee sagement et atempreement, car .II. manieres de lar-
gece sont, dont l'une est gouvernee par la vertu de sapience
et l'apele l'en sage largece ; l'autre maniere de largece si
est si mellee avec sotie que l'une ne se puet departir[p] de
l'autre. Donques pouons nous entendre que li sages larges
si est cil qui se[q] prent garde[r] combien il a de patremoine et
de bon conquest et de gages, et puis despent et met en
bonnes gens ce qu'il puet soufrir sans apeticier et sans
aquerre mauvesement ; car li cuers avaricieus aquiert ne li
chaut comment, ne ne puet estre assasiés d'avoir[s] et en tous

a) *C* nulle riens. — b) *A B K omettent* et. — c) *G H* faus ; *G* dont li uns
est sages et li autres faux. — d) *B* aviseement. — e) *B* sa hardiece. — f)
A G ne prent. — g) *C omet* seus et. — h) *C* me porr. — i) *C* nulle chose
val. — j) *H omet* li. — k) *H J K* lui avanc. — l) *C* et estre neiz et nestoies ;
B G J K netteté. — m) *G H J K* et largesse. — n) *B* vaut nient. — o) *C* la jus-
tice soit. — p) *G H J K* partir. — q) *A B G J K omettent* se. — r) *H* molt
bien garde. — s) *G H J K* et ne peut ; *C omet* ne ne puet estre assasiés d'avoir.

1. Beaumanoir avait déjà développé ce thème dans le conte de *Fole
larguece*, *Poésies*, II, 255.

manieres^a de cuers ne se puet loiautés hebergier. Et souvent
voit on qu'il amassent d'une part avoir et d'autre part ane-
mis, si que, quant la roue de Fortune leur tourne, il descen-
dent plus en une cure qu'il ne sont monté en .x. ans ; et si
en perdent Dieu et le siecle. Et meismement avarice heber-
giee en cuer de baillif est plus mauvese et plus perilleuse
qu'en autre gent^b, car il convient au baillif avaricieus, pour
assasier^c s'avarice, fere^d et soufrir assés de choses qui sont
contraires a son estat. Donques li louons nous qu'il soit
larges en tel maniere qu'il puist sa largece maintenir sans
soi apeticier et qu'il se gart de fere^e fole largece^f, car li
fous larges jiete le sien puer. Cil^g est fous larges qui le
sien^h despent folement, sans preu et sans honeur, et qui
mene vie laquele il ne puet maintenir au paraler de ce qu'il
a ; et aucune fois avient il, quant li fous larges a tout des-
pendu, il devient autres que bons, ne ne li chaut dont
avoirs li viegne, mes qu'il puist sa fole largece maintenir. Et
pour ce doit li sages baillis sa largece maintenir atem-
preement, en fereⁱ aumosnes, en ses sougiès^j et en ses bons
voisins honourer, et en soi courtoisement et honestement
maintenir et netement. Car aucun puent perdre la grace
qui leur doit venir de largece, quand il le font vilainement
et ordement, et pour ce convient il bien^k que l'en soit avec
largece courtois et nes.

18. La setisme vertus qui doit estre en baillif, si est^l qu'il
obeïsse au commandement de son seigneur en tous ses com-
mandemens, essieutés les commandemens pour lesqueus il
pourroit perdre s'ame s'il les fesoit, car l'obeïssance qu'il
doit^m doit estre entendue enⁿ droit fere et en^o loial justice
maintenir^p. Ne li baillis ne seroit pas escusés vers Dieu qui

a) *A B* tele maniere ; *G* tel maniere. — b) *G H J K omettent* qu'en autre
gent. — c) *C* saouler s'avarice. — d) *G* gent, et p. ass. s'av. lui convient faire. —
e) *A B omettent* fere. — f) *C* omet et qu'il … largece. — g) *C* Chelui si
est. — h) *G* qui despent le sien. — i) *G H J K* et faire : *C* et a faire. — j) *C* a
ses soug. ; *A B G* en ses seigneurs. — k) *G H J K omettent* bien. — l) *H J K
omettent* si est ; *G* c'est. — m) *A B C* sa (*C* le) vie. — n) *H J K* a droit. —
o) *G* et a loial. — p) *C* entend. a bien f. et en dr. garder.

du commandement son seigneur feroit tort a son escient[a]; et
mieus vaut[b] au baillif qu'il lesse le service que ce que pour com-
mandement[c] ne pour autre chose il[d] face tort a son escient.
Nepourquant li baillis n'a pas a jugier se li commandemens
que ses sires li fet pour muebles, pour chateus ou pour eri-
tages[e], ou pour autre cas, essieuté mort d'homme et me-
haing, est bon ou mauvès, ainçois doit obeïr au comman-
dement, car se la partie contre qui li commandemens est
fes se deut, il se puet trere au seigneur et empetrer que
drois li soit fes : ainsi puet venir a son droit, et a li baillis
obeï au commandement. Mes en cas de mort d'homme[f] ou
de mehaing, se li commandemens estoit fes, il ne pourroit
estre amendés et pour ce ne louons nous pas as baillis qu'il
obeïssent en teus commandemens, mes lessent ainçois le
service[g], se li sires ne veut son commandement[h] rapeler ;
car li sires n'est pas bons a servir qui prent plus garde a
fere sa volenté que a droit et a justice maintenir.

19. L'uitisme vertus qui doit estre en celi qui s'entre-
met de baillie maintenir[i], si est qu'il soit tres bien connois-
sans[j]. Premierement il doit connoistre le bien du mal, le
droit du tort, les pesibles des mellis, les loiaus des tri-
cheeurs, les bons des mauvès. Et especiaument il se doit
connoistre ; et si doit connoistre les volentés et les manieres
de son seigneur et de ceus de son conseil, et si doit con-
noistre la seue mesnie[k] et prendre garde mout soigneu-
sement queus il sont[l], car tout soit il ainsi que li baillis, de
soi, ne face ne ne vueille se bien[m] non, si puet il recevoir
vilenie et damage[n] par le mesfet d'aucun[o] de ceus de sa

---

a) *H J K* a essient. — b) *J* et vaut mielx. — c) *A M* service que p. [*M* son]
comm. ; *C* que che faire ne p. comm. ; *G* le serv. son seigneur que p. son comm. ;
J p. le comm. — d) *G H J K M omettent* il. — e) *A B* eritage, — f) *A omet*
d'homme. — g) *G* le serv. leur seign. — h) *G* tieux comm. — i) *A omet*
maintenir ; *H J K omettent* qui doit ... maintenir ; *G* qui veult bailliage maint.
— j) *B* connoisseurs. — k) *C* le s. meesmes ; *E F* le sieue meisme ; *F indis-*
tinct ; *G* cons. et sa volenté mesmes ; *H* le soie meisme ; *J K* les siennes mesme ;
M cons. et de sa maniere meisme et chelle de sa m. — l) *E F* qui il est ; *J*
quelles y s. — m) *C* de soy ne vueille fere se b. — n) *B* ou dam. ; *M* dam. et
vil. — o) *B omet* d'aucun ; *M* p. aucunz de sa mesn. par leur meffait.

mesnie. Et en dire la mesnie le baillif, entendons nous les
prevos et les serjans qui sont dessous li et la mesnie de
son ostel. Et des biens qui pueent venir au baillif d'avoir
les [a] connoissances dessus dites, toucherons nous un petit[b]
briement. Se li baillis connoist le bien du mal, il en savra
mieus le bien fere et le mal eschiver et par ce puet il main-
tenir son estat et venir a[c] l'amour de Dieu et du siecle. S'il
connoist le droit du tort, il savra fere droit a ses sougiès
et bouter arrieres ceus qui tort ont; et ce apartient a son
office[d]. S'il connoist les pesibles des mellis, il pourra les
pesibles fere garder en pesibleté[e] par les menaces et par
les contraintes qu'il fera as mellis[f]; et bien apartient a
office de baillif qu'il espouente et contraingne les mellis, si
que li pesibles vivent en pes. S'il connoist les loiaus des
tricheeurs, il pourra et devra les loiaus atraire[g] pres de soi et
conforter et deporter, s'il ont mestier de confort et de de-
port, et bouter les tricheeurs arrieres et punir selonc droite
justice[h] de leur tricherie[i]. S'il connoist les bons des mauvès,
il pourra et devra les mauvès sarcler et essarter[j] des bons,
a l'essample que l'en oste les mauveses herbes des four-
mens; et a ce fere est il tenus. S'il connoist soi[k] meisme,
il savra quel il est; et s'il i set aucun mauvès vice[l], plus[m]
tost l'en pourra oster, et trop male chose est quant cil qui
par son essample[n] doit metre les autres en bonne voie de-
meure mauvès en soi, ne nus qui soit pleins de mauvès vice
n'a pouoir de bien maintenir l'office de baillie. S'il connoist
les volentés et les manieres de son seigneur, c'est grans
avantages de soi bien maintenir en son office, s'il set que les
manieres et les volentés soient bonnes et loiaus; et puet[o]
legierement aquerre le gré[p] de son seigneur s'il set et siut[q]

a) *A* baill. des conn. — b) *HJK omettent* un petit. — c) *B* et avoir l'a. —
d) *HJK omettent* et ce ap. a son off. — e) *B* en lor p.; *G* les pesibles garder
en pais. — f) *B* melliex; *G* les melleurs. — g) *BHJK* traire. — h) *B* droit
et just. — i) *AC* tricheries. — j) *AB* sarcler (*B* sercler) et ess. les mauv.
— k) *HJ* li (*K* luy) m. — l) *JK* mal ne vice. — m) *G* trop pl. t. — n) *G* son
bon ess. — o) *ACG* et il puet; *JK* et pour leg. — p) *G* la grace. —
q) *C* set ne mies que il sieue.

ses volentés[a][1]. Et s'il set les volentés et les manieres mau-
veses il doit prendre congié et soi partir[b] du[c] service au
plus tost qu'il puet, car piece a que l'en[d] dit : « Qui mauvès
seigneur[e] sert mauvès louier atent[f][2] ». S'il connoist les ma-
nieres du conseil son seigneur, et elles s'acordent as bonnes
manieres du seigneur[g], legierement se puet tenir a leur gré,
si qu'il pourra estre par aus conseilliés et soustenus ; et se li
consaus est contraires a la volenté et a la maniere son
seigneur, si que li consaus lout une chose et li sires face[h]
fere une autre, nous li louons qu'il se parte[i] du service,
car[j] nus baillis n'a pouoir de demourer en office de baillie
et fere ce qui a l'office[k] apartient quant ses sires est con-
traires a son conseil. Car uns[l] riches hons qui tout veut
ouvrer de soi[m], sans croire conseil[n], n'a[o] pouoir de perse-
verer en loial justice fere ne en grant terre loiaument
maintenir[p]; et pour ce n'est pas li baillis sages qui demeure
en tel service. S'il connoist sa mesnie, c'est a savoir ses
prevos[q] et ceus de son ostel et ses serjans, il pourra et devra
ceus qui sont plein de mauvès vices oster d'entour soi[r], si
qu'il sera gardés de blasme et de vilenie[s] qu'il pourroit
avoir par leur mesfès. Et quant il mesfont, li baillis les
doit plus cruelment punir de leur mesfès que nule autre ma-
niere[t] de gens par .iii. resons : la premiere, pour ce que li
pueples que li baillis a a gouverner s'aperçoive[u] qu'il ne les
veut[v] pas soustenir en leur malice ; la seconde reson[x], si

a) *Go met* s'il set ... ses volentés. — b) *H* li partir ; *C* departir. — c) *G H J K*
de son s. — d) *C* il a molt grans tans que on ; *J K* a comme on. — e) *A* sei-
gneur ; *G* maistre ; *tous les autres mss. omettent* seig. *ou* maist. — f) *A G*
en atent. — g) *A* man. son s. ; *G* man. de son s. — h) *C* si en veulle f. — i)
A qu'il departe ; *C* se departe. — j) *G H* que nus b. — k) *B* off. de baillie
ap. — l) *A* nus ; *G* nuls. — m) *G H J K omettent* de soi. — n) *G H J K*
cons. d'autrui. — o) *C* si n'a. — p) *C* gouverner ; *G* soy l. maint. — q)
A son prevost. — r) *H J K* li. — s) *A* du bl. et de la vil. ; *C* de bl. et le
grant vil. ; *H J K* de vil. et de bl. — t) *A C* nus (*C* nulles) autres manieres.
— u) *G H J K* se perçoive. — v) *G* vueille ; *H* voille. — x) *H J K omettent*
reson.

1. Cf. Beaumanoir, *Jehan et Blonde*, v. 6208 seq., *Poésies*, II, 192.
2. Cf. Leroux de Lincy, *Proverbes français*, t. II, p. 69, 79 et 101.

est pour ce que li autre serjant se gardent[a] de mesfere
quant il voient que s'il mesfesoient[b] il seroient cruelment
justicié par leur mestre ; la tierce reson si est[c] pour ce que
li communs pueples vit plus en pes quant li prevost et li
serjant ne leur[d] osent riens[e] mesfere a tort. Car[f] quant li
baillis lesse convenir prevos et serjans[g] et la mesnie de son
ostel pleins de malice, ce sont leu entre brebis[h], car il to-
lent[i] et ravissent les avoirs dont li communs pueples se doit
vivre ; si en tourne aucune fois li blasmes seur[j] le baillif,
tout soit ce que teus prises n'entrent[k] pas en sa bourse.

20. La nuevisme vertus qui doit estre en celui qui s'en-
tremet de baillie[l], si est qu'il ait en soi[m] soutil engieng et
hastif de bien exploitier sans fere tort a autrui et de bien
savoir[n] conter. De bien exploitier, c'est a entendre que la
valeurs de la terre son seigneur n'apetice pas par sa negli-
gence, ainçois croisse tous jours par son[o] sagement main-
tenir, car cil n'est pas bons[p] baillis en qui main la terre son
seigneur apetice par sa niceté ; mais cil est bons baillis en qui
main la terre son seigneur croist[q] sans fere tort a autrui[r].
Et si li convient[s] mout qu'il sache bien[t] conter, car c'est uns
des plus grans perius qui soit en l'office du baillif que d'estre
negligens ou[u] peu soigneus de ses contes, par .ii. resons : la
premiere si est[v] pour ce que[x] s'il mesconte seur soi[y] li da-
mages en est siens ; la seconde reson si est[z] pour ce que s'il
mesconte[aa] seur son seigneur et l'en s'en aperçoit[ab], il puet
estre mescreus de desloiauté ; et, pour soi eschiver[ac] de blasme
et de damage[ad], li est il mestiers[ae] qu'il sache bien conter.

a) G voient et se g. — b) G H J K se mesf. — c) H J K omettent reson si est. — d) G lui osent. — e) A B C omettent riens. — f) G H J K que quant. — g) C l. en conv. aus prev. et aus serj. — h) C ce s. les leus qui sont entre les breb. — i) G qui toll. ; H que il t. — j) C dessus le b. — k) A B G n'entre pas. — l) G de gouverner b. ; H J K omettent qui doit... baillie ; J omet en outre si est. — m) G H J K en li. — n) A omet savoir. — o) G H J K omet-tent son. — p) B omet bons. — q) C en lequelle m. la t. de s. seig. ne croit. — r) C a nullui ; G H J K sans [G a] autrui f. tort. — s) G conmand ; G J K omet-tent mout. — t) H J K mout b. — u) H J K et. — v) H J K omettent si est. — x) H omet que. — y) H J K sor li. — z) H J K omettent reson si est. — aa) A B ce que il mesc. — ab) A l'en ap. ; B on l'ap. — ac) G H J K escuser. — ad) A B C de son bl. et de son dam. — ae) H K il bien mest. ; J c. bien mest.

21. La disisme vertus qui doit estre en celi qui s'entremet de baillie [a], si est la meilleur de toutes [b], ne sans li ne pueent les autres riens valoir, car c'est cele qui enlumine toutes les autres ; c'est cele sans qui riens ne puet valoir ; c'est cele qui est si conjointe avec la vertu de sapience, que [c] pour riens sapience [d] ne puet estre sans sa compaignie. Et ceste vertus si est appelee loiautés, car quiconques est loiaus, il est sages en maintenir loiauté et pour nient doit estre prisiés li sens [e] de celui en qui desloiautés est hebergiee. Et mieus venist a celui qui n'est pas loiaus estre fous natureus que savoir du monde aucunes choses, car quant plus set et [f] plus [1] vient de maus de son savoir [g] et, a [h] droit parler, l'en ne doit nul desloial apeler sage, mais bareteeur. Et mout voit on avenir que, quant aucuns a en soi [i] hebergié loiauté et il a poi de sens et poi d'autres vertus, si est il soufers et prisiés pour l'amour de cele vertu tant seulement ; et qui avroit toutes les autres vertus et l'en seust que loiautés i fausist, il ne seroit ne creus n'amés ne prisiés [j], et pour ce puet [k] l'en veoir que loiautés vaut mieus a [l] par soi [m] que toutes les autres vertus sans loiauté [n]. Et meismement desloiautés puet plus nuire quant ele est hebergiee en homme qui doit droite justice maintenir qu'en autres persones, car il est assés de basses persones desloiaus qui pour leur desloiauté ne pueent pas mout de mal fere, pour ce qu'il ont petit pouoir ; mes desloiautés, quant ele est hebergiee en cuer d'homme qui a grant terre a maintenir, puet semer trop de venim ; car toutes manieres de maus en pueent venir, et pour ce louons

a) *G* gouverner b. — b) *A* toutes les autres. — c) *A B C E F* car p. r. — d) *K avait omis* q. p. riens sap. ; *il l'a remplacé dans l'interligne par* qu'elle. — e) *G* et p. ce loiautés doibt estre prisie le sens. — f) *H J K omettent* et. — g) *B* et plus se diut on de son savoir. — h) *A* au dr. ; *C* en dr. — i) *H J K* li (luy) hebergié. — j) *G* sceut qu'il n'eust en li loiaulté si ne seroit il pas tant prisié. — k) *H J K* seroit creus amos ne pr. et par ce p. — l) *B* en p. — m) *H J K* p. li. — n) *G omet* et pour ce... vertus sans loiauté.

1. *quant plus... et plus,* tournure équivalant à *plus... plus.*

nous a tous ceus, et especiaumcnt as baillis, qu'il soient loiaus, et s'il ne le vuelent estre, nous louons a leur seigneurs que si tost comme il [a] les connoistront a desloiaus, qu'il les boutent hors de leur service et qu'il soient pugni selonc ce qu'il avront ouvré desloiaument ; ne nus ne soit si hardis qu'il s'entremete d'autrui servir [b], se loiautés n'est en lui hebergiee.

22. Nous avons parlé des .x. vertus qui doivent estre en celui qui s'entremet de baillie [c], et li baillis qui en soi les avroit pourroit aquerre l'amour de Dieu et de son seigneur. Et pour ce que fort chose est d'avoir les toutes [d], au meins [e] gart [f] li baillis que loiautés n'i faille pas [g]. Et s'il puet estre sages et loiaus, il a toutes les autres qui sont dites entre .ii. — Nous avons parlé des vertus que li baillif doivent avoir generaument. Or veons d'aucunes choses qu'il doivent fere especiaument.

23. Il i a aucun lieu la ou li baillis fet les jugemens [h], et autre lieu la ou li homme qui sont homme de [i] fief au seigneur les font. Or disons nous ainsi que, es lieus la ou li baillif [j] font les jugemens [k], quant li baillis a les paroles receues et eles sont apuiees en [l] jugement, il doit apeler a son conseil des plus sages et fere le jugement par leur conseil, car, se l'en apele du jugement et li jugemens est trouvés mauvès [m], li baillis est escusés de blasme [n] quant on set qu'il le fist par conseil [o] de sages gens [p]. Et ou lieu la ou on juge par hommes, li baillis est tenus, en la presence des hommes, a prendre les paroles de ceus qui pledent et doit demander as parties s'il vuelent oïr [q] droit selonc les resons [r]

a) *H J K* qu'il les c. — b) *A* servir autrui ; *B* d'autr. service. — c) *H J K* doiv. estre en bailli ; *B* s'e. de b. maintenir. — d) *C* toutes ensemble en soi ; *G* toutes ces x vertus. — e) *C* omet au meins. — f) *G H J K* se garde (*H* gart). — g) *B G* ne f. pas [*G* en lui]. — h) *G H J K* la au (*H* u) on fait les (*G* des) jugemens par le bailli (*G* baillcu). — i) *A B* du fief. — j) *H J K* omettent au seigneur … li baillif ; *G* la ou on juge par homes qui sont home de court et fiefves et font les jugemens. — k) *B* lor jug. ; *G* omet or disons… les jugem. — l) *B H J K* a jug. — m) *C* trouv. a m. — n) *C* esc. de rechevoir les blasmes. — o) *C G* p. le c. — p) *G* de bones gens ; *H J K* bones gens et sages. — q) *C* omet oïr. — r) *G H J K* sel. les (*J K* leurs) paroles et les r.

qu'il ont dites. Et s'il dient: oïl[a], li baillis doit contraindre
les hommes qu'il facent le jugement; et comment il les puet
et doit[b] contraindre[c] il sera dit au chapitre qui parlera
des delais que coustume donne. Et s'il ne plest au baillif ou[d]
as hommes, li baillis n'est pas tenus a estre[e] au jugement
fere ne au[f] prononcier le jugement, s'il n'est ainsi que li
baillis soit[g] hons de[h] fief au seigneur a qui il est baillis,
car en tel cas convenroit il qu'il fust pers aveques les
autres.

24. Tout aions nous parlé des lieus la[i] ou li baillif font
les[j] jugemens, il n'en a nul en la conteé de Clermont[k];
ainçois doivent estre fet tuit li jugement[l] par les hommes
de fief[m], et il a grant disference entre les apeaus qui sont
fet des jugemens des baillis et les apeaus qui sont fet des
jugemens des hommes; car se l'en apele des jugemens[n] des
baillis[o] en la court ou il jugent[p], il ne font pas leur juge-
ment bon par gages de bataille. Ainçois sont porté li erre-
ment[q] du plet seur quoi li jugemens fu fes en la court du
seigneur souverain au baillif qui fist le jugement; ilueques
est tenus pour bons ou pour mauvès. Et ainsi n'est il[r] pas de
ceus qui apelent des hommes qui font le jugement[s], car li
apeaus est demenés par gages de bataille; et de tous ma-
nieres d'apeaus et comment l'en puet et doit apeler[t] sera il
parlé[u] convenablement ou chapitre des apeaus.

25. Voir est que toutes choses qui sont proposees par
devant le baillif n'ont pas mestier d'estre mises en juge-
ment, car, quant la clameurs est d'aucun cas qui touche l'e-

---

a) *C* sire oïl. — b) *G* omet et doit. — c) *HJK* et comment et peut con-
traindre. — d) *GHJK* et aus h. — e) *GHJK* d'estre. — f) *AB* a pron. —
g) *AC* ne soit. — h) *A* h. du f. — i) *G* omet des lieus la; *HJK* omettent
la. — j) *AB* leur jug. — k) *C* Clermont qui les fache. — l) *AB* tout li
jugemens estre fet (fait). — m) *HJK* h. de le court de f.; *ABC* homes du
fief. — n) *AB* du jug. — o) *G* jug. le baillif; *HJK* jug. as (*JK* aux) b. —
p) *AB* il le j.; *C* ou le jugement fu fet; *G* la ou il j. — q) *B* sont par celui li
erremens; *G* sont pource li e. — r) *A* omet il. — s) *GHJK* ap. du jug. que
li homes font. — t) *G* c. on doibt ap.; *HJK* on doit et pot ap. — u) *GHJK*
sera il dit.

ritage son seigneur[a] ou son despit ou sa vilenie ou son da-
mage, et li cas est pour les hommes qui aidier se[b] vourroient
en tel cas contre leur seigneur, li baillis[c] ne le doit pas
metre en jugement, car li homme ne doivent pas jugier
leur seigneur, mes il doivent jugier li uns l'autre et les que-
reles du commun pueple ; et, se cil qui a a fere contre le sei-
gneur requiert que drois lui soit fes, le baillis, par le conseil
de son seigneur et de son conseil, li doit fere ce qu'il[d] cuide
qui[e] soit resons ; et, s'il se deut de ce que li baillis li fet, il
doit moustrer[f] le grief au conte et a ceus de son conseil ; et
par ceus doit estre osté et amendé ce que li baillis a fet trop.

26. Et ceste voie entendons nous en tous les cas qui
puent touchier l'avantage ou le pourfit[g] de tous les hom-
mes contre leur seigneur. Mes aucun cas sont que li sires
demande especiaument[h] contre aucun de ses hommes ou
aucuns des hommes contre leur[i] seigneur, si comme li sires
demande l'amende d'aucun forfet qui a esté fes[j] en sa terre,
ou il li[k] demande aucuns heritages ou aucuns muebles dont
il est tenans en disant qu'il apartienent[l] a lui par la cous-
tume du païs. Et cil se defent et dit que l'amende n'est pas
si grans, ou que cil heritage ou cil mueble que ses sires li
demande doivent estre sien, et en requiert droit ; toutes teus
quereles doit et puet[m] bien[n] metre li baillis[o] ou[p] jugement
des hommes, car de teus quereles doit li cuens user entre
ses sougiès selonc la coustume que si[q] homme usent entre les
leur[r] sougiès[s]. Mes se la querele touche la vilenie du sei-
gneur, si comme de vilenie dite ou de main mise au[t] baillif ou
au prevost ou as serjans, l'amende de teus forfès[u] ne doit pas
metre li baillis au jugement[v] des hommes, ne, en teus forfès

---

a) *A B C* l'erit. de s. s. — b) *A C* s'en. — c) *C* voloient en t. c. encontre
le bailli ne le d. — d) *C* f. tout cke que. — e) *A J K* que s. r. ; *G* qu'il s. r.
— f) *B* doit demonstrer. — g) *B* a l'av. ou au p. — h) *A* omet especiau-
ment ; *B* esp. dem. — i) *A B* c. son s. — j) *G omet* qui a esté fes. — k) *G
omet* li. — l) *G H J K* apartient. — m) *B C* peut bien et doit. — n) *G omet*
bien. — o) *H J K* peut li baill. bien metre. — p) *G H J K* en jug. — q)
G J K les ; *H* li h. — r) *H J K* entre leur. — s) *G* us. envers leur seigneur. —
t) *C* main metre dessus le b. — u) *A* tel forfet. — v) *B G* en jug.

qui sont fes vers[a] le seigneur n'a point d'amende taussee; car, s'il i avoit certaine somme d'argent taussee pour tel forfet, donques savroit chascuns pour combien il pourroit batre le baillif ou les prevos ou les serjans, et assés en i avroit de batus quant l'en les justiceroit plus radement qu'il ne vourroient, s'il savoient la certaine voie de l'eschaper[b]. Et pour ce n'est il[c] pas mestiers a ceus qui s'entremetent des services as grans seigneurs que teus forfet[d] soient[e] taussé fors a[f] la volenté du seigneur; laquele volentés doit estre de longue prison et de perte d'avoir, essieuté mort et mehaing, s'il n'ot el forfet qui fu fes[g] mort ou mehaing[h].

27. Li baillis n'a pas pouoir de faire bonnage ne devise[i] entre l'eritage[j] son seigneur et l'autrui, s'il n'a especial commandement de son seigneur de fere loi[k1]. Et se li sires le veut, pourfitable chose est as marchisans[l] qu'il prengnent letres du seigneur qu'il vout et otroia que ses baillis feist tel bonnage, pour ce que ce qui est otroié[m] a fere est oublié en poi de tans, se l'en n'en a certaine remembrance de letres ou de vis tesmoins.

28. C'est bien de l'office au baillif qu'il vende[n] les rentes et les issues de la terre son seigneur selonc ce qu'eles sont acoustumees a vendre, se mieus ne le puet[o] fere. Mes puis qu'eles sont vendues et li termes assis[p], se li deteur requierent respit, il ne leur[q] puet donner sans l'autorité de son seigneur.

---

a) *G H J K* qui sont forfet envers le s. — b) *C* sav. le chertaineté de l'escaper et la voie. — c) *A B omettent* il. — d) *C* mesfes. — e) *B H J K* tel forfet soit. — f) *H J K* fors qu'a. — g) *C* il n'ot fet en che fet. — h) *B* s'il n'ot m. ou m. ou forfait. — i) *C* bon. et dev. — j) *G H J K* ne de vendre l'er. — k) *C G* f. le. — l) *G* au marchant; *H* as marceans; *J K* aux marchans. — m) *G* commandé a f. — n) *H J K* aus baillis que il vendent. — o) *G* povit; *H J K* peuent. — p) *H J K omettent* assis; *le copiste de K ayant compris qu'il y avait là quelque faute a mis* passes *en marge*. — q) *H* li p.; *J* leur peuent; *K* luy puent.

---

1. loi signifie ici cela. Sur cette forme d'accusatif du pronom, masculin ou neutre de la 3e personne, voyez l'Introduction.

29. Quiconques entre en office[a] de baillie [b], il doit jurer
seur [c] sains qu'il gardera le droit son seigneur et l'autrui,
et qu'il ne prenra nule riens pour droit fere ne pour tort
fere, et que droite justice et loial il [d] maintenra. Et quant il
a [e] fet ce serement il doit ouvrer en tele maniere qu'il ne
soit parjures. Car qui se parjure il a [f] grans erres [g] de vilenie
avoir; et ce que nous avons dit qu'il doit estre en son
serement qu'il ne doit riens prendre, grace li est donee du
serement [h] par le seigneur [i] de prendre vins et viandes, et
non pas outrageusement comme vins en queues et 'en to-
neaus, ne bues ne pourceaus vis, mes choses prestes
comme a boire et a mangier a la journee, si comme vin en
pos ou en [j] baris, ou viandes prestes a envoier en [k] la cuisine [1].
Et teus choses sont otroiees a prendre as baillis pour ce que
trop seroit desloiaus cil qui pour teus dons touroit le droit [l]
d'autrui. Et aussi seroit il s'il le fesoit [m] pour grans dons [n];
mes toutes voies plus doutable [o] chose seroit qu'il ne se
mesfeist plus tost pour le grant don que pour le petit; et
meismement congiés est donnés as baillis de prendre les
choses dessus dites de boire et de mangier [p].

30. Li baillis qui veut droite justice maintenir et qui a
les vertus qui sont dites [q] en cest chapitre, il est sans amour
et sans haine, c'est a dire qu'il ne doit fere tort ne soufrir
que tors soit fes, puis qu'il le puist amender, ne pour haine
ne pour amour; et la courtoisie qu'il puet fere en justiçant
a celui qui est ses amis, si est de lui haster son droit, s'il a
droit [r], et, s'il a tort, il li doit aidier [s] a lui oster de son tort

---

a) *C* qui c. veut estre en l'o. — b) *G* bailleu. — c) *C* jur. dessus les s. —
d) *H J K omettent* il; *G* il fera et m. — e) *G H J K* ara f. — f) *G H J K* soit
parj. Et si l'est il a gr. e. — g) *B* grant fain de vil. — h) *C omet* du serem.
— i) *A B omettent* p. le s. — j) *A* a b.; *J* et a b. — k) *H J K* a la c. —
l) *H* le don d'autr.; *K* deu d'autr. — m) *G H K* le mesfesoit. — n) *C* s'il
faisoit pour grans dons a uns et donrroit les droit a chaus qui avroient les dons
donnés et presentés. — o) *B* douteuse c. — p) *C* comme de b. et de m. —
q) *G H J K* les v. dessus d. — r) *G H J K omettent* s'il a dr. — s) *H J K
omettent* aidier.

---

1. Cf. *Ord.*, I, 78, et Joinville, § 694 seq.

au mendre damage et a la mendre vilenie qu'il pourra, mes que ce soit en tel maniere qu'il n'en face[a] tort a autrui ne qu'il ne [b] le face par voie de barat.

31. Pour ce que mout seroit longue[c] chose et chargeant as hommes qui font les jugemens de metre en jugement tous les cas qui vienent devant le baillif, li baillis doit metre grant peine de delivrer ce qui est pledié devant lui, quant il set que l'en doit fere du cas selonc la coustume et quant il voit que la chose est clere et aperte. Mes ce qui est en doute et les grosses quereles doivent bien estre mises en jugement; ne il ne convient pas que l'en mete en jugement le cas qui a autre fois esté jugiés[d], tout soit ce que li jugemens soit[e] fes pour autres persones, car l'en[f] ne doit pas fere divers[g] jugemens d'un[h] meisme cas.

32. Bonne chose est au[i] baillif de souvent tenir ses assises, au meins de .vi. semaines a autres, ou de .vii., car li droit en sont plus hasté; et si en est on mieus remembrans et si en est l'assise meins chargiee et ·plus tost delivree. Et si louons au baillif qu'il ne contremande pas l'assise qu'il a fete savoir[j], s'il n'a essoine ou resnable cause, si comme de maladie ou de commandement de seigneur ou d'autres grosses besoignes[k] qui li sourdent[l], dont[m] il ne se donnoit garde; car quant l'en contremande assise, l'en fet grant damage a ceus qui sont pourveu de leur conseil, de leur amis[n] et[o] de leur avocas, et si en detrient li[p] droit[q]. Et toutes voies, quant il le convient contremander, grant courtoisie fet li baillis quant il le fet tost savoir, car[r] li damages en est mendres a ceus qui ont a fere quant il le sevent tost.

33. Li baillis doit si justement[s] ouvrer en son office que nules des parties qui ont devant lui a pledier ne soient avi-

---

a) *GHJK* qu'il ne face. — b) *GHJK omettent* ne. — c) *BC* ce s. [*C* molt] longue c. — d) *C* mené en j. ; *A* a esté aut. f. j. — e) *GHJK* j. ait esté.' — f) *HJK* que on. — g) *GHJK* .ii. — h) *BC* pour un. — i) *HJK* a b. — j) *C* ne point ne la mette en respit s'il. — k) *B* autre grosse besoingne. — l) *A B C* (*C* qu'il) sourt. — m) *A B* de la quele : *C* de quoi. — n) *C* l. bons a. — o) *GHJK* ou. — p) *JK* leur. — q) *C* en demeurent les drois plus tart a faire — r) *HJK omettent* car. — s) *B* vistement; *G* droitement.

secs par lui. Car il n'est nule doute que li baillis ne se
mesface qui avise partie de chose de quoi l'autre partie[a]
puist[b] estre damagie[c]. Mais voir est qu'aucune fois les par-
ties pledent si mal ordeneement que leur paroles ne pucent
estre apuiees en jugement[d] ne que jugemens ne puet[e] estre
fes seur leur paroles. Et quant li baillis voit ce, il leur doit
bien moustrer leur erreur et remetre en la droite voie de
plet si que drois leur puist estre fes.

34. Bien se gart li baillis qu'il ne soit avocas a celui
qui plede devant lui, ne qu'il ne parout pour lui, car il
abesseroit sa renomee[f] et si pourroit estre deboutés par
l'autre partie de l'office du juge en cele querele. Car nus ne
doit estre en nule querele juges et avocas, et, se li ples
n'estoit pas devant li mes devant autre seigneur, mes toutes
voies li ples pourroit venir par devant li pour reson de re-
sort, encore ne doit il pas estre avocas; et a briement parler
nus baillis, en sa baillie, de chose qui puist revenir[g] par
devant lui en jugement, ne doit estre avocas ne conseil-
leres. Mes hors de sa baillie puet il aidier[h] a ceus a qui il
li[i] plest, soit en avocacion ou en conseil.

35. Se li baillis ou aucuns autres juges a a pledier de sa
propre querele en la court meisme dont il doit estre juges
ou baillis, il doit establir autre juge ou autre baillif en lieu
de li tant comme a sa[j] querele monte. Car nus, en sa que-
rele, ne doit estre[k] juges et partie, essieuté le roi, car cil
puet estre juges et partie en sa querele et en l'autrui.

36. Nous n'entendons pas se li cuens de Clermont ou
aucuns autres qui ait justice et hommes qui en sa court doi-
vent jugier, demande aucune chose en sa court[l] pour soi,
qu'il soit juges et partie; ainçois est partie tant seulement

a) *C* av. l'une des p. de ch. dont l'a. p. ; *G H K* omettent de quoi. — b)
B puet. — c) *C* p. estre a damage ; *G H J K* p. avoir damage. — d) *H J K* a
jug. ; *G* aprouvees en j. — e) *H K* n'en puet. — f) *A* omet sa ren. — g) *B*
venir ; *C* chose que il puisse ne ne doie faire ne rev. — h) *J* plaider. — i)
A B omettent li. — j) *G H J K* la quer. — k) *A* nus ne d. en sa quer. estre.
— l) *G H J K* dem. en sa c. auc. ch.

et li homme sont juge. Et bien apert, car se li homme fe-
soient aucun jugement qui semblast mauvès au seigneur, il
convenroit, se li sires le vouloit fauser, que ce fust par apel
en la court souveraine, et seroit li apeaus demenés par gages
de bataille, essieuté ceus qui sont fil de roi ; car se li cuens
de Clermont apeloit de faus jugement de ses hommes, li erre-
ment du plet seroient aporté a le court le roi[a], et la seroit
tenus li apeaus pour bons ou pour mauvès ; et cest avantage
avroit il pour ce qu'il est fius de roi et[b] fius de roi ne se[c]
doit pas[d] combatre a son homme pour plet de mueble, pour
chateus ne pour eritage. Mes s'il apeloit son homme de murtre
ou de traïson, en tel cas convenroit il qu'il se combatist a son
homme. Car li cas sont si vilain[e] que nus esparguemens ne
doit estre vers celui qui acuse. Et de ceste matere des apeaus
nous nous souferrons a[f] parler dusques a tant que nous en
ferons propre chapitre, liqueus sera dis des apeaus[1].

37. Li baillif ou li prevost, quant il en ont mestier pour
leur essoine[g], pueent fere accesseurs[h]. Cil sont apelé acces-
seur qui representent la persone du baillif ou du prevost en
fesant leur office, mes bien se doivent prendre garde li
baillif et li prevost queus gens il metent en leur lieu quant
il n'i pueent estre. Car s'il mesfesoient, cil qui les i avroient
mis en seroient blasmé et li[i] accesseur meisme pugni.

38. La justice qui veut metre aucun en son lieu pour
fere son office, il doit[j] metre homme mout loial[k] et[l] de
bonne renomee, et sage ; et le doit establir ou[m] par letres,
ou en[n] assise, ou as ples communs. Ou autrement qui
desobeïroit a leur commandemens[o] il n'en devroit[p] point
d'amende, car il se pourroit escuser par dire qu'il ne savoit[q]

a) *A omet* car se li cuens... court le roi. — b) *A B C E F omettent* qu'il est
f. de r. et. — c) *H J K omettent* se. — d) *E F* mie. — e) *G H I J K* li vilain c. s.
si vil. — f) *G H K* souf. de p. — g) *H* essoines. — h) *H* assesseurs ; *C* acc.
pour aus. — i) *H J K omettent* li. — j) *G* il y doit. — k) *G H J K* m. persone l.
— l) *C omet* et. — m) *H J K omettent* ou. — n) *G* par ass. — o) *A B* com-
mandement. — p) *G H J K* ne paieroit. — q) *A B* saroit.

1. Ch. LXI et LXII.

pas qu'il fust ou lieu de la justice, mes ce [a] li convenroit il
jurer [b] s'il se [c] vouloit passer de la desobeïssance, pour ce
que fort chose est a croire que nus se face baillif ne [d] prevost,
ne en lieu de baillif ne [e] de prevost, s'il ne l'est. Car de celui
qui le se feroit et ne le seroit pas et ouverroit de l'office,
l'amende seroit a la volenté du seigneur.

39. L'en ne doit pas fere accesseur d'homme que cil [f] ne
puist justicier qui le fet, s'il le trueve en mesfet : si comme
de clerc ou de croisié, car il ne les pourroit justicier s'il mes-
fesoient ; car la connoissance d'aus apartient a sainte Eglise.

40. Cil qui ne sont digne d'estre baillif ou prevost, ne
doivent pas estre mis en leur lieus : si comme sourt, mut,
avuegle, forsené, essoinié de mout d'autres besoignes, ne
cil qui pueent [g] estre osté des parties par aucune cause [h] de
soupeçon ; et par toutes teus causes comme l'en [i] puet refuser
les baillis et les prevos, puet on refuser ceus qui sont en leur
lieus ; et des causes queles eles sont, il est dit ou chapitre [1]
qui parole [j] de refuser juges [k].

41. Aucune [l] fois convient il par force que li baillis ou
li prevos facent accesseur, si comme quant partie l'a soupe-
çoneus [m] par aucune resnable cause qu'il met avant, ou
quant li baillis ou li prevos sont partie contre celui a qui il
a a pledier, soit en demandant, soit [n] en defendant. Et se li
baillis ou li prevos s'esforçoit [o] de demourer [p] justice en teus
cas et ne vouloit fere accesseur a la requeste [q] de partie [r],
nous ne louons pas a la partie qu'ele voist avant. Car chose
que li baillis face ne li prevos [s] contre lui ne li puet valoir,
puis qu'il le debouta par bonne reson. Et se li baillis ou li

---

a) *A* m. que ce ; *J* m. sil li. — b) *A* convenra jur. ; *B* convient jur. ; *C* a
jur. — c) *B C* le voul. — d) *H J K* b. ou prev. — e) *H J K* ou de. — f) *C*
que on. — g) *C* ne chaus pueent. — h) *G H J K* par auc. chose de (*G* par)
sousp. — i) *G H J K* pour toutes causes que on. — j) *H J K* omettent qui parole.
— k) *G H J K* ref. les baillis. — l) *A B* aucunes. — m) *G H J K* le soupe-
chonne. — n) *G H J K* ou. — o) *G* se esforchent ; *H J K* se esforchoient. —
p) *C* pour estre ; *G H J K* d'estre. — q) *H J K* a req. — r) *G* des parties. —
s) *G H J K* b. ou li prev. face.

---

1. Ch. LXVI.

prevos le contraint d'aler[a] avant par prise de cors ou de
biens, il a bonne reson de soi plaindre au seigneur, et tout ce
qui sera fet par le dit contraingnement sera rapelé. Et en-
core nous acordons nous en teus cas que li baillis ou li pre-
vos qui par bonne reson ne les devoient[b] pas justicier et
toutes voies les justicierent a force, li rendent les damages
qu'il a eus[c] par la force que li baillis ou li prevos li firent
pour ce qu'il ne vout respondre par devant aus par bonnes
resons qu'il avoit[d] proposees a cele fin qu'il ne devoient[e]
pas estre son juge.

42. Bien apartient a l'office au baillif que s'il voit les
hommes varier en jugement par erreur ou par mauvese cause,
— si comme pour amour, ou pour haine, ou pour louier, ou
pour ce qu'il n'ont pas[f] bien entendue la querele, — qu'il les
reprengne courtoisement et sagement, si qu'il soient par lui
avisé[g] a loiaument jugier. Et leur doit recorder le pledoié[h];
et se li homme ne veulent croire le baillif du recort, ou
l'une des parties[i] le debat, li baillis doit fere repledier la
querele en la presence des hommes qui doivent fere le[j] ju-
gement, car li homme ne sont pas tenu, s'il ne leur plest, a
fere jugement[k] de querele qui n'ait esté pledoiee devant
aus, se n'est par l'acort des parties. Nepourquant, pour ce
que[l] grans anuis seroit as hommes et a ceus meismes qui
avroient a pledier, s'il convenoit que tuit li homme qui
jugent fussent a tout le plet[m] de chascune querele, il soufist
se l'une partie[n] des hommes est au plet, .II.[o] ou plus, sans
soupeçon, avec le baillif ou avec le prevost, et qu'il soient
toutes voies teus qu'il sachent recorder as autres hommes ce

a) *A B* a aler. — b) *B* doivent pas; *G* prev. qui usent par bonne justice
et raison ne les doivent pas. — c) *G* rendront le dam. qu'il aroit eu; *H J K*
rendroit le d. qu'il avroit eu. — d) *A B C E F* avoient. — e) *A* doivent; *H J K*
devoit. — f) *G H J K* mie bien. — g) *G H J K* av. p. lui. — h) *B E F* le plet;
C les paroles qui ont esté dites en plait; *G* leur pl. — i) *G H J K* du recorder
et l'une partie. — j) *H J K* omettent le. — k) *C* omet car li homes … fere
jug.; *G* rejette s'il ne leur plest *après* dev. aus; *H J K* le rejettent après
fere jugement. — l) *G H J K* omettent pour ce que. — m) *G* a toute la plai-
doirie; *H J K* a tout le pledoié; *C* a tous les plais. — n) *C* omet partie. — o)
C d'aus.

qui fu pledié[a], quant il convient que li homme soient ensemble pour jugier.

43. Tout soit il ainsi que li baillis doit prendre les paroles de ceus qui pledent et fere les parties apuier au[b] jugement, nepourquant il n'est pas au jugement fere se li homme ne vuelent ; et nus ne doit estre avec ceus qui jugent ou tans qu'il sont ensemble[c] pour fere le jugement, s'il n'i est apelés de ceus qui doivent jugier. Et aucunes fois, quant il riotent[d] trop pour un jugement fere et nous ne les pouons[e] accorder, pour leur debat les avons nous lessiés et alions[f] tenir nos ples en tant comme il se debatoient a fere le jugement ; et ce puet bien fere li baillis.

44. Il avient aucunes fois que ples muet entre le conte et tous ses hommes, si comme quant aucuns des hommes requiert sa court d'aucun cas dont il ne la doit pas ravoir[g], — ou il dit qu'il a aucune justice en sa terre par la[h] reson de son fief, que li cuens ne li connoist pas, ains dit qu'ele apartient a li par raison de resort, — ou il dit qu'a li apartient aucune[i] connoissance de plet, si comme de letres, ou de douaire, ou d'asseurement[j], ou d'aucun autre[k] cas qu'il dit qu'il doit avoir, et li cuens dit[l] mes li. En tous teus cas ne doit pas li baillis metre le plet ou jugement des hommes[m], car il meisme sont partie ; si ne doivent pas jugier en leur querele meisme. Donques se teus ples muet entre le conte et ses[n] hommes, et li homme requierent droit, il doivent prendre cel[o] droit par le conte et par son conseil ; et se li cuens leur refuse a fere droit, ou il leur fet mauvès jugement, trere le puent par l'une des .II. voies par devant le roi comme par devant souverain. Mes du peril qui est d'apeler il sera dit[p] ou chapitre des apeaus.

45. Des[q] ples qui muevent entre le conte d'une part et

a) *H J K* homes le plaidoié ; *G* la plaidie. — b) *A B* a ; *C* en. — c) *H* assanllé. — d) *A C* riotoient. — e) *A C* pouions. — f) *G* alons. — g) *G H J K* avoir. — h) *G H K omettent* la. — i) *G H J K* le. — j) *B omet* ou d'asseur. — k) *B omet* autre. — l) *C* c. si respont. — m) *G H J K* metre en jug. des h. le plet ; *G omet* le plet. — n) *G H J K* le c. et les h. — o) *G H J K omettent* cel. — p) *H J K* sera il dit. — q) *G K* Les.

aucuns de ses hommes singulerement de l'autre part, dont tuit li homme ne se pueent pas fere partie, — si comme d'aucun heritage, ou d'aucune forfeture, ou d'aucune querele, des queles il convient que jugemens soit fes selonc la coutume du païs, — en tel cas puet bien li baillis prendre droit pour le conte par les hommes. Car aussi comme il convient les hommes le conte mener leur hommes par le jugement de leur pers, aussi doit li cuens mener ses hommes par le jugement de ses autres hommes qui sont leur per, es quereles dont tuit li homme ne font[a] pas partie contre lui, si comme il est dit[b] dessus.

46. Il n'est pas mestiers que li baillis, en toutes choses qui avienent, face[c] plet ordené. Ainçois doit courre au devant des mesfès et justicier selonc le mesfet; et toutes voies bien se gart qu'il ne mete nului a mort sans jugement; ne il n'est pas mestiers, quant aucuns cas avient dont[d] la justice doit estre hastee, qu'il atende ses assises, mes prengne .iii. des jugeeurs, ou .iiii., ou plus s'il li plest, liquel soient sans soupeçon, et face[e] fere le jugement sans delai; car par les justices qui trop delaient sont maint maufeteur eschapé et maint mal fet.

47. Aucun maufeteur sont des queus li mesfet ne sont pas si prouvé ne si notoire[f] que l'en les ose jugier a mort. A ceus[g] doit demander li baillis s'il veulent atendre[h] loial enqueste, et, s'il ne veulent, tiegne les li baillis en prison sans issir, se mauvese renomee labeure contre aus.

48. Baillis ne se doit pas atendre a ses prevos ne a ses serjans qu'il ne sache queus prisoniers il a et pour quel cas chascuns est tenus. Et doit fere baillier a chascun prison selonc le cas pour quoi il est pris; car ce[i] n'est pas resons que les prisons soient onnies ne que[1] li cas sont onni. Mes

a) *HJK* ne sont; *G* n'en font. — b) *HJK* c. dit est. — c) *A B C K* facent; *J* le bailli, facent. — d) *B* devant la j. — e) *A B* facent f. — f) *G HJK* ne not.; *C* ne si chertains. — g) *G HJK* Ançois. — h) *A omet* atendre. — i) *G HJK* il n'est.

1. *Ne que*, pas plus que.

li tenu pour cas de crime soient mis en fosses et en fers, et li autre aient plus legieres prisons, qui sont pris pour mesfès dont l'en ne doit perdre ne[a] vie ne membre.

49. Honeste chose est et bonne au[b] baillif qu'il ne suefre pas que fame soit mise en prison pour faus acusement ne pour nul cas, se n'est pour cas de crime. Et si disons nous de celes desqueles la[c] compaignie est[d] couvoitie pour leur juenece ou pour leur beauté[e]. Et s'il avient que li cas desiere qu'eles soient mises en prison, l'en leur doit baillier garde sans soupeçon, pour ce qu'eles ne pechent[f] par force ou par paour.

50. S'il est denoncié au baillif qu'aucuns face anui a sainte Eglise, si comme s'il ne se vuelent[g] tere en l'eglise, ainçois parolent si que li services en puet[h] estre empeechiés, — ou[i] s'il sont escommenié et il veulent entrer ou moustier maugré le prestre, — ou s'il font aucun vilain pechié en lieu saint, si comme en cimentiere ou en moustier[j], — si tost comme il est denoncié au baillif par gens creables, il le[k] doit prendre et[l] emprisoner de son office tant qu'il se soit acordés a sainte Eglise du mesfet; car sainte Eglise si[m] doit estre gardee des maufeteurs par l'espee temporel. Car poi seroit doutee l'espee esperituel des[n] mauvès s'il ne cuidoient[o] que l'espee temporel s'en mellast; tout soit ce que l'espirituel face plus a douter sans comparoison.

51. Li establissement que li rois fet[p] pour le commun pourfit doivent[q] estre fourment[r] gardé par la porveance[s] des baillis; et entre les autres il doivent[t] estre soigneus de celi qui fu fes pour les vilains seremens[u] [1]. Car il est[v]

a) *HJK omettent* ne. — b) *GHJ* a b. — c) *A omet* la. — d) *B* puet estre c. — e) *A B* la j. ou p. b.; *C* p. la joinesce qui est en aus ou pour la beauté. — f) *B HJK* qu'ele ne peche. — g) *GHJK* vouloient. — h) *A B* pucent. — i) *A B C* et s'il s. — j) *HJK* ciment. ou en lieu saint; *C omet* si com. en cim. — k) *B C G* les. — l) *A* ou. — m) *GHJK omettent* si. — n) *GHJK* du mauvais. — o) *G* s'il ne doutoit; *HJK* doutoient. — p) *GHJK* que les baillis font. — q) *A B C* doit. — r) *C* fermement; *GHJK omettent* fourment. — s) *GH* pour la porv. — t) *tous les mss. ont* doit. — u) *G* s. de ceux qui font les vilains seremens. — v) *A omet* est.

1. *Ord.*, 1, 99. Cf. Joinville, § 685-687 (horreur de Louis IX pour les blasphèmes), 702 (ordonnance royale), et 746 (enseignements de saint Louis).

establi que cil qui jurent[a] vilainement de Dieu et[b] de Nostre Dame[c] doivent estre mis[d] en l'eschiele une eure de[e] jour en la presence du commun pour ce que il ait honte[f], et après ce n'est il[g] pas quites de l'amende pour ce[h] qu'il a enfraint l'establissement ; ne en ceste amende n'a point de taussacion fors qu'a[i] la volenté du prince, selonc le serement et selonc l'avoir que celui a, qui jura vilainement[j].

52. Pour ce que li seaus de la baillie est autentiques et creus de ce qui est par li[k] tesmoignié[l] en letres, li baillis n'est pas sages qui soigneusement ne le garde, si que nule letre n'en soit seelee qu'il meismes n'ait avant veue, et qu'il ne[m] sache s'ele doit estre seelee ou non. Et pour ce est li establissemens bons qui est fes de nouvel[1]. Car il est establi par nostre roi Phelippe qu'en chascune bonne vile la ou on[n] tient assise, a .II. preudommes esleus pour oïr les marchiés et les convenances dont l'en veut avoir letres de baillie. Et ce qui est tesmoignié par les seaus de ces[o] .II. preudommes li baillis, en plus grant seurté de[p] tesmoignage[q], i met le seel de la baillie et prent, pour le seel, de la livre une maaille[r] ; et li denier qui en vienent sont au seigneur. Et se li baillis euvre autrement qu'il ne doit du seel de la baillie, il en puet recevoir vilenie, comme de perdre son office et de rendre damages et, s'il l'avoit fet a essient ne malicieusement[s], il seroit punis selonc le mesfet.

53. Bien apartient a office de baillif qu'il, après ce qu'il sera hors de l'office de baillie, soit demourans ou païs la ou

---

a) *G* celui qui jure. — b) *G H J K omettent* et. — c) *G* de sa doulce mere. — d) *B* soient mis ; *C* il d. e. m. ; *G H J K* doit estre mis. — e) *H J K* du j. — f) *C* et p. che ; *G* et p. tant. — g) *A B omettent* il. — h) *G omet* pour ce. — i) *A B* fors que la ; *G* fors la. — j) *G H J K* jura le vilain serement. — k) *C* qui en lui tesm. — l) *G H J K* est t. p. li. — m) *A B omettent* ne. — n) *A omet* on. — o) *G* seaus et par ces. — p) *A B omettent* seurté de. — q) *C* bail. pour avoir plus gr. tesm. — r) *C* prent le seel de .x. liv. une maaille ; *G* p. p. le s. ob. de la livre ; *H J K* de la liv. une ø̸. — s) *C* et malvesement ; *G* et malic.

---

1. Cette ordonnance de Philippe III n'a pas été retrouvée.

il fu baillis par l'espace de .xl. jours[1], pour ce que mauveses prises li puissent estre demandees, s'il en fist aucunes, et pour le nouvel baillif fere sage de l'estat des quereles. Et s'il n'i puet estre pour aucune resnable cause continuelment, jours li doit estre donnés, si que le communs du païs[a] le sache ; et ilueques[b] doit estre oïs par le seigneur[c] qu'il servi ou par homme soufisant envoié de par li, se l'en li vourra riens demander. Car au baillif qui après lui vient n'est il pas tenus a respondre pour l'honeur[d] de ce[e] qu'il tint cel meisme office, se li nouveaus baillis n'a especial mandement de ce fere ; adonques convenroit il que li vieus baillis en respondist devant le nouvel[f]. Et se li baillis se part de son office et s'en va sans fere ce qui est dessus dit[g], et plaintes vienent de lui du païs qu'il a eu a garder[h], ou qu'il soit alés, il doit estre renvoiés au lieu qu'il garda, tant qu'il ait rendu bon conte a son seigneur, et les prises qu'il fist[i] contre son serement, et l'amende des mauveses prises[j] au seigneur : c'est assavoir[k] pour .i. denier, .ii. de tort fet d'amende[l], et toutes voies le tort fet rendu avant toute euvre. Et ce que nous avons dit des baillis, entendons nous des prevos et des serjans et de tous[m] ceus qui sont en teus offices.

54. Li baillis, s'il n'en a[n] especial[o] commandement, ne puet metre l'eritage son seigneur en jugement[2], ne fere bonnage ne devise de l'eritage son seigneur vers[p] autrui, ne vendre ni engagier[q] nules des choses son seigneur, fors en la maniere que les ventes des bois[r] et les prevostés et les

a) *C* c. de la ville. — b) *G* et il n'est d. — c) *B* seign. dou pais. — d) *A* anor ; *C* amour. — e) *G* omet de ce. — f) *C* le devant dit b. — g) *B* desoz dit ; *H K* devant d. — h) *J* eu en garde. — i) *A B* qu'il prist c. s. s. — j) *G* et l'am. doibt estre des m. pr. — k) *H J K* omettent c'est assav. — l) *C* .ii. d'am. de tort feit. — m) *G H J K* omettent tous. — n) *G H K* s'il n'a. — o) *G* especialment. — p) *C* envers a. — q) *C* de v. ne d'eng. — r) *C* fors en une maniere si comme le v. de b.

1. Les *Ord.*, 1, 75, art. xxv, portent 50 jours, mais Joinville, § 714 (ordonnance), pour le même établissement, donne également 40 jours.
2. Cf. § 27 et 28.

fermes[a] ont esté acoustumees a baillier[b] autrefois par les baillis qui furent avant[c] lui. Car ses drois offices si[d] est de garder les drois[e] et les .coustumes du païs et les pourfis de la terre son seigneur sans fere nouveleté[f] desconvenable. Et s'il fet plus qu'il ne doit de la terre son seigneur[g] sans avoir especial commandement[h], ce qui est fet[i] est de nule valeur.

55. Se li baillis set en sa baillie homme ne fame de religion qui soit issus de s'abeïe après ce qu'il fust[j] profès et il est requis de celui qui a l'eglise a gouverner, dont il issi, il le doit fere prendre et rendre[k] a son abé soit a force, soit autrement, s'il le trueve hors de lieu saint.

56. Nous avons parlé en cel chapitre de l'office as baillis et comment il se doivent maintenir[l]. Et encore[m] avec ce que nous avons dit verront il mout de choses es chapistres qui venront après cestui, qu'il doivent fere selonc ce que les quereles avienent[n], desqueles nous parlerons se Dieu plest.

Ici fine li chapitres de l'office as baillis.

a) *C G HJ K* ferm. qui ont. — b) *G* en baillie ; *HJ K* et baillies (*ou* bailliees). — c) *J K* devant. — d) *J K omet* si. — e) *B* les us et l. c. — f) *J* volenté. — g) *K omet* sans fere... son seigneur. — h) *G H J K* conm. de son seigneur, ce. — i) *C* ce qu'il a fet ; *K* e. f. par lui est de. — j) *A B* fu. — k) *A omet* et rendre. — l) *B* m. en quereles. — m) *B omet* et encore. — n) *B* ensiuent. — Explic.) *C* chi define ; au baillif ; *G* Explicit ; *H* ci faut ; *J K* n'ont pas d'explicit.

II.

Ci commence le chapitres des semonses et est li secons
chapitres de cest livre.

57. Quant aucuns se deut d'aucun tort que l'en li a fet[a],
duquel il[b] veut avoir amendement par justice[c], il convient
qu'il face semonre celui de qui il se veut plaindre, en la
court de tel seigneur qui en puist[d] fere droit; et pour ce
traiterons nous en ceste partie[e] des semonses des gentius
hommes et des autres qui ne sont pas gentius homme[f]. Et
dirons comment chascuns doit estre semons, et comment il
doivent obeïr as semonses qui leur sont fetes, soit par re-
son d'eritages[g], soit de muebles, soit de querele qui touche
a la persone[h], si comme[i] par fet ou par dit. Et si dirons as
queus semonses il pueent[j] contremander par coustume et
as queles non[k], et as queles il se[l] pueent essoinier ; et
queus damages il doivent recevoir[m] s'il ne vienent as se-
monses qui leur sont fetes si comme il doivent.

58. Puis que li sires veut semonre un[n] gentil homme par
la reson de ce[o] qu'il tient de lui en[p] fief, il doit prendre .II.

Rubr.) *C* chi comm. le sec. chap. de che livre, liquel parole des semonces
qu'on appelle ajournemens; *G, avant le mot* explicit *qui se rapporte au
ch. précédent :* Cy comm. le iie ch., *et après ce mot :* le iie ch. qui parole
des sem. — a) *G* li fait. — b) *G H J K* dont il. — c) *C* par la just. — d) *C*
qui l'en puisse f. dr. — e) *G* en ce cappitre et en c. part. — f) *A B omet-
tent* et des autres qui ne sont pas gent. hom. — g) *G* par rais. de douaires.
— h) *G omet* qui touche a la pers. — i) *C* pers. soit par fet. — j) *G* on puest
contrem. — k) *C G omettent* et as q. non. — l) *A B omettent* se. — m)
C dam. il avront s'il ; *G H J K* il [*G* y] poent avoir s'il. — n) *A B* son gent.
— o) *G omet* de ce. — p) *G H J K omettent* en.

de ses hommes qui soient per a celui qu'il veut semonre ;
et s'il n'a nul homme, il les doit emprunter a son seigneur,
et li sires li[a] est tenus a[b] prester. Et adonques il leur doit
dire qu'il voisent ajourner son homme[c] qu'il viegne[d] par
devant lui en tel lieu, et leur doit chargier[e] qu'il dient la
cause a celui[f] pour quoi il est semons, et adonques cil[g] doi-
vent fere la[h] semonse, laquele semonse[i] doit contenir
au meins[j] .xv. jours d'espace.

59. Cil qui est semons si[k] doit regarder[l] la maniere de
la semonse et pour quoi il est semons[m]. S'il est semons sim-
plement, — si comme se li semoneeur dient : « Nous vous
ajournons a d'ui en. xv. jours en tel lieu par devant nostre[n]
seigneur de qui vous tenés tel fief », et il ne dient plus,
ou s'il[o] dient : « Nous vous ajournons seur tout ce qu'il vous
savra demander[p] », — en[q] ces .II. manieres d'ajournemens
puet li hons .III. fois contremander[r] par .III. quinzaines et
la quarte quinzaine essoinier. Et se li sires saisist son fief
pour ce qu'il li mete sus qu'il ne puet fere ses[s] contremans,
quant ses hons venra en court, il devra estre resaisis tout a
plain, s'il le requiert, avant qu'il responde a riens[t] qui soit
proposee contre lui.

60. S'il est semons seur fief concelé[u], ou seur ce[v] qu'il a fet
de son fief ou d'une partie de son fief arriere fief[x], ou seur
le service qu'il doit[y] par[z] la reson du fief, il n'a point de con-
tremant, mes essoinier puet une fois. Et bien se gart qu'il
ait loial essoine, car il le convenra[aa] jurer son[ab] essoine en

---

a) *G H J K* sires y est. — b) *H J K* au prest. — c) *H J K* vois. celi aj. qu'il.
— d) *A omet* qu'il viegne. — e) *C* enchergier qui. — f) *G H J K* cause a
son home pour quoi il. — g) *G H J K* ad. il doiv. — h) *G* fere leur sem. ;
G fere la sem. si doit. — i) *G H J K omettent* semonse. — j) *A* au mains
cont. — k) *G H J K omettent* si. — l) *G H J K* doit garder la ; *C* reg. a la. —
m) *C omet* et p. quoi il c. sem. — n) *G H J K* vo seig. — o) *C* et se il ; *G
omet* si. — p) *B C* sera a dem. ; *G* que dem. — q) *G* et ces .II. man. — r)
C contrem. .III. fois. — s) *A omet* ses. — t) *C* nulle rien qui soit. — u) *A* fies
que conchele ; *C* f. que on conchele. — v) *G* seur le part qu'il. — x) *C omet*
arr. f. ; *G* ou arr. f. — y) *G H J K* il en doit. — z) *G* pour la res. — aa)
G H K il li convient ; *J* il convient. — ab) *G* jur. de son ess.

court[a] se li sires veut, et, s'il ne le[b] veut jurer, il sera tournés en defaute.

61. Pour quel que[c] chose que[d] li sires preingne en sa main ce[e] dont il trueve son homme saisi et vestu, s'il ne le prent par le jugement de ses pers[f], il est tenus a resaisir son homme tout a plain avant que li hons responde en court a riens[g] que ses sires li demant. Et quant il sera resaisis[h], li sires puet proposer contre lui ce qu'il li bee[i] a demander en la presence de ses pers. Et li hons doit metre ses defenses encontre, et puis doivent[j] atendre droit par les pers dessus dis.

62. S'aucuns est semons seur partage, — si comme freres et[k] sereurs font semonre[l] pour avoir partie leur frere qui tient le tout, ou se li eritages est escheus a plusieurs persones d'un meisme degré de lignage et l'uns[m] s'est mis en saisine de tout, — en teles semonses n'a point de contremant. Et se cil contremande qui est semons en tel cas, ou defaut[n], li sires doit saisir toutes les choses esqueles cil qui[o] firent semonre[p] demandent[q] partie, et les doit oïr en leur demande et leur doit fere partie et deviser, sauve la partie au defaillant quant il la vourra[r] requerre. Et ce entendons nous en toutes parties de muebles ou[s] d'eritages, soit de fief ou de vilenage[t], qui soient descendu ou eschcoit. Et des parties queles eles[u] doivent estre il sera dit ou chapitre qui parole[v] de descendement et d'escheoite[x].

63. Quant li sires fet semonre son homme seur la propriété de l'eritage qu'il[y] tient de lui, soit pour soi meisme ou a requeste d'autrui[z], cil qui est semons a trois contre-

a) *G* a la court; *J* ess. encores se. — b) *G omet* le. — c) *H* quel ch. que. — d) *A B omettent* que. — e) *C* m. et d.; *G* ce de quoy. — f) *C* homes. — g) *C* en nulle chose que; *G J* a coze que. — h) *C* et quant a la resaizine. — i) *C* li pense; *J* il veut d. — j) *G* p. en doit on at.; *J* p. doit at. — k) *A H J K* ou. — l) *G omet* semonre. — m) *G* li hons s'est. — n) *C* cil qui est semons en tel cas est en def. — o) *A B omettent* qui. — p) *B* qui desirent semonse; *G H K* fist; *J* celui qui fist fere la semonse. — q) *G H J K* demande. — r) *H K* venra. — s) *A omet* ou. — t) *G omet* soit ... vilen. — u) *A omet* eles. — v) *A* parlera; *G H J K omettent* qui parole. — x) *B* escheure; *G H J K* esqueance. — y) *G* quant il tient. — z) *G H J K* ou pour autr.

mans, chascun contremant[a] de .xv. jours, et puet[b] une fois essoinier sans jour. Mes si tost comme il[c] est hors de son essoine, il le doit fere savoir a son seigneur[d], si que li sires le puist fere rajourner[e] s'il li plest ; et s'il ne fet[f] savoir qu'il soit hors de son essoine, et il est[g] prouvé contre lui qu'il soit venus[h] en besoignes[i] ou alés aval le païs comme haitiés puis l'essoinement, il doit estre tournés en pure defaute[j], se ce n'est puis[k] qu'il l'avra[l] fet savoir qu'il soit hors de son essoine.

64. Or veons quant aucuns est ajournés seur proprieté d'eritage et il ne vient, ainçois se met en defaute[m], par quans jours l'en le doit[n] atendre. Nous disons qu'il convient[o] qu'il soit mis en trois pures defautes, tout sans les jours qu'il puet contremander et essoinier par coustume. Et ont aucune fois dit li[p] aucun[q] qu'il convenoit que teus defautes soient fetes[r] pres a pres, mes non fet. Car, s'il contremande une fois ou .ii. et puis defaut[s], et puis est[t] rajournés et contremande[u] cel ajournement[v], toutes voies la defaute qu'il fist li est contee pour une : c'est a entendre que[x] pour ce[y], s'il fet[z] ses contremans entre ses defautes, ne lest[aa] il mie pour ce[ab] que chascune defaute[ac] ne li soit contee pour une et chascuns contremans[ad] pour un, si que, quant il avra eu .iii. contremans et .i. essoinement et .iii. pures defautes[ae], — ou les .iii. pures defautes s'il ne veut contremander ne es-soinier, — li sires doit metre le demandeur en la saisine de la chose en tele maniere que li demanderes baille seurté

---

a) *HJK omettent* chasc. contrem. — b) *G* et puis une. — c) *GHJK* si t. qu'il. — d) *A omet* a son seig. — e) *C* adjourner. — f) *GHJK* s'il ne le fet. — g) *C omet* est. — h) *GHJK* soit veus. — i) *C* aus bes ; *G* en ses bes. — j) *A* en def. pure. — k) *G omet* puis. — l) *AB* il avra. — m) *G* ainç. est pure def. — n) *C* jours elle doit. — o) *CGHJK omettent* qu'il convient. — p) *C omet* auc. fois dit li ; *GHJK* et auc. f. dient li auc. — q) *B* ancien. — r) *AB omettent* soi. fet. ; *C* fuissent fet. — s) *G* et puist def. — t) *C omet* est. — u) *C* raj. et puis contremander, et celui aj. est nul ; *AB* contremandez. — v) *C* cel ajour. est nul t. v. — x) *GHJK omettent* que. — y) *B* que se por ce se. — z) *G* a fet. — aa) *G* laissent. — ab) *GHJK omettent* pour ce. — ac) *G* aucune des defautes. — ad) *G* aucun contrem. — ae) *G* paires de def. ; *omet* ou les .iii. pur. def.

des levees, se cil qui[a] devant estoit[b] en saisine de l'eritage
le fet rajourner[c] seur la proprieté dedens .I. an et .I. jour
et s'il gaaigne la querele[d], qu'il[e] rait les[f] levees. Et se c'est
li sires qui ait[g] poursui pour soi, il doit moustrer les de-
fautes a ses hommes qui sont per au defaillant[h], et par leur
jugement il doit prendre saisine[i] pour soi[j] ; car s'il la pre-
noit sans jugement, il resaisiroit tous jours son homme ainsi
comme j'ai dit devant[k] par dessus. Mes s'il l'a par le[l] juge-
ment de ses hommes et cil qui a perdue la saisine par les[m]
defautes veut pledier de la proprieté, ses sires pledera
saisis dusques a la fin[n] de la querele[o].

65. Cil qui sont semont pour aidier leur seigneurs[p]
contre leur[q] anemis ou pour aidier leur seigneurs[r] a leur
mesons[s] defendre, ne doivent pas contremander ne querre
nul delai. Et s'il contremandent ne ne[t] quierent delai, il ne
gardent pas bien leur foi vers leur seigneurs. Et quant il
faillent[u] a[v] leur seigneurs en tel besoing, il deservent a
perdre leur fief; ne il ne se[x] pueent escuser par essoine[y]
puis qu'il soient[z] ou païs et que la guerre ne soit contre celi de
qui leur seigneur tienent[aa] leur hommage, ou contre[ab] le conte
qui est leur souverains, ou contre le roi qui est par desseur
tous. Car s'il ont essoines, il pueent envoier[ac] soufisamment
pour eus[ad] gentius hommes, chascuns[ae] .I. pour soi, armé et
arreé[af] si comme il apartient a l'estat de celui qui l'envoie[ag].

66. Quant li aucun sont semont pour aidier leur sei-
gneur ou[ah] leur mesons a garder si comme j'ai dit, li sires leur

---

a) *C* et cheli qui ; *HK* de celui q. — b) *G* affin que se cil qui est. dev. —
c) *C* fera rajour.; *A* ajorner. — d) *G* sa quer. qui. — e) *C* et qu'il. — f)
HJK ses. — g) *C omet* ait. — h) *C* sont pers envers lui def. ; *GHJK* sont
envers le def. — i) *G* la sais. — j) *GHJK* li. — k) *AHJK omettent* devant.
— l) *HJK omettent* le. — m) *A G* ses. — n) *A* a fin ; *G* en fin ; *C* en la fin.
— o) *B omet* de la quer. — p) *C* a son seig. ; *G* seigneur. — q) *G* ses. —
r) *A B C omettent* leur seig. — s) *G omet* leur mesons. — t) *CH omettent*
le second ne. — u) *C* defaillent. — v) *A B omettent* a. — x) *A C* s'en.
— y) *C* par nul ess. — z) *A B* soit. — aa) *C* tient. — ab) *C G* encontre.
— ac) *H* ensonier; *JK* essoiner. — ad) *G* pour eus souff. — ae) *C omet*
chascun. — af) *C* arm. et apparillié. — ag) *C omet* qui l'env. — ah) *H* ou
pour l. m.

doit livrer leur despens resnablement[a] puis la premiere
journee qu'il muevent de leur meson en avant; et aussi s'il
sont semont pour l'ost le conte ou pour l'ost le roi, es queus
os[b] leur seigneur les pueent mener.

67. S'aucuns est semons pour aidier son[c] seigneur a de-
fendre[d] contre ses anemis, il n'est pas tenus, s'il ne veut[e],
a issir hors des fiés[f] ou des arrieres fiés[g] son seigneur contre
les anemis[h] son[i] seigneur; car il seroit clere chose que ses
sires assauroit ne il ne se defendroit pas[j], puis qu'il istroit
hors[k] de sa terre et de sa seignourie. Et ses hons n'est pas
tenus a li aidier a autrui assaillir hors de ses fiés, se n'est
pour ost du[l] souverain comme j'ai dit dessus.

68. Li cuens a autre avantage de semonre[m] ses hommes
de fief que n'ont si[n] sougiet, car li sougiet, si comme j'ai dit
devant[o], ne pueent semonre[p] fors par pers, quant il veulent
aucune chose demander pour aus, mes li cuens les puet fere
semonre par ses serjans serementés[q], par .i. ou[r] par plu-
sieurs; et sont li serjant creu de leur semonses par leur se-
remens, puis que li serjant dient qu'il firent la semonse a
leur persone[s] meisme ou a leur ostel, car chascuns doit
avoir tele mesnie qui li facent[t] savoir les semonses et les
commandemens de son seigneur.

69. Cil qui vont aucun semonre, ou qu'il le truisent
pueent fere leur semonses et, s'il ne le truevent d'aventure,
il doivent aler fere la semonse a son ostel[u] la[v] ou il est cou-
chans et levans; et se c'est hons qui n'ait point d'ostel et
qui repaire une eure ça et l'autre la[x], il le doivent[y] semonre

---

a) *G* doit trouver raisonn. leur desp. — b) *G HJK omettent* os. — c)
G HK leur. — d) *B HJK omettent* a def. — e) *C omet* s'il ne veut. — f) *B*
omet hors. — g) *G HJK* du fief. — h) *G omet* son seign... anemis. — i) *G*
leur. — j) *A* assaur. il ne def. il pas; *HJK* et il ne; *G* sire ne ass. ne il ne
def. — k) *A B omettent* hors. — l) *G HJK* de. — m) *C omet* semonre; *G*
av. se demeure ses. — n) *C* les; *HJK* li autre si soug. — o) *B* seigneur; *G*
n'ont li aultre seigneur si comme jadis venant si sujiet ne p. — p) *C* pueent plus
sem. — q) *C* serj. qui soient jurés. — r) *G omet* par .i. ou. — s) *G* en leur
propre pers. — t) *HJK* face. — u) *A* en s. ost.; *G HJK* lor ost. — v) *G omet*
la. — x) *A B* une eure ça une eure la; *G* une fois cha et la. — y) *HJK* doit.

la [a] ou il repaire plus [b] souvent ; et s'il ne le truevent, il doivent [c] dire as voisins, que si tost comme il [d] le verront, qu'il li dient qu'il est semons a tel jour ; et adonques sera il en defaute s'il ne vient puis que li voisin li avront dit qu'il est semons [e].

70. N'est pas grans [f] merveille, — se aucuns semont son homme a requeste d'autrui et cil a qui [g] requeste la semonse est fete n'est pas justiçables au seigneur en qui [h] court il veut avoir [i] droit, — s'il veut avoir pleges [j] de poursuir le plet pour quoi [k] il fet semonre. Mes s'il [l] est povres ou estranges [m], par quoi il ne puet pleges livrer, il soufist s'il en donne sa foi.

71. Cil qui sont semont seur douaire ne pueent contremander, mes essoinier pueent il [n] une fois, s'il ont loial essoine. Et s'il contremandent ou defaillent [o], li sires doit tantost savoir se li barons de cele qui demande douaire estoit tenans et prenans des lieus ou ele demande douaire [p], comme de son heritage ou de s'aqueste au jour qu'il l'espousa et [q], tantost comme il [r] en [s] savra la vérité, il la doit metre en son douaire.

72. Or veons [t], — quant aucuns est semons par [u] devant son seigneur dessous qui il est couchans et levans, et a cele meisme journee il est semons par devant un de ses autres seigneurs pour reson d'eritage qu'il tient [v], et sont li cas teus qu'il n'i [x] a point de contremant, — au quel il doit mieus aler. Je di qu'il doit mieus aler a la semonse du seigneur dessous qui il est couchans et levans, car il li doit mout plus d'obeïssance qu'il ne fet as autres seigneurs de qui il tient ses eritages tant seulement, pour ce que li sires dessous qui il est couchans et

a) *G* sem. au lieu. — b) *G* le pl. souv. — c) *C* il le doiv. — d) *G H J K* si tost qu'il. — e) *A B C E F omettent* qu'il est sem. — f) *G H J K omettent* grant. — g) *C G* a quel req. — h) *G* quelle. — i) *B omet* avoir. — j) *C* av. droit et pleg. — k) *C* pours. le plege de quoi. — l) *G* et s'il. — m) *C* pov. hom estr. — n) *C omet* pueent il. — o) *G H J K* faillent. — p) *C* dem. son dou. — q) *H J K omettent* et. — r) *G* tant. qu'il. — s) *H J K omettent* en. — t) *C* veons nous — u) *G omet* par. — v) *A C* en tient. — x) *G omet* i.

levans[a] a la justice de son cors et la connoissance[b] des muebles[c] et des chateus et des eritages qu'il tient de lui. Nepourquant s'il est semons en ceste maniere, il puet bien tenir l'un jour et l'autre, car il puet aler en sa[d] propre persone par[e] devant le seigneur dessous[f] qui il est couchans et levans, et[g] par devant l'autre seigneur il puet envoier par procureeur; car c'est en defendant quant il est semons a respondre de l'eritage dont[h] il est tenans et, en toutes quereles d'eritages[i] et de muebles, je me puis defendre par procureeur[j]. Mes se je demande, je ne sui pas oïs[k] par procureeur[l] par nostre coustume, se ce n'est par aucune especial grace que li souverains face, si comme vous[m] orrés[n] ou chapitre des procureeurs.

73. En tous les cas ou resaisine apartient, l'en doit resaisir si entierement que toutes les choses qui furent levees, — ou la[o] valeur, se l'en ne puet les choses ravoir[p], — soient rendues a celui qui est resaisis avant qu'il responde a riens que l'en li demant de la querele, car petit vaurroit[q] la resaisine[r] s'ele n'estoit fete entierement a celui qui estoit desaisis.

74. Bien se gart celui qui a tant demené son plet qu'il a jour de veue, qu'il ne defaille[s] ne ne[t] contremant après jour de veue[u]. Car s'il contremant, il li est tourné en defaute pour ce qu'il ne puet contremander et, pour une seule defaute, il pert saisine de toute la querele dont veue a esté fete.

75. Qui fet veue, il doit moustrer toutes les choses qui sont demandees ou plet, en chascun lieu et en chascune piece, car, s'il gaaigne la querele, il ne gaaigne fors ce qui a

a) *G* il couche et lieve. — b) *C G* cors a (ha) la conn. — c) *G* du mueble. — d) *G omet* sa. — e) *G omet* par. — f) *G H J K* soz qui. — g) *A B C omettent* et ; *H K* mes. — h) *G H J K* de quoi il. — i) *A C* quer. et d'erit. — j) *G* procur. par nostre coustume. — k) *G* je ne puis estre ois. — l) *B omet* mes se ... par procur. — m) *A omet* vous. — n) *G* nous orrons. — o) *C* ou a la val. — p) *G H J K* ne les puet (*H J K* avoir). — q) *C G* peu vaurr. — r) *G* la saisine. — s) *A* faille. — t) *G* ne qu'il ne c. — u) *C omet* qu'il ne def... de veue.

esté moustré et, pour ce, est il bon qu'il ne soit pas[a] negli-
gens de moustrer tout ce qui est en la querele.

76. Je dis devant que li sires est tous jours tenus a[b] re-
saisir son homme quant il prent ce qu'il trueve en la main
son homme sans jugement, et c'est voir[c]. Mes ce n'est pas
pour ce a entendre que, se li sires trueve par[d] mesfet hors
de la[e] main a son homme ou a celui qui doit estre ses hons,
qu'il ne le[f] puist bien prendre ains[g] jugement ; et vous dirai
en quel cas ce puet estre.

77. Se li hons d'aucun seigneur fet de son fief ou d'une
partie de son fief[h] arrierefief contre coustume sans le con-
gié de son seigneur[i], si tost comme li sires le set, il le puet
prendre comme le sien propre pour le mesfet. Et se cil qui de
lui le devoit[j] tenir li en demande resaisine, li sires n'i est pas
tenus. Car il li puet dire que, de ce qu'il[k] a pris, il ne le
prist pas en sa main, dont il ne li puet demander resaisine.
Et se cil qui est ses hons[l], qui fist de son fief arrierefief,
li en[m] demande resaisine, li sires puet[n] respondre qu'il n'i
est de riens tenus, car il n'a riens pris en sa main, ainçois
a pris ce qu'il a trouvé alongié du demaine qu'il souloit[o]
tenir de lui ; et ainsi n'en fera li sires nule resaisine, ain-
çois venra[p] li eritages en[q] son propre[r] demaine[s] comme
forfès.

78. La seconde cause en quoi li sires n'est pas tenus a
fere resaisine a celui qui doit estre ses hons, est[t] quant il
lieve par defaute d'homme. Car tout ce que li sires puet
lever du fief ains qu'il en ait homme, est siens de son droit.

79. La tierce cause pour quoi li sires n'est pas tenus a
resaisir son homme[u], si est quant ples est de rescousse d'eri-

---

a) *G H J K* omettent pas. — b) *B G* de res. — c) *C H J K* omettent et c'est
voir. — d) *C G* pour mesf. — e) *A B* sa main. — f) *C* omet le. — g) *G*
sans jug. — h) *G* omet ou d'une... son fief. — i) *A B C E F* du seign. — j) *A*
et cil qui le dev. : *B* et se cil de qui il le dev. — k) *G* dire de ce que il. — l)
C cil qui le fief est. — m) *G* lui dem. — n) *G H J K* li pot. — o) *G* dem.
de ce qui soul. ; *C* sanloit. — p) *B G* revenra. — q) *B* a son. — r) *C* omet
propre. — s) *G* erit. en sa main comme. — t) *G H J K* c'est. — u) *H J K*
omettent pour quoi ... homme.

tage, et il tient les despueilles en sa main a la requeste du rescoueur.

80. Pierres proposa[a] contre Jehan[b] de qui il tenoit son fief, que cis Jehans l'avoit[c] semont pour li[d] fere demandes en une vile la plus loingtiene qu'il pouoit trouver en la conteé, et en laquele vile li dis Jehans n'avoit fief ne arriere fief, et, pour ce qu'il n'avoit pas obeï a la semonse ne il n'estoit pas[e] alés a son ajournement, li dis Jehans tenoit son fief saisi. Si requeroit que li dis Jehans ostast sa[f] saisine de son fief, et qu'il li[g] fust prononcié par droit qu'il, en tel lieu, ne le pouoit semonre.

81. A ce respondi Jehans qu'il connoissoit bien qu'il, en tel lieu, l'avoit semont et dist qu'il son homme pouoit bien semonre en quel[h] lieu qu'il li plesoit en la conteé, par la reson de ce[i] que li fiés que Pierres[j] tenoit de lui, estoit desmembrés[k] de la conteé. Et seur ce se mistrent en droit.

82. Il fu jugié que Pierres[l] devoit estre resaisis[m] tout a plain, et qu'il n'estoit pas tenus a aler a tel[n] semonse, et que nus par la coustume ne puet ne ne doit semonre son homme hors de son fief ou de son arrierefief, car mout seroient grevé li povre homme qui tienent les petis fiés.

83. Nous avons veus pluseurs debas de ceus qui estoient ajourné par devant leur seigneurs a requeste d'autrui pour dete, et puis fesoient tant cil qui estoient ajourné que li gres de ceus a qui[o] requeste il avoient esté ajourné, estoit fes, si qu'il ne s'aparoient pas a court[p] contre aus, ne li ajourné n'aloient pas a leur jour. Nepourquant li seigneur les vouloient metre en defaute par la reson de l'ajournement, tout fust il ainsi que nus ne se fust aparus contre aus. Et li ajourné se defendoient pour ce que nus ne s'estoit aparus

a) *A* prop. Pier. — b) *C* Phelippes prop. encontre J. — c) *B* Jeh. l'av. fait sem. — d) *G H J K omettent* li. — e) *G H J K omettent* pas. — f) *A B C* la ; *C* ost. sa main. — g) *G omet* li. — h) *C G* quelque lieu. — i) *G H J K omettent* de ce. — j) *C* Phelippes. — k) *G* desmeublés. — l) *C* Phel. — m) *G H* res. de son fief tout. — n) *B H J K* cele. — o) *C G* a quele req. — p) *A* pas a jour contre ; *H J K* p. en court c.

contre aus, et disoient qu'il n'en devoient point d'amende. Et pour ce que nous veismes mout de fois ce debat, nous meismes en jugement[a] se li ajourné devoient amende[b] pour reson de defaute en tel cas.

84. Il fu jugié que cil qui estoient ajourné pour dete a la requeste d'autrui en la maniere devant dite et partie ne s'aparoit contre aus ne devoient point[c] d'amende; mes se partie se presentoit contre aus et il ne venoient, la defaute estoit clere[d].

85. Mes ajournemens[e] qui sont fes seur force ou seur nouvele desaisine, ou seur cas de crime, ou seur mellee, il convient bien que li ajournés viegne a son ajournement, ou il seroit en defaute. Car puis qu'ajournemens est fes seur aucune de ces choses, les parties ne le pueent pas delessier sans la volenté du seigneur. Ainçois convient que cil qui a fet fere l'ajournement poursieve ce seur quoi il l'a fet ajourner[f]; et, s'il ne le veut poursuir, il chiet[g] en autel amende comme cil feroit qu'il a[h] fet ajourner, s'il en estoit atains. Et s'il le poursuit et li ajournés se defaut, il doit estre justiciés pour les defautes; et s'il en i a .iii.[i], il est atains du fet seur lequel il fu ajournés. Et se li uns ne li autres ne vient avant puis l'ajournement fet, li sires doit justicier celui qui fist ajourner et celui qui fu ajournés[j] dusques a tant qu'il sache en qui[k] defaute la querele demeure[l], et puis lever s'amende[m] de celui en qui il defaut.

86. Aucune fois avient il qu'uns hons fet ajourner un autre et, après, cil qui est[n] ajournés vient a court, et cil qui fist ajourner n'i vient pas[o]. Or veons qu'il en est a fere en tel cas. Se cil qui fist ajourner ne vient dedens l'eure de miedi, l'en doit donner congié[p] a celui qui fu ajournés; et

a) *H* m. ce en jug. — b) *G H J K* dev. point d'am. —c) *C G* il ne dev. point. — d) *C G* toute clere. — e) *C* mais les ajourn. — f) *J K* l'ajourn. face sa poursuite et s'il. — g) *G H K* il enquiet; *J* eschiet. — h) *B* f. qui a; *G H K* f. qui avoit; *J* qu'il avoit. — i) *G H J K* et s'il y a .iii. defautes. — j) *A C* omettent et celui ... ajournés. — k) *C* la qui def.; *G H J K* quele def. — l) *C* demeure et mcesm. chelui qui adjornes estoit. — m) *G H J K* l'am. — n) *G* et ap. que ceulx est adjourner. — o) *A* omet pas. — p) *A* omet congié; *H* doner celi congié.

se cil qui ne vint mie le fet puis rajourner[a], il ne respondra
pas devant qu'il[b] ravra[c] ses damages de l'autre journee de-
vant[d]. Et se li uns et[e] li autres est couchans et levans des-
sous cel meisme seigneur, nous nous acordons que li sires
puet lever la defaute de celi qui fist ajourner, tout soit il
ainsi que nous n'avons pas veu ce cas mout user[f]. Car poi
avient que l'en face ajourner autrui et defaillir, et cil qui le
fet et ne vient pas au jour qu'il a fet[g] ajourner, doit estre en
autel damage comme cil seroit qu'il a fet ajourner[h], se il ne
venoit.

87. Quant aucuns est[i] semons pour son seigneur[j] de-
fendre ou pour aler en bataille pour le commun pourfit du
roiaume, bien se gart qu'il en face son avenant; car s'il s'en
fuit il a perdu honeur[k] et tout ce qu'il[l] tient en fief; ne ne
doit puis[m] estre oïs en court en tesmoignage, ne en apeler
autrui, se ainsi n'est qu'il n'eust resnable cause en la fuite: si
comme s'il s'en fuit tant des autres devant lui que ses de-
mourers[n] ne puist riens pourfiter. En tel cas si se doit[o] l'en
prendre as premiers fuians, car il sont mauvès et par aus
sont li autre en plus grant peril de mort ou de honte avoir;
et a la fois, tout soient il bon et viguereus, il perdent les
cuers par la mauvestié de ceus qui leur doivent aidier. Si en
ont esté mort et desconfit maint preudome et mainte terre
perdue et mainte vile abatue et arasee[p]; et tant sachent cil

a) *A C* fet puis ajourner; *G* fet raj. depuis. — b) *G* pas jusqu'a ce que il. —
c) *A H J K* ara. — d) *G* de l'adjournement de dev. — e) *C* omet li uns et. —
f) *H J K* pas tel cas mlt veu uzer. — g) *G H J K* omettent et ne vient … fet.
— h) *C* omet doit estre … ajourner. — i) *C* omet est. — j) *C* aucun somons p.
son seig.; *A B E F G H J K M* sont sem. p. leur seig.; *il semblerait devant
cet accord qu'il faille mettre sont et leur, mais dans la suite du § tous
les mss. ont le singulier; seuls J et K ont le pluriel partout, mais leur
accord montre seulement que leur prototype commun β'' était l'œuvre
d'un homme capable de corriger son original β' d'après le sont et le
leur, en réalité fautifs, du commencement; ils ont pu aussi faire ces
modifications indépendamment l'un de l'autre comme ils paraissent
les avoir faites au § 101. La forme du suj. sing. aucuns, à la fois dans
A E F G H J K, ce qui indique qu'elle remonte à O, autorise encore la
leçon adoptée.* — k) *B E F* hon. a toz jors. — l) *H J K* qu'il en t. — m)
G H J K ne doit pas. — n) *C* sa demeure. — o) *A C* en ce cas se doit. — p)
G omet et arasee.

qui vont en teus besoignes qu'en[a] plus grant peril sont cil
qui s'en fuient que cil qui assaillent ou qui viguereusement
se defendent. Et de toutes les besoignes dont nous avons
oï parler, l'en a plus ocis des fuians que des demourans.
Car grant euer donne a son anemi qui li[b] vuide le lieu la[c]
ou il se doit a lui combatre; et pieça dist on que cil qui
s'en fuit trueve assés qui le chace[d].

88. Autel comme nous avons dit de ceus qui s'enfuient
des batailles entendons nous de[e] ceus qui sont mis es[f] garni-
sons, es viles ou es chasteaus[g] pour les garder[h] ou pour les
defendre, au commandement de leur seigneur[i] ou par foi
ou par seremens, car en nule maniere du monde, ne pour
mort ne pour vie[j], il ne doivent[k] baillier as anemis de leur
seigneur ce que leur sires leur a baillié a garder[l], mes ga-
rantir et defendre dusques a la mort, excepté un seul cas :
c'est li cas de tres grant famine sans atente de secours[1]. Car
s'il[m] i a si[n] grant famine[o] qu'il aient par disete jeuné .III.
jours ou .IIII., et qu'il n'aient a mangier ne chevaus n'autre
chose, et en i a ja aucuns mors par famine, et est aperte
chose que nus[p] secours ne leur puet venir ne de seigneur
ne de viande, l'en ne se doit[q] pas merveillier se l'en vuide
le lieu sauve sa vie, car li demourers ne peust riens[r] pour-
fiter, et plus pueent puis aidier[s] a leur seigneur que s'il
eussent tant[t] atendu qu'il fussent mort.

89. Chascuns doit grant peine metre[u] en soi[v] maintenir

a) *C omet* sachent ... besoignes que. — b) *A omet* li. — c) *HJK omet-*
tent la. — d) *C et a* mlt grant tamps que on dit que chelui qui fuit assez
trueve qui chace; *GHJK* qui fuit [*G* toujours] il tr. (*G* treut il) qui le cache.
— e) *A* n. que c. — f) *A B* en garn. — g) *C* dedens les ch. et ded. les viles.
— h) *C omet* pour les gard.; *A B* le gard. et le def. — i) *BCH* seigneurs.
— j) *C omet* ne p. v. — k) *G* il ne les d. — l) *G omet* ce que ... a gard. —
m) *B omet* si. — n) *G* trop gr.; *HJK* si tres gr. — o) *A omet* famine. —
p) *GHK omettent* nus. — q) *H* on ne doit. — r) *GHJK* ne pot; *C* nulle
rien; *G* nient pr. — s) *GHJK* et puis poent plus aid. — t) *A* at. tant. —
u) *A* metre peine gr.; *G omet* grant. — v) *GHK* en li; *J* a soy.

1. On trouve déjà des traces de cette théorie dans *Orson de Beauvais*,
chanson de geste de la fin du XII[e] siècle, que doit publier M. Gaston Paris
pour la Société des Anciens Textes.

sagement et[a] loiaument en l'office la ou il est, car c'est grans honeurs[b] et a Dieu et au monde[c], et qui autrement le fet, s'il l'en mesavient, c'est a bon droit.

90. Or veons, — s'une fame, ou tans de sa veuveté ou el tans de[d] son pucelage, qu'ele est en aage et hors de main-bournie, fet une dete en la justice ou ele maint et après ele se marie en une autre contree avant que la dete soit paiee, et sa[e] terre qui est[f] de par li ou aucuns de ses muebles de-meurent en la justice dont ele se parti quant ele se maria, — se cil a qui[g] la dete est deue pourra fere arester pour soi fere paier ce[h] qui est en la justice ou ele s'oblija, ou s'il convenra qu'il en poursieve le mari ou le fame par devant le seigneur dessous qui il couche et lieve. Nous disons en cel cas[i] que[j] li creanciers puet fere les biens arester[k] la ou la dete fu fete ; et la convient que li maris la face paier, puis qu'il i[l] ait riens de par la[m] fame, car male chose seroit que l'en alast pledier en estrange contree pour sa dete avoir qui seroit fete en son lieu et avroit cil qui s'en iroit de quoi[n] paier ou lieu[o] dont il seroit[p] partis[q]. Nepourquant se la fame en avoit tout porté et li creanciers n'avoit pleges[r], il conven-roit qu'il[s] sivist le mari la ou il seroit[t] couchans et levans, ou les pleges, se pleges i avoit, pour querre leur delivrance.

91. Qui semont de semonse[u] de crestienté[v] homme qui n'est pas de la juridicion a celi qui semont, si comme se[x] li officiaus de Beauvais fet semonre aucun qui est[y] de l'eves-chié de Soissons[z], il doit aler ou envoier a la semonse et moustrer au juge qu'a tort[aa] est semons, car il n'est pas[ab] de sa juridicion, et qu'ilueques n'est il pas tenus a respondre.

---

a) *G omet* sag. et. — b) *A B* est bien et hon. — c) *G H J K* au siecle. — d) *C* tans de juenesche ou en s. — e) *C* la ter. — f) *G omet* qui est. — g) *G* et chelui qui. — h) *G* chelui. — i) *H K* qu'en ces cas. — j) *G omet* que. — k) *A* fere ar. les biens ; *C* les biens fere ar. — l) *G H J K omet-tent* i. — m) *B* sa. — n) *G H J K* bien de q. — o) *C* iroit en che lieu de coi il ; *G* sur le lieu. — p) *A B* se seroit. — q) *C* departiz. — r) *C* nus pleg. — s) *C* adonques qu'il. — t) *C* ou il le troveroit. — u) *C* semont home de semonse. — v) *G* semont de la crest. h. — x) *B H omettent* se. — y) *C omet* qui est. — z) *C* un qui est de l'ev. de Noion. — aa) *C* qu'il est a tort. — ab) *A B* il n'est pas tenus.

Et la resons[a] pour quoi il i doit[b] aler ou envoier, si est pour ce que, s'il[c] ni aloit ou envoioit, l'en jeteroit seur li sentence d'escommeniement. Et li escommeniement font a douter comment qu'il soient jeté, soit a tort, soit a droit ; et[d] pour ce i doit il aler ou envoier[e], que en aucun cas i pourroit il estre[f] tenus a respondre : si comme s'il avoit aucune chose en l'eveschié de Beauvais et l'en li demandoit cele chose par reson de testament, ou s'il avoit pledié contre aucun et cil contre qui il pleda a Beauvais fist reconvencion seur li, ou se ses devanciers[g] i pleda et[h] entama plet[i] avant qu'il mourust, en tous teus cas i[j] seroit il tenus[k] a respondre, et pour ce est il bon qu'il i voist ou envoit procureeur pour alliguier qu'il n'est pas la a justicier, ou pour respondre se l'en li demande chose ou il[l] il soit tenus a respondre.

92. En la court laie est la coustume contraire a cele que nous avons dite dessus ; car se li baillis de Clermont fet semonre aucun[m] qui soit de la justice a un autre conte ou a autre[n] seigneur, hors de sa conteé[o], et cil qui est semons n'a riens en la conteé de Clermont, il n'est pas tenus a obeïr a la semonse ; mes s'il a aucune chose en la conteé et il est ajournés en disant : « Soiés a tel jour a Clermont contre tel a respondre de tel chose que vous avés en la conteé de Clermont », adonques i doit il aler, car il doit defendre sa[p] chose la ou ele siet. Ne pourquant se c'est muebles qu'il a en la conteé de Clermont et il ne l'oblija[q] pas[r] par letres, il pourra dire, quant il venra en court[s], qu'il ne[t] veut respondre fors la ou il est couchans et levans, et adonques il n'i respondra point ; mes[u] se c'est eritages, le plet demourra par devant le seigneur[v] de qui[x] il muet.

---

a) *A B C E F omettent* Et ; *G K* a la res. — b) *A* il doit. — c) *A omet* si. — d) *A B* ou. — e) *A omet* ou env. — f) *C G* cas il por. estre ; *K* cas il por. il estre. — g) *A* ou seur ses redevanciers. — h) *C* ou. ; *H J K* et y ent. — i) *B omet* plet. — j) *C G omettent* i. — k) *C* cas il ser. ten. — l) *A* chose a laquele. — m) *C* auc. sem. ; *B* sem. un home. — n) *G* a une autre court. — o) *G H J K omettent* ou a autre ... conteé. — p) *G H J K* la. — q) *G* s'obliga. — r) *C omet* pas. — s) *A B* ven. a c. ; *C* en la c. — t) *A B* n'en v. — u) *C omet* mes. — v) *C* devers le seign. — x) *G* dont il muet.

93. Si comme nous avons dit que l'en doit aler a la se-
monse de crestienté, tout ne soit l'en pas de la justice au
seigneur qui semont, nous entendons aussi des juges qui ont
pouoir de par l'apostoile. S'il semonent autrement qu'il ne
doivent, — si comme s'il sont deceu par letres qui furent mau-
vesement et faussement empetrees, ou s'il semonent plus[a]
de .ii. journees loins outre les metes de la diocese[b] dont il
sont, ou s'il font aucun autre desavenant en leur semonse,
— toutes voies i doit li semons aler ou envoier. Et quant il
vient la, il se doit complaindre au juge de la desavenant se-
monse[c] et requerre qu'il li face droit; et se li juges li refuse
a fere ou il li donne mauvese sentence, apeler puet a l'apos-
toile. Et de ces apeaus de crestienté, se ples est devant le
doien, l'en puet apeler a l'evesque, et de l'evesque a l'arce-
vesque, et de l'arcevesque a l'apostoile. Mes du juge en-
voié de par l'apostoile[d] ne puet on[e] apeler[f] que par devant
l'apostoile. Et aussi en la court laie sont li apel de degré en
degré, dou sougiet as seigneurs, et de seigneur en seigneur
dusques au roi, es cas qui ne sont demené par gage de ba-
taille, car en la court ou l'en va par la reson de l'apel[g]
pour les gages maintenir, se la bataille est fete, la querele
est venue a fin, si qu'il n'i a mestier de plus d'apeaus. Mes
ains la bataille fete pourroit ele aler de degré en degré dus-
ques au roi, tout fust li ples demenés[h] par gages, c'est as-
savoir de l'une des parties; si comme se uns des sougiès[i] le
conte fesoit fere aucun jugement en sa court et partie[j] ape-
loit de faus jugement en la court le conte, et li[k] homme qui
avroient fet le jugement vouloient fere leur[l] jugement bon
par gages[m] de bataille et l'apeleres proposoit resons pour
oster les gages[n] et pour fausser le jugement par les erre-

a) *G* sem. plus de journees est assavoir pl. — b) *C* les bousnes de la dioc.
— c) *A B* j. du desavenant de la sem.; *G* j. de des. sem. — d) *C G omettent*
Mes du juge... de par l'ap. — e) *A B omettent* on. — f) *H J K* on pas ap.
— g) *H J K* d'apel. — h) *G* tout fust il ainsy que li ples fust dem. — i) *G*
se li juges le c.; *H J K* li souges. — j) *C* et une part. — k) *A B* si hom. —
l) *C* le jug. — m) *A* fere le jug. pour bon par gag.; *B* pour gag. — n) *C
omet* de bataille... les gages.

mens du plet, et après[a] se metoient en droit se l'apeaus seroit demenés par gages ou par les erremens du plet, et après li homme le conte jugeoient que l'apeaus se feroit par gages, et l'apeleres apeloit les hommes le conte de[b] faus jugement, en tel cas venroit l'apeaus de degré en degré dusques au roi.

94. L'en doit savoir que cil qui est semons, quant il vient au jour, se doit presenter par devant le seigneur qui le fist semonre ou par devant celui qui tient son lieu, ou lieu la ou il tient ses ples et soi offrir contre ceus a qui il a a fere ; et s'il ne trueve ne le seigneur[c] ne celui qui la court tiegne, il doit aler ou lieu la ou il tient[d] ses ples[e] acoustumeement et atendre[f] dusques a eure de miedi. Et adonques se nus ne vient pour le seigneur, qui ait pouoir de[g] la court tenir, aler s'en puet sans estre tournés[h] en[i] defaute de cele journee. Et toutes voies nous li louons bien qu'il moustre s'atente[j] a bonnes gens qui le[k] puissent tesmoigner se mestiers est[l].

95. Quant semonse est fete a jour sans nommer eure, li semons doit entendre que c'est au matin dedens eure de[m] miedi. Et s'il ne vient dedens cele eure[n] et il ne se presente, il est en defaute. Mes se l'ajournemens est fes a relevee ou a vespres, l'eure de la presentacion dure dusques a soleil esconsant[o] ; et qui du soleil luisant se presente il ne puet estre en defaute du jour qui est mis a relevee ou a vespres.

96. A la court de crestienté ne semont l'en pas a[p] jour de feste ne ne tient on ples ; et se l'en semont[q] en feste[r], que l'en ne s'en doigne garde, ne plede l'en pas quant on vient au jour, n'en[s] la seson[t] d'aoust, ne de vendenges[u], n'en la[v] semaine peneuse, n'en[x] la semaine de Pasques, n'en[y] la se-

---

a) *GHJK* ap. ce se. — b) *GHJK* par faus. — c) *CG* tr. le seig. — d) *GHJK* la ou on les tient. — e) *GHJK omettent* ses ples. — f) *G* et la at. — g) *HJK omettent* le seign. ... pouoir de. — h) *GHJK omettent* tournes. — i) *B* a def. — j) *JK* l'at. qu'il a fete — k) *EFHK* mest. li est [*F* quant il en sera sievis]. — l) *JK* celui qui est. — m) *BEF omettent* eure de. — n) *C* ded. l'eure de midi. — o) *JK* couchant. — p) *AB* en jour ; *C* aus jours. — q) *GHJK* y sem. — r) *GHJK omettent* en feste ; *C* omet ne se tient ... en feste. — s) *G* ne. — t) *C* semaine. — u) *HJK omettent* ne de vend. — v) *G* ne le sepmaine de Noel, ne le sem. pen. — x) *G* ne. — y) *G* ne.

maine de Pentecouste, n'en la semaine[a] de Noel[b]. Mes ceste
coustume ne tenons nous pas en court laie; ainçois font li
seigneur leur semonses[c] en quel[d] jour qu'il leur plest. Ne-
pourquant qui seroit semons au jour de Noel ou de Pasques
ou de Pentecouste, et ne fust pour la grant besoigne du sei-
gneur ou pour chose durement perilleuse, se li semons ne
vient, nous ne nous acordons pas que defaute en soit levee[e];
et aussi de la semaine peneuse, car bien doivent estre teus
jour franc et delivre de ples; et ce que l'en plede es autres
festes, ce[f] doit estre entendu pour bien, si comme griés
chose[g] seroit as povres hommes qui ont a pledier pour[h] pe-
tites quereles, que l'en demenast les[i] ples par les jours es
queus il doivent gaaignier leur pain et fere leur labou-
rages[j]. Et qui pour ceste cause fet ses[k] semonses en jour
de[l] feste et tient ses[m] ples, la[n] cause est bonne. Mes toutes
voies qui tenir les i[o] veut, tiegne les[p] après ce que[q] li ser-
vices Nostre Seigneur est fes[r], si que, pour les ples, Dieus[s]
ne demeurt pas a estre servis ou, autrement, li plet a tenir
ne seroient bon a teus jours[t].

97. Se l'en voit qu'aucuns sires ait haine a aucun[u] de ses
sougiès povres et que[v], pour li grever, il le[x] voist journoiant[y]
es jours qu'il doit labourer[z] et fere son labour[aa], se[ab] ceste
chose est fete savoir au conte, il ne le doit pas soufrir;
ainçois doit contraindre son homme[ac] qu'il face a son povre
sougiet hastif droit[ad] et en[ae] tel jour qu'il ne[af] perde son
labour. Nepourquant[ag] l'en puet ajourner[ah] son sougiet

a) *C omet deux fois* en la semaine. — b) *G omet* n'en la sem. de Noel.
— c) *C omet* leur sem. — d) *G* quelque jour. — e) *G* donee ne lev. — f) *G
omet* ce. — g) *A B omettent* chose. — h) *C omet* pled. pour. — i) *G* leur
ples. — j) *G H J K* leur labeur. — k) *C omet* ses. — l) *G omet* jour de. —
m) *G* les ples. — n) *G H J K* ceste cause. — o) *A C omettent* i. — p) *C* si les
tiegne. — q) *C omet* ce que. — r) *C H J K* soit fes. — s) *C* Nost. Seign. ne.
— t) *G* bon a tenir j.; *J K* ten. a t. j. ne ser. pas b. — u) *C* un de ses soug.
— v) *G omet* povres *et* que. — x) *G omet* le. — y) *C D* adjournant; *M* veust
adjourner. — z) *A B C E F* qu'il [*C* ne] doit (*C* doive) journoier. — aa) *H J K*
ses labors; *M* doit gaignier son pain et labourer. — ab) *A B C* et se ceste ch.
— ac) *C* son juge. — ad) *M* f. droit hasticument a son povre sougest. — ac)
G H J K a t. jour. — af) *A* n'en perde. — ag) *C* et ne p.; *A B* nep. de cous-
tume l'en. — ah) *M* on doit peu aj.

de poosté en quel[a] jour que l'en veut[b] et d'ui a demain. Mes cil qui tient en baronie, quant il voit qu'aucuns de ses hommes veut user trop cruelment de la coustume contre ses povres sougiès, de son office il li[c] puet bien restraindre ceste coustume et garder[d] la cause que li sires a contre son sougict; et s'il ne voit la cause bonne, defendre li puet de son office qu'il ne li[e] maintiegne[f] plus. Car, quant les coustumes commencierent a venir avant[g], l'en les commença a maintenir pour commun pourfit, non pas[h] pour ouvrer ent[i] felonessement ne cruelment[j]. Nepourquant es cas de crime, ne doit avoir point[k] de debonaireté, aïnçois en doit on ouvrer selonc ce que li cas le desire[l] et que coustume le donne, essicutés les cas des queus resons donne que l'en ait misericorde. Et liquel cas ce sont, il est dit[m] ou chapitre[n] qui parole des cas ou pitiés et misericorde apartient[o].

Ci fine li chapitres des semonses.

a) *C* quelque jour. — b) *G H J K* a tel jour c'on veut. — c) *C omet* li; *G* il les peut. — d) *A B* regarder la cause. — e) *G H J K* le maint. — f) *C* tiengne. — g) *A omet* avant; *G H J K* comm. avant a ven. — h) *G H J K* et ne mie pour ouv. — i) *G H J K omettent* ent. — j) *C G* crueusement; *J K* cruellement; *C* trop fel. ne trop. crueus. — k) *C* doit on point. av.; *J* point avoir. — l) *G H K* cas desire. — m) *G H J K* et li cas [*H J K* si] sont dit. — n) *C* en chelui chap. — o) *G* apartienent. — Explic.) *B, J* et *K n'ont pas d'explicit; C* chi faut; *H* chi fenist; *G* Explicit.

III.

Ci commence li tiers chapitres de cest livre qui parole des essoines et des contremans.

98. Après ce que nous avons parlé ou chapitre devant cestui des semonses, il est bon que nous dions après en cel chapitre ci[a] des essoines et des contremans, comment l'en les doit fere et en queus quereles il chieent ; et meismement nous en avons ja parlé en aucuns lieus, ou chapitre des semonses ; si dirons ensivant ce que nous n'avons pas dit. Et pour ce que, après les semonses, vienent li contremant et li essoinement, selonc[b] ce que les semonses ont esté fetes, est il bon[c] que nous en parlons avant que[d] nous entrons en autre matere.

99. Pluseurs essoines sont par lesqueus ou par aucun desqueus l'en puet essoinier[e] le jour qu'on a par devant son seigneur[f], si comme enfermetés de cors, car quiconques a maladie[g] par laquele il est aperte chose qu'il ne puet sans grant grief aler a son jour, il puet[h] loiaument essoinier.

100. Cil qui est semons par devant son seigneur souverain, s'il est semons par devant autre seigneur[i] en cel meisme tans[j], si pres qu'il ne puist estre legierement[k]

Rubr.) *G H J K omettent* de cest liv. — a) *H J K omettent* en cel chap. ci : *G omet* ci. — b) *G* v. les essoignes et les contrem. et sel. — c) *H J K* fetes et il est bon. — d) *G* av. ce que. — e) *G omet* par auc. ... essoinier. — f) *H* dev. signeur. — g) *B* quic. a enfermeté de cors. — h) *C* il se puet. — i) *A B C E F* autres seigneurs. — j) *G H J K* meismes cas. — k) *C J K* leg. estre ; *H* pot est. ; *il omet* legierement.

d'une part et d'autre, il doit aler a la semonse du souverain
et puet hardiement tous les autres jours essoinier[a].

101. Cil qui a jour[b] a jurer en cause de tesmoignage ou
en sa cause meisme par devant son ordinaire, s'il a jour
alieurs, puet loiaument essoinier, car les quereles lesqueles
ne pueent finer sans serement de verité seroient autrement
trop retardees.

102. Quant aucuns est meus[c] a aler a son jour et il a des-
tourbier en la voie, —si comme se ses chevaus muert ou afole
si qu'il ne[d] puet aler, et il ne puet cheval recouvrer[e], et il
n'est pas hons qui doit aler a pié selonc son estat ; ou il
trueve si grans eaues[f] qu'il n'ose[g] passer pour peril de
mort ; ou li tans devient teus que perilleuse chose est d'aler
par mi[h] les chans si comme de grans verreglas[i], ou de
grans nois[j], ou de grans orages[k], — en tous teus cas puet
il[l] loiaument[m] essoinier.

103. Cil qui est semons au jour qu'il doit fame[n] plevir
ou espouser, ou au jour qu'il marie un de ses enfans[o] ou de
ses freres, ou de ses sereurs, ou de ses nieces, ou de ses
neveus[p] ou d'aucun autre de son lignage qui soient a lui a
marier, puet loiaument essoinier.

104. Quant aucuns est semons et il n'i[q] ose aler pour ce
que sa fame ou si enfant sont en peril de mort, il puet
loiaument essoinier.

105. Bien se puet cil[r] encore[s] essoinier qui n'ose aler
a son jour pour doute de son cors, si comme s'il est mane-
ciés ou s'il est de[t] guerre ou pour soi[u] ou pour son lignage.

a) *G* puet tous les aut. hard. ess. — b) *GHJK* qui ont jour ; *dans la suite*
G H ont partout le sing. en ce qui se rapporte à cil ; *K a biffé* sa, *l'a*
remplacé par leur *et a mis le pluriel partout* ; *J a écrit d'abord* sa, son,
a (jour), *puis, sans les biffer, il a mis au dessus* leur, seur *et* ont ;
cf. § 87, *var.* j. — c) *C* esmeus. — d) *C* n'i. — e) *B* ch. trouver. — f) *G*
gr. aventure. — g) *GHJK* n'y ose. — h) *GHJK omettent* mi. — i) *A*
omet verreglas. — j) *GHJK* naiges. — k) *A B* grant or. — l) *A G* puet on.
— m) *B* il puet il loial ; *A* bien ess. — n) *C omet* fame. — o) *C* jour
qui se marie ; *il omet* un de ses enf. ; *G* jour qui doibt ung de ses enf. mar.
— p) *G H J K omettent* ou de ses niec. ou de ses nev. — q) *HJK omettent* i.
— r) *B omet* cil ; *J K* il. — s) *C G* puet enc. chelui — t) *HJK* en. — u)
G H J K pour li.

106. En tous[a] les cas ou essoinemens apartient[b], il puet lessier l'essoinement s'il veut et contremander, s'il n'a pris ses .iii. contremans, car s'il les avoit pris il ne pourroit plus contremander.

107. Cil qui essoine ne puet pas contremander après son essoinement ; donques convient il que cil qui veut avoir tous ses[c] contremans, qu'il les preigne ainçois[d] qu'il s'essoine ; et la resons si est tele que cil qui essoine[e], quant il est hors de son essoine, se doit fere rajourner, et le jour qui li est donnés a sa requeste il ne doit contremander ne essoinier, et s'il le fet, il chiet en defaute.

108. Il a grant disference entre contremant et essoinement. Car en toutes quereles ou[f] il chiet contremans, l'en en puet prendre .iii. avant que l'en viegne a court, dont chascuns des .iii. contient .xv. jours ; ne ne convient pas fere serement ne dire la reson pour quoi l'en contremanda[g]. Mes des essoinemens[h] l'en ne[i] puet avoir que .i. entre .ii.[j] jours de court, et doit estre fes sans jour, car nus ne set quant il doit estre hors de son essoine, du plus des essoines. Et si li[k] convient son essoine jurer s'il[l] en est requis[m] de partie quant il vient a court[n].

109. En toutes quereles[o] es queles il a contremans l'en puet essoinier une fois, qui a essoine ; mes en[p] toutes les quereles la[q] ou l'en puet essoinier l'en ne puet pas[r] contremander, car il est poi de quereles, ou nules, es queles on ne puist bien essoinier, qui a essoine. Mes on ne puet[s] contremander se la semonse n'est fete simplement si comme se li semoneeur[t] dient : « Cil vous fet ajourner pour quanques

a) *C* et en tous. — b) *HJK* les ess. apartienent. — c) *GHJK omettent* ses. — d) *GHJK* avant qu'il. — e) *A omet* et la reson ... qui essoine; *HJK* qui se essoinne. — f) *G omet* ou; *AB* la ou. — g) *G* il contr. ; *AC* contremande. — h) *ABCEF* de l'ess. — i) *GHJK* n'en puet. — j) *GHJK omettent* .ii. — k) *HJK omettent* li. — l) *HJK* jur. se on en. — m) *G* si conv. se on essoigne que on en jure se on en est requis. — n) *HJK* on vient en court. — o) *G* tout. les quer. — p) *ABCEF omettent* en. — q) *GHJK omettent* la. — r) *G omet* pas. — s) *G omet* essoinier ... on ne puet. — t) *AB* semonieres (*B* dist).

il vous savra demander[a] », ou il dient : « Cil vous fet
ajourner seur cas d'eritage ». En ces .ii. semonses seule-
ment a contremans qui prendre les veut, et es autres non.

110. Toutes les fois que cil qui est ajournés se part de
court en cas ou il a contremans, il ra[b] ses .iii. contremans[c]
de nouvel et son essoinement après[d], s'il[e] a essoine, dusques[f]
a tant que jours de veue a esté de la querele ; mes puis jour
de veue[g], il n'i a nul contremant, ains pert saisine par[h] une
defaute, si comme j'ai dit alieurs.

111. Quant aucuns contremande, li contremanderes doit
dire en tele maniere a celui qui tient la court : « Sire,
Pierres qui ajournés estoit contre Jehan a la journee d'ui par
devant vous, contremande son jour dusques a d'ui en
.xv. jours. » Et adonques se la partie qui fist[i] ajourner veut
debatre le contremant, il le doit debatre tantost et dire :
« Sire, en tel cas n'a point de contremant a la journee d'ui,
et la reson nous dirons[j] en tans et en lieu quant il sera pre-
sens ; et moustrerons pour quoi il doit[k] estre tournés en
pure defaute de ceste journee ». Adonques la justice doit
metre le contremant en escrit comme debatu, et oïr les re-
sons des parties seur le debat du contremant quant il
venront[l] en court, et fere droit selonc ce qui est dit des
parties. Et se la partie ne debat le contremant au jour qu'il
est fes, il n'en puet[m] puis tourner en defaute le contre-
mant[n]; ainçois est li contremans tenus[o] pour soufisans,
tout soit ce que contremans ne cheïst pas en cele querele,
se partie l'eust debatu.

112. Li essoineres[p] qui essoine pour[q] autrui, si doit dire
en ceste maniere a celui qui tient la court : « Sire, Pierres
si essoine tel jour comme il avoit a ui par devant vous contre

---

a) *C G* que dem. ; *H* a dem. — b) *H J K* il avra. — c) *G* omet il ra ses .iii.
contr. — d) *C* apr. chelui contremant. — e) *G* et puis s'il. — f) *G* et dusq.
— g) *G* omet mes ... veue. — h) *G H J K* pour. — i) *G* qui le fist. — j) *C* la
res. pour quoi nous le dir. ; *G* la res. vous dir. — k) *C* puet. — l) *H J K*
qu'il vienent. — m) *G H J K* pot pas puis. — n) *A B* contremandeur. — o)
G H J K est ten. li contr. — p) *J K* Cil qui. — q) *G H J K* omettent pour.

tous ceus a qui il avoit a fere; et quant il sera delivrés de son essoine [a], il le vous fera assavoir, si que vous le puissiés rajourner, s'il vous plest ou se partie le vous [b] requiert. » Et si aucune [c] partie veut debatre l'essoinement, il le doit debatre tantost [d] en la maniere qui est dite [e] dessus, la ou il parole [f] de debatre les contremans.

113. Il est clere chose que se aucuns a pluseurs quereles en une court a une journee, il ne se puet pas aparoir pour l'une querele et contremander ou [g] essoinier pour l'autre; car puis qu'il vient en court il li convient aler avant en chascune querele qu'il a a fere en la court a cele journee [h]. Car male chose seroit qu'il peust contremander ne [i] essoinier pour l'autre [j] puis qu'il se [k] seroit aparus ne presentés en court a cele journee [l].

114 [m]. Nule defaute n'est plus clere [n] que de celui qui s'apert en court [o] et ne se presente dedens eure de miedi. Donques s'il ne se presente et sa partie requiert defaute, il la doit avoir aussi bien comme s'il ne s'estoit aparus en court; car poi [p] vauroit ses venirs s'il ne se presentoit a venir avant et a aler avant es quereles qu'il avroit a fere a la journee.

115. Aucun sont qui bien se presentent dedens eure de miedi et après [q] s'en vont de la court sans congié ou, quant leur [r] averse partie veut pledier, il dient, pour fere anui [s] a ceus contre qui il ont a pledier, qu'il atendent leur conseil. Mes bien se [t] gardent cil qui ainsi font; car s'il atendent tant qu'eure soit passee et que cil qui tient [u] la court s'en vueille [v]

---

a) *G H J K* sera hors de son ess. — b) *G H J K omettent* vous; *C* la partie si veut. — c) *C omet* partie le ... aucune. — d) *C omet* tantost. — e) *B C* qu'il est dit. — f) *H J K omettent* la ou il par. — g) *A B C* c. et ess. — h) *H J K* chelle court [*J* a] la journee. — i) *G* se peust, *omet* contremander ne. — j) *G H J K omettent* pour l'autre. — k) *H J K omettent* se. — l) *C omet depuis* Car male *jusqu'à la fin du paragraphe.* — m) *Le § 114 tout entier manque dans B.* — n) *G* Nule def. et pl. cl. n'est. — o) *C* en la court. — p) *C* comme ne se fust app. en la court, car mlt peu v. — q) *C* ap. che. — r) *C* et que l'averse. — s) *G* fere avoir. — t) *A B* s'i. — u) *G* cieux q. tiennent. — v) *G* s'en soient partis ou vueillent; *H J K* veut.

partir[a] a l'eure qu'il a acoustumé a[b] partir[c] s'en[d], il chieent en defaute. Car poi vauroit leur presentacions s'il ne vouloient aler avant en la querele.

116. Quant fame plede ou ele est asaillie de plet, ele puet bien essoinier sans[e] jour s'ele est grosse, mes[f] qu'ele soit pres de son terme, si comme a .ii. mois ou la entour, tout soit ce que li ples fust[g] en la vile ou ele est couchans et levans et que chascuns voie qu'ele va[h] au moustier[i]. Car ele se puet partir du moustier quant ele veut pour son privé essoine, s'ele l'a. Mes ce ne pourroit ele pas fere[j] s'ele estoit entree en court[k] pour pledier; ainçois seroit mise en defaute s'ele n'aloit avant au plet selonc ce que la journee desireroit. Et quant ele essoine[l] pour grossece[m], ele se doit fere rajourner dedens les .xv. jours qu'ele est[n] relevee, s'ainsi n'est qu'ele gise malade, si comme il avient aucune fois qu'eles gisent plus que leur mois.

117. Aucune fois avient il que cil qui sont venu a court[o] pour pledier ont essoine de maladie qui les prent en l'eure qu'il convient qu'il s'en voisent. Et se li ples est, que teus gent ont, en defendant, il pueent lessier procureeur pour aus; et se li essoines[p] est si hastis qu'il n'ont remembrance ne pouoir de lessier procureeur, ne doivent il pas[q] pour ce perdre. Car la cause de pitié que chascuns doit avoir li uns de l'autre les escuse[r]. Et se cil[s] qui est demanderes a tel essoine[t], ses ples doit demourer en tel estat comme il estoit quant ses essoines le prist, pour ce qu'il ne puet lessier procureeur en demandant[1].

a) *C* departir. — b) *C omet* acoustumé a. — c) *C* departir. — d) *G omet* s'en; *JK* ac. soi en part. — e) *B* ess. son jour; *C* ess. le jour. — f) *C* ne mes qu'ele. — g) *G* les ples soient; *HJK* soit. — h) *A* qu'ele voist. — i) *G* et la ou chascuns le voie aler au most. — j) *AB omettent* fere. — k) *C* en la court. — l) *C* s'ess.; *GHJK* ele est essonniee. — m) *GHJK* groisse. — n) *GHJK* ele sera rel. — o) *C* a la court, *omet* pour pled.; *HJK* en court. — p) *BC* essoiniez. — q) *GHJK* ne convient il pas. — r) *GHJK* l'escuse. — s) *C* Et de chelui qui; *ABG omettent* se. — t) *ABG* dem. et a tel ess.

1. Un possesseur du ms. K au xve-xvie s. a mis à la fin du § 114 la note suivante: *Ceste coustume est abroguee, car maintenant le demandeur plaide par procureur.*

118. Quant ples est meus contre aucun et, le plet pendant, il[a] devient forsenés, si qu'il ne savroit son plet maintenir, la justice doit, a la requeste de l'autre partie, donner[b] au[c] forsené defendeur, soit li[d] ples d'eritage ou de mueble. Car la forsenerie d'aucun ne doit pas autrui damagier, meismement quant ples fu entamés devant sa forsenerie, et pour ce doit il avoir defendeur, car on ne set le certain jour de sa garison. Mes il n'est pas ainsi des enfans sousaagiés, car tout soit[e] ainsi que li ples fust entamés au tans leur pere et li peres muert le plet pendant, avant que jugemens l'ait osté de ce dont il est saisis, li enfant demeurent en la saisine et li ples en l'estat[f] ou il estoit quant li peres mourust dusques a l'aage des enfans[g].

119. Cil ne contremande pas loiaument ne essoine[h] qui contremande ou essoine pour ce qu'il a fet autrui ajourner en autre court, car il ne se doit mie lessier a defendre pour autrui assaillir.

120. S'il avient qu'uns[i] hons soit ajournés par devant son seigneur, li queus sires est dessous le conte, et li cuens[j] a mestier de celui qui fu ajournés a cele journee, il puet loiaument essoinier. Car la volentés du souverain[k] l'escuse, voire se c'estoit ore autres sires que li cuens[l] qui seroit sires au seigneur devant qui cil seroit ajournés.

121. Cil qui apele par gages de bataille ne puet contremander, ainçois convient qu'il viegne ainsi comme il doit a chascune journee. Mes essoinier puet, s'il a essoine, une fois, lequel[m] essoine il li convient jurer en court, et doit fere rajourner la partie qu'il a[n] apelee si tost comme il est hors de son essoine[o]. Et s'il ne le fet et il est veus en autres be-

---

a) *C* plet est pend. se l'une des parties dev. — b) *G H J K* doit doner a la req. l'autre part. — c) *G* encontre le fors. — d) *G* en ples. — e) *G H J K* tout fust il ainsi. — f) *G H J K omettent* en l'estat. — g) *G* dusques a tant que li enfans aient aage. — h) *A* ne n'ess. — i) *A* que nus. — j) *C omet* et li cuens. — k) *C* vol. de son souv. ; *G H J K* vol. du seigneur. — l) *G H J K omettent* que li cuens; *C* seigneur que le conte. — m) *G* fois pour laquele ess. — n) *G* qui l'a ap. — o) *C omet* essoine une fois ... hors de son.

soignes, cil qui fu apelés s'en puet aidier et li fere metre[a] en
defaute; et par cele defaute[b] il doit estre delivrés des gages[c],
et demeure cil qui apela par devers la justice comme de
faus apel; si que se li apeaus fu pour autre cas que pour
cas[d] de crime et l'apeleres est gentius hons, l'amende est
de[e] .LX. livres et pert la querele, et s'il est hons de poosté
l'amende est de .LX. s. avec la querele perdre[f]. Et se li
apeaus fu pour cas de crime et l'apeleres est en defaute pour
ce qu'il ne poursuit pas[g] son apel si comme il doit[h], il de-
meure en la merci du seigneur du cors et de l'avoir.

122. Voir est que cil qui est apelés, toutes fois qu'il se
part de court, puet .III. fois contremander et la quarte jour-
nee[i] essoinier sans jour s'il a essoine, mes l'essoine li con-
vient il jurer se partie le requiert, quant il s'est fet rajourner[j]
et il vient en court, et nommer[k] l'essoine. Et bien se gart
que li essoines soit teus qu'il ne soit parjurés[l] et qu'il soit
receus en court, car s'il estoit en defaute par jugement, il
seroit atains de son apel.

123. Avenir puet que cil qui essoine sans jour pour quel
cas que ce soit et, après son essoine, se[m] fet rajourner, et
avant que li jours viegne de l'ajournement[n] il a si grant es-
soine qu'il n'i puet aler ne poursuir son plet. Or veons don-
ques que l'en fera en cel cas[o], car par nostre coustume il
n'a qu'un essoinement : nous disons que se li derrains es-
soines[p] est de cors[q] sans fraude et sans barat, li sires, de
son office, pour cause de pitié, le doit garder de damage.

124. Cil puet[r] essoinier loiaument qui est semons a aler
en l'ost le roi ou le conte[s], ou pour garder le cors ou la

a) *GHJK* et le doit fere met. — b) *C* omet et par cele def. — c) *C* par
gag. — d) *C* omet que pour cas. — e) *AB* hons il l'amende de. — f) *CG*
quer. perdue. — g) *A* def. que il n'a pas poursui. — h) *G* deust. — i) *HJK*
j. une fois ess. — j) *C* adjourner. — k) *G* et nomme. — l) *G* qu'il ne se
parjure. — m) *HJK* il se fet ; *G* il fet raj. — n) *C* avient que li jours. —
o) *HJK* omettent en cel cas. — p) *B* der. essoinement. — q) *C* de son cors.
— r) *G* Cil se puet. — s) *G* le r. ou la royne ou le conte; *G HJK* aler aidier
le (*JK* au) roi ou le (*JK* au) conte.

meson de son seigneur lige[a], tout soit il ainsi qu'il ait
.ii. mois ou .iii. dusques au jour de la muete. Car quant
teus semonses sont fetes, li delais qui est entre le jour de
la semonse[b] et le jour de la muete n'est pas otroiés pour
pledier, mes pour soi[c] aherneschier[d] et aparellier[e].

125. Tout soit il ainsi que cil qui essoine puist essoinier
sans jour, il en sont aucun si nice qu'il[f] se font essoinier a
quinzaine. Et puis qu'il mandent certain jour qu'il venront[g]
a court, li jours doit tenir, car il leur loist[h] bien a renon-
cier au droit qu'il avoient d'essoinier sans jour[i].

126. Cil qui essoine[j] pour la mort de ses enfans qui
muerent de leur bonne mort ou d'autre ou[k] tans qu'il alai-
tent, puet jurer[l] loial essoinement. Car teus enfant courou-
cent les cuers des peres[m] ; et se l'enfes est mors de mort
vilaine[n], par mauvese garde, comme d'estaindre, ou d'ardoir
ou de noier[o], essoinier puet encore mieus[p], car ses courous
l'escuse.

127. Bien se gart chascuns quel message il envoie pour
contremander son jour ; car s'il li charge[q] qu'il face simple
contremant a quinzaine et li messages l'essoine sans jour, il
a perdus ses contremans et si puet estre tournés en defaute,
s'il ne veut[r] son essoine jurer[s] quant il vient en court. Et se
li messages deust fere essoinement après .iii. contremans
et il fet droit contremant a quinzaine, il met son mestre en
defaute, car il ne puet .iiii. fois contremander. Et par ce[t]
puet on savoir que l'en s'aert as paroles qui sont dites en
court, non pas a l'entencion de ceus qui ont baillies les pa-
roles a leur messages[u].

a) *C* le cors. de son seig. lige ou sa mes. — b) *C* li del. qui est fais ; le
jour et la sem. — c) '*GHJK* li. — d) *G* harnequier. — e) *G* soi apparill.
de ses besoignes qui li faillent. — f) *GHJK* nice qui se font. — g) *G* jour
qui venra. — h) *A B* lait ; *C* lesse. — i) *G* droit qui li avient d'ess. son jour.
— j) *C* qui ess. a pour. — k) *C* en che tans. — l) *C* al. se il puet jur. —
m) *G* cour. leurs peres. — n) *G* de vil. mort. — o) *B* ou de noier ou d'ard.
— p) *G* mieus encore. — q) *C* encherge ; *G* si lui charge. — r) *B* parvient ;
C vient. — s) *A* jur. si ess. — t) *C* pour che ; *G* pour par che. — u) *G*
ent. de celles qui sont dites a leur message ; *JK* messagiers.

128. Aucun essoine sont lonc. Or veons donques, s'aucuns essoine par essoine de son[a] cors, combien[b] l'autre partie le doit attendre : il nous est avis qu'il doit estre atendus .i. an et .i. jour. Et se li essoines dure plus d'un an, partie le puet fere rajourner, car plus longue langueurs[c] que d'un an[d] et .i. jour ne doit pas plus detrier l'averse partie[e]. Et se li essoiniés n'i puet aler, envoier i puet procureeur en soi defendant ; et tel cause pourroit il bien avoir[f] en demandant que li cuens li pourroit fere ceste[g] grace que l'en respondist a son procureeur, si comme es causes piteuses[h]. Car il est mestiers que cil qui sont en longue langueur[i] aient qui aministrent[j] leur besoignes.

129. Quant il convient a aucun[k] jurer son essoine, il doit jurer se Dieus li aït et tuit li saint qu'il eut essoine loial pour quoi il ne puet estre au jour, et qu'il essoine ne[l] pourchaça a escient ne n'i[m] quist fraude ne barat ; ne il ne nommera pas son essoine s'il ne veut en nule querele, fors en cas de crime et, quant il a fet tel serement, il en doit estre creus, ne ne puet l'en riens fere encontre.

130. Par nostre coustume doivent cil qui ont a pledier de querele ou[n] il puet avoir contremans, contremander le jour devant le jour du[o] plet, dedens soleil esconsant. Et se li contremans n'est fes en ceste maniere, ainçois vient la journee meisme du plet, il n'est pas a recevoir se partie le veut debatre ; ainçois chiet cil qui tel contremant fist en pure defaute[p].

131. Voir est que li messages qui est envoiés pour fere le contremant devant le jour[q], ne se doit mouvoir[r] devant

<hr>

a) *GHJK omettent* son. — b) *G* comb. que l'aut. — c) *B omet* langueurs ; *JK* longueur. — d) *G* lang. qui dure .i. an. — e) *C* a l'av. part. — f) *A* il av. bien. — g) *GHJK* tel. — h) *B* es cas piteuz. — i) *GHJK* es [*G* en leurs] longues langueurs. — j) *GHK* qui leur amin. — k) *B* autrui. — l) *A* que li ess. il ne ; *B* que il l'ess. il ne ; *G* que li ess. n'i ; *JK* que l'ess. ne. — m) *HJK* ne ne. — n) *AB* quer. la ou. — o) *GH* jour de plet. — p) *K* sil qui tient tel contrem. fist en telle pure def. ; *B* en def. p. ; *G* ainç. est en p. def. cil qui, *etc.* — q) *C* dev. le seigneur. — r) *C* nomer.

l'endemain^a et doit venir as ples et recorder son contre-
mant qu'il fist des le soir. Et se la partie ne le veut croire,
il doit prouver qu'il fist le contremant le jour devant par le
recort de la court ou par le recort de celi qui est establis a
recevoir les contremans, si comme aucun ont leur maieurs^b
ou leur serjans^c. Et se li contremanderes^d ne trouva point
de^e court vestue pour fere recort ne autre establi au con-
tremant recevoir, s'il puet prouver par .ii. preudommes qu'il
vint au lieu ou^f il devoit^g fere le contremant et leur dist
qu'il venoit^h pour fere le contremant, mes il ne trouvoit a
qui, il soufistⁱ assés pour son mestre. Et ceste prueve doit
estre fete par celi qui fist fere le contremant, quant il venra
en court, se l'en le veut metre en defaute, car cil qui de par
moi est envoiés^j pour fere .i. contremant ne puet ne ne
doit de riens^k pledier pour moi ne contre moi, mes son con-
tremant face seulement; et se partie le debat, il^l doit estre
mis en^m escritⁿ comme debatus; et quant je venrai^o a
court, adonques puet^p estre li ples seur le debat du con-
tremant.

132. Nous veïsmes .i. chevalier qui avoit a pledier de
pluseurs quereles par devant nous, et estoient les quereles
les unes en demandant et les autres en defendant. Il envoia
procureeur pour celes qu'il avoit en defendant^q et^r, pour
celes qu'il avoit en demandant^s, il^t se fist essoinier^u. Et cil
qui avoient a lui a fere distrent qu'il devoit estre en de-
faute de celle journee, car c'estoient .ii. choses contraires

a) *A C* l'en veut. — b) *C* leur maires. — c) *HJK omettent* si comme ...
serj. ; *G* si comme aucuns font leurs justices ou leur serjans. — d) *JK* et
se celluy qui fait les (*J* le) contremans. — e) *C* la court vestue. — f) *A B*
lieu (*A* sin) la ou. — g) *HJK* il dut fere. — h) *A* qu'il suivit. — i) *B* a
qui il s'offrist il souf. — j) *GHJK* qui est de par moi env. — k) *G* n'en
puet en riens pled. — l) *A B omettent* il. — m) *GHJK omettent* mis en.
— n) *B* estre escris en esc. — o) *G* il venra. — p) *G* doibt. — q) *ABCHJK
omettent* p. c. qu'il av. en def.; *F* en demandant. — r) *HK omettent* et.
— s) *E omet ici* p. c. qu'il av. en dem., *voir la var.* u; *F* en deffendant.
— t) *E omet* il. — u) *E en marge, d'une autre main et avec renvoi
après* essoinier : pour cheles qui sont en demandant.

d'essoinier en celle journee d'une part[a] et d'envoier procu-
reeur[b] d'autre.

133. A ce respondi li chevaliers qu'il avoit envoié pro-
cureeur es quereles dont procureres devoit et pouoit[c] estre
receus en defendant et, pour ce que par la coustume procu-
reres n'est[d] pas receus en demandant, avoit il essoinié en
celes quereles pour ce qu'il n'i pouoit estre. Et seur ce
s'apuierent a droit, savoir mon[e] s'il le pouoit fere en la
maniere dessus dite[f].

134. Il fu jugié qu'il ne pouoit pas d'une part essoinier
et d'autre part envoier procureeur en une meisme journee
et en une meisme court. Et pour ce fu il tournés en defaute
de tout ce qu'il avoit a fere en la journee, car qui veut fere
contremant ne essoinement ce doit estre de tout[g] ce qu'il a
a fere a la court[h] a la journee[i]. Et bien se gart, s'il a diverses
quereles, comment il essoine ou contremande, car il pour-
roit perdre l'une besoigne pour l'autre; si comme s'il avoit
eus tous ses contremans d'une querele et de l'autre querele
ne les avoit pas eus, s'il contremandoit, il cherroit en de-
faute en la[j] querele la ou il avroit eus tous ses contremans;
et s'il vient en court il a renoncié as contremans[k] qu'il
peust fere en la querele[l] en laquele il n'avoit pas pris ses
contremans, et ainsi avient il souvent que l'une besoigne
tout l'autre ou alonge. Si doit cil prendre garde qui a a
fere de plusieurs quereles en une court, la meilleur voie :
ou d'aler a court pour toute la journee, ou de contremander,
ou d'essoinier tout ce qu'il a a fere a cele journee.

135. Nous avons dit dessus que li contremans doit estre
fes le jour devant et c'est voir. Nepourquant se li messages

---

a) *B* d'ess. d'une p. en c. j. — b) *C* son proc. ; *HJK* par proc. ; *G* omet
d'autre. — c) *BG* pouoit et dev. — d) *G* procureurs n'estoient. — e) *C*
pour sav. ; *G* sav. moult. — f) *HJK* omettent depuis savoir jusqu'à
la fin du paragraphe. — g) *B* il le doit faire de tout. — h) *C* omet en la
journee ... a la court. — i) *B* a cele journ. a la court; *G* en la journ. a la
court; *A* en la journ.; *EF'* omettent car qui ... a la journ. — j) *HJK*
omettent la. — k) *HJK* ren. a toz contr. — l) *AB* omettent en la
querele.

qui[a] va fere le contremant et qui est meus bien a tans pour venir a droite eure, se il a essoine de son cors en la voie si qu'il ne puet pas pour son essoine[b] venir a droite eure de fere son contremant, en cel cas puet li contremans estre fes[c] en la journee du plet, car l'essoines[d] du message doit escuser le mestre[e] de la defaute.

Ci define li chapitres qui parole des contremans et des essoinemens.

a) *K* Nep. se le persone que. — b) *HJK omettent* pour son ess. — c) *H* puet estre li contr. — d) *C* c. se il ess. — e) *C omet* le mestre ; *G* son mest. — Explic.) *Il manque dans G, J et K; A B* Ici fine ; *ils omettent* qui parole ; *C* de ce livre liquel parole ; *avant* Ci def., etc., *H a à l'encre noire :* Ci faut li cap. des contremans.

IV.

Ci commence li quars chapitres de cest livre qui parole des procureeurs et des establis pour autrui.

136. Voir est qu'après ce que semonse est fete[a] et cil qui est semons a tant contremandé et essoinié comme il puet par coustume, — des queus choses nous avons parlé ou chapitre devant cestui[b], — si convient que cil qui fu semons viegne a court ou envoit procureeur soufisant. Et pour ce parlerons nous en cest chapitre des procureeurs et de ceus qui sont establi a pledier pour autrui et queus procuracions doivent estre fetes.

137. Chascuns, par la coustume de Beauvoisins, en soi defendant puet envoier procureeur; et puet fere li procureres[c], s'il a bonne procuracion, autant[d] en la cause comme ses sires feroit s'il i estoit presens. Mes en demandant nus n'est oïs par procureeur, se ne[e] sont persones privilegiees, si comme eglises ou persones qui soient enbesoigniees par le commandement du roi ou du conte, si qu'il ne pueent entendre a leur besoignes; car a ceus[f] puet bien estre fete grace par le souverain qu'il soient oï par procureeur en demandant.

138. Or veons donques comment li procureeur doivent

Rubr.) *C* des sousestablis ; *G HJ K* omettent de c. liv.; *G donne. en faisant quelques omissions* (on, que[les proc.]), *le titre de ce chapitre tel qu'il est dans la table.* — a) *G omet* ce que et est fete. — b) *G* si come celui. — c) *G HJK omettent* et puet fere li proc. — d) *G HJK* procur. qu'il face aut. — e) *C* se il ne ; *J K* se ce ne. — f) *H* tex ; *J K* telz.

venir garni en court et quel pouoir il ont et comment on doit aler avant[a] contre aus et queus procuracions valent et queles non.

139. Quant li procureres vient en court, il se doit presenter ou non de celi pour qui il vient[b] contre tous ceus a qui il a a fere a la[c] journee ; et doit baillier sa procuracion en la main du juge. Et cil qui ont a fere a li doivent requerre qu'ele soit veue et leue[d] pour savoir qu'ele soit de si grant vertu[e] que li procureres doie estre receus. Car se la procuracions n'est en soi de si grant vertu que li procureres qui l'aporte[f] doie estre receus, ele est de nule valeur; et est cil tournés en pure defaute qui le procureeur envoia. Et pour ce que c'est perius[g] d'envoier procureeur atout procuracion mausoufisant[h], vous orrés la teneur[i] d'une general procuracion laquele par reson ne puet estre[j] debatue en court laie:

140. A tous ceus qui ces presentes letres verront ou[k] orront, li baillis de Clermont salut. Sachent tuit que, en nostre presence, pour ce establis, Pierres de tel lieu a establi Jehan de tel lieu son procureeur general et especial en toutes causes meues et a mouvoir tant pour li comme contre li, contre quelconques persones[l], tant d'eglises comme seculieres, tant en demandant comme en defendant, par devant quelconques juges, ordinaires, delegas, subdelegas, arbitres, conservateurs, auditeurs, enquesteurs, baillis, prevos, maieurs, eschevins et autres quelconques juges tant d'eglise comme seculiers, et les serjans d'iceus qui avront[m] leur pouoir, et donna a iceli Jehan pleniere poosté et especial mandement[n] de fere pour li, de li[o] defendre, de convenir, de re-

a) *HJK omettent* avant. — b) *GHJK* qui il est contre ; *B* encontre. — c) *G* fere en le jour. — d) *A* lieue ; *G* leuce. — e) *C* pour aprendre quele soit plaine de si gr. vert. — f) *HJK omettent* qui l'ap. — g) *F* c'est preus. — h) *F* proc. qui soit souffisant. — i) *C* tenure ; *G* teneure. — j) *GJH* laq. ne puet est. par res. — k) *A B* et orr. — l) *C* c. quelques pers. que che soit ; *G* c. toutes pers. — m) *AHJK* d'iceus et qui avr. — n) *C* plain pooir et mand. esp. ; *B* esp. commandement. — o) *J* loy.

convenir, de repliquier[a], de dupliquier, de terpliquier[b], de
oïr interlocutoires et[c] sentences disfinitives, ·d'apeler, de
poursuir son apel, de jurer en l'ame de li de quelconques[d]
manieres de serement, de fere posicions[e], de recevoir ce
qui seroit adjugié pour li, de requerre seconde producion,
ou d'amener tesmoins avec la[f] sollempnité[g] de droit et de fere
icele sollempnité[h], et de fere pour li toutes choses que li dis
Pierres feroit[i] ou pourroit fere s'il estoit presens, et[j] en
cause d'eritages, de muebles et de chateus[k]. Et donna en-
core pouoir audit Jehan de sousestablir en lieu de li toutes
les fois qu'il li plera, liqueus sousestablis avra autel pouoir
comme li dis Pierres s'il i estoit presens. Et pramist li dis
Pierres par devant nous que tout ce qui sera dit et fet du dit
Jehan ou du sousestabli d'iceli Jehan, il tenra fermement
seur[l] l'obligacion de tous ses biens, en tesmoignage[m] de la-
quele[n] chose j'ai, a la requeste dudit Pierre, ceste procura-
cion seelee du seel de la baillie de Clermont. Ce fut fet en
l'an[o], et cetera[p].

141. S'il avient qu'aucuns ne vueille mie fere procuracion
si general, ele puet estre fete especial, c'est a dire que li pro-
cureres n'avra pouoir en sa procuracion fors en la cause pour
laquele il sera envoiés, de laquele la procuracions parlera.

142. Encore puet l'en fere procureeurliqueus n'avra
pouoir fors de ce qui sera fet en la journee, se la procura-
cions le devise en tele maniere.

---

a) *A C* reconv., de extirper (*C* exsturper), de dupl. ; *E F* reconv., de pli-
quier, de dupl. — b) *A* omet de dupl., de terpl. — c) *G H J K* omettent et.
— d) *G H J K* de li [*J* de *biffé à l'encre rouge et exponctué*] toutes (*G*
trestoutes) man. — e) *C* fere posic., de respondre aux posicions de la partie
adverse, de rec. — f) *H J K* omettent la. — g) *G* tesm. avec li en cas de sol.
— h) *G* omet et de fere ic. soll. — i) *C* et de faire pour led. P. tout. ch.
q. il fer. : *G* et generalement pour faire tout ch. que li dis Pier. fer. — j)
A omet et. — k) *G H J K* de meub. d'erit. et de cat. — l) *C* desus; *K* soubs;
A B seur obl. — m) *H J K* en tesmoing de l. — n) *G H K* de ceste ch. — o)
B E F omettent en l'an. — p) *G* en l'an de grace et ct.; *H J K* en l'an de
grace mil trois cens et quinze ; *la fin de la procuration depuis* en tesmoin-
gnage *manque dans L;* B *omet* et cetera; *depuis* sera *M est remanié et
diffère entièrement de tous les autres mss.*; ·il se termine par an de
grace .M. etc.

143. Nule procuracions ne vaut riens se cil qui fet le pro-
cureeur[a] ne s'oblige a tenir ferme et estable ce qui sera fet
ou dit par son procureur.

144. Chascuns gentius hons, par nostre coustume, puet
seeler procuracion en sa cause et en soi defendant, de son
seel. Mes pour autrui que pour lui ele ne vauroit pas, car li
seaus de chascun gentil homme n'est pas autentiques ne
n'a foi en court[b] fors contre le gentil homme qui li seaus est.

145. Cil qui veut fere procureeur et n'a point de seel,
ou il est hons de poosté qui ne doit mie avoir[c] seel[d], doit fere
sa procuracion seeler dou seel de la baillie ou de son juge
ordinaire ou d'autre seel autentique ; car se les procuracions[e]
ne pouoient[f] estre fetes fors par le seel de la baillie ou de
l'ordinaire, cil qui sont hors du païs et ont mestier qu'on
les defende pour les biens qu'il ont en la conteé seroient
malbailli. Et pour ce cil qui sont hors du païs pueent en-
voier procuracion seelee d'arcevesque ou d'evesque[g], ou de
roi, ou de prince, ou d'aucun autre juge qui ait seel bien
conneu et bien aprouvé[h].

146. Toutes procuracions qui sont fetes entre ceus qui
sont resident en la conteé ne durent que .I. an et .I. jour,
car mout de perius pourroient venir par anciennes procu-
racions oubliees es mains des procureeurs[i]. Mes il est au-
trement de ceus qui vont hors du païs et lessent pour aus
procureeur general[j]. Car la vertus de la procuracion dure
tant comme cist est hors du païs s'il ne la rapele par certain
mandement ou par nouvel procureeur[k]. Car la derraine pro-
curacions qui vient en court esteint[l] la premiere s'ele n'en[m]
fait mencion.

147. Cil ne savoit pas bien la coustume qui vint en

---

a) *G* qui fet la procuracion ; *HJK* qui le (*JK* la) fet. — b) *B* foi en fort
court. — c) *HJK* pas av. — d) *C omet* ou il est ... av. seel. — e) *A B* se pro-
curacion[s *A*]. — f) *A* poient ; *B E F* puet, faite. — g) *B omet* ou d'ev. —
h) *C* bien esprové. — i) *A B C E F omettent* es mains des proc. — j) *B E F*
procureurs generaus ; *G H J K* procuracion generale. — k) *C omet* ou par
nouv. proc. — l) *G H J K* restraint. — m) *A C* se ele en fait ; *H J K* se ele
n'i fait.

court et aporta bonne procuracion d'aler avant en la cause, et, quant il l'ot moustree, il vout contremander a quinzaine le jour que ses mestres avoit. Et ce ne[a] pouoit[b] il fere, car il representoit la persone de celui par la procuracion et pouoit[c] aler avant en la cause; et s'il n'i fust alés puis qu'il eut moustree la procuracion, ses mestres eust esté tournés en defaute.

148. Jours de veue fu[d] donnés d'un[e] plet d'eritage. Cil qui se defendoit envoia procureeur au jour de la[f] veue[g], liqueus procureres avoit bonne procuracion general de toute la querele. Nepourquant l'autre partie le vouloit debatre et disoit que veue ne devoit pas estre fete par tel procureeur, pour ce que la procuracions ne fesoit pas mencion especiaument du jour de la veue. Li procureres disoit que sa procuracions estoit bien soufisans a la veue recevoir, car ele estoit general[h] de toute la querele et avoit en soi vertu[i] de toute la querele[j] perdre ou gaaignier[k]. Et seur ce se mistrent en droit.

149. Il fu jugié que la veue pouoit bien estre receue par tel procureeur, car la procuracions generaus d'une querele contient en soi[l] les especiautés qui nessent de la querele. C'est a dire, — se[m] je sui procureres de[n] defendre l'eritage qui est demandés a celi pour qui je sui et la procuracions est generaus de toute la querele, — je puis especiaument demander et requerre jour de conseil et jour de veue, et toutes les choses ou chascune pour soi[o] qui doivent estre eues en plet d'eritage, car les demandes que je fes comme procureres tournent en la defense[o] de celui pour qui je sui.

150. Bien se gart qui respont au procureeur qui a pro-

a) *A omet* ne. — b) *B* puet. — c) *B* puet. — d) *CH* si fu don. — e) *A* du pl. — f) *C omet* la. — g) *GHJK* celle veue. — h) *M* bien gen. — i) *G* av. en lui vertu ; *HJKL* av. vertu en lui. — j) *ACE omettent* et avoit en soi vert. de tout la quer. — k) *E* pour perd. ou pour waingn. — l) *GHJK* cont. en lui ; *C* cont. en soi les autres qui ness. — m) *C* c'hest a dire que je sui. — n) *G* proc. pour def. — o) *B* en p. soi ; *C* a p. soi ; *HJK* chasc. par li. — p) *CGHM* en la defaute ; *C* pour celui.

curacion mal soufisant. Car s'il enchiet[a] de la querele, il pert; et s'il gaaigne, cil qui envoia le procureeur mal soufisant puet rapeler; car il n'est tenus a estre contrains fors selonc la vertu de la procuracion qui fu baillie en court.

151. Li juges doit retenir par devers soi toutes les procuracions qui sont aportees en court si qu'il soit tous jours saisis du pouoir au procureeur. Car se li procureres pert[b] par la vertu de la procuracion puet il metre a execucion le jugié.

152. Qui est acusés de cas de crime, il ne se puet defendre par procureeur; ains convient qu'il viegne a[c] court en sa persone. Mes se li cas chiet en apel et il a essoine, il puet avoir avoué[d] a[e] fere la bataille, si comme nous dirons ou chapitre des apeaus.

153. Quant la procuracions est bonne et ele est devers le juge, l'autre partie doit aler avant en la querele tout en la maniere qu'il feroit se cil i estoit qui le procureeur i[f] envoia.

154. Cil qui sont procureeur pour le commun d'aucune vile en laquele il n'a point de commune, doivent estre mis et[g] establi de par le seigneur qui a la justice de la vile et par l'acort de tout le commun; liqueus acors doit estre fes en la presence du seigneur ou d'aucun envoié de par le seigneur[h] pour l'acort recevoir. Et li sires ou cil qui est envoiés doit demander a chascun du commun par soi s'il s'acorde[i] que cil qui sont nommé pour estre procureeur pour la vile, soient procureeur pour la vile[j] et aient pouoir de perdre ou de gaaignier es causes pour lesqueles il sont establi procureeur. Et tuit cil qui s'i acordent doivent estre mis en escrit comme acordant et tuit li non de ceus qui s'en descordent doivent estre mis en escrit comme descordant[k]

a) *A* s'il chiet ; *G* mains suff. car il ench. — b) *H* pr. perit par la vert. — c) *HJK* vieg. en court. — d) *G* il puet avouer. — e) *GHJK* avoué et fere. — f) *GHJK* omettent i. — g) *AB* omettent mis et. — h) *HJK* de par li. — i) *HJK* par lui s'il si acordent. — j) *HJK* omettent pour la vile ... pour la vile, *et donnent en place* le soient ; *G* omet seulement le second p. la vile ; *C* soient tenus pour proc. de la dite vile. — k) *AB* desacordant.

1. Ch. LXI et LXII.

si que, quant li ples est[a] finés, soit a perte soit a gaaing, que l'en sache liquel pueent perdre ou[b] gaaignier ou plet. Car cil qui ne s'acordent[c] pas au plet[d] n'i doivent perdre ne gaaignier[e].

155. Encore puet on establir procureeur pour commun de vile en autre maniere : c'est assavoir se li sires ou cil qui est[f] envoiés de par le seigneur[g] fet semonre tout le commun par devant li et puis leur dist : « Li aucun s'acordent que teus gent soient procureeur pour vous tous es[h] causes que vous avés ou entendés[i] a avoir contre teus gens — *et doit nommer les causes* — et s'il en i a nul de vous qui s'en descorde, si le nous[j] die. » Adonques se nus ne[k] les[l] desdit[m], cil qui sont nommé devant, demeurent procureeur et pueent perdre ou[n] gaaignier es causes pour lesqueles[o] il sont establi.

156. Il ne loit[p] a nului a rapeler ce que ses procureres a fet, se li procureres ne s'est estendus en plus grant pouoir qu'il n'a par la vertu de sa procuracion. Si comme s'il est dit en la procuracion qu'il a pouoir es causes de muebles, ou de court requerre ou de justice[q] tenir, et il muet aucun plet d'eritage, s'il pert cel plet, ses sires le puet rapeler ; car il ne li donna pas cel[r] pouoir et pour ce se doit bien chascuns garder qui plede contre procureeur, qu'il ait pouoir[s], et[t] qu'il[u][1] ne se mete en plet ou quel li sires du procureeur

---

a) *G* iert ; *HK* ert fin. — b) *HJK* perd. et gaaig. — c) *G* ne s'i ac. ; *HJK* ne s'i acorderent. — d) *GHJK omettent* au plet. — e) *C* doiv. de riens per. ne gaign. ; *G* gaaign. en la querele. — f) *HJK* qui y est. — g) *HJK* de p. li. — h) *GHJK* t. en toutes caus. — i) *GHJK* atendes. — j) *HJK omettent* nous. — k) *C omet* ne. — l) *G omet* ne les. — m) *HJ* nus ne le des. ; *K* nul ne le disoit. — n) *GHJK* perd. et gaaig. — o) *HJK* pour quoi il sont. — p) *C* Il ne puet afferir a n. — q) *HJK* de cort tenir. — r) *ACJ* tel pou. ; *G* ce p. — s) *ABHJKL* qu'il pled. cont. proc. qui ait pou. ; *C* qu'il ne plede pas encontre proc. qui n'ait le pooir de toute la querele perdre ou gaaignier sans che que la chose en soit jamais rapelee de son mestre et qu'il ne se mete ; *E* pouoir de che faire ; *F omet* qu'il ait p. ; *M* proc. de savoir qu'il ait p. et que ne mesthe. — t) *AB omettent* et ; *E* si qu'il. — u) *G* et qui ne.

---

1. Cette phrase est assez embrouillée et les copistes l'ont généralement mal comprise à cause des diverses acceptions que peut prendre *se garder*. Le premier *il* se rapporte au procureur, le second à l'adversaire.

ne puet perdre. Ainçois si tost comme il voit[a] que li procu-
reres s'estent en plus qu'il ne doit, il doit debatre le pro-
cureeur[b]. Et s'il ne le debat et il le reçoit a procureeur dus-
ques a fin de querele ou dusques a tant qu'il se[c] soient apuié[d]
a jugement, s'il pert la querele il ne la puet rapeler, car li
sires[e] du procureeur puet dire, s'il li plest, qu'il tient ferme
et estable[f] ce qui a esté fet[g] pour lui.

157. Quant vile de commune a a fere, il ne convient pas
que toute la commune[h] voist au plet ; ains soufist se li mai-
res et .ii[i] de ses jurés i vont, car cil troi pueent perdre ou
gaaignier pour la vile.

158. Li procureeur ne sont pas tenu a procurer[j] les be-
soignes de leur mestres[k] a leur cous ; ainçois doivent avoir
salaire soufisant selonc les besoignes qu'il procurent, tout
soit ce que l'en ne leur ait riens convencié[l] a donner, car
nule franche persone n'est tenue a servir autre[m] pour nient.

159. Bien se gart li procureres qu'il face ce qu'il doit en
son office, car en tel maniere en pourroit il ouvrer qu'il seroit
tenus a rendre les damages a son seigneur[n] : c'est assavoir
en tous les cas la ou ses sires perdroit par sa tricherie ou
par sa fole perece. Par sa tricherie[o], si comme s'il prenoit
louier de[p] l'autre partie pour faire perdre a[q] son seigneur[r] sa
querele, ou s'il[s] perdoit a escient pour la haine de son sei-
gneur[t] ou pour l'amour de l'autre partie ou pour aucun cas
semblable[u] la[v] ou tricherie peust estre trouvee. Par sa fole
perece pourroit estre li procureres tenus a rendre les da-
mages a son seigneur[x], si comme s'il defailloit a aler as

a) *C* Mes anchois qui il voit. — b) *C* deb. la procuration dou proc. ; *G* deb. le
procuracion. — c) *C HJ K omettent* se. — d) *G* soit ap. — e) *GH omettent*
du proc. ; *JK* le maistre du proc. — f) *C* tient a ferme et pour est. — g) *A*
omet fet. — h) *B* communeté. — i) *A* se li mair. i va et .ii. ; *C* ou .ii. —
j) *C* proc. pour les bes. ; *G* a faire les bes. — k) *BC* les bes. leur maistres.
— l) *B* convenancié ; *C* encovent, *mais le scribe avait d'abord écrit un* s
à la place du c ; *GHJK* promis. — m) *AB omettent* autre. — n) *JK*
maistre. — o) *JK omettent* ou par ... tricherie. — p) *GHJK* a. — q) *G H*
omettent a. — r) *JK* maistre. — s) *JK* s'il la. — t) *C omet* sa quer. ... son
seign. ; *JK* s. maistre. — u) *GH* cas sanblant. — v) *JK omettent* la. — x)
J K maistre.

jours assignés pour la besoigne son seigneur[a] et se[b] ses[c] sires[d] perdoit pour[e] ses defautes. Et c'est bien resons que li sires[f] ait action contre son procureeur en tel cas, pour ce qu'il s'atendoit a lui qu'il alast a son jour.

160. En cas de crime ne puet nus fere procureeur[g] selonc nostre coustume : ainçois convient que cil qui acuse[h] et cil qui est acusés viegnent a[i] court en propres persones[j] sans envoier procureeur.

161. Une coustume queurt entre les procureeurs en la court de crestienté laquele ne queurt pas en court[k] laie. Car il convient que li procureres face caucion[l], c'est a dire seurté[m] que ses sires tenra ce qui sera fet[n]. Et est cele seurtés de pleges ou d'une somme d'argent que li procureres fiance a rendre s'ainsi estoit que ses sires ne vousist tenir ce qui seroit fet contre lui. Mes de ce ne fesons[o] riens en court laie; ainçois regardons en la procuracion que li procureres aporte et, s'ele est soufisans, la justice la retient par devers soi et fet tenir ce qui est fet par le procureeur. Et s'ele n'est soufisans selonc la querele, li sires du procureeur chiet en defaute aussi comme s'il n'i avoit pas envoié.

162. S'aucuns a fet[p] procureeur dusques a certain tans, ses pouoirs dure dusques au tans qui est dit en la procuracion. Et s'il est fes procureres sans nommer jour et li sires estoit presens ou païs[q], l'en ne croit la procuracion[r] que .i. an et .i. jour. Mes autre chose seroit se li sires du procureeur estoit hors du païs, car en cel cas durroit la procuracions dusques a tant que li sires venroit ou qu'il i[s] envoiroit autre procureeur, si comme il est dit dessus.

163. L'en doit savoir quant aucuns a fet[t] procureeur de

a) *A B C omettent* son seign. ; *J K* maistre. — b) *A B C omettent* se. — c) *H* li. — d) *J K* maistre. — e) *H J K* par. — f) *A B omettent* que li sires ; *J K* maistres. — g) *A* puet fere proc. nus. — h) *B* qui a cause. — i) *C* vient en ; *H J K* v. en c. — j) *B C* en propre persone ; *G omet* en prop. pers. — k) *A B* en la court. — l) *A* caulio. — m) *B* c. a. d. seur ce que ; *C* seurté telle. — n) *C* ce qu'il ara fait. — o) *G H J K* fasons noz riens. — p) *A G* S'auc. fait proc. — q) *G* pr. es plais. — r) *G* croit le procureur. — s) *G H J K omettent* i. — t) *G H J K* quant on (*H* aucuns) fait pr.

procuracion general, — c'est a dire liqueus procureres ait pouoir en toutes les choses que procureres puet[a] avoir, — et après il fet procureeur especiaument d'une querele, li generaus procureres n'est pas pour ce anientis. Mes s'il fet le derrain procureeur general sans fere mencion en la derraine procuracion du premier procureeur, l'en ne doit pas puis croire au premier. Ainçois doit on baillier au derrain les besoignes, et lesse li premiers a estre procureres si tost comme la derraine procuracions vient en court. Mes se li procureres derrains se[b] taist ou[c] çoile sa procuracion[d] et li premiers procureres qui riens n'en set euvre de sa procuracion, ce qui est[e] fet doit estre tenu[f], car autrement pourroient[g] mout de tricheries estre fetes par ceus qui feroient procureeurs, pour ce qu'il pourroient dire : « Cil que vous dites qui a perdue ma querele n'estoit pas mes procureres, ainçois l'estoit cius que j'avoie puis fet procureeur[h]. » Et pour ce ne doit l'en croire nul procureeur devant que la procuracions est[i] par devers la justice qui tient la court.

164. A ce qui est dit dessus puet l'en veoir[j] que le derrains procureres boute le premier hors se la procuracions est autele ou plus fors comme[k] la premiere. Nepourquant Pierres qui estoit premiers procureres et leva et exploita les biens de celui qui le fist procureeur avant que li derrains procureres s'aparust en l'office, n'est pas tenus a rendre conte de ce qu'il a fet et procuré a Jehan qui est fes derrains procureres, s'ainsi n'est qu'il soit contenu tout mot a mot en la procuracion de Jehan : « Je vueil que Pierres qui fu mes procureres, rende conte a Jehan, mon derrain procureeur. » Car adonques voit l'en que li sires veut que le derrains procureres soit amenistreres[l] de ses[m] choses aussi du tans passé comme du tans a venir[n]; et en tel[o] cas se li pre-

---

a) *GHJK* pr. doibt av. — b) *A B omettent* se. — c) *C omet* se taist ou. — d) *C* cheloit ichelle pr. — e) *HJK* ce q. en est f. — f) *G* fet est tenus et doit estre, car. — g) *A B* pourroit. — h) *A* fet mon proc. — i) *C* la proc. soit. — j) *B* savoir. — k) *GHJK* fort (*JK* forte) que. — l) *JK* administrateur. — m) *HJK* des chos. — n) *H* du tans a venir. — o) *AB* en cel cas.

miers procureres rent conte au derrain procureeur tel qu'il
s'en tiegne a paié, li sires qui procureeur le fist ne l'en puet
riens demander. Ainçois doit li derrains procureres conter
de tout. Et se li premiers procureres n'est pas tenus a rendre
conte au derrain[a] pour ce que mencion n'en fu pas fete en
la derraine procuracion, chascuns des procureeurs est tenus
a rendre conte de son tans, quant li sires qui procureeurs
les[b] fist, ou si oir[c], se li sires est mors, vuelent avoir
conte[d].

165. Aucune fois avient[e] qu'uns procureres a a fere en
diverses cours pour son seigneur, et de pluseurs quereles,
et si n'a qu'une procuracion et puet estre que ses sires est
en tel lieu qu'il ne puet autre recouvrer. Que fera il donc
quant la premiere court la ou il venra pledier retenra sa
procuracion? Il doit requerre a la court que sa procuracions
li soit transcrite mot a mot et li transcris seelés du seel de la
court ou d'autre seel qui soit autentiques, et de cel trancrit
qui li sera bailliés ou de sa procuracion qui li sera rendue
se la court retient le transcrit devant dit[f], il s'en[g] pourra
aidier en la seconde court. Et s'il a a fere en la tierce ou[h]
en la quarte, aidier se puet en chascune par les transcris
seelés de seel autentique[i].

166. Tout soit il ainsi qu'aucuns ait fet procureeur dus-
ques a certain tans et li ait pramis certain louier pour estre
son procureeur dusques a cel terme[j] qui est dit en la pro-
curacion, n'a[k] il pas renoncié qu'il ne puet[l] fere autre pro-
cureeur et celi oster. Mes s'il l'oste sans son mesfet, il li est
tenus a paier tout son salaire; et ainsi est il de tous autres
services, car chascuns puet oster de son service celui qui le
sert, quant il li plest, en tele maniere qu'il li pait autant

a) *A C* au derrenier. — b) *A* proc. le fist. — c) *G* proc. les fist le veult
oïr ou ses hoirs; *J K* de son tans a son maistre ou a ses hoirs. — d) *G* sir.
estoit mors; *omet* vuel. av. conte; *J K omettent* se li sir. ... av. conte. —
— e) *A B* av. il. — f) *H J K omettent* devant dit. — g) *A B* il se pour. —
h) *A B omettent* ou. — i) *A* des seaus autentiques; *C G* du seel aut. — j)
A dusq. a tel t.; *C* dusq. a chertain t.; *G H J K* dusq. a che temps. — k)
G H J K n'ara il pas ren. — l) *G H J K* puist fere.

comme s'il i avoit[a] esté tout son terme, puis qu'il ne s'en part par son mesfet.

167. Procureres ne puet fere pes ne mise, ne ordenance, ne concordance de la querele son seigneur, se li pouoirs ne l'en est donnés especiaument par les mos de la procuracion. Et s'il le fet, li sires ne le tenra pas s'il ne li plest. Et se li procureres baille[b] pleges a la partie[c] que ses sires le tenra et après ne puet fere que ses sires[d] le tiegne, il convient qu'il tiegne a la partie[e] ce qu'il[f] li convença[g] ou autant vaillant. Et ainsi puet il estre damagiés par sa fole obligacion. Et pour ce est il mestiers as procureeurs qu'il prengnent garde quel pouoir il ont et qu'il usent selonc leur pouoir tant seulement.

168. Nous n'avons pas acoustumé qu'hons de poosté face procureeur en nul cas; mes gentius hons, religieus[h], clers et fames le pucent fere en defendant, non en demandant, fors que les eglises et cil as queus[i] les especiaus graces sont donnees du roi ou du seigneur qui tient en baronie, dedens sa baronie, ou cil qui vont en estranges terres pour le pourfit commun, car il puent establir procureeurs en demandant et en defendant.

169. Quant aucune assemblee, si comme communs de vile, veut mouvoir aucun plet qui touche a la[j] communeté, il n'est pas mestiers que toute la communetés voist pledier et aussi ne doit[k] l'en pas respondre a chascun a par soi[l], car quant li uns avroit perdu, li autres pourroit commencier le plet pour tant comme il li toucheroit, et ainsi n'avroit jamais li ples fin[m], qui seroit meus contre aucune communeté. Donques s'aucune vile veut mouvoir plet[n] qui touche la communeté[o], il doivent establir pour aus tous une persone

---

a) *HJK* aut. que s'il av. — b) *GHJK* livre. — c) *G omet* a la part. — d) *A B* que li sires ; *JK* maistres. — e) *GHJK* s. le tiegne li procureres doit enteriner a la part. — f) *HK omettent* il. — g) *BCHK* convenanç. ; *G* commencha ; *J* enconvenança. — h) *A* religions ; *GHJK* et clers. — i) *GHJK* a qui. — j) *A B omettent* a. — k) *GHJK* ne peut on. — l) *HJK* li ; *C* tout par soi. — m) *A* p. finé li pl. — n) *JK* veut plaider et mouv. plet. — o) *C* touche contre aucune commune.

ou .II. ou .III. ou plus, s'il leur plest, et leur doivent donner
pouoir de perdre ou[a] de gaaignier pour aus. Et ce doit
estre fet par devant le seigneur de qui il tienent et qui
justiçable il sont, ou par devant le seigneur qui tient en
baronie, en qui court il entendent a pledier, especiaument[b]
quant il sont couchant et levant dessous li ou dessous ses
sougiès. Et doivent tuit cil qui s'i acordent[c] estre mis en
escrit pour ce qu'il ne puissent renoier que li establi ne
fussent mis par leur acort. Et adonques cil qui sont establi
en ceste maniere sont procureeur pour la vile et pueent
perdre ou gaaignier les quereles pour lesqueles il sont esta-
bli. Et s'il sont establi generaument pour toutes quereles
meues ou a mouvoir, il pueent aler avant es quereles qui
sont a mouvoir[d] et qui sont meues dusques a tant qu'il sont[e]
osté de leur office par ceus qui a ce les establirent.

170. Bonne chose est as procureeurs qu'il se maintie-
gnent en leur office sagement et loiaument, qu'il ne soient de-
bouté par leur mauveses[f] euvres. Nepourquant s'il ont baillié
bonne procuracion soufisant, assés doit soufrir la court[g]
d'aus pour ce que leur seigneur[h] ne perdent; mes bien
doit li baillis fere savoir a celui qui procureeur le fist qu'il
querre autre procureeur et mander la reson pourquoi cil
n'est pas soufisans. Et se ses sires ne le veut changier,
adonques le puet li baillis oster de son office, et bien reçoive
li sires du procureeur tel damage comme il devera pour sa
defaute, pour ce qu'il ne vout envoier procureeur soufisant.

171. Il ne convient pas quant communetés[i] de vile fet
procureeur que li aucun apelent establi ou quant l'en fet
aucune chose qui est necessaire ou convenable pour la vile,
que[j] ce qui est fet soit de nule valeur pour ce s'il ne furent
tuit a l'acort fere. Ainçois soufist se les .II. parties des gens

---

a) *A H J K* perd. et [*J* de] gaaig. — b) *G H J K* et esp. — c) *A* qui ac.;
H J K qui s'a. — d) *C* omet il pueent ... mouvoir. — e) *C* soient o. — f)
A B males. — g) *C* d. soufire a la court. — h) *G* d. soufr. la court d'aulx
pour tans de paour que leur seig. ; *J K* doit soufr. le corps d'eulz pour ce que
leurs maistres. — i) *F* commune de vile. — j) *G H J K* omettent que.

et li mieus soufisant sont a l'acorder[a]. Car il ne convient pas ne l'en ne doit[b] soufrir que li meins ne li plus povre puissent empeechier[c] ce que la greigneur partie et li mieus soufisant acordent. Et ce que nous avons dit de teus establis qui sont fet pour commun de vile, entendons nous pour viles bateïces[d] hors[e] de commun. Car les viles de[f] communes ont leur maieurs et leur jurés, liquel sont establi pour la commune et pueent perdre et gaaignier selonc la franchise qui leur est donnee par les poins de leur chartres.

172. Li pouoirs as establis qui sont fet pour procurer les besoignes a aucune communeté[g], dure tant que les besoignes pour lesqueles[h] il furent establi soient mises a fin, s'ainsi n'est qu'il soient osté pour autres metre en tel office par ceus qui les establirent ou par la greigneur partie des plus soufisans et en la presence du seigneur dessous qui il couchent et lievent, ou de leur souverain, s'il entendent a pledier en sa court.

173. Quant il est contenu en la procuracion que li procureres puist fere autres procureeurs, fere le puet; et ceus apele l'en sousestablis. Et toutes les fois que teus sousestabli[i] sont fet, il doivent aporter en court la procuracion par laquele l'en les[j] puet sousestablir[k] et procuracion du procureeur qui les[l] sousestabli. Et adonques l'en doit respondre a li comme a vrai procureeur. Mes cil qui en ceste maniere sont sousestabli ne pueent pas autres sousestablir, car il soufist assés se l'en puet sousestablir procureeur seconde fois.

Ici fine li chapitres des procureeurs.

---

a) *G H J K* sont a l'acort. — b) *G H J K* ne ne doit on. — c) *A C* despecier. — d) *B* batices ; *C* batailleiches ; *E* basses ; *F* banches ; *G* bateiches ; *H* bateices ; *J K L* bassetes ; *M* batiches ; ms. de dom Carpentier, Ducange v° *baticius,* bateillicisses. — e) *M* v. b. qui sont h. de c. — f) *A B C* v. des c. -- g) *H J K* auc. communes. — h) *H J K* bes. pour quoi. — i) *A B* que ces establis. — j) *H J K* laq. il les. — k) *H J K* establir. — l) *H J K* le. — Explic.) *C* Chi define ; *G* Explicit ; *H J K n'ont pas d'explicit.*

V.

Ici commence li cinquismes chapitres de ce livre qui parole de l'office as avocas.

174. Pour ce que mout de gens ne sevent pas les coustumes comment on doit user, ne ce qui apartient a leur querele maintenir, il loit[a] a ceus qui ont a pledier qu'il quierent[b] conseil et[c] aucunes persones qui parolent pour aus; et cil qui parolent pour autrui sont apelé avocat. Si traiterons en ceste partie de ce qui apartient a leur office et de ce qu'il doivent fere.

175. Cil qui se veut meller d'avocacion, s'il en est requis du juge ou de la partie contre qui il plede, doit jurer qu'il, tant comme il maintenra l'office d'avocat, il se maintenra en l'office bien et loiaument et qu'il ne soustenra a son escient fors que bonne querele et loial, et s'il en commence a maintenir aucune laquele il creoit a bonne quant il la prist[d] et il la connoist puis a mauvese, aussi tost comme il la connoistra, qu'il la delera. Et puis qu'il a fet cel serement en une court, il n'est[e] plus tenus a fere loi[f] des ore en avant. Mes devant qu'il l'ait fet[g], il n'est pas a recevoir en avocacion[h], se partie le debat.

Rubr.) *C* de l'off. que li advocas puecnt avoir; *G HJ K omettent* de ce livre; *G* par. des av., comment il, *etc.*, *comme à la table*: *HJ K* par. des av. — a) *C* il souffist. — b) *G* qu'il aient cons. — c) *C* qu'il quier. et aide et cons. ou auc. pers. — d) *A* l'emprist. — e) *GHJ K* il ne l'est. — f) *C* a fere le. — g) *C* ait che fait; *GHJ K* qu'il a f. cel serement. — h) *GHJ K omettent* en avocacion.

176. Li avocat par nostre coustume, pueent prendre de la partie pour qui il pledent le salaire qui leur est convenanciés, mes qu'il ne passent pour une querele .xxx. lb. ; car plus de .xxx. lb. ne pueent il prendre par l'establissement nostre roi[a] Phelippe[1]. Et s'il ne font point de marchié a ceus pour qui il pledent, il doivent estre paié par journees selonc ce qu'il sevent et selonc leur estat, et selonc ce que la querele est grant ou petite, car il n'est pas resons que uns avocas qui va a un cheval doie avoir aussi grant journee comme cil qui va a .ii. chevaus ou a .iii. ou a plus, ne que cil qui peu set ait autant comme cil qui set assés, ne que cil qui plede pour petite querele ait autant[b] comme cil qui plede pour la[c] grant. Et quant ples est entre l'avocat et celui pour qui il a pledié pour ce qu'il ne se pueent acorder du salaire qui ne fu pas convenanciés, estimacions doit estre fete par le juge selonc ce qu'il voit que resons est, selonc ce qu'il est[d] dit dessus.

177. Bien se gart l'avocas que puis qu'il avra aucun aidié[e] en sa querele ou esté a son conseil de sa querele, qu'il ne le lesse par sa coupe pour aidier a l'autre partie contre lui, car il en pourroit estre deboutés se cil qui il aida premierement le vouloit debatre ; et c'est bien resons que cil qui a esté a mon conseil ou avocas en ma querele ne puist puis estre contre moi d'icele meisme querele. Et pour ce se doivent bien garder li avocat qui il commencent[f] a aidier et comment, car s'il font marchié pour[g] toute la querele et cil le veut delessier qui l'apela a estre[h] de[i] son conseil, l'avocas ne pert pas pour ce qu'il n'ait tout ce qui li fu convenancié[j], puis que ce n'est en[k] sa[l] defaute. Et s'il fu loués par jour-

---

a) *C* est. du roi P. ; *HJK* est. nost. bon roi P. — b) *A omet* ait aut. — c) *G H J K omettent* la ; *G* gr. querele. — d) *C G* sel. ce qui est. — e) *A B E F* av. aucune aide. — f) *A* il convenancent. — g) *A B E F* a toute la quer. — h) *G omet* estre ; *J K* pour c. — i) *G H J K* a son c. — j) *G H J K* enconvenancié. — k) *C G* par. — l) *B omet* en sa.

---

1. Ordonnance du 23 octobre 1274, *Ord.*, I, 301.

nees, cil qui le loua le puet lessier quant il li plest et paier
de tant de journees comme il i avra esté; et si ne pourra puis
l'avocas aler[a] au conseil de l'autre partie en cele querele.

178. Nous avons dit que nus ne doit estre receus en
avocacion devant qu'il a fet le serement, se partie le debat.
Mes ce entendons nous entre les persones qui maintienent
l'office d'avocat[b] par louier, car autre gent sont qui bien
puent pledier pour autrui sans fere le[c] serement qui
apartient a fere as avocas: si comme quant[d] aucuns plede
sans entente[e] de louier pour aucun de son lignage, ou pour
aucun de ses sougiès as queus il est tenus a aidier, ou pour
son seigneur, ou pour aucune religion povre, ou pour au-
cune autre povre persone, pour l'amour de Nostre Seigneur;
toutes teus manieres de gens doivent estre oï pour autrui et
si ne sont pas pour ce apelé avocat, ne ne leur convient pas
fere le serement que li avocat font.

179. Li avocas qui doit aidier a une partie pour[f] certain
louier, s'il prent louier de l'autre partie par tel convent
qu'il ne se mellera de[g] l'une partie[h] ne de l'autre[i] en con-
seil n'en avocacion, se c'est prouvé contre li, il doit perdre
l'office d'avocacion. Car c'est aperte mauvestiés d'avoir con-
vent a aidier a aucun[j] et après faillir par couvoitise; et cil
qui de ce sont ateint ne sont pas puis[k] digne d'estre[l] en
tel office ne en autre.

180. Quant li avocas plede[m] pour autrui il doit[n] dire a
celui qui tient la court, ou[o] commencement de sa[p] parole:
« Sire, je dirai pour Pierre par amendement de li et de son
conseil. » Car s'il ne retient[q] l'amendement et[r] il n'est[s]
avoués de Pierre pour qui il parole[t], il chiet en la simple

a) *H J K pour. li av. puis al.* — b) *C m. les advoccacies p.; G l'off. d'avo-*
cacie. — c) *G H J K omettent* le. — d) *F G H J K omettent* quant. — e) *H J K*
sans [K avoir] attente. — f) *A B par.* — g) *C G mellera ne de.* — h) *A B*
omettent partie. — i) *A B l'a. partie en c.* — j) *A a autrui.* — k) *A B E F*
omettent pas; *G H J K omettent* puis. — l) *C est. jamais.* — m) *A B C F H J K*
(*A B F* avocat, *J K* les avocas) *plaident p.* — n) *A C F J K doivent dire.* —
o) *E ou au comm.* — p) *A F leur par.* — q) *H J K s'il ne detient.* — r) *F*
omet et. — s) *F il est.* — t) *G H J K plede.*

amende du seigneur. Et s'il retient l'amendement, il est en
la volenté[a] de Pierre pour qui il plede[b], d'oster ce qu'il a
trop dit ou de fere plus dire, s'il a trop peu dit, mes que
ce soit avant qu'il ait avoué sa parole; car puis qu'il a avoué
ce que l'en a dit[c] pour lui, s'il ne l'avoue par amendement
il n'i puet[d] puis ne metre ne oster. Mes s'il l'avoua par
amendement[e], il doit dire ou fere dire tantost ce qu'il li[f]
veut amender avant qu'il s'apuie en jugement[g], car puis
que paroles sont couchies en jugement, l'en n'i puet riens
metre[h] ne oster.

181. Combien qu'aucuns ait de gens a son conseil, li uns
tant seulement doit estre esleus pour dire pour li et bien en
port du conseil des autres ce qu'il doit dire. Car[i] se tuit cil
du conseil ou pluseur parloient pour li, li juges seroit em-
pecchiés pour la multitude des paroles et si seroient li plet
trop lonc. Et pour ce afiert il qu'il ne parole que li uns; mes
s'il dit par amendement, li dis puet estre dis par lui ou par
aucun des autres, s'il plest a la partie[j] qui plede.

182. Combien que li hons soit sages, s'il a grant querele,
nous ne li louons pas qu'il conte sa parole[k] pour .II. perius:
li uns des perius si est pour ce que chascuns est plus tost
tourblés et[l] empeechiés quant l'en ne li fet ou dit[m] sa volenté
en sa querele qu'en l'autrui; et li secons perius[n] si est que
quant il dit aucune chose qui li est contraire, il n'i puet
metre amendement, laquele chose il puet bien fere de la
bouche son avocat quant il dit par amendement.

183. Mestiers est a celui qui se melle d'office d'avocat
qu'il sache soufrir et escouter sans courous, car l'hons cou-
rouciés pert legierement son propos. Si est mestiers qu'il

---

a) *A* amend. et il n'est avoués de P. — b) *A* il parole; *HJK omettent*
pour qui il pled. — c) *EFGHJK* ce qu'il a dit. — d) *AB* il ne puet; *omet-*
tent le premier ne. — e) *C omet* il n'i puet puis ... par amendement. — f)
HJK ce qu'il y vieut a. — g) *ABE* s'ap. a jug.; *FG* au jug. — h) *GHJK*
riens ne metre. — i) *G omet* du cons. ... dire car. — j) *GHJK* s'il li plest
ou a la part. — k) *G* c. sa querele. — l) *G* plus troublés ou plus emp.;
HJK troubl. ou emp. — m) *H* dist ou fet. — n) *HJK omettent* perius.

soit soufrans sans couroucier et bien escoutans ce qui est
dit contre li pour mieus entendre et retenir.

184. Beaus maiestires[a] est a celui qui est avocas et a
toutes manieres de gens qui ont a pledier pour aus ou pour
autrui, quant il content leur fait[b], qu'il comprengnent[c] tout
leur fet[d] au[e] meins de paroles qu'il pourront, mes que la
querele soit bien toute[f] comprise es paroles. Car memoire
d'homme retient plus legierement peu de paroles que mout
et plus agreables sont as juges qui les reçoivent; et grans
empeechemens est as baillis[g] et as jugeeurs[h] d'oïr lon-
gues paroles qui[i] ne font riens en la querele, car quant eles
sont dites, si convient il que li baillis ou li juges qui les a a
recevoir[j], prengne seulement les paroles qui ont mestier a
la querele, et les autres ne sont contees que pour oiseuses.

185. L'avocas se puet bien louer pour la querele a
un homme, nepourquant il ne lera pas pour ce, s'il ne li
plest, a estre encontre li d'une autre querele; car il n'est
pas tenus s'il ne li plest a li aidier[k] fors de[l] la querele de la-
quele il li convenança s'aide[m]. Et se li avocas cuida au
commencement que la querele fust bonne et il la sentist
puis a[n] mauvese, si qu'il li faillist d'aide pour sauver le[o] se-
rement qu'il fist qu'il ne soustenroit mauvese querele puis
qu'il la connoistroit, pour ce ne doit il pas aler a l'aide de[p]
l'autre partie contre celi lequel il commença[q] a aidier d'icele
meisme querele[r], ainçois ne s'en doit entremetre ne d'une
part ne d'autre. Et pour ce que l'avocas pourroit cuidier la
querele a mauvese laquele seroit bonne, puis que[s] sa cons-

---

a) *A* b. maietieres; *CJK* bonne chose; *BEFG* b. mestiers; *H* maistieres;
M mesties; Cf. *Manekine*. 1045 et 7653, maiestire *en rime avec* empire *et*
dire. — b) *AB* c. leur plet. — c) *ABEF* qu'il le comp. — d) *M* com-
menchent; *ABEF omettent* leur fet. — e) *AB* a m.de p.; *G* en m. de par.
— f) *ABEF omettent* toute. — g) *BC* au baillif; *M* a juges. — h) *CHJK*
juges; *E* seigneurs; *M omet* et as jug. — i) *M* par. et as baillis qui les ont
a rechevoir lesquelles. — j) *HJK omettent* quis le a a rec. — k) *A omet* li aid.
fors de; *G omet* a li aid. — l) *G* fors que de. — m) *B* comença a aidier;
C conmencha s'aid. — n) *AC omettent* a. — o) *BC* son ser. — p) *HJK* a
l'aut. — q) *AHJK* il convenança. — r) *FA* de sa première quer.; *GHJK*
pour ic. m. quer. — r) *H omet* que.

cience le reprent, partir s'en doit; mes ce doit estre cour-
toisement et en tel point que cil qui s'atendoit a lui puist
recouvrer autre avocat.

186. Or est assavoir, se l'avocas le fet en ceste maniere,
s'il avra louier de celui a qui il convenança[a] a aidier en
toute la querele[b], puis qu'il le lesse[c] ains la fin de la que-
rele[d]. Nous disons que oïl, mes qu'il jurt seur sains qu'il
lessa a lui aidier pour ce qu'il connut la querele a mauvese
pour son serement sauver et, le serement fet, il doit estre
paiés selonc ce qu'il avoit pené avant qu'il conneust la que-
rele a mauvese et selonc le louier qu'il devoit avoir en toute
la querele, par l'estimacion des jugeeurs.

187. Tuit cil qui pueent estre debouté pour[e] vilain cas
de crime de tesmoignage porter, pueent et doivent estre de-
bouté d'avocacion, mes des autres cas que de crime pueent
bien estre teus debouté en temoignage qui ne pueent pas
estre debouté en avocacion: si comme chascuns puet estre
avocas en sa querele et il n'i[f] est pas receus en tesmoignage,
ou cil qui sont de ma mesnie, ou mi serf, ou mi bastart,
pueent estre mi avocat et si pourroient estre debouté de tes-
moignier en ma querele.

188. Cil qui ne puet estre justiciés par les juges de la
court la ou il veut[g] estre avocas, n'est pas a recevoir en avo-
cacion se li juges ne li fet grace, si comme clers en court
laie, car s'il mesfesoit[h] ou s'il n'estoit[i] avoués de sa parole,
ne pourroit[j] il estre justiciés pour l'amende ne pour le mesfet
qu'il ne fust rendus a son ordinaire. Nepourquant partie ne
le puet debatre se li juges le veut soufrir[k]; et se li juges[l]
ne le veut fere, nepourquant il puet[m] fere requestes ou ple-
dier pour li ou pour s'eglise, ou pour son lignage, ou pour

a) *C* qui il commença; *G H* qui il ot en convent; *J K* qu'il ot conve-
nancié. — b) *H J K* aid. en cheste maniere en toute la quer. — c) *A B C* p.
qu'il l'a laissiee. — d) *G omet* puis qu'il ... la quer. — e) *C* deb. de vil. —
f) *G H J K omettent* i. — g) *C* il vient pour est. av. — h) *A* i mesfesoit;
C le mesf.; *J K* mesfesaient. — i) *J K* estoient. — j) *J K* pourroient. — k)
G li jug. le vieut faire. — l) *C omet* le veut soufr. ... li jug. — m) *H* il doit
fere; *J K* ils doivent fere.

le commun pourfit, ou pour povre persone pour Dieu, mes
qu'il face serement qu'il n'en ait nul louier ne[a] n'atent a avoir[b].

189. Li baillis, de son office, puet bien debouter l'avocat
qu'il ne soit oïs en avocacion devant li, liqueus est cous-
tumiers de dire vilenies au baillif ou as jugeurs, ou a la
partie a qui il a a fere, car male chose seroit se tel maniere
de gens ne pouoient estre debouté d'avocacion.

190. Il ne loit pas a fame a estre[c] en office d'avocat pour
autrui pour[d] louier, mes sans louier puet ele parler pour soi,
ou pour ses enfans, ou pour aucun de son lignage, mes que
ce soit de l'autorité de son baron, s'ele a baron.

191. Cil qui est escommeniés et renforciés puet estre de-
boutés d'office d'avocat de partie ou de juge dusques a tant
qu'il est[e] assous, pour ce que tuit cil qui a li parolent et
sevent son escommeniement[f] sont escommenié[g], et il
convient respondre et parler as avocas[h].

192. Hons de religion ne doit pas estre receus en office
d'avocat en court laie, se ce n'est pour la besoigne de s'eglise
et de l'autorité de son souverain qui especiaument l'ait a ce
establi.

193. Il apartient au baillif qu'il garde[i] quel avocat
acoustument[j] a pledier par devant li; et si il les puet[k] oster
s'il ne les voit soufisans si comme il est dit en ce chapitre
meisme, et aussi s'il sont desobeïssant a son commandement
es choses es queles il doivent obeïr a li; lesqueus choses
sont teles que se j'ai une besoigne commenciee de laquele
il ne se doit meller, et il[l] la me corront[m] et fet l'anieus
pour parler d'une sieue besoigne, et je li commant qu'il se
tese et il ne se veut tere, je li puis oster l'office[n] d'avocacion

a) *H* omet ne. — b) *G* qu'il n'en ha riens ne qu'il en at. riens a av. — c)
A B fame qu'ele soit en of. — d) *A B* par louier. — e) *G H J K* qu'il soit
ass. — f) *B E F* omet et sev. son escom. — g) *B E F* escom. se il sev. son
escum. — h) *G H J K* a cascun advocat. — i) *G H J K* bail. savoir q. av. —
j) *G* av. viennent acoustumcement. — k) *E* omet si il l. p. ost.; *G H J K* si
que il les puist. — l) *E* mell. si le me; *F* s'il le me c. — m) *C* il la me veut
corrumpre; *G H J K* il me courouce et f. l'an. — n) *G H J K* je le puis bien
ost. de l'of.

de devant moi; et aussi se partie me requiert que je li baille conseil par le sien, comme cil qui n'en puet point avoir pour doute de celui a qui il plede ou pour doute d'estre mauvesement paiés et je commant a l'avocat qu'il voist a son conseil, il doit obeïr au commandement en tel maniere qu'il soit seur de la partic d'avoir son salaire selonc ce que la journee desire. Nepourquant pour aucunes resnables causes se puet escuser li avocas qu'il ne doit pas aler au conseil ne estre avocas a celui dont il a commandement, — si comme s'il est convenanciés a l'autre partie, ou s'il est ses amis de char, ou s'il a[a] grant affinité d'amour a la veue et a la seue du commun, ou s'il a aucune aliance a li ou aucune compaignie, ou s'il a haine vers la partie ou li baillis li commande a aler ou vers aucun de ses prochiens parens pour droite cause de haine, ou s'il li aida autre fois et il ne li paia pas son salaire ne encore ne li veut paier, ou se la querele li[b] touche en sa persone ou a aucun de ses parens ou a aucuns de ceus a qui il s'est[c] aliés, ou s'il jure qu'il croit la querele a mauvese par quoi il ne veut pas estre ses avocas, — par toutes ces causes se puet il defendre et requerre au baillif qu'il rapeaut son commandement, et li baillis le doit fere s'il i voit aucune des causes dessus dites.

194. S'aucuns vient a court pour pledier et ne puet avoir conseil parce que tuit li avocat s'escusent par resnable cause qu'il ne soient avec li, li ples ne doit mie pour ce demourer ne alongier, par la coustume de la court laie. Ainçois doit la partie estre contrainte a aler avant et pour ce se doit chascuns pourveoir comment il vient garnis de conseil a son plet; et s'il ne veut[d] aler avant, il doit estre mis en defaute aussi[e] comme s'il ne fust pas venus a court.

195. Li avocat et li conseilleur[f] pueent[g] prendre salaires et services[h] pour leur conseil ou pour leur avocacion; mes

---

a) *G H J K* il y a gr. aff. — b) *G H J K omettent* li. — c) *J K* il est. — d) *A B* s'il n'i veut all. — e) *J K* ainsi. — f) *A H J* conseilliers; *G* conseillers. — g) *H J K* puet bien pr. — h) *B E F* [*E* pour leur] services et salaires pour.

ce ne pueent pas fere les justices ne li jugeeur, car services et consaus pueent bien estre vendu, mes ce ne pueent pas[a] ne ne doivent estre li jugement.

Ici fine li chapitres des avocas.

a) *JK omettent* pas. — Explic.) *C* Chi define; *H* Explicit; *GJK n'ont pas d'explicit.*

VI.

Ici commence li sizismes chapitres de cest livre qui parole des demandes.

196. Li clerc ont une maniere de parler mout bele se-lonc[a] le[b] latin; mes li lai qui ont a pledier contre aus en court laie n'entendent pas bien les mos meismes qu'il dient en françois, tout soient il bel et convenable au plet. Et pour ce, de ce qui plus souvent est dit en la court laie et dont plus grans mestiers est, nous traiterons en cest chapitre en tel maniere que li lai le puissent entendre. C'est assavoir[c] des demandes qui sont fetes et que l'en puet et doit fere en court laie, lesqueus demandes li clerc apelent libelles; et autant vaut demande comme libelle. Et après nous trai-terons des defenses que li defenderes doit metre avant contre celi qui demande, lesqueus defenses li clerc ape-lent excepcions. Et après nous traiterons des defenses que cil qui demande met avant pour destruire les defenses que li defenderes met contre sa demande, lesqueus defenses li clerc apelent[d] replicacions; et de dire en avant que dusques as replicacions il n'est pas mestiers en court laie pour ce que l'en ne barroie qu'une fois chascune partie. Et[e] nous apelons barroier les resons que li defenderes met contre ce

---

Rubr.) *C* des dem. que on puet faire; *G donne comme rubrique le même texte qu'à la table*; *HJK omettent* de cest liv. qui par. — a) *A omet* selonc. — b) *GHJK omettent* le. — c) *GHJK* Car c'est a sav. — d) *F* def. lesqueles sunt appelez. — e) *GHJK omettent* Et.

qui li est demandé et les resons que li demanderes met
contre les defenses au defendeur ; mes a[a] la court de cres-
tienté barroient il par tans de fois comme il font retenue
qu'il apelent protestacion, et comme il pucent trouver reson
l'une partie contre l'autre ; et pour ce baillent il triplicacion
au defendeur contre les replicacions au demandeur ; et
après il baillent quadruplicacions au demandeur contre les
triplicacions au defendeur[b]. Mes de tout ce n'est il mestiers
en court laie, lors que sans plus des defenses que li defen-
deres met contre ce qui li est demandé et des resons que li
demanderes met contre iceles defenses. Si traiterons de ces
.iii. choses tant seulement : c'est assavoir en cest chapitre
ci[c] des demandes que li demanderes doit fere, et ou cha-
pitre qui venra après cestui des defenses au defendeur et
des resons que li demanderes met contre les[d] defenses ; et
premierement nous dirons des demandes pour ce que c'est
li commencemens du plet.

197. Pluseur demandes sont fetes, les unes de muebles
et de chateus, les autres de saisine d'eritage[e], les autres de
proprieté d'eritage[f], les autres de convenances, les autres
de douaire, les autres de bail ou de garde qui pucent avenir
par reson d'enfans sousaagiés, les autres de force, les autres
de nouvele dessaisine, les autres d'estre tourblés en sa sai-
sine, les autres de cas de crime qui touchent[g] les persones :
si est bon que nous disons briement comment demande doit
estre fete par devant justice de chascune de ces choses.

198. Qui veut demander muebles et chateus il doit dire
en ceste maniere : « Sire, je demant a Jehan qui la est teus
muebles et teus chateus, » et les doit nommer se ce sont[h]
grosses choses et par peu de parties. Car en tel maniere
pourroient eles estre qu'il soufiroit s'il fesoit sa demande en

---

a) *G H J K* en la court. — b) *G* omet et ap. il bail. quadr. ... au def. — c)
H J K omettent ci. — d) *A* contre iceles def. — e) *A B H J K* de sais. et d'er ;
E de salaires (*correction moderne en marge :* saisine) d'eritage et de saisine.
— f) *G H J K* omettent les aut. de prop. d'er. — g) *G H J K* touche. — h)
E se ch'est ; *F* et ce se s. ; *H J K* se ce ne sont.

general : si comme s'il demandoit choses enfermees qu'il
n'avroit pas veues, ou pluseurs despueilles ou[a] il n'avroit
pas esté au lever, ou partie en tous les muebles d'un ostel,
car en tous choses ne pourroit il savoir tout nommer. Et pour
ce soufiroit il a dire : « Je demant toutes les choses qui la
sont enfermees », — ou *partie* se il ne demande le tout —
ou *les muebles de tel ostel qui furent celi*, — ou *les despueilles
de tel eritage qui furent a tel*. Et s'il ne[b] demande fors
partie, il doit dire[c] la partie quel, ou moitié, ou tiers, ou
quart, ou meins se meins i demande. Et puis doit dire reson
pour quoi il le doit avoir, si comme se li drois li est des-
cendus[d] ou escheus de costé ou par achat, ou par don, ou
par autre cause resnable; car demande qui est fete et l'en
ne dit reson[e] pour quoi l'en le doit avoir ne vaut riens, ne
n'i est pas li defenderes tenus a respondre; car nient est a
dire : « Jehans me doit .x. lb. ; fetes les moi paier, » se je
ne di pour quoi et de quoi[f] il les me doit[g].

199. Aucuns i a qui ont mestier[h] de former leur de-
mande seur saisine d'eritage tant seulement en tel ma-
niere qu'il ne touchent[i] de riens en leur[j] demande la[k] pro-
prieté, pour ce que[l] s'il touchoient la[m] proprieté en leur[n]
demande li ples seroit demenés selonc la proprieté; si
en seroit li ples plus lons et plus perilleus, car après ce que
saisine est gaaigniee ou perdue puet l'en commencier plet
seur la proprieté. Donques doit estre fete la demande pro-
prement seur la saisine en la maniere qui ensiut[o] : « Sire,
je demant a avoir la saisine de tel eritage qui siet en tel lieu
et qui fu a[p] tel persone, et di qu'a moi apartient[q] la saisine
par tel reson ». Et doit la reson dire[r] : si comme s'ele li est

---

a) *A B* desp. la ou il. — b) *A C E* n'en demande. — c) *A B C F omettent*
dire ; *H remplace* doit dire *par* doire. — d) *B* rendus. — e) *G H J K* nule
raison. — f) *C* et conment il; *B H J K L omettent* et de quoi. — g) *M* se je
ne donne raizons pour quoy il est a moi tenus. — h) *C* ont mlt grant mest.
— i) *A B C H J K* touche. — j) *C* a la dem. — k) *G* dem. de la prop. — l)
G H J K omettent que. — m) *G* touch. en riens la prop. — n) *H J K* en le
dem. — o) *G J K* qui s'ensiut. — p) *H omet* a. — q) *H J K* a moi en ap. —
r) *A G* d. dire la res.

descendue ou escheuè, ou il la demande comme executeurs
pour la[a] reson de testament, car en teus cas[b] vienent saisines
d'eritage. Et s'aucuns ne li empeeche la[c] saisine, il n'est[d] pas
mestiers qu'il en face demande, car il puet entrer en la chose
dont drois ou[e] coustume li done la saisine sans parler au
seigneur, sauf ce que, se c'est fiés, il doit aler a l'homage du
seigneur dedens les .XL. jours[f] qu'il est entrés en la saisine.

200. Autrement convient former sa demande[g] qui veut
pledier seur proprieté d'eritage, car il doit dire : « Sire, je
demant tel eritage que Jehans m'empeeche — ou *que je voi
tenir a Jehan,* — liqueus eritages siet en tel lieu, et qui fu
a tel persone, et a moi apartient li drois de l'eritage par
tel reson. » Et doit metre la reson avant et offrir[h] la reson
a prouver[i] s'ele li est[j] niee. Et aussi en toutes demandes
queles qu'eles[k] soient, l'en doit offrir a prouver la reson que
l'en met avant s'ele est[l] niee[m] de l'averse partie[n] ; car riens
ne vaurroit resons que l'en meist en sa demande s'ele estoit
niee et l'en ne la prouvoit.

201. Qui veut former sa demande seur convenance, il
doit dire en ceste maniere : « Sire, ves la Jehan[o] qui m'eut
tel convenance, » et doit dire la convenance de quoi et pour
quoi ele fu ; car tel puet ele estre que Jehans doit estre
contrains a tenir[p] la[q], s'il la connoist ou ele est prouvee
contre li, et tel que non. Et lesqueles ne sont pas a tenir, il
est dit ou chapitre des convenances[1]. Et se la convenance est
par letres, il doit fere lire les letres par devant la justice en

a) *A B E F omettent* la. — b) *A B E F G* tel cas. — c) *H J K omettent* la.
— d) *A B* il ne li est. — e) *G H J K* dr. et coust. — f) *G H J K* les .xv. jours.
— g) *E* conv. demander se dem. ; *F* faire se dem. — h) *E* omet Et doit
met. la res. *ainsi que* et *devant* offrir; *un propriétaire de ce ms. au
XVIe siècle a écrit dans l'interligne* et doit *après* tele res. ; *F* omet Et
doit m. la res. avant. — i) *H J K* off. loi a pr. — j) *E* estoit niie. — k) *H*
omet qu'. — l) *E F remplacent tous deux* est par l'abréviation ;. — m) *A*
niee de l'averse partie; *K omet* et aussi en t. dem. ... s'ele est niee; *M* pr. se
partie le niot. — n) *A* de la part. adv. — o) *G* veey *J.* ; *K* vela. — p) *H J K*
c. au tenir. — q) *E omet* la ; *G* t. la dite convenenche.

1. Ch. xxxiv.

lieu de sa demande ; et de ce parole il assés soufisanment ou chapitre qui parole[a] des obligacions fetes par letres[1].

202. Les demandes des[b] douaires sont assés brief, car la fame doit dire : « Sire, je demant mon douaire, » — ou « je demant[c] que mes douaires me soit devisés ou essieutés en tel terre qui fu a tel homme qui fu mes maris, de laquele terre il estoit tenans et prenans au jour qu'il m'espousa, » — ou « laquele terre li descendi de son pere ou de sa mere, de son aieul ou de s'aieule, le mariage durant de li et de moi, » — et offrir a prouver ce qu'ele dit s'il est[d] nié de partie ; et doit especefier quel partie ele i demande, si comme la moitié s'ele fu premiere fame au mort, ou le quart s'ele fu seconde fame au mort[e], ou l'uitisme s'ele fu la tierce fame au mort[f].

203. Il convient fere aucune fois demande[g] seur bail ou seur garde d'enfans sousaagiés : si doit l'en fere sa demande en tele maniere : « Sire, je demant le bail, — ou *la garde,* se c'est peres ou mere qui la garde apartient quant li uns muert, — que je doi avoir par droit et par reson comme le plus prochiens qui apartiegne as enfans du costé dont li fiés muet. » Mes se l'en forme sa demande seur garde, il ne convient pas dire que l'en soit du costé dont l'eritages muet, car li peres en porte la garde de ses enfans de l'eritage de par la mere et la mere de l'eritage de par le pere ; et se la garde des enfans[h] vient a plus loingtien parent que pere et mere, si est ce au plus prochien, et garde l'eritage et les biens des enfans de quelque costé qu'il viegne. Et comment baus et garde doivent estre maintenu, et la disference qui est entre l'un et l'autre, il est dit ou chapitre qui parole[i] de bail et de garde[2].

204. Or veons des demandes qui doivent[j] estre fetes

a) *HJK omettent* qui parole. — b) *A B* de douaires. — c) *A B omettent* mon douaire ou je dem. — d) *G* s'il estoit n. ; *HJK* s'il li est n. — e) *B G omettent* ou le quart ... au mort. — f) *A B E F omettent* fame au mort. — g) *G H J K* auc. fois fere dem. — h) *A B F* garde d'enfant ; *C E* g. de l'enfant. — i) *HJK omettent* qui parole. — j) *B* qui pueent estre.

1. Ch. xxxv.
2. Ch. xv.

pour[a] force. L'en doit dire : « Sire, ves la Jehan qui a tort
et sans reson, il ou ses commandemens[b], vint en tel lieu et
m'a fet tel force, » et doit nommer la force quel et toute
la maniere du fet, et offrir loi a prouver en la maniere qu'il
l'a mis avant, s'il est nié de partie. Et quant il a dit toute la
maniere du fet il doit requerre que la vilenie li soit amen-
dee et li damages rendus, s'il eut damage par la force.

205. Autrement convient fere sa demande quant l'en se
veut plaindre de nouvele dessaisine, car nouvele dessaisine
sont de nouvel establissement[1] : si doit on suir l'establis-
sement[c] en fere sa demande. Donques doit on dire en ceste
maniere : « Sire, ves la Jehan qui m'a dessaisi et de tel
chose de[d] nouvel, » et doit nommer ce de quoi il est dessaisis;
et se force li fu fete a la dessaisine, bien le puet metre
avant en son claim. Et puis quant il a tout le fet conté, il le
doit offrir a prouver s'il est niés de partie, et doit requerre
qu'il soit resaisis tout[e] entierement.

206. La demande qui est fete pour tourble dessaisine[f]
se doit fere en autre maniere que cele de la dessaisine, car
il a disference entre dessaisine et tourble dessaisine[g]. Don-
ques doit on dire en ceste maniere : « Sire, ves la Jehan
qui me tourble et empeeche ma saisine en laquele j'estoie pe-
siblement, » et doit dire la maniere de l'empeechement : si
comme s'il li a defendu qu'il n'en esploite[h] ou s'il a fet me-
naces a ceus qui i vouloient ouvrer, ou s'il i a fet fere[i] ar-
rest par le[j] seigneur, ou aucun autre empeechement sem-
blable a ceus. Et doit offrir a prouver l'empeechement s'il li
est niés de partie, et requerre que li empeechemens li soit

---

a) *HJK* fetes sur f. — b) *GHJK* il ou ses commans. — c) *EF omettent*
si d. on s. l'establ. — d) *GHJK* tel ch. et de nouv. — e) *AB* ressaisis de
partie tout ent. — f) *CG* tourble de saizine ; *K* tr. de dess., de *a été ajouté
après la confection du ms.* — g) *A omet* car il a disf. ... tou. dessaisine
CG trouble de dess. — h) *BE* qu'il n'espl. ; *F* qu'il n'i espl. ; *G* qu'il n'espl.
ne besongne seur aucun heritage. — i) *H* s'il li. — j) *AB omettent* le.

---

1. Cf. arrêt de règlement du 7 janvier 1277, dans *Ord.*, II, 542, et Ad.
Tardif, *Procédure civile et criminelle*, p. 39.

ostés, si qu'il puist jouir de sa saisine ou il estoit premiere-
ment. Et des forces et des[a] nouveles dessaisines et des
tourbles dessaisines[b], comment l'en en doit pledier et quel
disference il a de l'une a l'autre, il est dit ou chapitre qui
de ces .III. choses parole[1].

207. Autres demandes pueent estre fetes lesqueles sont[c]
plus perilleuses que celes que nous avons dites dessus : ce
sont les demandes qui sont fetes pour cas de crime. Et de
celes demandes sont il pluseur, et pueent estre fetes en
.II. manieres : l'une, par fere droite demande comme acu-
seres contre celui a qui l'en met sus le cas de crime, et en
iceles demandes se convient il fere partie et dire en itele
maniere : « Sire, ves la Jehan qui a fet tel murtre, — ou *tel
traïson*[d], — ou *tel homicide,* — ou *tel rat,* — ou *tel arson,*[e]
— ou *tel roberie,* » et doit nommer les cas de quoi il l'acuse[f]
et offrir les[g] a prouver, s'il est nié de partie, et requerre
que droite justice en soit fete.

208. L'autre voie de denonciacion[h] si[i] est d'autre ma-
niere, car cil qui denonce il ne convient pas qu'il se face
droitement partie. Ainçois puet dire en ceste maniere :
« Sire, je vous denonce que Jehans a fet tel fet qui apar-
tient a vous a vengier, comme a bonne justice; et est li fes
si clers et si notoires qu'il ne convient pas que nus s'en
face droitement partie contre li, » et doit dire comment li
fes est clers; si comme s'il fu fes devant grant plenté de
gent[j], ou s'il se vanta qu'il le feroit, ou en aucune autre
maniere par quoi il apere que li fes soit clers, car tel fet
qui sont si apert doivent estre vengié par l'office au juge,
tout soit ce que nus ne s'en fera droitement partie. Et com-

a) *A omet* forc. et des ; *E omet* et. — b) *C* troubles des dess. ; *G omet* et
des tr. dess. — c) *C* fetes de quoi les paroles sont. — d) *B* tele larrecin. —
e) *C* tel larrecin ou. — f) *B G H omettent* l'. — g) *G H J K omettent* les. —
h) *C* voie si est de den. et; *G H J K* voie qui est fete de den. — i) *A B E F
omettent* si. — j) *G H J K* gr. pl. de bones gens.

1. Ch. XXXII.

ment l'en doit aler avant en cas de crime[a], soit par acuser, soit par denoncier[b], il est dit ou chapitre des mesfès[1].

209. Mout de demandes sont et puent estre fetes pour mout de choses des queles nous n'avons pas parlé especiaument. Mes par celes que nous avons dites l'en doit entendre qu'en toutes demandes et en toutes requestes que l'en fet a justice, lesqueus requestes et demandes[c] touchent le seigneur ou partie, l'en doit dire la chose que l'en demande, et combien, et par quel reson on la veut avoir, et requerre que drois en soit fes, et offrir a prouver ce que l'en met avant s'il est nié de partie.

210. Aucune fois avient il[d] que cil qui plede ne fet pas[e] droitement demande contre partie, ainçois fet requeste a son seigneur : si comme s'il le requiert qu'il le reçoive a homme de fief, ou qu'il oste sa main de sa terre ou de ses biens qu'il a saisis, ou qu'il le mete en saisine d'aucune chose qu'il demande, ou qu'il li face rendre ce que l'en li a tolu ou emblé ou osté par force. En toutes tes requestes et en autres queles qu'eles[f] soient qui sont fetes a seigneur ou a justice, li sires ou la justice doit prendre garde se la requeste qui est fete[g] touche partie : si comme se Jehans est tenans de la terre que Pierres requiert a avoir, ou s'il saisi la chose Pierre a la requeste de Jehan ; et quant il voit que la requeste touche partie, il ne doit pas fere la requeste devant que la partie soit semonse. Et quant ele vient en court, Pierres doit recorder la requeste qu'il fist au seigneur ou a la justice; et Jehans doit requerre au seigneur qu'il ne face pas la requeste Pierre et doit dire les resons pour quoi il ne le doit pas fere, et Pierres les sienes resons pour quoi li sires li doit fere sa requeste. Et ainsi puet estre li ples en-

---

a) *G H J K* aler ou crime. — b) *G H J K omettent* soit par ac., s. p. den. — c) *A B H J K* laquele requeste et demandes; *G* laquele demande et requeste. — d) *A B E F omettent* il. — e) *G H J K* ceus qui plaident ne font pas. — f) *H omet* qu'. — g) *H J K omettent* qui est fete.

tamés entre les parties sans fere demande li uns contre
l'autre et pueent perdre ou gaaignier aussi bien comme s'il
avoient fete demande. Et se li sires fet la requeste qui li est[a]
fete sans apeler la partie a qui ele touche, ce ne vaut riens,
ainçois doit estre rapelee[b] quant partie moustre qu'ele se
deut de la requeste qui est fete; car nus ne doit estre da-
magiés pour requeste qui soit fete[c] en derriere de lui de-
vant qu'il soit oïs et apelés en jugement. Mes les requestes
convenables qui sont fetes, lesqueles nus ne debat ou que
l'en ne puet debatre pour ce que l'en voit clere coustume
pour le requereur, — si comme se l'en requiert la saisine
des biens au mort comme executeurs ou comme oirs, ou
aucune autre requeste aussi clere, — teus requestes pueent
bien li seigneur et les justices fere dusques a tant qu'aucuns
la[d] debate pour aucune reson; car li seigneur et les jus-
tices doivent fere et maintenir ce que clere coustume donne
dusques a tant que ce qui est dit encontre soit prouvé, car
les cleres choses doivent aler devant les orbes.

211. Il n'a pas tel coustume en court laie de pledier
comme en court de crestienté, car en la court de crestienté
l'en baille a la partie en escrit sa demande[e] puis que la de-
mande est de .XL. s. ou de plus; et en teus lieus i a de
.XX. s. ou de plus. Et si baille l'en tous les erremens[f] du
plet et copie dudit as tesmoins[g]; et si est tous li ples main-
tenus par escris. Mes de tout ce ne fait on rien en court laie
selonc nostre coustume de Beauvoisins[h], car l'en ne plede
pas par escrit, ainçois convient fere sa demande ou sa re-
queste sans escrit et recorder toutes les fois que l'en revient
en[i] court, se partie le requiert dusques a tant que les paroles
sont couchiees en jugement. Et convient que li homme par
qui li jugemens doit estre fes, retienent en leur cuers ce seur
quoi il doivent jugier. Mes voir est que pour ce que me-

a) *G HJK* li a esté fete. — b) *G HJK* apelee. — c) *C omet* car nus ...
soit fete. — d) *G HJK* leur deb. — e) *G HJK* sa dem. en (*G* par) escrit. —
f) *B* l'en toz les coz les errem. — g) *A* copic dud. des tesm.; *C* cop. des tesm.
— h) *HJK omettent* de Beauv. — i) *A* rev. a court.

moires sont escoulourjant et que fort chose seroit a[a] retenir
si grant plenté de paroles comme il convient en mout de
quereles, li baillis ou la justice puet et doit arester en escrit
briement[b] ce seur quoi les parties entendent a avoir juge-
ment. Et aussi se les parties ont a prouver pluseurs articles
li uns contre l'autre, il pueent baillier en escrit ce qu'il en-
tendent a prouver ; et teus escris apele l'en rebriches[1]. Et
de ces rebriches a bien la partie averse le transcrit s'ele le
requiert, car il loit bien a chascune partie a baillier en
escrit a justice ce qu'il entent[c] a prouver ; et si en doit
baillier autant a la partie qui plede contre li pour ce que s'il
sont a acort[d] de leur rebriches, eles sont baillies as auditeurs
qui orront leur tesmoins, et s'il se descordent des rebriches
en disant qu'eles ne sont pas fetes selonc le pledoié, eles
doivent estre fetes et acordees par le seigneur et par les
hommes, liquel doivent jugier, qui furent[e] au plet ; et adon-
ques leur doit estre jours donnés d'amener leur tesmoins
et auditeurs baillier qui oient[f] leur tesmoins et qui leur
demandent selonc les rebriches du pledoié ce qui apartient
au pledoié et metent[g] en escrit. Ne les parties ne doivent
savoir chose que leur tesmoing dient, ne des tesmoins qui
sont amené contre aus ; ainçois doivent li auditeur clore
et seeler ce qui est fet, et aporter en jugement ; et de l'of-
fice as auditeurs est il parlé ou chapitre qui parole des au-
diteurs et des enquesteurs[2].

212. Aucune fois met on sus cas de crime en court a
aucun sans avoir volenté que cil soit justiciés pour le[h] cas
contre qui l'en le propose : si comme se tesmoing sont
amené contre moi et je di contre aucun qu'il fu parjures, ou
qu'il fist pes de vilain cas sans soi espurgier, ou qu'il ocist

a) *G H J K* de reten. — b) *G H J K* briem. en (*G* par) escrit ; *C omet* en
escr. — c) *A H J K* qu'il entendent a prouv. — d) *B E F* sont acordé de. —
e) *G H J K* les hom. qui doiv. jug. et qui fur. — f) *G H J K* qui orront leur
tesm. — g) *H J K* et metre en escr. — h) *H J K* pour les cas.

1. Sur les *rubriques*, cf. Ad. Tardif, p. 72 et 76.
2. Ch. XL.

aucun, ou qu'il fist aucun larrecin, a[a] ceste fin qu'il soit de-
boutés de son[b] tesmoignage. Quant teus cas avient, se cil
le prueve a tel, qui debouter le veut, il ne gaaigne fors tant
qu'il n'est pas oïs en tesmoignage contre li, s'ainsi n'est
que li tesmoins s'offre a defendre par gages de bataille de
ce qu'on li met sus traïson, ou larrecin, ou aucun si vilain
cas que l'en en pert le cors. Car adonques convenroit que
cil qui debouter le veut du[c] tesmoignage, le prouvast a tel
comme il li[d] avroit mis sus et qu'il fust adonques droite-
ment partie en aventure de perdre le cors, s'il ne le prou-
voit a tel, aussi comme cil feroit s'il en estoit atains. Mes
avant que li gage fussent donné de l'une partie et de l'autre,
se cil qui li mist sus le vilain cas pour li oster du[e] tesmoi-
gnage regardoit que li tesmoins se vousist defendre et es-
purgier de ce que l'en li avroit mis sus, il loit bien a celui
qui l'acusa de soi repentir pour fere amende[f] de la vilenie
et du let dit qu'il li dist; et est l'amende simple. Et aussi
se li acusés se veut deporter d'estre tesmoins, il ne convient
pas qu'il en face plus s'il ne veut, car il puet dire : « Qui
droitement se vourroit fere partie contre moi, je m'en defen-
droie, mes j'aime mieus, — tout ne soit ce pas voir qu'il me
met sus, — a moi deporter de ce tesmoignage qu'a[g] entrer en
gages. » Et encore a[h] il une autre voie, car il puet dire a
celui qui l'a trait en tesmoignage : « Je ne me bec pas a com-
batre pour vostre querele, ne a[i] entrer en plet au mien ; et
se vous me[j] voulés defendre, volentiers dirai ma verité, et
se non, je me[k] vueil soufrir. » Adonques convient il que
cil face bon son tesmoing[l] ou qu'il se[m] suefre de son tes-
moignage ; et c'est la mieudre voie au tesmoing et la meins
perilleuse, car se l'en li met sus cas de crime et cil qui
l'a trait a tesmoignage ne le pouoit prouver a bon par gages,

a) *GHJK* et a. — b) *GHJK* omettent son. — c) *GHJK* de tesm. —
d) *HJK* omettent li. — e) *GHJK* de tesm. — f) *GHJK* fere l'am. — g)
GHJK omettent a. — h) *A* i a il. — i) *GHJK* omettent a. — j) *HJK*
vous m'en voul. — k) *GHJK* omettent me. — l) *HJK* son tesm. pour
bon. — m) *G* omet se.

ainçois fust vaincus, il[a] ou ses champions, nus n'en[b] perdroit
le cors, mais deboutés seroit du tesmoignage[c], et li champions
avroit le poing coupé, se la bataille estoit par champion.

213. Se pluseur font demande contre aucun de muebles
ou d'eritages, et chascuns demande le tout, cil contre qui
la demande est fete doit demourer en pes dusques a tant que
l'en sache au quel[d] la demande apartient, car ce ne puet
estre qu'une chose soit tout entiere a chascun de pluseurs de-
mandeurs[e] : si comme se j'ai un cheval et .iii. homme le me
demandent[f], et dit chascuns qu'il est siens, je ne sui tenus
a respondre a nul des .iii. devant qu'il avront pledié en-
semble pour savoir auquel la demande apartient. Mes autre
chose seroit se chascuns me demandoit partie et disoit quel
partie, car adonques convenroit il que je respondisse a
chascun pour tant comme a li monteroit, mes que les par-
ties ne passassent la chose qui me seroit demandee ; car se
chascuns des .iii. me demandoit la moitié du cheval, il con-
venroit que li uns en fust deboutés avant que j'en respon-
disse, car en nule chose ne puet avoir .iii. moitiés. Nepour-
quant en aucun cas, pourroie je estre tenus a respondre a
pluseurs persones dont chascuns me demanderoit toute la
chose ou plus de parties qu'il ne pourroit avoir en la chose :
c'est assavoir se l'en me suioit de mon fet ou de ma conve-
nance, si comme se je vendoie, ou donnoie, ou eschanjoie, ou
enconvenançoie[g] aucune chose a pluseurs persones a chas-
cun en par soi, dont li uns ne savroit mot de l'autre. En tel
cas me pourroit chascuns demander tel partie comme je li
avroie convenanciee ; et convenroit que cil a qui j'avroie pre-
mierement[h] la chose obligiee l'en portast, et après que je
feïsse a chascun des autres aussi soufisant chose par retour
des autres[i] choses ; et si en seroie mal renommés, car ce n'est
pas sans tricherie de vendre un cheval tout entier a chas-

a) *HJK* omettent il. — b) *HJK* ne perdr. — c) *G* de tesm. ; *HJK* de
son tesm. — d) *GHJK* a qui la dem. — e) *BCG* pl. demandes. — f) *GHJK*
le dem. a moi. — g) *ABEF* ou convenançoie ; *K* ou aconvenançoie. — h)
HJK premiers. — i) *ABEF* r. d'autres ch.

cune de .iii. persones et recevoir l'argent de chascun. Et ce
que nous avons dit dessus que cil qui tient la chose n'est
pas tenus a respondre a pluseurs persones quant chascuns
li demande le tout, nous l'entendons es cas ou l'en ne siut
pas celui a qui l'en demande de son fet ne de sa convenance.

214. Les unes des demandes sont seur muebles et seur
chateus, et les autres sont d'eritages[a], et les autres sont qui
touchent les persones, ne nule demande ne puet estre fete
qui ne viegne[b] a la fin de l'une de ces .iii.[c] choses. Si de-
vons savoir que, par coustume general et de droit commun,
les demandes qui touchent le cors ou qui sont pour muebles
ou pour chateus doivent estre demandees par devant les
seigneurs[d] dessous lesqueus[e] cil sont couchant et levant a
qui l'en demande, essieutés aucuns cas, — si comme l'en a ses
choses obligies a estre justicies partout ou par le seigneur
dessous qui eles sont trouvees[f], ou quant l'en se claime de
force ou de nouvele dessaisine dont la connoissance apar-
tient au souverain, ou quant les choses sont arrestees des-
sous aucun seigneur et pluseur persones les demandent, ou
quant eles sont lessies en testament, ou quant l'en va ma-
noir en estranges terres et l'en feist detes en la chastelerie
dont l'en se parti, ou quant l'en siut de chose emblee ou
d'homicide, si comme cil s'enfuient qui ce ont fet, ou quant
l'en est ajournés par devant son seigneur et, l'ajournement
pendant, l'en va couchier et lever dessous autre[g] seigneur,
— en tous teus cas puent les choses d'aucun estre justicies
par les seigneurs dessous qui eles sont trouvees, tout n'i soit
on pas couchans ne levans. Mes des[h] ples d'eritage il n'est
pas doute que la demande n'en doie estre fete par devant le
seigneur de qui l'eritages muet ou que l'en couche ne lieve[i].

215. Si comme[j] nous avons dit que l'en ne respont

---

a) *G H J K* sor heritages. — b) *G* qu'il ne conviengne; *H J K* qui ne con-
viengne. — c) *A* l'u. des .iii. ch.; *C* des ces .iii. ch. — d) *H J K* le segneur.
— e) *G H J K* des. qui cil. — f) *G* justicees par toutes justices soubz qui elles
sont trouv. — g) *H J K* autrui seig. — h) *G H J K* de ples d'er. — i) *A* c. ne
ne lieve; *C* lieve si conme nous avons dit dessus. — j) *C omet* si comme.

pas d'une chose a pluseurs persones quant chascuns la de-
mande toute, fors es cas qui en sont essieutés, aussi se l'en
est acusés d'un cas de crime de pluseurs persones, li acusés
n'en[a] est pas tenus a respondre devant que tuit renoncent a
l'acusement fors li uns, liqueus se face[b] droitement partie.
Et quant pluseur se veulent fere partie[c] ne ne se vuelent
acorder a l'un, li sires, par devant qui li ples est, doit eslire
le plus convenable a poursuir l'acusement, si comme cil a
qui la querele touche de plus pres, et doit contraindre les
autres qu'il s'en[d] suefrent, et se l'accusés s'en[e] puet deli-
vrer de celi qui l'acuse, nus ne le puet puis acuser de ce fet.
Et de ceste matere est il parlé soufisaument ou chapitre qui
parole des defenses a l'apelé[1].

216. Quant on a fete[f] sa demande d'aucunes choses par
devant justice, et l'en a dite sa reson par quoi l'en veut
avoir sa demande, et l'en pert ce que l'en demanda par les
bonnes resons au defendeur, li demanderes ne puet jamais
redemander cele chose qu'il a perdue, tout fust il ainsi qu'il
le demandast par autres resons que par celes par lesqueles
il fist sa demande premierement, car il iroit contre le jugié ;
se ainsi n'estoit que nouveaus drois li fust aquis en la chose
puis le jugement : si comme se je pledoie a[g] aucun de mon
lignage d'aucun critage et perdoie ma demande par juge-
ment et après mes parens mouroit sans oir de son·cors et
l'eritages me venoit par escheoite comme au[h] plus prochien,
en tel cas puet l'en veoir que nouveaus drois me seroit
aquis puis le jugement ; et par cel cas puet l'en entendre
des autres qui pucent avenir par lesqueus nouveaus drois
pourroit avenir et estre aquis.

217. Voir est que se[i] l'en voit[j] que l'en n'ait[k] pas bien

---

a) *GHJK* li ac. n'est pas. — b) *HJK* se fet. — c) *JK* f. droitement
partie ; *B* omet Et quant plus ... fere partie. — d) *AB* se suef. — e) *AB*
se puet. — f) *BC* on a a faire. — g) *HJK* pled. contre auc. — h) *AB*
omettent au ; *E* comme li plus ; *F* a plus. — i) *AB* omettent se. — j) *HJK*
s'on voit. — k) *H* n'a.

formee sa demande, l'en la puet amender[a] en quel eure
que l'en veut, mes que ce soit avant que les paroles soient
couchiees[b] en jugement, en tel maniere que se l'en de-
mande d'autrui fet que du fet a celi a qui on demande, par
tant de fois comme il changera sa demande, li defenderes
avra nouveau jour de conseil. Et c'est bien resons, se j'ai
jour de conseil seur une demande qui est[c] contre moi et au
revenir en court l'en change sa demande, que j'aie nouveau
jour de conseil, car je n'avoie a respondre fors seur la de-
mande qui m'estoit fete es cas ou jours de conseil apartient
a donner.

218. L'en doit savoir que de toutes demandes qui sont
d'eritages, l'en doit avoir jour de conseil et, après, jour de
veue, et de toutes autres demandes qui touchent a autrui
fet, se l'en ne me[d] met sus que je fis fere le fet ou que je le
pourchaçai a fere, car c'est bien de mon fet ce que je com-
mant[e] a fere.

219. Quant aucuns fet demande contre moi par devant
le seigneur dessous qui je sui a justicier, et li demanderes
est d'autre justice, il doit fere seurté, se je le requier, qu'il
prenra droit en la court de mon seigneur et qu'en autre
court ne me trera de ceste chose, se n'est par apel de de-
faute de droit ou de faus jugement. Et doit estre la seurtés
soufisans et tele que mes sires devant qui il vient pledier[f],
le puist justicier legierement. Mes s'il veut jurer seur sains[g]
qu'il n'en puet nul avoir[h] de cele justice, il se passera par
autres pleges soufisans d'autre justice; et s'il veut jurer
qu'il ne puet avoir pleges[i], il se passera par son serement
qu'il, de la querele qu'il demande, prenra droit en cele court,
ne qu'en autre court ne l'en trera, se n'est pas les apeaus
dessus dis.

220. Se .II. homme ou pluseur font demande[j] a Jehan

a) *A* p. bien am. — b) *HJK omettent* couchiees. — c) *HJK* qui est fete
contre. — d) *HJK omettent* me. — e) *A* conmandai. — f) *HJK omettent* dev.
qui il vient pl. — g) *A B E F omettent* seur sains. — h) *HJK* ne (*JK* nul)
trouver ne av. de cele just. — i) *HJK* p. av. nul plege. — j) *A B E F* demandes.

et li uns demande dete qu'il li doit si comme pour deniers prestés ou pour choses vendues, et l'autres demande pour don ou pour pramesse que l'en li fist, et Jehans n'a pas assés vaillant pour paier les detes et les pramesses que l'en li demande, l'en doit fere paier les detes tout entierement, et après, s'il i a remanant, bien face l'en aemplir[a] les convenances des dons et des pramesses convenables, car aucun don ou pramesses pourroient estre convenancié qui ne seroient pas a tenir : si comme s'il est clere chose qu'uns hons s'enivre volentiers et, ou point qu'il est ivres, il pramet a donner .c. mars ou .c. lb. a aucun et si ne voit l'en pas la cause pour quoi il deust tel don fere s'il fust bien a soi, teus don ne teus pramesses ne font pas a tenir ; et aussi s'il fet pramesses ou tans qu'il est en frenesie, ou hors du sens, ou emprisonnés, ou par force, ou par paour, eles ne font[b] pas a tenir ; neis se les pramesses estoient paiees, si les pourroit il[c] redemander arrieres pour reson de decevance ou de force ou de paour. Et de ceste matere de force et de paour[d] ferons nous propre chapitre ça avant, la[e] ou il parlera plainement des choses qui sont fetes par force et[f] par paour[1].

221. Tout aions nous dit qu'ivrece puet escuser des dons ou des pramesses, aussi fet ele des marchiés et des convenances es queles l'en voit aperte decevance, car autrement avroient li bareteeur tout gaaignié qui poursuiroient les ivres es tavernes pour aus decevoir. Mes nepourquant l'en doit mout regarder en tel cas a la maniere du fet ou de la convenance, car se[g] l'en n'i trueve aperte tricherie ou trop grant decevance, les convenances font a tenir, pour ce que cil qui marchandent ne se puissent pas legierement escuser par ivrece quant il ont fet marchié ou convenance de quoi il se

a) *HJK* raemplir. — b) *A* eles ne sont pas. — c) *B* pourr. on. — d) *B* omet Et de ceste mat... paour. — e) *H* omet la. — f) *HJK* force ou p. paour. — g) *AB* omettent se.

1. Ch. xxxiii.

repentent; et bien sachent tuit que nus vilains cas de crime n'est escusés par ivrece.

222. Demande qui est contraire a soi meisme est de nule valeur, ne li defenderes n'est pas tenus a respondre a tel demande fors en tant qu'il doit moustrer pour quoi la demande est contraire a soi meisme, si comme se je demant .x. lb. pour .i. cheval que je vendi a Jehan, et après demant que li chevaus me soit rendus pour ce que je le prestai audit Jehan, cele demande est contraire en[a] soi; car ce ne puet estre que Jehans tiegne[b] .i. seul[c] cheval par titre d'achat et par titre d'emprunt; donques me convient il tenir au quel que[d] je cuiderai[e] que bon soit, ou a la vente ou au prest; et cist cas si soufist assés a fere connoistre les demandes qui pueent estre fetes d'autres choses lesqueles sont contraires en eles meismes.

223. S'uns hons a pluseurs oirs dont chascuns en porte sa partie, cil a qui les detes sont dues ne pueent pas toutes leur detes demander a l'un des oirs et lessier les autres oirs en pes[f]. Ainçois doivent demander a chascun des oirs selonc la quantité qu'il en porta des biens : si comme s'il en porta la moitié des biens[g], il est tenus a la moitié des detes et du plus plus, et du meins meins.

224. Pour ce que l'en ne[h] puet[i] fere certaine demande il convient bien en aucun cas[j] que li defenderes responde as demandes qui li sont fetes, sans lesqueus responses li demanderes ne puet fere certaine demande : si comme se je vueil demander a Jehan une couture de terre, ou tous les eritages qui furent Pierre, ou autres[k] pluseurs choses qui me furent donnees ou vendues ou que j'atent[l] a avoir par aucune reson, et je fais demander[m] a Pierre s'il tient tout ce

---

a) *A* c. a soi. — b) *B* retiegne. — c) *HJK omettent* seul. — d) *HJK omettent* que. — e) *B* cuide. — f) *HJK omettent* et lessier... en pes. — g) *HJK omettent* des biens. — h) *A B omettent* ne. — i) *A B* puist; *C* puisse; *H* pot. — j) *HJK* en auc. cas il conv. bien. — k) *HJK omettent* autres. — l) *B* que je entent. — m) *G* demande.

que je demant ou quel partie il tient[a], il li[b][1] doit respondre
et dire ce qu'il en tient, si que je sache de combien je
pourrai pledier a li. Et se il ne li veut dire il doit estre
tournés en defaute et puet perdre saisine, par la defaute, de
ce qu'il tient de la chose. Et s'il dit par malice qu'il n'en
tient que la moitié et il est aperte chose qu'il tient[c] tout[d],
je doi estre mis en la saisine de la moitié et maintenir mon
plet seur ce qu'il dit qu'il en tient, car drois vuet bien que
l'en perde quant l'en dit mençonge a escient de ce dont l'en
doit dire verité.

225. Quant demande est fete a aucun et il muert le plet
pendant, l'en puet suir les oirs du plet qui fut commen-
ciés contre leur devancier, essieutés les cas de crime; car
se li devanciers estoit acusés de tel cas qu'il en perdist le
cors et l'avoir s'il en fust atains et il muert avant qu'il en
fust atains[e], li ples devient nus, et jouissent li oir des
biens qui de lui vindrent; ne l'en ne leur puet pas dire:
« Vous ne les avrés pas pour ce que cil de qui vous avés
cause l'ait mesfet, » puis qu'il n'en fu condamnés a son tans,
car l'en doit croire que chascuns est bons dusques atant que
li contraires est prouvés. Nepourquant des eritages ou des
muebles que li devanciers aquist mauvesement puet l'en bien
fere demande contre les oirs, esseiutés les perius du cors et
les amendes des mesfès du devancier. Car li oir ne sont
tenu[f] a respondre es cas dont on les siut du mesfet a leur
devancier fors en tant comme[g] il en vint a aus; mes ce sont
il vers les deteurs qui crurent le leur a leur devancier et
vers les pleges que leur devanciers bailla pour detes; et les
doivent aquitier et le deteur paier, combien qu'il en portas-
sent peu, puis qu'il se[h] sont fet oir.

---

a) *HJK* quel part il en tient. — b) *EHJK* omettent li; *CF* il i d. —
c) *HJK* qu'il en tient. — d) *BJK* t. le tout. — e) *B* omet et il muert …
atains. — f) *H* omet tenu. — g) *HJK* tant qu'il. — h) *HJK* il s'en s. f.

---

1. *Li* se rapporte à l'intermédiaire non nommé dans la proposition précé-
dente, par lequel on a fait demander à Pierre; anacoluthe fréquente en
ancien français.

226. Cil qui demande et cil qui se defent de quel cas
que ce soit, essieutés les cas de crime es queus il a peril de
cors[a], doivent fere serement de verité en tel maniere que li
demanderes doit jurer qu'il ne demandera fors ce[b] ou il
croit avoir[c] droit et que se tesmoins li convient atrere[d], que
bons et loiaus les i atrera[e] a son escient; et li defenderes
doit jurer qu'il connoistra verité[f] de ce que l'en li demandera
en la besoigne et qu'il ne metra reson avant a son escient
qui ne soit bonne et soufisans, et que[g], se tesmoins li con-
vient amener a prouver ses resons, il les amenra bons et
loiaus a son escient; et du serement que li tesmoing doivent
fere il est parlé ou titre[h] des prueves[1].

227. Cil qui ne veut jurer que sa demande est vraie ne
doit pas estre receus en sa demande, car il se met en sou-
peçon qu'il[i] ne demande faussetè. Et se[j] li defenderes ne[k]
veut jurer que les resons qu'il met en ses defenses sont
vraies, eles ne doivent pas estre receues. Et se les parties se
vouloient soufrir de fere serement par acort, ne le doit pas la
justice soufrir[l]. Ainçois apartient a son office qu'il prengne
le serement[m] des parties pour encherchier la verité de la que-
rele, car[n] de ce dont il sont a acort par leur serement ples est
finés, et seur ce dont il sont en descort doit estre li ples
maintenus, et li tesmoing tret. Mes les seremens entendons
nous es cours ou l'en veut pledier selonc l'establissement le
roi[2], car selonc l'ancienne coustume ne queurent il pas. Ne-
pourquant se li sougiet, en leur cours[o], de petites quereles
vuelent ouvrir selonc l'ancienne coustume, pour la couvoitise
des gages[p] qui en nessent, aumosne fet leur sires de qui il

---

a) *H J K* per. de mort. — b) *A* fors que ce. — c) *B* savoir dr. — d) *H J K*
conv. traire. — e) *H* trera. —f) *A B omettent* verité. — g) *A B E F* omet-
tent que. — h) *C* il en parole ou chapitre des pr. ; *G* parlé u traitié des pr. ;
H J K M il est traitié el capitre. — i) *B* soup. que ne dem. — j) *A omet* se.
— k) *B* def. le vieut jurer. — l) *A omet* soufrir. — m) *B* les seremens.
— n) *H* et de ce dont il. — o) *A* court. — p) *A B omettent* des gages.

---

1. Ch. xxxix.
2. Ordonnance datée de 1260, *Ord.*, I, 86 ; cf. Ad. Tardif, p. 91.

tienent, s'il ne leur suefre pas, mes oste leur[a] gages et commande que li ples soit demenés selonc l'establissement. Car ce n'est pas chose selonc Dieu de soufrir gages en petite querele de mueble ou d'eritage[b], mes coustume les suefre es vilains cas de crime et es autres cas, meisme es cours des chevaliers, s'il ne sont destourné par leur souverain.

228. Trois manieres de demandes[c] sont : les unes sont apelees personeus, que li clerc apelent action personel ; les secondes sont demandes reeles[d] ; les autres sont mellees, c'est a dire reeles[e] et personeus.

229. Les demandes personeus sont qui touchent la persone, si comme convenances, achas, ventes, vilenies fetes, obligacions, et mout d'autres cas qui pueent touchier les persones.

230. Les demandes reeles[f] sont quant l'en demande eritages, si comme[g] terres, bois, pres, vignes, eaues, justices, seignouries, fours, moulins, mesons, cens, rentes et autres choses qui sont tenues pour eritages.

231. Les demandes qui sont mellees, ce sont celes qui commencent personeus et descendent en la fin a estre reeles[h] : si comme se Pierres demande a Jehan un arpent de vigne qu'il li vendi ou qu'il li donna ou qu'il li convenança a garantir, teus demandes sont mellees, car eles sont personeus pour ce qu'eles touchent la persone[i] et si sont reeles[j] pour ce que la fin de la demande[k] descent seur l'eritage.

232. La resons pour quoi nous avons dite ceste division si est tel que, selonc nostre coustume, les demandes qui sont personeus tant seulement doivent estre demandees par devant les seigneurs[l] dessous lesqueus li defendeur sont couchant et levant, et les demandes qui sont reeles et celes qui sont mellees doivent estre demandees par devant les seigneurs des queus li eritage sont tenu : si est bon que l'en

---

a) *H* les gag. — b) *HJK* muebles, eritages. — c) *A* de demander. — d) *A B* reeles. — e) *A B* reeles. — f) *A B* reeles. — g) *HJK* omettent si comme. — h) *A B* reeles. — i) *HJK* touch. le fet de la pers. — j) *A B* reeles. — k) *B* la fin de la besoigne. — l) *H* le signeur.

sache quant l'en veut fere demande a quel seigneur l'en doit[a] trere.

233. Pierres estoit sires d'une vile, et de son droit toute la haute justice estoit sieue et en son demaine et en l'autrui, et Jehans avoit[b] en cele vile eritage en ostises. Si avint que .II. de ses ostes vinrent pledier par devant lui de l'eritage de leur ostises, et comme li dis[c] Jehans eust bien la basse justice et la demande fust reele[d], a li apartenoit bien ceste connoissance de connoistre qui avoit droit en l'eritage. Or avint que l'une des parties qui pledoit atraïst tesmoins pour prouver s'entencion et l'autre partie leva l'un de ses tesmoins[e] et li mist sus qu'il estoit faus tesmoins et que pour tel le feroit[f] par gage de bataille, et li tesmoins s'offri a defendre, et Jehans receut les gages. Quant Pierres qui avoit la haute justice en la vile, en la terre Jehan et ailleurs, et bien li estoit conneu[g], vit ce, si dist qu'en sa court devoient estre demené li[h] gage par la reson de ce que[i] c'estoit cas de haute justice et que cil qui n'ont fors[j] que basse justice en leur eritage[k] ne doivent pas maintenir gages en leur court. A ce respondi Jehans que pour ce que li ples estoit meus pour l'eritage qui mouvoit de li, par devant li[l], comment qu'il i[m] eust gage, c'estoit a ceste fin que l'eritages fust perdus ou gaaigniés ; par quoi il disoit que la cause estoit reele[n], pour quoi il en pouoit bien tenir la court. Et seur ce se mistrent en droit a savoir en laquele court li gage seroient demené[o].

234. Il fu jugié que si tost comme l'acusemens fu fes de faussité, ce fu actions personel et esbranchemens de la querele qui devant estoit reele[p], et fu dit que connoissance de gages de bataille devoit estre a celui qui avoit haute justice

---

a) *H J K* l'en en doit trere. — b) *A* Jeh. si av. — c) *H J K omettent* li dis. — d) *A B* reelee. — e) *H J K* l'un des tesm. — f) *H J K* le fer. il par gage. — g) *H J K* conneue. — h) *H* si gag. — i) *B* omet que. — j) *H J K omettent* fors. — k) *H J K* just. en l. terre. — l) *H J K omettent* par devant li. — m) *A omet* i. — n) *A B* reelee. — o) *H J K omettent* a savoir ... demené. — p) *A B* reelee.

et non pas a celui qui n'avoit[a] que la basse. Et pour ce s'acor-
derent il que Pierres qui avoit la haute justice[b] avroit les
gages en sa court, et quant il seroient failli, c'est a savoir
quant li tesmoins se seroit fes bons[c] ou il seroit deboutés
de son tesmoignage comme mauvès, li ples de l'eritage se-
roit mis arrieres en la court de Jehan. Et en ceste maniere
fu li drois gardés de ce qui apartenoit a la haute justice
pour Pierre et a[d] Jehan de la basse justice[e] et de la connois-
sance de la demande reele[f] qui fu fete en sa court.

Ici fine li chapitres des demandes.

---

a) *A omet* qui n'avoit. — b) *A omet* justice. — c) *H J K* fes pour bons.
— d) *H J K omettent* a. — e) *H J K omettent* justice. — f) *A B* reele. —
Explic.) *H* Explicit ; *G J K n'ont pas d'explicit.*

VII.

Ici commence li setismes chapitres de cest livre qui parole des defenses que li defendeur pueent metre avant contre les demandes qui leur sont fetes, que l'en apele excepcions, et des replicacions et des niances.

235. Nous avons parlé ou chapitre devant cestui des demandes que cil qui se plaignent pueent fere. Si est bon[a] que nous parlons en cest chapitre qui ensiut[b] après[c] des defenses que li defenderes puet metre, s'il les a, contre la demande que l'en li fet, lesqueus defenses sont apelees excepcions. Et si parlerons des resons que li demanderes met avant pour destruire les defenses au defendeur[d] que l'en apele replicacions.

236. Nous devons savoir que toutes resons que l'en met avant pour soi defendre descendent seur l'une[e] des[f] .II. choses: c'est assavoir, les unes pour alongier la demande qui est fete contre lui, et celes resons[g] apele l'en excepcions dilatoires. Autant[h] valent excepcions dilatoires[i] comme dire[j] resons qui ne servent fors que du[k] plet delaier. Et les resons qui descendent a l'autre fin, l'en les apele excepcions peremptoires.

Rubr.) *A B F* et des replic. parlerons (*F* parlons) nous ; *A B C omettent* et des niances; *C omet* excepcions et des ; *E omet* et des replic. et des niances ; *G* que li clerc apelent excep. ; *H J K* qui leur sont fetes ce sont exceptions ; *ils omettent* de cest liv., *et* et des replic. ... niances. — a) *C* si est tans. — b) *A omet* en cest ch. qui ens. — c) *H J K omettent* apres. — d) *H J K omettent* au defend. — e) *A omet* seur l'une. — f) *A* desc. des cez .II. ch. ; *B H J K* une de .II. ch. — g) *H J K omettent* resons. — h) *B F* dilat. qui aut. val. — i) *B E F omettent* excepc. dil. ; *C omet* aut. val. excepc. dil. — j) *E* dire que res. — k) *A* que le plet.

Autant valent[a] excepcions peremptoires[b] comme resons qui
sont si fors d'eles meismes que toute la querele en puet
estre gaaignie, et pour ce l'apele l'en peremptoire qu'ele[c]
fet la demande perir.

237. Or veons premieremeut queles les resons sont qui
ne font[d] fors que les quereles delaier : quant aucuns dit en sa
defense qu'il n'est[e] pas semons soufisaument, par quoi il ne
veut respondre ; ou quant aucuns a gaaignié saisine et, avant
qu'il soit resaisis de toutes les choses dont il fu dessaisis,
l'en plede a li de la propriété et il ne veut pas respondre
devant qu'il soit resaisis enterinement ; ou quant aucuns est
emplediés d'eritage ou d'autrui fet et il demande jour de
conseil ou jour de veue, es cas[f] ou veue apartient[g] ; ou
quant l'en requiert jour de prouver premiere[h] fois et seconde
fois[i] quant l'en n'a pas tous ses tesmoins a la premiere ;
ou quant l'en fet contremans ou essoinemens es cas ou cous-
tume les suefre ; ou quant l'en debat le juge pour aucune
soupeçon que l'en met avant, ou pour ce que li defenderes
dit qu'il ne doit pas estre juges de cele querele, ainçois se
fet requerre par autre seigneur ; ou quant l'en debat procu-
reeurs pour dire contre leur procuracions ou pour dire que
la querele est tel qu'ele[j] ne se doit pas demener par pro-
cureeur, si comme procureres n'est pas oïs en demandant ;
ou quant li demanderes demande dete ou convenance et li
defenderes alligue respit ou que[k] li termes n'est pas venus ;
ou quant aucuns dit qu'il est sousaagiés, par quoi il ne veut
respondre ; ou quant li defenderes dit que li demanderes
plede[l] a li de cele demande meisme en autre court, par quoi
il n'en veut respondre[m] ; ou quant li rois ou l'apostoiles
donne[n] respit des[o] detes pour le pourfit de la crestienté et li

---

a) *B E F* exc. per. qui aut. val. — b) *B E F* omettent excepc. perempt. ;
C G H J K omettent Aut. val. exc. per. — c) *C* car ele fet ; *G* pource qu'ele
fet. — d) *A* omet font. — e) *B* qu'il ne fu pas. — f) *H* el cas ; *J K* ou cas
la ou. — g) *G* u cas lor veue contient. — h) *C* jour de proeuve premiere-
ment. — i) *G H J K* ou sec. fois ; *B* omet fois. — j) *B* que l'en ne se doit. —
k) *H J K* ou quant li ter. — l) *E F* a plaidié. — m) *G H J K M* omettent ou
quant li def. ... respondre. — n) *G H J K* donent resp. — o) *A G* resp. de det.

defenderes alligue tel respit; ou quant li ples delaie par ce
que l'une des parties apele [a] de defaute [b] de droit ou de faus
jugement. Par toutes teles resons que li defenderes met
avant, pueent estre les quereles delaies et non pas perdues;
et par mout d'autres que l'en puet connoistre par celes qui
sont dites dessus, qui ne servent fors des [c] quereles delaier;
et toutes sont apelees excepcions dilatoires.

238. D'autre maniere [d] sont les resons ou toute la querele
queurt, que l'en apele excepcions peremptoires : si comme
se l'en me demande .c. lb. qui me furent prestees et j'alligue
paiement ou qui le touche ; ou se l'en me demande conve-
nance et je di que je l'ai aemplie [e] ou je fes niance tout plai-
nement [f]; ou se l'en me demande eritage et je di qu'il me
descendi de mes devanciers, comme a droit oir, ou se je
me defent par longue teneure pesible [g] que je n'en sui tenus
a respondre, ou se je moustre letres que ce que l'en me
demande me doit demourer; ou se l'en me demande aucune
chose et je di que je l'ai par titre d'achat de celui qui le
pouoit vendre, ou par don de celui qui le pouoit donner, ou
par eschange de celui qui le pouoit eschangier. Toutes teles
resons et les semblables sont excepcions peremptoires, car
chascune par soi, mes qu'ele soit prouvee, soufist au defen-
deur a estre delivré de la demande qui est fete contre li.

239. Qui se veut aidier des resons qui ne servent fors
que [h] du plet [i] delaier, il les doit dire avant que celes qui
pueent fere la querele perir, ou il i [j] avroit renoncié : si
comme se je metoie en ni ce que l'en me demanderoit et
après vousisse avoir jour de conseil ou jour de veue, ou al-
liguier respit ou terme, ou requerre autre juge, ce seroit a
tart, car je seroie ja alés si avant qu'il n'i avroit fors qu'a
oïr [k] les tesmoins au demandeur. Et aussi comme nous

---

a) *A* a apelé. — b) *G* ap. le def. ; *HJK* de la def. — c) *HJK* fors que des.
— d) *A H* L'aut. man. ; *CEG* D'autres manieres. — e) *A C* acomplic. — f)
A omet ou je ... tout plain. — g) *G HJK* ten. et pes. — h) *C* ne mes que
dou pl. — i) *G HJK* qui ne font fors [*HJK* que] le pl. del. — j) *G H* omet-
tent i. — k) *G* fors ouir ; *H* fors d'oïr ; *JK* fors a oyr.

avons dit de la niance, puet l'en veoir se nous avons mises
avant autres resons par quoi ce nous doit demourer qui nous
est demandé, car li ples est entamés seur le tout si que l'en
ne puet revenir as resons que l'en peust avoir pour·le plet
delaier. Nepourquant aucunes resons dilatoires ont puis bien
lieu[a], si comme de dire contre tesmoins, de requerre pro-
ducions, de contremander par loial essoine de cors, d'alli-
guier force, ou paour, ou menaces : toutes teles resons
pueent bien[b] avoir lieu après ce que l'en a respondu droi-
tement a la querele, et aucunes autres qui pueent nestre le
plet pendant, qui pueent estre conneues par l'aparance du
plet.

240. Toutes resons, soient dilatoires ou peremptoires,
doivent estre mises avant que le jugemens soit enchargiés,
car puis que cil qui doivent fere le jugement ont receues les
paroles[c] des parties et il se sont apuié a droit, il n'i pueent
ne metre ne oster, exceptees les resons qui pourroient[d] es-
cheoir le jugement pendant, si comme se j'avoie mis avant
qu'a moi apartenoit l'eritages par reson de bail et mes
aversaires disoit mes a li, et li enfes mouroit le jugement
pendant, je pourroie deschargier les hommes du jugement
qui seroit seur aus et dire qu'il ne me[e] feissent pas juge-
ment seur le bail que j'avroie mis avant, mes seur l'escheance[f]
qui me seroit venue puis le jugement enchargié. Et aussi
seroient li jugeur delivré du jugement du bail et seroit li
ples seur l'escheance[g]. Et par tel[h] cas puet l'en entendre
que l'en vient bien a tans de dire[i] noveles resons puis que
jugemens est enchargiés, mes c'est a entendre quant eles
nessent le plet pendant.

241. Voir est se je demant aucun eritage pour ce que
je di que je l'achetai et li defenderes met resons encontre
pour quoi[j] je ne le doi pas avoir et j'ai jugement contre

---

a) *A* bien leur lieu. — b) *A B omettent* bien. — c) *G H J K* ont les par. rec.
— d) *G H J K* qui pueent esch. — e) *H J K omettent* me. — f) *A B C* es-
cheoite. — g) *A C* escheoite ; *B* escheure. — h) *H* cel cas ; *J K* ce cas. — i)
H J K por dire. — j) *G H J K* pour ce que.

moi, je ne puis demander cel eritage par titre d'achat ne
par nule reson que je puisse metre avant le plet durant;
mes après ce[a] que je l'avroie perdu[b] par jugement, pourroit
il avenir pluseurs cas par quoi je le pourroie demander, si
comme s'il m'estoit donnés ou vendus ou eschangiés, ou il me
venoit comme a oir par la mort d'autrui; et se je, par au-
cune de ces resons, le demandoie, l'en ne me[c] pourroit[d] pas[e]
dire que j'alasse contre le jugié[f] pour ce que je le deman-
deroie[g] par nouveles resons avenues puis le jugement fet. Se
je le demandoie par les resons que je peusse avoir dites
devant le jugement ou par celes seur lesqueles j'entendi le
jugement, j'iroie contre le jugié; si n'en devroie pas estre
oïs; si en cherroie en l'amende du seigneur, laquele
amende seroit de .LX. lb. a[h] gentilhomme qui mandroit seur
son franc fief[i], et de .LX. s. de l'homme de poosté qui man-
droit seur vilenage.

242. Li oirs a bonne reson de soi defendre a qui l'en de-
mande qu'il amende[j] le mesfet que ses peres ou si devan-
cier firent, car il n'en est pas tenus a respondre[k], ne de nul
cas de crime que l'en leur peust demander, pour ce qu'il
n'en furent pas ataint a[l] leur tans. Et bien doit l'en croire
que qui les eust acusés, il se[m] seussent mieus defendre et
plus certainement que leur oir ne savroient fere, et l'en doit
croire que tuit cil qui muerent avant qu'il soient condamné
de vilain cas de crime ou avant qu'il feissent l'amende
d'aucun mesfet, tout fust ce qu'il mourussent le plet pen-
dant, muerent[n] assout du mesfet de quoi l'en les suioit tant
comme au siecle, ne n'est[o] pas li oirs tenus a maintenir le
plet si comme il seroit de mueble, d'eritage ou de convenance.
Car de ce convenroit il que li oirs respondist; et
aussi de toutes les choses que l'en demanderoit a l'oir, pour

---

a) *H omet* ce. — b) *B* av. perdu le plait. — c) *ABCF omettent* me. — d)
E je ne porroie. — e) *E F* mie. — f) *A G* le jugement. — g) *B* demandoie.
— h) *H J K* au. — i) *C omet* qui mandr. seur son fr. fief. — j) *C omet*
qu'il am. — k) *C* a resp. ne a deffendre. — l) *B C J K* en. — m) *G H J K* il s'en
s. — n) *A* muer. il ass. — o) *G H* siecle n'en est pas; *J K* siecle ne n'est pas.

ce que ses peres ou si devancier les avroient mal aquises, il
convenroit qu'il en respondist[a] pour tant comme[b] il en seroit
venu a li et, s'il ne se pouoit defendre ou par pesible teneure
ou par[c] ce que si devancier avoient[d] bonne reson[e] a tenir, il
perdroit ce qui li en seroit venu et les arrierages qu'il[f] avroit
levés puis la mort de son devancier ; mes du tans de son de-
vancier ne seroit il tenus a riens rendre s'ainsi n'estoit que
li devanciers en fust sivis a son tans ; car s'il en estoit sivis[g]
et il fust mors le plet pendant et l'oirs maintenoit le plet
et il[h] le perdoit, il seroit tenus a rendre et du tans son de-
vancier et du sien[i] tans ; et s'il sont pluseur oir, chascuns
n'est tenus a respondre fors de tant comme[j] il en porta de
la chose mal aquise. Mes les detes a leur devancier sont il
tenu a toutes paier puis qu'il se sont fet oir, combien qu'il
en aient porté[k].

243. Toutes les demandes et toutes les defenses que li
defenderes met contre ce qui li est demandé, et toutes les
resons que li demanderes met avant pour destruire les re-
sons au defendeur que l'en apele replicacions[l] doivent estre
prouvees quant eles sont niees de l'averse partie. Et s'ele
n'est prouvee ele ne vaut riens, ainçois est esteinte aussi
comme s'ele n'eust onques esté dite.

244. Toutes resons qui sont proposees en jugement, soit
du demandeur, soit du defendeur, qui ne sont debatues de
l'averse partie par fere niance ou par dire resons encontre,
par quoi eles ne doivent pas valoir, sont tenues pour vraies
et pour aprouvees ; et doit l'en rendre jugement seur les
resons qui sont dites puis qu'eles ne sont debatues de
partie[m].

245. Cil a qui l'en demande aucune chose prestee ou au-

---

a) *C omet* et aussi de … il en respondist. — b) *HJK* tant qu'il en ser. —
c) *A C* pour ce que. — d) *JK* dev. avroient. — e) *C* ou par ses devanciers
lesquieux aroient bon res. — f) *GHJK* qu'en avr. — g) *GHJKM omet-
tent* a son tans … estoit suivis. — h) *A C omettent* il. — i) *A B E F* et de son
tans. — j) *HJK* tant qu'il. — k) *G* emporté. — l) *HJK omettent* que l'en
ap. repl. — m) *C* de l'autre part. ; *GHKJM omettent* de partie.

cune convenance, s'il en fet niance il ne puet pas après la niance recouvrer a alliguier paiement ne autre reson par quoi il en doie estre quites, se la chose prestee ou la convenance qu'il nia puet estre prouvee contre li ; car, en tant comme il[a] nie, donne il a entendre que la chose ne fu onques fete et[b], en tant comme il[c] veut alliguier paie[d] après, reconnoist il que la chose fu fete[e] : si qu'il est contraires a soi meisme.

246. L'en doit savoir que[f] selonc la coustume de la court laie il[g] ne doit avoir point[h] de terme en chose qui est passee par jugement se l'en n'apela du jugement ; ainçois doivent tuit li jugement estre mis a execucion sans delai. Nepourquant aucun cas[i] en pueent estre excepté, si comme li cas qui avienent par mescheance ou par mesaventure. L'en ne mesfet pas en detrier[j] le jugement pour savoir se li souverains en vourroit avoir[k] pitié ou merci, et aussi quant fame est condamnee a perdre le cors par jugement et ele dit qu'ele est grosse et l'en voit qu'ele est de tel aage qu'ele puet bien dire voir, ou quant la grossece apert a li, li jugemens ne doit pas estre fes ne[l] mis a execucion devant qu'ele ait esté tant gardee qu'ele ait eu enfant ou que l'en sache qu'ele mentoit. Et aussi li jugement qui sont fet pour choses engagiees ou pour rentes[m] a vie ne pueent pas estre mis[n] a execucion pour ce que li terme sont a venir[o] ; ainçois soufist en tel cas se l'en baille la saisine a celui qui gaaigna par jugement.

247. Quant reconnoissance[p] est fete en court, l'en ne puet pas fere niance de ce que l'en reconnut[q], tout fust il ainsi que la reconnoisance[r] fust fete hors plet, car s'ele estoit fete en mi les voies hors de jugement, si s'en pourroit

a) *HJK* tant qu'il. — b) *A omet* ne, onques, et. — c) *GHJK* tant qu'il. — d) *A C* all. paiement. — e) *A omet* que la ch. fu fete. — f) *A omet* que. — g) *A* qu'il ne doit. — h) *A omet* point. — i) *HJK omettent* cas. — j) *C* delaier le jug. — k) *GHJK* souv. en aroit ; *M* en pourroit av. — l) *A omet* fes ne. — m) *B omet* ou pour rent. — n) *ACGH* est. remises. — o) *GHJK* a avenir. — p) *CHJKM* q. cognissance. — q) *HJK* l'on a recognut ; *C* a congnut. — r) *AHJK* la connissance.

aidier l'averse partie par prouver qu'il avroit ce reconneu par devant bonnes gens.

248. Retenue n'a pas lieu en la court laie aussi comme ele a en la court de crestienté, car a la court de crestienté il pueent pledier seur l'une de leur resons et fere retenue de dire autres resons se cele ne li vaut, et ont jugement seur cele avant qu'il dient les autres s'il vuelent. Mes ce ne puet l'en pas[a] fere en court[b] laie puis que l'en a respondu droitement a la demande et que plés est entamés seur toute la querele[c]. Mes voir est que tant comme l'en[d] met avant excepcions dilatoires, c'est a dire les resons qui ne servent fors du plet delaier[e], la puet on fere retenue ; si comme se[f] je di de la demande qui est fete contre moi : « J'en[g] requier jour de veue ou droit ; et se drois disoit que je ne le deusse pas avoir, si fais je retenue de dire mes bonnes resons », en tel cas valent retenues. Car se je disoie tout ensemble mes resons qui ne me doivent aidier fors a[h] delaier le plet, que l'en apele excepcions dilatoires, et celes qui font au principal de la querele, que l'en apele excepcions peremptoires, j'avroie renoncié as excepcions dilatoires. Et pour ce a bien retenue lieu tant comme excepcions dilatoires durent ; mes quant excepcions dilatoires sont toutes passees[i] et il convient respondre au principal de la querele et metre avant ses excepcions peremptoires, l'en les doit toutes metre avant sans fere retenue et requerre jugement seur chascune reson de degré en degré[j], car puis qu'il a mis resons[k] peremptoires en jugement il n'i puet puis autres ajouster pour retenue qu'il en ait fete. Et pour ce dit on que l'en[l] ne barroie qu'une fois en court[m] laie.

249. Nous apelons barroier les resons que l'une partie

---

a) *G H J K omettent* pas. — b) *A* en la court laie. — c) *A* toutes les que- reles. — d) *G H J K* tant qu'on met. — e) *H J K omettent* c'est a d. ... de- laier. — f) *A B G omettent* se. — g) *H J K omettent* en. — h) *H J K* fors qu'a. — i) *H K J M* quant eles sont t. pass. — j) *H* ch. res. gradum in gradum c'est a dire de d. en d. ; *M* ch. res. de gradu in gradum, ch'est a dire de d. en d. — k) *B* ses res. ; *C* les res. — l) *G H J K omettent* en. — m) *H J K* en la court laie.

dit contre l'autre[a] après ce que les excepcions dilatoires sont passees, si comme chascune partie alligue resons de droit, ou de fet, ou de coustume pour conforter s'entencion. Et seur excepcions dilatoires barroie l'en bien aucune fois : si comme se je di que je doi avoir jour de conseil et di[b] reson[c] pour quoi, et m'averse partie dit que je ne le doi pas avoir et dit resons pour quoi[d], et chascuns de nous deus met pluseurs resons[e] avant ; ainsi puet l'en barroier seur excep-cions dilatoires. Et aussi comme nous avons dit du jour de conseil puet l'en veoir[f] que l'en puet bien barroier[g] seur autres excepcions dilatoires quant li uns requiert le delai et dit reson pour quoi il le doit avoir et l'averse partie le debat et dit resons pour quoi il ne le doit pas avoir. Et quant teus barres sont mises en jugement, li principaus de la querele n'i[h] queurt pas ; ainçois est li[i] jugemens fes a savoir mon[j] se cil avra[k] le delai qu'il demanda ou non, et, s'il ne l'a, il revient tout a tans a respondre de la querele.

250. Nule resons qui soit proposee de l'une partie ne de l'autre, en laquele l'en voit aperte mençonge, de li meisme ne doit estre receue en jugement : si comme se je demant un eritage et di qu'il me descendi de mon pere et l'en set tout clerement que mes peres n'eut onques point d'eritage, il ne convient ja que cil qui contre moi plede de l'eritage[l] met autre excepcion avant que ma mençonge ; donques puet il dire : « Sire, il dit qu'il a droit en tel eritage de par son pere ; fetes enquerre ; vous trouverés que ses peres n'eut onques eritage[m]. » Adonques se li demanderes ne prueve que si eut, il est arrieres mis de sa demande et est li defen-deres delivres. Et par ceste mençonge l'en puet[n] entendre les autres qui sont aportees en jugement selonc ce que li cas sont.

---

a) *B* les res. que li uns met contre l'a. — b) *ABEF* et je di. — c) *GHJK* raisons. — d) *B omet* et m'av. part. ... pour quoi. — e) *GHJK* [*G* y] met raisons pluseurs. — f) *GHJK* puet l'en bien veoir. — g) *GHJK* fere barr. — h) *AB* ne queurt. — i) *AB omettent* li. — j) *AB omettent* mon ; *G* sav. molt. — k) *C* jug. fes pour faire a lui a sav. se il avr. — l) *A omet* de l'eritage. — m) *C* que son pere ot herit. — n) *GHJK* puet bien.

251. Ce n'est pas bon ne selonc Dieu que lonc plet et grant coust soient mis en petites quereles. Et pour ce avons nous usé el tans de nostre baillie, — quant aucuns ples muet de petite chose d'une partie contre autre et la partie qui demande offre a l'autre partie a jurer seur sains qu'il est ainsi comme il a dit, ou s'il veut jurer le contraire, il le clamera quite de sa demande, nous avons contraint le defendeur a prendre lequel qu'il li plest, ou qu'il croie celi qui li demande par son serement ou qu'il jurt qu'il n'est pas ainsi, — que s'il aloient avant en plet ordené si feroient il cel[a] serement se l'une des parties le requeroit; et puis que l'une des parties veut renoncier au plet et croire s'averse partie par son serement nous ne nous acordons pas que l'en li doie veer[1].

252. Avenir puet que l'en a paié a Pierre ce que l'en devoit a Jehan pour ce que l'en cuidoit que la dete fust a Pierre, ou pour ce que l'en cuidoit que Pierres fust encore serjans de Jehan et amenistreres de ses besoignes, ou pour ce que Pierres eut convent qu'il les porteroit a Jehan : en tous teus cas et en semblables puet l'en redemander a Pierre ce que l'en li bailla. Se Pierres le connoist[b] ou s'il est prouvé contre li, il est tenus a rendre.

253. Et[c] aussi avient il aucune fois que l'en cuide devoir aucune chose[d] que l'en ne doit pas. Donques se je cuidoie devoir a Pierre .x. lb. lesqueus je ne li devroie[e] pas[f] et je li baille les .x. lb. en non de paiement, et après je m'aperçoif que je ne li devoie pas, je li puis redemander arrieres et les me doit rendre s'il ne prueve que je li devoie et que par bonne reson les receut.

254. Cil mist bonne excepcion avant qui ne vout pas raporter ce qu'il en porta a mariage de son pere et de sa mere[g] pour la mort de l'un[h] tant seulement; mes bien vouloit ra-

a) *GHJK omettent* cel. — b) *B* le reconoist. — c) *GHJKM omettent* et. — d) *AB* dev. tel ch. — e) *ABEF* devoie. — f) *C omet* lesq. je ne li devr. pas. — g) *A omet* et de sa mere. — h) *A* de lui tant.

1. Cf. Ad. Tardif, p. 110, § IV.

porter ce qu'il en porta de par celui qui ala mors. Et pour fere loi entendre plus cler[a], se mes peres et ma mere me marient de leur muebles communs et après mes peres muert et je vueil partir a la descendance de li, je ne sui tenu a raporter que la moitié des muebles que j'en portai pour ce que la mere qui est demouree en vie me garantist l'autre moitié tant comme ele vit[b]. Et tout en tel maniere di je s'il me marient[c] de leur conquès. Mes se je sui[d] mariés de l'eritage le pere[e], je le raporterai tout en partie, se je vueil partir, et se je sui[f] mariés de l'eritage[g] la[h] mere je n'en raporterai riens tant comme ele vive.

255. Or veons, — pour ce que la coustume est tel que cil que peres et mere marient[i] se suefre de raporter et de partir s'il li plest (s'ainsi n'est que li dons qui li fu fes par fust trop outrageus et trop deseritans les[j] autres oirs), s'il avient que peres et mere m'aient marié et li uns muert de mon pere ou de ma mere, et je ne me vueil pas tenir a paié, ainçois vueil raporter et partir pour ce que j'i voi mon pourfit et après, quant j'ai raporté et parti, cil qui demoura en vie de mon pere ou de ma mere muert et je ne vueil pas du derrain mort raporter et partir pour ce que puet estre que li peres qui mourut premiers avoit grans eritages par quoi je gaaignai au raporter et ma mere qui après mourut[k] a[l] petis eritages[m] par quoi je perdroie au raporter, — s'il me sera souffert que je me suefre ou s'il me convenra raporter pour partir[n], vueille ou ne vueille, a la requeste des autres[o] oirs. Je di, selonc mon avis, que quant je raportai et parti pour[p] la mort du[q] pere, je renonçai a la coustume qui estoit pour moi du non raporter[r] et pour ce me con-

---

a) *GHJK* f. le mieus entendre. — b) *C* pour ce que la moiti autre m'est guaaignie et guarantie de ma mere qui est en vie tant comme elle vit ; *HJK* tant qu'ele vie. — c) *AB* marierent. — d) *ABEF* je fui mar. — e) *A* mon pere. — f) *ABEF* je fui mar. — g) *C omet* l'erit. — h) *CHJK* ma mere. — i) *CF* celui (*F* chiex) qui pere et mere ; *ABH* marie. — j) *HJK* des aut. hoirs. — k) *HJK* muert. — l) *G* avoit. — m) *C omet* par quoi je ... petis erit. — n) *GHJK omettent* pour partir. — o) *A omet* autres. — p) *G* puis la mort. — q) *A* de mon pere. — r) *GHJK* de non rap. ; *C omet* du non rap.

venra il raporter après la mort de la mere[a], vueille ou ne vueille, contre[b] les autres oirs.

256. Li demanderes mist bonne excepcion[c] avant contre le seigneur qui requeroit sa court du defendeur en disant que li defenderes avoit ja respondu a sa demande et plet entamé en niant ou[d] en connoissant ou en proposer fet contraire pour destruire la demande[e], car l'en doit savoir que pour[f] responses[g] sont plet entamé[h], pour quoi li sires ne[i] rent pas sa court.

257. Deus manieres sont de niances fere en court laie, dont chascune soufist : l'une si est de nier droitement et tout simplement ce qui est proposé contre li, et l'autre si est de proposer fet contraire contre ce que l'averse partie dit et d'offrir loi a prouver. Car ce vaut bien niance s'uns hons me demande que je li rende un cheval ferrant qu'il me presta et je respong : « Sire, tel[j] cheval qu'il me demande il le me vendi tel nombre d'argent et l'offre a prouver. » Les paroles de ceste defense en portent bien la niance du prest, ne il ne convient pas que je responde droitement au prest puis que je met tel excepcion avant. Par ce cas puet l'en entendre mout d'autres ; ne l'en ne puet pas dire que ce que l'en me demanda[k] doie valoir[l] pour conneu[m], pour ce que je n'en fis pas niance se je respondi fet contraire a la demande que l'en me fist et offri[n] a prouver, car autant vaut comme niance.

258. Cil ne doit[o] pas estre tournés en defaute qui ne puet avoir ses tesmoins, ou son conseil, ou ses avocas par le pourchas de s'averse partie ; et toutes les fois que tel plainte vient a court, la partie qui tout a l'autre partie ce de quoi ele se doit aidier, malicieusement si comme par force,

a) *G H J K* de ma mere. — b) *B* as les aut. oirs. — c) *G H* m. mout bon. exc. — d) *A B E F* niant et en. — e) *H J K M* sa dem. — f) *H J K* omettent pour ; *B* par. — g) *A* tieus resp. ; *F* response. — h) *E* p. respondre sen plait entame ; *G* sav. que resp. font plait entamer ; *M* sav. que resp. vallent ples entames. — i) *H J K* n'en. — j) *A C* ce chev. — k) *A* demande. — l) *G H J K* dem. vaille ne doic val. — m) *M* dem. vaille pour conneu ne ne doie valoir pour ce que. — n) *A C* et offrir. — o) *H J K* ne peut pas.

ou par menaces, ou par louier, ou par prieres, doit estre
contrains de rendre l'aide qu'il a tolu a l'averse partie ; et se
ce sont tesmoing qui n'i osent venir pour ce qu'il furent
manecié, il valent autant a celui qui les vouloit[a] atrere
comme s'il eussent pour li tesmoignié, car tel damage en
doit[b] bien porter[c] cil qui les destourna.

259. Li defenderes mist bonne excepcion avant qui ne
vout pas respondre as letres qui estoient aportees contre lui
en jugement devant qu'il les avroit veues[d] et tans d'avoir les
leues[e] pour savoir s'il les vourra connoistre a bonnes ou s'il
vourra dire qu'elles soient fausses. Mes voir est que li de-
manderes qui se veut aidier des letres ne les baurra pas, s'il
ne li plest, au defendeur ; mes a ceus qui tienent la court les
doit il baillier et cil, quant il les ont veues, les pueent et[f]
doivent[g] baillier au defendeur et commander qu'il les rende
tantost sans nule maniere d'empirement.

260. Qui a pluseurs resons, soit par devers le defendeur
ou par devers le demandeur, il doit dire toutes ses resons
qu'il aime le meins avant et les meilleurs au derrain, et
chascune as plus brieves paroles[h] que l'en[i] puet, mes que
les resons soient toutes dites ; car peu de paroles sont mieus
retenues que trop grans plentés, meismement en court ou
l'en ne juge pas par escris. Et les meilleurs resons doit l'en
dire au darrenier pour ce que l'en retient plus legierement[j]
les derraines paroles que les premieres. Nepourquant trop
seroient fou cil qui sont tenu a fere les jugemens s'il ne re-
tenoient toutes les resons seur lesqueles il doivent jugier,
car autrement ne pourroient il pas[k] bien jugier en bonne
conscience. Et s'il ne les retienent pas bien pour[l] une fois

a) *G HJK* les veut atr. — b) *G HJK* en peut bien. — c) *G* emporter. —
d) *E* aroit eues pour veir et. — e) *BEF* les veues ; *C* tans d'avoir levees ;
G et tant qu'il les eust leues; *HJK omettent* tans d'av. les ; *M* devant qui
les aroit leues et ou fest lire p. s. — f) *HJKM omettent* pueent et. — g)
ABC pue. baill. et doiv.; *EF omettent* et doivent. — h) *G HJK* chasc. le
plus briefment que. — i) *HJK* qu'il puet. — j) *G HJK* ret. mieus les derr.
— k) *G HJK omettent* pas. — l) *G HJK* a une fois.

dire tant de fois les facent[a] recorder qu'il les aient bien re-
tenues : adonques si pourront loiaument jugier[b].

261. Nous avons veu jugier[c] que nus n'est tenus a apor-
ter en jugement letres, ne chartres, n'erremens qui soient
contre li, se l'en[d] ne l'eut convent; liqueus convenans doit
estre prouvés se cil le nie qui les letres ou les erremens ne
veut aporter, ou se ce ne sont letres ou errement commun,
si comme letres[e] qui sont fetes pour parties ou pour orde-
nances de pluseurs gens, car teus manieres de letres doi-
vent estre aportees en jugement de celui qui les a quant au-
cuns de ceus[f] en a a fere pour qui eles furent fetes.

262. Cil ne fu pas folement conseilliés qui ne vout res-
pondre a ce que l'en li demandoit pour ce que il estoit rete-
nus en prison, devant qu'il fust delivres de la prison, car
nus n'est tenus a respondre se n'est en cas de crime. Mes
en cas de crime est il tenus a respondre du cas pour lequel
il fu mis en prison et nient d'autres devant[g] qu'il se[h] soit de
celui espurgiés. Nepourquant aveques les cas de crime nous
en essieutons les cas qui touchent le roi et ceus qui tienent
en baronie qui ont a fere encontre leur sougiès, et les cas
que nous deismes ou chapitre devant cestui ; car es cas qui
les touchent, si comme pour detes ou pour mesfès, tout ne
soient il pas si grant comme cas de crime, pueent il bien re-
tenir leur cors en prison dusques a tant qu'il soient paié ou
que les amendes des mesfès leur soient fetes et paiees se-
lonc les mesfès, s'il n'i ont renoncié par privileges. Car tuit
li seigneur doivent demener leur sougiès selonc ce qu'il sont
privilegié d'aus ou de leur predecesseurs, s'ainsi n'est que
l'en ait tant usé ou[i] contraire des privileges qu'il en soient
anienti ; car mout de privileges sont corrompu par ce que
l'en a lessié user encontre le tans par lequel l'en puet

a) *A* tant les face de fois; *B* face. — b) *C* pour bien legierement jug. et plus
loiaument; *HJK* pour. plus loiaum. jug. — c) *GHJK* veu jugemans jug. —
d) *C* soient encontre lui ne on ne le doit pas faire se on ne. — e) *A B* omet-
tent si comme letres. — f) *BF* omettent de ceus; *E* quant. — g) *GHJK*
dusqu'a tant; *M* du tant q. — h) *GHJK* omettent se. — i) *A* en.

aquerre proprieté, si comme, selonc nostre coustume, .xxx. ans contre eglise[a], et .x. ans contre[b] laies personnes, et .xl. ans d'eglise contre eglise quant li ples est en court laie. Et cil qui ne sont privilegié demeurent a estre justicié selonc les coustumes des chasteleries la ou il mainent[c].

Ici fine li chapitres des excepcions et des replicacions.

a) *C* encontre l'eglise. — b) *A* .x. ans entre laies pers. — c) *G* ch. l'ou ils demeurent; *HJK omettent* la ou il main. — Explic.) *GK n'ont pas d'explicit; HJ* Explicit cest chapitre des exc. et des repl.

VIII.

Ici commence l'uitismes chapitres de cest livre qui parole de ceus qui vienent trop tart a leur demande fere selonc nostre coustume.

263. Cil qui vuelent fere demande en court contre partie doivent savoir que l'en puet bien venir trop tart a fere sa demande[a], car li tans est determinés par lequel l'en puet perdre[b] sa demande par l'espace du tans qui est courus ; et dirons comment.

264. S'uns hons demande a un autre muebles ou chateus, soit par letres ou en autre maniere, et il s'est soufers de fere sa demande par l'espace de .xx. ans puis le terme de la dete, cil a qui la demande est fete n'en est pas tenus a respondre se li demanderes n'a resnable cause par laquele li tans est courus sans demande fere. Et de teus causes puet il avoir pluseurs si comme vous orrés.

265. La premiere cause si est se cil a qui la demande apartient a esté hors du païs ou pelerinage de la crois[c], ou en mains de[d] Sarrazins, ou envoiés pour le commun pourfit ou[e] du commandement du souverain et, dedens l'an et le jour qu'il fu revenus, il s'aparut en court pour fere sa[f] demande.

266. La seconde cause si est se ses peres ou si devancier firent la dete et puis moururent et il demoura sousaagiés

---

Rubr.) *C* nost. coust. de Biauvoisins ; *HJK* par. comment on peut trop tart venir a son dem. fere ; *GHJK* omettent sel. nost. coust. *et terminent la rubrique comme à la table.* — a) *GHJK* a sa dem. fere. — b) *A* p. fere sa dem. — c) *G* la cr. d'outremer ou en Jherusalem. — d) *C* ou pris entre les mains aus Sarr. ; *G* ou en la main des Sarr. ; *H* ou es mains des Sarr. — e) *AB omettent* ou. — f) *AB omettent* sa.

ne n'out pas tuteur qui de la demande se vousist entremetre pour li, et dedens l'an et le[a] jour qu'il fu en aage il s'apparut en court pour fere sa demande.

267. La tierce cause si est se cil contre qui la demande est fete a esté hors du païs ou en prison, si que l'en ne le pouoit trere[b] en court pour la demande fere[c].

268. La quarte cause[d] si est se cil contre qui la demande est fete a esté en si grant povreté qu'il ne pot[e] paier, mes bien fu pourchaciés qu'il en ot commandement avant que li .xx. an passassent.

269. La quinte cause si est se cil a qui la dete est demandee a esté sousaagiés et l'en li demande du fet de ses[f] devanciers si que li .xx. an passerent avant qu'il fust en aage par quoi l'en li peust demander.

270. Cil qui se vourra aidier des resons dessus dites a ce que l'en responde a li outre .xx. ans, il convient qu'il destruise toutes les .xx. annees[g], car s'il en destruisoit les .x. et il en demouroit .x.[h] es queus la demande peust estre fete, ce ne li vaurroit riens.

271. Li delai de l'eritage ne sont pas si lonc par nostre coustume, car s'uns hons[i] demande eritage a aucun et cil met avant teneure de .x. ans pesible a la veue et a la seue[j] du demandeur residant ou païs et tout aagié, et bien a eu[k] pouoir[l] de[m] la chose demander s'il li plout et il ne li demanda[n] pas dedens les .x. annees[o], li tenans n'en est pas tenus a respondre s'il ne puet corrompre la teneure pour aucune vive reson, si comme il est dit dessus[p].

272. Quant parties sont fetes entre freres, ou entre sereurs, ou entre freres et sereurs, par amis ou par justice et

---

a) *GHJK omettent* le. — b) *GHJK* pot tr. ; *BEF* pooit trouver. — c) *M* tr. en lieu en meniere qu'on li puest fere sa d. — d) *HJK omettent* cause. — e) *GHJK* qu'il ne pooit. — f) *A* omet de ses. — g) *GHJKM omettent* il convient ... les .xx. annees ; *HJKM omettent* en outre car. — h) *C* dem. encore .x. — i) *HJK omettent* hons. — j) *GH* a la seue et a la veue ; *JK* au veu et sceu. — k) *AC omettent* a eu. — l) *BGHJKM* et bien pooit ; *C* b. en pouoir. — m) *GHJKM omettent* de. — n) *A* demande. — o) *AC* ans. — p) *GHJK* dessus dit.

il se suefrent[a] en cele partie .i. an et .i. jour pesiblement, les parties doivent[b] tenir entre aus sans estre rapelees.

273. Pierres si demanda a Jehan .c.[c] lb. pour eritages qu'il disoit qu'il avoit vendus a son pere et il n'en avoit onques esté paiés si comme il disoit; et comme cil Jehans fust oirs et tenist la chose, il requeroit[d] a justice qu'il contrainsist le dit Jehan a paier les devant dites .c. lb.[e].

274. A ce respondi Jehans qu'il ne[f] vouloit pas estre tenus a li paier sa demande[g], car il disoit que ses peres, puis qu'il fu[h] en saisine de cel achat[i], vesqui pres d'un an[j] a la veue et a le scue de Pierre ; et estoient manant en une vile et fort chose estoit a croire que Pierres se fust dessaisis de son eritage sans son argent ou sans bonne seurté quant en cele annee riens ne l'en demanda. Plus disoit Jehans que quant ses peres se senti malades, il fist son testament crier en plaine paroisse, que cil a qui il devoit riens venissent avant et il les[k] paieroit, a le veue et a le scue dou dit Pierre, et onques li dis Pierres pour cele dete demander ne s'aparut. Plus dit Jehans que puis la mort de son pere il a cel heritage dont debas est tenu[l] pres d'un an, ne onques mes n'en fui trais en court : par lesqueus resons il ne veut estre tenus a respondre au dit Pierre. Ces resons conneues[m] il se mistrent en droit[n].

275. Il fu jugié que Jehans n'estoit pas tenus a respondre a[o] Pierre de cele dete par les[p] resons dessus dites. Et par ce puet on entendre que l'en puet bien venir trop tart a fere sa demande.

Ici fine li chapitre de ceus qui vienent trop tart a fere leur demande.

a) *G H J K* sueffre. — b) *G H J K* se doive ten. — c) *G H J K M* .x. lb. — d) *A* requiert. — e) *BEF* les dites .c. l. ; *C* les .c. l. ; *G H J K* les .x. lb. — f) *H J K* qu'il n'y voul. pas. — g) *H J K omettent* a li paier sa dem. — h) *A* qu'il en fu en s. — i) *C* il fu entres en la sais. de cel. ach. — j) *C* plus d'un an. — k) *A B E F H J K omettent* les. — l) *A omet* tenu. — m) *C* res. con. de cheste choze. — n) *C omet* il se mist en dr. — o) *H J K* audit Pier. — p) *A B E F* por ces res. — Explic.) *C* Chi define ; a leur dem. faire ; *G K n'ont pas d'explicit* ; *H J* Explicit ; *M* li cap. qui parole de c.

c

IX.

*Ici commence le nuevismes chapitres de cest livre qui parole
en queus cas jour de veue doivent estre donné et en queus
non.*

276. Voir est que toutes les fois que saisine d'eritage
est demandee ou la proprieté, cil qui est saisis de l'eritage
doit avoir jour de veue s'il le requiert. Mes s'il entaime le
plet sans requerre veue[a], il n'i puet puis recouvrer; car
jour de conseil et de veue doivent estre demandé avant que
ples soit entamés, ne ce n'est pas entamement du plet que
de requerre jour de conseil, ou[b] jour de[c] veue, ou jour d'avi-
sement es cas es queus il doivent estre donné.

277. Pierres proposa contre Jehan que li dis Jehans li
avoit fet arester ses muebles et ses chateus hors de la chas-
telerie de Clermont et hors de la terre le conte par la gent
le roi; et comme il fust couchans et levans dessous le conte
et la connoissance de ses muebles et de ses chateus apartenist
au conte, il requeroit que li dis Jehans fust contrains a ce
qu'il li feist desarester, comme il fust appareilliés de res-
pondre en la court du conte de ce qu'il li savroit que de-
mander.

278. A ce demanda Jehans jour de veue du lieu ou li
mueble avoient esté aresté et Pierres le debati pour ce qu'il

---

Rubr.) *B omet* et en quel non; *G, sauf* doibt *au lieu de* puet, *donne la
même rubrique qu'à la table; HJK* n. ch. qui enseigne ou jour de veue
apartient et a barroier et a moustrer veue; *M* cap. qui par. des cas la u jour
de veue doit est. donné et en q. cas ne doit estre donee. — a) *B omet* s'il le
req. ... sans req. veue. — b) *HJK* cons. ne jour. — c) *G omet* jour de.

disoit qu'en plainte de muebles ne de chateus n'avoit point
de jour de veue ; et seur ce se mistrent en droit s'il i avoit
jour de veue ou non.

279. Il fu jugié qu'il n'i avoit point de jour de veue, et
par cel jugement puet l'en veoir qu'en plainte qui est fete de
muebles et de chateus tant seulement n'a point de jour de
veue[1]. Et par cel jugement[a] puet l'en veoir que se l'en mel-
loit sa demande de muebles et de chateus[b] avecques de-
mande[c] d'eritage, si comme se Pierres disoit : « Je demant
a Jehan tel eritage[d] qu'il tient a tort et[e] les muebles et les
chateus qui dessus sont — ou *qui de l'eritage*[f] *sont issu*[g], »
Jehans avroit jour de veue s'il le requeroit, car il ne seroit
pas tenus a respondre des muebles et des chateus[h] devant
qu'il seroit atains de l'eritage.

280. Toutes les fois qu'aucuns veut demander muebles
ou chateus, il convient qu'il nomme la cause pour quoi il doi-
vent estre sien. Et s'il nomme pour cause d'eritage, duquel
eritage autres de lui est tenans ne il[i] ne li est pas conneu
qu'il soit siens, sa demande ne vaut riens, car il convient
qu'il plede avant de l'eritage dont li mueble sont issu qu'on
soit tenus a respondre a li des muebles. Et quant il avra
gaaignié l'eritage, adonques puet il demander les muebles
et les arrierages. Et s'il estoit autrement chascuns vourroit
maintenir son plet seur les meubles[j] tant seulement, pour
ce que coustume donne plus de delai en plet d'eritage que
de mueble et ainsi seroit li ples ce devant derriere, laquele
chose n'est pas a soufrir se partie le veut debatre. Mes se
partie ne le debat[k], ainçois entaime le plet seur la demande
fete de muebles et de chateus contre li, li juges a bien les

---

a) *GHJK omettent* jugement. — b) *AB* sa dem. de mueble et de chatel.
— c) *AB* demandes. — d) *GHJK omettent* tel herit. — e) *GHJK omet-
tent* et. — f) *GHJK* et qui de tel er. — g) *JK* venu. — h) *A C* de mueb.
et de ch.; *EF* ou de ch.; *HK* ne des ch. — i) *ABEF omettent* il. — j)
GHJK son plet tout (*JK* tant) seulement de muebles. — k) *GHJK* ne le
veut debatre, ainç.

---

1. Cf. *Olim*, I, 225, XIV ; 454, XVIII ; 646, VIII ; 947, XI.

paroles a recevoir par devant li [a] et fere [b] droit selonc ce qui est dit d'une part et d'autre, car il loit bien a celui qui plede a delessier ce de quoi il se pourroit aidier; ne puis qu'il a respondu et [c] plet entamé seur la demande fete contre li, il ne puet puis metre reson avant par quoi il ne soit tenus a respondre, car a tart i vient puis que ples est entamés.

281. Bien se gart cil qui se defent en court laie quant toutes ses barres dilatoires sont passees et il vient a respondre droitement a [d] la querele, s'il a pluseurs resons peremptoires, qu'il les mete toutes avant et qu'il demant jugement seur chascune de degré en degré, car, s'il atent jugement seur l'une et il a jugement [e] contre li, il ne puet puis recouvrer as autres; ainçois pert la querele, neis s'il avoit fete retenue de dire ses [f] autres resons se jugemens estoit fes contre li, car la retenue ne vaut riens puis que l'en s'est couchiés en jugement. Et s'il estoit autrement li plet seroient trop lonc et male chose seroit se l'en demandoit a Pierre une dete et Pierres alligoit paiement, et li paiemens li estoit niés, et il l'offroit a prouver, et il failloit a ses prueves, s'il pouoit après dire : « Je ne dui onques cele dete, » ou s'il pouoit dire : « Il me donna cele dete, » [g] ou « Il la me quita, » car ainsi [h] seroient tous jours [i] li plet a recommencier.

282. Quant aucuns se defent et il met en ses defenses resons qui sont contraires l'une a l'autre, eles ne sont pas a recevoir du juge, neis se partie estoit si nice qu'ele ne le debatisist : si comme se Jehans demandoit a Pierre qu'il li paiast .xx. lb. qu'il li devoit pour .i. cheval, lequel il li avoit baillié, et Pierres respondoit : « Je ne vous en doi nul, car cheval n'eu je onques de vous, et ces .xx. lb. que vous me demandés [j], je sui pres que je moustre que je les vous ai mout bien paies. » Ces .ii. resons que Pierres metroit avant [k]

---

a) *C omet* li jug. ... devant li. — b) *A B* et a fere droit. — c) *A* resp. ne plet ent. — d) *A B E F* en la quer. — e) *H J K omettent* jugement. — f) *G H J K* dire es aut. res. — g) *B omet* ou s'il pouoit ... cele dete. — h) *G H J K omettent* ainsi. — i) *G H J K* tous jours ser. — j) *G* lb. que vous dites que je vous doi. — k) *A B omettent* avant.

en sa defense seroient contraires l'une a l'autre : car de quoi prouveroit il paiement quant il avroit nié la dete si comme ele seroit proposee contre li ? En tel cas convenroit il que li juges contrainsist Pierre a delessier l'une de ces .ii. resons et qu'il desist[a] : « Sire, je n'oi onques[b] le cheval, n'autres pour moi, par quoi je ne doi pas cele dete, » ou qu'il desist : « Sire, j'eu le cheval et dui les .xx. lb., mes j'en ai[c] fait[d] plain paiement. » Et par ceste contrarieté que nous avons dite qui n'est pas[e] a recevoir au[f] juge poués vous veoir, se vous avés sens naturel, en tous autres cas la ou contrarietés sont[g] proposees.

283. Se jours de veue est assigniés a aucun, cil qui doit fere la veue doit estre garnis au jour d'aucune persone qui soit envoie de par la court a veoir fere[h] la veue ; si que, se[i] debas est de la veue, ele sera recordee par[j] celui qui i sera envoiés. Et en cel recort soufist une seule persone creable et envoie par la court, ou .i. serjans serementés, pour ce que jours de veue ne fet perdre ne gaaignier querele, ainçois est uns delais que coustume donne pour esclarcir ce dont debas est.

284. Se cil qui doit fere la veue se defaut, il convient qu'il recommencent le plet de nouvel[k] et veue donnee de rechief, se partie le requiert. Et se cil qui doit fere la veue[l] est pres de la veue fere soufisanment et cil qui la doit recevoir se defaut, la veue vaut fete ; car il est en la volenté de celui qui puet[m] avoir jour de veue de demander la ou de lessier la, et aler avant ou plet sans veue. Et il est bien resons, quant il la demanda et il n'i vout estre, que la partie qui fu preste de fere la veue ne soit pas alongiee de son plet pour la defaute de celui qui la veue dut recevoir.

285. Nous veismes debat que Pierres si requeroit[n] a

---

a) *A C G H J K* deist. — b) *M* li juges contr. dudit P. l'une de tez .ii. raisons : S., je n'eus onq. — c) *A* omet ai. — d) *C* je li ai fait. — e) *A B E F* omettent pas. — f) *A B* r. a jug. — g) *A B* seront prop. — h) *G H J K* veoir a fere la veue. — i) *A* omet se. — j) *A* record. de cel. — k) *G H J K* de nouv. le plet. — l) *A B* la veue fere. — m) *G H J K* qui doibt av. jour. — n) *C* veis. un deb. que P. demandoit ; *G* que se P. req.

Jehan qu'il li asseïst .x. livrees de terre, lesqueles il li de-
voit asscoir de son eritage et qu'il li rendist — pour ce qu'il
avoit .v. ans qu'il li dut faire cele assiete[a] — les arrierages[b].

286. A ce respondi Jehans : « Je vous connois bien qu'il
a .v. ans que je vous convenançai a asseoir .x. livrees de
terre seur mon eritage et lors je le vous offri a fere, ne
puis ne fu annee que je n'en fu pres se vous m'en re-
querissiés aussi comme vous fetes ore ; et l'eritage sui je
pres que je le vous assiee[c]. Mes les .L. lb. que vous me de-
mandés pour les arrierages je n'i sui pas tenus, car vous ne
les me baillastes pas a ferme, n'a louage, ne par nule con-
venance par quoi je soie tenus a vous rendre deniers. Et
dusques a tant que la terre vous sera assise et que vous
serés[d] en la saisine[e] puis je fere les fruis miens comme de
mon eritage, ne je ne vous doi fors eritage, et eritage vous
vueil paier. Et pour tant en vueil estre quites par ce que li
delais n'a pas esté par ma defaute du[f] paiement fere, ain-
çois a esté en vostre defaute du recevoir. » Et seur ce se
mistrent en droit.

287. Il fu jugié que Pierres[g] n'avroit pas les deniers qu'il
demandoit pour les arrierages[h], ainçois li seroit la terre
assise tant seulement. Et par cel jugement puet l'en veoir
que l'en puet bien perdre par[i] delaier a requerre son droit,
car se la terre eust esté veue et[j] bailliee et livree audit
Pierre[k] des la premiere annee et Jehans[l] i fust puis entrés,
il fust tenus es[m] arrierages ; et[n] aussi fust il s'il eust esté
en sa defaute de la terre asseoir.

288. Quant jours de veue est donnés a celui qui le requiert
et la veue ne puet estre fete en cele journee pour aucun
resnable encombrement, — si comme se cil qui doit fere la

---

a) *A* faire cele assyze. — b) *A B C E F omettent* les arr. ; *M* son crit. et
qu'il li rendesis les aricraiges pour che qu'il li deust asseoir celle terre un an
voit. — c) *G H* assiecche. — d) *H J K* v. en serez. — e) *G omet* et que vous
ser. en la sais. — f) *G H J K* def. de paie. — g) *A B C E F* que Jehans. — h)
A omet pour les arr. — i) *C* pour del.; *G H J K* a del. — j) *G omet* veue et;
H J K omettent et. — k) *A B C E F* Jehan. — l) *A B C E F* Pierres. — m) *A*
ten. as arr. ; *C* ten. a rendre les arr. — n) *H J K omettent* et.

veue essoine le jour par aucun loial essoine qu'il a, et si
comme se [a] la terre est couverte d'eaue ou de noif, ou si
comme se li tans est teus que perilleuse chose est d'aler as
chans, ou si comme se li sires defaut ou contremande qui
doit aler ou envoier pour veoir fere la veue, — en tous teus
cas convient il qu'autres jours de veue soit donnés par tant
de fois comme tel [b] essoine [c] avenront [d]. Mes en ce ne pert
ne l'une partie ne l'autre fors en tant que li ples en delaie [1].

289. Aucunes veues doivent estre fetes si tost comme la
connoissance vient au seigneur, sans soufrir plet ordené
entre les parties ; si comme quant aucuns se plaint d'empee-
chemens de lieus [e] communs [f], — si comme de chemins que
l'en a estoupés ou estreciés, ou de fontaines ou de puis qui
sont en communs lieus, ou de cours de rivieres si comme au-
cuns requiert point d'eaue [g], — en tous teus cas ne doit pas
li sires souverains qui tient en baronie soufrir plet ordené
entre les [h] parties. Ainçois, si tost comme aucuns s'en deut,
li sires a qui l'amendemens apartient doit donner jour de
veue et fere savoir a celui qui dut fere l'empeechement qu'il
i soit ; et après, soit ou ne soit, se li sires voit l'empeeche-
ment fet de nouvel, il le doit fere oster et remetre le lieu
en son droit estat selonc ce [i] qu'il estoit devant [j] l'empeeche-
ment. Et si est cil qui l'empeechement fist a [k] .LX. s.
d'amende, car teus mesfès touche nouvele dessaisine ; et la
resons pour quoi li sires en doit ouvrer en la maniere dessus
dite, si [l] est pour ce qu'a lui apartient la garde des choses
communes pour garantir le commun pourfit.

290. Aucune fois [m] avient il que cil qui a jour de veue

a) *HJK* omettent se. — b) *A C* teles. — c) *B* teil essoine vendroit. — d)
G fois que teus ess. advenroient; *H* fois que tel ensoine avenr. ; *JK* fois que
telle essoine avendroit. — e) *GHJKM* cmp. de leurs (*H* lor, *M* leur) com.
— f) *C* plaint de delaiement en voie commune. — g) *C* r. voie d'iaue ; *JK*
poy d'eaues. — h) *AB* omettent les. — i) *A* omet ce. — j) *B* estat si
comme il avoit esté avant. — k) *BHJK* en .LX. s. — l) *GHJK* omettent
si. — m) *A* omet fois.

1. Cf. *Olim*, I, 758, XIII.

moustre plus qu'il ne doit ou meins qu'il ne doit[a] ; et quant il moustre ce qu'il doit moustrer et plus avec, la veue n'est pas pour ce de nule valeur, car il loit a celui qui la veue reçoit de fere oster ce qu'il a[b] trop moustré quant il vient au jour de plet. Et ce avons nous veu aprouver[c] par jugement. Et quant l'en moustre meins que l'en ne doit, cil qui reçoit la veue ne puet perdre fors ce[d] qui est moustré. Et quant aucuns moustre une partie de ce qu'il demande en plet et autre eritage par mespresure avec celi, la veue n'est pas pour ce de nule valeur de ce qui fesoit a moustrer et qui fu moustré, et la veue du seurplus qui n'estoit pas de la querele doit estre tenue pour nule.

291. Jours de veue puet bien estre donnés en autre cas que seur proprieté d'eritage : si comme quant l'en plede seur saisine ou seur possession d'eritage tant seulement, ou seur devise qui est requise a justice. En teus manieres de plet doit bien avoir jour de veue.

292. Se li tesmoing, qui sont amené a prouver aucun article du plet dont jours de veue fu donnés, requierent a veoir le lieu, il doivent avoir jour de veue, car il n'en pueent si bien tesmoignier ne si certainement sans avoir veue comme après veue.

293. Toutes les fois que tesmoing sont examiné et l'en leur a fete aucune demande de laquele il ne sont[e] pas bien avisé, s'il demandent jour d'avisement il le doivent avoir, mes qu'il dient par leur serement qu'il n'en sont pas avisé. Et cil jours d'avisement doit estre du jour a l'endemain s'il ne le convient alongier par aucune cause resnable que li tesmoins met avant, laquele cause est a resgarder a celui qui ot les tesmoins ; si comme nous dirons ou chapitre des audi-teurs[1]. Et cil delai que li tesmoing pueent[f] avoir entendons

<hr>

a) *A omet* ou meins qu'il ne doit ; *B omet* qu'il ne doit *après* meins. —
b) *A omet* a. — c) *A B* aprouvé ; *C* esprouver. — d) *G H J K* fors que ce.
— e) *A B* il ne soit. — f) *G H J K* doivent av.

<hr>

1. Ch. xl.

nous en enquestes[a] et en ples qui sont tenu selonc l'esta-
blissement le roi, car selonc l'anciene coustume n'a nul delai[b]
en prouver ce qui chiet en prueve, ainçois convient prouver
a la premiere journee ; et aussi en sont essieuté tuit li plet
en quoi gage de bataille sont receu. Et de ceste matere
nous souferrons nous a parler ici endroit dusques a tant
que nous en ferons propre chapitre, liqueus parlera des
apeaus et comment l'en doit aler avant en plet[c] de gages[d][1].

Ici fine li chapitres des jours de veue et d'avisement.

a) *A C* ent. n. en questes. — b) *A* il n'a nul del. — c) *A* en plet ordené.
— d) *A omet* de gages. — Explic.) *C* Chi define li chapitres comment on
doit barroier en court laye ; *G K n'ont pas d'explicit ; H J* Explicit.

1. Ch. LXI et LXII.

X.

.

Ici commence li disismes chapitres de cest livre qui parole
des cas des queus li cuens de Clermont n'est pas tenus a
rendre la court a ses hommes, ainçois li en demeure la con-
noissance par reson de souveraineté.

294. Bonne chose est que cil qui tienent[a] si franchement
comme en baronie, — et especiaument mes sires qui est
fius de[b] roi de France[1] et cuens de Clermont, — sachent en
quoi il doivent obeïr a la requeste de leur sougiès et en quoi
il sont tenu a retenir la connoissance par devers aus, si qu'il
gardent leur droit et qu'il ne facent pas tort a leur hommes ;
et pour ce traiterons nous en ceste partie des cas des queus
la connoissance apartient a conte seur ses sougiès et seur les
hommes de ses sougiès sans rendre court ne connoissance a
ses hommes, si qu'il sache clerement es[c] queus cas il leur
doit rendre et es queus non, et que si homme sachent es[d]
queus cas il doivent requerre leur court et es[e] queus non.

295. Tuit cil qui tienent de[f] fief en la conteé de Cler-
mont ont en leur fiés[g] toutes justices, haute et basse, et la

Rubr.) *A B M* a s. hom. et si parole coment ples est entamé ; *A B omettent*
ainçois ... souveraineté ; *F omet* reson de ; *H* Ci conmenche le .x. cap. et
fenist chi li .ix. capitres. — a) *B* Bon. ch. est ce ciz qui tient. — b)
A G H J K fius du r. ; *C* f. dou bon saint roy Loys. — c-d-e) *C H J K et*
G à d *seulement* en queus. — f) *G H J K* tien. en fief. — g) *H J K* fief.

1. Voy. note 2, page 2.

connoissance de leur sougiès sauves[a] les resons[b] du conte[c], liqueus resons sont teus que[d] se li sougiès se plaint de son seigneur de defaute de droit, il n'en ravra[e] pas sa court, ains en respondra il en la court le conte ; et s'il en est atains, il perdra la querele, s'il en est partie, et si l'amendera au conte de .LX. lb. ; et se li sougiès qui se plaint est gentius hons et n'en puist son seigneur ateindre, il l'amendera au conte de .LX. lb. et sera renvoiés a la court son seigneur et li amendera en sa court ce qu'il le traïst en la court du souverain ; et l'amende sera de .LX. lb. et puis venra a droit de la querele au jugement de ses pers en la court de son seigneur, ou il i sera renvoiés ; et s'il est hons de poosté qui ne puist ateindre son seigneur de defaute de droit par devant son souverain, l'amende sera a la volenté du seigneur en quel court il sera renvoiés, sauf le cors meismement : c'est a entendre qu'il a perdu, se li sires veut, quanque il tient de lui et l'amende au souverain de ce qu'il s'est plaint de son seigneur sera de .LX. s[f].

296. Li secons cas de quoi li homme ne ront pas leur court, c'est de ceus qui sont apelé en la court le conte de faus jugement fet en leur court commune, que cil qui apele soit ses[g] justiçables ou non.

297. Li tiers cas duquel li homme ne ront pas leur court ains[h] apartient au conte par reson de souveraineté, est[i] quant aucuns gentius hons est ajournés a respondre a sa letre en la court du conte tout soit ce qu'il soit couchans et levans dessous autre gentil homme, la connoissance des letres apartient au seigneur souverain[j], et fet li souverains[k] aemplir la teneur de la letre en tel maniere que se la letre est seelee du

---

a) *A B* sanz les res. ; *M* saues les res. — b) *le copiste de G avait écrit* raisons, *le rubricateur a biffé ce mot et l'a remplacé par* resors. — c) *C* sans les resons au conte et sans ses res. lesq. — d) *H* liq. est tius que ; *J K* qui telles sont que. — e) *A* de dr. par devant son souverain il n'en rara. — f) *A* au souv. sera de .LX. s. de celui qui s'est plaint de son seign. — g) *A* omet ses. — h) *G* omet ains. — i) *H J K omettent* duquel li ... souveraineté ; cas si est. — j) *H* souv. seign. — k) *A* et fet li fet li souv.

seel a celui qui est ajournés, il convient qu'il ait .xv. jours
d'ajournement au meins. Et doit l'ajourneres dire ainsi :
« Pierres, nous vous ajournons contre Jehan d'ui en .xv. jours
a Clermont a respondre a vos letres. » Et adonques li ajour-
nés ne pourra contremander, mes il pourra essoinier s'il a
essoine une fois ; et s'il estoit ajournés simplement, — que
l'ajourneres ne deïst : « Je vous ajourne a respondre a vos
letres, » ains [a] deïst [b] : « Je vous ajourne [c] a respondre [d] a
quanque Jehans vous savra que demander, » — il pourroit
contremander .iii. quinzaines et la quarte par essoine s'il
avoit essoine, liquel essoine il li convenroit jurer au premier
jour qu'il venroit en court s'il en estoit requis de partie. Et
pour ce est il bon que l'ajourneres ne soit pas negligens de
nommer la cause pour quoi il ajourne, pour quel cause que
ce soit, car s'il l'ajourne a sa letre il n'i a point de contre-
mant si comme il est dessus dit [e]. S'il l'ajourne a respondre [f]
a convenance de muebles ou de chateus [g] sans letres, encore
ne puet il contremander, mes li sires dessous qui il est cou-
chans et levans en ravra [h] sa court s'il la requiert avant que
ples soit entamés par devant le souverain. S'il l'ajourne [i] seur
force, ou seur nouvele dessaisine, ou seur nouvel tourble, ou
seur rescousse d'eritage, ou seur douaire, ou seur crime ou
seur asseurement, en nul de ces cas il ne puet contremander,
mes essoinier puet une fois s'il a essoine.

298. Li quars cas de quoi li homme ne ront pas leur
court, si est quant aucun se sont obligié par letres de sou-
verain comme par la letre le [j] roi [k], ou par la letre le conte [l],
ou par letre de baillie.

299. Li quins cas de quoi li homme ne ront pas leur
court [m], si est quant aucuns veut avoir trives ou asseuremens,

---

a) *GHJKM omettent* ne deïst : « je … vos letres, » ains. — b) *G* deist
tant seulement. — c) *M omet* je vous ajourne. — d) *B G H J K M omettent*
a resp. — e) *HJK* si comme dit est. — f) *G H J K omettent* a respondre.
— g) *A B* mueble ou de chatel. — h) *G H J K* en ara sa court. — i) *G H J K*
s'il ajorne. — j) *G omet* souverain … let. le ; *A H J K* let. du souv. —
k) *G H J K* par lettres de roy. — l) *G H J K* par lettres de conte. — m) *B E F*
omettent de quoi … leur court.

car li cuens puet mieus justicier ceus qui brisent trives ou asseuremens que ne feroient si sougiet. Mes c'est a entendre quant aucun requierent trives ou asseuremens par le conte, car se li oste couchant et levant sous aucun seigneur vuelent penre asseurement la ou il chiet par leur seigneur, il en puet bien avoir la connoissance, essieutés les gentius hommes, car d'aus n'a nus la connoissance en tel cas fors que li cuens.

300. Li sizismes cas de quoi[a] li homme ne ront pas leur court[b], si est quant aucuns se plaint de trives brisiees, lesqueles trives furent donnees par le conte, ou d'asseurement brisié liqueus asseuremens fu[c] donnés par le conte, car il est bien resons que li mesfès soit vengiés par li[d], puis qu'il fist la trive donner ou l'asseurement; mes se uns des hommes le conte fist donner la trive ou l'asseurement[e] en sa court, il en ra sa court et doit estre li mesfès vengiés par li.

301. Li setismes cas de quoi li homme ne ront pas leur court, si est se li cuens demande a aucun ce qui li est deu ou ce qui est deu a ses forestiers ou a ses prevos par la reson de sa terre, ou plegerie pour li, ou s'amende, ou sa prison brisiee, ou aucun mesfet fet a li ou a sa gent ou aucune enfrainture fete en sa terre[f], ou en aucun autre cas dont li cuens puet avoir cause contre li, car de nul cas qui le touche il n'est tenus a aler en la court de son sougiet. Et donques se la cause n'estoit justiciee par li, puis qu'il n'iroit pas pledier en la court de ses sougiès, il perdroit ce qui li seroit deu.

302. Li aucun des hommes si vuelent dire que se uns de leur ostes[g] fet mellee ou propre demaine le conte et il s'en part sans estre pris en present fet, que li cuens ne le puet prendre en la terre son sougiet[h] ne en la siue[i], ne avoir con-

a) *A* cas dont li. — b) *HJK omettent* de quoi ... li court. — c) *HJK* bris. qui fu. — d) *C omet* par li. — e) *C omet* mes se uns ... ou l'asseurem. — f) *BEF omettent* ou auc. enfr. f. en sa t. — g) *GHJKM* .I. de leur homes ou de leur ost — h) *ABC* t. de ses souges. — i) *A* sezine; *B omet* ne en la s.

noissance du mesfet. Mes je ne m'i acort pas, car donques
avroit li cuens meins en sa terre que si[a] sougiet en la leur et
dirai comment.

303. Se l'ostes[b] le conte mesfet en la terre d'aucun de
ses hommes et il n'est[c] ne pris ne arestés, et li sires se plaint
au conte de l'enfrainture[d] de sa terre, li cuens li fet amender
le mesfet conneu ou prouvé. Et donques est il bien resons, —
comme li cuens ne plede pas en la court de son sougiet, si
comme j'ai dit, que de l'enfrainture fete en sa terre, — qu'il
puist justicier pour s'amende et pour fere donner la trive ou
l'asseurement, se partie le requiert. Mes se la partie se plaint
sans requerre trive ou asseurement[e], li sires dessous qui cil
de qui on se plaint est couchans et levans, a sa court s'il le
requiert, et nepourquant le cuens le puet justicier pour tant
comme il apartient a s'amende, si comme j'ai dit dessus.

304. Se li cuens siut aucun de ses gentius hommes d'au-
cun cas de crime et li cas li est niés, il convient que li cuens
le mete en voir par .II. loiaus tesmoins au meins; et s'il ne
veut ne connoistre ne nier, li cuens en puet enquerre de son
office et puet bien trouver le fet si notoire qu'il ne li fet nul
tort s'il le justice du mesfet. Mes il convient que li fes soit
mout apers et mout notoirement seus[f], et s'il ne puet estre
notoirement seus[g], mes on en trueve[h] mout de presomp-
cions, longue prisons li doit estre apareillie.

305. En menus esplois, se li cuens les demande a ses
sougiès, comme demandes de .v. s. a homme de poosté et de
.x. s. a gentil homme, ne convient il pas que li cuens le
prueve, fors par un de ses serjans, auquel serjant est donnés
pouoirs d'ajourner[i].

306. L'uitismes cas de quoi li homme ne ront pas leur

a) *BH* que li s. — b) *C* Se l'un des ostes le conte. — c) *AB* et il ne sont ne
pris. — d) *AB* de l'enfrainte; *EF* de l'injure. — e) *G omet* se partie le req.
... ou asseurement. — f) *E* not. connuz et seus; *F* soit si apers et bien no-
toires connus et seus; *HJK* m. notoires et seus. — g) *AB* est. seus not.;
E omet et s'il ... seus; *F* not. est. seus; *G* not. est. seus. — h) *GHJK*
on i trueve. — i) *GHJK* pooirs est donés d'aj.; *M modifie arbitrairement
la fin de ce paragraphe et omet tout le reste du chapitre.*

court si est s'aucune fame fet ajourner partie a respondre a son douaire, tout soit ce que l'eritages auquel ele demande son douaire soit tenus d'aucun des hommes le conte ; car la fame qui demande douaire a tel avantage que s'il li plest, ele puet pledier devant le seigneur de qui l'eritages muet et, s'il li plest mieus a pledier[a] en court de crestienté, on ne li puet defendre, car il li loit eslire laquele voie qu'il li plest de ces trois. Mes puis que li[b] ples est entamés devant le juge qu'ele avra eslit, ele ne le puet pas lessier pour aler[c] a un des autres juges, ains convient que la cause de son douaire soit ileques determinee. Et s'ele va a un des autres juges et partie se veut aidier que ples soit entamés en autre[d] court, on li doit renvoier.

307. Li nuevismes cas de quoi li homme ne ront pas leur court[e] si est de nouvele dessaisine, ou de nouvele force, ou de nouvel tourble. Je met ces .iii. choses en une pour ce qu'eles dependent l'une de l'autre, et nepourquant il i a disference, et orrés quele ou chapistre qui en parlera[1].

308. Li disismes cas de quoi li homme ne ront pas leur court, si est se ples est entamés entre les parties avant que la court soit requise de quelconque querele[f] que ce soit et pour ce est il[g] establi que li serjant le conte ne doivent mie ajourner les ostes as hommes de Clermont en leur persone, ains doivent aler au seigneur ou a celui qui est establis de par le seigneur[h] et li doivent[i] dire : « Nous vous commandons de par le conte que vous aiés tel homme qui est vostres ostes par devant la gent le conte a tel jour[j] et en tel lieu. » Et adonques li sires doit obeïr au commandement et cis commandemens fu fes as serjans pour ce qu'il avenoit

---

a) *GHJK omettent* mieus a pled. — b) *ABEF omettent* li. — c) *B* lais. devant pour al. — d) *A B* en autrui court. — e) *HJK omettent* de quoi ... leur court. — f) *HJK* de quelque quer. — g) *A B omettent* il. — h) *GHJK omettent* an a cel. ... de par le seign. — i) *A B omettent* et li doiv. dire; *H omet* li doivent; *CHJK* et li doit dire. — j) *A* jour et a tel heure et en.

---

mout souvent que li seigneur ne savoient pas que leur sou-
giet fussent ajourné en la court le conte, si qu'il ne ve-
noient pas a tans pour requerre leur court. Car li sougiet
aucune fois amoient[a] mieus a[b] entamer le plet que demourer
en prison tant que leur seigneur le seussent et ainsi en
perdoient li seigneur leur court.

309. Ples n'est pas entamés pour demander jour de
conseil en cas ou il afiert, ne pour demander jour de veue
en cas ou veue apartient. Mes quant l'en connoist ou quant
l'en nie, ou quant on respont après jour de veue, ples est
entamés.

310. Or veons en quel cas il apartient jour de conseil
s'il est requis. Se l'en me demande tresfons d'eritage, jours
de conseil i afiert. Se l'en me demande d'autrui fet, si
comme la dete que mes peres et ma mere acrurent ou au-
cuns autres parens a qui je sui oirs, jours de conseil i
afiert. Mes ou cas d'eritage dessus dit a contremans et après
jour de veue; et en cel cas il n'a fors jour de conseil tant
seulement et de ce est il parlé ou chapitre des contremans
soufisanment[1].

*Ici fine li chapitres des cas des queus li cuens de Clermont
n'est pas tenus a rendre la court a ses hommes, ainçois li
en demeure la connoissance.*

a) *GHJK* avroit. — b) *GHJK omettent* a. — Explic.) *C* Chi define li
cap. d. cas dont li contes ne rent pas la connoissanche a ses subgez; *GJ* Ex-
plicit; *H* Explicit, chi define li cap. ...; *il omet* ainçois ... connoissance;
K n'a pas d'explicit; *M* hommes et si parole que plais n'est pas entempmés
pour requierre jour de conseil ou jour de veue et en quiex cas il afficrent lou
il vous dist, plais n'est pas entempmés, et si parole au commenchement des
amendes, des appiaux faus.

1. Ch. III.

XI.

Ici commence li onzismes chapitres de cest livre liquel parole
des cas des queus la connoissance apartient a sainte Eglise
et desqueus a la court laie, et de la disference qui est
entre lieu saint et lieu religieus.

311. Bonne chose et pourfitable seroit[a] selonc[b] Dieu et
selonc le siecle que cil qui gardent la justice espirituel se
mellassent de ce qui apartient a esperitualité[c] tant seule-
ment et lessassent justicier et esploitier a la laie justice les
cas qui apartienent a la temporalité, si que par la justice es-
peritueл et par la justice temporel drois fust fes a chascun.
Et pour ce nous traiterons en ceste partie[d] des cas qui apar-
tienent a sainte Eglise, des queus[e] la justice laie[f] ne se
doit meller ; et si traiterons[g] des cas qui apartienent a la laie
juridicion, des queus[h] sainte Eglise ne se doit meller[i] ; et si
parlerons d'aucuns cas ou il convient bien et est resons que
l'une justice aït a l'autre : c'est a entendre la justice de
sainte Eglise a la laie juridicion[j] et la laie juridicion a
sainte Eglise[k].

312. Verités est que toutes acusacions de foi, a savoir

Rubr.) *B* omet de cest liv. ; *G* omet Ici com. et lieu religieus ; *G H J K*
chap. qui par. ; *G* des cas qui apartienent ; *A B* Egl. et liquel a la court laie
et que on en doit fere ; *H J K* omettent *la fin depuis* et de la disf. ; *après*
court laie *G ajoute* et en quel cas l'une court doit aidier a l'autre. — a)
G H J K Bone ch. est et pourf. — b) *A B E F* et sel. — c) *G H J K* a l'esper. —
d) *H J K* omettent en ceste part. — e) *B E F G* des q. cas la j. — f) *H J K* la
laie just. — g) *G H J K* et si parlerons. — h) *A B* jur. et desq. — i) *E F*
omettent et si traiter. ... d. meller. — j) *G* a le partie de la jurid. laie. —
k) *H J K* omettent c'est a ent. *jusqu'à la fin du paragraphe ; M* entendre
s. Egl. a la laie jur. et la laie jur. a sainte Egl.

mon qui croit bien en la foi[a] et qui non, la connoissance
en[b] apartient a sainte Eglise, car pour ce que sainte Eglise
est fontaine de foi et de creance, cil qui proprement sont es-
tabli a garder le droit de sainte Eglise doivent avoir la con-
noissance de savoir[c] la foi de chascun, si que s'il i[d] a aucun
lai qui mescroie en la foi, il soit radreciés a la vraie foi[e]
par leur enseignement ; et s'il ne les veut croire, ainçois se
veut tenir en sa mauvese erreur, il soit justiciés comme
bougres et ars. Mes en tel cas doit aidier la laie justice a
sainte Eglise, car quant aucuns est condamnés comme bou-
gres par l'examinacion de sainte Eglise, sainte Eglise le doit
abandoner a la justice laie[f] et la justice laie[g] le doit ardoir
pour ce que la justice espirituel ne doit nullui metre a mort.

313. Li secons cas du quel[h] la juridicions apartient a
sainte Eglise, c'est de mariage. Si comme il avient qu'uns
hons fiance une[i] fame qu'il la prenra dedens .XL. jours se
sainte Eglise s'i acorde, s'il demeure par l'un des deus, li
autres le puet fere contraindre a ce que mariages se face, s'il
n'i a resnable cause par laquele li mariages ne se doie pas
fere[j]. Et de toutes les causes qui en pueent nestre et de-
vant le mariage et après le mariage, et liquel mariage sont a
soufrir[k] et liquel non, la connoissance[l] apartient[m] a l'eves-
que[n], ne ne s'en doit meller la laie justice[o].

314. Li tiers cas qui apartient a la justice de[p] sainte[q]
Eglise si est de tous les biens et[r] de toutes les[s] aumosnes
qui sont donnees et[t] aumosnees et[u] amorties pour sainte
Eglise servir et soustenir[v], essieutés les cas de justice et la
garde temporel, laquele apartient par general coustume au

---

a) *B omet* b. en la foi. — b) *HJK omettent* en. — c) *HJK* la conn. et
sav. — d) *H omet* i. — e) *BEF* redr. en le foi. — f) *EGHJK* a la laie just.
— g) *A* la laie just. — h) *GHJK* cas de quoi la jur. — i) *ABEF* fiance a
une f. — j) *HJK omettent* par laq. ... pas fere. — k) *HJK omettent* sont
a souf. — l) *ABEF omettent* la connoissance. — m) *BE* apartiennent ; *M*
conn. en apart. — n) *G* ap. a la juridicion de saincte eglise et a la connois-
sance de l'ev. — o) *GHIJKM omettent* ne ne s'en doit mel. la laie just. — p)
GHKJM omettent la just. de. — q) *M omet* sainte. — r) *C omet* et. —
s) *BH omettent* les. — t) *BEFH omettent* et. — u) *HJK* aum. ou am. —
v) *AB omettent* et soustenir.

roi et par coustume especial as barons en queus baronies
les eglises sont fondees. Ne il n'est pas mestiers a ceus qui
ont les biens de sainte Eglise que la laie justice ne leur aït
a garder et a sauver [a] leur biens [b] temporeus, que li mau-
feteur ne leur [c] facent grief ne force. Nepourquant il puent
ceus qui leur mesfont semonre et escommenier, se cil qui
sont semont ne se defendent [d] par bonnes resons. Mes pour
ce que cil de sainte Eglise cuident aucunes fois qu'aucunes
choses soient de [e] leur droit lesqueles ne le sont pas [f], — si
comme [g] s'il demandent aucun eritage du quel aucuns [h] est
tenans, — la connoissance en apartient a celui de qui li te-
nans dist qu'il tient l'eritage. Mes ce qui est conneu a leur,
soit muebles ou [i] eritages, il puent, s'il leur plest, escom-
menier celi qui leur empeeche.

315. Quant aucuns fet tort ou force a ceus qui ont les
biens de sainte Eglise, il ont .ii. voies de leur droit pour-
chacier. La premiere si est [j], s'il leur plest, il puent pledier
par devant la justice de sainte Eglise en [k] plet ordené selonc
ce qu'il [l] est usé et maintenu [m] a pledier en la [n] court de sainte
Eglise ; et s'il leur plest mieus, il puent pledier en la [o]
court laie par devant celui qui les a a garder de tort ; et
iluecques doivent [p] atendre le droit qui leur [q] sera fes puis qu'il
s'i seront trait [r] ; et doivent [s] bonne seurté fere [t], se partie le
requiert, qu'il ne le traveilleront [u] en autre court de sainte
Eglise [v] ; ainçois prenront [x] tel droit comme la justice laie le
requiert [y] ou leur [z] donra ; car male chose seroit qu'il peussent
trere a la justice laie des griés que l'en leur feroit et après,

a) *B E F* a sauv. et a gard. — b) *A omet* biens. — c) *H* ne li facent. —
d) *A B* deffent. — e) *B* s. en l. — f) *B E* dr. qui n'en sont mie. — g) *A B C*
omettent si comme. — h) *A B C E F* duq. il est. — i) *A B* muebl. soit erit.
— j) *H J K omettent* si est. — k) *G H J K* par pl. ord. — l) *A B C* ce qui
est ; *F* ce qui use. — m) *F* et acoustumé. — n) *C omet* la. — o) *C omet* la.
— p) *A B C E F H* il doit at. — q) *B C E F* qui l'en ou qu'il en. — r) *A omet*
qui leur sera ... ser. trait ; *B* s'i croit ; *C* puisq. s'i traist ; *E* s'i otroie ; *F omet*
puisq. qu'il s'i ser. trait. — s) *A B C E F* et doit ; *H* et donc ; *J K* et donner. —
t) *E F* et d. baillier bone seurté ; *H J K omettent* fere. — u) *A B C E F* tra-
veillera. — v) *H J K omettent* de sainte eglise. — x) *A B C E F H* prendera.
— y) *E F omettent* le requiert. — z) *A B C E F* ou li d.

156   COUTUMES DE CLERMONT EN BEAUVAISIS.

se li drois n'estoit a leur talent, qu'il peussent recouvrer au droit de sainte Eglise.

316. S'il avient qu'aucuns clercs ou aucune religions pledent a aucune persone par devant la justice de sainte Eglise et, de cel meisme cas, le plet pendant en la court[a] de sainte Eglise, il vuelent pledier par devant la justice laie, la partie contre qui il pledent n'en est mie tenue a respondre devant qu'il avroient[b] le plet de sainte Eglise delessié du tout en tout ; et s'il l'avoient fet escommenier ou plet par la justice de sainte Eglise, si convenroit il qu'il le feissent assoudre avant que la partie fust contrainte a respondre en la court laie.

317. Li quars cas de quoi[c] la juridicions apartient[d] a sainte Eglise, si est de[e] clers: c'est assavoir de tous les contens qui pueent mouvoir entre clers de muebles, et de chateus, et d'actions[f] personeus, et des biens qu'il ont de sainte Eglise, essieutés les eritages qu'il tienent en fief lai ou a cens ou a rentes de seigneur, car quiconques tiegne teus[g] eritages, la juridicions en apartient au seigneur de qui l'eritages est[h] tenus, si comme il est dit[i] en ce chapitre meisme[j]. Et aussi quel que plet li[k] lai vuelent mouvoir contre clerc, la connoissance en apartient a sainte Eglise, essieutés les ples d'eritage dessus dis.

318. Li quins cas de quoi la connoissance apartient a sainte Eglise si est des[l] croisiés. Quiconques est croisiés de la[m] crois d'outremer il n'est tenus a respondre en nule court laie, s'il ne veut, de nules convenances ne de muebles, ne de chateus. Nepourquant se li croisiés est poursuis de cas de crime ou de cas d'eritage, la connoissance en apartient en court laie ; et de toutes autres choses menues[n] se puet il bien obligier en court laie[o], s'il li plest.

a) *A omet* en la court. — b) *A B C G* avroit; *E F* ses adversaires avroit. — c) *A B F* du quel; *E* dont. — d) *B* si apart. — e) *G H J K* des clers. — f) *A omet* d'. — g) *B F* ccz erit. — h) *A* l'erit. muet et est ten. — i) *H J K* c. dit est. — j) *H J K omettent* en ce ch. meisme. — k) *G J K* quel que pl. que li lai. — l) *H* de cr. — m) *A omet* croisies de la. — n) *B* ch. meues; *C* ch. meesmes; *J K* ch. mesmes. — o) *G omet* et de tout. aut. ... en court laie.

319[a]. Li sizismes cas duquel la connoissance apartient[b] a sainte Eglise si est de fames veves. Et tout en la maniere qu'il est dit dessus des croisiés, la fame veve, ou tans de sa vevé, se justice par sainte Eglise. Nepourquant, quant[c] li croisié et les fames veves[d] entrent en plet en court laic, sainte Eglise ne s'en doit meller, ains doit estre li ples determinés par la[e] laic justice.

320. Li setismes cas duquel la connoissance apartient[f] a sainte Eglise si est des testamens. Car s'il plest as executeurs a pourchacier les biens de l'execucion par la justice de sainte Eglise, fere le pueent; et s'il ont mestier de la justice laie a trere[g] leur biens ens[h], l'aide ne leur doit pas estre veée, car toutes justices qui requises en sont doivent aidier[i] as executeurs en cas de testament, si que par defaute[j] de justice[k] la volentés du mort ne demeurt pas a estre fete.

321. S'il avient qu'aucuns vueille pledier as[l] executeurs et demander aucune chose par la reson du[m] testament, li executeur ne sont pas tenu a respondre en court laie, s'il ne[n] leur plest; ains en apartient la connoissance a sainte Eglise et par sainte Eglise doivent li executeur estre contraint a paier le testament. Et quant il avient que li executeur ne vuelent obeïr au commandement de sainte Eglise, ainçois se lessent escommenier, en tel cas doit bien la justice laie aidier a la justice[o] de sainte Eglise, car li executeur doivent estre contraint par la prise de leur biens temporeus a ce que li testamens soit aemplis si comme il doit. Nepourquant la justice laie ne fet pas ceste contrainte au commandement de la justice de sainte Eglise, mes a sa supplicacion, car de nule riens qui touche cas de justice temporel la justice laie n'est tenue a obeïr au commandement de la justice

a) *G intervertit les paragraphes* 319 *et* 320. — b) *HJK* cas qui apart. — c) *GHJK* Nep. se li crois. — d) *GH* et le feme veve. — e) *HJK* omettent la. — f) *HJK* set. cas qui apartient. — g) *C* just. laie a atraire; *G* just. laie en aide pour atraire. — h) *CG* omettent ens. — i) *A* omet aidier. — j) *AC* par la def. — k) *A* de la just. — l) *HJK* pled. a exec. — m) *AB* res. de test. — n) *AB* omettent ne. — o) *HJK* bien aidier la just. aie a la just.

espirituel selonc nostre coustume, se n'est par grace. Mes
la grace ne doit pas estre refusee de l'une justice a l'autre
quant ele est requise [a] benignement.

322. Voir est que li prelat de sainte Eglise et li chapitre
des eglises et pluseur autres religions ont bien eritages es
queus il ont toutes justices et toutes seignouries [b]. Et cil qui
en tel maniere les ont pueent bien avoir baillis, prevos et [c]
serjans pour fere ce qui apartient a la laie juridicion ; et s'il
avient cas qui apartiegne a l'esperitualité, en icès lieus la
connoissance en [d] apartient a l'evesque. Mes il convient que
la justice laie qu'il ont en icès lieus soit tenue du conte de
Clermont des lieus qui sieent en la conteé de Clermont [e], ou
de l'evesque, se li lieu sieent en la conteé de Beauvais [f], non
pas par la reson de l'eveschié, mes pour la conteé de Beau-
vais [g] qui est sieue [1]. Et a ce puet l'en entendre que toute
chose qui est tenue comme justice laie doit avoir resort de
seigneur lai ; et tel maniere de resort ont cil qui tienent
en baronie, en tant comme leur baronie s'estent, et s'il ne [h]
font ce qu'il doivent et qu'il [i] apartient au resort, quant il
en sont sommé soufisaument, l'en en puet aler au roi [2] ; et
en a li rois la connoissance, car toute la laie juridicion du
roiaume est tenue du roi en fief ou en arriere fief. Et pour
ce puet on venir en sa court par voie de [j] defaute de droit
ou de faus jugement quant cil qui de lui tienent n'en font ce
qu'il doivent. Mes avant que l'en viegne dusques a lui, l'en
doit poursuir les seigneurs sougiès de degré en degré, c'est
a entendre, — se j'ai toute justice en ma terre et je tieng cele

a) *G H J K* quant ele [*G* le] requiert benign. — b) *A B E F* toute justice et
toute seignourie. — c) *B* omet et. — d) *A B omettent* en. — e) *M* omet
des lieus qui sieent en la conteé de Clermont. — f) *A* lieu sieent en l'eves-
quié de Beauv. — g) *H J K omettent* non pas par ... la conteé de Beauvais ;
M mes par la raison de la conté de Biauv. — h) *H J K* s'il n'en font. — i)
G H J K et qui ap. — j) *B omet* de.

1. Voy. *Ord.*, XI, 198, une lettre de Louis VII donnée en 1151 et réglant
les droits respectifs de l'évêque et de la commune de Beauvais en ce qui
concerne la justice temporelle.

2. Cf. *Olim*, I, 591, xv.

justice du conte de Clermont[a], et li cuens de Clermont[b] la tient du roi, et je ne fes pas ce que je doi de ma justice, — si que l'en me veut poursuir de[c] defaute de droit ou de faus jugement[d], l'en me doit poursuir par devant le conte, car se l'en me poursivoit par devant le roi, si en avroit li cuens sa court s'ele estoit[e] requise.

323. Autres cas i a encore des queus[f] la connoissance apartient a sainte Eglise, si comme la garde des sains lieus, laquele garde doit estre si franchement[g] gardee[h] que quiconques i mesfet il est de fet escommeniés ; et doit cil qui mesfet[i] estre amonestés par sainte Eglise et, s'il n'obeïst a l'amonicion, il doit estre escommeniés publiement.

324. Il a disference[j] entre lieu saint et lieu religieus, et[k] pour ce qu'il sont aucun cas qui avienent es lieus religieus, liquel apartienent a la laie justice et s'il avenoient es lieus sains il apartenroient a sainte Eglise, nous dirons liqueus lieu[l] sont saint et liqueus sont[m] religieus selonc nostre entencion.

325. Li lieu saint si sont cil qui sont dedié et establi pour fere le service Nostre Seigneur, si comme eglises[n], moustier, chapeles, cimentiere[o] et mesons d'abbeies privilegiees[p]. Toutes teus manieres de lieus doivent estre gardé si dignement que tuit cil qui i queurent a garant, combien qu'il aient mesfet ne de quel que mesfet il soient repris[q], soient clerc soient lai, il[r] doivent avoir garant tant comme il s'i tienent[s], essieutés .III. cas es queus nus lieus tant soit sains ne[t] doit garantir ceus qui en sont coupable, ainçois les puet prendre la justice laie en quel que lieu qu'ele[u] les truist

---

a) *HJK omettent* de Clermont. — b) *HJK omettent* de Clermont. — c) *B omet* de. — d) *A omet* jugement. — e) *B* ele en estoit. — f) *CGM* encore de quoi; *HJK* encore dont. — g) *A* estre gardee si franchement; *BEF* estre franchement gardee. — h) *BEF* gardee si que. — i) *GHJKM* et doit cis mesfes est. am. — j) *AB* La disference. — k) *B omet* et. — l) *AB omettent* lieu. — m) *BEF omettent* sont. — n) *AB* eglise. — o) *HJK* et ciment. — p) *HJK* mesons privil. d'abeies. — q) *GHJK* il soient pris. — r) *HJK* lai y doiv. avoir. — s) *JK* s'i treuvent. — t) *GHJK* sains nen doit. — u) *H omet* qu'.

et ne s'en doit sainte Eglise meller. Et dirons les cas queus il sont.

326. Li premiers cas du quel sainte Eglise ne garantist pas celui qui en est repris, si est de celi qui fet sacrilege : cil fet[a] sacrilege[b] qui[c] emble chose sacree en lieu saint ou hors le lieu saint, ou qui emble chose qui n'est pas sacree en lieu saint. Choses sacrees si sont celes qui sont benoites et[d] appropriees a fere le service Nostre Seigneur. Donques quiconques fet teus manieres[e] de larrecins, la justice laie le puet et doit[f] prendre en eglise[g] et hors eglise[h]. Encore puet on fere sacrilege en autre maniere si comme quant[i] aucuns fiert autrui par mautalent en lieu saint, ou[j] bat, ou fet sanc, ou tue : teus manieres de mesfès[k] sont sacrileges et n'en garantist pas sainte Eglise. Mes voir est quant li sacrileges est teus qu'il n'i a larrecin ne mort d'homme, l'amende du mesfet est au prelat en quel juridicion li lieus sains[l] siet ; et quant il i a larrecin ou mort d'homme, la justice en apartient au seigneur lai[m] en quel justice li lieus sains siet[n].

327. Li secons cas de quoi[o] sainte Eglise ne garantist pas celui qui en est coupables, si est de celi[p] qui est notoirement[q] roberes en[r] chemins en[s] aguet apensé[t] ; car quant il est suis de tel fet et il fuit a garant en[u] lieu saint, li lieus ne le garantist pas que la justice ne le puist prendre et justicier comme larron et traiteur.

328. Li tiers cas de quoi[v] sainte Eglise[x] ne garantist pas celui qui en est coupables[y], si est des essilleurs[z] de biens, si comme de ceus qui ardent les mesons a escient ou

---

a) *H J K omettent* cil fet. — b) *G omet* cil fet sacrilege. — c) *H J K* sacrilege est (*H* et) qui emb. — d) *B omet* et. — e) *G H J K* Donq. qui fet telle maniere. — f) *H J K* doit et pot. — g) *G J K* en l'egl. — h) *G J K* h. de l'egl. ; *H* h. d'egl. — i) *G* si c. se auc. ; *H J K omettent* quant. — j) *A omet* ou. — k) *B* mestiers. — l) *C omet* sains. — m) *B E F G omettent* lai. — n) *C omet* et quant il i a larrecin ... lieus sains siet. — o) *H J K* cas du quel. — p) *A omet* si est de celi. — q) *C* natures rob. ; *J K* notoire robeur. — r) *G H J K M* rob. de chem. — s) *C E F* chem. ou en ag. — t) *A* ag. empensé ; *B* en a guet ou empensé. — u) *A B E F* gar. a lieu saint ; *H J K* gar. au l. s. — v) *A B* cas du quel. — x) *A B C E F* d. q. li lieus sains ne gar. — y) *H J K omettent* cel. q. en est coup. — z) *G H J K* d'essil.

de ceus[a] qui[b] estrepent les vignes[c] ou qui gastent les bles[d]. Quiconques est coupables de teus mesfès, il doit estre pris en quel[e] lieu qu'il soit et justiciés selonc le mesfet. Et a ce que li lieu saint[f] ne garantissent pas ceus qui sont coupable des .iii. cas dessus dis a mout de[g] bonnes resons et, entre les resons qui i sont, nous en dirons .iii.: pour chascun cas[h] une reson.

329. La resons pour quoi li lieus sains[i] ne garantist pas celui qui fet sacrilege, si est tele, que sainte Eglise si est mere[j] de chascun crestien et[k] doit sainte Eglise garantir tous crestiens qui i vienent a garant aussi comme la mere son enfant garantiroit par bonne volenté s'ele en avoit le pouoir; et tout aussi comme se[l] li enfes roboit ou batoit sa mere[m], venjance en devroit estre prise[n] selonc le mesfet ne ne l'en devroit pas la mere garantir. Tout aussi et cent mile tans plus qui mesfet a sainte Eglise en tel cas ne doit pas estre par sainte Eglise garantis.

330. La resons pour quoi sainte Eglise ne doit pas garantir les robeurs[o] des[p] chemins si est tele[q], que tuit cres-tien, de droit commun[r], doivent sauf aler et sauf venir par les chemins. En cel droit doit[s] soustenir[t] li drois esperitueus et li drois temporeus tous crestiens si franchement[u] que qui-conques fet contre cel droit roberie il mesfet a l'une juri-dicion et a l'autre; et pour ce ne doit nus lieus sauver teus maufeteurs.

331. La resons pour quoi li[v] saint lieu ne garantissent[x] pas les essilleurs des biens dessus dis si est tele, que sainte Eglise ne pourroit estre servie ne li pueples soustenus se li

---

a) *E F omettent* de ceus. — b) *M* qui essillent les maisons pour ardoir les a essient et par malisse ou qu'il estrep. — c) *A B omettent* ou de ceus qui estrep. les vign. — d) *G* les vignes pour degaster les despueilles ou qui four-droient les grains aux champs. Quiconques. — e) *H J K* quelque lieu. — f) *A* saint lieu. — g) *H J K omettent* de. — h) *H J K* chasc. .iii. cas. — i) *B E F* pour quoi sainte Eglise ne. — j) *A omet* mere. — k) *B omet* et. — l) *H* aussi que se. — m) *B omet* sa mere. — n) *G H J K* estre fete sel. — o) *A B* le ro-beur. — p) *H J K* rob. de chem. — q) *A* cele. — r) *A omet* de droit comm.; *B G* et com. dr. — s) *E F* doivent. — t) *A omet* soustenir. — u) *A* fran-chement soustenir. — v) *A omet* li. — x) *A* garantist.

bien estoient essillié, et male chose seroit qu'uns[a] mauvès arsist[b] une cité et puis fust garantis par[c] soi metre en un saint lieu. Meismement ce qui est gasté en tele maniere ne fet bien a nului, si que lieus sains ne doit garantir teus manieres de maufeteurs.

332. Nous avons parlé des sains lieus[d] : or veons des lieus religieus. L'en apele lieus religieus les manoirs enclos de murs qui sont as gens de religion. Mes tel lieu ne sont pas tuit d'une condicion, car il en i a de tel qui[e], par previlege especial donné de prince qui fere le puet, est si frans qu'aussi bien garantist il celi qui i va a garant puis qu'il est dedens la porte comme s'il estoit ou moustier ; mes toutes les[f] religions n'ont pas teus privileges. Donques toutes les cours et toutes les mesons as gens de[g] religion qui ne sont pas[h] privilegiees en la maniere dessusdite, la justice de tous cas[i] de crime et de tous autres mesfès est au baron en quel baronie li lieus est fondés, essieutees les eglises qui ont toutes justices en leur terre[j], car iceles eglises ont la connoissance des mesfès qui sont fet en leur justice[k].

333. Autres cas i a encore qui apartienent[l] a sainte Eglise, si comme quant contens vient de bastardie pour debouter que li bastart n'en portent[m] riens comme oir. Teus connoissances apartienent a sainte Eglise, ne cil de qui[n] sainte Eglise tesmoigne qu'il est loiaus et de loial mariage ne puet pas ne ne doit estre deboutés comme bastars en court laie, ainçois convient que la justice laie croie ce que la justice de sainte Eglise tesmoigne en tel cas.

334. Li autre cas de quoi la connoissance apartient a sainte Eglise si est de sorceries[o] ; car li sorcier et les sor-

a) *G* seroit se uns; *HJK* seroit que se uns ; *K a écrit que deux fois et a biffé le second.* — b) *GHJK* ardoit. — c) *G HJK* por. — d) *BFG* lieus sains. — e) *G* teux qui sont privileges qui par privilege. — f) *GHJK* omettent* les. — g) *BEF omet* les mesons as gens de. — h) *GHJK omettent* pas. — i) *HJK* tous les cas. — j) *HJK* terres. — k) *C* en leur terres. — l) *A E* apartient. — m) *A* emport. — n) *G* Quer cil que sainte Egl. ; *HJK* ne cils (ceus) que s. Egl. — o) *BC* est des (*C* de) sorcieres.

cieres si errent contre la foi et quiconques erre contre la foi[a] il doit[b] estre amonestés par sainte Eglise qu'il delessent leur erreurs et viegnent[c] a amendement de sainte Eglise. Et s'il n'obeïssent[d] a leur amonicion, sainte Eglise les[e] doit condamner, si que, par droite justice et par droit jugement de sainte Eglise, il soient condamné et tenu pour mescreans; et adonques a la supplicacion de sainte Eglise la justice laie doit prendre teus manieres de gens. Et tele puet estre l'erreur que cil qui est pris a mort deservie, si comme se[f] l'en voit apertement que la sorcerie de quoi il usoient puet metre a mort homme[g] ou fame; et se l'en voit qu'il n'i ait point de peril de mort, griés prisons leur doit estre appareilliee pour l'erreur dusques a tant qu'il venront a amendement et qu'il deleront leur erreur[h] du[i] tout en tout.

335. Or veons qu'est sorcerie: sorcerie si est si comme[j] uns hons ou une fame fet entendant a un varlet qu'ele li fera avoir une meschine a mariage, laquele il ne pourroit[k] avoir ne[l] par amis ne par avoir, et li fera entendant qu'ele li fera avoir par force de paroles ou par herbes ou par autres fes qui sont mauvès et vilain a ramentevoir[m].

336. Mout sont deceu cil qui de teus sorceries[n] fere s'entremetent et cil qui i croient, car paroles n'ont pas pouoir[o] ne teus manieres de fes comme il font se ce[p] n'est par force d'anemi, meismement en persones en qui paroles n'ont nules vertus[q] en mal fere. Car nous veons que[r] se uns hons ou uns clers qui[s] ne seroit pas ordenés a prestre disoit une messe et toutes les paroles du sacrement, pour riens qu'il deïst ne ne feïst, il ne pourroit fere sacrement, tout deïst il

---

a) *A C G omettent* et quiconq. erre cont. la foi. — b) *G* il doivent. — c) *J K* qu'il delesse ses err. et viengne. — d) *H J K* obeist. — e) *G* a le monicion de saincte Eglise si les doit; *H* a lor monission; *J K* a l'admonicion. — f) *G* omet se; *H J K* si que on voit. — g) *H J K.M* home a mort ou fame. — h) *A B* erreurs. — i) *A* de tout. — j) *B C E F* si comme se. — k) *A B* pourra; *E F* puet. — l) *G H J K M omettent* ne. — m) *E F* a maintenir. — n) *A B E F* tel sorcerie. — o) *H* pooir comme il cuident. — p) *G H J K omettent* ce. — q) *G* n'ont point de vertu; *H J K* n'ont nulle vertu. — r) *A B C omettent* que. — s) *A B C E F* clers liqueus.

iceles meismes paroles que li prestres dit. Donques puet on
bien veoir que les paroles qui sont dites pour mal fere en la
bouche d'une vieille ont petite vertu ; mes il avient que
l'anemis qui met tout son pouoir en decevoir homme et fame
pour trere les ames en pardurable peine fet aucune fois,
quant Dieus li suefre, avenir les choses pour lesqueles les
sorceries sont fetes, pour ce qu'il doint occasion d'ouvrer en
ceste maniere contre la foi ; et a la fois Dieus le[a] suefre
pour la foible creance qui est en ceus qui en euvrent. Mes
se nus ne devoit eschiver ceste erreur fors pour[b] tant que
nus ne vit onques nului qui en usast qui en venist a[c] bon
chief, si le devroit chascuns en son cuer despire et aviler.

337. Voir est que toutes les fois que l'en fet tort ou in-
jure a sainte Eglise et sainte Eglise ne le puet ou[d] ne veut
amender de soi, se ele souplie a la justice laie[e] qu'ele li
prest s'aide, ele li doit prester et aidier si comme li fius
doit fere a sa mere ; car tuit crestien et toutes crestienes sont
fil et filles de sainte Eglise et sont tenu a sainte Eglise
garder et garantir toutes les fois qu'ele en a mestier et
qu'ele se complaint a aus comme a ses enfans[1].

338. Verités est que tuit li cas espiritueus — comme
des ordenances des eglises, et des choses sacrees, et des
contens qui muevent d'actions[f] personeus entre clers et
entre gens de religion, et les penitances qui doivent estre
enjointes selonc les pechiés que l'en confesse a sainte
Eglise, — tuit teus cas et li cas[g] qui de ceus[h] puent nestre
doivent estre corrigié par sainte Eglise.

339. Nous avons parlé des cas desqueus la juridicions
apartient a sainte Eglise, et encore en[i] parlerons nous d'au-
cuns qui nous venront en memoire, mes ci endroit nous

a) *A* Dieus l'en suef. — b) *A* pour ce tant. — c) *A B* ven. onques a. —
d) *A B* ne ne veut. — e) *A E F* la laie justice. — f) *G H J K* muev. des act.
— g) *G H J K omettent* et les cas ; *M* t. t. cas et cil qui en p. n. — h) *H J K*
de teus ; *M omet* de ceus. — i) *G H J K omettent* en.

1. Cf. *Olim*, II, 405, viii.

dirons[a] des cas qui apartienent[b] a la laie justice[c] et[d] des queus sainte Eglise ne se[e] doit meller.

340. Voir est que tuit[f] li cas ou il puet avoir gages de bataille ou peril de perdre vie ou membre[g], doivent[h] estre justicié par la laie justice[i] ne ne s'en doit sainte Eglise meller, essieutees les persones privilegiees si comme clers, liquel demeurent en tous cas en la juridicion de sainte Eglise.

341. Tuit cas de crime entre laies persones doivent estre justicié en court laie ne ne s'en doit sainte Eglise meller ; et pour ce que ce seroit anuis de dire et d'especefier[j] les cas de crime[k], il seront dit[l] ou chapitre des mesfés[1].

342. Li tiers cas qui doit[m] estre justiciés par la laie juridicion est[n] des convenances et des obligacions qui sont fetes entre laies persones par letres prouvees ou par tesmoins. Mes voir est qu'en teus cas[o] de convenances et d'obligacions, se les parties s'assemblent a pledier en la court de sainte Eglise de leur bonne volenté et il se metent ou[p] plet tant qu'il[q] soit entamés, la court de sainte Eglise a[r] la connoissance du pledoié et le puet mener dusques a sentence disfinitive ; et quant l'une des parties est condamnee, ele puet[s] contraindre le condamné a fere paier le jugié par force d'escommeniement et en autre maniere non, car la justice laie[t], selonc nostre coustume, n'est pas tenue a fere paier ce qui est jugié[u] en la court de sainte Eglise en tel cas.

343. Li autre cas qui doivent estre justicié en la laie juridicion, ce[v] sont tuit li plet qui pueent mouvoir d'homages

---

a) *GHJK* dirons nous. — b) *C* omet qui apartienent. — c) *CHJK* laie juridicion. — d) *G* omet et. — e) *HJK* ne s'en doit. — f) *C* que en tous les. — g) *C* un des membres. — h) *C* si doivent. — i) *A* justice laic. — j) *C* et de desclarchir. — k) *C* crime orendroit il. — l) *ABEF* il sont dit. — m) *ABG* doivent. — n) *ACG* sont. — o) *HJK* tel cas. — p) *GHJK* met. en plet. — q) *G* pl. qui soit. — r) *ABF* Egl. en a. — s) *HJK* ele en pot. — t) *GHJK* laie justice. — u) *C* est justichié a jugié en. — v) *GHJK* si sont.

---

1. Ch. xxx.

de fiés[a], d'arrierefiés[b] et d'autres eritages tenus en vilenage[c] et de servitudes, quant icès[d] choses sont tenues de gent laie, car[e] sainte Eglise a bien teus manieres de ples es choses dessusdites qui de li sont tenues.

344. Toutes mellees et toutes vilenies dites ou fetes contre laies persones et en justice laie doivent estre justiciees par la laie justice[f]. Mes voir est quant les mellees sont fetes en sains lieus li amendemens en[g] doit estre a sainte Eglise, si comme il est dit dessus.

345. Quant clers tient eritage, — de son patremoine ou de s'aqueste, — de seigneur lai et aucuns l'en demande tout ou partie[h], la juridicions en apartient au seigneur lai de qui l'eritages est tenus.

346. Se[i] clers est marcheans, il ne puet pas franchir[j] sa marcheandise par le privilege de clergie[k]; ainçois convient que sa marcheandise s'aquite de tonlieus, de travers et d'autres coustumes qui sont deues selonc les coustumes des lieus. Mes li clers qui se vit de benefices de sainte Eglise ou de son patremoine sans nule marcheandise mener n'est tenus a nules teus coustumes paier.

347. Quant il a fet ou[l] menaces entre clers d'une partie[m] et gens lais d'autre, se li lai demandent[n] asseurement des clers[o], il le doivent[p] pourchacier en la court de sainte Eglise; et se li clerc le[q] vuelent[r] pourchacier des lais il le[s] doivent[t] suir[u] en la court laic. Et dirons en quel maniere la justice laie doit fere fere l'asseurement[v]; car quant asseuremens se fet, il se doit aussi bien fere de l'une partie comme[x] de l'autre et li clers ne se puet obligier en fere as-

a) *GHJK* des omages des fiés. — b) *GH* arrieres fief. — c) *ABCEF* vilenages. — d) *C* quant toutes tiex ch. — e) *C omet depuis* car sainte Eglise ... *jusqu'à* sainte Egl. soust. toutes, *vers la fin du* § 349. — f) *A* justice laie. — g) *A omet* en. — h) *H* ou en part. — i) *GK* Le clers. — j) *GHJK* afranchir. — k) *GHJK* de sa clergie. — l) *B a écrit* ou, *puis il l'a effacé.* — m) *JK* d'une part. — n) *JK* le lay demande. — o) *JK* du clerc. — p) *JK* doit. — q) *A* se. — r) *K* le clerc le veult. — s) *A* les ; *B omet* il le. — t) *AB* en doiv. ; *EFK* doit. — u) *GHK* pourchacier en la c. l.; *J omet* en la court de sainte Eglise ... doivent suir. — v) *B* fere asseur. — x) *HJK* part. que de.

seurement en court laic. Donques convient il quant[a] li clers
requiert asseurement de laie persone qu'il l'ait avant asseure
et se soit avant[b] obligiés en l'asseurement par son ordi-
naire. Et quant l'ordinaires avra certefié par letres pendans
que teus clers s'est obligiés en droit asseurement envers tel
persone de lui et des siens[c], adonques la laie justice doit
contraindre le lai a fere droit asseurement de li et des siens
au clerc et aus siens; et autrement ne se puet fere asseu-
remens certains entre teus persones.

348. De droit[d] commun toutes les dismes doivent estre
a sainte Eglise; et pour ce, quant[e] ples est fes de dismes, la
juridicions en[f] apartient a sainte Eglise, essieutees aucunes
dismes qui especiaument sont tenues en fief lai, car celes doi-
vent estre justiciees par les seigneurs de qui eles sont tenues.

349. Nus, par reson de dismes qu'il ait en ma terre,
comment qu'il la tiegne, de sainte Eglise ou de fief lai, n'a
seur le lieu par reson de sa[g] disme ne justice ne seignourie,
ne n'i puet prendre en justiçant; et, s'il me plest, j'en puis
porter tout ce que j'i[h] ai, ainçois qu'il en porte riens ne qu'il
i mete le pié. Nepourquant je ne doi pas lessier que je ne
li lesse[i] sa droite disme loiaument. Et se je ne le[j] fes, je
peche et sui tenus a rendre ce que je disme mauvesement,
comme de tort fet; car les dismes furent establies et donnees
anciennement[k] pour[l] sainte Eglise[m] soustenir toutes[n]; mes
aucunes ont[o] esté puis mises en main laie, les unes par es-
change, les autres par le don des eglises[1].

350. Il loit[p] bien as justices laies[q] que quant aucuns
clers est soupeçoneus de cas de crime qu'il le prengnent et

a) *A B* conv. il que quant. — b) *A B* omettent avant. — c) *B* et des s.
vers lui et vers les siens. — d) *G K* Le dr. — e) *A B H* pour ce que quant.
— f) *G H J K* omettent en. — g) *G* de le disme; *H J K* omettent sa. — h)
A omet i. — i) *B* je li paie. — j) *A B* je li fes. — k) *G* omet anciennement.
— l) *G H J K* a sainte. — m) *G* Egl. anciennement. — n) *G* omet toutes. —
o) *G H J K* anc. en out. — p) *C* il affiert. — q) *G H J K* a [*J K* la] justice laie.

1. Cf. une ordonnance de saint Louis, de mars 1269, sur l'aliénation des
dimes. *Ord.*, I, 102.

tiegnent[a] en prison, mes qu'il[b] ne le facent[c] mourir en
prison nule ; et se ses ordinaires le requiert, rendre li doivent[d]
et denoncier le cas pour lequel[e] il fu pris et adonques ses
ordinaires en doit ouvrer selonc la justice de sainte Eglise.

351. Nous avons veu que quant nous avons[f] pris aucun
clerc pour cas de crime en la conteé de Clermont que
l'evesques vouloit que nous le[g] menissons[h] a Beauvais ; mes
nous ne le vousismes onques fere, ainçois les envoie querre
es prisons ou il sont[i], a son coust[j] par certain procureeur.

352. Se clers est pris par la[k] laie justice pour[l] cas de
crime et[m] ses ordinaires le requiert avant qu'il[n] soit bailliés,
il doit paier ses despens et ce qu'il doit par reson de la[o]
prison ; et s'il n'a de quoi paier, ses ordinaires le paie s'il le
veut ravoir. Mes se li clers est pris pour autre cas que
pour[p] cas de crime il doit estre rendus a son ordinaire quites
et delivres sans riens paier.

353. Il n'afiert pas a clerc qu'il veste robe roiee, ne
qu'il soit sans courone[q] aparant[r] puis qu'il a eu[s] courone
d'evesque[t] ; nepourquant s'il en est ainsi, ne renonce il
pas au privilege de clerc. Donques se uns hons est pris en
tel abit par la justice laie et ses ordinaires le requiert,
se la justice laie set[u] qu'il soit clers, il le doit rendre ;
et s'ele ne le set, il le convient prouver a l'ordinaire en la
court laie ; et quant il l'a prouvé il li doit estre rendus ;
et se cil qui est pris en tel abit ne puet prouver qu'il soit
clers ne ses ordinaires, il demourra a justicier comme
lai.

354. Je ne lou pas as justices laies[v] que puisqu'il avront[x]

---

a) *HJK* prengne et tiegne ; *G* tiengne ; *il omet* prengne et. — b) *GHJK*
omettent il. — c) *CHJK* face. — d) *GJK* rendre li (*J* le) doit. — e) *HJK*
cas pour quoi. — f) *ABC* nous avions pris. — g) *H* nous les men. — h)
AB n. le meissons. — i) *EF omettent* ou il sont. — j) *AC* et a s. c. ; *C*
ses coustemens. — k) *GHJK omettent* la. — l) *A* just. de cas. — m) *C* et
de ses ord. — n) *ABCEF* av. que li clers soit. — o) *GHJK omettent* la.
— p) *B omet* que pour. — q) *AC* sans tonture apar. — r) *AC* apar. de
clerc. — s) *B omet* cour. apar. ... a eu. — t) *G* de l'evesq. — u) *A* just.
laie soit qu'il ; *B omet* set. — v) *G* a justice laie. — x) *G* il a pr.

pris en abit lai homme qui se face clerc, qu'il se[a] hastent[b]
de justicier[c] devant qu'il sachent[d] la verité s'il est clers ou
non et s'il se pourra prouver a[e] clerc ou non[f], ou puis qu'il
est[g] requis de sainte Eglise comme clers. Car s'il estoit jus-
ticiés puis l'amonicion[h] fete ou puis qu'il avroit dit : « je
sui clers », et il estoit après prouvés a clerc par sainte
Eglise, cil qui l'avroient justicié seroient escommenié grie-
ment sans estre assout que[i] par l'apostoile. Mes s'il estoit
pris en abit lai et il ne disoit pas : « je sui clers », ne amo-
nicions[j] ne fust fete de sainte Eglise, et il estoit justiciés
par jugement pour[k] son mesfet, sainte Eglise n'en pourroit
puis riens demander a la justice laie, tout fust il ainsi que
sainte Eglise vousist puis[l] prouver que li[m] justiciés eust
esté clers. Car se sainte Eglise pouoit tenir les laies justices
en tel cas, justice ne seroit jamais fete seurement en tel cas
et si en demourroient mout de justices a fere, laquele chose
nus ne deveroit vouloir pour ce que justice si[n] est le com-
muns pourfis a tous.

355. Aucune fois avient il que l'en prent laies persones[o]
en abit de clerc, si comme larron ou murdrier ou autre
mauvese gent qui se font fere corone li uns a l'autre[p] ou
a un barbier auquel il font entendant qu'il sont clerc.
Quant teus manieres de gens sont pris, il doivent estre
rendu a sainte Eglise et apartient a sainte Eglise a savoir[q]
la verité. Et s'il truevent qu'il soient clerc, il les doivent
justicier selonc la forme de sainte Eglise, c'est a savoir
prison[r] perpetuel, s'il sont ateint de cas de crime. Et s'il
sont trouvé lai par leur reconnoissance ou par aucune autre
maniere certaine, s'il furent pris pour cas de crime, sainte

---

a) *A omet* se. — b) *A B E F G* haste. — c) *A omet* de justicier; *E F* du
justiche. — d) *A B E F G* [*E F* en] sache. — e) *B omet* a; *F* s'il prouve s'il
est cl. — f) *E omet* et s'il ... ou non. — g) *A omet* est. — h) *B G* le mo-
nicion; *C* la monition. — i) *A* ass. fors par. — j) *B* monicions. — k) *A E F*
jug. de son m. — l) *G H J K omettent* puis. — m) *B* la. — n) *A omet* si.
— o) *G H J K* que aucunes persones laies sont prises. — p) *H J K* courones les
ungs as autres. — q) *A B C E F* et apart. a savoir a sainte Eglise. — r) *C* sav.
en prison; *G* sav. en chartre perp.

Eglise ne les doit pas rendre a la justice laie[a], car cil qui les rendroient seroient irregulier s'il estoient justicié[b] pour tel[c] fet. Donques les pueent il[d] et doivent[e] metre en prison perpetuel aussi comme s'il estoient clerc. Mes s'il sont pris pour autre cas que pour cas de crime, bien les pueent et doivent[f] rendre a la laie justice ; ne puis qu'il avront une fois esté rendu[g] de sainte Eglise comme lai, il ne pourront puis estre requis comme clerc[1].

356. Quant il avient que justice laie se met en peine de prendre maufeteurs pour cas de crime et il[h] se resquenent a prendre[i], si que l'en ne les puet prendre sans tuer, se li preneur les tuent on ne leur en doit riens demander, comment que cil qui se desfendent au prendre[j] soient clerc ou lai, neis se li clerc disoient : « Nous sommes clerc[k] ». Et bien i a reson, car en prenant les clers pour cas de crime, cil qui les prenent[l] sont serjant de sainte Eglise ; et bien i pert par[m] ce qu'il sont tenu a baillier les[n] a leur ordinaire ; et s'il se tenoient de prendre les ou mors ou vis quant il tournent a defense, jamès clerc ne se leroient prendre a la laie justice qu'il ne se defendissent, et encore plus a leur ordinaire s'il les vouloient prendre pour ce qu'il savroient bien que s'il les tuoient[o] il seroient irregulier ; donques ne pouroient il estre pris, par quoi mout de maus pouroient avenir. Encore se li lai ne les osoient prendre[p] ou mors ou vis quant il tournent a defense, se il n'i avoit nul clerc, ainçois fussent tuit lai, si se douteroient li preneur qu'il n'i eust[q] clerc[r], si que mout de maufeteurs pourroient eschaper par ceste

a) A B a la just. laie s'il sont tenus pour cas de crime, car. — b) G H J K est. jugié. — c) A cel. — d) G H J K omettent il. — e) G doivent et peuent. — f) H J K doivent et poent. — g) G H J K esté une fois rend. — h) B omet il. — i) B C au prendre ; F omet a pr. — j) G H J K omettent au prendre. — k) C et se il dis. : nous som. clercs si n'en aroient ja les preneurs mal par droit ; E F cl. disoit : je sui clercs. — l) G H J K omettent cil qui les pren. — m) C a che ; G H J K pour che. — n) H J K omettent les. — o) A B C E s'il les tenoient. — p) A B E F n'osoient (E osent) pren. les [B E F clers] — q) C qu'il ne fussent. — r) A G eust nul cl.

1. Cf. *Olim*, I, 529, vi, et 541, xiii.

doute. Et pour ce est il communs pourfis a tous que la justice laie puist prendre pour cas de crime et clers et lais, et avant tuer, s'il se defendent, qu'il eschapent.

357. Une coustume queurt en la court de crestienté, laquele[a] ne queurt pas en court laie : car se Pierres demande a Jehan .x. lb. qu'il li fiança a rendre, Jehans puet demander a Pierre qu'il li[b] rende[c] .i. cheval qu'il li presta, tout soit il ainsi que li dis Pierres feist semonre Jehan et Jehans ne feist pas semonre ledit Pierre. Et[d] ceste coustume apelent il en la court de crestienté reconvencion[1]. Et se li dis Pierres qui feist semonre ledit[e] Jehan ne veut respondre au cheval presté pour ce qu'il ne fu pas semons a respondre[f] contre Jehan aussi comme Jehans fu contre li, Jehans ne seroit pas tenus a respondre as .x. lb. Mes autrement seroit[g] en la[h] court laie, car cil qui seroit semons respondroit, ne li defenderes ne pourroit fere demande sans fere semonre d'autre chose que de la querele pour laquele[i] il seroit semons. Mes de celes qu'il metroit en sa defense, si comme s'il alligoit paiement ou il disoit avoir baillie aucune chose[j] en aquit de la dete, de ce seroit li demanderes tenus a respondre. Donques puet l'en veoir que reconvencions ne queurt pas en court laie si comme ele fet en court de crestienté.

358. Uns clers demanda[k] en court laie a un homme lai .xx. lb. qu'il li devoit pour la vente d'un cheval et li lais li[l] connut bien la dete. Mes il disoit qu'en entencion de soi aquitier de cele dete il li avoit baillié deniers et autres denrees, si requeroit que li clers en contast a li, et le remanant par desseur le conte fet il estoit[m] prest de paier. Li clers respondi qu'ilueques ne vouloit il pas respondre du

a) *HJK* qui ne. — b) *A B omettent* li. — c) *C omet* qu'il li rende. — d) *G HJK omettent* Et. — e) *A omet* ledit. — f) *B omet* au cheval ... a respondre. — g) *A omet* seroit. — h) *G HJ K omettent* la. — i) *C* quer. de quoi ; *G* pour quoi ; *HJK* dont. — j) *B omet* chose. — k) *G* Se uns clers demande. — l) *A* lais si connut. — m) *HJK* il lui estoit.

1. Cf. Ad. Tardif, p. 43.

conte qu'il li demandoit, mes, quant il avoit conneu que
.xx. lb. li devoit, requeroit qu'il fust contrains a paier ; et
s'il li vouloit riens demander si le[a] feist[b] semonre devant
son ordinaire.

359. Nous par devant qui cis ples estoit demenés, deis-
mes[c] au clerc que s'il ne respondoit a ce que li lais disoit qu'il
li avoit baillié puis le tans que la dete des .xx. lb. fu fete[d],
nous ne contrainderions pas le lai a paier les .xx. lb., car ce
n'estoit pas reconvencions quant il disoit qu'il avoit bailliees
les choses en entencion de soi[e] aquitier ; mes s'il demandast
au clerc aucune chose deue du tans de devant que la dete fust
fete ou il li demandast chevaus ou autres bestes ou bles ou
vins ou convenances[f] qui ne touchassent de riens a la que-
rele des .xx. lb., nous l'eussions contraint a paier les .xx. lb.
et li eussions dit qu'il alast pledier au clerc de ces choses[g]
par devant son ordinaire, car adonques feïst li lais recon-
vencion, laquele ne queurt pas en court laie si comme il est
dit dessus[h].

360. Quant uns hons qui est de[i] la justice d'un seigneur
fet demande a aucun[j] d'autrui juridicion et cil li veut rede-
mander aucune chose, cil qui feist semonre n'est pas tenus a
respondre, tout soient li uns et li autres lais, se ainsi n'est
que ce soit des[k] defenses de la querele que l'en li demande,
car ce seroit reconvencions, laquele ne queurt pas en court
laie, si comme nous avons dit dessus.

Ici fine li chapitres qui enseigne liquel cas apartienent a
sainte Eglise et liquel a la court laie, et des queus l'une
des cours doit aidier a l'autre quant ele en est requise.

---

a) *B E F omettent* le. — b) *B E F* feist le (*F* loi) sem. — c) *A* au clerc
deismes ; *H J K omettent* deism. au cl. — d) *B* le tans de la det. des .xx. l.
faite ; *E F* le t. de le dette faite des .xx. l. ; *H J K* fu fete des .xx. lb. — e)
J K lui. — f) *B E F* vins ou autre chose. — g) *B E F omettent* de ces choses.
— h) *B E F* dess. dit. — i) *H J K* est en la. — j) *B E F* a un [*E* home] qui
est d'autr. jur. — k) *H J K* s. de def. — Expl.) *E F* cap. qui parole des cas
qui ap. a la connissanche de s. Egl. et a la connissanche de le court laie ; *ils*
omettent le reste ; G K n'ont pas d'explicit ; H J Explicit.

XII.

Ici commence li douzismes chapitres de cest livre qui parole des testamens, liquel valent et liquel non.

361. Après ce que nous avons parlé ou chapitre devant cestui des cas qui apartienent a sainte Eglise et a la court laie[a], nous parlerons en cest chapitre ici ensivant des testa-mens, pour ce qu'il est grans besoins que chascune juridicions mete s'aide en fere tenir les testamens qui sont a droit fet pour la sauveté des ames a ceus qui les font; et pour ce que chascuns sache comment l'en puet et doit fere testament, nous dirons a qui la saisine du testament apartient, et liquel valent et liquel non, et comment l'en les puet et doit fere, et comment il doivent[b] estre mis[c] a execucion.

362. Jehans requeroit a la[d] justice qu'ele[e] le meist en saisine des muebles et[f] des conquès et du quint de l'eritage qui fu Thomas par la reson de ce que li dis Thomas avoit fet de li en sa derraine volenté son executeur et estoit contenu en son testament que ses devis fust paiés de ces[g] choses.

363. A ce respondi Pierres que la saisine de ces[h] biens apartenoit a li comme a[i] celi qui estoit fius et drois oirs

---

Rubr.) *BEFHJK omettent* de cest liv. ; *B* test. lesquiex vallent et puecent valoir et leq. non; *après* non *G ajoute* et que on puest laissier en testament et comment on puest debatre testamens et apeti(u)chier ; *H omet* liquel ; *HJK* val. et lesquels ne valent mie; *après* mie *H ajoute* et chi fenist li .xi. cap. — a) *BGH* laie court. — b) *HJK* com. il poent — c) *EF* com. on les doit metre. — d) *ABEF omettent* la. — e) *ABEF* qu'il le m. — f) *BHJK omettent* et. — g) *AB* d'icez chos. ; *CG* de ses chos. — h) *C* s. de ses b. ; *GHJK* s. des b. — i) *GHJK omettent* a.

d'iceli Thomas ; et quant il seroit en saisine, se Jehans li
savoit que demander par reson d'execucion ne d'autre chose,
il en seroit a droit. En droit se mistrent[a] liqueus[b] en porteroit
la saisine : ou il comme oirs ou Jeans comme executeres[c].

364. Il fu jugié que Jehans comme executeres en seroit
en saisine, le testament conneu ou prouvé, car mout seroit
perilleuse chose se li testament estoient empeechié ou detrié
par les oirs[d] de ceus qui les testamens font.

365. Chascuns gentius hons ou hons de poosté qui n'est
pas sers, puet par nostre coustume lessier en son testament[e]
ses muebles, ses conquès et le quint de son eritage la ou il
li plest, essieutés ses[f] enfans as queus il ne puet plus les-
sier a l'un[g] qu'a l'autre ; mais li sers ne puet lessier en son
testament que .v. s.

366. Il est coustume bien aprouvee[h] que li hons toutes
ces choses dessus dites puet lessier a sa fame ou[i] la[j] fame
a son seigneur[k]. Mes se la fame fesoit tel lais en sa pleine
santé a son seigneur[l] par force ou par menaces et il estoit
bien prouvé des oirs a la fame, cis lais[m] seroit de nule
valeur.

367. Se lais est[n] fais a eglise d'eritage qui soit d'aquest
ou du quint de l'eritage[o] comme l'en puet lessier, li sires
de qui l'eritages muet[p] ne le puet defendre, mes il puet
commander a l'eglise a qui li lais est fes[q] qu'ele l'oste de sa
main et le mete en main laie dedens an et jour ; et se l'eglise
ne le fet, li sires puet prendre l'eritage en sa main et joïr
des issues dusques a tant que l'eglise avra enteriné[r] le com-
mandement[s].

a) *G* a dr. Et de ce se mirent en droit ; *HJK* a dr. Il se mistrent en droit.
— b) *G* dr. savoir lequel. — c) *A omet* En dr. se mistrent ... comme exe-
cuteres — d) *G* detr. pour les personnes de c. — e) *BEF* en son test. laiss.
— f) *GK* ess. a ses enf. — g) *A* less. a l'un·plus qu'a ; *B C* less.·plus a l'un
qu'a. — h) *C* coust. toute prouvee. — i) *C* et. — j) *A B J* ou a la fame, a
a été exponctué postérieurement dans J. — k) *G* son mari ; *K* son mari
qui est son seigneur. — l) *G omet* a son seign. — m) *C* lais si ser. — n) *K*
Le lais qui est. — o) *A B* quint tel erit. ; *C* quint de tel er. — p) *BEF omet-
tent* de qui l'er. muet. — q) *BEF omettent* a qui li lais est fes. — r) *C*
avra atterminé. — s) *G* le comm. du seigneur.

368. Se aucuns lesse ses muebles, ses[a] conquès et le quint de son eritage a une personne ou[b] a[c] pluseurs, et cil qui les lais fet doit detes ou torfès qu'il ait commandé a rendre et n'ait pas devisé ou ce sera pris, cil qui en porteront[d] les lais n'en joïront pas s'il n'i a remanant par desseur detes[e] et torfès paiés ; car male chose seroit se li droit oir de celi qui les[f] lais fet, qui n'en[g] portent[h] que les .IIII. pars de l'eritage, estoient[i] encombré de paier detes et torfès[j], et cil en portassent leur[k] lais tout quites ; et pour ce doit l'en avant prendre les muebles pour paier detes et torfès[l]. Et se li mueble ne puecent[m] soufire, l'en doit prendre les aquès ; et se li aquest ne puecent soufire, cil a qui li quins de l'eritage est lessiés paiera le remanant ou il lera son quint as oirs, et il seront tenu a paier tout. Et se cil qui les lais fet devisoit a prendre detes et torfès seur les .IIII. pars qui demeurent[n] as oirs, ne le pourroit il fere, car il sembleroit qu'il puist plus lessier du[o] quint de son eritage se li torfet et les detes ne sont si grant que tout i queure ; car, se li mueble et[p] li aquest ne puecent paier detes et torfès, il convient que l'eritages i queure[q] ja soit ce qu'il n'en demeurt point as oirs se les detes et li torfet sont si grant.

369. Se aucuns[r] lesse[s] le quint de son[t] eritage et li[u] eritages soit en pluseurs pieces[v], il le puet[x] lessier en une piece s'il veut[y], mes qu'il ne vaille plus[z] que le quint de tout[aa] ; et se[ab] cil qui les[ac] lais fet ne le devisoit et il est requis a justice de celi a qui li lais est fes ou des oirs, se cil vouloit prendre son quint en chascune piece, la justice ne le doit[ad]

---

a) G m. et ses c. — b) HJK omettent a une pers. ou. — c) C omet a. — — d) GHJK emporterent. — e) C des. les debt. — f) C le lais ; HJK omettent les. — g) A qui ne p. — h) JK n'emporte. — i) JK estoit. — j) C p. les det. et les torf. — k) GHJK p. les lais. — l) C omet et cil en port. ... det. et torfes. — m) H muebl. ne pooient. — n) C demouroient; HJK qui demourroient. — o) C l. de son q. — p) A B C ou. — q) B G queurent. — r) C aucun. — s) A B C lessent. — t) A B C leur eritages. — u) B leur crit. — v) C sont en pluriex liex. — x) A B C puecent les. — y) A B C s'il welent. — z) GHJK omettent plus. — aa) C mes qu'il vaille le quint ou plus. Et. — ab) C Et de chelui qui. — ac) HK omettent les; J le. — ad) B E F puet pas fere.

pas fere, car c'est li pourfis[a] des .ii. parties et il[b] a esté jugié en ceste maniere.

370. Nus lais ne vaut[c] s'il n'est fes de persone qui soit[d] en bon sens et en bon[e] memoire, et s'il ne le dit de la[f] bouche.

371. A testament[g] fere[h] doivent estre teus gens qui le puissent tesmoignier s'aucuns debas en mouvoit[i], ou il doit estre seelés de seel autentique ou de pluseurs seaus de nobles persones, comme de gentius gens[j] ou d'hommes[k] de religion qui portent seaus.

372. Aucune fois avient il que li seigneur perdent a la fiee[l] par les testamens qui sont fet de leur sougis[m], et que ce soit voir vous le savrés par ce que nous dirons un cas que nous en veismes[n].

373. Uns chevaliers espousa une dame, laquele avoit enfans d'autre baron. Durant le mariage[o] li chevaliers acheta un fief et en fist homage au conte. Après, la dame, en sa derraine volenté, donna a son baron[p] tous ses muebles et ses conquès, a tenir les dis conquès toute sa vie ; et après[q] ele mourut en tel point que ses ainsnés fius n'avoit pas aage d'entrer en l'homage[r] de ce que sa mere avoit aquesté, et pour ce nous jetasmes[s] la main a la moitié du dit conquest que l'enfes devoit avoir de par sa mere, pour defaute d'homme. Et[t] li chevaliers traïst a nous et nous requist que nous en[u] ostissions[v] nostre main car il estoit, de[x] ce qu'il acheta[y], en la foi et en l'homage de tout, et comme sa fame li eust donné en son testament sa partie a tenir en[z] sa vie et l'en pouoit tel don fere par la coustume de Beauvoisins, a tort i metions la main pour defaute d'homme.

a) *C* le damage. — b) *G omet* il. — c) *C* ne vaut riens se il. — d) *C* pers. qui est ; *H* pers. estans. — e) *C G H* bone. — f) *C H* sa b. — g) *C* a tiex testamens. — h) *C omet* fere. — i) *C* se aucuns en movoit debat. — j) *CJK* gent. homes. — k) *A C omettent* d'hommes. — l) *C omet* a la fiee ; *GHJK* a la fois. — m) *C omet* qui sont fet de leur soug. — n) *GHJK* veismes ave nir. — o) *GHJK* le mar. dur. — p) *JK* mari. — q) *C* apr. che ele. — r) *G* en hommage. — s) *G H* nous y jetames ; *JK* nous y maismes. — t) *BEF omet* et. — u) *GHJK omettent* en. — v) *G* ostissiemes. — x) *ABEF* est. des ce. — y) *ABEF* qu'il l'aceta. — z) *C* a sa vie ; *GHJK omettent* en.

374. Seur[a] ce nous conseillames a ceus du conseil le roi
et alieurs, et fut teus li consaus[b] que puis que la coustume
estoit tel[c] que l'hons puet donner a sa fame et la fame a
son baron[d] muebles et conquès et le quint de l'eritage, a tort
li empeecherions[e]. Et pour ce nous en ostasmes[f] nostre
main et l'en lessasmes joïr. Et par ce puet l'en veoir clere-
ment que li sires perdi par le testament qui fu fes, car s'ele
ne l'eust donné en son testament a son baron[g], c'est tout
cler que li sires tenist la moitié du conquest dusques a tant
que l'enfes venist en[h] aage ou dusques a tant qu'aucuns du
lignage a l'enfant[i] se traisist avant pour requerre le bail.

375. Or veons se li dons du testament eust esté fes a
tousjours au baron[j], s'il i eust eu .ii. homages. Nous disons
que nenil, que un tant seulement. Et il apert par ce[k] que,
par[l] le conseil que nous eusmes, li chevaliers le tint tout a
un homage puis que sa[m] fame mourut dusques a tant que
ses fillastres vint en aage[n]; et quant il fu aagiés[o], il fist
homage du tresfons de l'eritage pour ce qu'il estoit drois
oirs de la proprieté, et ne demoura pas pour ce que ses pa-
rastres[p] ne joissist de son testament.

376. Or veons — se li drois oirs qui est en l'homage[q]
de la proprieté et ne reçoit pas les fruis, chiet en aucunes
defautes[r] ou[s] en aucunes amendes[t] envers[u] son seigneur,
— se li sires s'en pourra prendre au fief qu'il tient de li[v],
duquel fief uns autres a les fruis par la reson du testament.
Nous disons que se les defautes ou les entrepresures sont
pour chose qui apartiegne au fief, — si comme s'il desobeïst[x],
ou s'il le[y] semont de service et il ne le sert pas si comme

---

a) *C* Dessus che; *GHK* Pour che. — b) *C* f. le conseil tel que. — c) *C* est
tenue que. — d) *A* omet et la fame a son bar. — e) *A* empeeschions; *G* em-
peschon riens; *H* empeequeriemes. — f) *C* ost. hors n. main. — g) *JK* s.
mari. — h) *C* ven. a age. — i) *C* de l'enf.; *G* omet a l'enfant. — j) *GJK*
au mary. — k) *GHJK omettent* par ce. — l) *C omet* par. — m) *C* la
fame. — n) *A* en aagié. — o) *GK* f. en aage; *H* f. en aagies. — p) *JK* q.
le chevalier ne. — q) *G* en hommage. — r) *C* aucune defaute. — s) *G omet*
ou. — t) *C* aucune amende. — u) *AB* vers son seign. — v) *A* qu'il de li
tient. — x) *HJK* s'il se des. — y) *A* s'il les sem.

il doit, ou aucuns plede a lui de la proprieté de[a] l'eritage et
il ne veut venir avant, ainçois se met en toutes defautes, —
pour tous teus cas li sires puet metre la main au fief qu'il
tient de li et prendre des fruis dusques au jugement de ses
hommes pour les entrepresures dessus dites. Et cil a qui li
fruit devoient[b] estre par la[c] reson du[d] testament puet metre
en court laie l'oir et lui fere[e] contraindre qu'il li[f] face deli-
vrer ses biens qui sont[g] encombré par[h] son fet et se l'oirs
n'a riens par quoi il puist estre justiciés ou il[i] s'en va[j] hors
du païs, cil qui doit joïr sa vie des fruis par reson[k] du[l] tes-
tament, — quant li oirs sera en toutes defautes — puet re-
querre au seigneur qu'il le reçoive a homme le tans qu'il a
a tenir le fief par reson du[l] testament, et li sires est tenus
au fere. Et, quant il l'a receu a homme[m] des fruis, il li doit
rendre ce qu'il en a levé puis qu'il fu requis de recevoir l'ho-
mage; mes pour ce ne demeure[n] il[o] pas, quant cil[p] muert
qui[q] n'a[r] les fruis que sa vie et li drois oirs veut venir a
despoillier l'eritage, que li sires n'i[s] puist remetre[t] la[u]
main de nouvel pour les desobeïssances qui furent fetes au
tans qu'uns autres tint les fruis par reson[v] du[x] testament;
car comment qu'uns[y] autres en port les fruis d'un[z] fief du
quel je sui hons[aa], je sui tenus a obeïr et a deservir le fief
pour la[ab] reson de l'homage que j'ai fet et de l'eritage que
j'atent, et puis perdre ou gaaignier en plet ou par mesfet
la[ac] proprieté, mes je ne puis perdre ce qu'uns autres i
puet[ad] avoir par reson de testament[ae] ou de douaire. Et de[af]

---

a) *ABCEF* propr. ou de l'er. — b) *A* devroient; *C* doivent. — c)
AEFHJK omettent la. — d) *AEF* res. de test. — e) *C omet* fere. —
f) *HJK omettent* li. — g) *B* qui li sont. — h) *GHK* pour son fet. — i)
HJK ou s'il. — j) *G* ou il seroit hors. — k) *C* par le res. du test. — l) *AB*
res. de test. — m) *C omet* le tans qu'il a ... l'a receu a homme. — n) *G* de-
moura. — o) *ABEF omettent* il. — p) *GHJK* q. il muert. — q) *GHJK*
qu'il. — r) *G* n'ait. — s) *HJK* li s. ne puist. — t) *AC* p. mettre la main.
— u) *G* rem. se main. — v) *C* par le res. — x) *ABEF* res. de test. —
y) *H omet* que. — z) *HJK* d'un fief. — aa) *EG* je sui hoirs. — ab) *HJK*
omettent la. — ac) *BEF* mesfet de [*EF* le] prop. — ad) *JK* y doit av. —
ae) *C omet* car comment qu'uns autres ... par reson de testament. — af)
AHJK Et du do.; *G* Et le do.

douaire est[a] ce[b] encore plus fort[c] que de testament, car pour
desobeïssance ne pour mesfet[d] que mes hons me face[e] je ne
puis ne ne doi metre la main as[f] fruis qui sont tenu par
reson de douaire; ne il ne convient pas, pour chose que li
oirs face, que li douaires me face homage ne redevance;
ainçois en doit en porter[g] les fruis quitement et franche-
ment[h].

377. Pour ce, se cil qui est mes hons me doit une dete
ou il m'a une convenance laquele il ne me[i] tient pas, ne
doi je pas metre la main as fruis de celi qui tient par reson[j]
de testament, ne pour nule riens, se ce[k] n'est pour ce qui[l]
apartient au fief, si comme il est dit dessus en ce[m] chapitre
meisme.

378. Je me doi bien garder que ce qui est tenu de moi
ne soit tenu par main estrange par reson de testament ou de
douaire, fors tant seulement comme coustume suefre, neis[n]
se li[o] oirs[p] de la chose s'en[q] vouloit[r] tere; car je me puis
bien fere partie de ce ou je voi mon damage aparant. Et
c'est bien mes damages se ce qui est tenu de moi[s] vient en
main que je ne le puisse pas si bien justicier comme[t] se
mes hons le tenoit. Donques se aucuns otroie a sa fame a
tenir[u] en douaire plus que la moitié de l'eritage qu'il[v] tient
de moi, je ne l'ai pas a[x] soufrir, s'il ne me plest; et[y] aussi,
se aucuns donne en testament les fruis de plus du[z] quint
de son eritage, li queus eritages n'est pas d'aqueste, je ne l'ai
pas a soufrir[aa], s'il ne me plest, tout soit il ainsi[ab] qu'autres

---

a) *G omet* est. — b) *G H J K omettent* ce. — c) *A* douaire encore plus
fort est que. — d) *A B* mesfez. — e) *G H J K omettent* que mes hons me
face. — f) *A B* au fr. — g) *H J K* doit porter. — h) *J K* fr. franchem. et
quitem. — i) *C omet* me. — j) *C* par le raison. — k) *H J K omettent* ce.
— l) *G* qu'il ap. — m) *A B* cel ch.; *E F H* cest ch. — n) *G* neins se; *J K* ne
se. — o) *J K* les hoirs. — p) *G* chelui homs. — q) *G H J K* se voul. — r)
J K vouloient. — s) *A omet* de moi. — t) *C* si comme; *H K* just. que se. —
u) *B omet* a tenir; *C* en douaire a tenir. — v) *G* a sa fame plus de le moitié
de l'heritage en douaire qui tient. — x) *A omet* a. — y) *B omet* et. — z)
G H J K plus que du quint. — aa) *B* pas asoffrir. — ab) *H J K* soit ce que
autre.

de moi ne le debate[a]. Mes ce que coustume suefre a donner en testament et[b] en[c] douaire, il le me[d] convient soufrir.

379. Tout soit il ainsi que nous aions[e] dit que la coustume de Beauvoisins est tel que qui veut pledier a autrui de muebles et de chateus, il le doit poursuir par devant le seigneur dessous qui il est couchans et levans, nepourquant[f] en aucun cas puet l'en pledier de muebles et de chateus par devant le seigneur[g] dessous qui il sont; si comme en requerant parties de descendement ou d'escheoite[h] et en[i] chose qui est lessiee en testament, car se propre chose m'est[j] lessiee en testament[k], je la puis fere arester comme la moie chose[l] par le seigneur dessous qui je la truis et, se nus la[m] veut debatre, la connoissance en apartient au seigneur dessous qui ele est, essieutés les executeurs du testament, car cil de riens qui a testament apartiegne[n] ne sont tenu a pledier, s'il ne leur plest, par devant nul juge fors que par devant le baron de la terre ou par devant l'evesque; et as dis executeurs doit estre bailliee la saisine de ce qui est contenu ou testament avant tous ples, car par leur main doit estre mis li testamens a execucion.

380. Quant aucune persone a qui il loit a[o] debatre testament[p][1] pour ce qu'il veut dire qu'il n'est pas a droit fes, les choses du testament doivent[q] estre sauvement gardees[r] en la main du baron dessous qui eles sont, sans rendre court a nului. Et quant li ples est finés rendre les doit a celui qui drois les[s] donne.

381. Il ne loit[t] pas a tous a debatre testament et cil[u]

a) *A* debaute. — b) *B* omet et. — c) *A* et a dou. — d) *B* omet me. — e) *CHJK* n. avons dit. — f) *C* lev. et nepourq. — g) *G* les seigneurs. — h) *GHJK* escheance. — i) *C* et de ch. — j) *G* ch. n'est less. — k) *HJK* omettent car se propre ... en test. — l) *G* comme chose moie ; *HJK* chose qui est laissie en testament par le s. — m) *HJK* nus en veut. — n) *G* au test. apartient. — o) *C* il affiert a. — p) *G* deb. le test.; *C* test. s'apert pour. — q) *C* doit. — r) *A C* gardee. — s) *HJK* dr. le donne. — t) *C* n'affiert. — u) *C* test. qui sunt chaus qui le p.

1. C'est-à-dire: *quand il y a quelqu'un à qui il est permis de débattre le testament parce qu'il*.....

qui le puecent debatre ce sont[a] cil qui puecent dire par bonne
reson qu'il sont damagié[b] a tort pour le testament qui fu fes
contre droit ou contre coustume[c] ; car autre gent le[d] deba-
troient aucune fois pour la haine du mort, des[e] oirs ou des
executeurs et, pour ce, ne doit nus estre oïs a[f] debatre tes-
tament s'il ne se[g] sent[h] damagié[i] pour[j] le fet du testament.

382. Nous avons dit en cel chapitre meisme[k] que chas-
cuns puet[l] lessier en son testament le quint de son eritage
et ses muebles et ses conquès. Nepourquant[m] se li remanans
de son eritage n'est pas si grans qu'il soufise a la souste-
nance de ses enfans, et li mueble et li chateus sont grant et
il n'en lesse nul[n] a ses enfans, ainçois les lesse tous a es-
tranges persones, nous ne nous acordons pas que teus tes-
tamens soit[o] tenus, ainçois[p] doit estre retrait du testament
tant que li oir puissent resnablement avoir[q] leur souste-
nance selonc leur estat, essieutés .II. cas : l'uns, s'il est dit[r]
ou testament qu'il face[s] ce[t] lais comme choses rendues pour
torfet[u], car en tel[v] cas n'en[x] seroit riens rendu as oirs, neis
se[y] tous ses eritages i couroit, car trop est[z] cruel dete[aa]
d'avoir de[ab] l'autrui a tort, ne nus oirs ne doit enrichir du
torfet son pere, ne nus ne doit mieus estre[ac] creus de son
torfet que cil qui le reconnoist en son testament. Li secons
cas si est[ad], en quoi nus restors ne doit estre fes as oirs[ae], s'il
fet mencion ou testament que li oir li aient mesfet, par quoi
il ne leur veut riens lessier ou testament ; car se je voi ma
fille, ou ma mere[af], ou cele[ag] qui doit estre mes oirs[ah] mener

a) *C omet* ce sont. — b) *C* adomagies. — c) *C* fes encontre droit ou autre
droit et coustume. — d) *C* g. si le. — e) *G* mort et des. — f) *G H J K* oïs
en deb. — g) *G H J K* ne s'en sent. — h) *C* il ne sont. — i) *C* adomagies. —
j) *A B E* par le. — k) *H J K omettent* en cel ch. meisme. — l) *C* chasc.
si puet. — m) *C* Et nep. — n) *G* nuls. — o) *C* soient. — p) *G omet* les
lesse tous ..., soit tenus ainçois. — q) *G H J K* resn. vivre et avoir. — r) *C*
doit. — s) *B* fait. — t) *C* f. ses l. — u) *C* l. com. pour ch. rend. et pour
torfes. — v) *G* ce ; *H* cel. — x) *A* ne. — y) *G* oirs, ains tous. — z) *B* tr.
seroit. — aa) *B* cr. chose. — ab) *G J K omettent* de. — ac) *G H J K* estre
mieus. — ad) *J K omettent* si est. — ae) *H J K* oirs si est se il. — af)
E F v. ma fille ou ma nieche ou cele ; *G M* v. me fille ou mon filz ou cil
[*G* ou chelle]. — ag) *M omet* ou cele. — ah) *J K* mon heritiere.

si deshoneste vie que ce soit escandres[a] a lui et a son li-
gnage[b], j'ai bonne reson de lui oster[c] de mon testament. Et
li escandres[d] si est[e] de pechié[f] de cors escandelisié[g] ou de
mariage desavenant fet par eles contre ma[h] volenté, ou de si
fole[i] largece que l'en voie que ce qui vient en leur main est
perdu; et male chose seroit qu'il me[j] convenist[k] lessier en
mon testament a ma fille, ou a ma mere, ou a autre[l] qui
seroit mariee a mon anemi; et se je les[m] vueil oster de mon
testament, je doi dire en mon testament[n] : « Je ne vueil pas
que teus ou tele qui est mes oirs[o] prengne riens en mes
muebles[p], en[q] mes conquès, ne ou quint de mon eritage, car il
m'a mesfet[r] en tel maniere que je croi mieus fere[s] le pourfit
de m'ame a autre persone[t] qu'a lui. » Mes voir est que[u] des[v]
.IIII. pars de mon eritage ne puis je pas oster a mes oirs ce
que drois et coustume[x] donne[y], pour nul des cas dessus dis.

383. Encore i a autre[z] reson par quoi je puis oster mes oirs
de mon testament du[aa] mueble[ab], des[ac] conquès et du quint
de l'eritage : c'est[ad] se les .IIII. pars de l'eritage sont de tel
valeur qu'eles puissent soufire a la soustenance[ae] de mes oirs,
ou se mi oir ont tant du leur ou d'autre costé que de moi[af]
qu'il soufise a leur soustenance, ou se je fui aucune fois po-
vres et il estoit riche et les requis qu'il m'aidassent et il me
faillirent, ou s'il mistrent main[ag] a[ah] moi par mautalent. De

---

a) *C* eschandalissemens ; *M* vituperes. — b) *M* a l. et as autres au regart de
toutes gens et nommee de diffame a son l. — c) *CG* oster hors de m. t. —
d) *C* eschandelissemens. — e) *ABEF* si sont; *G* omet si est. — f) *C* des pe-
chies. — g) *CEFG* omettent escandelisié ; *C* cors, d'aus vilainement et hon-
teusement demener ou de mar.; *JK* cors esclandé. — h) *C* el. encontre male
vol. — i) *A* si forte larg.; *M* mar. desav. fait contre ma vol. et malgré moy
par sa fole volenté, si comme chelles qui se marient maugré pere et malgré
mere ou qui sont de si f. larg. — j) *B* qu'il ne conv. — k) *GHJK* ser. s'il me
convenoit. — l) *GHJKM* omettent ou a autre. — m) *GHJK* je le v. — n)
C omet en mon test. — o) *C* t. ou t. qui est mes filz ou me soeur. — p) *G*
mes biens muebl. — q) *CG* m. ne en mes. — r) *G* m'a fait. — s) *BEF* m.
a fere. — t) *A* omet personne ; *G* autres personnes. — u) *G* omet que. —
v) *AB* que de .IIII. — x) *HJK* coust. etdrois. — y) *GHJK* donne ne pour
nul. — z) *CH* il a il [*C* unne] a. res. — aa) *A* des ; *C* de ; *G* de nus. —
ab) *ACG* muebles. — ac) *C* m. et de conq. ; *G* m. et conq. — ad) *C* si est
se. — ae) *C* la chevance. — af) *G* d'aut. chose que de .IIII. quins qu'il
souf. — ag) *C* m. leur main; *G* m. la main. — ah) *C* dessus moi.

tous teus cas les[a] puis je oster[b] de mon testament. Donques
puet l'en veoir que ce que[c] nous avons dit, quant l'en lesse
le tout a estranges persones, que l'en doit secourre as oirs
du testament, c'est a entendre quant il sont povre et ne l'ont
pas mesfet, pour droite[d] cause de pitié.

384. S'aucuns lesse tous ses[e] muebles et ses conquès a
une persone ou a .ii. et l'en fet restor as oirs du testament
pour cause de pitié, il nous semble que ce soit bien que cil
a qui li lais fu[f] fais soient conté ou nombre des oirs, si
qu'il aient part ou testament autant comme li uns des oirs,
chascuns en sa persone; car il ne semble pas que li mors
n'eust[g] aucune cause d'aus bien fere quant il l'en[h] souvint
en son testament.

385. Li[i] testamens, la ou il est[j] veu qu'aucuns est dese-
rités ou lais[k] fes sans nule cause de pitié — si comme se je
lesse tout le mien a estranges persones riches et nient a
mes povres oirs ne a mes povres parens prochiens[l], — ce
n'est pas mal d'aler contre[m] tel testament[n] et de pour-
chacier qu'il soit[o] de nule valeur, car il apert que cil qui
fist le testament fu mal[p] meus[q] encontre[r] reson[s] s'il ne dit
en son testament la cause pour quoi il le fist, laquele cause[t]
soit veue resnable.

386. Deus choses sont qu'on ne[u] puet quitier[v] en tes-
tament: l'une si est masure taillable au seigneur, par ce que
lais[x] ne doit[y] pas estre fes d'eritage[z] qui doie servitude au
seigneur; l'autre[aa] de serjanterie a eritage, car ncis[ab] entre
oirs[ac] ne se puet ele departir[ad], ainçois convient que li uns
des oirs l'en port entiere pour ce que li services qui en[ae] est

a) *C* le. — b) *C* p. je bien ost. ; *G* p. je bien mettre hors de. — c)
A omet ce que. — d) *C omet* droite. — e) *G H omettent* ses. — f) *C* fu-
rent f. — g) *C* mors eust auc. — h) *J K* il y en s. — i) *G* Se test. — j) *H*
il ait. — k) *A B C E F omettent* lais. — l) *A B E F* proch. par. — m) *C* encon-
tre. — n) *A B* tous testamens. — o) *A B* soient. — p) *A omet* mal. — q) *G*
mis. — r) *A* contre ; *B* et contre. — s) *B* c. droit. — t) *C* ch. si soit. —
u) *C omet* ne. — v) *G H J K* p. laissier en. — x) *C* elles ; *C H J K* li lais. —
y) *C* si ne doivent. — z) *J K* de l'erit. — aa) *B* l'autre si est de serj. — ab)
J K car ne entre. — ac) *C* entre les hoirs. — ad) *H J K* partir. — ae) *C*
omet en.

deus au seigneur ne se departe. Nepourquant[a] des masures
l'avons nous veu soufrir par volenté; mais qui la menroit en
jugement, nous creons qu'il ne seroit[b] pas soufert; mes en
tous autres eritages, soit en vilenage, soit en fief puet estre
li quins lessiés[c] en testament[d], sauves[e] les droitures as sei-
gneurs et[f] sauf ce que, s'il est lessié as gens de sainte
Eglise, li sires leur puet commander qu'il le metent[g] hors
de leur main dedens an et jour en la maniere qu'il est dit
alieurs[h] en cest chapitre meisme.

387. L'en doit mout secourre[i] a ceus qui sont deserité
en testament par l'enortement de leur[j] parastres ou de leur[k]
marastres, car il avient a la fois que la fame, pour fere la
volenté de son secont mari, li lesse, a li ou a ses enfans
d'autre[l] fame, ses muebles, ses[m] conquès et[n] le quint de son
eritage[o], et en[p] deserite ses oirs; et certes tout soit il ainsi
que nostre coustume le suefre et[q] la court de Beauvais, nous
ne creons pas que ce soit resons[r] et creons que biens et au-
mosne seroit de contrester a teus testamens[s] et de fere les[t]
de nule valeur, meismement quant ele en oste ses oirs sans
cause; et creons que qui en iroit a sentence disfinitive, en
apelant de l'evesque dusques[u] a l'apostoile, ou des barons
dusques[v] au roi, que teus testament ne seroient[x] pas tenu.

388. Il ne me loit mie a moi aidier en partie par la vertu
du testament et a debatre loi[y] d'autre[z] partie, en disant que
li testamens ne fust mie[aa] a droit fes: si comme se j'en pris[ab]
aucune chose qui me fu lessie en testament et je vueil de-
batre d'aucun qu'il n'ait[ac] mie ce qui li fu lessié ou[ad] testa-
ment, je ne le puis pas fere, car si tost comme[ae] je pris ce

a) *C* Et nep. — b) *GHJK* ne fust pas. — c) *A* puecnt estre li quint les-
sié. — d) *G* en son test. — e) *GHJK* sauf. — f) *A* et sanz ce que. — g)
C le remetent. — h) *C* omet alieurs. — i) *C* m. bien sec. — j-k) *G* ses. —
l) *C* enf. d'une autre f. — m) *C* m. ou ses c.; *G* m. et conq. — n) *A* omet
et. — o) *G* q. de tous ses heritages. — p) *G* omet en. — q) *C* suef. a la c.
— r) *GHJK* soit drois et res. — s) *HJK* tel testament. — t) *G* fere tant
qu'ilz fussent de n. v.; *JK* lais. — u-v) *GHJK* omettent dusques. — x) *H*
seroit. — y) *CH* le. — z) *CJK* de l'autre p. — aa) *AHJK* pas. — ab) *A* se
je ai empris auc. — ac) *GH* qui n'i ait. — ad) *C* en test; *HJK* el. — ae)
CHJK si t. que je pr.

qui me[a] fu lessié ou[b] testament, il apert que j'agree[c] le tes-
tament[d], et pour ce ne le puis je[e] puis[f] debatre[1].

389. S'il sont pluseur oir et li uns tant seulement plede[g]
contre le testament, et li autre se taisent[h] .i. an et .i. jour
puis la mort de celi qui feist[i] le testament et cil qui plede
contre[j] le testament fet tant qu'il est jugié que li testamens
ne[k] fu pas a droit fes, li autre oir n'en porteront point de[l]
gaaing du plet, ainçois l'en portera cil qui le plet maintint[m]
a son coust; car en tant comme[n] il se turent .i. an et
.i. jour[o] et virent celui qui pledoit contre le testament et ne
se traïrent[p] pas avant[q], pert il qu'il eurent le testament
agreable; ne cil qui pleda du testament, qui estoit oirs aussi
comme il estoient, n'estoit pas tenus a pledier pour aus, et
pour ce en doit il porter tout le gaaing.

390. Si comme nous avons dit dessus[r] que cil qui prent
aucune chose de ce qui li[s] est lessié en[t] testament, ne le puet
puis[u] aprouver[v] pour[x] mauvès, c'est verités; nepourquant[y]
se je sui oirs a celi qui feist le testament, tout aie je pris au-
cune chose du testament, se aucuns autres demande par la
reson du testament[z], et j'ai autres resons contre[aa] li que dire
que[ab] li testamens ne fu pas[ac] a droit fes, bien les[ad] puis metre
avant: si comme s'il quita[ae] ce qui li fu lessié en[af] testament,
ou s'il ne le vout prendre ou tans que li bien du testament

---

a) *C* omet me. — b) *C* en. — c) *J K* que j'ay agreable le test. — d) *G* je
acree ce qui est u test. — e) *G* omet je. — f) *C* omet puis ; *G* le puis plus
deb. ; *J K* je mie deb. — g) *C* si plaide. — h) *J K* se taisoient. — i) *G* qui
ara fait. — j) *C* pl. encontre. — k) *C* si ne. — l) *C* omet de; *G* le g.; *H J K*
du g. — m) *A C* maintient. — n) *G* t. qu'ilz se t. — o) *B E F* tur. an et jor.
— p) *G H J K* traioient. — q) *A* omet avant. — r) *H J K* omettent dessus.
— s) *H J K* omettent li. — t) *G* u test. ; *H* el test. ; *J K* ou test. — u) *H J K*
pot pas puis. — v) *C* raprover ; *dans* K *le glossateur des §§ 117 et 388 a
exponctué l'a de approver et écrit re dans l'interligne.* — x) *H* par. —
y) *C* et nep. — z) *C* omet se aucuns ... du testam. — aa) *C* encontre luy.
— ab) *G H J K* omettent que. — ac) *B E F* fu mie. — ad) *H J K* b. le p. —
ae) *C* cuida. — af) *G J K* ou ; *H* el.

---

1. Le même qui, dans K, a glosé le § 117, a écrit dans l'interligne : *du
lais*, après *par la vertu*, et ajouté à la fin du paragraphe : *C'est a entendre
que quant aulcun reçoit le laiz du testament, il ne luy loit plus de dire
qu'il soit heritier pour cuider revenir a debatre led. testament, car il
faut qu'il se tienne asse qu'il en a eu.*

durerent[a], car en tel[b] cas ou en semblable[c] ne le vueil je pas fere contre le[d] testament.

391. Executeur, puis qu'il ont receue l'execucion seur[e] aus, ne pueent pas dire que li testamens ne fu mie a droit fes. Et pour ce se doivent bien garder li oir qui se voient deserité par le testament qui ne fu pas a droit fes qu'il n'entreprengnent l'execucion[f] seur[g] aus, car[h] il avroient renoncié a ce qu'il peussent dire contre[i] le testament. Et que li executeur ne puissent fausser le testament dont il sont executeur il i a bonne reson, car il representent la persone du mort et de ce qu'il[j] empristrent[k] quant il devindrent executeur[l].

392. Se aucuns fet son testament et nomme[m] executeurs en son testament[n] qui ne[o] sont pas present, et muert avant qu'il aient pris l'execucion seur[p] aus, il est en leur[q] volenté de[r] prendre[s] la[t] charge[u] de l'execucion ou du lessier. Nepourquant[v] s'il la lessent, li testamens ne[x] doit pas pour ce estre de nule valeur, ainçois le doit fere tenir l'evesques ou li sires de la terre au coust[y] des biens de l'execucion[z], car chascune justice doit[aa] metre peine que li testament qui sont a droit fet soient tenu et aempli[ab].

393. Quant aucuns fet son testament et il fet .ii. executeurs ou .iii., et il n'est pas[ac] devisé ou testament que li uns ait pouoir sans l'autre, et li uns des executeurs muert avant que li testamens soit mis a execucion[ad], pour ce n'est pas li testamens de nule valeur; ainçois, a la requeste de l'executeur qui vit, li cuens ou l'evesques li doivent baillier un[ae]

---

a) *C* durent. — b) *C* tiex; *JK* telz. — c) *CHJK* samblaves. — d) *C* fere en test. — e) *C* dessus aus. — f) *GHJK* les exccussions. — g) *C* dessus aus. — h) *G* qu'il. — i) *C* encontre le. — j) *JK* qui. — k) *C* entreprinrent; *HJK* l'emprirent. — l) *C* exec. et che ne leur doit pas estre souffert. — m) *CHJK* et il nomme. — n) *GHJK* omettent en s. test. — o) *HJK* n'i s. — p) *C* dessus aus. — q) *C* en sa vol. — r) *G* du. — s) *H* empenre; *JK* d'entreprendre. — t) *AB* pr. loi la ch. — u) *C* la guarde; *H* l'encarque. — v) *C* Et nep. — x) *C* test. si ne. — y) *AB* as cous. — z) *C* omet au coust... l'execution. — aa) *C* si doit. — ab) *G* et acompli. — ac) *C* pas contenu ne dev. — ad) *G* omet a exec. — ae) *ABC* omettent un; *E* anchoiz doivent baillier a l'executeur li evesques ou li rois ou li quenz compaign.; *F* enchois li evesques ou li rois ou li quenz li doivent baillier executeur avec cheli qui demeure s'il le requiert, si puet.

compaignon; et s'il ne le requiert[a], si puet il aler tous seus es besoignes[b] de l'execucion acomplir, si que la volentés du mort[c] soit acomplie.

394. Li executeur, toutes les fois qu'il assemblent ou qu'il vont[d], il pueent prendre leur despens resnables seur[e] les biens de l'execucion selonc leur estat, et aussi les cous qu'il ont en[f] pledier pour les biens de l'execucion sauver. Et s'il en font outrage, il pechent durement[g], car cil qui executeurs les fist les creoit a loiaus, et de tant comme il se fioit en aus et il pristrent seur[h] aus son testament et n'en firent leur avenant[i], il sont larron quant a Dieu.

395. Il loit[j] bien as oirs de celui qui fet[k] testament qu'il demandent[l] conte as executeurs des biens qu'il eurent pour le testament acomplir[m] pour[n] .ii. resons : la premiere resons[o] pour[p] ce qu'il sachent que la volentés de leur predecesseur[q] soit acomplie ; la[r] seconde resons[s] pour ce que, s'il i a remanant des biens par desseur l'execucion paiee[t], ce doit estre rendu as oirs. Et se li oir n'en demandoient pas conte, si le doit[u] demander li cuens ou l'evesques et contraindre les executeurs a ce qu'il en facent leur avenant.

396. Quant testamens est fes en tel maniere que l'en lesse certain nombre de[v] biens a paier detes et a rendre torfes, et les persones ne[x] sont pas nommees a qui les detes et li torfet doivent[y] estre rendu, li executeur doivent[z] fere crier par toutes les eglises des[aa] viles[ab] ou li mors repaira, que cil qui vourront demander detes ou torfes viegnent en tel lieu et a tel jour. Et quant il sont venu au lieu, leur demandes doivent estre mises en escrit, et celes dont li executeur

---

a) *G* si ne le quiert. — b) *B* seus et besoigner. — c) *G* vol. au trespassé. — d) *C* il aillent; *G* il vont es affaires pour leur execucion. — e) *C* dessus les. — f) *A* a pl.; *E F* por pl. — g) *C* pech. mortelment. — h) *C* pr. dessus aus. — i) *C* fir. bien et aven.; *G* fir. leur devoir. — j) *C* Il affiert. — k) *A E F* fist [*E F* le]; *B* fet le test. — l) *B* demande. — m) *A* a complir. — n) *C* par. — o) *C* res. est p. ce. — p) *C* par ce. — q) *C* lor anchesseur. — r) *H J K* Et la. — s) *B E F H J K* omettent reson. — t) *G* ex. acomplie. — u) *A* le doivent dem. — v) *G H J K* n. des biens. — x) *C* pers. si ne. — y-z) *C* si doiv. — aa) *F* omet eglises des. — ab) *A G* omettent des viles.

se doutent qu'eles ne soient pas[a] vraies, il les convient
prouver[b] as[c] demandeurs. Et quant li cris a esté fes par
.iii. fois[d] communement par les eglises et il ont les prueves
receues des orbes demandes, il doivent regarder combien
il sont tenu a paier et combien il ont des biens de l'exe-
cucion, et s'il ont assés[e] biens pour tout paier, fere le doi-
vent; et se il en ont trop peu, il doivent retrere la defaute
de[f] chascun selonc ce qu'il doit prendre en l'execucion, car
male chose seroit qu'il paiassent tout a l'un et nient a
l'autre[g]. Et s'aucuns atent tant a demander ce qui li est
deu par la reson du testament, que li bien du testament[h]
soient aloué, li executeur n'en sont de riens tenu[i] a res-
pondre, car leur pouoirs ne[j] dure fors[k] tant comme[l] li bien
de l'execucion durent[m].

397. Se li executeur sont empledié[n] par[o] devant les juges
de sainte Eglise ou par devant ceus de la court laie pour[p]
aucune chose qui apartiegne au[q] testament, il se pueent
bien tenir saisi des biens de l'execucion dusques[r] a la va-
leur de la demande que l'en leur fet et des cous qu'il pueent
metre[s] ou[t] plet, si qu'il puissent paier ce qui sera jugié
contre[u] aus. Et[v] en tel maniere pourroient fere li executeur[x]
fraude en cel cas qu'il[y] en pourroient estre damagié[z] : si
comme s'il alouoient[aa] les biens de l'execucion le plet pen-
dant pour ce qu'il se[ab] puissent escuser par dire : « Nous
n'avons nus[ac] des biens de l'execucion ». Mes s'il avoient
aloué les biens de l'execucion avant que li ples fust com-
menciés, dire le pourroient et devroient estre delivré du

a) *G omet* pas. — b) *C conv.* esprover aus. — c) *G* pr. par les dem. —
d) *HJK omettent* par .iii. fois. — e) *A* ass. de biens. — f) *C* def. selonc
chasc. ; *HJK* def. a chasc. — g) *B* n. a l'un. — h) *C omet* que li b. du
test. — i) *G HJK* sont tenu de riens. — j) *C* pou. si dure. — k) *C omet*
fors ; *G HJ K* fors que tant. — l) *GHJK* tant que li. — m) *C* exec. dur.
tant seulement. — n) *C* sont en plait. — o) *A B E F omettent* par. — p) *A*
par auc. — q) *C* ap. a test. — r) *A B omettent* dusques. — s) *GHJK* cous
qui [*G* en] pueent naistre. — t) *B* m. en pl. — u) *C* jug. encontre aus —
v) *B E F omettent* Et. — x) *G H* li exec. fere fr. ; *JK* li exec. estre fr. — y)
GHJK cas si que. — z) *B* adomagies. — aa) *A B E F* alouent. — ab) *C*
omet se. — ac) *A B* nul.

plet; et encore se li ples estoit pour lais[a] et il alouoient[b] les
biens de l'execucion en paier detes et[c] torfès[d], fust[e] devant
le ples entamés ou[f] après, li executeur n'en devroient estre
de riens[g] repris; car se li lais estoit tous clers et tous[h] con-
neus a celui qui en plede, n'en avroit il riens devant que
detes[i] et[j] torfet seroient[k] paié et pour ce ne doivent pas[l]
li executeur lessier a paier detes et torfès[m] pour le plet des
lais. Mes se li ples est pour detes et[n] pour torfès, il se doi-
vent tenir saisi[o] si comme il est dit dessus.

398. Quant li executeur ont paié ce qui est contenu ou
testament, et il ont remanant des biens[p] de l'execucion, et
il ont fet[q] crier par .III. fois si comme il est dit[r] dessus[s] que
qui leur vourra riens demander qu'il viegne avant, et il ont
acompli les demandeurs par paier ou par bonnes defenses
si qu'il demeurent en pès .I. an et .I. jour[t] puis le cri, bien
puëent rendre as oirs le remanant, et en doivent estre con-
traint; car s'il n'i avoit tans, il pourroient dire malicieuse-
ment : « Nous voulons retenir[u] ces[v] biens pour ce qu'aucuns
ne mueve[x] plet contre[y] nous, si que nous aions pouoir de
nous defendre se l'en nous assaut. » Et encore devant l'an
et le[z] jour, quant li cri sont fet et li cler paiement[aa], et li
executeur demeurent sans plet, se li oir a qui li remanans
du[ab] testament apartient veulent[ac] fere seurté as executeurs
qu'il les deliverront[ad] de cous et de damages[ae], nous acor-
dons nous que, par ceste seurté, il en portent[af] le[ag] rema-
nant des[ah] biens[ai] de l'execucion.

399. Nus qui escrit[aj] le testament ou qui en est avocas

a) *C* est. p. les executeurs. — b) *G* il alouent. — c) *ABEF* det. ou torf. —
d) *C* et les torf. — e) *C* torf. et fussent dev. — f) *A* ent. et apr. — g) *C* de
riens estre. — h) *C G omettent* tous. — i) *CE* les det. — j) *B omet* et. —
k) *C* torf. fussent p. — l) *B omet* pas. — m) *C* p. le debtes et les tort fes. —
n) *C* ou. — o) *A* doiv. tesi. — p) *G HJK omettent* des biens. — q) *C* il
font cr. — r) *G omet* dit. — s) *HJK* com. dit est que. — t) *A* an et jour.
— u) *C* voul. tenir. — v) *BGHJK* les b. — x) *B* muevent. — y) *C* en-
contre. — z) *G HJK omettent* le. — aa) *C* paicm. paies. — ab) *BEF omet-
tent* reman. du. — ac) *ABCEF* veut. — ad) *A B C E F* deliverra. — ae) *C*
tous c. et tous dam. — af) *ABCEF* port. — ag) *B* les. — ah) *BEF omettent*
remanant des. — ai) *BEF* biens qui demeurent de. — aj) *A* escrive; *C* escrise.

pour les executeurs quant il en ont a pledier, ou qui est a
leur conseil pour trouver les resons pour quoi li testamens
est bons, ou qui ait tenu le testament a bon en jugement
ou par devant bonnes gens, ou qui l'ait[a] creanté[b] a tenir[c]
enaagiés[d] puis la mort de celui qui feist le testament[1], ne
puet le testament debatre ne dire qu'il n'est pas a droit fes,
car[e] en tous ces cas il ont aprouvé le testament a bon par
l'aide qu'il i font[f].

400. Se cil qui fet son testament fait fiancer a ses oirs
qui sont sousaagié — ou il[g] sont en aage[h], mes il sont en sa
mainburnie, — qu'il tenront l'ordenance de son testament,
et après se cil qui feist le testament muert, se li oir voient[i]
qu'il feist le testament contre[j] droit, li creantemens ne[k] leur
doit pas nuire, car li sousaagiés se[l] puet aidier de ce qu'il
n'estoit pas en aage de fere creantement ne convenance, et
cil qui estoit[m] en aage, mes il estoit[n] en sa mainburnie, se
puet[o] escuser par ce qu'il ot[p] paour que, s'il ne fesoit[q] sa
volenté ou otroioit[r], qu'il ne mourust en courous ou en
haine, ou qu'il ne li[s] vendist son eritage, s'il[t] eschapoit.
Mes nepourquant quant a Dieu nous creons que cil qui
estoit[u] en aage se[v] mesfet[x] s'il va[y] contre[z] ce qu'il jura et
fiança[aa].

401. Cil qui est encore ou ventre sa[ab] mere ou tans que
cil dont il est oirs feist son testament, le puet rapeler s'il fu

***

a) *A B G* qu'il ait; *C E F* qui ait. — b) *A B C J K M* creance. — c) *H J K* a
ten. creanté. — d) *A* t. aagiez; *E F* a tenir tes en aage; *G* t. en *(biffé)* ou
aagies; *J K* tous en aage. — e) *G* Or. — f) *C* omet par l'aide qu'il i font. —
g) *C* qui. — h) *B* omet ou il s. en aage. — i) *C* dient. — j) *C* encontre. —
k) *C* si ne. — l) *G* si se. — m) *J K* estoient. — n) *J K* estoient. — o) *J K*
peuent. — p) *J K* orent. — q) *J K* fesoient. — r) *J K* ottroyerent. — s) *J K*
leur. — t) *C* s'il en esch. — u) *J K* estoient. — v) *C* si se. — x) *J K* mef-
font. — y) *J K* vont. — z) *C* encontre. — aa) *G H* fiancha et jura; *J K* fian-
cerent et jurerent. — ab) *C* ventre de sa m.

***

1. Ni La Thaumassière ni Beugnot n'ont compris ce passage qui signifie :
ou qui, ayant été déclaré majeur depuis la mort du testateur, a promis de res-
pecter les clauses du testament, ne puet ... Les droits des mineurs à récuser
le testament sont définis dans les paragraphes suivants.

fes contre droit, car aussi bien li doit on garder son droit comme as autres.

402. Il avient aucune fois que cil qui fet son testament n'a nus enfans[a], mes sa fame est grosse et l'a encore si poi porté que l'en ne le set pas; et fet cil son testament en autre maniere qu'il ne feïst s'il entendist a[b] avoir enfans, et muert avant qu'il sache que sa fame soit grosse, si qu'il ne rapele pas son testament. Et quant teus cas avient l'en doit mout prendre garde se li oirs est mout bleciés du testament, si comme se cil lessa tous ses muebles et ses conquès, et il n'avoit pas autre eritage convenable a son enfant, l'en li doit fere restor du testament, si qu'il puist avoir soufisanment selonc son estat, car l'en doit croire qu'il n'eust pas fet tel testament s'il eust oir de son cors.

403. Se executeur vendoient[c] eritage par la vertu du testament[d], si comme le quint qu'il puet lessier par coustume, li parent du mort le puecnt aussi bien rescoure par la bourse comme se cil l'eust vendu qui feist le testament, car li eritier ne sont pas arriere du droit de la rescousse pour le[e] testament.

404. Il a disference entre les dons qui sont fet en testament et ceus qui sont fet hors de testament, car il est clere chose que tout ce qui est pramis en testament, soient don ou aumosnes ou restitucions, puecnt estre rapelees par celui qui fet[f] le testament, ou apeticiees, ou creues a sa volenté tant comme il vit, mes ce ne puet on pas[g] fere des dons que l'en donne ou pramet hors de testament, car il les convient aemplir. Et la resons si est que[h] l'en ne puet a nului demander tant comme il vit par reson de testament[i], pour ce qu'il loit[j] a celi qui le fet a amender ou[k] a rapeler loi[l] si[m] comme il est dit dessus.

a) *CHIJK* nul enfant. — b) *GHIJK* s'il cuidast av. — c) *A* vendoit; *EF* vendent. — d) *BEF omettent* par la v. du test. — e) *C* p. le reson dou test. — f) *GHIJK* qui fist. — g) *HIJK omettent* pas. — h) *C* si est car on ne. — i) *ABEF* res. de son test. — j) *C* il affiert. — k) *B omet* ou ; *EF* et a rap. — l) *C omet* loi ; *K* ou le (le *dans l'interligne*) rappeler le (le *biffé*). — m) *GHIJK omettent* si.

405. Testamens qui est fes sans escrit puet[a] bien valoir quant il est tesmoigniés par le serement de .ii. loiaus tesmoins sans nule 'soupeçon et qu'il soient teus qu'il n'aient nul pourfit ou testament. Car s'il i entendoient[b] a avoir pourfit, leur tesmoignages ne vauroit pas[c]. Et ça en arrieres ne vausist pas li testamens qui[d] ne fust[e] escris s'il ne fust[f] tesmoigniés par .v. tesmoins, si comme nous avons entendu des seigneurs de lois. Mes nostre coustume a corrompue[g] ceste loi et suefre que testamens se prueve par .ii. loiaus tesmoins[1] et aussi font toutes autres quereles selonc nostre coustume.

406. Aucune fois avient il qu'aucuns hons s'en va hors du païs et lessent[h] leur[i] testament fet et ordené, avant qu'il muevent[j], en la main de leur[k] executeurs ; et, avant qu'il reviegnent[l] il ont[m] volenté de fere autre testament la ou il sont tuit nouvel[n] ; et, en fesant le derrain testament, il ne rapelent[o] pas le premier qu'il firent[p] au partir de leur païs[q] ; et apres il muerent[r] et vienent li dui testament en place. Or est assavoir se li premiers testamens tenra en cel cas ou s'il sera rapelés par le derrain testament. Et nous, selonc nostre coustume et selonc nostre avis, en determinons[s] nous[t] en ceste maniere que la[u] ou li derrains testamens ne fera mencion de rapeler le premier, ne contrarietés ne sera trouvee ou derrain testament par quoi il apere que la volentés du mort fu tel que li premiers ne fust pas tenus, li[v] premiers et li derrains doivent estre tenu pour testament ;

a) *C* si puet. — b) *GHJK* attendoient. — c) *GHJK* vaur. riens. — d) *C* test. s'il ne f. — e) *G* f. par escr. — f) *C* escr. il convenist qu'il fust tesm. — g) *C* a rumpue. — h) *BCEFJK* lesse. — i) *CEFJK* son. — j) *BEFJK* il mueve; *C* ils s'en voisent. — k) *BE* son ex. ; *C* m. des ex. ; *FJK* ses ex. — l) *BEFJK* il reviengne. — m) *BEFJK* il a. — n) *C* tout de nouvel ; *EF* il est t. nouvel ; *JK* test. tout nouvel la ou il est. — o) *BEFJK* ne rapele. — p) *BEF* qu'il fist. — q) *HJK* *omettent* qu'ils fir. ... leur païs. — r) *BEFJK* il muert. — s) *B* en terminons ; *EF* determinerons. — t) *GHJK* *omettent* nous. — u) *GHJK* *omettent* la. — v) *C* ten., car li.

1. C'est le pape Alexandre III qui introduisit ce changement : cf. *Corpus juris canon.* Decret. Grégorii IX, l. iii, tit. 26, cap. 10.

et apert, puis que contrarietés ne rapeaus ne sont trouvé ou derrain, que ce n'est fors ajoustemens[a] de testament, si comme il avient aucune fois que l'en fet son testament selonc son estat au departir de son païs et, quant l'en est hors, l'en le fet des choses que l'en a portees[b] de son païs ou que l'en a aquises de nouvel, ou des choses meismes qui demourerent[c], lesqueles puent estre lessiees en testament[d] et ne furent pas lessiees ou premier[e] testament[f]. En tous teus cas vauroit li premiers testamens et li derrains.

407. Pour ce que nous avons[g] dit ci dessus que li premiers testamens ne vauroit riens se contrarietés estoit trouvee ou derrain, il est bon que nous esclerons quele contrarietés tout le premier quant il n'est pas rapelés especiaument.

408. La contrarietés si est tele : quant il lesse ou darrenier le contraire[h] de ce qu'il lessa ou premier, si comme s'il dit : « Je vueil que mi executeur prengnent .x. lb. que Phelippes me doit et qu'il les doinsent as povres, » et ou premier testament il est contenu qu'il avoit quitié au dit Phelippe ces .x. lb. En tel cas apert il que li derrains testamens[i] est contraires au premier et, pour ce, convient il que Phelippes pait les .x. lb.[j]. Ou s'il lessa ou premier a une certaine persone .x. lb. et il lesse[k] ou derrain[l] a cele meisme persone .c. s., la persone ne puet demander que les .c. s. du derrain testament, car il ne se puet aidier du premier testament puis qu'il fist mencion de li ou derrain[m], car il apert qu'il restraint les .x. lb. as .c. s. Et si entendés que nous n'entendons pas se contrarietés est trouvee[n] ou derrain testament en pluseurs cas de ce qui est contenu ou premier, nous n'entendons pas[o] que li premiers testamens soit faus

---

a) *GHJK* fors que ajoust. — b) *G H* a emportees. — c) *G* qui demourent. — d) *G* less. en test. derrain. — e) *C* omet testam. et ... ou premier. — f) *G* omet testam. — g) *C* nous aions. — h) *H* le contrarieté. — i) *HJK* omettent testament. — j) *C* omet en tel cas apert ... pait les .x. lb. — k) *C* laissa. — l) *C* omet ou derrain. — m) *C* omet testam. car il ... de li ou derrain. — n) *C* se le contraire n'est trouves. — o) *C* omet nous n'entend. pas.

fors es cas ou la^a contrariétés sera trouvee; si comme s'il est ordené ou premier testament qu'aucuns me lessa le quint de son eritage ou autre certaine chose par reson de restitucion ou d'aumosne, et il n'en^b fet^c ou derrain testament point de mencion de moi ne il ne lesse pas^d a autrui ce qu'il me lessa^e, je le puis demander par la reson du premier testament, tout soit contrariétés trouvee contre pluseurs qui furent nommé ou premier testament par le derrain testament. Car la contrariétés qui est trouvee contre autrui et non pas contre moi ne me doit pas grever. Mes s'il avoit lessié a autre persone qu'a moi par le darrenier testament ce qu'il me lessa par le premier, je ne le pourroie demander, car il aparroit par le darrenier testament qu'il ne vout pas que je l'eusse.

409. Se aucuns fet .ii.^f testamens en divers tans et chascuns vaut ou tous^g ou en partie par les resons dessus dites, et chascuns testamens doit estre demenés par divers executeurs, — si comme s'il^h eslut autres executeurs au derrain testament qu'il ne fist au premier, — ce n'est pas contrariétés qui toille la vertu du premier testament, car il avient bien que li mors, pour haster s'execucion, veut qu'elle soit mainburnie par .ii. peres de gens. Mes en tel maniere puet estre la conclusions du derrain testament qu'ele rapele le pouoir des premiers executeurs, si comme s'il dit generaument: « Je vueil que mi executeur aient tous mes biens pour acomplirⁱ ma derraine volenté ». Par teus mos^j seroit ostee la vertus du premier testament et li pouoirs des premiers executeurs. Et pour ce, quant teus^k cas vienent avant, doit l'en mout bien prendre garde a la significacion^l des paroles qui sont contenues ou testament.

410. Toutes les fois que paroles sont dites soit en testament ou hors de testament, lesqueles paroles ont pluseurs

---

a) *B omet* la. — b) *C ne* f. — c) *A B E F* fist. — d) *G H J K omettent* pas. — e) *B omet* ce qu'il me lesse. — f) *C omet* .ii. — g) *G H J K* vaut en tout ou en. — h) *G H J K omettent* se. — i) *H J K* acomplir. — j) *A B C* par cel mot. — k) *A* pour ce que autel cas. — l) *G H J K* as significations.

entendemens, l'en doit prendre le meilleur[a] entendement
pour celui qui la parole dit, car l'en ne doit pas croire qu'au-
cuns die chose[b] que li nuise a escient, devant qu'il le dit
si clerement et par si cleres paroles que autres entende-
mens[c] n'i puet[d] estre trouvés. Donques se aucuns fet testa-
ment et il a ou testament aucune parole oscure ou aucune
ou il ait .II. entendemens, l'en le[e] doit jugier selonc l'enten-
dement que l'en doit avoir pour sauver s'ame[f] ; et se la pa-
role est dite en autre querele, l'en la[g] doit jugier que[1] cil
la[h] dist a ceste fin qu'ele li vausist a sa querele gaaignier.
Et les paroles qui sont oscures doit on fere[i] esclarcir, se
eles pueent estre esclarcies[j], avant que l'en les mete en juge-
ment[k]. Mes pour ce qu'eles ne pueent estre esclarcies en
testament pour ce que cil qui les dist est mors, doit on
jugier selonc la meilleur partie[l] a son oes[2]. Et de ces[m] pa-
roles ou[n] il a pluseurs[o] entendemens et qui sont oscures,
n'est il nus mestiers que l'en les escrise pour ce qu'aucuns
n'i puise[p] aucun malice, mes legerement le puet on savoir
et connoistre selonc ce que li cas avienent. Si nous en sou-
ferrons a tant[q].

411. Il ne loit pas[r] a tous a fere testament, car cil qui
est sous aage[s] en autrui bail ou en autrui garde ne puet fere
testament[t], car il n'a riens ; ne li forsenés ne li fous[u] natu-

---

a) *C* pr. le premier ou le milleur ent. — b) *GHJK* die parole qui. — c)
A que autremens n'i. — d) *GHJK* n'i puist estre. — e) *AB* l'en li doit. —
f) *B* sauv. sa vie. — g) *C* omet la. — h) *A* cil li dist. — i) *C* et se les pa-
roles sont oscures, on les doit esclarchir ou faire esclarc. — j) *C* omet se el.
pueent est. escl. — k) *B* omet avant que ... en jugem. — l) *C* sel. le mil-
leur de la part. ; *G* sel. le melleur entendement et la mellour part. — m)
ABCEF de ses par. — n) *C* par. la ou. — o) *C* il a milleurs entend. —
p) *A* n'i puisse penre auc. mal. ; *BEFHJK* n'i puisse auc. mal. ; *C* n'i puisse
penser auc. mal. ; *G* n'y puche auc. mal. — q) *JK* omettent si nous en souf.
a tant. — r) *C* Je ne lo pas. — s) *JK* qui est soubzaagié. — t) *C* omet car
cil qui ... fere testament. — u) *B* li sot naturel.

---

1. *que* signifie ici en telle manière que..., avec la pensée que...
2. *a son oes*, dans son intérêt, pour son profit. *Oes* (prononcez *eus*), est
le latin *opus*.

reus ᵃ, car il n'ont pas sens ᵇ pour quel ᶜ chose qu'il facent
doie ᵈ estre tenue ᵉ; mes se li forsenés ou cil qui est cheus
en frenesie firent testament ᶠ avant que ce leur avenist ᵍ, il
vaut, neis s'il le rapeloient ʰ ou tans de la forsenerie ou de la
frenesie ⁱ, car chose qu'il facent ʲ en tel point ne leur ᵏ doit
grever contre la ˡ bonne volenté qu'il eurent ᵐ devant; ne
cil qui point ne parolent, parce qu'il sont mu ⁿ de ᵒ nature
ou si apressé de maladie qu'il ont perdue la parole; ne cil
qui sont damné pour ᵖ leur mesfet par jugement, car il
n'ont riens; ne cil qui sont bani seur ᑫ la hart du roiaume
pour vilain cas de crime, de chose qu'il aient ou roiaume,
car il mesfont tout le leur comme ataint du fet ʳ, puis qu'il
n'osent droit atendre; ne hons de religion, que quanques ˢ
il a est a s'eglise ᵗ, essieutés les prelas et les autres religions ᵘ
ou aucuns puet avoir propre, si comme chanoines et pres-
tres seculers, car teus gens puent tenir leur eritages et
fere ce que a ᵛ leur religion apartient, et pour ce puent il
fere testament. Mes bien se ˣ gardent en leur conscience ʸ
comment il ordenerent ᶻ des biens qui leur sont venu de
leur eglises; car mieus vaut qu'il les lessent a leur eglises
qu'alieurs, se ainsi n'est qu'il voient leur eglises ᵃᵃ en bon
estat et qu'il soient meu ᵃᵇ par cause de pitié a lessier en
autre lieu ce qu'il ont espargnié.

412. Aucune fois avient il que cil qui font leur testa-
ment sont deceu en ce qu'il cuident que ce qu'il lessent soit
leur et il est a ᵃᶜ autrui, — si comme se aucuns lesse une

---

a) *A B E F* li forsené ne li fol (*B* sot) naturel. — b) *A omet* sens. — c)
A C pour quoi choze ; *J K* pour quelque chose. — d) *B* face doit t. ; *J K* fa-
cent qu'il doie. — e) *A B G H J K* tenu. — f) *C* fren. fait son test. — g)
A B leur venist. — h) *J K* le rapeloit. — i) *C H J K omettent* ou de la fre-
nesie ; *G* rapel. en leur frenoisie et u tamps de leur frenoisie. — j) *J K* qu'il
face. — k) *J K* ne lui doit. — l) *C* grev. encontre leur bon. vol. — m) *J K*
qu'il ot dev. — n) *A omet* mu ; *G H* muel ; *J K* muet. — o) *A* sont des na-
ture. — p) *J K* par. — q) *C* banis dessus la h. — r) *C* dou meffet. — s) *A B*
quanque ; *C* car tout che que il. — t) *C* si est a l'eglise ; *G* est de l'eglise. —
u) *C* aut. religieus. — v) *C* ce qui a ; *G H* ce qua. — x) *A B C E F* bien s'i
gard. — y) *G H J K* leurs consciences. — z) *A* il en ordoneront ; *B* il orde-
nent ; *H* il l'ordon. — aa) *A B C E F* leur eglise. — ab) *C* soient esmeus. —
ac) *C H omettent* a.

piece de terre qu'il cuidoit qu'elle fust sieue et ele est a
autre[a], — en tel cas doit on regarder pour quel cause il fu
meus[b] a lessier[c] la, — ou pour fere[d] restitucion de torfet,
ou pour aumosne, ou pour amour charnele, ou en paiement[e]
de dete qu'il devoit, — et se l'en voit qu'ele fu lessiee pour
dete ou pour restitucion de torfet, restors li doit estre fes
de la valeur de la chose, neis se il n'estoit ou prendre fors
seur[f] ce qu'il avroit lessié par reson d'aumosne ; mes se li
lais li avoit esté fes pour aumosne ou pour amour charnele,
li lais seroit de nule valeur, car l'en ne puet fere don ne
aumosne d'autrui chose, ne l'aumosne que celui devisa
quant il fist son testament ne doit pas nuire a celi a qui l'en
devoit[g] dete ou torfet.

413. Cil qui lesse aucun lieu saint ou aucune chose[h]
sainte et cuide qu'ele soit sieue[i] et ele ne l'est pas, tous
lais sont[j] de nule valeur. Et se aucuns a aucune chose sainte
ou sacree qui sieue soit, il la puet lessier en testament en[k]
lieu convenable, ou a persone qui soit convenable de tel
chose recevoir[l]. Car s'aucuns lessoit demain les aournemens
d'un autel a persone laie qui n'avroit point de chapele pour
fere ent[m] son pourfit, l'en ne le devroit pas soufrir, car les
choses qui sont establies pour[n] Dieu servir ne doivent estre
en nule maniere mises[o] hors des mains a ceus qui sont esta-
bli a fere le service Nostre Seigneur.

414. Se aucuns me lesse en son testament ce meisme
qui est mien, li lais est de nule valeur, car pour nient me
lesse[p] ce qui est ja mien ; et ce cas avons nous mis en nostre
livre pour aucune doute que nous avons veue de ceus qui en
leur testamens lessoient a leur fames, ou les fames[q] a leur

---

a) *B* est autre ; *C* est unne autre ; *G* est a autrui ; *HJK* est autrui. — b)
C fu esmeus. — c) *C* a baillier la. — d) *C omet* fere. — e) *C* ou empaiant.
— f) *HJK* fors que seur. — g) *C* on doit dette. — h) *C* qui lesse en auc.
lieu saint auc. chose s. — i) *G omet* sieue. — j) *B* lais ne sont ; *C* lais si ne
sunt. — k) *HJK* test. a lieu. — l) *G* conven. pour le rechev. — m) *J* pour
en fere ; *K omet* ent. — n) *GHJK* establ. a Dieu serv. — o) *GHJK* doiv.
en nule man. estre mis. — p) *B omet* me lesse. — q) *C omet* les fames.

seigneurs, aucunes certaines choses[a] de leur muebles ou de leur conquès, — si comme[b] en disant : « Je lesse a ma fame cele piece de terre qui siet en tel lieu », ou « Je lesse[c] mon palefroi », ou aucune propre chose, — et quant il estoit mors, la fame disoit qu'ele avoit la moitié de son droit[d] en ce qui li estoit lessié[e], si requeroit[f], pour ce qu'il li avoit le tout lessié en[g] testament, que restors li fust fes de la moitié qui sieue n'estoit pas, ains estoit[h] a la fame de son droit, et li executeur disoient encontre qu'ele se[i] devoit tenir pour païe puis qu'ele avoit tout ce qui fu lessié comment qu'ele l'eust eu, ou par son droit ou par la vertu du testament. Et seur ce il[j] se mistrent en droit.

415. Il fu jugié que nus restors ne[k] seroit fes a la fame et que li testamens ne s'estendoit[l] fors en tant comme cil i avoit qui le testament fist ; et par cel jugement puet l'en veoir que cil qui me lesse ce qui est mien ne me lesse riens.

416. Se aucuns fet testament et il ordene, puis le testament fet[m], le contraire[n] de ce qu'il ordena ou lessa en son testament, li testamens, en cel cas, est de nule valeur[o], si comme s'il me lessa en son testament .xx. lb. que je li devoie et, après le testament fet, il me contraint a paier les .xx. lb., il apert qu'il rapele son[p] testament de tant comme a moi monte ; ou s'il me lessa une piece d'eritage[q] et, après le testament fet[r], il la vent a moi ou a autrui, je ne la puis pas après demander par reson de testament, car il apert que ce ne fu pas sa derraine volentés que j'eusse cele terre par reson[s] de testament.

417. Se une[t] chose est lessiee entiere[u] a pluseurs per-

a) *A B* aucune certaine chose. — b) *C* si que. — c) *C* je li lesse. — d) *G* omet de son droit. — e) *G* en ce qui lui laissoit. — f) *A* requer. que pour ce que. — g) *G* u test. ; *H* el test. ; *J K* ou test. — h) *C* ainchois ; *il* omet estoit. — i) *A B E F* s'en dev. ; *C* si se dev. — j) *A B* omettent il. — k) *C* si ne ser. : *G H J K* n'en ser. — l) *G H J K* ne descendoit fors. — m) *C* omet fet. — n) *H* le contrarieté. — o) *H J K* li test. est de nule valeur en tel (*J K* ce) cas, si. — p) *B* rap. en test. — q) *H J K* piece de terre. — r) *H J K* omettent fet. — s) *C* par la raison. — t) *G H J K* se aucune ch. — u) *C* omet entiere.

sones par mespresure, — si comme s'il dit ou testament : « Je vueil que Pierres ait mes chevaus »[a], et après il dit en cel testament meisme : « Je vueil que Jehans ait mes chevaus,[b] » — li cheval doivent[c] estre departi[d] moitié a moitié entre Pierre et Jehan, car il apert que li mors vout[e] le pourfit de l'un et de l'autre, et chascune partie ne les puet pas tous avoir ; si doit l'en suir la volenté du mort au plus pres que l'en puet.

418. Quant aucuns lesse aucune chose a autrui et il nomme le non de celui[f] a qui il lesse et oublie le seurnon, ou il nomme le non et le seurnon et pluseur se traient avant qui ont ce meisme non[g] et le[h] seurnon, — si comme l'en diroit demain[i] Pierre de Clermont, et il i[j] avroit pluseurs qui avroient non[k] Pierre de Clermont, — l'en doit regarder[l] en tel cas au quel Pierre li mors entendi ; et ce pourra l'en[m] savoir par presompcions, comme se[n] li mors eut a fere ou a marcheander, ou prist le service de l'un[o] et nient des autres[p], l'en doit entendre que ce fu a celi. Et se l'en ni trueve pas[q] teus presompcions, l'en doit regarder a[r] autres, si comme se li uns est povres et li autres est[s] riches, l'en doit mieus croire qu'il lessast au povre qu'au riche ; si doit l'en baillier les lais a celi de qui l'en croit que li mors l'entendist[t].

419. Quant l'en lesse[u] aucune chose certaine et la chose perit de soi meisme avant que celui soit mors qui fist le testament, ou après sa mort avant qu'ele soit baillie a celui a[v] qui ele fu lessiee, sans la coupe des executeurs, — si comme se uns chevaus[x] est lessiés et il[y] muert, ou une mesons et

a) *GHJK* mon cheval. — b) *B* s'il dit : « je vueil que Jeh. ait mes chev., » en cel testam. meisme ; *GJK* mon cheval. — c) *GJK* le cheval doit. — d) *BG* estre parti. — e) *GHJK* mors si veult. — f) *A* de lui. — g) *C omet* et le seurnon ... ce meisme non. — h) *AG omettent* le. — i) *ABEF omettent* demain. — j) *B omet* i ; *C* il en i aroit. — k) *C* aroient en non. — l) *HJK* doit garder en. — m) *C* porra on bien sav. — n) *HJK omettent* se. — o) *A* serv. de lui. — p) *CJK* nient de l'autre. — q) *GHJK omettent* pas. — r) *GHJK* regarder as aut. — s) *HJK omettent* est. — t) *G omet* l'. — u) *B omet* Quant l'en lesse. — v) *H omet* a. — x) *ABCEF* se li chev. — y) *GHJK* il se muert.

ele art, ou vins et il espant, — li damages est a celi a qui[a] il fu lessiés, ne nus restors ne l'en[b] doit il estre fes. Et s'il ensuioit les executeurs pour avoir restor et leur meist sus que la chose[c] seroit[d] perie par leur coupes, se la coupe estoit tele que li executeur eussent la chose perie convertie[e] en leur pourfit, il seroient bien tenu a restorer le damage. Mes s'il gardoient la chose en bonne foi dusques a tant qu'il eussent paié detes et torfès, et ele perissoit[f] en cel[g] delai, il ne[h] seroient pas tenu a restorer[i] le[j] damage pour ce que detes et torfet doivent estre paié avant que lais[k], si comme nous avons dit alieurs en cest chapitre meisme[l].

420. Se aucun de ceus[m] qui font leur testament lessent toutes leur bestes sans especefier[n] autrement, s'il a fouc[1] de brebis, l'en doit entendre que ce sont eles qu'il a lessiees. Et[o] nepourquant par le mot[p] qui est si generaus, nous creons qu'il en porteroit tout ce qui est tenu[q] pour beste : chevaus, vaches[r], pourceaus et autres[s] bestes, s'il les avoit. Mes s'il disoit : « Je lesse mon fouc de bestes, » l'en n'i devroit entendre que[t] les brebis[u], car l'en ne dit pas *fouc de vaches* ne *fouc de chevaus*, mais l'en dit bien *fouc de pourceaus* et *fouc*[v] *de brebis*. Et pour ce, s'il disoit : « Je lesse mon fouc de bestes, » il seroit entendu des[x] brebis, et s'il

---

a) *C H J K* a qui li lais [*C* si] fu less. — b) *G H J K* rest. n'en doit. — c) *C* ch. si seroit. — d) *G* ch. feust per. — e) *C* ch. perie ou convertie. — f) *C* et eles perissent. — g) *G H* en tel delay. — h) *H* il n'en ser. — i) *B* omet le damage. Mes s'il ... tenu a restorer. — j) *A* restor. cel damage. — k) *C H J K* av. que li lais. — l) *H J K* omettent en c. chap. meisme. — m) *C* omet de ceus. — n) *C* sans deviser autrem. — o) *G H J K* omettent Et. p) *C* le mort. — q) *B* est contenu. — r) *G H J K* vaches et pourc. — s) *B* et toutes autres. — t) *B* ent. fors que. — u) *C* les bestes brebis. — v) *G* omet fouc. — x) *A* ent. de breb.

---

1. Beugnot, en renvoyant sur ce paragraphe à Laurière, *Glossaire du droit françois*, I, 499, paraît croire que *fouc* a eu un sens légal particulier. Mais Laurière ne dit rien de pareil et les exemples réunis par M. Godefroy, *Dictionnaire de l'ancienne langue*, IV, 48, v° Folc, montrent que *fouc* était d'un usage courant dans la langue générale, au propre comme au figuré, de même qu'aujourd'hui son synonyme *troupeau;* c'est ce qui résulte d'ailleurs très bien de l'explication que donne ensuite Beaumanoir.

disoit : « Mes fous de bestes, » et il avoit pluseurs fous de
brebis ou[a] de pourceaus, il seroient tuit entendu; et s'il en
ostoit[b] aucune puis le testament fet ou il acroissoit[c] d'autres,
tous jours avroit li testamens vertu en croissant et en ape-
tiçant. Et[d] se cil qui fist le testament ostoit tant[e] de[f]
bestes que li remanans ne deust pas estre[g] tenus pour fouc,
li lais du fouc seroit de nule valeur. Et l'en doit entendre
fouc ou[h] il a tant de pourceaus ou de brebis qu'il i conviegne[i]
une[j] garde, car ce n'est pas fouc de bestes[k] qui sont[l] sans
garde establie proprement pour eles; et pour ce a il es viles
bergiers et porchiers[m] qui gardent les bestes de chascun
de[n] ceus qui bestes i[o] ont[p] si peu qu'il n'i[q] vuelent pas
metre propre garde pour si poi de bestes[r]. Et pour ce, se
l'en l'apele[s] fouc quant eles sont toutes ensemble, ne puet
pas chascuns dire, de ceus qui bestes i[t] ont, qu'il i[u] ait un
fouc de bestes.

421. Toutes choses[v] qui sont lessies par leur propres
nons[x] en testament, s'eles empirent ou amendent[y] puis
le testament fet, li empiremens ou li amendemens[z] est a
celui a qui ele fu lessiee[aa], car il est bien resons que cil qui
puet avoir le damage ait le pourfit; si comme se aucuns lesse
une piece de terre qu'il acheta ou pour[ab] le quint de son
eritage[1] et il, puis le testament fet, il[ac] fet[ad] meson ou vigne

a) *GHJK* breb. et de pourc. — b) *C* ostoient. — c) *A H* il l'acroissoit. —
d) *B omet* Et. — e) *B* ost. tout. — f) *AB* t. des bestes. — g) *G* reman.
ne fust pas ten. — h) *A C* fouc la ou. — i) *A C* qu'il convient; *G* qu'il faille.
— j) *G omet* une. — k) *C omet* de bestes. — l) *GHJK* qui est sans. —
m) *B omet* et porchiers. — n) *GHJK omettent* chascun de. — o) *GHJK*
qui en ont. — p) *A* i ont qui ent si; *C omet* les bestes de ... bestes i ont. —
q) *AB* qu'il ne vuel. — r) *HJK* garde pour aus. — s) *A omet* l'. — t-u)
GHJK omettent i. — v) *C* Tout. les chos. — x) *C* propre non. — y) *A* ou
amendement. — z) *GHJK* li amend. ou li ampirem. — aa) *C* elles furent
lessies. — ab) *C* acheta ou tout le quint ; *H omet* pour. — ac) *C omet* il.
— ad) *GHJK omettent* il fet.

1. Beugnot, suivant la leçon de *H*, donne : *une piece de terre qu'il
aceta ou le quint de son heritage...*, ce qui paraît à première vue avoir
quelque sens, mais qui en réalité n'en a pas, puisque Beaumanoir n'a pas
voulu dire ici que le testateur lègue le quint de ses biens. La leçon des mss.
est elliptique, mais elle donne seule une signification correcte. Beaumanoir

en ladite terre, sans rapeler le testament, cil a qui ce fu lessié en doit porter[a] la[b] terre tele[c] comme ele est après la mort d'icel[d]. Et encontre ce, s'il avoit meson ou vigne en la terre lessie quant li testamens fu fes, et cil qui fist le testament ostoit la meson ou essartoit la vigne, cil a qui li lais seroit[e] fes ne pourroit demander[f] la chose fors que[g] tele qu'il[h] la trouveroit. Et par ce que nous avons dit puet on entendre de toutes choses qui puent amender ou empirier[i] puis que li testament sont fet, si comme l'en vous a devisé[j] devant[k].

422. L'en puet bien selonc nostre coustume fere lais par condicion : si comme s'aucuns dit : « Je lesse a ma fame mes muebles et mes conquès en tel maniere qu'ele garde mes enfans et qu'ele se maintiegne loiaument en gardant sa bonne renomee; et s'ele ne le fet ainsi, je vueil qu'ele soit tenue a rendre[l] a mes oirs ce[m] que je li lais[n]. » Se lais[o] est fes en ceste maniere et la fame n'acomplist pas la condicion, — si comme se ele se demaine folement ou met les enfans hors de[p] soi, — ele[q] est tenue a rendre ce qui li fu lessié. Et pour ce toutes les fois que lais est fes[r] par condicion, cil qui les lais veut avoir doit[s] fere seurté as executeurs du mort qu'il a emplira[t] la condicion en la maniere qu'il est contenu ou testament[u], essieutees les condicions qui sont contre[v] Dieu, si comme se aucuns disoit par erreur[x] en son

a) *C G* doit emporter. — b) *G* ladite terre. — c) *H* toute tele. — d) *A B* d'iceli; *C* la terre apres la mort de celui telle comme elle est. — e) *H J K* lais fu fes. — f) *G* omet li lais seroit ... demander. — g) *A B E F* omettent que. — h) *A B E F* tele comme il. — i) *G* empirec ou amender. — j) *C* comme nous avons dit. — k) *H J K* omettent si comme ... devisé devant. — l) *G H J K* omettent a rendre. — m) *G H J K* oirs de ce que. — n) *C* laissai. — o) *C* Se li les. — p) *C* hors d'entour soy; *G* hors de avec soy. — q) *C* soi, sachies que ele. — r) *A B E F* est fes en ceste maniere par cond. — s) *C* avoir si doit. — t) *A B* emplira; *C G* acomplira. — u) *H J K* omettent en la maniere ... ou testament — v) *C* encontre. — x) *A* par errement.

dit que le testateur a légué une pièce de terre *individuellement déterminée*, en expliquant incidemment qu'il a pu disposer de cette terre parce qu'elle est un acquèt ou parce qu'étant un propre, elle ne vaut pas plus du quint des propres et par conséquent n'entame pas les quatre quints réservés.

testament : « Je lesse a Pierre .c. lb. en tel maniere qu'il me
venge de Jehan qui me bati, » teus lais et teus condicions[a]
sont[b] de nule valeur; car, s'il avoit Jehan batu, ne pour-
roit il demander[c] ce qui li fu convenancié[d] par la reson de
la laide euvre ; ne testamens[e] ne doit mie[f] estre fes selonc
cruauté, mes selonc misericorde. Et aussi ont li aucun lessié
aucune fois a leur fames, ou les fames a leur barons, par tel
condicion que cil qui seurvivroit[g] ne se remariast[h] pas ; mes
ceste[i] condicions est contre[j] Dieu ; et pour ce nous est il[k]
avis en cel cas que cil qui seurvit n'est pas tenus a emplir[l]
la condicion, s'il ne le creanta a celi qui fist le testament, ou
s'il ne voua chasteé[m]. Et si ne doit pas pour ce perdre les[n]
lais, car resons d'amour et d'aumosne donne que li uns
puet lessier a l'autre et bien en doivent estre ostees les mau-
veses condicions. Et par celes condicions que nous avons
dites puet l'en entendre les autres qui doivent estre tenues
ou non tenues en testament.

423. Voir est que se l'oirs du mort[o] veut[p] fere bonne
sauve seurté as executeurs de paier tout ce qui est contenu
en testament par leur main et par leur conseil, l'en ne li[q]
doit pas oster qu'il n'ait[r] la possession des biens[s] au mort,
car se li executeur en portoient les biens pour le testament
paier et il i avoit remanant par desseur le testament paié, si
le doivent il[t] rendre a l'oir.

424. Il loit[u] bien a l'oir qu'il face contraindre les exe-
cuteurs qu'il rendent conte de ce qu'il ont fet du testament
qu'il pristrent seur aus, pour .II. resons : la premiere, si est
pour ce que chascuns doit vouloir que la volentés de son
predecesseur soit acomplie[v] ; la seconde, si est pour ce que

---

a) *G* chil lais et celle condicion. — b) *B omet* sont ; *C* condic. si ne sont.
— c) *GHJK* pourr. il emporter ce. — d) *C* enconvenchié ; *G* enconve-
nancié. — e) *C* ne nul testam. — f) *B* pas ; *C omet* mie. — g) *A* seurvi-
voit. — h) *B* se marieroit. — i) *GHJK* mes tele condic. — j) *C* si est en-
contre. — k) *B omet* il. — l) *C* a acomplir la c. — m) *C* chaste ; *GJK*
casteté. — n) *GHJK* perd. le lais. — o) *GHJK* (*JK* les) oirs du testament.
— p) *JK* veulent. — q) *JK* ne leur doit. — r) *JK* qu'il n'ayent. — s) *C*
omet des biens. — t) *G omet* il. — u) *C* Il alliert. — v) *B* soit aemplie.

s'il i a remanant par desseur le testament paié, li pourfis en
est siens; et quant il puet avoir aucun droit[a] en la chose,
bien est resons qu'il sache quoi, et ce ne pourroit il savoir
se contes n'estoit fes du testament.

425. Bon est, pour ce que les simples gens ne[b] sevent
pas la forme comment l'en doit fere testament[c] et il en ont
mestier a la fois en tel lieu ou il ne puecnt avoir legierement
conseil, que nous metons en nostre livre la general forme
de fere testament, si que cil qui vourront[d] fere testament i
puissent trouver[e] essamplaire[f] de fere testament[g] :

426. « En[h] non du Pere et du Fil et du Saint Esperit,
amen. Je, Pierres de tel lieu, fes assavoir a tous presens et
a venir que je, pour le pourfit de m'ame, en mon bon sens et
en mon bon memoire, fes et ordene mon testament en la ma-
niere qui ensuit: premierement[i] je vueil et ordene que toutes
mes detes soient paiees et tuit mi torfet amendé[j], conneu ou
prouvé[k] par devant mes executeurs. » Et bien doit nommer
et especefier en son testament toutes les detes et tous les
torfès dont il puet estre souvenans, car c'est grans pes et
grans delivrance as executeurs et a ceus meismes qui sont
dit ou testament: as[l] executeurs[m] pour ce qu'il sont certain
de la verité sans peine[n] par le[o] tesmoignage de celui qui fist
le testament, et a[p] ceus qui sont nommé ou testament pour
ce qu'il sont delivre du prouver[q]. Et ce qui n'est dit ou tes-

a) *HJK* auc. profit. — b) *C* gens si ne. — c) *C* la forme dou testament
et comment on le doit faire. — d) *C* omet de fere test. ... qui vourront. —
e) *C* prendre. — f) *GHJK* example. — g) *Le rubricateur de G a écrit
ici en forme de titre:* la maniere de fere testament. — h) *A B* El non. —
i) *G* primes je laisse l'ame de moy a Dieu et a la benoite Vierge Marie et a
toute le court de Paradis, mon corps a estre mis en la sepulture de saincte
Eglise. Et primo je vueil; *H* primes je vueil; *M* primes je ordenne et veul.
— j) *GHJK* torf. soient amendes. — k) *C* com. ou non cogneus; *G* ou ap-
prouves. — l) *K avait d'abord écrit correctement:* qui sont dit au test.,
as exec., *puis, sans doute en collationnant, le scribe a barré l's de* sont,
écrit le dans l'interligne, biffé au, *ajouté* et, *en sorte que ces ratures
et additions visibles donnent:* qui font ledit testament et as exec. — m)
C omet et a ceus ... as executeurs. — n) *B* sanz prouve; *M* sans paine et
chicam de la verité. — o) *A* omet le. — p) *K* et aussy *écrit postérieurement
dans l'interligne.* — q) *A B C E F* du (*C* de) paier.

tament : « *mes detes et mes torfès conneus ou prouvés par devant mes executeurs,* » il les[a] convient prouver par .ii. loiaus[b] tesmoins, aussi comme on feroit[c] par devant autre juge en autres quereles, car de la querele du testament sont li executeur juge en ce cas et en[d] autres selonc le pouoir qui leur est donnés ou[e] testament ; et se cil qui fet le testament nomme en son testament aucunes de ses detes ou de ses torfès, pour ce ne doivent pas perdre li autre qui[f] loiaument le[g] vuelent prouver. Après doit on dire ou testament, — quant les detes et li torfet sont paié et[h] especefié, ou dit en general *conneu ou*[i] *prouvé par devant mes executeurs,* — ce que l'en veut lessier et departir pour l'ame de li pour reson d'aumosne ; et puis quant l'en a dit a qui et combien, on doit dire et deviser seur[j] quoi il sera pris, si comme seur muebles, ou seur conquès, ou seur le quint de son eritage, ou seur toutes ces .iii. choses, se l'une ou les .ii. ne pueent soufire. Et après doit on nommer ses executeurs et donner pouoir[k] de metre le testament a execucion en disant : « *Et pour toutes ces choses dessus dites mainburnir, j'ai esleu executeurs Phelippe, Guillaume et Jehan,*» et doit nommer leur seurnons, et leur doit donner plein pouoir de recevoir et de paier, et pleniere[l] saisine des biens de quoi li testamens doit estre paiés ; et pour le peril que l'uns des executeurs ou li dui n'aient[m] tel[n] essoine qu'il ne puissent entendre a la besoigne du testament, il est bon qu'il[o] doint pouoir[p] a tous ensemble et a chascun en[q] par soi, se li autre n'i pueent estre. Et après ce[r] doit[s] metre le tans que ce fu fet, et seeler loi[t] de son seel et du seel a ses[u] executeurs, se ce sont persones qui aient seaus. Et se cil qui fet le testa-

---

a) *C omet* les. — b) *C* prouv. par .ii. raisons ou par .ii. loiaus tesm. — c) *A omet* on feroit. — d) *G H J K* et es aut. — e) *C* donnés en test. — f) *G* autre ce qui. — g) *C omet* le. — h) *H J K omettent* paié et. — i) *C* conn. et prouv. — j) *C* devis. ou il. — k) *C* donn. le pouoir. — l) *C* et pleine sais. — m) *K* qui aient. — n) *A B omettent* tel. — o) *G H J K* bon qu'on doint. — p) *C* qu'il le pooir en doint. — q) *C* chasc. tout par soi. — r) *A B E F omettent* ce. — s) *C* il doit ; *G* on doibt. — t) *C G omettent* loi ; *J K* seel. le. — u) *C* seel aus exec.

ment n'a point de seel, il le doit fere seeler de[a] seel autentique, si comme de[b] seel de baillie[c] ou de court de crestienté, car li seaus d'un simple prestre ne vaut que pour un tesmoing; mais se .ii. prestre i metent[d] leur seaus, il soufist[e] quant il tesmoignent[f] en la letre qu'il furent present au[g] fere le testament, ou il l'oïrent[h] recorder par celi qui fist le testament et leur requist qu'il i meissent leur seaus. Et se cil qui fist le testament est apressés[i] de maladie, par quoi il ne puet pas tant atendre que gent i[j] viegnent qui le puissent tesmoignier par seel, s'il est tesmoigniés par vive[k] vois, il soufist[l] en la maniere que nous avons dit alieurs en ce chapitre meisme[m].

427. S'il avient qu'aucuns face son testament et li executeur ont tel essoine qu'il demeure[n] par leur essoine a estre mis a execucion, pour ce ne doit pas li testamens estre anientis; ainçois est resons que si tost comme la connoissance en vient a sainte Eglise ou au seigneur de la terre, il doivent[o] fere metre le testament[p] a execucion par loial gent pour le pourfit des ames.

428. Tout soit il ainsi que li cuens qui tient en baronie a la connoissance des testamens quant l'en vient[q] a li, nepourquant il ne puet defendre, se debas est de[r] testament, que li ples ne[s] soit en[t] la court de crestienté, mes que ce soit avant que ples soit entamés par devant li. Et se ples de testament est mis a fin en la[u] court laie, ne[v] comment qu'il soit mainburnis, ne pour quel que[x] gent que ce soit, il loit[y] a la court de crestienté qu'il sache comment il en[z] a esploitié, si que, s'il i a qu'amender[aa], par li doit estre amendé,

---

a) *C* seel, si i mette seel aut. — b) *C* comme le seel. — c) *C* de le b. — d) *G H J K* metoient. — e) *A B C E F* il soufisent. — f) *B* souf. a tesmoignier. — g) *G* pres. a fere. — h) *A* omet l'. — i) *J K* est opresses. — j) *C* omet i. — k) *A* vives. — l) *A B* il nous soufist. — m) *H J K omettent* meisme. — n) *C* demeurent. — o) *C* il doit. — p) *C* faire le test. metre a ex. — q) *G H J K* quant on en vient. — r) *H J K* est du test. — s) *A B* pl. ne soit. — t) *G H J K* soit a la c. — u) *G H J K omettent* la. — v) *C* omet ne. — x) *A B* quelques; *C* queles. — y) *C* il affiert a. — z) *G H J K omettent* en. — aa) *B* i a a amender.

car a aus apartient ce[a] qui est fet pour le sauvement[b] des
ames plus qu'a autrui.

Ici fine li chapitres des testamens, liquel valent et liquel
non.

a) *G* apart. cognoistre ce qui. — b) *G H J K* le sauveté. — Expl.) *A B*
testamens et liquel; *C* Chi define; *G* Cy fine; *H J* Explicit; *K* n'a pas d'ex-
plicit.

XIII.

Ici commence li trezismes chapitres de cest livre, liqueus
parole des douaires que les fames doivent avoir après la
mort de leur maris par la reson de leur mariages.

429. Bon est que, après ce que nous avons parlé ou
chapitre devant cestui des testamens, que nous, en cest
chapitre qui ensuit après[a], parlons des douaires pour ce
qu'après ce que cil qui sont en mariage ont ordené leur
testament et[b] leur[c] derraine volenté et ils sont trespassé de
cest siecle, il est mestiers que leur fames qui demeurent
esbahies et desconfortees, soient gardees que force ne leur
soit fete en ce qu'eles ont aquis par la reson du mariage
après le[d] decès de leurs maris; et pour ce nous dirons
queus douaires eles doivent avoir et comment eles les doi-
vent tenir selonc nostre coustume.

430. Par general[e] coustume, la fame en porte en
douaire[f] le moitié de tout l'eritage que ses barons[g] avoit de
son droit[h] au jour qu'il l'espousa, s'il n'est[i] ainsi que ses
barons ait[j] eu autre[k] fame de laquele il ait enfans, car
adonques n'en porte ele pour son douaire que le quart de

Rubr.) *C* maris par raison de leurs mar. et comment elles les puent tenir
et comment il revient aus hoirs pour cause d'iretage ; *C G J K* Ci comm. ;
H omet de ces liv. liq. par. ; *J K omettent* de cest liv. ; *H J K omettent*
par la res. de l. mar. — a) *H J K omettent* après. — b) *C* test. en leur der.
— c) *G omet* leur. — d) *C G* ap. les deches. — e) *A E G* par la (*E* le) gen.
coust. — f) *B omet* en douaire. — g) *C J K* son mari. — h) *G* de son droit
avoit. — i) *G H J K* s'il est. — j) *G H J K* n'ait eu. — k) *G H J K omettent*
autre.

l'eritage son baron[a]; car li enfant de[b] la premiere fame en portent[c] la moitié dont leur[d] mere fu douee et, se li hons a eu .ii. fames et enfans de chascune fame[e], la tierce fame n'en porte que l'uitisme[f]; et ainsi[g] poués entendre de la quarte fame le seizisme[h]. Mes combien que li barons ait eu de fames, s'il n'en a enfans, li douaires de cele qui après vient n'en est point apeticiés, car l'eritages du baron[i] demeure[j] en autel estat comme il estoit quant il espousa cele de qui il n'a nul enfant[k].

431. En plet de douaire n'a point de contremant ne de jour de conseil, mes il i[l] a jour de veue; et pour ce que la fame ne soit damagie[m] pour le delai, li juges, si[n] tost comme ele le requiert, doit prendre en sa main tout ce qu'ele demande par reson de[o] douaire, et puis connoistre en presence de partie s'ele i a douaire ou non.

432. Se uns hons, par nostre coustume, a une fame de[p] laquele il ait[q] enfans et la mere muert, li hons ne lera pas pour ses enfans, s'il[r] li plest, a vendre son eritage, tout soit ce que la mere as enfans fust douee de la moitié, car douaires par nostre coustume, n'aherite[s] mie[t] enfans en maniere que li peres ne[u] puist fere sa volenté de son eritage puis la mort de sa fame[1].

433. S'il avient qu'uns[v] hons vende son eritage au tans de sa fame[x] et la fame ne veut renoncier a son douaire, li hons puet garantir le marchié au vivant de li maugré sa

a) *JK* son mary. — b) *G* enf. qu'il ha de la. — c) *A B* porte; *C* emporteront. — d) *B* la. — e) *C G* chac. des fames; *JK omettent* fame. — f) *G* le viiie de l'eritage. — g) *C J K* aussi. — h) *A E F* le sezine; *B* la saisine; *C* la saizieme; *G* femme qui n'en enporte que le xvie. — i) *JK* du mari. — j) *C* dem. — k) *A B E F* nus enfans. — l) *JK omettent* i. — m) *C* soit adamagie. — n) *C* aussy. — o) *C* rais. dou douaire. — p) *A* fame de la fame de laq. — q) *HJK* il a enf. — r) *G* si. — s) *C J K* ne herite. — t) *H J K* pas. — u) *G H J K* pere n'en puisse. — v) *A B E F omettent* hons. — x) *G* femme vivant.

1. Le même glossateur de *K*, déjà indiqué aux paragraphes 117 et 388, a mis ici dans la marge du ms.: *On ne observe pas en Beauvais ceste coustume se la fame de son vivant n'avoit renoncé a son douaire ou expressement consenty.*

14

fame. Et, se la fame muert avant de[a] l'homme, il le[b] garan-
tist a tous jours ; et se li hons muert avant[c], la fame en porte
son douaire ; mes si tost comme[d] ele va[e] morte, l'eritages re-
va[f] a celi qui l'acheta, tout soit ce qu'ele ait enfans de celi qui
le vendi. Et par ce apert il bien que li enfant ne sont pas erité[g]
par la reson du douaire[h] leur meres[i] selonc nostre coustume.

434. Encore vi je un jugement par lequel il apert bien
que li enfant ne sont pas erité par la[j] reson des douaires,
car uns gentius hons si eut .iiii. fames : de la premiere et de
la seconde il eut filles[k] et de la tierce il eut fius et filles ;
après li[l] gentius hons mourut ; les filles de la premiere fame
demanderent la moitié de l'eritage par la reson que leur mere
en fu douee ; les filles de la seconde fame demanderent[m] le
quart de l'eritage[n] pour[o] la reson du douaire leur mere, et li
fius masles de la tierce fame demanda[p] l'ainsneece[q] de tout
l'eritage son pere, c'est assavoir les .ii. pars des fiés et le
mestre manoir et l'homage de l'autre[r] tierce partie de ses
sereurs, tout fust ce qu'eles fussent ainsnees des premiers
mariages. Et seur[s] ce se[t] couchierent[u] en droit.

435. Il fu jugié que l'oirs masles de la fame derraine en por-
teroit l'ainsneece[v], c'est assavoir les .ii. pars[x] des fiés[y] et[z] le
chief[aa] manoir et l'homage de ses sereurs de la tierce partie.

436. Fame qui tient meson en son[ab] douaire la doit
atenir[ac] de couverture et de closture soufisant[ad].

437. Se fame tient bois en douaire, ele ne le puet couper
devant qu'il a[ae] .vii. ans acomplis[af].

---

a) *JK* av. que l'homme. — b) *GHJK* *omettent* le. — c) *G* av. la femme :
K av. que la femme. — d) *H* t. qu'elle. — e) *GHJK* ele est m. — f)
GHJK erit. va a. — g) *H* pas aherité par. — h) *GHJK* res. des douaires.
— i) *C* leur mere. — j) *B omet* la. — k) *C* il ot enfans de par filles. — l)
C et apres che li. — m) *C* si demand. ; *J* en (*souligné*) demand. — n) *B*
omet de l'eritage. — o) *AB* erit. par la. — p) *B omet* demanda. — q) *C*
dem. la neeische de. ; *GHJK* dem. le huitiesme de ; *M* l'uitime part de. —
r) *HJK* de la tierce p. — s) *C* Et dessus che. — t) *C* ce eles se couch. —
u) *GHJK* se mirent en. — v) *C* port. le neeische ; *CHJKM* port. l'uitisme.
— x) A .ii. pas de. — y) *GHJK* pars du fief. — z) *GHJK omettent* et. —
aa) *C* le mestre man. — ab) *BHJK omettent* son. — ac) *AC* tenir ; *B* as-
tenir. — ad) *BC* soufisaument. — ae) *GHJK* qu'il ait. — af) *GHJK* ans
tous acomplis.

438. Se fame tient vignes en douaire, il convient qu'ele les maintiegne en tel maniere qu'eles ne soient essillies.

439. La fame, par nostre coustume, en porte en son douaire le chief manoir, tout soit ce que ce soit forterece, et tout l'enclos, tout soit ce qu'il soit tenus de pluseurs seigneurs ; et cel cas de la forterece[a] ai je[b] veu debatre et puis aprouver par jugement[1].

440. Il est ou chois de la fame, quant ses barons[c] est mors[d], de lessier tous les muebles et toutes les detes as oirs et d'en porter[e] son[f] douaire quite et delivre. Et s'il li plest, ele puet partir as muebles ; et, s'ele i part, ele est tenue a sa part des[g] detes ; et puis qu'ele a pris l'un des chois, ele ne puet pas recouvrer a l'autre ; ains convient qu'ele en suefre son preu ou son damage.

441. Or est assavoir se ele en veut porter[h] sa part des muebles, se ele fera seurté as oirs[i] de paier sa part des detes.

442. Il fu jugié a Creeil[j], qui est[k] des membres de la conteé de Clermont, qu'ele n'estoit pas tenue a fere seurté, car li oirs se[l] puet defendre envers les deteurs qu'il n'est tenus envers aus que de sa partie[m]. Mes il est bonne chose, — s'il est denoncié au juge qu'ele ait[n] petit eritage pour sa part des detes paier et[o] qu'ele use folement des muebles, ou qu'ele s'en veut aler hors du païs, — que li siens soit[p] arestés dusques a tant qu'ele ait fet bonne seurté au seigneur. Mes se ele veut[q], ele ne se justicera fors par[r] la court de crestienté ou tans de sa veveté[s].

<hr />

a) *C* et en tel cas le fort. ; *G* omet la. — b) *B* fort. avez veu. — c) *J K* son mary. — d) *C* omet quant ses bar. est mors. — e) *A* et deporter ; *B* et de porter. — f) *A B C E F* port. en son d. — g) *G* part aux det. — h) *G* en veut emporter. — i) *G* fera ançois seurté de p. ; *H J K* fera seurté ançois. — j) *A* Creel ; *G K* Creil ; *cf.* Manekine, 3187, *où le mot rime avec* appareil *et est dissyllabique.* — k) *C* est un des m. — l) *C* hoirs si se p. ; *G H J K* hoirs s'en p. — m) *G* de sa part. — n) *C* qu'elle a. — o) *G H J K* paier ou qu'ele — p) *C* siens i soit. — q) *J* ele ne veut. — r) *C* fors en la c. ; *G* fors que par. — s) *A B* veveé.

<hr />

1. Cf. § 454.

443. Quant fame se remarie, elle revient du tout en la juridicion de la court laie[a][1].

444. Ou point que la fame muert qui tient en douaire, li douaires vient as oirs ou point qu'il est ou tans du tres-passement a la fame, tout soit ce qu'il i ait bois aagié[b] a couper[c], ou vignes prestes a vendengier, ou bles[d] ou mars pres a soier, ou prés a fauchier. Mes s'il i a rentes ou de-niers deus dont li termes soit passés ains qu'ele muire, teles detes sont[e] as oirs de la fame ou a son testament aemplir, se ele le[f] devise[g].

445. La general coustume des douaires, de ce que la fame en porte la moitié de ce que li hons a[h] au jour qu'il l'espouse[i], si comme j'ai dit dessus, si commença par l'esta-blissement le bon roi Phelippe, roi[j] de France[2], liqueus regnoit en l'an de grace[k] .mcc. et .xiiii.[l] Et cest establis-sement commanda il a tenir par tout le roiaume de France, essieutee la courone et plusieurs baronies tenues du roiaume, lesqueles ne[m] se[n] partissent[o] pas a moitié pour le douaire, ne n'en portent les dames en douaire fors ce qui leur est enconvenancié[p] en fesant le mariage. Et devant cest establissement du roi[q] Phelippe nule fame n'avoit[r] douaire fors tel comme il estoit convenancié[s] au marier[t]. Et bien apert que la coustume estoit tel anciennement[u] par une pa-role que li prestres fet dire a l'homme quant il espouse[v],

---

a) *BHJK* de la laie court. — b) *C* bos tout aegié ; *GHJK omettent* aagié. — c) *GHJK* coup. en aage, ou v. — d) *B* blef. — e) *C* det. si sont. — f) *A* ele la dev. — g) *GHJK* le demande. — h) *AB* hons i a. — i) *AB* qu'il l'espousa. — j) *ABEF omettent* roi. — k) *C* an de grace Nostre Sei-gneur ; *GHJK omettent* de grace. — l) *AB* et .xiii. — m) *C* lesq. si ne. — n) *C omet* se. — o) *GHJK* partent. — p) *ABEF* est convenancié. — q) *GHJK* du bon roi Ph. — r) *C* fame si n'av. — s) *CJK* fors ce qui lui (*C* leur) estoit enconvenancié ; *H* for tel qui li est. conv. — t) *CHJK* au mariage. — u) *C* tele au conmenchement. — v) *A* il espouse la fame ; *B* il l'espouse car.

---

1. Cf., dans *Ord.*, I, 40, l'accord intervenu entre Philippe-Auguste, ses barons et les clercs, art. premier.

2. On n'a pas retrouvé cette ordonnance. Cf. *Ord.*, I, 46, et les réserves que fait à ce sujet M. Pardessus dans sa table générale des *Ord.* Voyez aussi Loisel, *Instit. cout.*, I, 175.

car il li dit[1] : « Du douaire qui est devisés[2] entre mes amis et les tiens te deu. »

446. Se[a] terre[b] eschiet de costé[c] a celi qui est mariés, comme d'oncle ou d'antain, de[d] frere ou de sereur ou de plus loingtien degré de lignage, et li hons muert, la fame n'a[e] nul douaire en tel maniere d'escheoite[f] ; mes se aucune tel escheoite[g] escheoit[h] a l'homme avant qu'il ait espousé[i], il est aperte chose qu'ele en est douee aussi bien comme du propre eritage a l'homme[j].

447. Se aucune descendue d'eritage vient a l'homme ou tans qu'il a fame, comme de son pere ou de sa mere, de[k] son aiol ou de s'aiole[l], ou de plus loing[m] en descendant[n], et l'hons muert puis cele descendue[o] ains[p] que la fame, la fame en porte[q] la moitié par la[r] reson de[s] douaire ; mes se la descendue ne[t] vient devant[u] que l'hons est mors, tout soit ce qu'ele en ait enfans, elle n'i puet demander douaire, car li barons n'en fu onques tenans ; ains vient as oirs, et se li oir ne sont aagié, la garde des oirs et des eritages apartient a la mere et aussi tenroit ele la garde de toutes les autres escheoites[v] qui venroient a ses enfans sousaagiés.

448. En un cas avroit bien fame[x] douaire de[y] l'eritage dont ses barons[z] n'avroit onques esté tenans ne prenans : c'est assavoir se uns hons se marie et il a mere, laquele mere

---

a) *K* se le, *le rubricateur ayant mis une* l *au lieu d'une* s, *se a été récrit en marge.* — b) *K* terre, c'est assavoir quelque heritage qui, *cette incise est écrite en marge avec un renvoi à* terre. — c) *C omet* de costé. — d) *C* ant. ou de. — e) *G* n'y a. — f) *GHJK* esqueance ; *K* esq. ; sinon de celle qui eschet de droite lignie, *écrit dans l'interligne.* — g) *GHJK* esqueance. — h) *A* esch. escheoite ; *G H* esq. est escheue ; *JK* esq. estoit escheue. — i) *A C* av. qu'il l'ait espousee. — j) *K* a l'oume venue de droitte lignie comme dit est. — k) *G H J K* mere ou de s. — l) *J K omettent* s'. — m) *C* pl. loingtieng en. — n) *K* descend. qui se appelle droitte lignie. — o) *C* puis qu'elle est descendue. — p) *J K* desc. ainçois que. — q) *G* femme en emporte. — r) *B omet* la. — s) *H J K* res. du do. — t) *B omet* ne. — u) *G H J K M* descend. vient apres que. — v) *B* escheures ; *G H J K* esqueances. — x) *J K* bien une fame. — y) *A* do. en l'er. — z) *J K* ses maris.

---

1. C'est-à-dire : *car l'homme dit à la femme.*
2. *Devisé* a ici le sens de *convenu, réglé.*

tient eritage[a] en douaire de par le pere au marié, se cil
mariés muert et sa[b] mere aussi après qui tenoit en douaire,
en ce douaire[c] la fame du[d] marié en porte[e] la moitié de ce
que la mere tenoit en douaire[f], car il estoit ja descendus du
pere au marié le mariage durant, si que la mere n'i avoit que
sa vie, et pour ce revient il[g] au secont douaire aussi comme
se la dame fust morte au[h] vivant de son fil.

449. Trois cas sont es queus li oir n'en portent pas le
douaire aussi vestu comme il le truevent. Li premiers cas si
est quant fame baille a moitié a[i] gaaignier les terres qu'ele
tient en douaire[j]; car en cel cas, s'ele muert ainçois que li
bien soient despoillié, li gaaigneres[k] en porte sa moitié, s'il
n'est ainsi que li oirs vueille[l] rendre au gaaigneur[m] les
cous[n] resnables qu'il i a mis; car la fame ne puet garantir
marchié qu'ele face de son douaire puis le tans de sa[o] mort,
ne il n'est pas resons que li gaaigneres[p] perde[q] ce qu'il i a
mis par[r] cause de bonne foi. Et nepourquant en aucun cas i[s]
pourroit bien li gaaigneres[t] folement metre, si comme s'il
le[1] prenoit a pluseurs annees a femer[u], ou a marler ou a
vigne planter, car en cel[v] cas li oir ne[x] sont tenu a tenir le
marchié puis la mort de la fame ne a teus[y] cous[z] rendre. —
Li secons cas si est se fame[aa] a baillié son douaire a ferme de
grain ou de deniers et ele muert avant que les despueilles
soient levees; en cel[ab] cas ne doivent[ac] prendre li oir que[ad]

---

a) *GHJK omettent* eritage. — b) *HJK* et la mere. — c) *AGHJK*
omettent en ce douaire. — d) *GHJK* fame au marié. — e) *G* en porte en
douaire la moitié. — f) *B omet* la fame du marié ... tenoit en douaire. — g)
C omet il. — h) *ABÉF* morte le vivant. — i) *C* moitié ou a g. — j) *C*
en son douaire. — k) *JK* le laboureur. — l) *C* li hoirs li veullent; *JK*
veullent. — m) *JK* ou laboureur. — n) *C* les coustemens. — o) *C* tele la m.
— p) *JK* le laboureur. — q) *C* gaaign. i pende. — r) *C* mis pour cause. —
s) *CHJK omettent* i. — t) *JK* le laboureur. — u) *C* plus ann. a ferme si
comme a femer. — v) *HJK* en ces cas. — x) *HJK* oir n'en sont. — y) *G*
a ceulx cousts. — z) *C* tiex coustemens rendre. — aa) *C* est de aucune fame.
— ab) *CG* en tel cas. — ac) *C* ne doit prendre. — ad) *CG* hoirs fors ce que.

---

1. *Le* est ici neutre et employé d'une manière explétive.

ce que li fermier doivent[a], s'il[b] ne voit que la chose fust
baillie a mal resnable pris[c], car[d] adonques puet[e] prendre
l'oirs[f] toutes les despueilles par[g] le gaaignage[h] paiant. —
Li tiers cas pour[i] quoi li oir n'en portent pas ce qui est
seur[j] le douaire[k] si est le bois quant il est coupés, ou les
vignes[l] quant les grapes sont coupees[m], ou les blés ou les
mars quant il sont soié avant la mort de la fame, car ce
sont mueble qui sont dessevré de l'eritage[n]. Mes aucunes
fraudes[o] en pourroit[p] on fere la ou il avroit a amender, si
comme se l'en hastoit le bois a[q] couper ains qu'il eust aage
de .vii. ans, ou les[r] vignes vendengier en[s] verjus[t], ou les[u]
despueilles soier trop vers, et puis mourust la fame ains le
terme que ces choses deussent estre despoillies. En ce cas
pourroit[v] li oirs les despueilles prendre[x] se eles estoient seur
l'eritage. Et seroient li oir de la fame morte tenu a rendre
les damages de ce que cil bien avroient esté trop tost des-
poillié, neis se li bien estoient[y] mis hors du douaire avant
que la fame mourust, car ce seroit torfès après et, pour ce,
avroit li oirs action de demander teus manieres de torfès[z] as
oirs de la fame ou as executeurs, s'ele avoit executeurs qui
tant eussent des biens a la fame qu'il[aa] peussent teus damages
restorer.

450. Encore vi je fere un[ab] jugement par lequel il apert
que li oir ne sont pas erité[ac] par la reson des douaires leur
meres, et fu li jugemens teus qu'uns chevaliers si eut
.ii. fames : de la premiere il eut un fil, de la seconde il eut

---

a) *C* que celui qui la terre devoit labourer tenoit ; *G* fermiers doibt. — b)
C se li hoirs ne v. ; *G H* et s'il (*G* si) voit ; *J K* et s'il voient. — c) *C* baill.
a pris qui ne feust pas resnable. — d) *G H J K omettent* car. — e) *G H* por-
roit ; *J K* pourroient. — f) *H J K* li oirs prendre. — g) *C* desp. pour le. —
h) *G H* p. le gaaignié pai. ; *J K* p. le laboureur pai. — i) *A* cas par quoi.
— j) *C* est dessus le ; *G* est sus le. — k) *H J K omettent* pour quoi li oir ...
seur le douaire. — l) *G H J K* ou les vins q. — m) *A omet* ou les vignes ...
sont coupees. — n) *B* sont dessour l'erit. — o) *H* aucune fraude. — p) *A B*
en puet on. — q) *G H J K* bois de couper. — r) *G H J K omettent* les. — s)
J K vend. et verjus. — t) *B omet* en verjus. — u) *H J K omettent* les. —
v) *A B* cas penroit li hoir. — x) *G H J K* hoirs prendre les desp. — y) *G H J K*
bien avoient esté mis. — z) *C* de forfes as. — aa) *C H J K* fame qui peussent.
— ab) *A omet* un. — ac) *A B* pas aherité par.

un fil et une fille. Li chevaliers mourut et sa[a] fame aussi; li
enfant partirent selonc la coustume du païs, puis avint que
li fius[b] masles de la derraine fame mourut; sa suers vout
avoir s'escheoite[c] par la reson de ce[d] qu'ele estoit sa suers de
pere et de mere et par la reson de ce[e] que leur mere[f] avoit
esté douce de[g] ce qu'ele et ses freres avoient en porté en
partie, auquel douaire avoir il n'avoit plus d'oir que li[1]. A
ce respondi l'oirs masles de la premiere fame et disoit qu'a
lui apartenoit ceste escheoite[h] par .ii. resons : la premiere
pour ce que suers[i] ne partissent pas a nule escheoite de
costé; la[j] seconde reson pour ce que douaires n'aheritoit[k]
pas par la coustume de la conteé; et comme l'eritages vient
de par son pere qui fius il estoit et oirs masles, il requeroit
a avoir l'escheoite de l'eritage; et seur ce se mistrent en
droit.

451. Il fu jugié que l'oirs masles en porteroit la dite es-
cheoite et que la suers n'i avroit riens; et par ce apert il[l]
que douaires n'aherite pas selonc la[m] coustume de la conteé[n].

452. Ce que nous avons dit par pluseurs resons que
douaires n'aherite[o] pas par la coustume de Beauvoisins, nous
l'entendons[p] des[q] eritages qui sont tenu en fief; car li eri-
tage qui sont tenu en vilenage se[r] partissent selonc les
douaires; si comme s'il avient qu'uns hons ait[s] .iii[t]. fames et
enfans de chascune fame et après li peres muert, li[u] enfant

a) *A B E F* et la fame. — b) *G* li enfes masles. — c) *B E F* s'escheure;
G H J K s'esqueance. — d) *G H J K* omettent de ce. — e) *G H J K omettent*
de ce. — f) *G H J K* qu'ele avoit esté. — g) *C* douce et de. — h) *B* esqueure;
G H J K esqueance; *dans la suite la famille* β *a presque toujours es-*
queance pour escheoite; *je ne note plus cette variante, non plus que* es-
cheure *qui est constamment dans B à la place de* escheoite. — i) suers,
sujet pluriel formé sur le sing. suer, *est dans tous les mss. au lieu de*
sereurs. — j) *H J K* et la. — k) *C* dou. si ne heritoit pas ; *G* dou. ne aherite
pas ; *J K* dou. ne herite pas. — l) *C* omet il. — m) *G H J K* selonc nostre
coust. — n) *H J K omettent* de la conteé. — o) *B E F* que dou. n'aherite
pas par plur. res. : *C* dou. si n'erite pas. — p) *C* omet l'. — q) *C* entend.
les erit. — r) *C* vilen. si part. — s) *H J K* ait eu. — t) *G H J K* .ii. fames. —
u) *A* et li enf.

1. *Que li...*, *li* est ici le pronom féminin.

de la premiere fame en portent la moitié de tous les vile-
nages par la reson de ce que leur meré en fu douee ; et li
enfant de la seconde fame en portent[a] de l'autre moitié la
moitié, c'est a entendre le quart de tout l'eritage, pour ce
que de tant fu leur mere douee ; et li enfant de la tierce[b]
fame en portent[c] de l'autre quart[d] la moitié, c'est a entendre
l'uitisme de tout, pour ce que de tant fu leur mere douee ;
et quant ces parties sont fetes il demeure en l'eritage[e] .i. ui-
tisme. Ou s'il n'i a que les enfans de[f] .ii. fames, li premier
en ont portee[g] la moitié, et li secont le quart, il demeure en
l'eritage[h] .i. quart a partir. Si doit l'en savoir que li quars,
s'il n'i a que[i] .ii. peres d'enfans, ou l'uitismes, s'il i[j] a en-
fans de .iii. fames, se doit partir[k] egaument[l] entre tous
les enfans, soient premier ou secont ou tiers, autant a l'un
comme a l'autre, car la partie du père qui demoura sans estre
chargie de douaire nus des enfans n'i a avantage ne ains-
neece[m], en ceus qui sont tenu en vilenage, car des fiés par-
lerons nous ou chapitre de descendement et d'escheoite,
comme il se devisent[1].

453. Tout soit il ainsi que les dames, par la coustume
de Beauvoisins[n], en portent les forterecos en douaire, nous
l'entendons de celes forterecos[o] qui ne sont pas chastel, li-
. quel sont[p] apelé chastel par la reson[q] de ce[r] qu'il sont chief
de la conteé, si comme Clermont ou Creeil, car nus de ceus
n'en[s] seroit portés[t] en douaire.

454. Nepourquant[u] si tost comme[v] li sires du chastel est

---

a) *C* emporteront. — b) *A* de l'autre fame ; *B* de la quarte fame. — c)
C fame si emporteront. — d) *A* omet quart; *B* quarte. — e) *A* dem. en
cez parties. — f) *A B E F* enf. des .ii. f. — g) *C* prem. emportent la m. —
h) *G H J K* omettent en l'erit. — i) *A B C E F* omettent que. — j) *C* s'il n'i
a. — k) *A B* doit departir. — l) *C* honniement. — m) *G H J K* avant. ne
esqucance en ceus. — n) *C* aussi par la coust. de Beauv. que les dames. —
o) *G H J K* entend. des forf. — p) *C* liq. si sont. — q) *C* omet par la reson.
— r) *G H* omettent de ce. — s) *C* aus si n'en. — t) *G* seroit emportés en.
— u) *C* Et nepourq. — v) *G H J K* si tost que li s.

---

mors, la dame doit[a] demourer en la saisine du manoir du
chastel dusques a tant que li oirs li [b] ait[c] fet manoir soufisant
selonc le douaire de la terre et ou lieu la[d] ou li douaires
sict, tout soit ce que la dame ait autres manoirs de son eri-
tage. Et ce veismes nous jugier pour la dame de Milli[1] en
l'ostel le roi[2]. Car quant ses sires fu mors, si oir de la pre-
miere fame qu'il ot eue la[e] debatirent qu'ele ne devoit pas
avoir le chastel de Milli en douaire pour[f] .II. resons : la
premiere resons[g] si est pour ce que leur mere en avoit esté
douee, la[h] seconde resons si est[i] pour ce que c'estoit chas-
telerie. Ne onques pour ces resons ne demoura qu'ele ne
l'en portast par jugement[3] et, par ce, apert il encore bien que
li oir ne sont pas aherité[j] en Beauvoisins selonc les douaires
es eritages qui sont tenu en fief; car s'il en fussent aherité[k]
aussi comme il[l] sont en France[4], elle n'i eust pas eu douaire
puis que li sires de Milli eust eu autre fame et enfans de
cele premiere fame; ainçois l'en eussent porté li premier
enfant pour le douaire leur mere[5].

455. Tout soit il ainsi que la seconde fame ou la tierce
en porte tout le manoir en douaire par la coustume de

---

a) *C* dame si doit. — b) *GHJK omettent* li. — c) *JK* les hoirs aient fait.
— d) *GJK omettent* la. — e) *C* qu'il ot en ce li deb. — f) *GHJK* dou.
par .II. res. — g) *HJK omettent* resons. — h) *HJK* et la. — i) *HJK omet-*
tent resons si est. — j) *G* pas herité en B. — k) *C* fuss. herité aussi. — l)
HJK aussi qu'il sont.

---

1. Milly (et non *Nulli*, comme ont lu La Thaumassière et Beugnot), est
aujourd'hui dans l'Oise, arrondissement de Beauvais, canton de Marseille-le-
Petit. C'est une très ancienne localité où on a fait des découvertes archéolo-
giques intéressantes. Il est étrange que Beugnot ait confondu Milly avec
Nully, car le jugement auquel Beaumanoir fait allusion est rapporté dans les
Olim, II, 208, xvi, à la date de 1282; il était donc tout récemment rendu.

2. *En l'ostel le roi*, au parlement.

3. La dame de Milly fut autorisée à habiter le château avec cette réserve que,
*per hujus traditionem momentaneam, dicte domine nullum jus in dicto
castro, in possessione vel proprietate, acquiratur* (*Olim*, II, 208, xvi).
Le jugement note d'abord que le litige relatif au douaire est pendant devant
le bailli.

4. *En France*, dans l'Ile-de-France et dans les pays relevant directement
la couronne.

5. *A* porte ici en marge d'une main postérieure : *soit a ce propos veu le
dernier article du dernier chappitre de ce livre.*

Beauvoisins, pour ce n'est il pas a ses enfans qu'ele a de celui pour qui ele en porte le manoir en douaire, ainçois quant ele est morte revient li manoirs a l'oir masle du mort ainsné hors part des autres.

456. Nous avons veu pluseurs ples entre les dames veves d'une partie[a] et les executeurs ou les oirs du mort de l'autre[b] seur ce que, quant la dame renonçoit as muebles et[c] as detes, si en vouloit ele porter sa plus bele robe a parer et son plus beau lit fourni et de chascune maniere de joiaus le plus bel, si comme le plus beau hanap, le[d] plus bel anel et[e] le plus beau chapel ; si que nous avons veu en aucuns lieus, la ou il a esté soufert par debonaireté, qu'ele en portoit bien autant[f] ou plus de muebles[g] comme il demouroit as oirs ou as executeurs. Et aucune fois avons nous veu que quant ele vouloit partir as muebles et[h] as detes, si en vouloit ele porter[i] hors part ce[j] qui est dit dessus. Mes, Dieu merci, cis debas est venus par[k] devant[l] nous en jugement a Clermont et a esté jugié que quant li sires est mors, soit que la dame vueille partir as muebles et as detes ou soit qu'ele i renonce pour ce que les detes sont grans et li mueble petit, ele en porte tant seulement hors sa[m] part[n] sa robe de chascun jour, la derraine qu'ele avoit[o] acoustumé a vestir a chascun jour ou tans que ses barons acoucha malades, et son lit tel comme ele l'avoit acoustumé plus communement pour son gesir, et tiut autre mueble, queus qu'il soient, doivent venir a partie, s'ele partist as muebles et as detes. Et s'ele i renonça, tout doit estre delivré as executeurs que li mors establi[p] ou as oirs[q], ce qui demeure après le testament paié. Et cel jugement entendons nous aussi bien entre ceus de poosté qui sont de franche condicion comme entre les gentius hommes.

a) *A B* d'une partie et. — b) *C* d'autre. — c) *A B E F* as m. ou as d. — d) *C* han. ou le pl. — e) *C* an. ou le pl. — f) *C* bien tant ou. — g) *G H J K* autant de muebles ou plus. — h) *C* m. ou as d. — i) *G* v. ele emporter. — j) *C* hors parche qui. — k) *G H J K* omettent par. — l) *C* par devers nous. — m) *C* omet sa. — n) *G H J K* omettent hors sa part. — o) *G H J K* qu'ele ot acoust. — p) *G* mors a establis. — q) *C* a ses hoirs.

457. Nus ne doit douter quant mueble vienent en partie entre les dames veves[a] et les oirs et les executeurs de leur seigneurs, et il i a bles semés ou tremois, ou vignes fetes dusques a tant que la nessance de la grape i pert[b], que teus despueilles ne viegnent a partie aussi comme[c] li autre mueble, car ce sont mueble[d] par la coustume de Beauvoisins. Et des cous[e] qui i sont encore a metre avant que l'en puist teus muebles lever, chascune partie i[f] doit metre selonc la partie[g] qu'il en doit porter des muebles, car ce ne seroit pas resons que li executeur feissent soier les bles ou vendengier les vignes as cous de l'execucion, des queus la dame en porteroit sa part, et pour ce i doit chascuns metre son avenant.

458. S'il avient que li mors muire avant que blé soient semé, mes les terres ont[h] leur roies ou aucunes[i] de leur roies[j], ou les vignes sont[k] fouïes ou taillies ou provignies, mes les grapes n'i aperent[l] pas encore, en teus[m] cas ne vienent pas les despueilles qui puis i sont mises en partie, mes li labourages tant seulement de tans passé : si comme se les jaschieres sont fetes au vivant du seigneur et li douaires a la dame li est assis en terres vuides, se les jaschieres furent fetes du sien et du son seigneur [1] il est bien resons[n] que ce qui i fu mis de sa partie li soit rendu de ceus qui en portent les jaschieres toutes fetes.

459. Voir est quant il convient que li douaires soit essieutés de la partie as oirs, la coustume est tel que la dame qui veut avoir le douaire, fet la partie et, quant ele a la partie fete, l'oirs du mort prent laquele partie qu'il li plest ; et pour ce est il bon[o] a la dame, s'ele met les terres vuides

a) *C* les vesves dames. — b) *G H J K* i apert. — c) *C* aussi bien comme. — d) *H J K omettent* car ce sont mueble. — e) *C* des coustemens qui. — f) *A B E F omettent* i. — g) *C* les parties. — h) *A B* terres ou leur r. — i) *A B* ou aucune de. — j) *C* terres si sont labourees a le charrue par roes. — k) *C* vign. si sont. — l) *A* n'i perent pas. — m) *G H J K* en tel cas. — n) *C* est mout bien res. ; *G H J K* est bien drois et raisons. — o) *C* est il mout bon.

1. *Du sien et du son seigneur*, à ses frais et à ceux de son mari.

d'une part et les pleines d'autre, qu'ele face retenue que, se li oir ou li executeur prenent les terres pleines[a], que sa partie des muebles li soit sauvee; car s'ele lessoit courre la partie simplement[b] sans fere retenue, ele n'avroit nul restor des terres pleines, pour ce qu'il sembleroit qu'ele avroit tout avalué[c] l'un contre l'autre.

460. Douaires est aquis a la fame si tost comme loiaus mariages et compaignie charnele est fete entre li et son mari, et autrement non.

Ici fine li chapitres des douaires.

---

a) terres wides ou plaines. — b) *G H J K omettent* simplement. — c) *C* qu'elle avroit tout mis ens a droite value. — Expl.) *C* Chi define; *G* Cy fine; *H* Ci faut cis capitres; *J K* Explicit.

XIV.

Ci commence li quatorzismes chapitres de cest livre liqueus parole de descendement et d'escheances de costé, et de parties d'eritages, et de raport, et des dons qui ne font pas a soufrir, et de fere homage a son seigneur.

461. Mout de diverses coustumes sont[a] en parties d'eritages qui vienent en descendant ou par escheoite de costé par le roiaume, et pour ce nous en parlerons en cest chapitre et dirons comment parties se doivent fere en fief et en vilenage ; et si dirons la disference qui est entre descendement et escheoite[b] de costé; et si parlerons des rapors que cil doivent fere qui vuelent partir et comment li don outrageus ne doivent pas estre soufert; et comment li oir doivent[c] trere a leur seigneur pour fere leur homages.

462. Descendemens si est quant[d] eritages descent de pere as[e] enfans[f] ou d'aiol[g] as[h] enfans de ses enfans[i]; si comme il[j] avient qu'uns hons a enfans[k] et cil[l] ont enfans[m], et li premier enfant muerent ains que leur aiol[n], si que

---

Rubr.) *A B* Ici comm. ; et d'escheoite; qui ne sont; *A omet* a son seigneur ; *C* et des parties; et des rapors; *il omet* et de fere hom. a son seign.; *C H J K* chap. qui parole des descend.; *G* et des esqueances et des part. d'erit. et des rappors; *H J K* des rappors; *ils omettent* et de fere hom. a son seign. — a) *C* cout. si sont. — b) *B* escheure. — c) *C* oir si doiv. — d) *B* est qui erit. — e) *G* pere a enfant. — f) *H J K* desc. a enfans de pere. — g) *K, dans l'interligne,* d'ayeul c'est assavoir. — h) *G H J K* d'aiol a enf. — i) *G* a enf. et des enfans a leurs enfans si comme; *H J K* a enf. et des enfans si comme; *dans K et a été gratté.* — j) *C* comme se il av. — k) *A omet* de ses enfans... hons a enfans. — l) *H J K* et ils ont. — m) *B omet* et cil ont enfans. — n) *A B* li aieus.

l'eritages descent de l'aïol as derrains[a] enfans; ou quant eritages descent de par la mere ou de par l'aïole. Tous eritages qui ainsi vienent, l'en doit dire que c'est descendemens. .

463. Eschcoite si est quant eritages descent[b] de costé par la defaute de ce que cil qui muert n'a nus enfans[c], ne nul qui de ses enfans soit issus[d], si que ses eritages eschiet a son[e] plus prochien parent si comme a ses freres, ou a ses sereurs s'il[f] n'i a nus freres[g], ou[h] a ses oncles s'il n'a[i] ne freres[j] ne sereurs[k], ou[l] a ses[m] antains s'il n'a[n] ne[o] freres ne sereurs ne oncles[p], ou[q] a ses cousins germains ou a ses cousines germaines s'il n'a[r] nul[s] plus prochien[t], ou a son plus prochien parent dedens le quart degré de lignage.

464. Quant eritages vient en descendant, s'il descent a sereurs, l'ainsnee en porte des fiés le chief manoir et li remanans si est partis[u] igaument[v] a chascune; et vienent les mainsnees en l'homage[x] de[y] l'ainsnee sereur[z] de tel partie[aa] comme eles en portent; et l'ainsnee suers va[ab] a l'homage du[ac] seigneur de sa partie d'eritage qu'ele en porte et des homages de ses[ad] sereurs[ae] [1].

465. Se eritages descent a[af] enfans, ou il ait[ag] oir masle, l'oirs masles ainsnés[ah] en porte[ai] le chief manoir hors

---

a) *A B* as derreniers enf. — b) *H J K* crit. eschiet. — c) *G H* n'a nul enfant; *K* enf. qui ne soient mors ne nul. — d) *C G H J K* enf. soient issus. — e) *G H J K* 'esch. au plus. — f) *K* seurs et s'il. — g) *H J K* nul frere. — h) *K* ou *biffé*. — i) *G H J K* s'il n'i a. — j) *H J K* nul frere. — k) *G* omet s'il n'a ne ... ne sereurs; *K* ne fr. ne seurs ne oncles. — l) *K* ou *biffé*. — m) *G* omet a ses. — n) *G H J K* s'il n'y a. — o) *H J K* omettent ne. — p) *A B E F* omettent s'il n'a ne fr. ne ser. ne oncles; *G* omet ne oncles; *K* ajoute ne antains. — q) *G* omet ou; *K* ou *biffé*. — r) *G H J K* s'il n'y a. — s) *J K* omettent nul. — t) *A B E F* omettent s'il n'a nul pl. proch. — u) *A B* est departi. — v) *C* part. honiement. — x) *G* a homage; *H J K* a l'homage. — y) *G* a hom. a l'ainsn. — z) *H J K* omettent sereur. — aa) *J K* de telles parties. — ab) *C* si va. — ac) *G* va a hommage au seign. — ad) *H J K* hom. des ser. — ae) *Le glossateur de K a ajouté ici* elle a l'ommage. — af) *A B* desc. as enf. — ag) *H J K* enf. et il y a oir. — ah) *A B G omettent* ainsnes. — ai) *A B* emportent.

---

1. Voir à ce propos une ordonnance de Philippe-Auguste en date du 1er mai 1209, *Ord.*, I, 29.

part et après les .ii. pars de chascun fief; et li tiers qui demeure doit estre departis entre les mainsnés[a] egaument[b] autant a l'un comme a l'autre, soient frere soient sereurs; et de leur parties il vienent en l'homage[c] de[d] leur frere ainsné.

466. Se vilenages vient a enfans en descendant ou en[e] escheoite, il n'i a point d'ainsneece, ains en porte autant li mainsnés[f] comme li ainsnés[g].

467. Nous apelons vilenage eritage qui est tenus de seigneur a cens ou a rente ou a champart, car de celi qui est tenus[h] en fief, l'en ne doit rendre nule tel[i] redevance.

468. Il a grant disference entre fief qui vient en descendant et fief qui eschiet[j] de costé, si comme il apert par[k] pluseurs cas que vous orrés.

469. Li premiers cas si est que le fief qui vient as oirs en descendant il i a ainsneece, car l'oirs masles ainsnés en porte les .ii. pars et l'homage de ses mainsnés[l], si comme j'ai dit dessus. En escheoite de costé n'a point d'ainsneece, ains en porte[m] autant l'uns comme l'autres et[n] va chascuns de sa partie[o] a l'homage du seigneur[p].

470. Li secons cas si est que sereurs partissent au tiers du fief qui vient en descendant et eles n'en portent riens du fief qui vient par reson d'escheoite[q] puis qu'il i ait oir masle aussi prochain du lignage au mort comme ele est; mes s'il n'i avoit oir masle aussi prochain[r] ele en puet porter[s] l'escheoite.

471. Li tiers cas si est que nus fiés qui vient en descendant ne doit rachat[t] au seigneur en la conteé de Clermont,

---

a) *C omet* entre les mainsn. — b) *C* dep. honniement. — c) *G* vien. a hom.; *HJK* a l'hom. — d) *G* hom. a l. fr. — e) *G omet* en. — f) *BC* li ainsnes. — g) *BC* li mainsnes; *JK* li ainsnes, soient filz ou filles. — h) *ABCEF* de cele qui est tenue. — i) *BJK omettent* tel. — j) *B* fief qui descent de c. — k) *B omet* par. — l) *A* hom. de ces meismez si com. — m) *C* ainsn. ainchois en emporte; *G* ains en emporte. — n) *AB* li uns autant comme l'autre. — o) *A omet* de sa partie. — p) *G* a homage a son seigneur de qui le fief descent et est tenus. — q) *B* qui vient de costé; *il omet* par raison d'escheoite. — r) *G* proch. de ligne elle. — s) *C* em puet emporter. — t) *C* doit point de rachat.

essieutés les fiés et les arrierefiés de Bules[a][1] et de Conti[2] ;
car cil doivent[b] rachat au seigneur, et de fil au pere. Et
tuit li fief qui vienent de costé doivent rachat as seigneurs.

472. Marie, gentius fame, proposa contre Jehane[c], sa
sreur mainsnee[d], qu'ele devoit avoir l'homage de li de la
moitié du fief qui leur estoit descendus de leur pere et de
leur mere, et demandoit a avoir le chief manoir hors partie[e].
A ce respondi Jehane qu'entre sreurs n'avoit point d'ains-
neece, par quoi ele vouloit partir en la meson et en[f] l'eri-
tage moitié a moitié, et venir de sa partie a l'homage de son
seigneur ; et seur ce se mistrent en droit.

473. Il fu jugié que Marie l'ainsnee suers en porteroit
le manoir[g] hors part et, de la moitié de l'autre demaine[h][3],
ele avroit l'homage de sa sreur mainsnee ; par quoi il
apert que suers n'a ainsneece fors ou manoir[i].

---

a) *B* Nules, *l'N étant surchargée d'un* B *écrit d'une encre plus claire
et par une main plus moderne.* — b) *C* aus si doivent. — c) *B omet*
Jehane. — d) *C* contre sa suer Jehane maisnee. — e) *GHJK* hors partie.
— f) *GHJK* et a l'erit. — g) *HJK* le chief manoir. — h) *GHJK* moitié
de l'autre moitié. — i) *Le glossateur de K a transformé* n'a en *par,* biffé
fors et ou, *et modifié ainsi la phrase :* ap. que seur par ainsneece emporte
le chief manoir et sy a l'ommage de la maineesse.

---

1. Bulles, département de l'Oise, arrondissement et canton de Clermont.
Ce bourg fut donné par Childebert Ier à l'abbaye de Saint-Lucien de Beau-
vais ; à la suite de sa destruction par les Normands en 842, des seigneurs du
voisinage s'en emparèrent malgré les protestations des évêques ; le domaine
passa ensuite à la maison des comtes de Dammartin. On y voit encore le
portail de l'église collégiale fondée au xie siècle par Hugues de Dammartin.

2. Conty, chef-lieu de canton de la Somme, arrondissement d'Amiens, est
à 60 kilomètres au nord de Clermont. C'était jadis une vicomté du comté
d'Amiens relevant féodalement du comté de Breteuil, et on ne sait pas exac-
tement comment cette châtellenie entra dans le comté de Clermont. On ad-
met généralement que ce fut vers 1150 par le mariage du comte Raoul avec
Adèle de Breteuil.

Les comtes de Clermont ne s'étaient d'ailleurs pas rendus acquéreurs de
la seigneurie qui ne leur était rattachée que par les liens de l'avouerie et de
la justice.

Après avoir appartenu successivement à la maison de Mailly (fin du xiv[e] s.),
à celle de Roye (1528). Conty entra en 1551 dans la famille de Bourbon par
le mariage d'Eléonore de Roye-Conty avec Louis Ier de Bourbon, prince de
Condé.

3. C'est-à-dire de la moitié du reste de l'héritage. Cf. § 464.

474. Certaine[a] chose est que tant comme l'en[b] puet savoir qu'il soit nus drois oirs qui soit venus en descendant, soit masles soit femele, nus, combien qu'il[c] soit prochains, qui soit de costé, n'en puet porter l'eritage ne les muebles se n'est par la reson de l'execucion au mort : c'est a dire[d] s'il avient que j'aie freres et j'ai[e] enfans et mi enfant ont enfans, et tuit li premier muerent avant que[f] moi, fors que li derrain qui me sont ja ou quart degré de lignage en descendant, il en porteroient avant[g] mon eritage et mon mueble, — lequel mueble je n'avroie[h] pas lessié ·pour m'ame —, que ne feroit[i] mes freres ou autres[j] combien qu'il me fust pres, liqueus m'apartient de costé ; car nus qui m'apartiegne de costé n'en doit porter le mien comme oirs[k] tant comme l'en[l] puist trouver oir qui soit venus de moi en descendant, combien qu'il me[m] soit eslongiés par la mort des peres et des meres[n]. Car l'oirs qui vient[o] en descendant represente tous jours la persone du pere et de la mere du droit qui pouoit venir au pere et a la mere en descendant.

475. Il est dit dessus[p] que sereurs ne[q] partissent pas en fief qui vient de costé puis qu'il i ait oir masle aussi prochain du costé dont[r] l'eritages vient ; mes il est voir que se ce sont[s] vilenage eles i partissent, soit qu'il i[t] ait oir masle ou non ; et en porte autant la suers comme l'oirs masles[u], car comment que vilenage[v] viegnent[x] il se departent[y] par testes[z] autant a l'un comme a l'autre, soient masle soient femeles.

476. En descendant[aa] de fief ne puet avoir qu'une ains-

---

a) *B* certainement. — b) *GHJK* tant qu'on puet. — c) *H* comb. qui soit. — d) *A* c'est a entendre. — e) *BHJK* et j'aie enf. — f) *B* omet que. — g) *A* omet avant. — h) *AB* avoie. — i) *AG* ne feroient. — j) *HJK* ou uns autres. — k) *A* omet oirs. — l) *GHJK* tant qu'on puist. — m) *AC* qu'il m'en soit. — n) *BEF* la mort du pere et de la mere. — o) *A* qui vienent. — p) *GHJK* òmettent dessus. — q) *C* ser. si ne part. — r) *B* costé de coi l'er. — s) *G* se c'est vil. — t) *A* omet i. — u) *G* comme le masle. — v) *C* omet eles i partissent ... comment que vilenage. — x) *G* vilen. viegne. — y) *A* omet il se departent ; *G* il se depart. — z) *G* dep. as testes. — aa) *K* Mais en descendant, *sans alinéa.*

neece entre les oirs vivans et que ce soit voir, il est aprouvé[a] par un jugement qui ensuit[b] :

477. Uns chevaliers, a son vivant, maria[c] son ainsné fil et li donna de son eritage; après[d] li chevaliers mourut. Il eut[e][1] autres enfans et l'ainsnés qui mariés estoit esgarda[f] qu'il ne feroit pas son pourfit de venir a l'ainsneece[g] du descendement son[h] pere, pour ce qu'il convenoit, s'il en vouloit porter[i], qu'il raportast ce que ses peres li avoit donné a mariage; et quant ses freres l'ainsnés[j] après[k] vit que ses freres ainsnés[l] ne se treoit[m] pas a l'ainsneece du descendement leur pere[n], il requist a avoir l'ainsneece du descendement contre ses mainsnés[o]. A ce respondirent li mainsné qu'il n'avoit ou descendement point d'ainsneece pour ce que leur[p] freres ainsnés qui venist a l'ainsneece s'il vousist, en[q] avoit tant porté[r] de l'eritage son pere qu'il se tenoit a paié de l'ainsneece[s]; et pour ce il requeroient que li remanans fust partis egaument[t] entre aus autant a l'un comme a l'autre; et seur[u] ce il[v] se mistrent en droit.

478. Il fu jugié que[x] pour ce que li ainsnés avoit en porté du pere tant qu'il se tenoit a paié de l'aisneece, li ainsnés après[y] n'en[z] pouoit point[aa] demander, ains[ab] parti-

---

a) *C* il apruevc. — b) *HJK* jugem. qui cy ensuit. — c) *C* si maria. — d) *C* apres che li chev. — e) *G* mour. et avoit aut. — f) *B* resgarda, *mais l'r a été ajoutée au XIVe siècle;* *C* si regarde; *JK* regarda. — g) *C* a l'aineesche de venir. — h) *BC* descend. de son p. — i) *G* en voul. emporter aucune chose. — j) *K* maisné; *mais il y avait primitivement* ainsné *qui a été gratté et transformé.* — k) *C* apres lui vit. — l) *C* frere marié qui estoit li aisnes. — m) *C* se tairoit mie; *H* se treoit pas. — n) *C* descend. dou pere. — o) *C* av. l'ainsn. pour che que leur freres aisnes ne vout venir avant encontre soi moesmes. — p) *C* respondent les autres maisnes freres que en deschendement n'avoit point d'aisneeche pour che que chelui qui estoit leur fr. ains. — q) *C* vous. ou av. — r) *C G HJK* tant emporté. — s) *C* a paies de l'eritage qu'il emporta et de s'aisneeche. — t) *C* onniement. — u) *C* Et dessus che. — v) *ABEF* omettent il. — x) *CG* omettent que. — y) *C* li aisnes de plus pres apres le premier; *G* ainsnes apres li; *H* omet apres; *JK* l'aisné d'apres lui. — z) *AB* ne pouoit. — aa) *HJK* pouoit apres point. — ab) *C* ainchois.

---

1. *Il eut*, passé défini avec la valeur de l'imparfait : emploi fréquent dans l'ancienne langue.

roient[a] igaument le descendement du pere et venroit chas-
cuns de sa partie a l'homage du seigneur. Et en ce cas
gaaigna li sires les homages des mainsnés, car se li ainsnés
qui fu mariés au tans le pere se[b] fust tres a l'ainsneece du
descendement, il en eust porté les homages des mainsnés;
et pour ce qu'il ne s'i traïst et nus des autres ne[c] pouoit
demander[d] l'ainsneece[e] furent li homage des mainsnés
aquit au seigneur. Et par cel jugement poués vous[f] en-
tendre que cil que[g] peres[h] et mere marient ont[i] le chois
d'aus tere[j] s'il leur plest[k], ou de raporter ce qu'il ont en
porté[l] et revenir a la[m] partie du descendement[1].

479. Cil qui veut partir a[n] descendement et avoit[o] en[p]
porté aucune chose du pere et de la mere, doit raporter
tout entierement ce qu'il en porta, s'il n'est ainsi qu'il l'ait[q]
mis hors de sa main si qu'il ne le puet[r] raporter. Et adon-
ques il convient qu'il raporte la valeur que la chose valoit
ou point qu'ele[s] li[t] fu baillie, soit muebles soit eritages;
et quant il avra[u] raporté il doit partir au descendement
aussi comme s'il n'en eust onques[v] riens porté[x].

480. Se aucuns en a porté eritage et il ne le veut ra-
porter pour ce qu'il a edefié sus, ou il a[y] amendé le lieu,
ains veut raporter la valeur[z] de tant comme il valoit quant
il l'en porta[aa], ce ne soufist pas; ains convient qu'il raport
l'eritage atout son amendement, car l'amendemens qui est

---

a) *ABEF* partiroit. — b) *C* si se. — c) *HJK* aut. n'en p. — d) *G* pouoit
emporter; *HJK* pouoit porter. — e) *C* dem. s'aisneeche. — f) *GHJK* jug.
puet on ent. —g) *AB* cil qui p. — h) *Dans B* pere ou *écrits au* xv*ᵉ siècle.*
— i) *JK* mar. a le ch. — j) *G* de aus traire a l'ainsnece. — k) *G omet* s'il
leur plest; *JK* s'il luy plest. — l) *G* ce qu'il en ont emporté; *HJK* ce qu'il
en ont (*JK* a) porté. — m) *HJK omettent* la. — n) *GHJK* part. au des-
cend. — o) *C* et ait emporté. — p) *BHJ omettent* en; *dans K* en *a été
écrit postérieurement dans l'interligne.* — q) *BCG* qu'il ait. — r) *GHJK*
le puist rap. — s) *GHJK* val. quant ele. — t) *HJK omettent* li. — u) *B*
il l'avra rap. — v) *GHJK omettent* onques. — x) *GHJK* riens emporté. —
y) *A omet* a; *C* il l'a am. — z) *C* rap. la moitié de tant. — aa) *C* il em-
porta; *G* il l'en emporta.

---

1. Cf. *Olim*, I, 527, i.

fes en l'eritage qui puet revenir en partie doit estre ou pourfit de chascun de ceus qui partie i pueent avoir[1].

481. Quant aucuns[a] en porte eritage le pere et la mere vivant et il a l'eritage empirié si qu'il n'est pas de la[b] valeur pour partir au remanant, il doit raporter la valeur[c] qu'il valoit au tans[d] qu'il li fu bailliés, car l'empiremens qu'il a fet en l'eritage ne doit pas estre ou[e] damage d'autrui.

482. Il est dit dessus qu'il loit[f] a celui que[g] peres et mere marient[h] qu'il se tese[i], s'il li plest, de venir a partie et se[j] tiegne a ce qui li est donné. Nepourquant[k] li dons pourroit bien[l] estre donnés[m] si outrageus, que li peres et la mere donnerent[n], qu'il ne seroit[o] pas a tenir; car il ne loit[p] pas au pere ne a la mere a donner tant[q] a l'un de leur enfans que li autre en demeurent orfelin et deserité. Donques est ce a entendre que li dons soit resnables selonc ce qu'il ont si que li autre oir n'en[r] demeurent[s] pas[t] deserité, car il avient bien[u] que li peres et la mere aiment tant un[v] de leur enfans plus des autres qu'il vourroient qu'il puist estre erités[x] de tout le leur; et ainsi demourroient li autre sans terre. Nepourquant coustume suefre bien que cil que[y] peres et mere marient ait[z] plus qu'il n'en porteroit[aa] en sa partie, mes que ce ne soit trop outrageusement. Et cil outrages doit estre refrains[ab] par le juge a la requeste des autres oirs après la mort du pere et[ac] de la mere, car tant

---

a) *A B* Quant chascunz. — b) *G H J K omettent* la. — c) *B omet* pour partir au … raporter la valeur. — d) *B* au jor. — e) *A B* estre en dam.; *C* estre mis en dam. — f) *C* il affiert. — g) *A B C D M* qui; *L* quy. — h) *A B C D E* marie. — i) *A* qu'il se cesse; *G omet* qu'il se tese; *M* qu'il le seuffre. — j) *G* part. ou qu'il se t. — k) *C* Et nep. — l) *C omet* bien. — m) *C omet* donnés. — n) *C* que pere et mere donnerent a chelui. — o) *A* qu'il ne seroient; *C* qu'il ne soit. — p) *C* il n'affiert pas. — q) *C* mere tant a donner a l'un. — r) *C* oir ne dem. — s) *G H J K* n'en (*J K* ne) soient. — t) *G omet* pas. — u) *C* av. molt bien. — v) *G H J K* tant l'un de. — x) *A B E F* estre aherites. — y) *A* cil qui peres. — z) *J K* aient. — aa) *J K* emporteroient. — ab) *G H J K* estre restrains. — ac) *G H J K* pere ou de la m.

---

1. Cf. § 421.

comme il vivent pueent il et doivent garantir[a] a leur enfans
ce qu'il leur ont donné a[b] mariage.

483. Quant il avient qu'aucuns fiés vient par reson de
succession ou d'escheoite, il ne doivent[1] pas atendre que li
seigneurs de qui il doivent tenir[c] le fief les[d] semoigne a
venir a[e] leur homage, car li sires n'est pas tenus de leur
fere[f] savoir qu'il i[g] viegnent; ainçois i doivent il[h] venir
dedens les .XL. jours que li fiés est[i] escheus ou descendus;
ne ne doivent riens lever du fief qui apartiegne a eritage,
devant que li homage sont presenté a fere[j] au seigneur. Et
s'il ne le font en ceste maniere, li sires de qui li fiés doit
estre tenus[k] puet sesir le fief et fere pour sien quanque il
pourra[l] lever des issues[m] dusques a tant que li oir de la
chose treront a son homage.

484. S'il avient qu'aucuns tiegne son fief sans fere ho-
mage et li sires ne giete pas la main au fief pour ce qu'il
n'en set mot, ou pour ce qu'il regarde[n] qu'il n'est pas tenus
a fere savoir a celi a[o] qui li fiés est venus ou escheus qu'il
viegne a son homage[2], et cil tient la chose et lieve grant
tans[p]; et après ce qu'il l'a tenu grant tans sans seigneur, li
sires i veut jeter la main, il le puet, s'il li plest, tenir au-
tant[q] de tans[r] sans homme comme cil qui en dut estre ses
hons le tint sans seigneur, essieutés ceus qui tienent en bail.
Car se aucuns soufroit[s] a celi qui tient en bail a lever les
despuciles du fief[t] dont il doit estre ses hons et il vouloit

a) *A* pueent il garantir et doivent. — b) *B H J K* donné en mariage. —
c) *B* de qui on tient le fief. — d) *B* fief le sem. — e) *A B* venir en leur h.
— f) *A B* de fere leur savoir; *G H J K* ten. d'eus faire sav. — g) *B* omet i.
— h) *G H J K omettent* il. — i) *G* fief leur est. — j) *B* omet a fere. — k)
B G li fies est tenus. — l) *G H J K* il en pourra. — m) *B* lev. d'oissues. —
n) *G* il esgarde. — o) *G H J K omettent* a. — p) *B* et grant tans lieve. —
q) *B* autant tenir. — r) *C omet* de tans. — s) *G* soufit. — t) *C* soufroit a
lever les despuciles dou fief a cheli qui le tient en bail.

1. *Il ne doivent*, c'est-à-dire *on ne doit*, pluriel indéfini.
2. En regard de ce commencement du paragraphe le glossateur de *K* a
écrit: *afermé et non cru, au mains a Beauvais*, sans signe de renvoi in-
diquant expressément à quelle partie de la phrase cette réflexion se rapporte.

tenir le fief en sa main[a] autant sans homme comme il l'avroit
tenu sans seigneur, et l'oirs de l'eritage venoit en aage[b]
dedens cel tans, li sires ne le pourroit pas refuser pour le
mesfet de celi qui le tint en bail.

485. En un cas est li sires tenus a fere savoir[c] a ceus
qui doivent estre si homme qu'il viegnent a son homage a
certain jour et en certain lieu, liqueus jours ait .xv. jours
d'espace au mains. Quant seignourages se change[d] de main
en autre, — si comme il avient qu'uns hons muert qui a ho-
mages et la successions et li drois des homages vient[e] a son
oir, — en cel[f] cas l'oirs[g] doit fere savoir[h] a ceus qui furent
homme son pere qu'il viegnent fere leur homages en la ma-
niere dessus dite ; et aussi quant seignourages se change en
autre maniere par don ou par achat ou par eschcoite[i]. Et
par ce puet l'en entendre briement quant aucuns sires
vient a terre, il doit fere savoir[j] a[k] ses hommes qu'il vie-
gnent a son homage, et quant cil qui tienent de[l] seigneur[m]
vienent a terre, il doivent presenter au[n] seigneur leur ho-
mage en la maniere qui est dite dessus[o] en cel chapitre
meisme[p].

486. Voir est que chascuns sires[q] qui vient a terre[r] doit
fere homage et presenter[s] a son[t] seigneur avant qu'il se-
moigne les siens hommes de venir au sien homage ; car
devant qu'il a fet vers[u] son seigneur ce qu'il doit, il ne doit
joïr ne esploitier du fief si comme il est[v] dit[x] dessus[y] en
cel chapitre meisme[z].

487. Uns chevaliers et une dame, en leur mariage du-

a) *HJK omettent* en sa main. — b) *H* venoit aagé ded. — c) *C* fere a
savoir. — d) *JK* seign. se changent. — e) *G* viennent. — f) *AJK* en ce
cas ; *G* en ces cas ; *H* en cest cas. — g) *A omet* l'oirs. — h) *A* savoir li hoir ;
C fere assavoir. — i) *BC* ou par eschcoite ou par eschange ; *GHJK* ont,
comme toujours esqucance (escheance) *au lieu de* eschcoite. — j) *G* il le
doibt fere assavoir. — k) *BH omettent* a. — l) *G* tien. du seign. — m)
C omet de seigneur. — n) *HJK* pres. a lor seign. — o) *HJK* en la ma-
niere desus dite. — p) *B omet* meisme ; *HJK omettent* en cel chap. meisme.
— q) *C* Voirs est quant aucun seigneur. — r) *AB* qui a terre vient. — s) *C*
et soi presenter. — t) *HJK* pres. au seign. — u) *C* fet envers s. seign. ; *G*
fet devers s. seign. — v) *C* il en dit. — x) *HJK* se comme dit est. — y)
HJK omettent dessus. — z) *JK omettent* meisme.

rant, acheterent un fief en l'eritage du chevalier; il eurent
enfans. Après[a] la mere mourut et li enfant demanderent[b]
la moitié du fief par reson de l'aqueste leur mere; et li
chevaliers qui estoit leur peres, dedens l'an et le jour que la
mere fu morte, le retraïst de ses[c] enfans par la bourse, et li
sires de qui li fiés estoit tenus requist a avoir .ii. homages
de ce fief: l'un par la reson de la moitié qu'il i avoit de son
droit par son[d] achat, et l'autre [par la reson de l'autre][e] moitié
qu'il avoit retrete de ses enfans par la bourse. A ce respondi
li chevaliers qu'il n'i devoit avoir qu'un homage, car si enfant
n'i avoient[f] nul droit d'eritage[g] puis qu'il le vousist ravoir[h]
par la bourse; et quant il estoit[i] hons de tout le fief entie-
rement et nus n'en portoit riens fors li, il n'estoit pas tenus
a fere .ii. homages; et seur ce se mistrent en droit.

488. Il fu jugié qu'il n'i devoit avoir qu'un homage.
Mes voir est que se li enfant en eussent porté la moitié par
la[j] reson du conquest leur mere, que li peres ne l'eust pas
retret par la bourse, il i eust eu .ii. homages.

489. Pour ce que nous avons veu[k] pluseurs demandes as
seigneurs contre leur sougis d'avoir .ii. homages des fiés
qui estoient achaté en mariage, quant il avenoit que l'uns
mourust[l] et il en demouroit enfans, tout fust ce que li peres
ou la mere s'acordassent vers[m] les enfans que li fiés de-
mourast entier sans departir a moitié, nous fismes ce des-
clairier[n] en l'assise de Clermont en la maniere qui ensuit:

490. Se uns gentius hons et une gentius fame assem-
blés[o] par mariage achatent[p] un fief et il ont enfans, après
li peres ou la mere muert, et cil qui demeure et si enfant
s'acordent ensemble de leur partie[q] fere en tele maniere que

a) *C* Et apres che. — b) *C* si demand. — c) *G H J K* retr. des enf. — d)
B omet par son. — e) par la reson de l'autre *omis dans tous les mss. par
suite d'un bourdon dans O.* — f) *A* n'i avoit. — g) *G H J K* dr. de l'erit. —
h) *H J K* vous. avoir par. — i) *A B E F* il en estoit. — j) *A B omettent* la. —
k) *C* av. veu faire plurieurs dem. — l) *B C* li uns mouroit. — m) *C* s'i ac-
cordassent envers. — n) *B C* f. ce esclairier. — o) *C* gent. fame sont assam-
bles; *G H J K* gent. fame assamblent ensemble par mar. — p) *G H J K* mar. et
achatent. — q) *H J K* leur parties fore.

li fiés qui fu achetés demeure tous entiers a l'une des par-
ties, li sires de qui li fiés muet ne le[a] puet debatre. Car il
loit[b] au pere ou a la mere a partir contre[c] leur enfans ou as
enfans l'uns vers l'autre, s'il n'ont ne[d] pere ne mere, si
pourfitablement comme[e] il leur plest, sans leur fief depecier
ne departir[f]; ce[g] essieuté qui se li mainsné[h] en portent par
le gré de l'ainsné[i] nus des fiés entiers ou plus du tiers d'au-
cun des fiés, l'ainsnés des enfans en pert[j] les homages[k] de
ses mainsnés, et en vienent li homage[l] au seigneur. Et s'il
avient que chascuns traie a[m] tel partie comme coustume li[n]
donne[o] sans autre acort fere, — soit du pere ou de la mere
contre les enfans ou des enfans l'uns contre l'autre ou des
autres escheoites de costé, — tantes parties sont fetes tans
d'homages i a[p] et sont li homage tuit au seigneur[q], ce[r]
essieuté que li mainsné en portent par reson de descendement
contre leur frere ainsné; car, si comme nous avons dit
dessus[s] en cel chapitre meisme[t], il en doivent porter le
tiers des fiés et venir a l'homage de leur ainsné. Et s'il ont
le tiers en pluseurs fiés et[u] il s'acordent qu'il aient pour leur
tiers[v] un fief entier[x], tout soit il ainsi que li fiés entiers ne
vaille pas plus que le tiers[y] qu'il avoient pour tout, nepour-
quant li ainsnés n'en puet retenir l'homage, ainçois vient
l'homages au seigneur. Et tous ces cas dessus dis avons
nous fet[z] passer par jugement.

491. Pierres devoit avoir a homme Jehan d'un fief qui
estoit venus au dit Jehan d'escheoite[aa] de costé; et seur[ab] ce

---

a) *A B* ne les puet. — b) *C* il affiert. — c) *C* de partir encontre. — d)
J K omettent ne. — e) *C* pourf. quant il lor. — f) *G H J K* leur fief departir
ne depecier. — g) *H J K* omettent ce. — h) *A* mainsné ne emport. — i) *C*
gré de aisnes. — j) *B* enf. en porte les hom.; *C* li aisnes des fieus emportera
les hom. — k) *G* pert l'ommage. — l) *A B* en vient li homages; *C* en vient
.I. homage. — m) *C* chasc. si se traie en tele p. — n) *H J K* omettent li. —
o) *C* comme Dieus li donne et coustume. — p) *C* costé, tant de parties
comme il i a faites, tant de parties i a de hommages. — q) *G H J K* et sont
tuit li homage as seigneurs. — r) *H J K* omettent ce. — s) *H J K* omettent
dessus. — t) *G* en ce mesme chapitre: *H J K* omettent meisme. — u) *H J K*
fies ou il s'ac. — v) *A B C E F* pour leur fies un f.; *G* que pour tous leurs
tiers il aient .I. f. — x) *C* fief tout entier. — y) *C* le tiers fies. — z) *G H J K*
av. nous veu passer. — aa) *G* par esch. — ab) *C* et dessus che f.

fief avoit .ɪɪ. douaires tous vivans dont li premiers douaires en portoit la moitié et li secons douaires la moitié de la[a] moitié, si qu'il ne demouroit[b] a Jehan qui estoit drois[c] oirs, que le quart du fief tenant et prenant. Et pour ce qu'il vit qu'il convenroit[d] tout le fief racheter, aussi bien ce qui estoit tenu en douaire comme ce de quoi il peust[e] demourer tenans et prenans, il ne se vout traire a l'homage ne au rachat. Et Pierres, pour ce qu'il n'en avoit point d'homme, prist et leva le quart du fief qu'il trouva delivre[f], car les douaires ne pouoit il ne ne devoit empeechier. Et quant ce vint .v. ans ou .vɪ. après[g] li[h] douaire moururent et, quant[i] Jehans vit le fief delivre des douaires, il traïst a Pierre qui sires estoit du lieu[j] et li requist qu'il le receust a homme et qu'il prist son rachat. A ce respondi Pierres qu'il vouloit autant tenir ce qui estoit des douaires comme il avoit fet le remanant, car li douaire li avoient empeechié si qu'il ne pouoit lever. Et seur ce se[k] mistrent en droit a savoir se Jehans en porteroit le tout ou se li sires tenroit ce que li douaire tinrent autant comme il avoit tenu le quart par defaute d'homme.

492. Il fu jugié que Jehans venroit a l'homage de[l] tout par là reson de ce que Pierres, qui sires estoit du fief, en avoit porté par defaute d'homme ce qu'il avoit trouvé delivre[m]. Mes se Pierres se fust soufers de lever et Jehans fust venus au quart sans fere son homage et Pierres eust tant[n] soufert que li douaire fussent escheu, il peust le tout sesir et tant tenir le tout sans homme comme Jehans eust[o] tenu le quart sans seigneur. Et par ce puet l'en veoir que li sires perdi par trop tost sesir et lever.

493. Aucun ont douté que puis que l'eritages est de-

---

a) *K* moit. de l'autre m., u t re *écrits dans l'interligne.* — b) *HJK* il ne demeure. — c) *G* est. li dr. — d) *GHJK* qu'il li convens. — e) *GHJK* il pooit dem. — f) *C* leva dou fief che que il trouva a delivre; *G* le quart du fief qui tenoit de lui. — g) *HJK* .v. ans apres ou .vɪ. — h) *GHJK* que li don. — i) *GHJK omettent* quant. — j) *GHJK* s. des lieux. — k) *H omet* se. — l) *G* hom. du tout. — m) *G* trouvé de ly. — n) *C omet* tant. — o) *G* Jeh. avoit tenu.

partis[a] du pere ou de la mere et venus a leur enfans par leur otroi, par leur don[b] ou par aucune maniere, qu'il ne puist puis revenir au pere ne a la mere; mes si fet. Quant l'enfes muert sans oir de son cors, ses eritages et ses aquestes[c] et si mueble[d][1] revienent a son pere ou[e] a sa mere comme au plus prochien[f], tout soit[g] il ainsi qu'il eust freres ou sereurs; et male chose seroit que li peres et[h] la mere perdissent leur enfant et le leur; car toutes voies est l'en plus tost reconfortés d'une perte que de .II., et plus legierement en doivent estre[i] li peres et la mere[j] conseillié de donner a leur enfans. Et ce que l'en dit qu'eritages ne re-monte pas, c'est a entendre se j'ai pere et se[k] j'ai enfans et je muir, mes eritages descent a mes enfans et non a mon[l] pere; voire se mi enfant estoient mort et il avoient aucun[m] enfant[n], si leur[2] venroit ainçois mes eritages qu'a mon pere. Et combien qu'il fussent en loingtain degré en descendant de moi il leur venroit avant[o] qu'a mon pere. Mes s'il n'i a nul oir issu[p] de moi, nus qui m'apartiegne de costé n'en porte le mien avant de[q] mon pere ou de[r] ma mere[s] si comme il est dit dessus.

494. Se j'ai eritage de par mon pere et mes peres muert et après je muir sans oir de mon cors, mes eritages de par mon pere ne[t] revient pas a ma mere, ainçois es-chiet au plus prochien qui m'apartient de par le pere; neis[u] s'il estoit ou quart degré de lignage[v], car ma mere

a) *GHJK* est partis. — b) *A* omet par leur don ; *C* otr. ou par l. don ; *GJK* par don ou par leur octroy, *dans G* leur *écrit dans l'interligne* ; *H* par don ou par otroi. — c) *G* acquestz. — d) *GHJKM omettent* et ses muebles. — e) *C* pere et a sa m. — f) *C* comme aus plus prochains. — g) *GHJK* tout fust il. — h) *ABCEF* peres ou la m. — i) *A omet* estre. — j) *G omet* li peres et la mere. — k) *ABEF omettent* se. — l) *ABCEF* non au pere. — m) *G omet* aucun. — n) *G* enfans. — o) *G omet* avant. — — p) *C* nus hoirs issus. — q-r) *B omet* de. — s) *C omet* ou de ma mere. — t) *C* crit. si ne. — u) *C* pere mes s'il ; *JK* pere et fust il ou. — v) *C* lign. si l'emporteroit aussi bien, car ma m.

1. Cf. § 494 : *Mes de mes muebles et de mes conques*, etc.
2. *Leur* au pluriel par syllepse, ici comme plus bas.

est[a] estrange de l'eritage qui me vient de par le pere, et aussi est mes peres estranges de l'eritage qui me vient de par ma[b] mere. Mes de mes muebles et de mes conquès[c], de quelque part qu'il me viegnent, nus de costé ne les en porte par prochaineté avant du[d] pere ou[e] de[f] la mere.

495. Autrement iroit se je n'avoie ne pere ne mere, ne oir[g] qui fust issus de mon cors, et j'avoie[h] aiol ou aiole et après defailloit de moi, car[i] mes eritages qui seroit[j] venus de par mon pere ou de par ma mere remonteroit[k] a mon aiol ou a m'aiole de qui costé il seroit descendus avant qu'a mes freres ne[l] a mes sereurs, que[m][1] li frere ou les sereurs m'estoient[n] d'autre costé que de la droite ligne[o] en descendant. Mes mi mueble et mi conquest escherroient[p] a mes freres ou[q] a mes sereurs[r] pour ce qu'il seroient trouvé un point plus pres, tout soit ce de costé. Et nepourquant nous creons que coustume leur donne plus que drois, car nous entendons que, selonc droit, riens ne doit issir de droite ligne[s] en descendant[t] tant comme l'en[u] en truist nul vivant, soit en montant soit[v] en descendant. Et ceste coustume qui tout a l'aiol ou[x] a l'aiole les muebles et[y] les conquès pour donner les as freres ou as sereurs ne les tourroit pas as enfans des enfans qui sont en[z] cel meisme degré de lignage en avalant que l'aious et[aa] l'aiole sont en montant.

496. Se je n'ai mon pere ne ma mere[ab], ne nul oir issu[ac]

a) *C* mere si est. — b) *A B* par la mere. — c) *G* mes acquestz. — d) *C* avant le pere. — e) *G H J K* et. — f) *G* omet de. — g) *C* ne nus hoirs. — h) *C* et se j'av. — i) *G H J K* moi que mes erit. — j) *C* qui me seroit ; *J K* seroient. — k) *G H J K* monteroit. — l) *A* frer. ou a mes ser. — m) *A B E F* sereurs se li fr. ; *J K* ser. car les fr. — n) *A* n'estoient. — o) *A* lignie. — p) *G* esch. plus tost a. — q) *G H J K* et. — r) *A* omet mes mi mueble ... a mes sereurs ; *C* omet que li frere ou les sereurs ... ou a més sereurs. — s) *A* lignie. — t) *G H J K* ligne de descendement. — u) *G H J K* tant qu'on truist. — v) *G* mont. ou en desc. — x) *H J K* et a l'a. — y) *A B C E F* muebl. ou les conq. — z) *B* sont de cel. — aa) *A B C E F* aiols ou l'aiole. — ab) *B* se je n'ai pere ne mere ; *C G* se je n'ai ne mon pere ne ma mere. — ac) *C* hoir qui soit issu.

1. *Que* = car.

de mon cors, ne frere ne sereur [a], mes j'ai [b] aiol ou aiole et si ai [c] neveus et nieces [d], et j'aqueste et [e] après [f] je muir, mi [g] mueble et mi conquest doivent avant venir a mon aiol ou a m'aiole qu'a mes neveus ne a mes nieces [h], tout soient il en un meisme degré de lignage. Et par ce puet l'en veoir que drois se prent pres [i] de garder [j] que riens n'isse de droite ligne [k] de descendement, soit en montant soit en avalant [l].

497. Selonc la coustume de Beauvoisins je puis bien fere du tiers de mon fief arrierefief et retenir ent [m] l'homage, si comme se je marie aucun [n] de mes enfans. Mes se j'en oste plus du tiers, l'homages du tiers et du seurplus vient au seigneur. Et en tel maniere le pourroie je fere que je pourroie plus perdre, si comme se je retenoie [o] les homages du plus du tiers, car [p] je cherroie en l'amende de mon seigneur de .LX. lb. pour le mesfet. Et si convenroit que je garantisisse a mes enfans ce que je leur avroie donné, ou le vaillant, se li sires le vouloit tenir autant sans homme comme mi enfant l'avroient tenu sans estre en son homage, laquele chose [q] il pourroit fere s'il li plesoit.

498. S'il avient qu'aucuns doint le tiers de son fief a son vivant a ses enfans et en retient l'homage et après muert, et cil qui furent marié et qui en porterent cel tiers se vuelent tere [r] et tenir a paiés sans raporter aveques leur freres et leur sereurs qui demourerent [s] en celle [1], les .II. pars [t] du

a) *A* ne sereurs. — b) *G* mais se j'ay. — c) *C* et je ai ; *GHJK omettent* et si ai. — d) *B* neveu et niece. — e) *A C omettent* j'aqueste et. — f) *B omet* j'aqueste et après ; *C* apres che. — g) *C* muir et mes m. — h) *BEF* qu'a mon neveu ne a ma niece. — i) *HJK* prent plus pres. — j) *G* de garde. — k) *A* dr. lignie. — l) *G* en devalant. — m) *G* et ent retenir. — n) *G* aucuns de m. enf. — o) *ABEF* je recevoie. — p) *GHJK* tiers que je ch. — q) *C omet* chose. — r) *B* vuel traire. — s) *H* demorent. — t) *B* en ces .II. pars ; *C* en tele les .II. pars ; *D* en telles les .II. pars ; *E* en cheles .II. pars ; *F* en ches .II. pars ; *G omet* en cele ; *H* en celes deus pars ; *JKL* en celles deux pars ; *M* en ches .II. parties.

---

1. La *celle* était le domicile des père et mère, le domicile légal du mineur non marié ou non émancipé. « C'est, dit Laurière, la maison, demeurance et « mélange de biens des personnes de servile condition : ou bien quand leurs

fief qui demourerent au pere quant il donna le tiers a ses
enfans ne doivent pas estre tiercies[a] une autre fois; ain-
çois doivent li oir[b] regarder[c] combien li peres[d] en donna et
combien il en demoura, et prendre le tiers seur[e] le tout
pour les mainsnés. Et s'il en portent[f] plus du tiers, soient
li premier marié ou cil qui demourerent en celle[g], li ho-
mage de tout ce que li mainsné en portent doivent venir au
seigneur.

499. Or veons, — se uns hons a[h] .LX. livrees de terre
d'un[i] fief et il a[j] .IIII. enfans des queus il marie[k] l'un des
mainsnés[l] et li donne .XX. livrees de terre de cel fief; et,
après ce qu'il en a[m] receu l'homage, il muert et cil qui a ces
.XX. livrees de terre[n] ne veut pas raporter, ainçois[o] se veut
tenir[p] a paié pour ce que peres et mere le marierent[q], — se
li dons tenra. Nous disons que nennil puis qu'il n'i a autre
fief ne autre eritage que celi, car li autre dui[r] mainsné[s] n'en-
porteroient riens[t], se li dons estoit soufers. Et s'il en

a) *Tous les mss. ont* doit *et* tiercié (*C* partis, *G* retierché), *fautes pure-
ment grammaticales; cf. la variante* f. *page* 1; *C* partis en tiers une
autre fois; *K* estre tiersé encore tiercié, *les deux mots intercalaires écrits
dans la marge avec signe de renvoi.* — b) *C* doiv. les peres rewarder. —
c) *G H J K* oir garder comb. — d) *H J K* comb. il en d. — e) *C* t. dessus le t.
— f) *C* se il emporte. — g) *A* dem. ancele; *B* dem. ou cele *ou peut-être*
ou tele; *C D* dem. ou siecle; *E* en celes; *F* li prumier ou li deesrain;
G omet en celle; *H J K L* dem. en celes; *M* dem. en ches .II. pars. — h) *M*
avoit. — i) *M* du fief. — j) *G H J K M* il y a. — k) *H J K* il en marie; *M* il le
marie. — l) *B C D E G H J K L* ainsnes. *L'original portait* mainsnes *mal
écrit; les copistes d'α et de β ont mal lu et ils ont été suivis par les
autres, sauf par ceux de A F M qui se sont aperçus de la faute et
l'ont corrigée indépendamment les uns des autres.* — m) *M* il ara rec.
— n) *A* terre de ce fief. — o) *C* ains se v. — p) *G* se tient a p. — q) *M* a
paié de che que peres et mere li donnerent a mariage. — r) *A omet* dui.
— s) *M omet* mainsné. — t) *M* emporteroient riens qui sont mainé, se.

« enfants sont à l'école ou en service à l'aveu de père et mère, ils sont dits
« aussi être en la celle » (*Glossaire du droit françois*, p. 106). *Être en
celle* est donc, pour l'enfant, être en puissance, au pain et au pot de ses père
et mère. Cf. Loisel, *Instit. cout.*, I, 141, et le procès-verbal des Coutumes
de Troyes. *Nouveau Coutumier général*, III, 258. Les fautes commises par
les copistes dans ce passage et dans ceux où *celle* se retrouve, donnent à
penser que ce mot n'était pas, en ce sens, d'un emploi courant.

portoient[a] il convenroit[b] qu'il fust pris seur la partie de l'ainsné des .xl. livrees de terre ; et si convenroit qu'il en perdist[c] les homages et qu'il venissent au seigneur. Et pour ce que li autre en[d] seroient trop damagié[e] ne doivent[f] pas teus desavenable don estre[g] soufert. Mes s'il i avoit autres eritages, fust de fief ou[h] de vilenage[i], par quoi li mainsné qui demourerent en celle[j] peussent avoir parties aussi grans ou pres d'aussi[k] grans, si comme a .xl. soudees de terre[l] pres ou a .lx., de ce que leur freres ou leur suers en porta, li dons ne[m] seroit pas rapelés, car se li damages n'est trop grans ne[n] trop apers, li dons que peres et mere font[o] en[p] mariage doit[q] tenir[r].

500. Aucun[s] païs sont[t] la ou li niés partist a l'oncle[u],

a) *M* emportoient nus il. — b) *A* convenroient. — c) *C M* perdesist. — d) *B* omet en. — e) *B* grevé ; *C* adamagié. — f) *M* ne deveroient pas estre. — g) *M* omet estre. — h) *B G* fust se fief, fust de vil. — i) *A B* vilenages. — j) *A* dem. en sele ; *B* dem. ensanle ; *C* demeuroient en selle ; *D* demouroient en selles ; *E* en cheles ; *F* demeurent ensanle ; *G L* en celles ; *H J K* en celes ; *M* en chelles. — k) *G H J K* omettent d'. — l) *H J K* omettent de terre. — m) *C* don si ne ser. — n) *A B* gr. et trop ; *C* gr. ou trop. — o) *G H J K* fait. — p) *C* font en mar. — q) *A B E F* mar. doivent. — r) *G H J K* d. estre tenus ; *M* d. que p. et m. donnent a leur effant a mariage doivent bien estre tenus si comme il est dit dessus. — s) *C* En tiex païs. — t) *K. en marge et d'une main du xvi° siècle*, si comme a Beauvais en Beauvoisins et en la banlieue d'icelluy quant ad ce qui est en la ditte banlieue et en ladite ville ; *Beugnot, qui a intercalé ce passage dans son texte de manière à faire croire qu'il se trouve dans son ms. A (H de notre schéma), ce qui n'est pas, remarque à propos de l'interpolation de K ci-dessous rapportée, « avec quelle facilité, même au xvii° siècle, on faisait passer une glose de la marge dans le texte ! » Que dire de lui-même qui interpole une telle annotation en induisant en erreur le lecteur que La Thaumassière du moins prévient ? —* u) *K, également en marge, et par le même que la glose précédente,* c'est assavoir en lingnie dilecte, mais non en lingnie colaterale ; lingnie colaterale, c'est quant .iii. freres sont et l'un d'iceulx meurt qui aiet enffans, ce qu'il a apartient a cez enffanz ; le second meurt ; ce que le second a valliant apartient au tiers vivant et n'en ont riens les enffans dudit premier mort. Mais s'il advenoit que le pere d'iceulx freres morut, qui est lingnie dilecte, les enffans de l'un *(ces deux derniers mots à moitié biffés)* porroient presenter leur pere qui mort seroit et tous iceulx anffans pour une teste et non aultrement ; et c'est pour tant que c'est lingnie dilecte. Et qui soit vray, il fu jugié au Parlement au Noel V° et neuf, non obstant que l'evesque fut adjoint avecque J. Foucray qui soutenoit le contraire, et ledit evesque condampné aus despens et l'autre aussi. Mais de toutes les eritages et mesmes de tous les meubles qui sont situés hors la banlieue et les meubles transportés hors de ladite ville et banlieue o vivant d'un trespassé ne partissent point a l'oncle le neveu.

mes ce n'est pas[a] par nostre coustume, car par nostre cous-
tume tout ce qui vient en partie, soit de[b] descendement[c]
soit[d] d'escheoite, li plus prochiens l'en porte du costé dont
l'escheoite vient. Et chascuns doit savoir que li oncles est
plus prochains que li niés[e], car li niés[f] est un point plus
aval[g], pour ce que il est fius du frere ou de la sereur[h], et
l'oncles demeure ou point que li peres au neveu[i] estoit.

501. Nous veismes un debat qu'uns eritages escheï de
costé[j] a pluseurs cousins germains qui estoient venu[k] de
freres et de sereurs, et li cousin germain qui estoient des-
cendu des[l] freres masles ne vouloient pas que leur cousin
germain qui estoient descendu des sereurs[m] en portassent
riens de cele escheoite; car il disoient que se leur peres
vesquit et la mere de leur cousins germains, qui estoient
freres et suers, et l'escheoite fust venue a leur tans, li
freres, qui leur peres avoit esté, en eust le tout porté pour
ce que l'eritages estoit de fief et sereurs ne partissent pas
en[n] escheoite de fief quant il[o] vient de costé. Et quant leur
mere n'en portast[p] riens se leur peres et leur mere[q] ves-
quissent, et il ne pueent demander[r] part[s] en l'eritage fors
par la reson de la mere, il disoient qu'a tort i[t] demandoient
part a avoir. Et encontre ce[u] disoient li cousin[v] germain né
de la sereur que cele resons que leur cousin germain du
frere[x] metoient avant, estoit de nule valeur; car il disoient
que l'en doit jugier les choses qui avienent selonc le tans
que l'en trueve present, et tout presentement il estoient

---

a) *K, toujours en marge et par le même*, en la conté de Clermont. —
b) *H J K* soit en desc. — c) *H J K* descendent. — d) *C* desc. ou d'esch. —
e) *G* proch. que n'est le neveus. — f) *H* car il est. — g) *K* plus mal, *rec-
tifié beaucoup plus tard en* aval. — h) *H J K omettent* pour ce que ... de
la sereur. — i) *H J K* p. que li oncles au nev. est. ; *K* p. que « le frere de »
l'oncle « aux nepveux » estoit. *les mots entre guillemets écrits dans
l'interligne.* — j) *H J K omettent* de costé. — k) *C* est. neveu. — l) *C* desc.
de fr. — m) *G* des ser. leurs peres. — n) *G H J K* pas a esch. — o) *C* omet
il. — p) *C* mere remportast riens. — q) *G* leurs peres et meres. — r) *B* omet
demander. — s) *B* partir, ir *suscrits*; *G H J K omettent* part. — t) *B* omet
i; *C* il li dem.; *G* tort il dem. — u) *J K* enc. de che. — v) *C* les autres
cous. — x) *H J K omettent* du frere.

prouvé[a] cousin germain et en[b] un meisme degré de lignage et oir masle ; et[c] tout fust il ainsi que leur mere n'en eust riens porté s'ele vesquit avec son frere, nepourquant se li freres fust mors et l'eritages fust escheus le vivant de leur mere, il li fust venus ; et quant ele en pouoit estre drois oirs en aucune maniere et il estoient si enfant, oir masle aussi comme li autre qui avoient esté né du frere leur mere, il disoient que par nul droit il n'en devoient estre debouté qu'il ne partissent comme cousin germain ; et seur ce il se mistrent en droit.

502. Il fu jugié qu'il partiroient a cele escheoite de costé tout communaument comme cousin germain[d]. Et par cel jugement puet l'en veoir que cil qui sont en un meisme degré de[e] lignage partissent as escheoites de costé tout communaument[f] puis qu'il soient[g] oir masle et qu'il soient du costé dont l'eritages eschiet[h], et les fames non[i], se eles ne sont plus prochaines, fors en vilenages ou en muebles, car en ce partissent eles aveques les masles ; et aussi partissent eles en descendement qui vient de pere ou de mere, d'aiol ou d'aiole en la maniere qui est dite ci dessus[j] en cest chapitre meisme.

503. Se li peres et la mere avoient marié leur enfant de l'eritage qu'il avroient aquis ensemble et l'enfes mouroit après sans oir de son cors, après ce que ses peres ou sa mere seroit mors, li peres ou la mere qui seurvivroit en porteroit la moitié de l'eritage qu'il li avroient donné de leur aquest[k] ; et li plus prochiens parens au pere ou[l] a la mere mort en porteroit[m] l'autre moitié, pour ce qu'autant de droit avoit[n] li peres comme[o] la mere en l'aqueste qu'il

a) *C* estoient personnes cous. ; *JK* est. trouvez cous. — b) *G* omet en. — — c) *GHJK* omettent et. — d) *B* de costé comme cousin germain tout communalment. — e) *C* que chelui qui est dou mesme degré aus autres de lign. — f) *C* communement. — g) *A* qu'il soit. — h) *G* erit. vient et esquiet. — i) *G* et non mie les femmes ; *HJK* et neant les fames. — j) *AB* man. qui est dit ci dessus ; *C* omet ci ; *GHJK* la man. qui est dessus dite. — k) *A* leur aqueste. — l) *C* au pere et a la mere. — m) *C* enporteroient. — n) *HJK* dr. y avoit. — o) *B* peres ou la mere.

avroient donné à leur enfant[a] : si n'en puet chascuns a par
soi ravoir[b] que la moitié se l'enfes muert sans oir. Mes se li
peres et la mere vivent[c] ensemble ou tans que leur enfes
muert sans oir[d], tout ce qu'il donnerent a leur enfant[e] leur
revient se l'enfes ne l'a aloué a son vivant et[f] essieuté ce
qu'il a lessié en testament de[g] ce qu'il puet et doit lessier :
c'est assavoir ses muebles et ses conquès et le quint de son
eritage, si comme il est[h] dit ou chapitre des testamens[1] ; et
essieuté la partie que la fame au fil[i] en doit porter[j], se li
fius[k] qui muert sans oir[l] estoit mariés : c'est assavoir son
douaire, la moitié des muebles et la moitié[m] des conquès.
Et se c'est fille qui fust marie du pere ou[n] de la mere ou
des .ii. ensemble[o] et ele muert sans oir de son cors, ses ba-
rons en porte la moitié des[p] muebles et la moitié[q] des[r]
conquès ; et fust encore ainsi qu'il n'i eust nul mueble fors
que ceus que la fille aporta a mariage du pere ou de la mere,
par la reson de l'acompaignement du[s] mariage[t].

504. Aussi est il se aucuns a enfans en bail et il aque-
roient[u] aucune chose ou tans qu'il sont en bail, tout ce[v] qu'il
aquierent[x] est[y] a celui qui en bail[z] les tient[aa] ; essieuté ce
qui[ab] leur seroit donné ou lessié d'autrui en testament[ac], car
ce leur doit estre gardé dusques a tant qu'il sont en aage ;
et essieutés ceus qui sont en garde et non pas[ad] en bail, car

---

a) *HJK omettent* en l'aqueste ... a leur enfant. — b) *C* chasc. tout par
soi ravoir ; *G* chasc. ravoir a par soi ; *H* chasc. ravoir a par li ; *JK* a par lui
ravoir. — c) *B* viennent ens. — d) *A omet* Mes se li peres ... muert sans
oir. — e) *C* sont che que il le donnerent a leur enf. ; *G* tout ce que leur
enfant a ; *HJK* tout ce qui demeure a leur enfant. — f) *A B E F omettent*
et. — g) *CHJK* test. et de ce qu'il. — h) *A B* comme nous avons dit. —
i) *GHJK* la femme au mort. — j) *C* d. emporter. — k) *HJK* port. se il. —
l) *HJK omettent* qui muert sans oir. — m) *B omet* la moitié. — n) *C* pere
et de la m. — o) *GHJK* mere ou de l'un par soi. — p) *A* moit. de leur
muebl. ; *GHJK* moit. de ses muebl. — q) *HJK omettent* la moitié. — r)
GHJK moit. de ses conq. — s) *A* acomp. de mar. — t) *C* par le raison de
le compaignie qui estoit faite par le mariage. — u) *G* il conqueroit. — v)
A B tout soit ce qu'il. — x) *C* qu'il acheterent. — y) *C* ch'est a. — z) *G* en
baillie. — aa) *HJK* celui qui les tient en bail. — ab) *H* ce qu'il. — ac)
HJK laissié en testament d'autrui. — ad) *A omet* pas.

---

1. Chap. xii.

s'il aquierent aucune chose, ce doit estre leur, et aussi leur doit on rendre conte de leur muebles et de leur eritages vilains que l'en[a] tient pour aus ou tans qu'il sont sousaagié.

505. Chascuns doit savoir que quiconques aquiert[b] eritages, si tost comme l'aqueste vient a ses oirs, ce devient leur propres eritages puis que l'aqueste descent un seul degré. Donques tout[c] le peust[d][1] cil qui l'aquesta tout lessier[e] en testament[f], ses[g] oirs auquel l'aqueste vient n'en puet lessier que le quint; et aussi ne le peust[h] nus de son lignage ravoir[i] par la bourse, se cil qui l'aquesta le vendist. Mes l'en le ra bien quant l'oirs le vent[j]. Et par ce apert il que c'est drois eritages puis qu'il descent ou eschiet[k] un seul degré de lignage.

Ici fine li chapitres des descendemens et des escheances.

a) *G H J K* er. vil. que l'en tient. — b) *C* sav. ce qui conquiert. — c) *C* omet tout. — d) *C* puet. — e) *C* laissier tout. — f) *G H J K* t. le peust [*G* il] laissier en testament quanques il aquesta. — g) *K* mais, *écrit dans l'interligne postérieurement.* — h) *A* le puet nus. — i) *H J K* nus ravoir de son lignage. — j) *B* li hoir le vendent. — k) *C* omet ou eschiet. — Expl.) *A B* ch. de desc. et d'eschcoite; *B* Chi define; *G* Cy fine; d'esqueance; *H* Chi faut chus capitres; *J K n'ont pas d'explicit.*

---

1. *Tout le peust* équivaut à *bien que puisse.*

XV

Ci commence li quinzismes chapitres de cest livre liqueus pa-
role des baus et des gardes, et des aages as enfans, et a
quel tans il vienent en aage en Beauvoisins.

506. Nous traiterons en cest endroit de ceus qui prenent[a]
bail par la reson d'enfans[b] sousaagiés et de la disference
qui est entre bail et garde, et a quans ans enfant sont
aagié[c] pour terre tenir et pour fere chose qui puist estre
contre[d] aus; et de toutes ces choses traiterons nous en cest
chapitre pour ce que l'une se depent[e] de l'autre[f].

507. Baus si est quant aucuns muert et il a enfans qui
sont sous aage, si qu'il[g] ne puecent ne ne doivent venir a l'ho-
mage du seigneur de ce qui leur est descendu par reson de
fief de leur pere ou de leur mere, de leur aiol ou de leur
aiole, ou de plus haut degré en descendant[h]. Quant il avient[i]
ainsi, li plus prochains du lignage as enfans et qui apartient
du costé dont li fiés vient[j], puet prendre le bail s'il li plest[k]
et fere l'homage[l] au seigneur comme de bail et estre en
son homage; et doit deservir le bail[m] dusques a tant que

Rubr.) *A B* Ici comm. ; *C* par. dou bail ; *il omet* et des aages *et* en
Beauvoisins ; *G* baus aux enfans et de leurs aages ; *H J K omettent* de cest
livre ; vien. a aage. — a) *A* qui pruevent bail. — b) *C* res. des enfans. — c)
G H J K sont en aage pour. — d) *C* estre encontre aus. — e) *C* l'unne si
depart de. — f) *H J K omettent* et de toutes ces ch. ... depent de l'autre. —
g) *G H J K* sous aage et qui ne puecent. — h) *C* degré que il avient en des-
chendant. — i) *C omet* quant il avient. — j) *G H J K* li fiés muet. — k) *C*
si puet. — l) *B* et fere omage. — m) *H J K omettent* et estre en son ho-
mage et doit deservir le bail.

l'uns des enfans soit aagiés [a]. Et quant l'uns des enfans est [b] aagiés il doit fere homage [c] de sa partie et tenir le bail de ses freres et de [d] ses sereurs sousaagiés [e].

508. Nus n'est contrains a prendre bail s'il ne veut; et bien se gart qui le prent, car si tost comme il l'a pris [f] et il en a fet homage et foi au seigneur, il convient qu'il rachate le fief au [g] seigneur de la valeur d'un an a son coust et qu'il gart et maintiegne les enfans sousaagiés [h] a [i] son coust selonc leur estat; et si convient que [j], quant li premiers des enfans [k] sera aagiés, qu'il li rende ce qu'il avroit [l] tenu en bail quite et delivre sans dete nule.

509. Voir [m] est que nus n'est contrains a prendre bail ne a [n] estre garde d'enfans ne a [o] estre oirs de nului s'il ne li plest; mes puis que l'en s'i sera assentis [p], si que l'en [q] avra esploitié aucune [r] chose de ce qui sera tenu par reson de bail ou de garde [s], ou aucuns avra esploitié comme oirs de ce qui li [t] sera descendu ou escheu de costé, il ne li [u] loira [v] pas a soi [x] repentir, ains convenra [y], s'il tient en bail, qu'il l'aquit [z] au [aa] seigneur et qu'il soutiegne les enfans et qu'il rende [ab] l'eritage [ac] quite et delivre au premier aagié. Et s'il tient enfans en garde, il a l'aministracion des biens as [ad] enfans; et s'il tient comme oirs il convient qu'il responde des detes que cil devoit de qui il s'est [ae] fes oirs en tel maniere qu'il n'en [af] avra

---

a) *G J K* soit en aage; *H* soit en aagiés. — b) *C* omet aagiés. Et quant ... enfans est. — c) *G H J K* fere hom. au seigneur de sa p. — d) *A* fr. et dez ses ser. — e) *C* ser. tous aagiés. — f) *G* prent, que si tost qui le prent et il; *H J K M* omettent car si tost comme il l'a pris ; *on voit par la leçon de G, type de la famille* β, *comment ce bourdon a pu se produire dans* β'. — — g) *G* le fief devers le seign. — h) *B H J K* omettent sousaagiés. — i) *A* sousaag. et a son c. ; *C* sousaag. en son demainne et a son c. — j) *C* omet que. — k) *C* omet des enfans. — l) *G* il ara tenu. — m) *J K* Vray est. — n-o) *H J K* omettent a. — p) *A* assentus; *C* puis que il se sera assentus. — q) *G* ass. si com ara; *H* si ques on ara; *J K* si et tellement que on avra. — r) *H J K* espl. d'aucune ch. — s) *C* de garde ou d'aucunne raison ou aucuns. — t) *C* omet li. — u) *H J K* ne lor loira. — v) *C* ne li let pas. — x) *G* il n'est pas en culx d'aus en rep.; *H J K* a eus rep. — y) *C* ainchois convient se il. — z) *C* que il le cuitte ; *G* qu'il acquitte ; *K* qu'il la quitte. — aa) *C* a son seign. — ab) *G* qu'il leur rende. — ac) *G* leur eritage. — ad) *H* biens a enf. — ae) *H* il est fess. — af) *G H J K* qu'il n'avra ja.

ja si poi porté[a] comme oirs qu'il ne soit tenus a[b] tout paier quanque cil devoit du quel[c] il s'est fet oir.

510. En quel[d] maniere que fiés viegne a enfans sous-aagiés[e], soit en descendant soit en escheoite de costé, li baus apartient au plus prochien du lignage as enfans, mes que li lignages soit du costé dont l'eritages muet[f] : c'est a dire se peres et mere muerent et li fief[g] descendent as enfans sousaagiés, et il i a des fiés de par le pere et de par la mere, li plus prochiens apartenans as enfans de par le pere, soit hons soit fame, en portera le bail des fiés[h] de par le pere, et aussi li plus prochiens de par la mere en portera[i] le bail des enfans[j] qui venra[k] de par la mere; et seront cil dui qui en porteront le bail tenu a rendre le bail[l] quite et delivre[m] a l'aage de l'enfant[n] si comme il est dit dessus, non pas egaument[o], mes chascuns selonc ce qu'il tenra de l'eritage par la reson du bail[1].

511. Pierres tenoit[p] un enfant en bail et estoit li fiés si petis qu'il n'estoit pas convenables au[q] vivre ne a la vesteure des enfans; li enfant avoient[r] eritages vilains des queus Pierres avoit l'aministracion comme garde pour les enfans; si vouloit Pierres prendre de ces vilenages pour les enfans mainburnir de ce qu'il[s] leur falloit[t] par desseur ce que li fiés valoit et li ami as enfans ne le vourent pas soufrir, ains requirent au conte que Pierres fist bonne seurté de rendre[u] as enfans[v], quant il seroient aagié, toutes[x] les issues de

---

a) *C* si peu emporté. — b) *A* tenuz au tout p. — c) *GHJK* de qu'il; dans *K, le glossateur a écrit* ce *dans l'interligne, entre* de *et* qui. — d) *G* En quelque maniere. — e) *GHJK* enf. soubz aage. — f) *BC* l'erit. vient. — g) *B* et li heritages desc. — h) *B omet* des fiés; *C* le bail des en-fans des fies. — i) *C* emporteront. — j) *G* le bail des fiefs qui v. — k) *CG* qui vendront. — l) *C* de par la mere; et emporteront les .II. tout le bail et a aus i apartenra, et si seront tenus a rendre tout le bail. — m) *ABEFM omettent* et delivre. — n) *A* a l'aagié des enfans; *C* a l'enfant aagié; *M* quite aus enfans sans debtes, si comme. — o) *C* pas honniement. — p) *C* P. si te-noit. — q) *BC* conven. a vivre. — r) *AB* enfant avoit. — s) *C* che que i leur; *GH* ce qui leur. — t) *AC* failloit. — u) *C omet* rendre. — v) *B* P. f. as enfans bonne seurté de rendre. — x) *C* de toutes.

---

1. Cf. *Olim*, 1, 888, xxv.

leur terres vilenages[a] ; et que li dis[b] Pierres fust encore[c] contrains a pestre et a vestir les enfans comme cil qui avoit pris le bail ; et qu'il encore ne peust au bail renoncier[d] puis qu'il i estoit entrés. Et seur ce se mistrent en droit.

512. Il fu jugié que, puis que Pierres estoit entrés ou bail combien qu'il vausist poi, il devoit les enfans mainburnir et rendre quites quant il seroient aagié, et fere sauves[e] toutes les despueilles de leur vilenages par bonne seurté, laquele seurté[f] il doit baillier as amis prochiens des enfans ou au seigneur, s'il n'i a amis qui la[g] vueille prendre. Et par cel jugement poués vous savoir qu'il a grant peril en prendre bail et, pour ce, n'en est[h] nus contrains a prendre loi[i] s'il ne li[j] plest ; si qu'il loit a chascun a regarder et a soi conseillier se li baus est de tel valeur selonc la charge qu'il a, que ce soit li pourfis ou li damages de prendre loi.

513. En vilenage n'a point de bail ; mes quant vilenages vient a[k] enfans sousaagiés et il n'i a point de fief, par quoi nus se traie au bail, li plus prochiens du lignage as enfans puet, s'il veut, avoir la garde des enfans et esploitier les[l] vilenages pour les enfans par seurté fere as amis[m], — ou a la[n] justice se li ami ne[o] le requierent, — de rendre bon conte as enfans quant il seront aagié, les despens et les cous resnables des enfans rabatus. Ne il ne puet chaloir, a prendre tel[p] garde, de quel[q] costé li plus prochiens qui prent la garde[r] apartient[s] as enfans, ou du costé dont l'eritages vient ou d'autre.

514. Quant li sires prent qui que soit a homme par reson de bail, il doit avant prendre[t] bonne seurté de son ra-

---

a) *A* terre vilenage ; *HJK* terres vilaines. — b) *GHJK omettent* li dis. — c) *A B omettent* encore. — d) *CHJK* renoncier au bail. — e) *C* fere sauver. — f) *C omet* laquele seurté. — g) *C* qui les veille. — h) *ABEF* ne sont nus ; *G* nulz n'en est. — i) *GHJKM omettent* a prendre loi ; *A* lei ; *C* le. — j) *ABEF* ne leur pl. — k) *AG* vient as enf. — l) *B* esploit. des vilen. — m) *G* aus amis des enfans. — n) *G omet* la. — o) *C omet* ne. — p) *A B* pr. cele garde. — q) *HJK* de quelque costé. — r) *C omet* prent la garde. — s) *GHJK* apartiegne. — t) *C* doit baillier bon. s.

chat qu'il le reçoive a homme, ou certaine convenance qu'il
sera paiés a jour, s'il le[a] veut croire sans autre seurté. Et
s'il le prent a homme tout simplement sans prendre seurté
et sans autre convenance, il[b] renonce au droit qu'il avoit en[c]
son rachat. Car, puis qu'il l'a[d] receu simplement, il li doit
garantir son fief quitement et franchement, ne ne[e] li doit
puis demander fors ce qui apartient au service et a l'obeïs-
sance du fief, s'il n'est ainsi que cil qui prent le bail se mete
en tel homage par fraude ou par barat, — si comme s'il fet
entendant au seigneur qui li fiés li est descendus et qu'en
descendue[f] n'a point de rachat, ou par aucune autre voie
de barat pour fere au seigneur faus entendant[g] ; — de ce
le[h] pouroit li sires suir et saisir son fief tant qu'il avroit[i]
son rachat.

515. Voir[j] est que pour chose que cil face qui tient en
bail, l'oirs, quant il[k] vient en aage, ne doit pas perdre qu'il
ne truist son fief quite et delivre. Donques pouons nous
veoir que cil qui tient en bail ne puet le fief mesfere ne obli-
gier fors que le tans que ses baus dure. Mes tant de tans
comme il dure le puet il mesfere ou obligier vers[l] son sei-
gneur ou vers[m] autrui.

516. Il a[n] pluseurs disferences entre bail et garde : la
premiere si est que baus rent quite et delivre l'eritage a l'en-
fant et garde doit rendre conte quant ele est de vilenage,
car il ne doit estre de fief[o] nule garde fors en un cas que
vous orrés ci après.

517. Quant peres et mere ont enfans et li peres muert,
ou la mere tant seulement, et il i a fief de par le mort, cil
qui demeure, soit li peres soit[p] la mere, a la garde de ses
enfans[q] et du fief qui de[r] par celi qui est mors vient sans

---

a) *G H J K* s'il li veut. — b) *C* conven. et renonce. — c) *G H* avoit a son
rac. — d) *C* il a receu. — e) *C* ne il ne. — f) *B* en descendement. — g)
H J K par fere entendant faus au seigneur. — h) *B* de cele pourr. — i) *A*
qu'il n'avroit. — j) *J K* vray est. — k) *C* li hoirs qui vient. — l) *A B E F* ou
oblig. se il veut vers ; *C* envers. — m) *C* envers. — n) *G* Il y a. — o) *A B*
de fies. — p) *C* peres ou soit la m. ; *G* peres ou la m. — q) *G H J K* garde
des enfans. — r) *A B E F* omettent de.

paier rachat, essieuté les fiés[a] de Bules et de Conti[1][b] ou l'en rachate de toutes mains, si comme j'ai dit dessus[c] ou chapitre de[d] descendement et d'escheoite[e].

518. La seconde disference qui est entre bail et garde si est tele que, se mi enfant sousaagié sont aveques moi et il ont aucune chose[f] de par leur mere qui est morte, il perdent ou[g] gaaignent aveques moi dusques a tant que partie leur est[h] fete soufisaument et qu'il sont[i] osté de mainburnie[j]. Et cil qui sont tenu[k] en bail ne pueent demander fors que leur fiés quites et delivres quant il sont aagié ; ains en porte cil qui le bail tient tous les esplois des fiés et tous les muebles de celi dont li baus vint par dessus son testament, ou le tout s'il n'i a point[l] de testament[m]. Et si ai je veu que de ceus qui mouroient sans testament[n] que l'evesques en vouloit avoir les muebles, mes il ne les en porta pas par nostre coustume ; ains en ai delivree la saisine as oirs du mort au tans de nostre baillie par pluseurs fois a la seue[o] de la court l'evesque[p].

519. Qui tient en[q] bail, s'il[r] a[s] edefices[t] ou bail, il les doit maintenir ou point ou il les prent, si que l'oirs ne truist pas ses edefices[u] empiriés quant il vient[v] en[x] son[y] aage.

520. Cil qui tient en bail ne doit pas essillier les eritages[z] : c'est a dire que s'il i a vignes, il ne les doit ne[aa] couper, ne esrachier[ab], ne lessier gastes[ac] sans feture[ad], car

a) *A B G H* le fief. — b) *A* Conci. — c) *HJK omettent* dessus. — d) *G H J K* chap. des descend. — e) *C omet* ou chap. de desc. et d'esch. ; *G* des esqueances ; *HJK* d'esqueances. — f) *C* auc. fois de p. — g) *H J K* perd. et gaaign. — h) *C* leur soit faite. — i) *C* il soient osté. — j) *H* de me mainburnie. — k) *HJK omettent* tenu. — l) *A B* s'il n'a fet point. — m) *C omet* ou le tout s'il n'i a point de testament. — n) *C* sans faire testam. — o) *G* a l'issue de ; *JK* au sceu de. — p) *G HJK* court de l'evesque. — q) *ABEF omettent* en. — r) *C* bail et il a. — s) *G* il y a. — t) *A B* edifice. — u) *JK* les hoirs ne treuvent pas leurs edif. — v) *JK* ilz viennent. — x) *G H* v. a son. — y) *JK* en leur a. — z) *C* pas empirier ne essillier les heritagez ; *G* pas empirer les heritages ne les eschiller. — aa) *GHJK* d. par c. — ab) *C* ne arrachier ; *GHJK* ne essarter. — ac) *JK* gaster. — ad) *C* gast. sans labourer.

1. Voy. § 471 et p. 225, notes 1 et 2.

assés est la vigne essilliee laquele l'en[a] lesse a manouvrer
selonc la coustume du païs. Et s'il i a[b] bois ou bail, il ne
doit estre coupés devant qu'il i a[c] .vii. ans acomplis ; et s'il
i a bois de .lx. ans ou de plus, il doit estre gardés a l'oir
sans empirier. Et s'il i a arbres fruit portans, il ne doivent[d]
estre coupé ne essillié. Et qui fet contre ces choses, li sires
i doit metre la main et destraindre celui qui le bail tient a
ce qu'il ne le face pas. Et s'il l'a[e] fet que li sires n'en seust
mot, quant li fes vient a la memoire du seigneur, il le doit
justicier a ce qu'il baille[f] bonne seurté de rendre le damage
a l'oir, car de droit commun li seigneur sont tenu a garder
le droit de tous ceus qui sont sous aage[g]. Et parce[h] que cil
qui tienent en bail n'en[i] pueent porter[j] les choses dessus
dites[k], puet on entendre que cil qui tienent en garde le
pueent encore meins fere, car pour ce est ele apelee garde
qu'ele doit garder en toutes choses le droit des sousaagiés.

521. Se il avient qu'aucuns baus eschiee et nus ne se
tret avant pour le bail recevoir pour ce qu'il i a trop de
detes, ou pour ce que li enfant sont prest de leur aage, si
que la peine de celi a qui li baus apartient ne seroit pas
emploiee, ou pour ce qu'il ne plest a prendre loi[l] a nul[m], li
sires, en tel[n] cas, puet tenir le fief[o] par defaute d'homme
dusques a tant que l'enfes vient en[p] son homage tous[q] aagiés.
Ne ja li sires ne sera tenus a paier riens qui fust deu[r] par
la[s] reson du fief qu'il tient par defaute d'homme ; ainçois
convient que li deteur[1] atendent dusques a tant que l'enfes

a) *GHJK* essil. qu'on laisse. — b) *C* il ra ; *H* omet i. — c) *CHJK* qu'il
ait. — d) *C* doivent pas estre. — e) *GHJK* s'il y a fet. — f) *C* il fache b. s.
— g) *G* sont soubzaagié. — h) *GHJK* Et pour ce. — i) *C* ne p. — j)
GHJK p. emporter. — k) *AB* ch. dites dessus. — l) *GHJK* omettent loi.
— m) *C* plest a nul a prendre le. — n) *GH* en ces cas ; *JK* en ce cas. — o)
C le fief en sa main par def. — p) *GHJK* vient a son hom. — q) *B* hom.
puis aagiez. — r) *C* rien que l'en doie. — s) *GHJK* omettent la.

1. *Deteur* a dans ce passage le sens de *créanciers*. C'est un mot rare en
vieux français. Godefroy, *Dictionnaire de l'ancienne langue*, II, 685,
vº DETEOR, n'en donne qu'un exemple pris dans le *Cartulaire d'Auchy* et
daté de 1248. Beaumanoir l'emploie aussi dans *Jehan et Blonde*, v. 2154.
C'est une expression spontanée, si l'on peut ainsi dire, faite sur *dette*, et

soit[a] aagiés et qu'il se face oir; et adonques le pueent suir et demander ce qui leur est deu; et ainsi pueent retargier[b] les detes as creanciers par ce que nus ne se tret avant pour recevoir le bail.

522. Certaine chose est que l'oirs masles est aagiés par nostre coustume quant il a .xv. ans acomplis, et la fame quant elle a .xii. ans[c] acomplis. Mes pour ce ne demeure pas qu'il ne se puissent bien tenir ou bail ou en la garde ou il sont, tant comme il leur plest, mes[d] que ce soit sans fraude et sans barat ; car s'il fesoient aucune[e] convenance[f] a ceus qui les tienent en bail ou en garde, par laquele convenance il seroit aperte chose qu'il l'avroient fete[g] pour apeticier le droit du seigneur, li sires ne l'avroit pas a soufrir. Mes tant comme il se vuelent tere, sans convenance fere, de leur bonne volenté, li sires ne les puet contraindre et le pourrés veoir par un cas qui ensuit.

523. Pierres tenoit en bail un sien neveu et une sieue niece qui estoient freres et sereurs. La suers vint avant[h] a son aage de .xii. ans acomplis que ses freres ne fist a l'aage de .xv.[i] ans, si que, s'il pleust a la sereur, ele eust osté le bail de la main son[j] oncle et l'eust tenu tant[k] que ses freres eüst eu .xv. ans acomplis[l]. Et quant li sires vit, qui volentiers preïst son rachat, qu'ele[m] ne venroit[n] pas au bail, il saisi le fief. Adonques se traist Pierres avant et li dist : « Sire, grief[o] me fetes, qui saisissiés ce que je tieng de vous en bail et dont je fes envers vous ce que je doi. » A ce respondi li sires qu'en son bail ne devoit il plus[p] estre puis que

---

a) *HJK* l'enf. feust aag. — b) *C* p. atargier; *GHJK* retarder. — c) *ABEF* ele en a .xii. ac. — d) *C* pl. ne mes que. — e) *A* fes. aucune chose ou aucune conven. — f) *C* aucunes convenanches. — g) *JK* avr. fait. — h) *ABEF* omettent avant. — i) *ABCEF* aage de .x. ans. — j) *C* bail hors de la main a son oncle. — k) *C* eust tant tenu que. — l) *C* freres feust en l'aage de .xv. ans tous aemplis. — m) *C* rachat et qu'elle ne. — n) *AB* ne venoit pas. — o) *C* grant grief. — p) *C* bail il ne devoit pas plus.

---

on ne doit pas la confondre, comme M. Godefroy, avec un autre *deteur*, celui-là fréquent, qui est le représentant populaire du latin *debitorem*, dont *débiteur* est le représentant savant.

la suers qui plus prochaine estoit, estoit en aage ; et Pierres
dist que c'estoit[a] voir[b], qu'ele estoit aagie, mes puis qu'ele
ne se[c] treoit au bail, il ne l'en pouoit contraindre ne le fief
ne devoit il pas saisir, car il en avoit homme[d]. Et seur[e] ce
s'acorderent au conseil qu'il en avroient des sages hommes[f].

524. Il fu regardé[g] par le conseil des sages hommes[h] de
la conteé que li sires ne pouoit pas contraindre la sereur a
prendre le bail de son frere, ains convenoit qu'il i[i] soufrist
Pierre son oncle[j] dusques a tant qu'il pleroit a la sereur
qu'ele i venist ou dusques a tant qu'il se treroient[k] avant
comme oir aagié[l]. Et[m] par ce puet on savoir que chascuns
se puet tant tenir[n] en autrui bail ou en autrui garde comme
il plest[o] a celui qui s'i tient[p] et a celi qui a la garde ou le
bail[q], essieutees les fraudes qui pueent estre fetes pour le
seigneur decevoir si comme il est dit dessus.

525. S'il avient qu'aucuns tiegne en bail et il i a hommes
de fief par la reson du bail, li homme ne sont pas tenu a
paier roncis de service[r] a celi qui le bail tient. Donques
teus manieres de services doivent estre gardees dusques a
l'aage de l'oir ; et la resons si est que qui sert il en doit
estre quites toute sa vie, et cil qui tient le[s] bail n'i a riens
fors a[t] certain tans ; et s'il pouoit les services lever, l'oirs
trouveroit son fief empirié de tant comme[u] il apartendroit as
services qui avroient esté paié[v] a celui qui avroit[x] tenu le
bail ; et ce ne puet fere cil qui tient en[y] bail, fors en un cas
qui ensuit ; et si n'en est[z] pas li oirs damagiés si comme
vous orrés[aa].

<hr>

a) *A B* que c'est v. — b) *C* est. verites. — c) *A B* omettent se. — d) *C*
homme et seureté. — e) *C* Et dessus che. — f) *A* omet hommes. — g) *C*
Il fu jugié adonc par. — h) *C* sag. personnes. — i) *C* omet i. — j) *C P.* son
oncle a tenir le bail jusques. — k) *C* ou jusques que il se tenroit av. — l)
G J K hoir en aage ; *H* hoirs enaagié. — m) *C* Car par ce. — n) *H J K* p.
tenir tant. — o) *G* garde comme il ly plaist ; *H J K* garde qu'il plaist. — p)
G omet a celui qui s'i tiens. — q) *G H J K* a le bail ou la garde. — r) *A* ronc.
de serv. par le rezon du bail. — s) *A* tient de bail ; *C* tient un bail. — t) *A*
fors de cert. tans ; *C* omet a. — u) *G H J K* tant qu'il ap. — v) *C* esté bail-
lies. — x) *C* a chaus qui aroient. — y) *C* tient le bail. — z) *C* si n'est ;
G H J K si n'y est. — aa) *G H J K* orrés cy après.

526. Pierres tenoit un bail et, par la reson de ce bail il avoit hommes. Li uns de ses hommes qui[a] avoit a[b] non Jehans tenoit[d] en bail et devoit li baus de Jehan meins durer que li baus de Pierre pour ce que l'oirs dont il tenoit le bail estoit plus pres de son aage. Et pour ce que li baus ne pouoit venir a l'oir dont Pierres tenoit le bail, il convint qu'il paiast service a Pierre, tout fust ce que li dis Pierres tenist[d] en bail. Et en tel cas poués vous veoir[e] que l'en puet estre servis, tout soit ce que l'en tiegne par reson de bail ; et si n'en est[f] l'oirs de riens[g] damagiés.

527. Quant aucuns tient en bail et il i a detes, li deteur[1] doivent sievir[h] celi qui le bail tient ; et se cil qui le bail tient[i] est bien soufisans et bons a estre justiciés, et[j] li creanciers, par negligence ou par sa volenté, lesse a poursuir et a requerre sa dete a celui qui tient le[k] bail dusques a tant que l'oirs ait aage, et puis le demande a l'oir, l'oirs a bonne defense par quoi il n'est pas tenus a la dete paier ; car il puet dire au creancier[l] : « Vous saviés[m] que j'estoie tenus en bail et estoit li baus soufisans[n] pour moi aidier et avés lessié le tans du[o] bail passer sans demander vostre dete par justice, par quoi je n'en[p] vueil[q] estre tenus[r] a respondre. » Et en tel[s] cas il n'i respondra pas, ains convenra que li creanciers quiere sa dete a celi qui tint le bail ; mes en pluseurs cas pourroit estre l'oirs tenus a respondre au creancier[t], tout soit ce qu'il eust esté tenus en bail, et orrés en queus[u] cas.

528. Se aucuns est[v] tenus en bail et cil qui le bail tient[x]

a) *C* hommes si avoit. — b) *GHJK omettent* a. — c) *C* Jeh. qui tenoit. — d) *A* Pierr. tenoit. — e) *C* p. v. savoir. — f) *GHJK* et si n'est. — g) *A* est de riens li hoirs dam. ; *G* li hoirs en riens dam. — h) *A* doiv. suir ; *B* doiv. servir. — i) *BC* qui tient le bail. — j) *C omet* et. — k) *BC* tient en bail. — l) *GHJK* dire as creanciers. — m) *C* Vous saves bien que. — n) *C* baus asses souffisant. — o) *A omet* tans du. — p) *GHJK* je ne. — q) *G* doibs. — r) *C* tenus de riens a resp. — s) *A* en cest cas. — t) *GHJK* as creanciers. — u) *ABCEF* en quel cas. — v) *GHJKM* auc. qui est t. — x) *G* et cil qui tient le bail ; *HJKM omettent* et cil qui le bail tient ; *cf. var.* f, p. 245.

_____

1. Créanciers. Cf. p. 250, note 1.

chiet[a] en povreté ains que les detes soient paiees, l'oirs n'en est pas delivres qu'il ne l'en conviegne respondre as deteurs[1][b]; mes il puet bien suir celui qui le tint[c] en bail qu'il[d] l'aquit; et, s'il a tant vaillant, il doit estre contrains a aquitier l'oir.

529. Li secons cas si est quant li creanciers est hors du païs tout le tans que li baus dure et, quant il revient, l'oirs tient la chose : en tel cas li creanciers puet sievir[e] lequel qu'il veut, ou l'oir ou celui qui tint en[f] bail. Et s'il poursuit l'oir, l'oirs puet poursuir celi qui le tint en bail[g] qu'il soit aquitiés.

530. Li tiers cas si est se li baus mesfet, si que cil qui tient en bail pert et ce qu'il tient en bail[h] et quanqu'il a d'autres choses, si que li creancier ne le pueent suir. En tel cas est l'oirs tenus a respondre a aus, car il n'est pas resons que li creancier perdent leur dete pour le mesfet de celui qui tint[i] en[j] bail.

531. Or veons que l'oirs en[k] fera en tel cas, car il ne puet poursuir celi qui mesfist quanqu'il[l] avoit. Je di en tel maniere que se li sires prent le fief en sa main par la reson de la forfeture de celi qui tenoit en bail, li sires doit l'oir[m] aquitier de tant comme les levees du bail montent entre le jour que li sires le prist en sa main et le jour que l'oirs tret[n] a son homage ou puet trere[o] comme aagiés ; car de tant comme l'oirs atendroit a entrer en l'homage[p] puis qu'il seroit aagiés, li sires ne[q] seroit tenus a riens rendre ne a

---

a) *G* quierent. — b) *BCEF* au deteur; *G* as creanciers. — c) *HJK* le tient en. — d) *A* bail qu'il soit aquitiez et qu'il l'aq. — e) *AK* suir; *C* servir. — f) *GHJK* tint le bail. — g) *C omet* Et s'il poursuit ... le tint en bail. — h) *C* Le tiers cas si est se chelui qui tient le bail mesfet le bail et le pert et tout che que il en tient et quanques. — i) *C* qui le tint. — j) *B* tint le bail. — k) *GHJKM omettent* en. — l) *C* celui qui le mesfet tout che que il av. — m) *B omet* l'oir. — n) *C* li hoirs si se tret a; *H* li hoirs traist se a; *M* se trait. — o) *C* ou pour soi traire avant comme aag. — p) *GHJKM omettent* ou puet trere ... entrer en l'homage; *GHJK remplacent tout ce passage par* et. — q) *HJK* sires n'en seroit; *M* ser. aag. Et s'il n'estoit aagiés li sires ne.

---

1. Créanciers. Cf. p. 250, note 1.

riens paier [a], car il pourroit dire qu'il tenroit par defaute
d'homme. Mes de celui tans qu'il l'avroit [b] tenu par la reson
de la forfeture de celui qui tint le bail, il seroit tenus a
aquitier l'oir selonc les levees ; et s'il i avoit plus detes que
levees [c], li sires ne seroit pas tenus a paier le seurplus ; et
s'il i avoit plus levees que detes [d], ce seroit aquis au seigneur
par reson [e] de forfeture. Et en ceste maniere n'est nus dama-
giés de la forfeture fors cil qui forfist [f] ; fors en tant que,
s'il i a plus detes que levees l'oirs est [g] damagiés de tant
comme il afiert au seurplus des levees, car il n'en a qui
poursuir.

532. Quant baus eschiet et il [h] ne trueve qui pregne pour
ce qu'il est trop chargiés de detes, ou pour ce que li baus
doit trop poi durer pour ce que l'oirs est trop pres de son
aage, li sires puet prendre le fief en sa main par defaute
d'homme et sont sieues aquises toutes les levees du fief dus-
ques a l'aage de l'oir [i] sans detes [j] paier. Et en tel cas puet
estre l'oirs damagiés [k] parce [l] qu'il ne trouva [m] qui le tenist [n]
en bail, car il li convient paier les detes dont cil fust tenus
qui l'eust en bail [o].

533. Voir est quant baus eschiet et il n'est nus qui le
prengne ne qui vueille mainburnir les enfans et il n'i a nus
vilenages des queus li enfant puissent [p] estre soustenu, li
sires qui tient leur eritage par defaute d'homme leur doit
livrer vesteure et peuture [q] selonc ce que li fiés [r] est petis ou
grans ; car ce seroit euvre [s] sans misericorde de lessier
mourir les enfans par defaute puis que drois leur soit [t] ac-
quis d'aucun eritage. Et si est drois communs, — et resons

---

a) *HJK omettent* ne a riens paier. — b) *B* qu'il avroit. — c) *C omet*
et s'il i avoit plus det. que levees. — d) *C* plus des levees que des dettes. —
e) *C* par le raison. — f) *C* qui mesfist ; *G omet* fors cil qui forfeist. — g)
B omet plus detes que levees l'oirs est. — h) *GHJK* et on ne tr. — i) *A*
l'aage de l'oir ; *G* dusquatant li hoirs a age ; *HJK* dusques a tant que li hoirs
a aage. — j) *GHJK* sans dette paier. — k) *C* puet bien li hoirs estre dama-
gies. — l) *GHJK* pour che. —m) *G* ne treuve. — n) *JK* le retint en b. —
o) *C omet* car il li convient ... qui l'eust en bail. — p) *C* enf. se puissent. —
q) *C* vest. et pasture : *G* livr. vivre et vesteure. — r) *GHJKM* ce que l'enfes
(*JK* enfant) est. — s) *A* envite ; *B* ouevre ; *C* injure. — t) *C* leur seroit ag.

s'i acorde[a], — que tuit enfant sousaagié, liqueus ne trouveront[b] qui les[c] tiegne ne[d] en bail ne en garde, sont et doivent estre en la garde du seigneur et donques leur doit bien li sires livrer soustenance, qui[e] tient d'aus, par quoi il le puet[f] fere.

534. La garde que li seigneur ont seur les[g] sousaagiés n'est pas a entendre que, se[h] li seigneur ne tiegnent riens du leur ne qui doie estre leur, qu'il leur doient[i] nule soustenance s'il ne le font par reson d'aumosne. Mes il les[j] doivent garder que l'en ne leur face tort[k] ne grief; et s'il ont muebles ne vilenages, li sires doit regarder[l] qu'il soient mis resnablement en aus nourir et[m] soufisanment, et le remanant garder a leur pourfit.

535. Se baus eschiet, il ne se depart pas, ains l'en porte li plus prochiens tout. Et s'il sont[n] frere et sereurs li ainsnés masles l'en porte sans partie des autres; et s'il n'i a fors que sereurs, l'ainsnee l'en porte, ne les mainsnees n'i ont riens.

536. Aucun si dient que li[o] enfant de poosté sont tous jours en aage, mes c'est gas : car ce c'estoit voir, donques pourroit uns enfes[p] qui aleteroit encore sa mere se dessaisir[q] de son eritage, et nus drois ne nule coustume ne s'i acorde. Ains est usé[r] communement que ce qu'il[s] fet dessous .xv. ans ou la fame dessous .xii. ans en soi ostant de son eritage ne vaut riens qu'il ne le[t] puist après[u] rapeler. Donques est il aperte chose que l'oirs masles n'a aage de-

---

a) *A* et s'i acorde raizon ; *B* raisons si l'acorde. — b) *C* ne trouveroient ; *H J K* (*H* n'i) treuvent. — c) *B omet* les. — d) *G H J K omettent* ne. — e) *H* soust. qu'il tient. — f) *H J K* le doit fere. — g) *H J K* sur lor sousaag. — h) *A omet* se. — i) *Tous les mss.* ont doie ; *C* doie livrer nule s. — j) *H J K omettent* les. — k) *G* fache ne tort. — l) *C* le seigneur les doibt garder ; *G* li sires doibt guarder. — m) *A B E F* nour. resnablement et ; *G J K omettent* et. — n) *A B E F* s'ils ont fr. — o) *G omet* li. — p) *A B C E F* pourroit on un enfant. — q) *A B C E F omettent* se ; *H J K* dess. soi de. — r) *G* Ains use on comm. ; *H J K* Ains use comm. — s) *G* ce que le masle fait ; *H* ce qui fet ; *J K* ce qui est fait. — t) *B omet* le. — u) *G H J K omettent* après.

vant qu'il ait[a] .xv. ans acomplis, ne la fame devant qu'ele a .xii. ans acomplis[b] si comme j'ai dit dessus des gentius hommes[1].

537. L'en dit qu'en hommes de poosté n'a point de bail, mes c'est a entendre quant il n'ont[c] point de terre[d] de fief. Car s'il ont fief, il pueent[e] avoir bail et l'en porte li plus prochiens, en la maniere que[f] je vous ai dit dessus des gentius hommes[2]. Mes s'il n'i a fors vilenages, il n'i a point de bail. Et aussi n'avroit il entre gentius hommes s'il n'i avoit fors vilenages[g]; ains i apartient garde si comme j'ai[h] dit dessus[3].

538. Se baus eschiet a homme qui maint[i] hors du païs ou hors[j] de la chastelerie ou[k] li baus siet, et il n'a point d'eritage en la dite chastelerie qui soit soufisans as detes paier qu'il doit par la reson du bail, et il en veut porter les levees du bail, eles doivent estre arestees a la requeste des creanciers ou des amis a l'oir dusques a tant qu'il ait fet bonne seurté du bail aquitier; car autrement pourroit l'oirs estre mout[l] deceus. Mes li sires n'a pas a fere tel arrest s'il ne li[m] est requis des amis a l'oir ou des creanciers, car s'il se vuelent[n] tere, li sires ne doit pas destourner[o] a celi qui est ses hons qu'il n'en port ce qu'il tient de li pesiblement.

539. Voirs est, — quant aucuns tient en bail et li creancier a qui les detes sont deues par la reson du bail donnent respit ou font nouveaus marchiés ou nouveles convenances de leur detes et en ce pendant l'oirs vient en aage,

---

a) *C H J K* qu'il a. — b) *A B E F* qu'ele en a .xii. acomplis. — c) *B* quant il n'i a point. — d) *B omet* de terre. — e) *A B E F* il puet. — f) *A B* proch. si comme je vous ; *G* proch. comme je vous. — g) *A B* fors que vilen. — h) *C* je vous ai dit. — i) *C G* qui est hors. — j) *A C omettent* hors. — k) *G H J K* la ou. — l) *A* pourroit estre li hoirs mout; *C* porroit molt l'oir estre. — m) *C omet* li. — n) *G J K* se vouloient t. — o) *C* destourber.

---

1. § 522.
2. § 510.
3. § 513.

— se[a] li creancier vuelent l'oir poursuir, il n'en est pas[b] en tel cas tenus[c] a respondre. Ains convient qu'il en poursievent celui qui tint le bail, qu'il[d] apert qu'il s'en[e] tinrent a li si tost comme il donnerent[f] respit, ou si tost comme il remuerent la dete de l'estat ou ele[g] estoit devant[h].

540. S'il avient que dete soit deue a si lonc tans[i] que li baus faille[j] avant que li termes chiee, li creanciers puet demander sa dete a l'oir, car il ne[k] pouoit riens demander a celui qui tenoit le bail, pour ce que li termes n'estoit pas venus ; et pour ce convient il que l'oirs face le gré au creancier[l]. Nepourquant l'oirs pourra suir celui qui le tient en bail qu'il l'aquit, car pour ce se li[m] termes ne cheï[n] pas le bail durant, ne demeure pas que la dete ne fust deue et que li baus ne doie l'oir aquitier.

541. Il est voirs[o], quant l'oirs vient en aage et il a esté tenus en bail, il[p] prent son eritage aussi comme il le trueve: c'est[q] a dire s'il[r] vient a son homage ou tans que les despueilles sont ostees, il n'en puet riens demander, mes[s] qu'eles n'aient esté ostees trop tost par voie de barat. Et s'il i a despueilles de bles ou de mars, ou de bois, ou d'autres choses[t], l'oirs les en doit porter[u] quites et delivres ; ne n'en puet cil qui a[v] tenu en[x] bail riens demander, car il pert[y] a estre sires de la chose si tost comme l'enfes vient a son aage. Mes se ce sont terres gaaignables qui aient[z] ou tans du[aa] bail esté donnees[ab] a loial muiage[ac] sans fraude et

---

a) *C* aage et les creanc. — b) *A* omet pas. — c) *C* il n'en est pas tenus en tel cas ; *HJK* il n'en est pas tenus en chest cas. — d) *A B* car il. — e) *A B E F* qu'il se tinr. — f) *HJK* il li donnerent. — g) *HJK* ou il est. — h) *G* est. avant. — i) *A B* lonc terme. — j) *G H J K* baus esquice ou faille avant. — k) *G H J K* il n'en pouoit. — l) *C* hoirs fache gré a creancier. — m) *B* car pour cel termes. — n) *B* ne chiet pas ; *G J K* ne eschey pas. — o) *C* Il est verites ; *J K* Il est vray. — p) *G* bail et il prent. — q) *C* trueve et est a d. — r) *B* dire que s'il. — s) *C* demander ne mes que. — t) *C* omet ou d'autres choses ; *G* de mars ou de bonnes autres choses comme de bos ou de fruis ou de pres li hoirs. — u) *A* doit emporter. — v) *C* qui l'a t. — x) *G H J K* tenu le bail. — y) *C* il apert a. — z) *B G* qui aient esté ou t. — aa) *A* tans de bail. — ab) *B* omet esté donnees a ; *G* esté louees a. — ac) *C* loial mariage.

sans barat, l'oirs s'en doit passer par le[a] muiage, car en ce
cas li gaaigneres[b] ne perdroit pas[1].

542. Il avint qu'uns baus escheï a Pierre a fere son[c] ho-
mage. Il oblija en lieu de seurté vers[d] son seigneur le fief
qu'il tenoit en bail pour son rachat ; après[e] il mourut avant
que ses sires fust paiés et li baus si[f] vint a Jehan qui estoit
li[g] plus prochains après le dit Pierre. Adonques se traist
Jehans au seigneur et li offri le cors et les mains, et li offri
a fere[h] seurté de son rachat. Li sires dist qu'il le vouloit
bien ; mes il vouloit aveques ce que l'obligacions que Pierres
li avoit fete ou tans qu'il tenoit le bail li[i] fust aemplie[j] avant
que Jehans joissist du bail. A ce respondi Jehans[k] que li
dis Pierres ne pouoit obligier le fief qu'il tenoit en bail fors
tant comme[l] li baus li duroit ; par quoi il requeroit que li
fiés[m] li fust bailliés quites et delivres de la dite obligacion,
comme il fust apareilliés de fere bonne seurté de son rachat ;
et seur ce se mistrent en droit.

543. Il fu jugié que l'obligacions que Pierres avoit fete
ne tenroit pas et que li sires deliverroit le fief audit Jehan
par la[n] reson du[f] bail quite et delivre de l'obligacion dessus
dite[o]. Et par ce jugement puet on entendre[p] clerement que
nus ne puet obligier ce qu'il tient en bail en damage de l'oir ne
de celi a qui li baus puet venir ; mes tant comme il puet et doit
durer l'en en puet fere son pourfit sans autrui damagier.

544. Pierres tenoit une sieue niece en bail et grant terre
avoit[q] par la reson du bail. L'acors des amis fu teus qu'il
marierent[r] la damoisele de l'aage de .x. ans. Quant ele fu
mariee, ses barons mist l'oncle sa fame[s] en court et proposa

a) *C* omet le. — b) *JK* le laboureur. — c) *GHJK omettent* son. — d) *C*
seurté envers son s. — e) *C* apres che il. — f) *H* baus se vint. — g) *AB*
omettent li. — h) *C* omet a fere. — i) *GHJK omettent* li. — j) *C* resp.
Jeh. et dit que. — k) *GHJK* tant que li. — l) *GHJK* que li baus li fust.
— m) *GHJK omettent* la. — n) *A* res. de bail. — o) *HJK* bail de l'obli-
gacion quite et delivre et par ce jug. — p) *A* p. on veoir clerem. — q) *C*
gr. terre en tenoit. — r) *C* que il mariroient. — s) *GHJK omettent* sa fame.

1. Cf. § 677.

contre li qu'il li lessast l'eritage^a qui devoit estre sa fame^b, lequel il avoit tenu en bail^c, et disoit que puis que la damoisele estoit mariee, combien qu'ele eust d'aage, ele estoit venue en aage^d de terre tenir par la reson du mariage; par quoi il requeroit au seigneur de qui li fiés estoit tenus que se^e Pierres ne li vouloit delivrer, qu'il li delivrast et qu'il le receust a homme comme de l'eritage sa fame. A ce respondi Pierres que, par la coustume de Beauvoisins, la fame n'estoit aagiee^f devant^g .xii. ans acomplis et, pour ce que la coustume estoit^h clere, en fist il homage comme de bail et le racheta au seigneur, et estoit tenus a rendre la damoisele quite et delivre quant ele venroit en aage ; ne pour ce, se la damoisele se marioit sousⁱ aage^j, ne devoit il^k pas perdre ce que coustume li donnoit dusques a certain tans ; et seur ce se mistrent en droit.

545. Il fu jugié que Pierres tenroit le bail dusques a tant que la damoisele^l avroit .xii. ans acomplis. Et par ce jugement pouons nous^m veoirⁿ que mariages n'acource pas le tans que cil doivent avoir qui tienent^o par reson de bail. Mes autrement iroit se c'estoit garde ; car se j'avoie une fille et la mere estoit morte, et je tenoie fief d'icele fille par la reson de la mere, et ma fille estoit mariee sous aage, si tost comme^p ele seroit mariee, ele en porteroit l'eritage de par sa mere. Et en cel cas puet l'en veoir^q une des disferences qui est entre bail et garde.

546. En un cas puet revenir^r fame en bail comme sous-aagiee, tout soit ce qu'ele ait^s esté en aage et en homage de son fief. Si comme se une fame a .xii. ans acomplis et

---

a) *C* less. tout l'eritage. — b) *C* erit. qui estoit sa fame ; *G* erit. qui devoit estre sien a cause de sa fame ; *JK* dev. estre a sa fame. — c) *ABEF* en son bail. — d) *C* venue a l'aage. — e) *GHJK* que puis que Pierres. — f) *GHJK* n'estoit en aage. — g) *G* dusques a .xii. — h) *A* coust. est clere. — i) *C* mar. dessous aage ; *HJK* mar. sans aage. — j) *G omet* sous aage. — k) *ABEF omettent* il. — l) *JK* que sa niece avr. — m) *C* poes vous v. — n) *C* Et pour ce puest on veoir par cest jugement. — o) *A* avoir quitement par res. — p) *HJK* si tost que ele. — q) *C* p. on bien veoir. — r) *C* cas puet on venir fame. — s) *JK* elle en ait.

ele reçoit sa terre et fet son homage, et après se[a] marie a un homme qui soit sous aage[b], — dessous l'aage[c] de .xv. ans acomplis a la coustume de Beauvoisins ou dessous l'aage de[d] .xx.[e] ans acomplis[f] a[g] la coustume de France[1], — en tel cas li fiés[h] de par[i] la fame rechiet en bail, car l'hons sous aage qui l'a prise n'est pas receus a l'homage devant qu'il soit en aage; et ele, puis qu'ele est mariee, n'a nul pouoir de deservir son fief. Donques convient il que cil qui devant tenoit le bail de par[j] la fame le rait et tiegne tant que li maris de la fame soit aagiés, ou li sires du fief le pourroit tenir par defaute d'homme. Et ainsi creons nous qu'il seroit[k] qui en vourroit pledier; nepourquant nous avons veu que l'en le lessoit tenir a la fame, mes nous creons que ce fust[l] par debonaireté et non par droit.

547. Il est voirs que li peres et la mere qui metent[m] leur enfans hors de leur bail ne perdent pas pour ce la[n] garde; ainçois les puecnt oster hors de leur bail par justice pour .ii. resons : la premiere[o] pour ce que l'en ne se plaigne[p] pas a aus de leur mesfès s'il mesfont; la[q] seconde resons si est[r] se li enfant ont aucune chose de par pere ou de par mere, ou par don, ou par testament d'autrui, qu'il ne facent[s] pas compaignie aveques le pere ou aveques la mere. Et ce sont les .ii. resons par quoi l'en oste volentiers ses enfans hors de bail[2]. Et si[t] ne demeure pas pour ce[u] que l'en ne les puist puis[v] tenir[x] en sa garde, car de droite coustume garde

---

a) *C* apres elle se mar. — b) *H* soit sous aagié. — c) *C* soit dessous aage si comme dessous l'aage de. — d) *A B omettent* l'aage de; *C omet* .xv. ans acomplis ... ou dessous l'aage de. — e) *C* .x. ans. — f) *G H J K omettent* acompl. — g) *C* acompl. par la coust. — h) *C* Et en tel cas le seigneur de par. — i) *A* fies a la fame. - j) *G* tenoit le fief un bail de la f.; *H J K omettent* par. — k) *H J K* il en seroit. — l) *G H J K* que c'estoit par deb. — m) *G H J K* qui tienent leur enf. — n) *H J K* pour ce leur garde. — o) *C* premiere si est pour. — p) *G H J K* on ne se prengne pas. — q) *H J K* et la. — r) *H J K omettent* resons si est. — s) *Tous les mss. ont* face. — t) *C* Et pour che ne dem. — u) *C omet* pour ce. — v) *A omet* puis; *C* puisse molt bien apres tenir. — x) *A B E F* retenir; *H J K* tenir puis.

---

1. *A la coustume de France*, voyez p. 218, note 4.
2. Cf. § 640 et 641.

d'enfans sousaagiés qui sont mis hors de bail apartient au plus prochain.

548. Pour ce que maint mariage pourroient estre fet qui ne seroient pas convenable[a], de ceus ou de celes qui sont en autrui bail ou en autrui garde, il est resons que cil qui en[b] a le bail ou la garde face bonne seurté as amis prochiens de l'un costé et de l'autre qu'il ne les mariera[c] pas sans leur conseil; et s'il[d] ne veut fere la seurté, la garde des enfans li doit estre ostee et les doit on metre[e] en la garde d'aucun preudomme ou d'aucune preudefame du[f] lignage, qui ceste seurté vueille fere. Et se l'en ne trueve qui en ceste maniere les vueille prendre, li sires de la terre les doit fere garder sauvement s'il en est requis; et quant il est ainsi fet li mariage mauconvenable n'en sont pas si tost fet[g].

549. A briement parler l'en ne doit lessier la garde des enfans[h] sousaagiés ne des orfelins a nului qui soit mal renomés de vilains cas[i], ne a nul fol naturel, ne a nul avuegles. Ne l'en ne doit pas lessier l'aministracion de leur biens a fol[j] despendeur[k], ne a povre persone[l], s'il ne fet seurté de rendre bon conte, ne a celui qui est si sours qu'il n'oit goute, ne a muel[m], car teus gent ne pueent pas tres bien aministrer[n] autrui choses[o].

550. Garde ou baus d'enfans sousaagiés sont de tel nature que, tant comme il sont en bail d'autrui ou en autrui garde[p], il ne pueent fere d'aus chose qui tiegne sans l'autorité de celi qui en a le bail ou la garde[q]. Et s'il le fesoient[r] de leur autorité[s] et il estoient conchié ou deceu[t], si le pourroient[u] il rapeler quant il seroient[v] en aage, si comme

---

a) *C* pas bien convenable; *G* seroient fait convenables. — b) *A omet* en. — c) *G* les mariast. — d) *C* et il ne. — e) *C* doit mestre en bail ou mestre en la g. — f) *C* preudef. qui soit du lign. — g) *C omet* fet. — h) *A B C* garde l'enf.; *E* les wardes. — i) *A B omettent* cas. — j) *A B* as fous; *B* despendeurs; *E* a nul fol desp. — k) *A C G H* despenderres. — l) *B E* povres persones. — m) *A* mues. — n) *A B* aministrer tres bien; *E omet* tres bien amin. — o) *C* autrui besoignes; *G H J K* autrui cose. — p) *C* sont en bail ou en garde d'autrui, il. — q) *G H J K* qui les a en garde ou en bail. — r) *A B E G H* fesoit. — s) *B* de s'auctorité. — t) *A B E F G H* estoit conchies et deceus. — u) *A B E F G H* pourroit. — v) *A* est; *B E F G H* seroit.

il est dit ou chapitre des sousaagiés[1]. Donques puet l'en veoir que se aucuns, qui est en autrui poosté, reçoit ce qui li est deu, cil qui le paia n'en est pas quites, ainçois le puet cil qui en a le bail ou la garde demander arrieres a celi qui le paiement en fist, et convenroit que cil en responde[a]. Nepourquant cil qui fet tel demande doit jurer seur sains que li sousaagiés qui le receut ne le bailla[b] ne a lui ne a son commandement, ne qu'il ne le puet ravoir[c] de l'enfant parce qu'il l'a perdu, ou aloué, ou qu'il ne set que l'enfes en a fet ne ne puet savoir; car s'il pouoit avoir[d] la chose saine et entiere qui fu bailliee au sousaagié, mal seroit que l'en fist au deteur paier .ii. fois. Mes se la chose est perie, ou empirie, ou perdue en la main de l'enfant, il convient que la dete soit paiee[e] arrieres; et cel damage reçoit il pour ce qu'il paia folement. Neis se la dete estoit reconnue[f] par letres et l'enfes li rendist[g] les letres, si devroit il estre contrains de[h] rendre les letres arrieres, car li sousaagié n'ont nule aministracion de leur choses de baillier, de recevoir, ne d'otroier[i].

Ci fine li chapitres des baus et des gardes, et des aages as enfans.

a) *G H J K M* demander arrieres et cil qui li paieroit (*M* qui ainsi l'aroit paié follement) n'en seroit pas quites et convenroit qu'il respondesist. — b) *G* bailla pas ne a l. — c) *H J K* pot avoir de l'enf. — d) *B* savoir. — e) *A* dete le pait arr.; *B* dete pait arr.; *C* dete li soit p. arr. — f) *A* est. tenu; *B C E omettent* reconnue. — g) *G H J K* enf. rendoit les l. — h) *H J K* contr. a rendre. — i) *G* baill. ne de ottrier ne de recepvoir; *H J K* baill. ne de recevoir et d'otroier. — Explic.) *A B* Ici fine; *C* Chi define le chap. dou bail et des gardes et des aagies enfans; *G* des gardes aus enfans soubz aagiés; *H* Explicit; chi fenist li chap. qui parole des b. et des g. et dou temps que enfans sont en aage; *F J* Explicit; *K* n'a pas d'explicit.

1. Ch. xvi.

XVI.

Ci commence li seizismes chapitres de cest livre liqueus pa-
role des enfans qui sont sous aage, comment et en quel cas
il pueent perdre et gaaignier par ceus qui aministrent
leur besoignes.

551. En aucun cas puet on pledier contre les sousaagiés[a]
par nostre coustume, si comme se li peres du sousaagié
avoit aucune chose tolue ou esforciee dedens l'annee qu'il
mourut et n'avoit pas esté en saisine de la chose an et jour,
l'en en puet bien[b] suir l'oir qui est sous aage, mes que ce
soit avant que la chose ait esté tenue an et jour, le tans du
pere et[c] du fil durant. Mes se li ans et li jours est passés que
li peres s'en mist en saisine, li oirs n'en respondra mes[d] de-
vant qu'il venra en[e] son aage; ainçois demourra en saisine
de la chose dusques a tant qu'il sera aagiés et que l'en
pourra pledier a lui seur[f] la proprieté.

552. Encore se li peres a acheté un eritage et il muert
avant que li ans et li jours soit passés[g], et si oir[h] sont
sous aage[i], cil qui, par droit[j] de lignage[k], pueent et doi-

---

Rubr.) *A* Ici comm.; *C* c. qui am. leur chozes; *H omet* de cest livre...
aministr. leur besoignes; *JK omettent* de cest livre *et* qui sont; enf. soubz
aages; en quelz cas; *ils omettent* par ceus qui amin. leur besoignes *et ter-*
minent la rubrique comme à la table des chapitres: et comment ilz
peuent rappeler, *etc.*; *K* partie se peut faire faire contre eulx. — a) *A B*
contre les aagiés. — b) *C* puet molt bien. — c) *G H J K* pere ou du fil. —
d) *B omet* mes; *C* resp. mie dev.; *H J K* resp. pas dev. — e) *G H J K* dev.
qu'il ara son aage. — f) *H J K* lui de le propr. — g) *A B C omettent* passés.
— h) *H J K* et li hoir. — i) *A B H* sont sousaagié; *C* sont dessous aage.
— j) *A B J K* qui perdroit. — k) *A* dr. dou lign.; *B* dr. del lign.; *E omet*
de lignage; *F G H J K* de l'eritage.

vent venir a rescousse d'eritage[a], pueent bien l'eritage demander par la bourse au sousaagié. Et en[b] tous les[c] cas es queus li sousaagiés est[d] tenus a respondre, il doit avoir tuteur qui le[e] defende. Et se nus de son lignage prochain[f] ne se veut trere avant pour estre ses tuteres, li sires du sousaagié li doit baillier estrange persone a tuteur. Et s'il ne puet trouver qui s'en entremete parce que nule franche persone[g] ne prent tuterie de nului s'il ne li plest, li sires meismes doit estre ses tuteres pour ce que de droit commun tuit li sousaagié sont en la garde du seigneur en qui[h] justice il sont ; si convient qu'il les face garder qu'on ne leur face tort[i], ou qu'il meismes les gart[j].

553. Tout aussi[k] comme nous avons dit que li sousaagiés n'est pas tenus a respondre a ce dont ses peres et il[l] avront esté tenant an et jour pesiblement, tout aussi n'est nus tenus a respondre a celui qui est sous[m] aage de ce dont il avra esté tenans an et jour pesiblement[n]. Car cil qui se metroit en plet de chose qui touche proprieté[o] contre[p] les sousaagiés, se metroit en aventure de perdre et si ne pourroit gaaignier : car se jugemens donnoit la chose au sousaagié par le pledoié, li aagiés qui se seroit mis ou plet ne le pourroit[q] redemander; mes ce pourroit fere li sousaagiés et demander restablissement de la chose quant il venroit en aage.

554. Bien se gart cil qui a esté sousaagiés et[r] s'aperçoit que l'en li a[s] fet tort ou decevance[t] ou tans qu'il[u] fu sous aage[v] que il, dedens l'an et le jour qu'il est en aage, en

<hr/>

a) *CHJK* a la resc. de l'erit. — b) *B F omettent* en. — c) *BE* t. cez cas. — d) *C* sousaag. sont ten. — e) *C* il doivent av. tuteurs qui les def. — f) *C* lign. pour chelui ne veut se. — g) *C* que france pers. nulle. — h) *GJK* seign. en quelle just. — i) *C* face nul tort. — j) *C* il mesmes les garantisse; *G* qui les « fache garder » garde lui mesmes, *les mots mis ici entre guillemets ont été biffés à l'encre noire, puis par le rubricateur à l'encre rouge.* — k) *HJK* Tout ainsi. — l) *C* et lui; *G* omet et il; *H* ou il; *JK* ou lui. — m) *C* dessous aage. — n) *C* tout paisiblement. — o) *BC* touche a propr.; *F omet* touche propr. — p) *C* propr. encontre les sous. — q) *AB* le puet red. — r) *G* et s'il s'ap; *HJK* et il s'ap. — s) *HJK* li ait fet. — t) *G* tort ou dechoite. — u) *H* tans qui fu. — v) *CG* fu sous aagies.

soit plaintius, s'il veut^a avoir^b restablissement^c. Car s'il lesse l'an et le jour passer^d de son tans aagié et puis se plaint, cil se pourra aidier de la tenue^e de tout le tans^f qui sera courus^g ou tans qu'il^h fu sous aageⁱ, si que^j, se cil qui se defent tint la chose .ix. ans ou tans que cil fu sous aage pesiblement et, après, .i. an et .i. jour puis le tans qu'il fu aagiés, la proprietés de la chose li sera aquise pour ce que tenue^k de .x. ans li sera contee et par tant de tans puet l'en aquerre proprieté^l selonc nostre coustume.

555. Li sousaagiés^m puet rescourreⁿ l'eritage qui li vient^o de lignage par la bourse^p, car autrement seroit il^q deceus pour ce que eritages^r qui est achetés et tenus an et jour demeure a celui qui l'a par titre d'achat. Et pour ce i fu mis li ans et li jours, que¹ cil qui sont hors du païs peussent revenir pour ravoir loi^s dedens cel terme^t et pour soi pourveoir de l'argent^u, et pour ce que li sousaagié fussent pourveu dedens le terme qui² pour aus le retresist.

556. Quant aucuns veut prouver qu'il est en aage pour issir de bail ou pour estre tenans de son fief que ses sires^v tient par defaute d'homme, il ne li loit^x pas a amener tesmoins, tout soit ce qu'il vueille prouver, teus comme il li plest^y; ainçois doit estre fete enqueste^z de son aage^{aa} par les parrains et par^{ab} les^{ac} marraines^{ad}, et par les nourices et par le prestre et par ceus qui furent au baptisier, et par les

---

a) *C* sil en veut. — b) *G* v. ravoir rest. — c) *JK* av. rest. de la chose. — d) *BE* passer l'an et le jour. — e) *CH* la tenure; *JK* la teneure. — f) *A* de lonc tans. — g) *B* sera contenus; *C* sera passes. — h) *GH* tans qui fu. — i) *G* soubz aagié. — j) *HJK* si comme se. — k) *C* qui la tenure de. — l) *AB* aq. la propriété. — m) *K* De soubz aage. — n) *GHJK* puet bien resc. — o) *AC* li duit. — p) *GHJK* vient par le bourse de lingnage. — q) *A* omet il. — r) *GHJK* que li eritages. — s) *G* rav. lay. — t) *HJK* puissent revenir dedens cel terme pour ravoir (*JK* avoir) loy. — u) *G* pourv. de leur argent. — v) *A* omet sires. — x) *C* li affiert pas. — y) *C* amen. tesm. teus comme il li plet tout soit che que il veille prouver. — z) *B* enqueste fete; *E* enq. estre fete. — aa) *GHJK* par les parens et. — ab) *GHJK* omettent par. — ac) *GJK* omettent les. — ad) *C* marrines.

---

1. *Que* = pour que, afin que.
2. *qui*, par ellipse, de quelqu'un qui.

mesnies qui estoient entour la mere ou tans qu'il fu nes[1]. Car cil qui veut prouver son aage par autres tesmoins que par l'enqueste de ceus dessus nommés se rent durement soupeçoneus. Nepourquant nous avons veu que l'en li soufroit a prouver par autres tesmoins ; mes c'est restraint pour ce que l'en a seu de certain que li aucun en porterent[a] le droit des eritages comme aagié et ne l'estoient pas, parce[b] que l'en leur lessoit eslire tesmoins a leur volenté. Et l'en ne mesfet de riens as sousaagiés[c] se l'en veut savoir la verité de leur[d] aages[e] par les persones dessus dites.

557. S'il sont pluseur enfant et li aucun sont aagié et li autre sousaagié, cil qui sont aagié[f], pour riens qu'il facent ne qu'il dient, ne[g] pueent perdre la partie de ceus qui sont sous aage, mes gaaignier pueent il pour aus en plet et non perdre[h]. Et hors de plet pueent il gaaignier pour aus[i] par reson de compaignie, s'il[j] ont muebles communs ou eritages vilains. Mes se tout est de fief et il font fere partie des[k] muebles par justice[l], l'ainsnés puet tenir le bail des sous-aagiés et baillier a chascun sa partie a la mesure qu'il vienent en aage ; et comment les parties se doivent fere, il est dit ou chapitre de descendement et d'escheoite[2][m].

558. Se cil qui est sous aage[n] vent aucune chose et jure a la vente[o] garantir et[p] baille pleges et après, quant il est en aage, il veut debatre la vente ou le marchié qu'il fist pour ce qu'il estoit sous aage[q], nous ne nous acordons pas que li marchiés soit nus, s'il estoit de .xii. ans ou de plus quant il fist le serement ; car de tel aage puet on bien jurer. Et

a) *A B E* emportoient. — b) *G H J K M* pour ce. — c) *C* au sousaagié. — d) *C* son. — e) *C G* aage. — f) *G H J K M omettent* cil qui sont aagié. — g) *M* pour coze que li aaigé puissent faire ne dire, il ne p. — h) *M* gaaig. porroient il et non perdre pour chiex qui sont sousaagies en plait. Et h. — i) *G H J K omettent* en plet et non ... pueent il gaaignier pour aus. — j) *C* comp. mes se il. — k) *J K* part. de muebl. — l) *G H J K* par le just. — m) *G H J K* d'esqueance. — n) *C* sousaagies. — o) *C* a la verité gar. — p) *H J K* ou. — q) *G H J K M alinea.*

1. Cf. *Etablissements de saint Louis*, I, lxxviii, 126-128.
2. Chap. xiv.

s'il ne fist point de serement, mes il[a] bailla pleges du mar-
chié tenir et l'en se prent as pleges pour ce qu'il ne[b] veut
pas[c] tenir le marchié qu'il fist sous[d] aage, l'en doit mout re-
garder la maniere du marchié, comment il fu fes ; et se l'en
voit qu'il fu fes sans fraude et[e] sans malice[f] pour le pourfit du
sous aage[g] ou pour sa grant necessité, l'en doit fere le
marchié tenir et aquitier les pleges. Et se l'en voit que le
marchiés fu fes malicieusement en decevant ou en damajant[h]
le sousaagié[i], se cil le debat quant il vient en aage, il puet
pledier de la decevance qui fu[j] fete ; et adonques li marchiés
ne sera pas tenables[k]; ne li plege ne seront pas tenu[l] a fere
plegerie, puis que cil qui les mist en pleges[m] fera le marchié
nul parce qu'il fu deceus ou tans qu'il estoit sousaagiés[n].

559. Or veons, — se aucuns achate eritage qui soit a
sousaagié et prent pleges que l'en li garantira, et après il
edefie sus[o] l'eritage, et li sousaagiés[p] pourchace après que
li marchiés est de nule valeur pour ce qu'il fu deceus ou
tans qu'il estoit sous aage, — s'il[q] ravra ses mises. Nous di-
sons que oïl, pour ce qu'il estoit en saisine de l'eritage et
qu'il tenoit[r] par cause de bonne foi, car autrement ne les
reut pas. Donques en tel cas, se l'oirs[s] redemande[t] la chose
pour ce qu'il fu deceus, il rendra les cous des edefices.

560. Quant enfes qui est sous[u] aage[v] fet aucun cas de
crime, l'en doit regarder la maniere du fet[x] et la discre-
cion qu'il a selonc son aage. Car il avient bien qu'uns enfes
de .x. ans ou de .xii. est si pervers[y] ou si pleins de malice
qu'il ne se veut atourner a nul bien fere, et, se uns teus
enfes fet un murtre par sa volenté ou par l'enortement[z] d'au-

a) *HJK* mais s'il b. — b) *C omet* ne. — c) *A C E omettent* pas. — d)
C dessous. — e) *F omet* sans fraude et. — f) *A* fes pour le pourf. du souz
aage sans fr. et sans mal. — g) *F omet* pour le pourf. du s. aage ; *C H* du
sousaagié. — h) *C* en adamagant. — i) *GJK* le soubz aage. — j) *C* qui li
fu. — k) *GHJK* pas tenus. — l) *ABEF* pas contraint. — m) *HJK* en
plegerie. — n) *GHJK* estoit soubz aage. — o) *HJK* sor. — p) *JK* le
soubzaage. — q) *G* aages a savoir mon s'il. — r) *GHJK* il le tenoit. —
s) *E omet* se ; *FGHJK* se l'oir en tel cas. — t) *ABCE* l'oirs qui redemande.
— u) *C* desous aage. — v) *H* sous aagies. — x) *A omet* du fet ; *G* du faire.
— y) *C* si povres. — z) *A* par enortem.

trui, il doit estre justiciés[a]. Mes s'il fesoit larrecins, il ne
seroit pas justiciés[b], car ses aages l'escuseroit. Ne de nul
cas de crime[c] nous ne creons pas que l'enfes qui est sous
aage perdist[d] ne vie ne membre[e], fors que pour mort
d'homme ou de fame tant seulement[f].

561. Se aucuns marchiés a esté fes pour celui qui est
sousaagiés[g] et l'en voit et set[h] certainement que c'est ses
pourfis, et il veut rapeler ce marchié quant il a son aage
pour ce qu'il ne le[i] veut pas, tout soit ce ses preus[j], il ne
nous est pas avis qu'il le doie ravoir ; car l'en[k] ne se doit
pas si prenlre garde[l] a fere la volenté des enfans comme
leur pourfit[m], ne l'en ne doit pas rapeler les marchiés qui
sont fet pour les enfans sousaagiés en[n] leur pourfit, mes l'en
doit rapeler ceus qui sont fet pour[o] leur damage.

562. Se aucuns pourchace[p] qu'il soit receus a homme,
tout soit il ainsi qu'il n'ait pas[q] son aage acompli, il puet
perdre ou gaaignier en jugement puis qu'il est en saisine
d'eritage et par seigneur[1]. Donques puecnt estre li aagié[r]
aprochié[s][2] par la volenté des seigneurs a la requeste
des sousaagiés[t] et[u] de leurs amis. Nepourquant si ceste
chose estoit fete malicieusement, si comme se li parent
le[3] pourchaçoient pour[v] fere otroier aucune convenance[x]
qui fust en son damage, il pourroit pledier de la decevance

a) *GHJK* estre jugies. — b) *GHJK* pas jugies. — c) *G* crieme que li
enfes qui est soubz aage fache nous. — d) *G* cr. pas qu'il en perd. — e)
GHJK ne membre ne vie. — f) *GHJK omettent* tant seulement. — g) *JK*
est soubz aage. — h) *C* et voit on et set on. — i) *B omet* le. — j) *GHJK*
ses pourfis. — k) *ABEF omettent* se. — l) *GHJK* pas si poi regarder a f. ;
M pas tant regarder a f. — m) *C* enf. comme quant on voit qu'il i ont
pourf. — n) *C* meesmement en l. ; *G* pour leur p. — o) *GHJK* f. en leur
d. — p) *C* se pourchace. — q) *ABC* qu'il n'a pas. — r) *EGHJK* puecnt
li aagié (*EGH* aage) estre apr. — s) *M* aagies aproch. ou sous angies par.
— t) *C* req. des sougies. — u) *ABCF* sousaag. ou de leur am. — v)
GHJKM pourchaç. malicieusesement pour. — x) *GHJK* auc. chose qui.

1. Tournure bien elliptique, mais assurée par l'accord de tous les mss. Il
faut comprendre ainsi : *du moment qu'il est en saisine d'un heritage et
qu'il a été régulièrement ensaisiné par son seigneur.*
2. *Aprochié* signifie dans ce passage *assignés, cités en justice.*
3. *Le*, pronom neutre, se rapporte à la première phrase.

quant il seroit aagiés et, la decevance prouvee, sa chose
li[a] seroit ramenee en l'estat ou[b] ele estoit quant il fu
deceus.

563. S'il avient qu'aucuns soit pres de son aage[c], si
comme a .i. an ou a .ii., et il fet entendant qu'il a[d] tout son
aage[e] par son serement ou par prueves, et fet en cel point
aucun marchié et, après, le veut rapeler, il n'en[f] doit pas
estre oïs, puis qu'il fist[g] entendant par serement[h] ou par
prueves qu'il estoit en aage. Ainçois doit estre sa convenance
tenue, s'il ne fu deceus de la moitié ou de plus. Et de[i] ce
qu'il jura son aage ou qu'il le[j] prouva par tesmoins, il puet
perdre ou gaaignier comme aagiés.

564. Aucunes gens cuident que li frere qui tienent ave-
ques aus leur freres et leur sereurs sous aage[k], aient tant
seulement la garde et l'aministracion[l] d'aus et que ce ne
soit pas drois baus. Mes si est et il apert que se li peres et
la mere muerent et il ont pluseurs enfans dont li aucun
soient aagié et li autre sousaagié[m], li aagié en portent tous
les muebles ne ja n'en feront partie a[n] leur freres ne a leur
sereurs quant il vienent en aage, ne des levees[o] de la terre
de la partie as sousaagiés[p] puis que ce soit de fief. Et aussi[q]
se li ainsnés entre en l'homage pour li et pour ses freres
qui sont sous aage[r] et il a plus detes que muebles, il est
tenus a paier les[s] toutes si que chascuns des sousaagiés
viegne a sa partie tous[t] quites et delivres[u] des detes par la
reson de ce qu'il ont esté ou bail leur[v] frere ; essieutés en
toutes manieres les vilenages dont contes doit estre fes as
mainsnés selonc leur partie, quant il vienent en aage.

---

a) *C* chose qui ser. — b) *A B E* l'est. qu'ele estoit. — c) *G* pres de son
donmage. — d) *C* entend. qu'il est pres de son aage et a t. ; *H* qu'il l'a t. —
e) *G H J K omettent* son aage. — f) *G H J K* il ne doit. — g) *G H J K* qu'il
le fist. — h) *B* par son serem. — i) *A B* Et des ce. — j) *C omet* le. — k)
C J K sousaagié. — l) *B E* l'administracion et la garde. — m) *A B G* sous aage.
— n) *C* ne ab. — o) *G* de la levee. — p) *A* as aagiez. — q) *G H J K* Et ainsi
se. — r) *C H* sousaagies. — s) *A omet* les ; *G* les paier t. — t) *G H J K
omettent* tous. — u) *A B omettent* et delivres ; *C* et tous delivres. — v) *C*
esté en bail de leur fr.

565.[a] Quant peres et mere muerent et li ainsnés des enfans vient en l'homage du seigneur sans nommer de quoi il fet homage[b], l'en doit entendre que c'est de tout ce que ses peres tenoit pour li et pour ses freres. Pour quoi, — se debas muet puis entre li et les mainsnés pour ce que l'ainsnés veut qu'il paient leur part des detes et li mainsné dient qu'il n'i sont pas tenu, ainçois les en[c] doit il aquitier pour ce qu'il ont esté en son bail, si comme il apert qu'il a levé aucune chose de leur parties et si en fist homage au seigneur tout simplement sans autre[d] excepter, — en tel cas[e] ont li mainsné droit et en doivent porter leur parties quites et delivres des[f] detes.

566. Se li ainsnés voit que ce ne soit pas ses pourfis de prendre le bail de ses freres et de ses sereurs sousaagiés pour ce qu'il i a trop de[g] detes ou pour ce que li enfant doivent prochainement venir en[h] aage ou pour ce qu'il ne li plest pas[i] a recevoir le bail, il en doit fere mencion quant il fet son homage et dire au seigneur qu'il ne fet homage que de sa droite partie : c'est assavoir des .II. pars du fief et de l'homage de[j] ses mainsnés qu'il devra avoir d'aus quant il venront en aage. Adonques demourront il en sa garde en tel maniere que ce[k] qu'il levera de leur[l] parties tournera[m] ou[n] pourfit des sousaagiés, et leur en devra estre contes fes quant il venront en l'homage de[o] leur ainsné. Ne li ainsnés, puis qu'il renonça au bail, ne puet pas dire qu'il en doie porter[p] les issues de leur parties du tans qu'il furent sousaagié, par defaute d'homme, pour ce qu'il fu[q] en son chois d'avoir loi[r] par reson de bail s'il vousist ; et si seroit male

---

a) *C omet les* §§ 565, 566 *et* 567 ; *c'est par simple coquille qu'ils sont indiqués dans l'édition de Beugnot comme manquants à H (A de sa notation).* — b) *GHJK* hom. au seigneur, l'en. — c) *GHJK omettent* en. — d) *GH* sans aus excopt. ; *JK omettent* autre. — e) *A* en cel cas. — f) *A* deliv. de det. ; *B* deliv. sans det. — g) *BHJK omettent* de. — h) *GHJK* ven. a aage. — i) *G* pl. mie a ; *HJK omettent* pas. — j) *GHJK* hom. a ses mainsn. — k) *A* t. man. tornera ce qu'il. — l) *GHJK* levera tornera en leur part. — m) *AGHJK omettent* tornera. — n) *GHJK* part. et ou pourfit. — o) *HJK omettent* de. — p) *G* emportast *biffé et remplacé par* doie emporter ; *il omet* en ; *HJK* emporter. — q) *GHJK* il en fu en. — r) *A omet* loi.

chose et contre-reson que li ainsné peussent tenir par defaute d'homme les parties des sousaagiés, car nus ne se puet trere a fere l'homage pour aus, ne nus n'est tenus a fere l'homage de leur parties fors aus meismes, a la mesure qu'il vienent en aage. Mes adonques s'il ne vouloient venir en[a] l'homage de leur ainsné, pourroit il tenir par defaute d'home et fere sien ce qu'il leveroit dusques a tant qu'il li avroient fet homage.

567. Li juge ne li seigneur des orfelins ne des sousaagiés ne doivent soufrir en nule maniere que nules persones soupeçonneuses soient[b] amenistreeur ne procureeur de leur besoigne, ne garde de leur persones, — tout soit il ainsi que li parent as orfelins et as sousaagiés le vousissent soufrir[c], — pour ce que generaument li seigneur ont la garde des orfelins et des sousaagiés par[d] deseur tous : si doivent garder qu'il ne soient damagié en nule maniere si tost comme la denonciacions du damage vient a aus.

568. Li aucun cuident[e] que certaines parties ne se puissent[f] fere contre[g] les sousaagiés qui sont en bail et en garde[h] d'autrui, mes si fet. Car male chose seroit, se uns hons qui seroit en aage avoit a partir eritages[i] contre[j] sousaagiés, s'il convenoit qu'il atendist qu'il[k] fussent en aage avant que sa partie fust exceptee[l] et mise d'une part ; car puet[m] estre que li sousaagiés seroit encore en[n] bers et il aagiés vourroit edefier en sa partie, ou fere vignes[o] ou autres[p] manieres[q] d'amendemens[r], ou donner, ou vendre, ou eschangier, ou fere son pourfit en aucune maniere : si[s] pourroit avoir grant damage en atendre l'aage du[t] sousaagié[u]. Donques[v] quant tele partie est requise, ele doit

a) *G H J K* a l'hom. — b) *G* soit am. — c) *G H J K* vous. bien souffrir. — d) *H J K* et par dess. — e) *C* auc. si cuident ; *G H J K* auc. dient. — f) *H J K* se poent fere. — g) *G H J K* fere entre les. — h) *A B* en la garde. — i) *A B* eritage ; *C* heritages a partir. — j) *C* encontre. — k) *G H J K* atend. tant qu'il. — l) *C* partie li fust delivree et. — m) *C* car il puet bien estre. — n) *G H J K* ou bers. — o) *G H J K* edef. et fere en sa partie vign. — p) *H J K* ou d'autres. — q) *A B E F* ou autre maniere d'amend. — r) *E* amendement. — s) *H J K* si i pourr. — t) *H J K* aage au sous. — u) *G* aage des sousaagies. — v) *G H J K M* Adonques.

estre requise[a] au seigneur du sousaagié et li sires doit fere tuteur[b] au sousaagié et lui donner pouoir de fere la partie soufisaument par le serement de bonnes gens[c]. Et cil tuteres doit estre fes du plus prochain parent a l'enfant ou de l'autre après, se cil[d] n'i[e] veut ou n'i[f] puet entendre; et se li sires ne trueve nul du lignage[g] a l'enfant soufisant, qui vueille estre tuteres, pour ce ne demeure pas que partie ne se puist fere, car li sires meismes i doit estre ou envoier soufisaument pour les sousaagiés et fere fere les parties. Et si louons bien a ceus qui teus parties reçoivent contre les sousaagiés qu'il prengnent letres du seigneur par qui ce fu fet, du tesmoignage de la partie, pour ce que, se[h] li sousaagiés veut rapeler[i] les parties quant il vient en aage, que cil qui reçut la[j] partie[k] se puist aidier[l] de ce qui fu fet[m] par les[n] letres du seigneur ou par vis tesmoins; et qui en ceste maniere le fet, les parties tienent a tous jours sans rapel[o], et en autre maniere non[p].

569. Toutes les fois qu'il convient fere parties d'eritages[q], soit entre freres et sereurs, soit entre autres gens, il convient qu'ele se face[r] par l'une de[s] .IIII. voies, si comme par seigneur, ou par mise[1], ou par los jeter, ou par l'acort de ceus qui ont les parties a fere : *par seigneur*, si comme quant il ne se pueent acorder et li sires i va pour fere fere les parties; *par mise*[t], si comme quant[u] il s'acordent que les[v] parties soient fetes par le dit et par l'ordenance d'au-

---

a) *GHJK* d. estre fet au s. — b) *A* fere tenir au s.; *E* f. le partie au. — c) *ABCE* de bonne gent. — d) *C* omet se cil. — e) *A* cil ne veut. — f) *ABCEF* ou ne puet. — g) *GHJK* nul des parens a l'enf. — h) *C* omet se. — i) *C* veille apeler. — j) *G* reç. se part. — k) *HJK* reç. les parties. — l) *FGHJK* puist edifier de. — m) *BE* omettent de ce qui fu fet. — n) *JK* omettent les. — o) *C* sans nul rapel; *GHJK* sans rapeler. — p) *G* et autrement non. — q) *HJK* part. d'eritage. — r) *JK* ele se facent. — s) *BF* l'une des .IIII.; *C* l'une de che .IIII. — t) *GHJK* par mises. — u) *C* omet quant. — v) *G* omet les.

---

1. *Par mise*, par sentence arbitrale, et non *par juise*, jugement, comme a cru pouvoir lire Beugnot. L'arbitrage a été très usité au moyen âge et les sentences régulièrement rendues étaient exécutoires sans appel possible. Cf. ch. LXI, et voy. Ad. Tardif, *Procéd. civ. et crim.*, p. 20.

cunes certaines personnes qui sont nommees ; *par los jeter,* si comme quant il ne[a] sont bien[b] a acort quel partie chascuns i[c] doit avoir, mes li uns veut prendre de cele part que li autres ne li[d] veut pas soufrir ; adonques doivent estre li lot jeté, si que chascuns prengne de cele part[e] ou ses los[f] eschiet ; *par leur acort,* si comme quant il s'acordent ensemble quel partie[g] chascuns i doit avoir et de quel part il prenra. Et nous avons parlé de ces[h] .IIII. voies de partir[i] pour ce que, se teus[j] contens[k] muet[l] de partie qui ait esté fete, se l'une des parties[m] se veut aidier qu'ele[n] ait esté fete par l'une de ces .IIII. voies, ele[o] est a tenir sans rapeler[p].

Ci fine li chapitres des sousaagiés.

a) *G omet* ne. — b) *HJK omettent* bien. — c) *A omet* i. — d) *GHJK omettent* li. — e) *GHJK* pr. se part ou. — f) *A omet* los. — g) *GHJK* queles parties. — h) *A* parlé des .IIII. v. — i) *BM* v. de partie. — j) *C* se li cont. — k) *GHJK* que s'il en est contens ou muet. — l) *M* se content en meut. — m) *M* fete d'une part se l'autre partie se v. — n) *JK* veult ayder querelle ayt esté. — o) *M* .IIII. partie voies le partie est. — p) *C* sans rapel. — Expl.) *A* Ici ; *C* chi define ; *H* Explicit chest capitre ; *EJ* Explicit ; *K* n'a pas d'explicit.

XVII.

Ci commence li dis et setismes chapitres de cest livre liqueus parole des tuteurs qui sont baillié as soussaagiés pour garder et pour aministrer leur besoignes.

570. Nous avons traitié ci[a] devant des baus et des gardes[b] as enfans et des sousaagiés ; or veons des tuteurs qui sont baillié as enfans sousaagiés par justice pour aus defendre et garantir, et pour leur droit maintenir[c] et garder.

571. Quant aucuns enfes ou pluseur demeurent orfelin et sousaagié et il n'est nus[d] prochiens parens a qui li baus ou la garde apartiegne d'aus, ou il ont bien teus parens a qui ele apartient, mes il ne la[e] vuelent pas prendre : toutes teus[f] manieres d'enfans, soient[g] franc ou gent de pooosté[h], chieent par droit commun selonc la coustume de la conteé[i] en la garde du seigneur. Et a teus manieres d'enfans[j], s'il n'ont riens, li sires les doit fere pourchacier tant qu'il puissent estre nourri ; et avant doit il metre taille seur ses sougis, que[k] li enfant muirent[l] par defaute de nourreture. Et se li enfant ont aucune chose de leur droit, li sires leur

---

Rubr.) *A B* Ici comm. ; *C* b. aus enfans sousaagiés ; amin. toutes leurs bes. ; *G J K omettent* de cest livre ; *H* Chi comm. li capitres qui parole des tuteurs as enfans sousaag. ; *J K omettent* qui sont baillié ; aus enfans sousaag. — a) *C* tr. ichi dev. — b) *C* dou bail et des autres gard. — c) *G H J K* dr. soustenir et gard. — d) *A B C E F omettent* nus. — e) *G H J K* ne les v. — f) *A* omet teus ; *C* toutes les man. — g) *A* enf. se il n'ont rienz ou se il ont soient. — h) *B E* franc ou soient vilain chieent par. — i) *H J K omettent* de la conteé. — j) *A* man. de gens se il. — k) *C* seus tes sousaagies avant que les enf. — l) *K* enfant ne meurent, ne *écrit dans l'interligne.*

doit baillier une maniere de garde qu'on apele tuteurs, et cil tuteur doivent les enfans et le leur garder et maintenir au pourfit des enfans et rendre conte au seigneur bien et loiaument chascun an une fois au meins.

572. Se cil qui est tuteres pour[a] enfans sousaagiés a grant chose entre mains[b] pour les enfans, li sires doit prendre bonne seurté que li bien soient gardé sauvement. Et s'il ne fet la[c] seurté et li sires se[d] doute que li oir ne fussent damagié[e] par mauvese garde, il doit prendre en sa main l'avoir des enfans et fere leur sauf[f][1] si qu'il l'aient[g] quant il venront en aage[h].

573. Avenir pourroit qu'enfant[i] sousaagié demeurent[j] orfelin dessous un seigneur qui seroit povres et au dessous, et li enfant avroient grant chose de leur droit, lesqueles choses li sires prenroit[k] volentiers pour sa necessité. Mes[l] s'il avenoit ainsi, li parent as enfans doivent requerre[m] le conte qu'il contraigne[n] le seigneur a fere seurté des biens as enfans, et se li cuens n'en estoit pas requis des parens[o] et il savoit que li uns de ses sougiès[p] eust les biens de teus enfans[q] sousaagiés, si devroit il contraindre le[r] seigneur a fere seurté, car il loit[s] au souverain a garder que l'en ne face tort as orfelins.

574. Li tuteres as enfans sousaagiés doit procurer les besoignes as enfans[t], ne l'en ne[u] puet[v] alliguier contre li qu'il ne soit oïs en demandant[x] pour les enfans[y] et en defendant[z] des[aa] muebles, car s'il n'estoit oïs en demandant pour

a) *B E* tut. a enf. — b) *C* entre ses mains; *E* e. les m. — c) *H J K omettent* la. — d) *A B E omettent* se. — e) *G* oir ne soient adamagié. — f) *G* faire leur sauveté. — g) *C* il aient. — h) *C* en aage leur bien. — i) *C* que les enf. sous. — j) *H J K* demorroient. — k) *C omet* prenroit. — l) *C* Et se il. — m) *G* doivent demander et req. — n) *C G* contraingnent. — o) *H J K* parens aus enfans. — p) *G H J K* sav. que li sires eust. — q) *G H J K omettent* enfans. — r) *G H* contr. ledit seign. — s) *C* car affiert au souv. — t) *B* as enf. sousaagies ne. — u) *G H J K* on n'en p. — v) *C* on ne doit pas. — x) *E* en defendant p. — y) *A omet* pour les enfans. — z) *E* en demandant p. — aa) *A* def. de muebl.

1. *Leur sauf*, à eux sauf, *sauf* se rapporte à *avoir*.

les enfans mout pourroient estre li enfant damagié ains qu'il venissent en aage pour demande fere. Car il convenroit que les detes[1] que li predecesseur as enfans avroient fetes demourassent en la main as deteurs dusques a l'aage des enfans, ou que li plet que li predecesseur avroient meu d'eritage[a] ou de mueble[b] demourassent en tel[c] estat comme[d] li predecesseur le leroient, et en tel maniere seroient li oir damagié. Et il vaut mieus que les droitures as oirs sousaagiés soient concueillies et gardees sauvement par la main des seigneurs ou des tuteurs dusques a l'aage des enfans que ce qu'eles demourassent en la main des deteurs.

575. Ce qui est pledié[e] pour les enfans par le tuteur establi de par le seigneur doit[f] estre tenu, soit pour les enfans ou contre les enfans, car s'il ne pouoient[g] perdre en plet et il pouoient[h] gaaignier, cil qui se defendroient contre les tuteurs n'avroient pas jeu parti, mes ce qui est dit que li tuteur puecent perdre en plet, fet[i] a entendre que li tuteur sont demandeur et li defendeur gaaignent le plet en aus defendant.

576. Voirs[j] est, se l'en fet demande d'eritage as tuteurs contre[k] les enfans, li tuteur n'en sont pas tenu a respondre; ainçois ont li sousaagié tel avantage qu'il en portent la[l] saisine de tout l'eritage que leur predecesseur tenoient ou tans de leur mort comme de leur propre eritage; et fust encore ainsi que ples en fust entamés ou tans des predecesseurs et mourussent le plet pendant, si demourroit li ples en autel estat dusques a l'aage des enfans. Mes en cas de mueble et de chatel[m], li tuteur sont tenu a respondre pour les enfans, car male chose seroit se[n] li creancier qui

a) *C* de heritages. — b) *CHJK* muebles. — c) *ABE* en autel estat. — d) *GHJK* est. que li pred. — e) *C* est establi et pledoié. — f) *C* tut. que le seigneur i a mis si doit. — g-h) *B* puecent. — i) *A* plet, c'est a; *HJK* plet si est a. — j) *C* Verites est. — k) *C* dem. aus tuteurs d'iretage encontre les enf. — l) *G* port. tout le sais. — m) *HJK* cas de muebles et de catius. — n) *HJKM* ser. que li cr.

1. Il faut comprendre ici les *dettes actives* et non les dettes passives.

avroient creu[a] le leur as. predecesseurs[b] atendissent a avoir
leur detes[c] dusques a l'aage des enfans. Et pour ce convient
il qu'il soient paié par la main[d] des tuteurs, se li enfant ont
tant de muebles ; et s'il n'ont tant de muebles[e], les des-
pueilles de leur eritages[f] par desseur leur estroite souste-
nance i courront[g] ; mes il ne seront[h] pas contraint a vendre
leur[i] eritage devant qu'il venront[j] en aage. Et adonques[k] s'il
i a detes a paier, il doivent estre contraint a[l] vendre tant
qu'il aient paié ce qui est deu par[m] la[n] reson de leur prede-
cesseur dont il sont oir, et leur doit on donner .XL. jours
d'espace de[o] vendre.

577. Cil qui est tuteres pour enfans sousaagiés n'est pas[p]
tenus a fere les besoignes des enfans a son coust ; ainçois
en[q] doit avoir salaire soufisant des biens as enfans selonc ce
qu'il ont et qu'il a de peine pour les enfans. Et l'estimacions
de son salaire doit estre regardee par le conte se l'en vient[r]
premierement[s] a li, ou par devant le seigneur dessous qui
il sont couchant et levant. Mes se li sougiet le conte lui[t]
fesoient avoir trop grant salaire, quant li enfant seroient
aagié, il avroient action de demander le trop a leur tuteur et
lors seroit jugiés le salaire selonc les peines que li tuteres
avroit[u] eues.

Ci fine li chapitres qui parole des tuteurs liqueus sont baillié
as sousaagiés pour aus garder et defendre.

---

a) *HJK* avr. perdu le leur. — b) *HJK* au predecesseur. — c) *HJK* lor
dete ; *M* av. le leur. — d) *BC* par les mains. — e) *C* tuteurs (*alinéa*) Se
les enfants ont muebles les desp. ; *E omet* et s'il ... de muebles — f) *C* desp.
de hiretage qui est leur par dess. — g) *BEHJK* corroit. — h) *G* il ne sont
pas. — i) *C* vendre de leur. — j) *ABC* dev. qu'il seront en. — k) *ABC*
Mes lors. — l) *HJK* contr. au vendre. — m) *C* paié che que on doit pour la
res. — n) *EHJK omettent* la. — o) *H* esp. del vendre ; *JK* esp. de le vendre.
— p) *B* sousaag. ne sont tenu. — q) *B omet* en. — r) *EGHJK* conte se
on en vient. — s) *G* vient premier. — t) *ABCEF* conte leur fes. — u)
ACGH avroient. — Expl.) *AB* Ici fine ; *A* qui sont ; *il omet* qui parole *et*
et defendre ; *C* Chi define ; *G* Cy fault ; *EHJ* Explicit ; *K n'a pas d'explicit*.

XVIII.

Ci commence li dis et uitismes chapitres de cest livre liqueus enseigne liqueus oir sont loiaus pour tenir eritage et liqueus en sont debouté par bastardie.

578. Pluseur debat sont entre les enfans d'un[a] pere qui a eues pluseurs fames, en disant que li aucun ne sont pas loiaus oir, ainçois sont né en mauvès mariage, par quoi il doivent estre tenu[b] pour bastart et estre osté de tel partie comme il[c] en portassent s'il fussent loiaus[d] oir. Et pour ce est il[e] bon que nous dions en ceste partie briement liqueus oir sont loiaus et liqueus pueent estre debouté par[f] bastardie; car tout soit ce que[g] l'Eglise[h] ait la connoissance des loiaus mariages, pour ce ne demeure pas que ples n'en[i] soit[j] aucune[k] fois[l] en court laie pour les eritages qui sont tenu[m] de[n] fief lai[o] des queus li droit oir vuelent[p] debouter les bastars. Et pour ce que teus[q] debas depent de l'eritage[r]

Rubr.) *A B* Icy; *B* fine; liqueus parole et enseigne; *C* liqueus parole comment on doit servir son seigneur, *etc., comme au chap.* XXVIII, *le rubricateur (ou un autre) s'étant aperçu de l'erreur a gratté la rubrique, mais imparfaitement, et ne l'a pas remplacée; E* cap. qui parole encoire dez tuteurs, *etc., comme au chapitre précédent; G* livre qui ens.; bastardise; *H* capit. qui ens.; liq. en pueent estre debouté; *J K* chap. qui parle lesquelz hoirs; par bast. et comment bastardie peut estre prouvee et lesquels mariages sont bons et lez quelz non. — a) *E* enf. au p.; *G H J K* enf. du p. — b) *A omet* tenu. — c) *H J K* part. qu'il en port. — d) *B* fussent tenu pour loi. oir. — e) *E H* est ce b.; *J K omettent* il. — f) *A B* deb. pour bast. — g) *E H J K* soit ce chose que. — h) *C* que sainte eglize. — i) *C* pl. ne s. — j) *A B* soient. — k) *C* aucunes. — l) *G omet* aucune fois. — m) *C omet* tenu. — n) *G* tenu en f. l. — o) *C* sont de f. lay tenus. — p) *C* hoirs si veullent. — q) *G* que cix deb. — r) *C* que debat vient en tele œuvre qui est d'iretage; *J K* dep. d'eritage.

convient il [a] a la fois [b] que juges [c] seculiers s'entremete de connoistre la [d] bastardie qui est proposee par devant li.

579. L'en doit savoir que tuit cil sont loiaus oir qui sont né et conceu en [e] loial mariage [f], ou qui sont conceu de loial mariage [g] tout soit ce [h] qu'il n'i soient pas né pour [i] ce que li peres muert ou tans que sa fame est grosse. Mes aucuns puet bien nestre ou tans de loial mariage qui n'est pas loiaus oirs, ainçois est bastars [j] : si comme se aucune fame grosse [k] se marie a autre persone qu'a celui qui l'engroissa hors mariage, car, tout soit il nés ou tans de mariage, toutes voies fu il [l] conceus en bastardie [m]. Et teus bastardies sont aucune fois si couvertes que l'en n'en [n] puet pas bien [o] savoir la verité, et aucunes fois que la verités est seue par l'aparence [p] du tans de la nacion; car se la fame le porte [q] .VII. mois puis le mariage, ele puet bien celer le fet, qu'il [r] [1] n'est pas apers [s] au monde, car en tant de tans puet uns enfes nestre et vivre et si puet estre qu'il fu engendrés .II. mois ou plus devant le mariage. Mes se ele le [t] porte meins de .VII. mois le mariage durant [u] et li enfes vit, il apert [v] qu'il fu conceus devant le mariage, et pour ce puet il estre tenus pour bastars; ne en cel cas riens ne le puet [x] delivrer de la bastardie qu'une seule chose : c'est quant il est conceus de celi meisme qui espousa puis sa mere. Car, quant uns hons a compaignie [y] a une fame hors de mariage et il l'espouse après ou [z] tans qu'ele est grosse, l'enfes qu'ele a ou ventre devient loiaus [aa] par la vertu du mariage. Voire s'il en i avoit pluseurs

---

a) *B omet* il. — b) *C* il aucunnes fois. — c) *C* que li jug. — d) *A B C* conn. de la b. — e) *C F* conc. de. — f) *A C* loiaus mariages; *F* de droit mar. et de loiel voire. — g) *B E F G H J K L M omettent* ou qui sont conceu de loial mar. — h) *E* che encore qu'il. — i) *E* mie né mez que il i soient concheu porche que. — j) *E G H J K M omettent* ainç. est bast. — k) *C* auc. grosse fame. — l) *B* t. v. il fu conc. — m) *H J K* conceus el tans de bastardie. — n) *C* on ne p. — o) *G omet* bien. — p) *G* par le parance. — q) *E G H J K* le portoit .VII. m. — r) *G J K* fet qui n'est. — s) *C* bien espers; *G* bien ap. — t) *A B omettent* le. — u) *C omet* Mes se ele ... le mariage durant. — v) *A* apert il. — x) *A B* le porroit del. — y) *A B* hons compaigne a. — z) *E* apr. le temps. — aa) *M* ventre doit estre loiaus hoirs par.

---

1. *qu'il*, attendu qu'il.

enfans[a] nes[b] avant qu'il l'espousast[c], et la mere et li enfant, a l'espouser, estoient mis[d] dessous le paile[e] de[f] sainte Eglise, si devenroient il loiaus[g] oir et seroient aherité[h] comme loiaus oir[i] en toutes manieres de descendemens ou[j] d'eschcoite[k] de costé.

580. La mere n'est pas creue en aucun cas contre[l] ses enfans pour ce se ele dit qu'il sont bastart. Car la haine[m] ou l'amour[n] qu'ele a au parastre[o] ou li desiriers[p] qu'ele a que si autre enfant en portassent le sien, la pourroient a ce mener qu'ele diroit que li[q] aucun de ses enfans seroient[r] bastart pour les autres aheriter. Et aucune fois a l'en veu qu'eles ne le[s] lessoient pas pour leur vilenie qu'eles ne le deïssent. Donques[t] quant teus[u] cas avient[v], l'en doit demander a[x] la mere toutes les demandes par quoi l'en puist savoir la verité et, se l'en voit qu'ele en[y] die[z] vraies enseignes, l'en la[aa] doit plus tost croire qu'une[ab] autre; car nus n'en puet mieus savoir la verité que la mere. Et si doit on mout regarder pour quel cause ele est meue[ac] a ce dire; car se l'en voit qu'ele soit bien meue[ad] pour cause de loiauté[ae], si comme il puet avenir qu'une fame aime mieus a reconnoistre sa vilenie que soufrir que cil fussent aherité qui ne le doivent pas estre, ou[af] espoir il li fu commandé quant ele se[ag] confessa du pechié, qu'ele le deïst pour ce que la verités ne peust[ah] estre seue que par li, en tel[ai] cas[aj] se doit on prendre pres de[ak] croire[al].

a) *G omet* enfans. — b) *G* nes avant le mariage ne avant qu'il. — c) *G H omettent* l'. — d) *A* enf. estoient mis a l'espouser dess. — e) *C G* dess. le drap. — f) *A B C* en s. Egl. — g) *G omet* loial. — h) *C* il herités e. — i) *G omet* oir. — j) *B omet* ou. — k) *B* escheure; *E F G H J K* esqueance. — l) *C* encontre s. enf. — m) *A B C* car haine. — n) *C omet* ou l'amour; *G* car l'amour ou la haine. — o) *C* parastre ou l'amour ou le gr. des. — p) *C* le grant desirrier. — q) *C omet* li. — r) *A B C [C* si] seroit bast. — s) *C omet* le. — t) *E G H J K* Et donques. — u) *C* quant en tel cas. — v) *E G H J K* cas avienent. — x) *E H omettent* a. — y) *A B C omettent* en. — z) *E* elles en dient. — aa) *G H J K* on l'en doit. — ab) *A B* que autre; *F* que un autre. — ac) *C* ele est esmevee. — ad) *C* bien esmevee a. — ae) *F* de bone foy. — af) *F* estre porche que espoir. — ag) *E H J K* ele s'en conf. — ah) *G H J K* ne pot. — ai) *E G H J K* en ce (*H* cel) cas. — aj) *A omet* cas. — ak) *H J K* pr. du cr. — al) *E* cr. le qu'ele dist verité; *G* pr. de le croire.

581. Tout soit il ainsi que commune renomee[a] queure[b] contre[c] une fame qui est en mariage[d] qu'ele est bien de pluseurs hommes charnelment, — et soit encore que l'en le sache parce que l'en les a veus converser ensemble ou par presompcions par lesqueles l'en puet croire l'assemblee de la fame et des autres[o] persones que de son mari, — et la fame ait enfans ou tans qu'ele mene tele vie, mes toutes voies ses barons aucune fois repaire[f] entour li, li enfant en ce cas ne sont pas tenu pour bastart, car puet estre qu'il sont du mari et puet estre que non sont. Et en[g] toutes choses[h] la ou il a[i] doute, soit[j] en cest cas ou[k] en autres, l'en se doit tenir au meilleur coron et[l] a la meilleur partie dusques a tant que li contraires est prouvés, et en cest cas puet il estre mauvesement[m] prouvé qu'il soient[n] bastart; dont il est assés de ceus[o] qui tienent les eritages de ceus qu'il cuident a[p] leur peres ou[q] a leur parens[r] et si ne leur sont riens pour ce qu'il sont bastart et avoutre[s]. Et par teus pechiés pourroit il avenir qu'uns hons espouseroit sa suer et si cuideroit il et ele et tuit li[t] voisin[u] qu'il ne s'entrefussent riens. Si comme se uns hons mariés avoit enfans de sa fame et enfans d'une autre fame mariee et après mouroient[v], et mariages couroit des enfans les uns as[x] autres, en tel cas avroient li frere leur serours et si n'en savroient riens. Et pour teus perius[y] et pour mout d'autres[z] qui en[aa] puecent avenir, sont teus pechié lait et vilain et[ab] defendu, et especiaument par[ac] sainte Eglise pour les perius[ad] des ames.

a) *C* que renomee commune. — b) *A omet* queure. — c) *ABEGHJKM* entre; *C* encontre. — d) *E F* est mariee. — e) *E F* et d'autres pers. — f) *C F* bar. [*C* si] repaire auc. fois; *H J K* t. v. aucunes fois ses barons (*J K* son mary) repaire. — g) *E G H J K omettent* en. — h) *E omet* choses. — i) *A B* il i a. — j) *A B omettent* soit. — k) *C* cas soit en; *H J K* cas et en. — l) *A B C F omettent* au meilleur coron et; *E G* coron ou a la. — m) *C* estre molt mauv. — n) *C* qu'il soit; *F omet* qu'il soient. — o) *B* de dettez qui; *G H J K* de teus qui. — p) *C* cuident estre prochain; *G* cuident estre a. — q) *H J K* p. et a l. — — r) *H J K* par. qui ne le sont pas. — s) *E* et en outre. — t) *G* ele et ses vois.; *H* tuit si vois. — u) *C* cuideroit l'omme et la fame et les voisins autressi. — v) *C* apres che il mour. — x) *C* li uns leur serours aus aut. — y) *C omet* perius. — z) *C* et pour autres. — aa) *C omet* en. — ab) *C omet* et. — ac) *C* espec. en s. Egl. — ad) *A B F* p. le peril des a.

582. L'en doit savoir que tuit cil qui nessent après ce que mariages est dessevrés ou tans que .xxxix. semaines et .i. jours sont passees[a] puis la mort du mari, sont bastart; car fame ne puet porter son enfant plus de .xxxix. semaines et .i. jour, par quoi il apert qu'il fu conceus puis que li barons fu mors, et pour ce est il prouvés[b] bastars[c] par l'aparence du lonc tans.

583. Il puet avenir[d] qu'uns mariages est dessevrés par sainte Eglise quant au lit, et nepourquant li enfant qu'il eurent tant comme il furent ensemble ne sont pas prouvé pour bastart : si comme quant aucuns pourchace le dessevrement de sa fame[e] pour ce qu'il l'a trouvee[f] en[g] pechié de fornicacion, ou la fame de son mari pour ce qu'ele l'i[h] a trouvé, en tel cas les puet bien sainte Eglise dessevrer et si ne sont pas li enfant bastart qu'il eurent devant la dessevree. Mes se la fame a eu enfans puis[i] le dessevrement, il sont bastart. Nepourquant ceste maniere de[j] dessevrance n'est pas si fors que, s'il[k] plest[l] a l'homme et a la fame, qu'il ne se puissent[m] remetre[n] ensemble ; et s'il s'i remetent et il ont puis enfans, il sont de loial mariage et puent estre loiaus oir.

584. Autre[o] chose est des dessevremens[p] qui sont fet par sainte Eglise par cause de lignage, si comme il avient qu'uns hons prent[q] sa cousine en tiers ou en quart ou plus pres, — car puis que li quars degrés est passés, mariages se puet fere, — et[r] puis après, quant il ont esté ensemble tant qu'il ont eu enfans, sainte[s] Eglise le set et[t] depart le mariage : en tel cas ne sont pas li oir loiaus, car tant comme il furent ensemble il furent en avoutire. Et nepourquant, se l'hons

---

a) *F* .xxxix. sem. sont passeez et .i. jor. — b) *H J K* il aprouvés bast. — c) *C* prouv. a bast. — d) *C* p. bien aven. — e) *B* omet de sa fame ; *F* de li et de sa f. — f) *B C* il la trueve ; *G* il a trouv. — g) *G* en ce peché. — h) *E G H J K* omettent i. — i) *C* se la fame eut enfans devant le dessevr. — j) *E G H J K* omettent maniere de. — k) *A B* omettent s'. — l) *C* omet que s'il plest. — m) *E H J K* se repuissent. — n) *A B C* mettre ; *G* puiss. bien remetre. — o) *F* de loiel mar. car autre coze. — p) *C* est de dessevrement ; *F* est dessevremenz. — q) *G* hons prist sa c. — r) *A B C* omettent et. — s) *E F G H J K* et sainte. — t) *E F G H J K* set ele depart.

nc[a] la fame ne[b] savoient[c] riens du mariage, ne par les bans qui furent fet en sainte Eglise ne en autre maniere, bien puet l'apostoiles confermer le mariage s'il li plest et pour la pitié des enfans. Et s'il ne li plest, il convient que li mariages soit dessevrés et li enfant tenu pour non loiaus quant a ce qu'il ne sont pas aherité comme droit oir, — dont c'est pitiés pour ce que l'assemblee du mariage ne fu pas fete malicieusement. — Mes il est ainsi pour ce que aucun pourroient fere malicieusement teus mariages[d] et après, quant li lignages seroit aperceus et sainte Eglise les vourroit dessevrer, il se[e] defendroient qu'il ne seurent mot[f] du lignage pour fere les enfans loiaus ; et pour ce peril eschiver et pour le pechié, se doit chascuns soigneusement garder qu'il ne se marie[g] fors la ou il puet et doit[h].

585. Bon est que l'en sache liqueus mariage font a eschiver, car il est[i] mout de simples gens qui ne le sevent pas. Si doit chascuns savoir que nus ne[j] doit espouser cele qui li apartient de lignage devant qu'ele a[k] passé le quart degré ; ne sa commere de quel enfant que ce soit, ou de l'homme ou de la fame ; ne cele avec qui il a levé autrui[l] enfant ; ne sa marastre ; ne fame[m] qui ait esté a aucun de son lignage en quart ou en[n] plus prochain degré ; ne la cousine a cele qu'il a compaigniee[o] charnelment ; ne sa[p] fillole[q] ; ne les enfans de son compere ne[r] de[s] sa commere puis[t] le comparage[u] nes[v] ; ne cele qui a plevi autrui par parole de present ; ne cele qui est en religion ou professe ; ne[x] cele

a) C hons ou la f. ; FG hons et la f. — b) ABF f. n'en sav. — c) HJK ne savoit r. — d) C fere a essient cieus mariages ; G fere teus mar. malicieusement. — e) AB omettent se. — f) A pas mot ; C onques mot ; F seur. rienz du. — g) EGH marient. — h) GH il poent et doivent. — i) ABF sont. — j) C sav. que nus ne puet savoir ne doit esp. — k) C qu'ele ait passé. — l) A omet autrui. — m) HJK ne cele qui. — n) AB ou a plus ; C ou au plus. — o) A c. qu'il a acompaignie charn. ; BF c. a qui il a eu compagnie charn. ; C c. a qui il a compaignie charn. ; K c. qu'il a eu compaignie charn., mais eu a été écrit dans l'interligne par un autre que le copiste, sans que ce soit pourtant par le glossateur habituel ou par le rubricateur. — p) A ne la fill. — q) G fill. ne son compere ne sa commere ne les enf. — r) G comp. et de. — s) C omet de. — t) C com. aussi puis. — u) B le parage. — v) C puis que le comparage est. — x) C ou.

que l'en set qui·ait[a] mari qui soit encore vis tout soit il[b]
hors du païs; ne juise[c] s'ele n'est[d] avant crestiennee; ne
cele qu'il[e] set qui ait eu[f] compaignie a son lignage char-
nelment, ou par mariage ou sans mariage. Et quiconques
prent aucunes[g] de celes dessus dites il sont en avoutire; ne[h]
li enfant qui d'aus nessent ne[i] doivent pas estre loiaus, ains[j]
sont tenu pour bastart quant as biens. Et de tous ces cas
quant debas en nest[k], en[l] apartient la connoissance[m] a sainte
Eglise en tant comme au mariage apartient dessevrer[n] ou
comme[o] tenir loi pour bon.

586. Tuit sachent que li mariages qui est tenus pour
bons par le tesmoignage de sainte Eglise ne puet estre de-
batus ne corrompus en[p] court laie, ne li enfant qui en
nessent tenu pour bastart, tout soit ce que sainte Eglise ait
fet grace a l'homme et a la fame a soufrir le[q] mariage : si
comme se li mariages puet estre departis par aucune reson
et sainte Eglise le suefre et conferme[r] pour la pitié des en-
fans qui en sont ja né ou pour aucune autre cause de pitié.
Et doivent[s] estre li oir loiaus[t] et en pueent porter de[u] l'eri-
tage tant comme loiaus oir en[v] pueent et doivent porter, et de
tous autres biens qui pueent et doivent[x] venir as drois oirs.
Et tout ainsi comme[y] nous devons croire sainte Eglise quant
ele nous tesmoigne les mariages loiaus, la devons nous
croire[z] quant ele nous tesmoigne les desloiaus mariages[aa].
Donques se ples est devant nous d'aucuns oirs qui debou-

a) *B* cele qui on sait qu'ele a ; *C* cele qui on set qui ait. — b) *G* soit il
qui soit hors. — c) *A B C* juive. — d) *B* s'ele est. — e) *B* c. qui s. ; *C* c.
qui on set ; *E F G* c. que on set. — f) *B* set qu'il eut. — g) *G* pr. nulles de ;
H J K omettent aucunes. — h) *B* omet ne ; *J K* nez. — i) *B* ness. ne ne
doiv. ; *C F* dessus dites les enfans qui d'iaus nessent sont nes en avoultire (*F*
sont avoutre), si (*F* ne) ne doiv. — j) *C* ainchois. — k) *C* deb. en est. —
l) *J K* omettent en. — m) *C G* la congnoissance [*G* en] apartient. — n) *C*
apart. de dessevr. — o) *C* ou de ten. ; *H J K* ou comme pour ten. — p) *B*
omet en. — q) *A* omet le. — r) *H J K* conferme et suefre. — s) *E G H J K*
Et ainsi doiv. — t) *C* estre loiaus les hoirs. — u) *C E H J K* omettent de. —
v) *E G H J K* omettent en. — x) *F* Et doivent li hoir estre loiel et pueent goir
de l'eritage comme loiel hoir et pueent et doivent emporter partie de tous
bienz qui pueent venir. — y) *E G H J K* ainsi que nous. — z) *C* omet quant
ele nous ... devons nous croire. — aa) *G* omet mariages.

tent autres de l'eritage comme bastars et il nous aportent[1][a]
le tesmoignage de sainte Eglise qu'ele tesmoigne qu'ele a
conneu de la cause et que par sentence disfinitive li ma-
riages ou il furent né fu[b] tenus pour mauvès, — ou qu'il
fu[c] prouvé contre aus qu'il furent né et[d] conceu hors ma-
riage[e], — nous devons croire le tesmoignage[f] de sainte
Eglise et fere droit selonc ce qui est tesmoignié.

587. Se sainte Eglise tesmoigne a justice laie qu'aucuns
oirs soit bastars si que[g], pour[h] le tesmoignage, li bien qu'il
eust s'il fust drois oirs sont delivré a autre persone qui est
drois oirs[i] puis que cil l'a perdu par bastardie, et, après ce,
cil qui fu[j] tesmoigniés pour bastars pourchace tant vers
sainte Eglise qu'ele tesmoigne qu'il est loiaus, c'est a tart
puis qu'autres[k] en a porté[l] par la main laie et par jugement
ce qui deust estre sien se la bastardie ne fust temoignie
contre li. Car il apert en tel[m] cas que cil qui ont la connois-
sance pour sainte Eglise furent deceu en leur tesmoignage:
car, s'il estoit loiaus oirs, il furent deceu[n] en tesmoignier la
bastardie et, s'il estoit bastars, il furent deceu en tesmoi-
gnier[o] qu'il estoit loiaus oirs ; ne li secons tesmoignages
qu'il tesmoignerent[p] le contraire de ce qu'il avoient[q] tes-
moignié premierement n'est[r] pas a recevoir. Mes autre[s]
chose seroit se li ples n'estoit fors seur la saisine tant seu-

---

a) *ABEGH* aporte ; *F* on n. aporte. — b) *BF* né est ten. ; *E* né ne fu
pas t. — c) *AB omettent* fu. — d) *B* omet né et. — e) *ABEH* hors de mar.
— f) *E* lez tesmognages. — g) *A* omet que. — h) *FHJK* que par le t. —
i) *C* a autres personnes qui sont droit hoir. — j) *C* est tesm. ; *EG* apres ce
qu'il fu tesm. ; *HJK* apr. puis qu'il fu tesm. — k) *AB* puis qu'aucuns aut. ;
C puis que .r. autres. — l) *C* autr. a tout emporté. — m) *AB* en ce cas. —
n) *AF omettent* en leur tesmoignage : car ... oir, il furent deceu. — o) *HJK*
omettent en tesmoignier. — p) *A* tesmoignage qu'il tesmoignent ; *BCF* tes-
moignage qui tesmoigne. — q) *ABF* il avoit ; *C* on avoit. — r) *FGHJK*
n'estoit pas. — s) *C* Mais une autre.

---

1. Le groupement des mss. montre qu'une faute existait dans *O* et que
c'est indépendamment les uns des autres que *CJKM* ont écrit *aportent*. Nous
les suivons néanmoins, d'abord parce que *O* a été écrit négligemment, en-
suite parce qu'ils donnent un texte grammaticalement correct. Le premier
il se rapporte à *aucuns oirs* ; le second *il*, sujet de *furent né*, aux *bastars*.

lement. Car cil qui avroit perdue la saisine[a] par jugement pour ce qu'il seroit tesmoignié contre li qu'il seroit bastars et après[b], au plet de la proprieté, pourroit[c] moustrer qu'il seroit loiaus oirs et mousterroit[d] comment cil qui tesmoignerent la bastardie de li furent deceu, il pourroit[e] recouvrer[f] son damage par gaaignier la proprieté.

588. Et aussi comme nous avons dit que[g] li tesmoignages de sainte Eglise doit estre creus[h] de ce qu'ele[i] tesmoigne les bons mariages ou les mauvès, aussi entendons nous que ses tesmoignages doit estre creus[j] en toutes causes des queles la connoissance apartient a sainte Eglise. Mes il convient bien quant li plet sont[k] gros ou perilleus qu'il soit[l] tesmoignié[1] autrement que par le tesmoignage[m] d'un official tant seulement, car l'officiaus n'est qu'uns seus tesmoins quant il tesmoigne[n] en court laie : se n'est en aucun legier[o] cas dont l'en se puet bien passer et que l'en puet legierement croire, si comme d'une absolucion, ou que ples est par devant li a tel jour[p], ou d'une semonse, ou d'aucune ordenance qui a esté fete par devant li. De ces choses est creu ce que l'officiaus tesmoigne[q] par le seel de la court, sans avoir mestier d'autre tesmoignage ; et aussi est il creus quant il tesmoigne aucun escommenié[r].

589. Se l'officiaus tesmoigne qu'aucuns soit bastars et li evesques tesmoigne qu'il soit loiaus, l'en ne doit pas

---

a) *C omet* tant seulement. Car ... perdue la saisine. — b) *C* apres che au pl. — c) *C* il pourr. — d) *C omet* mousterroit. — e) *C* comm. chiaus qui aroient tesmoignié encontre lui la batardie en aroient esté deceu, adonc porroit il recouvr. — f) *HJK* pourr. avoir recouvré son d. — g) *G* dit comme le tesm. — h) *B* estre receuz. — i) *C* qu'il tesm. — j) *B* estre rec uz. — k) *F* est : — l) *C* soient. — m) *A omet* par le tesmoignage. — n) *F* quant il est tesmoignié en. — o) *BC omettent* legier. — p) *C* ou que le plet en autel jour par devant lui ; *il omet* est. — q) *C* est creus li officiaus quant il le tesmoigne ; *G* est creus li officiaus de ce qu'il tesm. — r) *C* il tesm. quant aucune personne est escommeniee ; *G* il tesm. aucun escommeniement.

---

1. *Qu'il soit tesmoignié*, on dirait aujourd'hui : *qu'il en soit témoigné. Il* est neutre et le verbe est employé impersonnellement : cette tournure prête ici à amphibologie, aussi le copiste de *C* ne l'a-t-il pas comprise.

croire le tesmoignage de l'official[a], mes le tesmoignage de[b]
l'evesque. Et se l'evesques et l'officiaus[c] tesmoignent une
meisme chose et l'arcevesques qui a le resort dudit evesque
tesmoigne le contraire, l'en doit croire le tesmoignage[d] de
l'arcevesque. Et se l'arcevesques tesmoigne autel[e] comme
l'evesques fist ou[f] il conferme sa sentence, et li apostoiles
ou cil qui sont envoié de par li tesmoignent[f] le contraire,
l'en doit mieus croire le tesmoignage[g] de[h] l'apostoile que le
par dessous[i]. Et aussi disons nous de ce meisme que[j] les
cours laies tesmoignent, que l'en doit mieus croire ce que
le par dessus tesmoigne que le par dessous et fere droit se-
lonc le meilleur tesmoignage[k].

590. Li bastart qui sont né en mariage sont prouvé a la
fois[l] en la maniere que nous deismes devant en cel chapistre
meisme[m] et a la fois en autre maniere. Si comme se li maris
est outre mer ou en autres terres estranges[n], ou empri-
sonnés par si lonc tans que .x. mois ou plus soient passé,
et après les .xxxix. semaines et .i. jour qu'il s'en parti[o], sa
fame a enfans : en tel[p] cas il pueent estre prouvé a bastart
par l'aparance du fet. Mes se li maris estoit en sa delivre
poosté hors du païs ou sa fame est[q], pour son pourfit, ou
pour ce qu'il en est banis, ou pour guerre, ou pour povreté,
et sa fame avoit enfans et[r] ne savroit on de qui, ne par re-
nomee ne par veue de converser autrui avecques li, en tel
cas ne seroient pas li enfant[s] prouvé[t] a[u] bastart par l'apa-
rance du fet; car puet[v] estre[x] que li barons i[y] conversa en re-
post ou tans qu'ele conceut. Mes se li barons revient et

a) *F* li diz de l'official ne doit mie estre creus. — b) *HJK omettent* tesmoi-
gnage de. — c) *A B* et ses offic. — d) *F* le dit. — e) *GHJK omettent* autel.
— f) *C* et; *F* dist ou il tesmongne ou conf. —g) *HJK* tesmongne. — h) *B*
omet de. — i) *F* l'ap. qui par dessus est. — j) *C* nous meesmes que che que
les c. l. — k) *F* omet et fere ... meill. tesmoign. — l) *C* prouvé aucunes fois
en ; *HJK* sont a la fois prouvé en. — m) *C* deismes en ce chap. meesmes de-
vant ; *E* deism. devant cest cap. m. ; *HJK* deism. dessus et a la f. — n) *B* autre
terre estrange. — o) *C* qu'il se departi. — p) *JK* en ce cas. — q) *CEFGHJK
omettent* ou sa fame est. — r) *BF* ne ne s. — s) *G* cas li enfant ne seroient
pas prouvé ; *HJK* ses enfans. — t) *C* ser. pas prouves les enfans. — u) *BF*
pour bast. — v) *G* car il peut. — x) *C* il peut molt bien estre. — y) *E* omet i.

trueve que sa fame a[a] eu enfans ou tans qu'il a esté hors et
il en eschive la[b] compaignie de sa fame[c], et dit que li en-
fant sont bastart en afermant qu'il ne fu ou[d] païs ne par
nuit ne[e] par jour en tant de tans comme fame[f] puet[g] porter
enfant[h], en tel cas en[i] doit il estre creus ; car male chose
seroit que cil qui seroient bastart et avoutre a sa veue et[j] a
sa seue fussent si oir et en portassent son eritage maugré
sien ; car nus ne doit croire que nus fist volentiers[k] ses
drois enfans[l] bastars pour son eritage fere tourner a autres
oirs[m]. Et toutes voies, pour ce qu'aucuns ne soit meus a ce
par mauvese cause, si comme haine monte aucune fois entre
homme et fame a poi d'achoison[n] ou par jalousie ou en
autre maniere[o], l'en doit mout regarder que li hons ne soit
meus fors par cause resnable ; et ce puet on savoir[p] assés[q]
apertement par la maniere[r] de l'acusement et par les cir-
constances du fet.

591. Encore se puet bastardie prouver par autre voie par
l'aparence du fet : si comme se li maris est teus qu'il ne
puist engendrer enfans parce qu'il n'a pas ce que nature li[s]
doit donner[t] pour engendrer enfans ; si comme il avient
qu'uns teus hons prent fame et ne revele pas son essoine
prouvé, et la fame se tient en sa compaignie ne[u] ne pour-
chace pas le dessevrement du mariage, mes ele compaigne
charnelment aveques autre qu'aveques[v] son baron[x], par
quoi ele a enfans. En tel cas, se li hons fet son essoine
apert, sont li enfant prouvé pour[y] bastart pour l'aparence
du fet. Mes se l'essoines est repus[z] tant que li maris soit

a) *E G H J K* fame ait eu. — b) *H J K* esquive se comp. — c) *H J K* omet-
tent de sa fame. — d) *C* fu puis ou p. — e) *H J K* omettent ne. — f) *ABC*
comme sa fame. — g) *C* fame puit. — h) *C E H J K* enfans. — i) *E G H J K*
omettent en. — j) *C* omet a sa veue et. — k) *F* Car male coze seroit que
nus feist ses. — l) *B C F* dr. oirs bast. — m) *C* a autre oir ; *E G H J K* a
autrui oirs : *F* erit. tourner a autre gent ou fere tourner. — n) *H J K* peu de
reson. — o) *C* achois. ou autre maniere ou par jal. on doit. — p) *G H J K*
veoir. — q) *B F* sav. auques apert.; *C* omet assés. — r) *C* par le mere de l'ac.
— s) *C* omet li. — t) *C E G* donn. a home. — u) *B* comp. et ne. — v) *B*
omet aveques. — x) *E G H J K* s. mari. — y) *E G H J K* omettent pour. —
z) *C* repos.

enfouis[a] et tele chose est prouvee pour aus fere bastars, ce ne doit pas estre receu en prueve; car puis qu'il tint les enfans pour siens tout son vivant et ne fist[b] nule mencion qu'il eust mehaing, il doivent estre tenu pour loiaus oir, se la mere ne les acuse si comme nous avons dit dessus[c] en autre[d] cas[e].

592. Toutes les fois que cours se sent deceue[f] et par la decevance ele fet ou juge[g] aucune[h] chose et, après la sentence, ele s'aperçoit qu'ele fu deceue, ele puet[i] bien rapeler son[j] jugié : mes ce disons nous es cours de sainte Eglise, car en la court laie convient il tenir ce qui est jugié puis que la sentence est passee sans apel[k], se ainsi n'est que si grans fraude ou[l] si grans[m] baras i soit[n] trouvés que li sires, de son office, face rapeler les parties par devant li et rapeaut ce qui fu fet par barat; car ce apartient bien a office[o] de loial court, soit de crestienté ou[p] de court laie.

593. Il n'est pas mestiers que la cours de crestienté se passe legierement des ples qui nessent[q] de mariage depecier, tout soit ce que li maris tesmoigne ce que la fame propose contre[r] li, car puet estre[s] qu'il tesmoignent ensemble la cause de departir mariage pour ce qu'il vuelent bien la departie, pour ce qu'il[t] se vuelent remarier alieurs ou par haine qui est meue[u] entre aus. Donques en tel cas[v] ne doit pas sainte Eglise du tout croire en ces[x] paroles, mes savoir la verité du fet qui est proposé parce[y] que ce[z] qui[1]

a) *C* soit mors; *F* resp. desquez a tant que il est enf. — b) *HJK* fist on. — c) *CHJK omettent* dessus. — d) *HJK* autres. — e) *BCF omettent* en autres cas. — f) *G* cours se sont decheues. — g) *C* fet en jugement auc. ; *E* f. au j.; *F* dec. ele sent qu'ele a fait ou jugié: *G* font ou jugent. — h) *AB omettent* aucune. — i) *G* eles s'aperçoivent qu'eles furent decheues, eles puent bien. — j) *G* rap. leur j. — k) *G* sans apeler. — l) *F* fr. et si gr. — m) *C* si outrageus bar. — n) *A* bar. issoit trouv.; *F* soient. — o) *C* apart. asses bien a faire en l'office de l. c. ; *F omet* office de. — p) *AB* crest. [*A* de] soit de c. l. — q) *C omet* des ples qui nessent. — r) *C* tesm. toute la chose qui est pourposee encontre lui de par la fame. — s) *C* car il peut molt bien estre ; *JK* car il peut estre. — t) *C* dep. et qu'il se v. ; *F omet* vuel. bien ... ce qu'il. — u) *C* est menee. — v) *EGHJK omettent* en tel cas. — x) *ABCF* ses par. — y) *EF* pour ce. — z) *G omet* que ce.

1. Il faut compléter ainsi : *savoir par elle-même la verité du fet proposé soit parce qu'il se montre..., ou subsidiairement par.*

est proposé[a] se moustre[b] en apert, ou par enqueste d'autres tesmoins quant li fes ne se puet autrement moustrer[c] : si comme se la fame dist que l'hons est teus qu'il ne puet engendrer et il le connoist[d] pour ce qu'il veut bien la dessevrance, l'en ne doit pas croire a[e] sa connoissance que l'en ne sache se c'est voirs par veue ; si comme se l'en voit qu'il a ce qu'il[f] disoit qu'il n'avoit mie. Et aussi disons nous des autres cas qui par veue se pueent moustrer ou par l'aparence du fet ; et les autres cas[g] qui ne pueent[h] estre moustré si apertement, si comme se li uns suit l'autre d'aucun avoutire, enqueste en doit estre fete, tout soit ce que li uns et li autres le connoisse[i], si comme il est dit dessus[j] ; car male chose seroit et perilleuse as ames[k] et as oirs[l] que l'en dessevrast les mariages a chascun mautalent que li uns a[m] a l'autre[n].

594. Pour ce que nous avons parlé que la cours rapeaut[o] la sentence de ce de[p] quoi[q] ele se vit deceue puis le jugement, nous en dirons un cas que nous en[r] veismes. Car uns chevaliers prist une dame[s] et, quant il eurent esté grant[t] piece ensemble tant qu'il eurent enfans, li mariages fu après acusés et fu depeciés et fu[u] tenus a[v] mauvès par le jugement de sainte Eglise, et eut chascuns congié de soi marier alieurs. Li chevaliers prist une autre[x] fame et en eut enfans, et la dame prist autre baron[y] et en eut enfans[z] ; et après[aa] il[ab] avint que la fame derrainement espousee du chevalier[ac] mourut et li barons derrainement espousés de la

---

a) *A omet* par ce que ... est proposé. — b) *C* qui est pourposé moustrée en ap. — c) *C* autrem. prouver. — d) *C* le recongnoist. — e) *C* cr. en sa c. — f) *C* ce qu'on dis. — g) *C omet* qui par veue se ... et les autres cas. — h) *AC* pueent pas. — i) *C* le recongnoisse. — j) *HJK* si comme dit est ; car. — k) *A* as ainnez. — l) *C* perill. aus aisnes enfans on d. — m) *G* li ung aroient ; *JK omettent* a. — n) *A* chascunz mautalens qui sont entre aus. — o) *JK* rapele ; *G* rapelast. — p) *BCF omettent* ce de. — q) *EGHJK* sent. dont ele. — r) *ABF omettent* en. — s) *GHJK* une femme. — t) *C* esté une grant. — u) *ABF omettent* fu. — v) *EFGHJK* tenus por mauv. — x) *A omet* autre. — y) *JK* autre mari. — z) *C omet* et la dame prist autre baron et en eut enfans. — aa) *C* apres che il. — ab) *EGHJK omettent* après il. — ac) *BF omettent* du chevalier.

dame mourut[a]. Et après conscience[b] requist le chevalier et
la dame que leur mariages avoit esté[c] depeciés par mau-
vese cause; il se traistrent a[d] la court de crestienté et
moustrerent[e] comment ele avoit esté deceue en depecier le
mariage; et la cours[f], la decevance conneue[g], rapela la sen-
tence[h] qu'ele avoit donnee contre le mariage et aferma par
sentence que li mariages premiers estoit bons et loiaus et
qu'il pouoient[i] bien estre[j] ensemble[k] comme en bon ma-
riage, et se[l] rassemblerent. Et ainsi eut li chevaliers en-
fans de .ii. fames espousees[m] et vivans tout[n] a un meisme
tans et la dame enfans de .ii. maris et[o] les .ii.[p] maris vivans[q].
Or avint que li chevaliers et la[r] dame moururent. Si com-
mença ples[s] entre les enfans du premier mariage et les en-
fans du secont mariage; car li enfant du secont mariage[t]
disoient que li enfant du premier mariage estoient né en
mauvès mariage par quoi il aparoit qu'il estoient bastart;
et bien estoit prouvé[u], si comme il disoient, parce que sen-
tence avoit esté donnee contre le mariage et pouoirs d'aus
remarier et, cel[v] mariage depecié, il estoient né en loial
mariage et aprouvé par sainte Eglise et dura[x] li mariages
dusques a tant[y] qu'il fu dessevrés par mort; par quoi il re-
queroient qu'il fussent receu a[z] l'eritage[aa] comme loiaus oir
et li autre debouté comme cil qui droit n'i avoient par les

a) F li bar. de la dame derrain. espousez morut; G et le derrain baron de
la dame mourut aussi. — b) C fame derrain esp. du chev. morut et le pre-
miere fame dou chevalier prist un autre baron et en ot enfans et le maris a
ichelle dame si trespassa autressi de cestui siecle et tant avint que conscience.
— c) C mar. estoit dep. — d) C tr. envers la c. — e) A B F et li moustr. —
f) G court et la dec. — g) G conn. elle rapela. — h) HJK rap. la decevance.
— i) A il pueent. — j) C pouoient molt bien de rechief estre. — k) EGHJK
ensemble estre. — l) E HJK omettent se. — m) E G HJK fam. mariees et
viv. — n) A B viv. tous a. — o) B omet et. — p) C omet maris et les .ii.
— q) C viv. par un tans; E G HJK omettent et les .ii. maris vivans; F f. esp.
vivanz a .i. jour et le dame enf. de .ii. mar. viv. a .i. jour; M enf. de .ii. mar.
espouzes et vivans tout a .i. jour. — r) C et chelle dame. — s) C moururent
et comm. le plet. — t) C omet car li enf. du sec. mar. et le remplace par
et. — u) B omet qu'il est. bast. et bien est. prouvé; F b. apparoit; depuis
ce mot jusqu'à la fin du paragraphe, F est modifié et amplifié d'une
façon tout arbitraire. — v) C et apres chelui mar.; G et tel mar. — x)
HJK dura tant le mar. — y) HJK omettent dusques a tant. — z) C rec. en
l'eritage. — aa) B rec. en mariage.

resons dessusdites. Et li enfant né du premier mariage[a] en aus defendant disoient encontre qu'a aus apartenoit li eritages comme a loiaus oirs et ainsnés en[b] bon mariage, et bien aparoit que la sentence que sainte Eglise avoit donnee contre le mariage ele la[c] rapela et reconnut qu'ele avoit esté deceue en donner la sentence et tint le mariage a bon et a loial, dont il aparoit qu'il estoient loiaus oir. Et seur[d] ce se mistrent en droit.

595. Il fu jugié que li enfant du[e] premier mariage estoient loiaus oir et qu'il venroient a la succession du pere et de la mere, et li enfant né[f] du secont mariage comme[g] loiaus oir partiroient comme mainsné[h] au descendement de leur pere et de leur mere. Et par cel jugement puet l'en entendre que chascuns des mariages fu loiaus ou tans qu'il dura, car ce que sainte Eglise fu deceue en fere contre[i] le premier mariage ne dut grever a nului puis qu'ele rapela sa sentence, et li congiés qu'ele donna du remarier fist le secont mariage loial[j] et li rapeaus de sa[k] premiere sentence qu'ele fist contre le premier mariage le raferma[l] et tint[m] pour loial.

596. Bien sachent tuit cil qui sont bastart et qui bien le sevent par la connoissance de leur mere ou en autre maniere[n] qu'il n'ont droit en nul descendement; et s'il s'i metent[o] pour ce que nus ne leur[p] debat pour ce que l'en n'en set pas la verité, pour ce ne demeure pas qu'il ne le[q] tiegnent a tort et contre Dieu et ou[r] peril de leur ames. Et s'il vuelent fere ce qu'il doivent selonc Dieu, il sont tenu au[s] rendre a ceus[t] qu'il sevent qui sont droit oir et[u] loiaus.

597. Voirs est qu'en testament puet bien li hons ou la

---

a) *G* enf. du prem. mar. nes. — b) *G* ainsn. et nes en b. m. — c) *EGHJK* omettent la. — d) *C* dessus che. — e) *A B* enf. né du. — f) *E G H J K* omettent né. — g) *E G H J K* mar. né com. (*G* comment). — h) *H J K* omettent comme mainsné. — i) *F* Egl. enfraint le pr. — j) *A B* les (*B* le) secons mariages loiaus. — k) *E G H J K* de la prem. — l) *A B* la referma; *C* l'aferma; *F* rap. que elle fist dou prem. mar. l'afferma. — m) *C F* et le tint. — n) *F* omet ou en aut. man. — o) *C* s'il se metoient; *E G H J K* s'i mesfont. — p) *C* ne le deb.; *E G H J K* ne les deb. — q) *A B F* omettent le. — r) *C* et seur le per.; *E G* et en per. — s) *C* il le sont tenu a r.; *F* il doivent r. — t) *B* omet a ceus. — u) *B* omet et.

fame lessier a ses[a] enfans bastars pour cause de pitié aussi comme il feroient[b] a estranges persones, c'est assavoir de leur muebles ou[c] de leur conquès ou le quint de l'eritage[d]. Nepourquant se li hons ou la fame qui a[e] enfans bastars et enfans loiaus, n'a fors muebles et conquès, nous[f] ne nous acordons pas qu'il puissent estre lessié as bastars et nient as loiaus oirs, se li oir loiaus ne l'ont mesfet vers le pere ou vers la mere, si comme nous deismes ou chapitre qui de ce parole[1]. Donques disons nous en tel cas que la plus grans[g] partie en doit estre lessie as loiaus oirs[h], et[i] aucune chose en doit[j] l'en lessier as bastars pour leur soustenance. Mes se uns hons ou une fame n'a nul[k] enfant loial, mes il a enfans bastars, bien leur puet lessier ses muebles et ses conquès et le quint de son eritage, ou tout ou[l] en[m] partie. Mes s'il muert sans aus lessier aucune chose, il n'en portent riens ne que feroit[2] uns estranges.

598. Aucunes fois avient il que dui gent qui sont en mariage se departent par leur volenté et par le gré de sainte Eglise sans vilaine cause, si comme quant il ont volenté de vouer chasteé ou d'entrer en religion[n]. Mes ceste departie ne se puet[o] fere sans l'acort[p] des .II. parties, car l'hons ne la puet fere sans l'acort de sa[q] fame ne la[r] fame sans l'acort de son mari[s] ; et s'il ont enfans, il ne lessent pas pour ce a estre loiaus ne a venir pour ce a la succession de leur pere[t] et de leur mere[u].

599. Cil de qui il est certaine chose qu'il sont bastart et[v] avoutre, ne pueent en nule maniere estre loiaus quant a ce

a) *B* less. assez enf. — b) *E G H J K* il feroit. — c) *B omet* ou; *C* mueb. et de. — d) *A B E F* leur erit. — e) *C F* a eu enf. — f) *B* conq. et nous. — g) *F* dis. n. que le greingneur part. — h) *H J K* as hoirs loiaus. — i) *A B* oirs se li hoir loial ne l'ont mesfet et auc. — j) *A B C* en puet l'en. — k) *A* nus. — l) *B omet* ou. — m) *A J K omettent* en. — n) *H J K* de entrer en relig. ou de voer chasteé. — o) *C* ceste partie si ne puet on faire. — p) *G* le gré. — q) *B C E G* de la fame. — r) *B omet* la. — s) *F* de l'omme. — t) *A B* peres. — u) *A B* meres. — v) *A B C F* bast. ou avoutre.

1. Ch. xvii.
2. *Ne que feroit*, pas plus que ne ferait.

qu'il viegnent au descendement des eritages[a] de pere et[b] de
mere[c]. Mes cil qui ne sont fors bastart tant seulement
pueent bien estre fet loiaus oir par estre mis dessous le paile[d]
a l'espouser, si comme nous avons dit dessus ; et li avoutre
sont cil qui sont engendré en fames mariees d'autrui que de
leur seigneurs[e], d'hommes mariés[f]. Donques s'il avient
qu'uns hons ait[g] enfans en soignantage[h] d'une fame qui a
mari et li maris muert, et l'hons qui a son vivant la tenoit
l'espouse, li enfant qui nessent puis le mariage ou qui furent
engendré ou né ou tans qu'ele fu, veve[i] pueent estre fet
loiaus ; mes cil qui furent engendré ou né[j] ou tans qu'ele eut
autre mari en avoutire, ne pueent estre fet loiaus quant a la
succession du[k] pere ne[l] de la[m] mere[n]. Mes nous en avons
bien[o] veu aucuns qui, par la grace de l'apostoile, estoient
clerc et tenoient des biens de sainte Eglise ; mes de ce ne
se ont a[p] meller les cours laies, car a l'apostoile et as prelas
apartient l'aministracions de sainte Eglise.

600. L'en ne doit pas douter que quant uns hons[q] hors
du lien de mariage[r] a compaignie a une fame et en a[s] en-
fans, et il l'espouse puis qu'enfant sont né ou ou tans
qu'ele est[t] grosse, se li enfant sont mis dessous le drap[u],
— liqueus dras[v] est acoustumés a metre sur ceus qui se
marient solennement[x] en sainte Eglise, — ne soient loiaus
puis qu'il i[y] sont mis avecques le pere et avecques la mere le
mariage fesant ; et puis lors ne sont pas li enfant bastart,
ains sont oir et pueent estre aherité[z] si comme loiaus enfant
né en mariage. Et par ceste grace que sainte Eglise et cous-

---

a) *G* desc. de l'eritage ; *E H J K* descend. d'erit. — b) *C* p. ne de. — c)
E G H J K des peres et (*E* ou) des meres. — d) *C* dess. le drap. a l'esp. ; *G* le
drap de sainte Eglise a l'esp. — e) *J K* leurs maris. — f) *G* d'hommes et ba-
rons ; *J K omettent* d'hommes mariés. — g) *E* h. qui ait. — h) *C* en son lin-
gnage. — i) *B F* ele estoit veve. — j) *A B* né ou engenré ; *F omet* engendré
ou. — k) *A B* succ. de pere. — l) *G* pere et de ; *E H J K* pere ou de. — m)
A B omettent la. — n) *F* de leur perez et de leur merez. — o) *J K omettent*
bien. — p) *C F* ne se doivent meller les c. l. — q) *A B* hons est hors. — r)
C mar. et a comp. — s) *B* a eu. — t) *C* ou tant qu'ele soit grosse. — u)
G drap de sainte Eglise. — v) *G H J K omettent* dras. — x) *E G H J K* so-
lempnelment. — y) *C omet* i. — z) *C* estre hiretagies.

tume consentent a teus manieres d'enfans avient il souvent que li pere espousent les meres[a] pour la pitié des enfans, si que meins de maus en sont fet.

601. Nous veons[1] un cas auquel mes fius mainsnés[b] en puet porter l'ainsnecce de mon eritage contre mon fil et son[c] frere ainsné, et dirons comment. Se uns hons a d'une[d] fame un fil en soignantage et puis espouse[e] une autre de laquele il a un fil, et après cele qu'il a espousee[f] muert et il[g] espouse la premiere de laquele[h] il eut un fil en soignantage, et est li fius mis dessous le drap avec le pere et avec la mere pour li fere loial, en cel cas ses mainsnés fius est ainsnés quant a l'eritage, car il est nes du premier mariage. Et tout soit il ainsi que li autres soit ainsnés d'aage, li tans qu'il fu bastars ne li doit pas estre contés, si que, ou tans qu'il ist de bastardie[i], il est nouveaus nes comme a[j] estre oirs[k]. Mes se li oirs qui est nes du premier mariage estoit femele, et cil qui fu aucune[l] fois bastars[m], qui devient[n] loiaus par le mariage du pere et de la mere, estoit oirs masles, il en porteroit l'ainsnecce contre sa sereur; car combien il[o] i ait de mariages et filles de chascun mariage, et du derrain mariage fust uns oirs masles, si en porteroit il[p] l'ainsnecce contre[q] toutes ses sereurs nees des premiers mariages par nostre coustume, pour ce que douaires n'aherite pas[r] si comme nous avons dit[s] ou chapitre des[t] douaires[2].

---

a) *C* le pere espouse le mere. — b) *B* fius meismes; *F* meismez, *mais le premier jambage du second* m *a été exponctué et un tilde tracé au-dessus du premier* e; *C* omet meinsnés. — c) *C* et mon frere. — d) *BF* omettent d'. — e) *C* esp. apres che une. — f) *C* et apres che elle muert. — g) *G* et puis apres il. — h) *HJK* prem. dont il ot. — i) *AB* de la bast. — j) *C* comme pour estre. — k) *E* omet comme a estre oirs. — l) *H* aucunes. — m) *G* qui fu bastars une fois. — n) *GHJK* devint. — o) *ABEF* comb. qu'il. — p) *AG* masles il emporteroit. — q) *A* l'ainsnecce contre sa sereur et contre t. ses ser.; *C* l'ainsn. de toutes s. ser. — r) *C* douaires verité passe. — s) *HJK* nous deismes. — t) *F* cap. qui parole des.

---

1. *Nous veons*, nous allons voir : présent indiquant un futur très prochain et dont l'emploi est aujourd'hui plus restreint que dans l'ancienne langue ; nous marquons la même idée surtout au moyen de *aller*.

2. Ch. xiii.

602. Ce que nous avons dit que li enfant ne sont pas
crité par nostre coustume par la[a] reson des douaires leur
meres, si comme il sont en France[1] et en autres païs, nous
l'entendons en eritages qui sont tenu de fief[b], car en eritages
qui sont tenu[c] en vilenage s'acorde[d] nostre coustume a l'usage
de France: c'est assavoir que li enfant[e] né du premier ma-
riage en portent la moitié, et cil du secont mariage le quart,
et cil du tiers mariage l'uitisme, comment que li enfant de
chascun mariage soient masle ou femele. Et quant li peres
muert et li enfant de chascun mariage ont parti selonc ce
qui est dit[f] dessus, la partie du pere qui demeure de[g] vile-
nage doit estre partie[h] a trestous ses enfans, autant a l'un
comme a l'autre, car en vilenage n'a point d'ainsneece[i][2].

*Ci fines li chapitres qui enseigne liqueus oir sont loiaus et
liqueus sont bastart.*

a) *E G H J K omettent* la. — b) *A B* de fies; *G* en fief. — c) *F omet* de
fief, car … sont tenu. — d) *C* de fief ou en vilenages qui sont tenus de sei-
gneurs s'acorde. — e) *B omet* que li enfant. — f) *B* parti si com il en dit
dess. — g) *B* dem. en vilen. — h) *C* departie. — i) *G* ainsneece comme des-
sus est dit. — Expl.) *A* Ici fine; *B G* liquel bastart; *C* Chi define; si sont;
E H Explicit; *à la fin de la rubrique du chap.* xixe, *H porte:* et fenist li
xvii (*sic*) capitre; *F* liq. bastart; *J K n'ont pas d'explicit.*

1. Voy. p. 18. note 4.
2. Beaumanoir répète ici ce qu'il a déjà dit au § 452.

XIX.

Ci commence li dis et nuevismes chapitres de cest livre liqueus
parole des degrés de lignage, par quoi chascuns puist sa-
voir combien si parent li sont prochien ou loingtain.

603. Pour ce que chascuns sache en quel degré de
lignage[a] l'en li apartient pour[b] pluseurs resons, — si
comme pour ce que mariages ne se face en trop prochain degré
de lignage, ou pour ce que l'en puist requerre son ami de
soi aidier de sa guerre, ou pour ce que l'en puist demander
le sien quant il eschiet[c] par prochaineté[d], ou pour ce que
l'en sache combien l'en est prochains quant l'en veut res-
courre aucun eritage par la bourse, — nous traiterons ici
endroit en[e] un petit chapitre de la division des lignages et
comment et en quel maniere lignages s'alonge[f].

604. Nous devons savoir que lignages se puet diviser en
.IIII. parties : la premiere partie en[g] montant si comme mes
peres ou ma mere, la seconde partie en descendant si
comme mes fius ou ma fille, et ces .II. parties sont de lignage
droit de descendement; la tierce partie si est de lignage de
costé en montant; la quarte partie si est de lignage[h] de
costé en avalant[i].

Rubr.) *A* Ici comm. ; *C* pour coy chasc. puisse plus chertainement savoir
combien; prochain de lignage ou lointieng ; *E G J K omettent* de cest liv. ;
qui par. ; *E H* Chi commence li .XVIII. capitre qui parole des degres de lignage;
H lign. et fenist li .XVII. (*sic*) capitre ; *J K* chasc. puet sav. : proch. ou loingt.
car ce puet avoir mestier, *etc., comme à la table.* — a) *E G H J K omettent*
de lignage. — b) *C H J K* ap. par plus. — c) *C* il chiet; *F omet* quant il es-
chiet. — d) *E* proismeche; *G H J K* proismeté. — e) *C omet* en. — f) *A*
s'alonge ; *B* lign. s'esloingne; *C F* s'eslonge. — g) *A* part. est en. — h)
A omet de lignage. — i) *G* costé en descendant.

605. Or veons des degrés de lignage : mes fius m'est[a] ou premier point en avalant, mes[b] peres ou premier point en montant[c], et mes freres m'est[d] ou premier point de costé[e] et mes oncles m'est[f] ou premier point de costé en montant.

606. Mes aious si m'est ou secont degré[g] de lignage en montant[h] et li fius de mon fil m'est[i] ou secont degré de lignage en avalant ; et li fius de mon frere m'est ou secont degré de lignage[j] de costé[k] en avalant et l'apele l'en neveu ; et li fius de mon oncle m'est ou secont degré de lignage en montant et l'apele l'en cousin germain.

607. Mes besaious m'est ou[l] tiers degré de lignage[m] en montant et li fius du fil mon fil m'est ou tiers degré de lignage en avalant ; et li fius de mon cousin germain m'est ou tiers degré de lignage de costé et commence de l'oncle[n] en avalant et[p] est dis fius de[q] cousin germain. Et parce[r] que je vieng en descendant de l'oncle, vous poués[s] entendre le montant, car trop i avroit grant multitude de paroles en aconter[t], puis que lignages[u] s'alonge, toutes les branches[v] qui en issent en montant et en avalant. Et pour ce nous ne[x] parlerons que des[y] .IIII. seur quoi nous avons commencié tant seulement, que[z] par la division de ces .IIII. pourra l'en entendre les autres. — Or dirons donques que li fius de mon neveu si m'est ou tiers degré de lignage en descendant.

608. Li peres a mon besaiol m'est ou quart degré de lignage en montant, et li fius du fil au fil mon[aa] fil m'est ou

a) *E G H J K omettent* m'. — b) *C H J K* et mes p. — c) *F omet* mes peres ou … en montant. — d) *C omet* m'. ; *E F G H J K* si m'est. — e) *F* costé en avalant et. — f) *A omet* m'est ; *B* oncles si m'est ; *C* oncles si est. — g) *F* secont costé en deschendant. — h) *H J K* sec. point. — i) *E G H J K omettent* m'est. — j) *F omet* de lignage en … lignage de costé. — k) *A omet* en avalant ; et li fius … secont degré de lignage. — l) *C* besaieul si m'est ou secont degré mes ou tiers. — m) *F omet* degré de lignage. — n) *E omet* et commence de l'oncle. — o) *C omet* et li fius de mon cousin germain … commence de l'oncle en avalant. — p) *E omet* et. — q) *G H J K* fius du cous. — r) *E G H J K* pour ce. — s) *G H J K* nous poons. — t) *C* en raconter ; *M* encontre. — u) *C E G H* que li lignages. — v) *M* tout. les parties puisque li lignaige est si eslongies et toutes les branques qui. — x) *A* n'en parl. — y) *E G H J K* que de .IIII. — z) *B omet* que. — aa) *C* de mon fil.

quart degré de lignage[a] en avalant[b], et li fius du fil[c] mon[d] cousin germain m'est ou quart degré de lignage de costé[e] en avalant[f] de par mon oncle[g], et li fius du fil mon neveu m'est ou quart degré de lignage en avalant de costé[h].

609. L'aious a mon besaiol m'est ou quint[i] degré de lignage en montant et li quint enfant issu de moi me sont[j] ou quint degré de lignage[k] en avalant; et li fius du fil au fil[l] mon[m] cousin germain m'est[n] ou quint degré de lignage de costé en avalant de par mon oncle; et li fius du fil au fil[o] mon neveu m'est ou quint degré de lignage[p] en avalant de costé[q]. Et en tel degré[r] de lignage se puet fere mariages puis qu'il eschape le quart et que[s] lignages vient de costé; car s'il pouoit estre que l'aious a mon besaiol vesquist, il m'est ja ou quint degré de lignage en montant, et li quint enfant issu de moi vesquissent et i eust[t] une fille, ele li[1] seroit en l'onzisme degré de lignage en descendant et si ne[u] la pourroit avoir par mariage. Donques puet l'en veoir la disference qui entre descendement et lignage de costé, et des disferences qui i sont, il[2] en parole ou chapitre de descendement et d'escheoite[3][v].

610. Nous avons dit dusques ou quint degré de lignage en montant et dusques ou quint degré[x] en[y] avalant, en la-

a) *FHJK omettent* de lignage. — b) *BF* aval. de mon oncle de costé; *H* en avant. — c) *E omet* au fil mon ... li fius du fil. — d) *A* fil a mon c.; *GHJK* fil de mon cous. — e) *ABEFHJK omettent* de costé. — f) *C* omet en avalant; *EGHJKM* en montant. — g) *A* oncle de costé; *BF omettent* de par mon oncle. — h) *F* de costé en avalant. — i) *F* quart. — j) *JK* me est. — k) *FHJK omettent* de lignage. — l) *C omet* au fil. — m) *G* fil de mon. — n) *C* si me sont. — o) *AB* fius au fil du fil. — p) *HJK omettent* de lignage. — q) *C omet* en avalant de par ... en avalant de costé; *CF* lign. de costé en avalant. — r) *FHJK* tex degrez. — s) *C omet* que. — t) *C* et il eust; *E* il y eust. — u) *BC omettent* ne. — v) *F* capichle qui parole d'escaanche et de deschendement; *GHJK* chap. des descendemens et d'escqueances. — x) *F omet* degré. — y) *C omet* montant et dusques au quint degré en.

1. *Li*, l'aïeul de mon bisaïeul, qu'il faut considérer comme le sujet de *pourroit* à la deuxième ligne suivante.

2. *Il*, c'est-à-dire on.

3. Ch. xiv.

quele droite ligne[a] mariages ne se puet fere, et si avons dit du lignage de costé dusques ou quint degré[b] ou quel degré l'en fet bien mariage[c]. Si puet l'en entendre par ce qui est dit, qui[d] est plus lointains lignages[e], car a chascun[f] remuement d'enfant[g] lignages[h] s'alonge .i. point[i]. Si puet chascuns savoir par ce qui est dit[j] en quel point de lignage chascuns li apartient ; si nous en souferrons a tant.

Ci fine li chapitres des degrés de lignage.

a) *A C M* lingnie. — b) *E* dit dusques u quint degré du lignage de costé. — c) *B F* degré mariages se puet [*F* bien] faire. — d) *A B* dit dessus que ; *E* dit que. — e) *C* est li plus lointiens de lignages. — f) *C* car aucun rem. — g) *C* rem. de lingnage d'enf.; *E G H J K* d'enfans. — h) *C* omet lignages. — i) *A* omet .i. point. — j) *A* ce que nous avons dit ; *A B* dit dessus. — Explic.) *A K n'ont pas d'explicit; B* Ici fine li chap. qui enseigne liquel hoir viennent de degré en degré ; *C* Chy define ; *E H J* Explicit; *G* cap. du degré.

XX.

Ci commence li vintismes chapitres de cest livre liqueus pa-
role de ceus qui tienent eritages par cause de bonne foi et
enseigne comment il doivent estre gardé de damage.

611. Or veons, après[a] ce que nous avons parlé des de-
grés de lignage, de ceus qui tienent[b] par cause de bonne foi,
si que cil qui tienent l'autrui chose a tort[c] et a escient sa-
chent comment il seront tenu a[d] rendre, et comment cil qui
tienent par cause de bonne foi doivent estre gardé et ga-
ranti de damage[e].

612. L'en doit savoir que cil qui sont en saisine d'eri-
tage par cause de bonne foi ne sont pas tenu a rendre les
levees, tout soit il ainsi qu'il perdent puis l'eritage par ju-
gement. Si comme se j'ai acheté[f] un eritage et.sui[g] en sai-
sine de[h] seigneur et, après[i], aucuns vient avant qui moustre
par bonne reson que cil n'avoit droit en l'eritage qui le[j]
vendi, si que la vente est de nule valeur: en tel cas je ne sui
pas tenus a rendre les arrierages[k] que j'avrai[l] levés devant

Rubr.) *A* Ici comm.; *au fol. 72 vº, une réclame :* ici commence le .xx. ch.
de ce livre; *B omet* de cest livre; erit. pour cause; *C* par. de tous chaus
qui; hiretages ou autres choses par cause et par titre de b. f. et comm. et en
quele maniere elles doivent estre miex gardees pour le quemun pourfit; *G* liv.
qui par.; *EHJK* cap. qui parle; *F* cap. qui est .xx. qui parole; *H* heri-
tage; *il omet* enseigne; *JK* herit. ou autres choses par; *ils omettent* et en-
seigne; gardez de dommage et comment ceulz qui a tort et par malvaise, *etc.*,
comme à la table. — a) *B* apr. de ce. — b) *HJK* tienent heritages par.
— c) *C omet* a tort. — d) *ABE* tenu au r. — e) *ABC* de damages. —
f) *AB* j'achate. — g) *G* et en sui. — h) *C* en la sais. du seign.; *G* du seign.
— i) *C* apres che. — j) *ABCF* erit. qu'il vendi. — k) *K* arre *changé pos-*
térieurement en levees des heritages. — l) *AC* que j'ai.

ce que l'eritages m'isse de[a] la main. Et aussi se je tieng l'eritage[b] par cause de don, ou de testament ou d'engagement[c], ou de douaire, ou de celui qui oirs j'estoie, en tous teus[d] cas ne sui je pas tenus a rendre les levees des eritages[e]. Mes se je tieng l'eritage par mauvese cause, — si comme par force, ou[f] par nouvele dessaisine, ou par toute[g], ou par concelement, — si[h] comme cil qui n'i ai[i] nule cause de bonne foi, quant l'eritages me sera mis hors de la main[j], je doi estre justiciés a rendre les arrierages.

613. Qui edefie seur eritage qu'il tient[k] par cause de bonne foi et pour ce qu'il creoit[l] avoir droit en l'eritage, et après autres[m] l'en porte de son droit, li coust[n] des edefices li doivent estre rendu, mes que ce ne soit en eritage liqueus est[o] encore dedens an et jour[p] qu'on le[q] puist ravoir par la bourse; car en tel[r] cas ne ravroit on[s] pas les cous des edefices, fors ceus qui seroient fet pour soustenir les edefices qui seroient ou marchié. Car teus cous i puet il bien metre pour ce que ce n'est li damages a nului. Et qui edefie en l'eritage[t] qu'il tient par cause de male foi, cil qui par bonne cause[u] gaaigne l'eritage, gaaigne[v] les edefices sans riens rendre; et pour ce est ce grans perius d'edefier seur autrui eritage, et lesqueles causes sont bonnes et[x] males, il en touche ou peragrafe[y] devant cestui.

614. Aucune fois avient il que certaine partie[1] ne se puet[z] fere entre oirs ou[aa] tans que leur peres ou cil de qui il sont

a) *E G H J K* isse hors de. — b) *C omet* m'isse de la main … je tieng l'eritage. — c) *C omet* ou d'engagement. — d) *H* ces. — e) *A B C F* lev. des arrierages. — f) *F* erit. par cause de mauveze foi si comme par n. d. — g) *F omet* ou p. toute ; *J* par caute tolte, caute *souligné*. — h) *A omet* ou par concelement si ; *B* ou com celcement ou comment cil qui ; *C* ou chelcement si c.; *F* concel. ou c. — i) *A B* n'i a. — j) *H* hors des mains. — k) *E G H J K* qu'il tiegne. — l) *A* il croient. — m) *C* .i. autre. — n) *C* les coustemans. — o) *A B* liq. soit ; *J K* en heritagez lesquelz sont. — p) *C* ded. l'en et le jour. — q) *F* j. lequel on p.; *J K* qu'on les puist. — r) *G* telz. — s) *G* raroit il. — t) *F G H J K* en crit. — u) *A* qui par cause de bonne foy gaaingne. — v) *G H* cause gaigné a les ed.; *E J K* cause le gaaigné a les ed. — x) *G* ou. — y) *J K* ou chappitre dev. cest. — z) *M* chertaines parties ne se puent faire. — aa) *C* a che tans ; *G* en tans.

---

1. *Certaine partie*, partage exactement déterminé.

oir muert[a], si comme quant la fame demeure grosse. Car se
la partie vient de descendement de[b] pere et la fame est
grosse[c], l'en ne set quans enfans ele avra[d], — car puet estre
qu'ele en avra[e] .ii.[f] ou .iii.[g], — et se li enfant[h] en portoient[i]
la moitié des muebles et des conquès le[j] pere contre leur
mere, li enfant a nestre en pourroient estre damagié s'il
alouoient[k] leur partie folement. Et pour ce nous acordons
nous que l'en mete en sauve main, pour la partie des enfans
a nestre, pour .iii.[l] enfans, si que, s'il en i a .iii., qu'il[m]
puissent avoir leur part de par[n] lor[o] pere ; et, s'il en i a
meins la partie de ceus qui defaudront reviegne a partir entre
les[p] oirs communs. Et se li oir qui sont né vuelent fere
bonne seurté de rendre la droite partie a ceus qui nestront
et chascuns soi obligier pour le tout, l'en puet bien soufrir
que les parties du tout soient fetes entre aus.

615. Il avient aucune fois, quant l'hons muert, que la[q]
fame demeure grosse et ne l'a[r] pas tant porté qu'il soit seu[s]
apertement fors par[t] le dit de la fame ; et aucune fois
avient il qu'ele meisme ne le set pas[u], si comme quant ele
l'a poi porté. Or veons donques en tel cas, quant li mors a[v]
enfans qui sont né, s'il[x] vuelent partir avant que .iiii. mois
et demi soient acompli puis la mort du pere, les parties
doivent estre fetes si comme il est dit dessus. Mes se .iiii.
mois et demi sont passé et il n'apert pas que la fame soit
grosse ne ele ne veut jurer qu'ele croit[y] qu'ele soit[z] grosse,

---

a) *G H J K* hoirs vivent si comme ; *M* leurs peres vivent ou chil de qui il
sont hoirs ne sont pas nes. — b) *E G H J K* du pere. — c) *F* omet Car se la
part. ... fame est grosse. — d) *E* enf. il a. ; *M* enf. elle doit avoir. — e)
E G H J K M omettent car puet estre qu'ele en avra. — f) *E G H J K M* ou .ii.
ou. — g) *H* .ii. ou .iiii. et se ; *J K* deux ou quatre et se. — h) *A* enf. ainné
emport. ; *C* enf. nes emport. — i) *C* emportent. — j) *H* conq. leur pere ; *M*
conq. du pere. — k) *C* se il enlevoient l. p. ; *M* s'il despendoient l. p. — l)
H pour .iiii. enf., *le quatrième i a été gratté mais il est encore très vi-
sible.* — m) *A B* .iii. il ; *C* .iii. enfans qu'il. — n) *B* omet de par. — o)
A B le pere. — p) *M* mains les parties des defaillans reviengnent en partie
contre tous les. — q) *C* muert et sa fame. — r) *H J K* et n'a pas. — s) *B F*
qu'on le sache ap. — t) *A E H J K* fors que par. — u) *B* omet pas. — v)
E G H K M mors as enf. ; *J* mois aus enf. — x) *A* si vuel. — y) *C* omet qu'ele
croit. — z) *A B F* croit [*A* a] estre grosse.

adonques puent il partir entre aus communement de la descendue de[a] leur pere. Et s'il n'i a nul oir aparant[b] et l'en ne set pas que la fame soit grosse, se ele veut jurer seur sains[c] qu'ele croit mieus qu'ele soit[d] grosse qu'autrement[e], nus ne partira a li, ainçois en portera la saisine de tous les biens par bonne seurté que, s'il avient[f] qu'ele ne soit grosse, qu'ele[g] rendra la partie au mort a ceus qui par droit i[h] devront venir. Et s'ele ne[i] veut ou ne[j] puet fere seurté, la justice dessous qui li bien seront[k] doit tenir la partie au[l] mort en sa[m] main dusques a tant que l'en sache s'ele est[n] grosse ou non.

616. Quant il avient que l'hons muert sans enfans et sa fame demeure en tel point qu'ele meisme ne set pas qu'ele soit grosse, ne ele ne veut pas[o] jurer qu'ele le croit estre[p], a sa requeste la justice doit tenir les biens du mort en sa main dusques a tant que .iiii. mois et demi soient passé. Et adonques s'ele ne le veut[q] jurer ou l'en ne voit apertement qu'ele soit[r] grosse[s], la partie au[t] mort doit estre delivree as oirs.

617. Se fame demeure grosse quant ses barons muert et ele tient les eritages[u] de son baron par la reson de sa grossece pour ce que la garde des enfans sousaagiés[v] apartient a li, et ele lieve les despeuilles ou tans de sa grossece et li enfes est mors nes, voirs est que l'eritages du mort eschiet[x] a ses[y] plus prochains parens. Mes il ne puent[z] demander a la fame ce qu'ele leva ou[aa] tans de sa grossece des levees de l'eritage, car ele avoit cause de bonne foi au lever pour la reson de l'enfant qui estoit en son ventre, qui estoit oirs du[ab] mort et devoit estre.

---

a) *A B* omettent de. — b) *A B C F* oir ne aparant. — c) *C* jur. dessus les sains. — d) *B* mieus estre grosse. — e) *G* que non. — f) *C* s'il n'avient. — g) *A B* que l'en rendra ; *C* omet qu'. — h) *G* i venront et devr. — i) *A B C* ele n'en veut. — j) *C G* omettent ne. — k) *E G* sont. — l) *C* part. dou mort. — m) *A B* en sauve main. — n) *A* omet est. — o) *H J K* omettent pas. — p) *G* jurer qu'ele le soit ; *E H J K* croit a estre. — q) *F* s'ele le bee a j. — r) *G* qu'ele le soit. — s) *G* omet grosse. — t) *G* part. du mort. — u) *A* tient l'eritage. — v) *G* enf. soubz aage. — x) *G J K* esquieent. — y) *G* aus plus. — z) *F* on ne puet dem. — aa) *E G H J K* qu'ele a levé au t. — ab) *C* est. hors de mort ; *H* hoirs au mort.

618. Se fame demeure grosse quant ses barons muert et n'i a autres enfans aparans, a li apartient la saisine des biens au pere, si comme nous avons dit dessus. Et après[a], s'ele porte tant l'enfant qu'il soit nes, si qu'il puist estre bien[b] tesmoignié[c] que l'en li ait[d] oï crier et après muert, tout soit ce qu'il ne vive pas tant qu'il soit portés au moustier pour baptisier, nous creons que[e], puis qu'il i[f] a eu oir né, que li mueble et li chateus de la partie au pere eschieent a la mere comme a la[g] plus prochiene. Et aucun pourroient cuidier que non fissent puis que l'enfes ne fu[h] baptisiés, et nous creons que si doit fere; car, si tost comme oirs[i] est nes, nous creons que li drois du pere et de la mere li soit[j] descendus temporeument et par le baptesme l'eritages de paradis esperituelment[k].

619. En tous cas qui avienent queus qu'il soient, dont[l] ples est, et en toutes parties d'oirs[m] et en tous rapors que l'en fet pour partir après les[n] decès[o] des peres et des meres, par devant quelconques juges que li plet soient, les parties doivent jurer, se partie le requiert, qu'il ont bonne[p] querele et loial et que, s'il leur convient amener tesmoins, bons[q] et loiaus les[r] amenront, et que de ce que l'en leur demandera en la querele verité[s] diront, ne pour pere ne pour mere, ne pour gaaigne[t] n'en mentiront[u]. Et se li cas est pour parties de gens qui ont a partir ensemble ou de raporter, aveques ce qui est dessus dit il doivent jurer que tout ce qui doit estre en[v] la partie aporteront[x] avant ou enseigneront se les

---

a) *C* apres che se ; *J K* apres ce ele. — b) *H J K* p. bien estre tesm. — c) *C G* si que (*G* ques) on puisse (*G* puist) bien tesmoignier que. — d) *E F G H J K* que on l'ait (*J K* a). — e) *E H J K* omettent que. — f) *B* omet i ; *C* qu'elle a eu. — g) *A B* omettent la. — h) *A B F* fust bapt. ; *C* seroit. — i) *C* l'hoirs est. — j) *G* li soient desc. — k) *C* perpetuelment. — l) *C* soient ou ples. — m) *C* parties dehors. — n) *A B* apr. le dec. — o) *J K* les debtez des p. — p) *G* bonne cause et bonne quer. — q) *A B F* tesmoins que bons. — r) *C* loiaus et il les ; *G* loiaus qui les. — s) *C* quer. la verité. — t) *E* pour gaaignier ; *H J K* pour gaaing. — u) *C* mere n'en mentiront ne pour nule gaaingne ; *G* diront ne que pour paour de perdre ne pour convoitise de gaagner n'en mentiront. — v) *E G H J K* estre a la p. — x) *F* qui est en le partie et doit estre raporteront.

choses ne sont en leur baillie, essieutés .en cas de crime ; car[a] en cas de crime[b] dont on puet perdre vie ou membre l'acusés n'est pas tenus a jurer se li cas n'est de[c] gages ; car en ples[d] de gages doivent estre[e] li serement fet[f] des parties si comme il est dit ou chapitre des presentacions qui sont fetes pour gages[g][1].

620. Bien se gart cil qui jure qu'il raportera tout ce qui se doit partir entre oirs, ou qui jure ce qu'il a vaillant, pour ce qu'il est taillables a son seigneur ou a aucune commune[h], qu'il die verité. Car, s'il est trouvés parjures, il doit perdre le seurplus de ce qu'il jura, et doit estre au seigneur ou a la commune qui taillables il est[i]. Et se li seremens est pour raporter[j] ce qui se doit partir entre oirs, et il en[k] concele aucune chose, ce qui est concelé doit estre as autres oirs, et en doit perdre sa partie cil qui le concela[l] qui raporter le devoit. Et il est bien resons que cil ait damage qui autrui veut decevoir[m] et qui se parjure.

Ci fine li chapitres de ceus qui poursievent les eritages pour cause de bonne foi.

---

a) *C* mes en. — b) *B omet* car en cas de crime. — c) *B omet* de. — d) *E G HJ K* en cas de. — e) *HJ K* est. fait li serem. — f) *HJ K omettent* fet. — g) *F omet* qui sont f. p. gages. — h) *C* ou en aucune choze commune. — i) *E* comm. queus taill. il est ; *G* comm. a qui il est taill. — j) *G omet* raporter. — k) *E G HJ K omettent* en. — l) *G* le forcela. — m) *G* decev. et conchier et qui. — Explic.) *A* Ici fine ; *A B omettent* les eritages ; *C* Chi define ; *F* cap. qui parole de ceus qui tienent heritage par ; *G* qui tienent les erit. ; *E HJ* Explicit ; *K n'a pas d'explicit.*

---

1. Chap. LXIV.

XXI.

Ci commence li .xxi. chapitres de cest livre liqueus parole comment compaignie se fet et le peril qui i est, et d'oster enfant de son bail.

621. Pluseur gaaing et pluseur pertes avienent souvent[a] par compaignie qui doit[b] estre apelee compaignie[c] selonc nostre coustume, et pour ce se doit chascuns garder avec qui il se met en compaignie ou qui il[d] reçoit a compaignon. Et ces compaignies de quoi[e] nous voulons[f] parler[g], c'est des compaignies qui sont teles que par la compaignie[h] li avoir vienent a partie quant la compaignie faut, et teus compaignie se fet en pluseurs manieres. Et pour ce nous traiterons[i] en ceste partie comment teus compaignie se fet selonc nostre coustume, et de la perte et du gaaing qui en puet[j] nestre; et si parlerons en quel maniere l'en puet et doit oster enfant[k] de son bail a ce qu'il ne puist[l] riens demander par reson de compaignie.

622. Chascuns set[m] que compaignie se[n] fet par[o] mariage,

---

Rubr.) *A* Ici com.; *C* parole de comp.; comment elle se fet par coustume et puet faire et comment elle dure et comment elle faut; *E G* enfans de bail; *G* livre qui par.; *F H J K omettent* de cest livre; qui parole; se fet par coustume et comment on puet perdre et gaaignier en compaignie; *F J K ajoutent:* [*J K* et comment compaignie fault] et comment on peut (*F* doit) oster enfans hors de bail. — a) *C* av. moul souvent. — b) *B omet* doit. — c) *A omet* qui doit estre apelee compaignie. — d) *H J K* ou qu'il reçoit. — e) *B* de qui. — f) *E H* noz vos voul. — g) *C* de coi nous parlons. — h) *B* les compaignies. — i) *C* traiterons nous. — j) *G* qui y puet estre et qui en pueent naistre; *E H J K* qui en poent naistre. — k) *C E F G H J K* enfans. — l) *C E F G H J K* puissent. — m) *C* si set bien. — n) *A* comp. ne fet. — o) *A omet* par.

car si tost comme mariages est fes, li bien de l'un et de l'autre sont commun par la vertu du mariage. Mes voirs est que, tant comme il vivent ensemble, li hons en est main-burnisseres et convient que la fame suefre et obeïsse de tant comme il apartient a leur muebles et as[a] despeuilles de leur eritages : tout soit ce que la fame i voie perte[b] tout apertement, si convient il qu'ele en[c] suefre la volenté de son seigneur[d]. Mes voirs est[e] que le tresfons de l'eritage qui est[f] de par la fame ne puet li maris vendre[g], se ce n'est de l'otroi et de[h] la[i] volenté de sa fame, ne le sien meisme, se[j] ele ne renonce a son douaire, qu'ele n'en port son[k] douaire, se ele le scurvit. Et des parties qui doivent estre fetes par la compaignie de mariage quant mariages faut, nous en parlasmes[l] ou chapitre qui parole[m] des douaires[1] : si nous en terons ci endroit.

623. La seconde maniere comment[n] compaignie se fet si est[o] de[p] marcheandise : si comme il avient que .ii. marcheant ou .iii.[q] achatent une marcheandise de dras ou d'autre chose[r] et avient souvent que chascuns[s] paie autant[t] de la[u] marcheandise li uns[v] comme li autres, et a la fois li uns en[x] paie plus et li autres meins. Bien est voirs, quant[y] tous marcheandise est fete, il loit a chascun, quant il li plest, a demander[z] sa part de la marcheandise selonc ce qu'il en paia[aa] et ainsi se[ab] dessoivre[ac] la[ad] compaignie[ae]. Mes tant comme

a) *C* et a leur desp. — b) *EGHJK* voie sa perte. — c) *EGHJK omettent* en. — d) *G* seigneur et mari. — e) *A omet* est. — f) *B* qui muet de. — g) *A omet* vendre. — h) *C* par l'otroi et par le vol. — i) *G omet* de la; *K omet* la. — j) *C* meesmes et se. — k) *C* a son douaire que elle riens ne demandera pour son douaire. — l) *ABCF* nous parlerons. — m) *EGHJK omettent* qui parole. — n) *JK* man. de comp. — o) *JK omettent* si est. — p) *E omet* de; *GHJK* en march. — q) *C* ou iiii. — r) *C* d'autres choses. — s) *BEFGHJK* li uns. — t) *GHJK omettent* autant. — u) *B omet* la. — v) *BF omettent* li uns; *EGHJK* march. autant li uns. — x) *A omet* en. — y) *C* voirs que quant. — z) *B omet* a demander. — aa) *G* il en a paié. — ab) *C* se depart et dessovre; *EHJ omettent* se. — ac) *K* se depart. — ad) *A* dess. de la comp. — ae) *C* comp. de lui et des autres. Mes.

_____

1. Chap. xiii.

la marcheandise est ensemble sans departir[a], s'il la[b] vendent ou font vendre en main commune, chascuns doit partir au gaaing[c] ou a la perte selonc ce que chascuns mist en l'achat de[d] la marcheandise : c'est a entendre se li uns i mist autant comme[e] li autres, il partiront tuit egaument[f] et, se li uns i mist[g] la moitié et li dui autre l'autre moitié, cil qui i mist la moitié en portera la moitié soit de perte soit de gaaing[h] et li dui autre l'autre moitié ; et par ce poués entendre du plus plus et[i] du meins meins.

624. La tierce maniere comment compaignie se puet fere si est par convenances ; et ceste compaignie se fet en mout de manieres : car a la fois l'en s'acompaigne a autrui dusques a certain nombre d'argent, ou[j] la fois dusques a certain tans, ou[k] a la fois tant comme il vivent. Et en toutes ces[l] manieres de compaignies[m] il convient garder et fere garder les convenances, essieutees aucunes causes par lesqueles teus convenances pueent bien estre depeciees : si comme quant l'une partie chiet en langueur si qu'il ne se puet mes[n] meller de la marcheandise pour quoi il s'acompaignierent ; ou quant il se marient[o] ; ou quant il[p] veut donner a ses enfans[q] de sa marcheandise en[r] mariage[s] ; ou quant il veut aler outre mer ou en aucun loingtain pelerinage ; ou quant il est si embesoigniés des besoignes son seigneur ou des besoignes au souverain qu'il[t] ne puet entendre a la marcheandise ; ou quant il moustre que la marcheandise est contre s'ame[u] et qu'il a pechié au[v] demener ; ou quant il veut entrer[x] en religion ; par toutes teus causes pueent[y]

a) *BF omettent* sans departir. — b) *BF* dep. et il ; *E G* dep. si le vend. — c) *C* a le gaaingne. — d) *B F omettent* l'achat de. — e) *HJK* autant li uns comme. — f) *C* tout communement. — g) *E omet* autant comme li ... uns i mist. — h) *F* mist la m. soit de perte soit de waaing emporte la moitié et li. — i) *BCF omettent* et. — j-k) *C* et a. — l) *A F* teles man. ; *C* les man. — m) *A B* man. de compaignemens. — n) *E G H J K omettent* mes. o) *E F* marie. — p) *G* quant li uns veut. — q) *F omet* a ses enfans. — r) *EG H J K* donn. de sa marqueandise a ses enf. a (*E* en) mar. — s) *F omet* en mariage. — t) *C* souver. si qu'il. — u) *A B F* c. l'ame ; *C* l'ame de lui. — v) *G* a le dem. ; *H* el dem. ; *JK* en la dem. — x) *A* veut entre en. — y) *C* puet.

estre compaignies[a] depecies. Et quant les convenances[b] se depiecent par teus causes, la marcheandise se doit departir[c] selonc l'estat ou[d] les choses sont ou point que la compaignie[e] se depiece. Et encore se puet ele depecier quant aucuns puet prouver[f] contre son compaignon qu'il a fet en la[g] compaignie autre chose[h] qu'il ne dut[i], car male chose seroit qu'il convenist demourer et metre le sien en mauvese compaignie puis que l'en le[j] puist metre en voir.

625. La quarte maniere par quoi[k] compaignie se fet[l] si est la plus perilleuse et dont j'ai veu plus de gens deceus : car compaignie se fet selonc[m] nostre coustume pour seulement manoir ensemble[n] a un pain et a un pot .i. an et .i. jour puis que li mueble de l'un et de l'autre sont mellé ensemble. Dont nous avons veu pluseurs riches hommes qui prenoient leur neveus ou[o] leur nieces[p] ou aucuns[q] de leur povres parens pour[r] cause de pitié et, quant il avenoit que il avoient aucuns muebles, il les treoient a aus pour garder et pour garantir a celui qu'il prenoient a compaignie par cause de bonne foi ; nepourquant il ne mellassent ja si poi des[s] biens a ceus qu'il prenoient avec les[t] leur, puis qu'il i fussent .i. an et .i. jour[u], que compaignie ne[v] se fist. Si que nous avons veu aprouver[x] par jugement que cil qui n'aporta pas en la compaignie la value[y] de .XL. s. et n'i fu pas plus de .II. ans ne ne se melloit de riens[z], ainçois fu apelés aveques un sien oncle pour cause de pitié pour li nourrir, demanda partie pour la reson de l'acompaignement[aa] et l'eut

---

a) *A C* acompaignemens. — b) *B* les compaignies. — c) *J K* doit partir. — d) *C* est. ou que les ; *E G* est. la ou les. — e) *B* la marchandise. — f) *A C* puet procurer. — g) *B* omet la. — h) *C* fet autre chose en la compaignie. — i) *A* doit ; *C* devoit ; *J K* deust. — j) *A B* omettent le. — k) *B* man. de coi comp. ; *C* man. comment comp. — l) *B* comp. si est si est la. — m) *E G H J K* fet par nostre c. — n) *A B F* omettent ensemble. — o) *E G H J K* nev. et leur n. — p) *E* meres. — q) *H J K* ou aucun de. — r) *E G H J K* par cause. — s) *A* poi de biens. — t) *A B F* avec le leur. — u) *B* fussent en .i. jor. — v) *C* omet ne. — x) *A* avons a prover. — y) *E H J K* la valeur de. — z) *C* et ne se mell. de nulle riens. — aa) *H J K* pour la cause de le compaignie.

par jugement, et en porta[a] qui valut[b] plus de[c] .ii.[c] lb.[d]; et
par cel jugement puet l'en veoir le peril qui est en[e] recevoir
tel compaignie. Et pour soi garder que l'en ne soit en tel
maniere deceus et que l'en ne lesse pas bien a fere, ne[f] a[g]
apeler entour soi ses povres parens[h] pour ceste doute qui
est perilleuse, nous dirons comment on les puet avoir en-
tour soi sans peril.

626. Cil qui veut metre entour soi son povre parent
pour cause de pitié en tel maniere que compaignie ne se
face pas, doit[i] prendre son cors tant seulement sans mel-
ler chose[j] qu'il ait avecques les sieues et, s'il est sous aage,
il doit moustrer au seigneur dessous qui il est couchans et
levans et en la presence de .ii. ou de .iii. des plus prochiens
parens a l'enfant[k], et dire : « Sire, j'apel tel enfant entour moi
pour Dieu et vueil que vous sachiés que je ne vueil que, pour
li tenir, il me puist riens demander pour[l] reson[m] de com-
paignie ; car je ne vueil pas tant peu comme il a meller[n]
avecques le mien, se ce n'est en tel maniere que les sieues
choses me soient baillies par vous et par ses amis par certain
pris[o] d'argent, lequel pris d'argent je li soie tenus a rendre
tant seulement ou a metre en son pourfit. » Qui en ceste
maniere le fet il est hors du peril[p] de compaignie.

627. Encore puet on bien apeler entour soi en autre
maniere sans peril, si comme quant l'en ne melle nus des
biens ensemble ou quant l'en tient par certain louier. Si
comme il avient qu'uns hons va manoir[q] avecques un autre
et convenance a paier certain pris[r] d'argent pour ses
despens et set bien au sien assener si qu'il ne paie a
celi avec qui il est fors ce[s] qui li est enconvenancié[t]. En

a) *A* et en emporta. — b) *EJK* qui valoit. — c) *C* emporta jusques a la va-
lure de. — d) *BF* de mil lb. — e) *GJK* est a recev. — f) *C* omet ne. — g)
HJ omettent a. — h) *A* ap. ses povres parens entour soi. — i) *G* il doit. —
j) *C* mesl. nules chose ; *EJK* mesl. choses. — k) *C* ou .iii. de qui il est plus
prochains ; *F* .iii. de sez plus proch. parenz et d. — l) *CEG* par res. —
m) *B* pour cause ; *F* sachiez que por li warder vous ne me puissiez r. dem.
par cause de c. — n) *BC* il a a mesl. — o) *C* par raison de pris. — p) *G* du
danger de. — q) *JK* va demourer av. — r) *HJK* cert. nombre. — s) *HJK*
fors que ce. — t) *ABF* est convenancié.

toutes teus manieres ne puet on demander[a] par reson de compaignie.

628. La quinte maniere de compaignie comment ele se fet, si est entre gens de poosté, quant uns hons ou une fame se marie .II. fois ou .III. ou plus, et il a enfans de chascun mariage, et li enfant du premier mariage demeurent aveques leur[b] parastre ou aveques leur marastre[c] sans partir[d] et sans certaine convenance d'aus tenir[e] : en tel cas il puent perdre ou[f] gaaignier par reson de compaignie[g] aveques leur pere et aveques leur marastre[h] ou aveques leur mere et aveques leur parastre. Et quant li enfant vuelent partir il en portent tout l'eritage qui leur descendi[i] de leur pere ou[j] de leur mere mort, et le tiers des conquès et des muebles fes ou tans de la compaignie. Et s'il i[k] a enfans de[l] .II. mariages, en la compaignie du tiers mariage, li enfant du premier mariage en doivent porter si comme nous avons dit[m] l'eritage de leur[n] pere ou de leur mere mort et le tiers des conquès et[o] des muebles du tans du secont mariage ; et du tans que li tiers mariages se fist et que li enfant du secont mariage vinrent[p] en compaignie aveques aus et aveques leur mere, il en portent le quart des muebles et des conquès qui sont aquis ou tans du secont mariage, et li enfant du secont[q] mariage l'autre quart, et li parastres ou la marastre l'autre quart[r], et li peres ou la mere qui est ou tiers mariage l'autre quart. Donques puet l'en veoir que selonc ce que pluseur persones sont ensemble, lesqueles doivent fere compaignie, quant plus sont et plus sont[s] petites les parties, sauf ce que tuit li enfant d'un mariage, quant il vienent en compaignie aveques le secont mariage ou aveques

---

a) *CG* p. ou riens demander. — b) *CF* av. le par. — c) *CEGHJKM* omettent ou aveques leur marastre. — d) *C* sans aus partir. — e) *C* conv. de tenir les. — f) *HJK* perd. et gaaign. — g) *EGHJK* omettent par res. de comp. — h) *F* omet av. l. pere et av. l. mar. — i) *BF* leur vint de. — j) *BF* pere et. — k) *HJK* omettent i. — l) *C* enf. des .II. — m) *BF* prem. mar. si comme nos av. dit en doiv. port. ; *C* omet si comme n. av. dit. — n) *C* crit. dou pere. — o) *HJK* omettent et. — p) *AEHJK* mar. vienent en. — q) *M* enf. du tiers mar. — r) *CF* omettent et li par. ou la mar. l'autre quart. — s) *E* omet et plus sont.

le tiers ne sont conté que pour une persone[a] car autant en
porteroit[b] uns seus[c] comme feroient li[d] dis quant il vienent
a partie[e][1].

629. Ceste compaignie dont nous avons parlé ci devant
qui se fet par coustume entre les gens de poosté ne se fet
pas en ceste maniere entre les gentius hommes ; car quant li
enfant du premier mariage ou du secont demeurent aveques
leur pere ou leur[f] mere et avec leur parastre ou leur ma-
rastre, l'en ne l'apele pas compaignie, mes garde. Et ceste
garde est[g] otroïe au pere ou a la mere par coustume dus-
ques a tant qu'il i a enfant aagié liqueus en[h] vueille[i] porter
la descendance de son pere ou de sa mere mort ; adonques
il l'en[j] porte par reson de succession et le bail de ses
mainsnés ensement[k]. Et s'il i avoit muebles ou tans que
leur[l] peres ou leur[m] mere mourust il en doivent[n] porter la
moitié ; et s'il i avoit plus detes que muebles[o] et li peres
ou[p] la mere les ont[q] paiees ou tans de la garde, li enfant
n'en sont tenu a fere[r] nul restour, car il loit[s] bien[t] au pere
ou a la mere a[u] aquitier ses[v] enfans ou tans[x] qu'il[y] les a en
garde ; mes il ne li loit[z] pas a chargier de dete la succession
qu'il en portent[aa] de leur[ab] pere ou de leur[ac] mere mort.

630. Quant li gentius hons ou la gentius fame tient[ad]
son enfant en sa[ae] garde après la mort de son[af] ou de sa[ag]
mere et il i a eritages tenus en vilenage qui doivent estre a
l'enfant par la succession de son pere ou de sa mere mort,

a) *HJK* une sole pers. — b) *EG* aut. en emporter. — c) *HJK* li uns
comm. — d) *BF* omettent li ; *C* un seul que les .x. — e) *C* quant che vient
a la partie ; *JK* vien. en leur partie. — f) *K* ou avec leur m. — g) *A* omet
est. — h) *C* liq. ou veille. — i) *EGHJK* veut. — j) *AC omettent* l'. — k)
C mainsnes freres ou sereurs ensement. — l-m) *B* li. — n) *B* en devoient
porter. — o) *C* plus de dettes que de muebles. — p) *G* p. et la m. — q) *CE*
les ont paiees ; *HJK* les a paiees. — r) *GJK* enf. ne sont tenu a ent fere. —
s) *C* il affiert. — t) *BF omettent* bien. — u) *BF omettent* a. — v) *HJK*
lor enf. — x) *B* omet ou tans. — y) *B* qui les. — z) *C* affiert. — aa) *ABCEG*
emporte. — ab) *ABCEG* son ; *F* omet leur. — ac) *ABCEG* sa ; *F* omet
leur. — ad) *C* fame de son pere ou de sa mere tient. — ae) *BF omettent*
sa. — af) *BF* mort dou pere. — ag) *B* ou sa m. ; *F* le m.

1. Cf. § 643.

tuit li pourfit et toutes les issues du vilenage doivent estre
gardees a l'enfant si qu'il les ait[a] en[b] son pourfit quant il
sera[c] en aage[d]; car nus, ne[e] par reson de bail ne par reson
de garde, ne puet fere siens les fruis des vilenages qui sont
as enfans qu'il tient[f]. Et ce entendons nous entre les gen-
tius hommes, car entre ceus[g] de poosté, quant compaignie
se fet entre aus, pueent bien les issues des vilenages[h] venir
en compaignie, tant comme la compaignie dure.

631. Nous avons dit que la garde des enfans entre fran-
ches persones apartient[i] au pere ou a la mere selonc nostre
coustume, et c'est voirs[j]. Nepourquant je voi pluseurs cas
par lesqueus ou par aucun[k] des queus la justice, a la re-
queste des parens as enfans, les doit oster de la garde et de
la compaignie au[l] pere ou a[m] la mere, quant li enfant n'ont
fors le pere ou la mere, et dirons aucun[n] des cas.

632. S'il avient qu'uns hons ou une fame ait ses enfans
en sa garde ou aucuns autres enfans en son bail et il tient,
par la[o] reson de la garde ou du bail, grant eritage liqueus
doit estre as enfans, et li ami as enfans[p] de l'autre costé ou
du costé meisme[q] dont cil les[r] apartient qui les a[s] en bail ou
en garde, se doutent[t] qu'il ne les face[u] marier sans leur
conseil, il pueent requerre a la justice que li enfant soient
osté de la main a celui qui les a[v] en bail ou en garde, ou
qu'il face bonne seurté qu'il ne mariera nus[x] des enfans sans
leur conseil. Et s'il veut la seurté fere, l'en ne li puet les en-
fans oster par ceste voie; et s'il ne veut fere la seurté, l'en li
doit oster les enfans et baillier a un des autres[y] parens[z] qui
la seurté vourra fere. Et convenra que cil qui les prenra en

---

a) *H* les aient. — b) *G* ait a s. p. — c) *H* il seront. — d) *J K* sera aagié.
— e) *E G H J K* omettent ne. — f) *E F H J K* qu'il tiennent. — g) *C* entre
les gens de p.; *F* c. autre gent. — h) *A B* de vilenage. — i) *C* si apartiennent.
— j) *C* omet et c'est voirs; *J K* et c'est verité. — k) *A B E F* par aucuns. —
l) *E G H J K* comp. du pere. — m) *E G H J K* ou de la m. — n) *A* dir. au-
cuns. — o) *G H J K* omettent la. — p) *G* ami a l'enfant. — q) *B* de cel costé;
C de chelui costé; *F* de cheli m. — r) *Tous les mss.* ont les; *E G H J K* cil
qui les [*G* ha] apart. — s) *M* cil qui les tient en b. — t) *A B E F* se doute
qu'il. — u) *F H J K M* les facent. — v) *A B E F* qui a les enfans en b. — x)
J K mariera nul des enf. — y) *B F* a un autre. — z) *B* omet parent.

garde ait de celi qui les devoit tenir et qui ne vout fere la seurté, soufisanment pour les enfans soustenir et mainburnir[a]. Et pour ce que ceste chose n'a pas esté requise en mout de lieus, l'en a[b] bien veu fere de teus mariages a ceus qui les avoient en bail ou en garde, qui n'estoient pas soufisant, ou par non sens[c] ou par mauvese couvoitise de don ou de pramesse ; et pour ce fet il bon courre au devant de teus perius[d].

633[e]. Li secons cas par quoi on puet oster enfans de la compaignie du bail ou de la garde a celi qui les tient, si est quant il ne livre pas soufisant[f] soustenance as enfans selonc leur estat et selonc ce qu'il en tient[g].

634. Li tiers[h] cas par lequel li enfant pueent estre osté[i] de la compaignie du bail ou de la garde a celi qui les tient[j], si est quant cil qui les tient est eritiers[k] d'avoir[l] le droit as[m] enfans[n] s'il mouroient[o] et mauvese renomee labeure[p] contre li, et quant l'en set qu'il a esté acusés[q] de cas de crime duquel il ne se delivra pas a son honeur, car male chose seroit que l'en lessast enfans en la main de[r] celui qui est mal renomés pour son vilain fet.

635. Li quars[s] cas comment on puet oster enfans de[t] la compaignie[u] de[v] bail ou de la[x] garde a celui qui les tient[y], si est quant li enfant n'ont fors pere[z] ou mere et li peres ou la mere se remarie[aa], si que li enfant ont parastre ou marastre et il est clere chose, et aperte que li parastres ou la marastre[ab] menent mauvese vie as enfans, ou qu'il leur moustre semblant de haine : en cel cas li enfant doivent estre osté de

a) *HJK* enf. mainburnir et soustenir. — b) *HJK* a l'en bien. — c) *C* par mauves sens. — d) *B F omettent* de teus perius. — e) *F' omet le* § 633 *entier.* — f) *A E* pas soufisanment soust. — g) *F* secons. — h) *E G H* en tiennent. — i) *B* leq. on peut oster enfans de la c. — j) *HJK omettent* de la compaignie du ... qui les tient. — k) *F'* est hiretages ; *G* cil est heritiers qui les tient d'av. — l) *C* pour avoir. — m) *J K* dr. des enf. — n) *G* d'avoir leur droit se ilz. — o) *E G H J K* mourussent. — p) *E G H J K* ren. labouroit. — q) *C* encuses. — r) *HJK* enfans a celui. — s) *F'* tiers. — t) *C* enf. hors de. — u) *G omet* de la compaignie. — v) *E G* du. — x) *C F omettent* la. — y) *HJK omettent* comment on puet ... celui qui les tient. — z) *G* fors ou pere. — aa) *G* se marient ; *E F H J K* se marie. — ab) *F omet* et il est ... ou la marastre.

leur main et estre mis en autrui main[a] hors du pouoir au parastre ou a la marastre.

636. Li quins cas[b] si est quant cil qui les tient est de si fol maintenement qu'il n'a en lui ne conseil ne arcance, car a teus gens ne doit on lessier nule garde d'enfans.

637. Et de tous ces[c] cas que nous avons dis il ne convient pas a ceus qui pourchacent que li enfant soient hors des mains a ceus qui les tienent, qu'il en facent plet ordené contre aus ; ainçois soufist s'il le denoncent au juge. Et li juges, de son office, doit aprendre du cas qui li est denonciés et, s'il trueve le cas par l'aprise, il les doit oster si comme il est dit dessus ; car l'en doit entendre que cil qui ce[d] denoncent le font par cause de bonne foi, et apert par ce qu'il n'en metent riens en leur pourfit. Et de tous ces[e] cas doit avoir li cuens la seignourie et la connoissance[f] se li[g] homme n'en euvrent entre leur sougiès sans delai[h], car tuit li cas qui sont pour la sauveté[i] des enfans sousaagiés[j] ne doivent point querre[k] de[l] delai ; ains doit tantost courre li souverains[m] a aus aidier et garantir si tost comme il voit que ses[n] sougiès n'en a[o] pas fet ce qu'il doit[p].

638. Il est dit dessus que nus, par reson de bail ne de garde, ne puet ne ne doit fere siens les fruis des vilenages as enfans. Et encore disons nous tant avec que cil qui les veut lever doit fere bonne seurté, s'il en est requis, de rendre les pourfis as enfans ou de metre les en[q] leur pourfit[r] ; et s'il ne veut la seurté fere, la justice doit metre en sa main les dites[s] despueilles et fere les garder dusques a l'aage des enfans.

639. Nous avons parlé comment compaignie se fet par

---

a) *E H J K* omettent et estre mis en autrui main. — b) *F* quars. — c) *E G H J K* tous teus cas. — d) *B* le den.; *C J K* se den. — e) *C* tous tiex cas. — f) *A* li cuens la connoissance et la seignourie. — g) *A* se si homme. — h) *C* sans delaiement; *H J K* omettent sans delai. — i) *C* le sauvement; *G* le pourfit. — j) *G* sousaag. et pour leur sauveté. — k) *J H* querir. — l) *H* omet de. — m) *C* omet le souverains. — n) *E H* omettent ses. — o) *J K* n'en ont pas. — p) *E G H* il dut; *J K* il dussent. — q) *G* metre a leur. — r) *E G H J K* leurs profis. — s) *G* omet dites.

coustume et comment l'en puet oster[a] enfans hors des[b] mains a ceus qui les ont. Or parlerons en cest endroit du peril qui puet estre[c] a tenir enfans en son bail ou en sa garde, et comment on les puet[d] oster qui veut.

640. Quant peres et mere ont leur enfans avec aus en leur garde ou[e] en leur mainburnie, et li enfant font aucun mesfet, ou quel mesfet il apartiegne amende d'avoir, l'en se prent du mesfet au pere se l'en ne puet tenir[f] celui qui fist le mesfet[g]; et[h] se l'en le tient et il l'amende[i], si convient il que li peres pait l'amende, car li enfant qui sont en la mainburnie le pere et la mere n'ont riens, soit qu'il[j] aient aage ou non aage. Et s'il avient que li enfant facent aucun cas de crime duquel l'en doie perdre vie[k], se l'en les tient, l'en les justice et n'en puet on riens demander au pere ne a la mere, se li fes ne fu fes par aus ou par leur pourchas, ou s'il ne les[l] receterent[m] puis le fet[n]; car s'il les receterent[o] puis[p], il sembleroit qu'il eussent esté agreable du[q] fet. Nepourquant il n'en perdroient pas le cors, mes il cherroient[r] en la merci du seigneur de leur avoir. Donques li peres et la mere qui vuelent eschiver ce peril[s] pueent metre leur enfans, a la mesure qu'il vienent en aage, hors de leur main et hors de leur pain et de[t] leur pot et de leur mainburnie, ou par aus, ou par mariage, ou par envoier les[u] servir hors d'entour aus, ou par donner leur[1] partie de terre de laquele[v] il se chevissent sans fraude. Car il avient aucune fois que fraude est toute aperte en[x] teus dons; si comme quant li peres

---

a) *C* oster par coustume. — b) *A B* hors de bail des mains. — c) *C* p. nettre; *HJK* qui est et pot estre. — d) *EGHJK* on les en puest. — e) *ABF* garde et en. — f) *HJK* puet trouver celui. — g) *BF* qui le mesfet fist. — h) *A* mesfet et se l'en tient l'en les justice et ne puet on riens demander au pere et se l'en le. — i) *C* il i a amende: *G* omet l'. — j) *C* tout soit che que il. — k) *C* perdre le vie. — l) *JK* omettent les. — m) *C* les rechoivent: *HJK* recetoient. — n) *G* puis le meffait. — o) *C* rechuevent. — p) *G* recet. depuis le meffait. — q) *EHJK* agr. au fet. — r) *C* il encherroient. — s) *GHJK* esch. teus perix. — t) *B* pain et hors de leur p. — u) *JK* par les envoier. — v) *HJK* terre dont il. — x) *G* en tel cas et en tiex dons.

---

1. Leur donner, *leur* étant pronom personnel et non adjectif possessif.

veut avoir aucune venjance d'aucun mesfet et il ne le veut pas fere de soi pour ce qu'il a trop a perdre, si oste ses en-fans d'entour soi et leur[a] donne si poi du sien[b] que l'en puet[c] bien veoir pour quel cause il le fet ; car la cause est tele qu'il pense que l'en ne se prenra fors a ce qu'il donne[d] a ses enfans pour le[e] mesfet de ses enfans, et ainsi avroient trop bon marchié li pere qui par leur enfans vourroient fere fere les mesfès. Donques qui veut oster ses[f] enfans de sa garde, il leur doit donner convenablement ou[g] oster[h] les ou tans que l'en voit qu'il n'i a point de malice, si comme quant li peres est sans guerre et sans haine et en tans de pes. Ne-pourquant il avient aucune fois que li peres voit son enfant fol ou[i] mellif ou[j] de mauvese maniere, si qu'il pense que tant plus li donra et plus perdra[k] ; et se teus chose muet le pere a petit donner[l] et a metre son fil hors de sa mainburnie, ce n'est pas merveille, car il vaut mieus[m] que li fius qui est fous et de mauvès contenement[n] perde par sa folie que ses[o] peres qui n'i a coupes. Et quant enfant sont osté de bail ou de garde en la maniere dessus dite et li enfant font aucun mesfet de cas de crime, la justice doit mout regarder a l'entencion que li peres eut a oster l'enfant hors de sa garde, se la chose fu fete malicieusement ou non, et selonc ce qu'il trueve[p] il en doit ouvrer[q][1].

641. Il est dit dessus d'oster enfans hors[r] de la main-burnie au pere et a la mere. Or veons, quant li enfant ont ou[s] pere ou mere mort et il demeurent avec celi qui demeure, comment il pueent estre osté de mainburnie. Nous disons

---

a) *H* et li done. — b) *A B C F omettent* du sien. — c) *A B* l'en le puet. — d) *G* il donna. — e) *C* pour che mesf. — f) *E G H J K omettent* ses. — g) *E G H J K M* conven. en oster. — h) *G* ostant. — i) *B H J K* fol et meslif. —j) *B* mesl. et de m. ; *F* voit fol fel et meslif son enf. et. — k) *C H J K* et tant plus y (*H J K* il)perdra. — l) *A B* a petit de honneur ; *G* a peu donner ; *M* a donner petit don. — m) *G H J K* car miex vaut. — n) *A B F* mauv. maintenement. — o) *A B C F* que li peres. — p) *B* il en trueve. — q) *E G H J K omettent* et selonc ce ... en doit ouvrer. — r) *A B omettent* hors. — s) *A B C F omet-tent* ou.

---

que, se li peres ou la mere les [a] met hors d'entour soi et leur baille tout ce qui leur est venu de par le mort en muebles et en eritages [b] sans riens [c] retenir [d], il sont [e] hors de sa [f] mainburnie et de sa compaignie ; et qui le fet en ceste maniere il le doit fere par justice ou par les amis des [g] enfans.

642. Il est bien resons que cil qui n'aportent [h] riens en compaignie ne puissent [i] riens demander par reson de compaignie. Donques se j'ai mes enfans qui n'ont point de mere et manans [j] aveques moi, et je ne prent [k] riens de la partie [l] de [m] par [n] la [o] mere ne ne melle avec le mien, compaignie ne se fet point ; et aussi d'autres persones qui sont aveques moi [p], s'il n'i aportent muebles ou issues d'eritages lesqueus je melle avec le mien, ne pueent [q] riens demander par reson de compaignie, combien qu'il soient aveques moi manant [r], car qui [s] riens ne [t] met en compaignie riens n'i doit prendre.

643. Quant une persone veve qui a enfans, se marie [u] a [v] autre persone veve qui a aussi enfans et tuit li enfant demeurent avec aus en compaignie et il aportent en la [x] compaignie aucune chose [y] du pere ou de la mere mort, la compaignie se fet en .iiii. pars, si que chascune maniere d'enfans en porte un quart et li peres et la mere chascuns un quart [z], essieutés les gentius hommes qui tienent fief [aa] par la reson de la garde a leur [ab] enfans, car entre aus ne se fet pas compaignie, si comme il est dit dessus en cel chapitre meisme [1].

a) *C E G H J K* mere le met. — b) *A B F* en mueble et en heritage. — c) *G* sans en riens ; *E H J K* omettent riens. — d) *J K* sans revenir. — e) *B* il est. — f) *C* de la mainb. ; *G H J K* omettent sa. — g) *E G H J K* amis de ses enf. — h) *E F H J K* qui n'aporte. — i) *E F G H J K L* ne puist r. — j) *E G H J K* omettent qui n'ont point de mere et manans. — k) *F* pris. — l) *G* le part. — m) *G* omet de. — n) *H J K* omettent part. — o) *G H J K* lor. — p) *E* omet et je ne prent ... sont aveques moi. — q) *G* ne me poent : *H* ne pot riens. — r) *J K* demourans. — s) *B* car quant riens. — t) *H* riens n'i met. — u) *H J K* veve se marie qui a enfans. — v) *A B C* en autre p. — x) *H* omet la. — y) *F* omet et il aport. ... aucune chose ; *J K* ap. aucune chose en compaignie. — z) *A* omet et li peres ... chascuns un quart. — aa) *E G J K* tien. les fies. — ab) *A B C E H* garde a ses enf. ; *G* garde aux enf.

1. Cf. §§ 628 et 629.

644. Se uns hons de poosté a pluseurs enfans qui font compaignie avec[a] li par la[b] reson des biens a la mere morte qui furent mellé avec les siens, et il en marie[c] l'un ou les deus et leur donne des biens qui sont commun par la reson de la compaignie, et li autre demeurent avec li[d] en compaignie[e] puis que cil sont ou furent marié .i. an ou .ii.[f] ou plus[g], pour ce ne demeure pas, quant il vuelent partir au pere, que ce qui fu donné au[h] mariage des freres ou des sereurs ne doie[i] estre[j] rabatu de la partie[k] a ceus qui vuelent partir. Car cil qui furent marié et cil qui demourerent[l] en la[m] compaignie ne fesoient tuit qu'une[n] seule[o] partie[p], et trop seroit li peres damagiés se cil qui aveques li demourerent puis les mariés en portoient[q] partie entiere ; car donques courroit li dons a ceus qui furent marié seur la partie du pere, laquele chose ne seroit pas resons. Et se li dons as[r] mariés estoit si grans que li autre enfant en fussent deceu, il puent apeler[s] les mariés a partie de ce qu'il en porteroient de la compaignie et de la succession de la mere morte ; car li peres ne leur pouoit pas donner le droit que li autre enfant[t] avoient en la compaignie et en la succession de la mere. Donques se gart bien li peres ou la mere qui marie une partie de ses enfans, liquel font compaignie aveques li, qu'il n'en portent fors[u] tel partie comme il doivent avoir par la reson de la succession de[v] leur[x] pere ou de leur[y] mere[z] mort et de la compaignie fete puis la mort du pere ou de la mere[aa] ; car s'il leur[ab] donne[ac] plus, il convient que ce soit du sien, non pas de la partie as autres enfans.

a) *H* av. aus qui font compaignie avec li. — b) *HJK omettent* la. — c) *CEGH* il en a marié. — d) *A omet* li. — e) *FGHJK* dem. en compaignie aveques lui. — f) *A omet* ou .ii. ; *B* ou .iii. — g) *B omet* ou plus. — h) *H* doné a mar. — i) *H* ne doit. — j) *G* ne soit rabatu. — k) *BF omettent* de la partie. — l) *G* dem. apres en. — m) *EGHJK omettent* la. — n) *B omet* qu'. — o) *A omet* seule. — p) *B omet* partie. — q) *C* emportent. — r) *AE* don au mariez. — s) *C* p. rappeler. — t) *C* droit aus autres enfans et que il avoient. — u) *B* portent que tele. — v) *C* succ. ou de ; *FG* du. — x) *FG omettent* leur. — y) *FG* de la mere. — z) *HJK* leur mere ou de leur pere mort. — aa) *F omet* mort et de ... de la mere. — ab) *C omet* leur ; *H* il li d. — ac) *G* donnoit.

645. Nus ne puet demander par reson de compaignie, combien[a] que li[b] bien soient mellé ensemble, s'il n'ont esté au meins ensemble[c] .I.[d] an et .I.[e] jour, se[f] ce n'est si comme[g] on s'acompaigne[h] par convenance ou par marcheandise ; car en ces[i] .II. cas se fet la compaignie si tost comme la convenance est fete ou si tost comme la marcheandise est achetee[j].

646. Encore est il une autre maniere de compaignie, laquele ne puet partir[k] ne dessevrer, ainçois convient qu'ele tiegne, vueillent[l] ou non[m] les parties[n] qui en la compaignie sont, fors en une maniere que nous dirons[o] : c'est la compaignie des communautés[p], et ceste compaignie se devise en .II. manieres. Car l'une des communautés[q] si est par reson de commune otroiee[r] de seigneur et par[s] chartre. Teus maniere de compaignie[t] si[u] doit user selonc[v] les poins de leur[x] chartre et pueent perdre ou[y] gaaignier ensemble es cas qui apartienent a leur commune. Et qui veut issir de[z] tel[aa] maniere de compaignie, il convient qu'il soit regardé combien il a vaillant et combien li autre de la commune[ab] ont vaillant[ac], et puis[ad] regarder combien la commune doit soit a vie ou[ae] a eritage ou a deniers ; et puis doit on[af] regarder combien il[ag] convenroit paier a chascun au marc ou a la livre qui toute la vourroit aquitier sans delai, et puis doit on prendre seur[ah] celi qui s'en veut issir toute sa partie entierement ; et puis convient qu'il voist manoir[ai] hors du lieu

a) *A B* comp. comment que. — b) *G* que leurs biens. — c) *C omet* ensemble. — d-e) *E G H J K omettent* .I. — f) *C* jour ensemble se. — g) *E F G H J K* n'est ainsi que (*F* comme) on. — h) *C* se compaingnie. — i) *G* en tiex .II. c. — j) *E G H J K* est faite. — k) *C* ne se puet departir. — l) *C* vueille. — m) *A* vueill. ou ne vueillent les p. — n) *G H J K* vueill. les parties ou non qui. — o) *C* nous vous dir. — p) *J K* communauté. — q) *C* une des communes. — r) *C* est par raison otroiee de commune de s. ; *G* raison de commun ottroy de s. — s) *G* et par letre et par ch. — t) *A B omettent* de compaignie. — u) *E F G H J K* comp. se doit. — v) *G* sel. le contenu et les p. — x) *G* de le ch. — y) *E G H J K* perdre et gaaign. — z) *C* issir hors de. — aa) *C omet* tel. — ab) *F* de la communeté ; *G* de la compaignie. — ac) *C omet* et combien li autre ... ont vaillant. — ad) *H J K omettent* puis ; et doit regard. — ae) *B F H J K* vie soit a er. — af) *F* et p. convenroit reg. — ag) *B omet* doit on regarder combien il. — ah) *C* prendre a chelui. — ai) *J K* voist demourer.

de la commune, et en ceste maniere il se puet^a metre^b hors
de la compaignie et des fiés^c de la commune, sauf ce que,
s'il i a eritages qui demeurent au pouoir et^d en la justice de
la commune, il ne demeure pas pour ce que li eritage ne
puissent estre taillié en la maniere qu'il seroient^e taillié s'il
estoient^f a un^g homme estrange qui onques n'avroit esté de
leur commune.

647. L'autre maniere de compaignie qui se fet par reson^h
de communautéⁱ, si est des abitans es viles ou il n'a pas com-
mune^j, que l'en apele viles bateïces^k. Et ceste compaignie si se
fet es fres et es cous qu'il leur convient metre es choses qui
leur sont communes et des queles il ne^l se pueent^m con-
sirer^{n 1} sans damage, si comme de leur moustiers refere et
de leur^o voies amender^p, de^q leur puis et de leur gués
maintenir, et des autres^r choses qui sont fetes par l'acort du
commun, si comme des^s cous^t qui sont mis en ples^u pour
leur droit^v maintenir et pour leur coustumes^x garder : en
tous teus cas et en autres semblables font teus manieres de
gens compaignie^y ensemble et convient que chascuns pait
son avenant des fres selonc droit. Ne nus de teus manieres
d'abitans ne se pueent^z oster de ceste^{aa} compaignie s'il ne
s'en^{ab} va^{ac} manoir hors du lieu et renonce as aisemens; et s'il

a) *HJK* man. se pot il. — b) *C* omet hors du lieu ... puet metre. — c)
F se puet partir hors de la quemune se il veut et des fiez; *GHJK* des fres
de. — d) *C* omet et. — e) *FG* seroit. — f) *FG* estoit. — g) *HJK* omettent
un. — h) *C* par maniere de. — i) *B* res. de convenance. — j) *GHJK* com-
munes. — k) *B* baticez; *C* bateleresches; *D* batelereces; *E* bateichez: *F* ba-
tichez; *M* batiches; ms. de dom Carpentier, Ducange v° *baticius*, batelie-
resches. — l) *C* omet ne. — m) *C* porront. — n) *A C* consieurer; *G* consievre;
cf. *dans* Manekine, 3012, 8038, consire, consirent *en rime avec* desire, desi-
rent. — o) *C* et des voies. — p) *HJK* de leur caucies ramender. — q) *A E*
am. et de. — r) *B C* et d'autres. — s) *E G H J K* de. — t) *C* coustemens; *G*
de ceulx qui. — u) *A* comme des plez la ou l'en met cous pour. — v) *E G H J K*
drois. — x) *C* leur commune g. — y) *A B C F* compaignies. — z) *F H J K* se
puet ost. — aa) *C* de tele comp.; *E G H J K* omettent ceste. — ab) *A* ne se;
E F G H J K omettent s'en. — ac) *A G* vont man.

1. Le glossateur de *K* a écrit ici en marge : *cõnsuirrer vault autans
que on ne se peult passer qu'il ne soit fait.* La Thaumassière a inséré cette
note dans son texte.

s'en part[a] en ceste maniere, si convient il qu'il face compaignie aveques ceus du lieu ou [b] il[c] va manoir.

648. Il ne convient pas quant l'en veut fere aucune chose pour le pourfit d'une[d] vile que l'en le lait a fere pour ce s'il ne s'i vuelent tuit acorder ; ainçois soufist se [e] la greigneur partie, — a laquele partie il ait des mieus soufisans, — si acorde. Car s'il convenoit qu'il s'i acordassent tuit, donques pourroient cil qui poi sevent et poi valent destourber les choses qui sont fetes pour le commun pourfit et ce ne seroit pas bon a soufrir[f].

649. Dui compaignon avoient ensemble compaignie en [g] la marcheandise d'un bois. Quant li bois fu vendus et delivres, li uns des compaignons se traist [h] a ceus qui devoient les detes sans le seu de son compaignon et les fist[i] creanter a autres persones a qui il devoit de sa propre dete. Quant ses compains sot que les detes es queles il avoit la moitié de son droit estoient creantees[j] a autres[k] persones a qui il ne devoit riens sans son acort, il traist aussi[l] a [m] nous avant[n] que li terme venissent des detes paier[o] et nous moustra la decevance que ses compains li avoit fete ; et nous, la verité seue [p], commandasmes a [q] ceus qui le creantement[r] avoient pris qu'il ne s'atendissent qu'a la moitié de cel creantement[s], car plus n'i avoit cil qui le creantement[t] fist fere, et queïssent l'autre moitié seur celi qui fist fere le creantement ; et si commandasmes a [u] ceus[v] qui le creantement avoient fet[x] a la requeste de l'un des compaignons, qu'il ne paiassent que la moitié de ce qu'il avoient creanté a ceus a qui il avoient fet le creantement[y], et l'autre moitié a celui qui estoit com-

a) *B* s'en va. — b) *A* lieu la ou. — c) *B omet* il. — d) *C* porf. de le v. — e) *C* souf. a la gr. — f) *E G H J K* ser. pas soufert. — g) *C* comp. s'estoient ensemble acompaignié a le march. — h) *C* se tret a. — i) *C omet* et les fist. — j) *C* est. acreantees. — k) *A B C F omettent* autres. — l) *A B omettent* aussi ; *C* tret adonc. — m) *C* envers nous. — n) *A B* avant a nous. — o) *C* term. des dettes venissent pour paier. — p) *C* verité seusmes. — q) *C* condempnames chaus qui. — r) *E G H J K* qui les creantemens av. — s) *G J K* moitié des creantemens. — t) *E omet* car plus ... le creantement. — u) *C* et si condampnames chaus qui. — v) *J K omettent* a ceus. — x) *J K* les creantemens avoient faits. — y) *J K* f. les creantemens.

pains de la marcheandise ; et ainsi fismes nous rapeler[a] ceste
decevance. Mes se li termes des detes fust passés et li paie-
mens fes si comme il estoit[b] creantés, avant que li compains
nous eust moustré[c] comment il estoit deceus, li paiemens
tenist ; ne n'eust cil qui estoit compains de la marcheandise
nul restour as deteurs qui eurent les denrees du bois, ainçois
convenist qu'il en suist son compaignon a qui[d] requeste li
paiemens fu fes. Car, qui prent denrees par la main d'une
persone et il les paie a li ou son commandement, il en doit
estre quites se defense ne l'en est fete de justice[e] ou de celui
qui i demande partie par reson de compaignie avant que li
paiemens soit fes. Mes quant defense l'en[f] est fete, il doit
paier a chascun sa partie ou autrement il[g] ne[h] seroit pas
quites que chascuns des compaignons ne le peust suir de sa
partie ; et pour les perius[i] qui en puEent nestre se fet il
bon[j] garder a qui l'en marcheande, et[k] qui[l] l'en paie[m], et
a qui l'en s'acompaigne.

650. Compaignie se puet fere en maint de manieres si
comme nous avons ja dit ; et encore en dirons nous, car
compaignie se fet aucune fois. en une seule chose ou en .ii.
ou en .iii., selonc ce qu'il[n] est convenancié[o]. Si comme dui
compaignon prenent une ferme a .iii. ans, ou si comme s'il
prenent la[p] ferme et[q] une vente de bois ou autres marchean-
dises certaines ; pour ce se tele compaignie se fet, ne sont
il pas compaignon de tous leur biens, mes des choses tant
seulement de quoi il s'acompaignierent[r], et quant la chose
faut et il ont conté ensemble de la[s] perte ou du gaaing
qu'il eurent en ce dont il furent compaignon, la compaignie

---

a) A omet rapeler. — b) *J K* les p. fais si c. ils estoient. — c) *F* comp. s'en
fust venus plaindre a nous comm. — d) *C* a lequele req. — e) *C* quit. se def-
faute de justiche ne le fet faire ; *F* fete de seingneur ; *H J K* fete par justice.
— f) *C* omet l' ; *H* omet l'en. — g) *C* omet il. — h) *A B E* n'en ser. — i)
C les grans perius. — j) *C* il molt bien g. — k) *C* omet et. — l) *C* a qui on p.
— m) *E G H J K* omettent et qui l'en paie. — n) *A* ce qui ; *F* ce qu'ele. —
o) *E G H J K* (*G* ce qu'on a) enconvenancié. — p) *H J K* omettent la. — q)
E G H J K fer. a une v. — r) *C* il s'entracompaingnierent. — s) *C* de la partie
et de la perte.

est faillie, ne il ne pueent riens demander li uns a l'autre par la reson de compaignie fors que de ce dont il furent compaignon.

651. L'en doit croire que chascuns de ceus qui sont[a] compaignon d'une chose ou de pluseurs, fet le mieus qu'il puet et au plus grand pourfit pour li et pour son compaignon, dusques a tant que li contraires est prouvés. Et pour ce doit estre tenu ce que[b] chascuns des compaignons fet, soit au[c] vendre ou au[d] paier les choses necessaires pour la compaignie, ou en recevoir les paiemens qui par la[e] reson de la marcheandise sont fet. Et se cil qui paie ou reçoit euvre[f] autrement qu'il ne doit, ses compains li puet demander pour tant comme[g] il monte a sa partie, et bien li puet defendre qu'il ne s'en melle plus fors que de tant comme[h] a sa partie en[i] afiert. Et adonques, quant teus contens muet entre compaignons, l'en doit baillier a chascun sa part de ce dont il sont compaignon, se c'est[j] chose qui se puist partir ; et se la chose[k] est tele qu'ele[l] ne se puist[m] partir, si comme viviers ou travers ou teles choses semblables, li sires par devant qui teus ples vient ou qui a[n] la justice es choses[o] dont li contens est, les doit fere cueillir pourfitablement[p] as cous des compaignons, s'il ne se pueent en autre maniere acorder.

652. Se pluseur compaignon sont et li uns pert aucune chose de ce qui a la compaignie apartient, — si comme s'il donne la chose pour meins qu'ele ne vaut ; ou s'il a receu deniers et[q] on li tout ou emble et de ses choses avec ; ou il fet aucune negligence sans malice, — si compaignon n'en[r] pueent fere demande contre li puis qu'il meismes a damage en la chose ; car l'en doit croire que nus ne fet volentiers son damage a escient et pour ce se doit on prendre[s] garde

a) *B F H J K* qui furent c. — b) *A* omet que. — c) *F* soit en v. ; *G* soit a v. — d) *A B C* ou (*F* soit) p. ; *H J K* soit au p. — e) *B* omet la. — f) *A B C* en euvre. — g) *G* tant qu'il. — h) *E G H J K* tant que a. — i) *H J K* omettent en. — j) *C* se che n'est ch. — k) *C* et ce che est choze est. — l) *E G H J K* omettent la chose est tele qu'. — m) *E G H J K* se puet p. ; *M* se puest. — n) *C* ou a qui la j. — o) *C* omet es choses. — p) *C* cueill. tout pourf. — q) *C* dem. ou on. — r) *E G H J K* comp. ne p. — s) *B C* on molt bien prendre.

au compaignon[a] a[b] qui l'en s'acompaigne, car cil qui pert
par la negligence de son compaignon ne s'en doit prendre
qu'a sa folie. Mes puis qu'il l'avra[c] veu trop negligent, de-
fendre li puet qu'il ne le face plus et ouvrer en la maniere
qu'il est dit dessus.

653. Compaignie se fet aucune fois en tel maniere[d] que
li uns paie tout l'argent que la marcheandise couste et li
autres n'en paie point, et nepourquant il en porte la moitié
du gaaing. Et aucune fois ele se fet en tel maniere que li
uns en paie les .ii. pars et li autres le tiers, et est la conve-
nance tele qu'il partissent au gaaing moitié a moitié[e]. Et
aucune fois ele se fet en tel maniere que li uns en porte part
ou gaaing[f] s'il[g] i est et, se perte tourne[h], il ne paie[i] point
de la[j] perte. Et toutes teus[k] manieres de compaignies se
pueent bien fere par convenance[l], car il loit bien a chascun
a[m] acompaignier[n] autrui et a[o] fere bonté du sien a celui qui
est acompaigniés a[p] li. Et aucune fois fet on teus acompai-
gnemens pour ce que li uns a plus de peine en aministrer
les besoignes de la compaignie[q] que li autres, si qu'il est
bien resons que sa partie soit meilleur selonc ce qu'il a plus
peine.

654. Se une compaignie est fete d'aucunes certaines
choses[r] sans nule convenance que li uns des compaignons i
ait plus que li autres et li uns[s] des compaignons est empec-
chiés[t] en tel maniere qu'il ne se puet entremetre de fere ce
qui a la compaignie apartient, et li autres, par la defaute de
son compaignon, est chargiés de toute l'aministracion des
besoignes, ce ne doit pas estre du tout a son coust, mes au

---

a) *A B F* garde a l'acompaignier; *C* garde en la compaingnie. — b) *C F*
comp. avec qui. — c) *J K* omettent l'. — d) *C* fet en tele maniere aucunes
fois. — e) *C* omet et ne pourquant il … au gaaing moitié a moitié. — f) *C*
li uns pert a le gaaigne. — g) *C* se ele i. — h) *C F J K* perte i tourne. — i)
E G H J K il n'en porte. — j) *H J K* omettent la. — k) *C* teus convenanches ou
man. — l) *C* par compaingnies. — m) *G* chasc. de acomp. — n) *A B* a com-
paignier. — o) *C* a lui acomp. la ou il li plaira miex a f. b. — p) *C* ac.
avecques lui. — q) *C F* omettent de la compaignie. — r) *B F* cert. personnes
sans. — s) *C* omet des compaignons i … et li uns. — t) *A* est plus emp.

coust des choses communes. Et encore pourroit estre la chose *a* si grans, si comme de vente de bois ou d'autre marcheandise, de laquele il est mestiers, que la pourveance du compaignon i soit tous jours, qu'il pourroit demander salaire seur la partie de son compaignon pour tant comme il avroit esté ses serjans; et teus salaire doivent estre paié par l'estimacion *b* du juge selonc l'estat de la persone qui le*c* demande et selonc la peine qu'il a eue en aministrer la partie *d* de son compaignon par sa defaute; et fust encore ainsi que ses compains ne li eust ne dit ne commandé qu'il s'en *e* entremist. Car se aucuns est mes compains d'une chose et il ne puet ou ne veut fere ce qui a la compaignie apartient, il m'en convient entremetre pour eschiver mon damage, et je ne m'en puis entremetre fors que de tout puis que la chose n'est partie *f*. Et ainsi convient il estre aucune fois maugré sien serjans a *g* son compaignon : si est resons que l'en i mete tel conseil qu'il ne soit pas perdans.

655. Quant acompaignemens est fes de quel chose que ce soit et perte tourne en la compaignie, chascuns des compaignons doit paier de la perte selonc ce qu'il en portast du gaaing s'il i fust, se convenance ne le tout si comme il est dit dessus.

Ci fine li chapitres de compaignie qui se fet par coustume ou par convenance, et d'oster enfant de bail.

a) *E G H J K* pourr. la chose estre. — b) *G H* omettent l'. — c) *A B* qui li dem. — d) *B F* amen. des (*F* les) besoignes de s. comp.; *C* amen. le besoigne et le partie. — e) *C* omet en. — f) *A C* m'est departie. — g) *J K* serviteur. — h) *C J K* de. — Expl.) *A* Ici fine ; *B* chap. de cest livre liqueus parole de comp. ; *C* Chy define ; *C F* enfans hors de ; *E H* Explicit ; *F* Ci fenit ; *il omet* qui se fet ... par convenance; *G* des compaignies qui se font; *il omet* ou ; de bail et de mainburnie pour oster les perilz qui en peuent venir; *J K* n'ont pas d'explicit.

XXII.

Ci commence li .xxii. chapitres de cest livre liqueus parole des compaignies d'eritage et comment l'en en doit ouvrer.

656. Nous avons parlé de pluseurs manieres[a] de compaignies ou chapitre devant cestui; si parlerons en cest chapitre ci[b] apres[c] d'une autre maniere de[d] compaignie que l'en apele compaignie[e] en eritage: si comme pluseurs persones pueent avoir part en la justice d'une vile, ou en un[f] moulin, ou en un four, ou en un pressoir, ou en une pescherie ou en aucun[g] autre[h] eritage qui est cousteus a retenir. Si avient aucune fois que li uns des parçoniers veut bien[i] metre soufisaument des mises selonc ce qu'il prent des reçoites, et li autre parçonier i metent a[j] envis et si i[k] prennent[l] volentiers, si qu'il avient a la[m] fois que li eritage en[n] empirent et dechieent; et pour ce dirons nous comment on doit ouvrer de teus compaignies.

657. Quant li uns des compaignons voit que si compaignon ne vuelent[o] metre[p] soufisanment pour l'eritage

Rubr.) *A* Icy comm.; *CJK* parole d'autres manieres de compaignies que on apele compaignies d'iretages; *C omet le reste*; *EFHJK omettent* de cest livre; chap. qui par.; *E* li .xxi. cap.; *G omet* et; *H* doit par raison ouvrer; *JK* comp. de heritage, lesqueles se pueent partir et lesquelles, *etc.*, *comme à la table sauf* toutes *au lieu de* teus. — a) *C omet* de plus. manieres. — b) *CEG omettent* ci. — c) *HJK omettent* ci apres. — d) *M omet* maniere de. — e) *EGHJKM omettent* que l'en apele compaignie. — f) *C* ou d'un moul. — g) *A* en .i. autre. — h) *E omet* autre. — i) *BF omettent* bien. — j) *BJK omettent* a. — k) *JK omettent* i. — l) *ABCF* prenroient. — m) *C* av. aucune fois; *F omet* a la fois. — n) *BCF omettent* en. — o) *JK* ne veult m. — p) *AC* vuel. pas m.

atenir[a], il doit les compaignons fere[b] amonester par justice[c]
qu'il i[d] metent[e] leur avenant[f] dedens certain jour, liqueus
jours doit estre assis par le seigneur selonc ce qu'il est
mestiers de haster l'ouvrage. Et se li jours passe et li par-
çonier n'obeïssent au commandement, pour ce ne decherra
pas l'eritages se[g] li parçoniers veut, qui requist qu'il i[h]
meissent leur avenant : car il puet moustrer leur defaute au
seigneur de qui li eritages muet et li sires li doit donner
congié qu'il i mete les cous[i] qui i[j] doivent estre mis[k] par
necessité pour l'eritage atenir, en tel maniere qu'il tenra
tout[l] l'eritage sans parçonerie de ceus qui n'i voudrent[m]
metre, dusques a tant qu'il aient rendu leur partie de tant
comme il[n] i deussent avoir mis[o]; et tuit li esploit qu'il le-
vera de l'eritage dusques a tant que li[p] cous[q] li sera[r] rendus,
seront sien sans riens rendre ne rabatre as parçoniers qui
n'i voudrent[s] riens metre; et ainsi pourra il tenir en mort-
gage[t] les parties de ses[u] compaignons dusques a tant qu'il
l'avront paié; car s'il rabatoit[v] les levees des coustemens[x][1],
donques avroit il prestés les cous[y] maugré sien, laquele
chose nus ne fet s'il ne veut; et mieus vaut que li eritages
soit retenus[z] et qu'il en port tous[aa] les pourfis dusques a tant
que li parçonier i vourront revenir, que ce que li eritages
decheïst, si qu'il ne vausist[ab] riens a nul des parçoniers.

658. Toutes les fois que ples muet pour les[ac] cous[ad] qui

a) *E G H J K* l'erit. retenir. — b) *CE omettent* fere; *G* doit fere les com-
paignons amon. — c) *C* amon. et faire semondre par le just. — d) *F* m.
souflissaument. — e) *F* av. en l'eritage. — f) *B omet* i. — g) *E* et se. —
h) *A B omettent* i. — i) *HJK* les cozes. — j) *H omet* i. — k) *HJK* estre
mises. — l) *HJK omettent* tout. — m) *EHJK* vaurront [*E* riens] m. — n)
C partie qu'il i. — o) *C* av. mise. — p) *G* que tout le c. — q) *A C* li tout. —
r) *E* seront. — s) *B* vuelent; *C* voudrent. — t) *C* en mort usage. — u) *B*
part. des comp. — v) *C* paié et s'il ne rab. — x) *EHJK* rab. des levees
les coustemens. — y) *C omet* donques avr. il prest. les cous; *G* les couste-
mens. — z) *C* soit maintenus. — aa) *E G HJ K omettent* tous. — ab) *C* ne
le vaus. — ac) *A omet* les. — ad) *C* coustemens; *F* cozes.

1. *Des coustemens* est complément, non de *les levees*, mais de *raba-
toit*: car s'il diminuait les levées [de la valeur] des coûts [en ne perce-
vant pas celles-là toutes entières à son profit].

doivent estre mis[a] en eritages[b] qui sont a pluseurs parçoniers[c], li sires qui a les parçoniers[d] a[e] justicier[f] ne doit soufrir point de plet ordené ; ainçois doit regarder[g] tout de plain combien chascuns prent du pourfit de l'eritage et, selonc ce, le[h] doit[i] contraindre a metre son[j] avenant ou a lessier le droit qu'il a[k] en l'eritage ; car s'il avoit en teus ples auteus delais comme il a en mout de[l] quereles, li eritage seroient decheu avant que li ples fust finés[m]. Nepourquant se li uns des parçoniers dit qu'il a bonnes resons par lesqueles il n'i doit riens metre, ainçois doivent tourner li coust[n] de l'eritage[o] seur les autres parçoniers, — si comme il avient que[p] li aucun ont rentes seur eritages qui leur furent donnees, ou[q] vendues[r], ou aumosnees[s], a prendre chascun an franchement ; ou si comme il avient qu'aucuns donna son eritage a fere a moitié a eritage ; ou si comme il avient que convenances sont fetes que li uns des parçoniers doit paier tous les fres[t] et li autres doit prendre sa[u] partie franchement[v] ; ou si comme il avient que li uns des parçoniers se veut aidier qu'il[x] a tousjours prise sa partie franchement[y] a la vene et a la seue de ses parçoniers sans riens[z] paier des cous, ainçois les ont paiés si parçonier pluseurs fois la ou il en portoit sa partie quite[aa] et delivre[ab], et de tel tans que drois de proprieté li est aquis de prendre sa partie quite et delivre[ac], — en tous teus cas et en semblables doivent estre li parçonier oï, liquel ne vuelent riens metre es cous ne es mises de l'eritage.

a) *F* mises. — b) *H* en heritage. — c) *E* personnez. — d) *C* omet li sires qui a les parçoniers. — e) *C a exponctué à l'encre noire et biffé à l'encre rouge.* — f) *C* justiche. — g) *F* d. demander. — h) *F* les. — i) *C* doit on contr. — j) *F* leur av. — k) *F* que il ont. — l) *F* comme en autrez quer. — m) *B C* fust defines ; *F* fussent finé. — n) *C* les coustemens. — o) *E G H J K omettent* de l'eritage. — p) *H J K omettent* il avient que. — q) *H J K omettent* ou. — r) *E* venduez ou donnez. — s) *G* don. ou osmonées ou vendues. — t) *C* les coustemens. — u) *J K* les autres doivent pr. leur part. — v) *C* part. tout franchement. — x) *C* aid. de che que il dit que il a. — y) *C* le sieue part. tout franchement. — z) *B F* sans nient paier. — aa) *C* part. toute quite ; *G* part. franque et quitte. — ab) *G omet* et delivre. — ac) *C omet* et de tel tans ... quite et delivre ; *F* del. franquement.

659. Voirs est que toutes les fois, que pluseurs persones ont parties en aucuns eritages et li uns requiert que sa partie li soit exceptee et mise d'une part, l'en li doit fere, essieutés aucuns eritages liquel ne se puecent[a] partir par fere certaines bonnes ne certaines devises[b], si comme travers[c] et tonlieus[d], et vinages[e], et[f] justices et[g] moulins et[h] fours[i] et[j] pressoirs et[k] pescheries et autres rentes d'aventure. Donques, quant pluseur parçonier ont compaignie en teus eritages, il doivent[l] estre donné[m] a ferme ou[n] a louier; et adonc du louier ou[o] de la ferme puet chascuns des parçoniers prendre[p] ce qui[q] a sa part apartient[r]. Mes ce entendons nous es eritages parçoniers dont li uns ne doit pas plus avoir la saisine[s] que li autres[t], car il est assés d'eritages[u] des queus li uns a la saisine et la proprieté et par sa main li autre parçonier doivent estre paié : si[v] convient que li paiement soient fet selonc ce qu'il a esté acoustumé de lonc tans et selonc ce[x] que chascuns i[y] doit avoir[z].

660. Se aucuns tient en parçonerie aveques autres[aa] par reson de bail ou de douaire ou d'engagement[ab], ou d'aucune[ac] autre reson par laquele il puet[ad] lever les despeuilles de sa[ae] partie et si n'est pas sieue la proprietés[af], et il ne veut[ag] riens metre es cous de l'eritage pour ce que li coust[ah] li couste-

---

a) *E* puet. — b) *G* certain devis; *EHJK* certains devis. — c) *C* de travers et de menues coustumes. — d) *C omet* et tonlieus; *E* touz lix. — e) *A* et minages; *C* et de muiages. — f) *C* et de. — g) *C* et de: *E G omettent* et; *F omet* et vin. et just. et. — h) *E G omettent* et. — i) *FHJK* fours moulins; *ils omettent* et *devant chacun des mots de l'énumération.* — j) *FJK omettent* et. — k) *GHJK omettent* et. — l) *C* rent. d'aventures ou tant de pluriex personnes ont part et compaignie tous tiex heritages doiv. — m) *G* est. baillé; *HJK omettent* donné. — n) *E* f. et a l. — o) *G omet* ou; *HJK* l. et de. — p) *A* parç. si comme il avient prendre. — q) *E HJK* pr. de ce que a. — r) *AB* part en apart.; *C* qui apart. a sa part.; *F* parç. prenre se part. — s) *C omet* la saisine. — t) *C* autres ne de la saizine aussi plus que nus des autres, car. — u) *G* de tiex herit. parchonniers: — v) *G* sil: *EFHJK* il. — x) *EGHJK omettent* qu'il a esté ... et selonc ce. — y) *EGHJK omettent* i. — z) *E* av. a se part. — aa) *F omet* av. autres. — ab) *C* ou de gagement. — ac) *BCF* ou par aucune. — ad) *EFGH* il puecent. — ae) *F* de leur p. — af)*F* et n'est mie le proprieté leur. — ag) *F* voelent. — ah) *C* les coustemens.

roient plus que les reçoites ne li vauroient[a] le[b] tans qu'il l'a
a tenir, ou pour sa niceté ou pour sa volenté, il ne li doit
pas estre soufert; ainçois doit estre contrains par son sei-
gneur, — s'il[1] en est requis, voire tout sans requeste s'il le
set[c], — a[d] ce qu'il mete son avenant es[e] cous de[f] l'eritage,
puis qu'il avra[g] aucune chose levee ou qu'il sera entrés en
la saisine de l'eritage[h] car autrement pourroit perdre cil a
qui li drois de la proprieté apartient par le fet de celui qui
n'a droit fors en la saisine ; et ainsi[i] pourroient souvent
perdre[j] li orfelin et cil qui sont sousaagié[k].

661. Nous avons parlé des eritages qui[l] ne se pueent
partir s'il ne sont baillié a[m] ferme ou a louier, mes s'il en i
a tant et tant de parçoniers que[n] chascuns puist prendre
d'une part, bien se pueent fere les parties[o]. Si comme se
dui moulin sont a deus parçoniers et il sont d'une valeur, et
chascuns des parçoniers[p] doit avoir la moitié es deus mou-
lins[q], bien se puet la partie fere[r] en tel maniere que chas-
cuns ait l'un des moulins. Et se li moulin valent mieus li
uns de l'autre, cil qui requiert la partie a avoir[s] doit avoir le
pieur moulin, en tel maniere que li autres qui avra le bon
moulin, de tant comme il vaura[t] mieus de l'autre[u] par des-
sus les cous, li rende le seurplus d'an en an[v]. Et se li uns
ne doit avoir que le tiers es .II. moulins et li autres les
.II. pars, cil qui n'i a que le tiers doit avoir le pieur moulin,

a) *E omet* plus que les reçoites ne li vauroient. — b) *C* vaur. ou tans. —
c) *C* le fet. — d) *E* set et a. — e) *B F* aven. en. — f) *B F omettent* cous
de. — g) *B* en avra. — h) *A omet* puis qu'il avra ... la saisine de l'eritage.
— i) *A* et aussint. — j) *H J K* perdre souvent. — k) *E G H J K* sont soubz
aage. — l) *C* erit. que il ne. — m) *C* bail. a terme a ferme. — n) *A B C F*
mes s'il [*C* i] a tant (*A* il atent) de tix heritages (*F* dez herit. tez) qui ne (*F*
qu'il) ne se pueent (*F* puissent) partir en nule (*F* chascune) parçonnerie (*A*
maniere) que chasc. ; *E* mes cil atent qu'il ne se poent partir en nule par-
chonerie que cascunz ; *M* mais si li a tant qu'il se puissent partir en le par-
chonnie que. — o) *A B C F* les parties fere. — p) *E omet* et il sont ... chas-
cuns des parç. — q) *F omet* et il sont ... es deus moulins. — r) *A B C* puet
faire la partie. — s) *A C omettent* à avoir. — t) *C* il l'ara m. — u) *C* l'autre
moulin par. — v) *F* rende d'an en an le seurplus.

1. *Il*, celui-ci, le seigneur.

et[a] en tel maniere que s'il vaut[b] mieus du tiers, qu'il rende[c] le seurplus chascun an[d] a celui qui les .II. pars doit avoir. Et s'il sont .III. parçonier dont li uns doit[e] prendre la moitié et li autre .II. l'autre moitié, li dui autre pueent avoir l'un des moulins pour leur partie et li autres l'autre moulin a[f] par soi, en tel maniere que la partie qui avra le meilleur moulin rende a[g] l'autre partie tant[h] comme il[i] vaura mieus, si comme il est dit dessus. Et ainsi[j] comme nous avons dit de la partie des .II. moulins puet l'en entendre de pluseurs fours, ou de pluseurs[k] pressoirs, ou de pluseurs[l] travers, ou de pluseurs tonlieus[m], ou de pluseurs justices, ou de pluseurs pescheries qui sont a pluseurs parçoniers, quant li aucun[n] des parçoniers requierent[o] a avoir partie.

662. S'il avient qu'aucune parçonerie d'eritage qui se puet[p] partir ait esté ensemble sans estre partie de si lonc tans comme il puet souvenir a homme, et li uns des parçoniers requiert a avoir partie de nouvel, et li autre parçonier le debatent pour ce qu'il vuelent qu'il soit ainsi comme il a tous jours esté[q], cele[r] longue teneure qu'il alliguent ne leur vaut riens, car il loit bien a tous ceus[s] qui ont compaignie ensemble, soit en eritage[t] ou en marcheandise[u] ou en autres choses, qu'il se suefrent[v] de partir tant comme il leur plest[x] et il s'acordent ensemble. Et si ne demeure pas pour le lonc tans, quant li uns veut avoir sa partie d'une part, qu'il ne l'ait, s'il n'i a convenance par quoi la compaignie ne[y] se puist[z] desfere.

663. S'il sont pluseur parçonier en un eritage et li parçonier sont damagié par le fet de l'un de leurs parçoniers,

---

a) *B omet* et. — b) *C* il ne vaut. — c) *GHJK* il en rende. — d) *BF* rende chascun an le seurplus. — e) *G* doie. — f) *B* en par; *C* tout en par. — — g) *C* rende le meilleur partie a. — h) *E omet* tant; *F* de tant. — i) *EGHJK* t. qu'il v. — j) *A* Et aussint. — k-l) *G omet* de pluseurs. — m) *C* de pluriex coustumes ou. — n) *ABC* li aucuns. — o) *AB* requiert. — p) *AFHJK* se puist part. — q) *C* que il soit tous jours ainssi comme il a esté. — r) *EGHJK* le l. t.; *F omet* cele. — s) *EGHJK omettent* ceus. — t) *ABEF* heritages. — u) *AB* marcheandises. — v) *BE* se suefre. — x) *A omet* plest; *F* plera. — y) *FHJK omettent* ne. — z) *B* puet desf.

— si comme il[a] ont leur parties en un moulin et li uns des parçoniers ne fet pas envers son seigneur ce qu'il doit, par quoi ses[b] sires oste les fers du moulin, si qu'il ne puet[c] mourre, par quoi li[d] parçonier sont[e] damagié, — en teus cas et en semblables doivent li parçonier ravoir[f] leur damages de celi pour[g] qui li fer furent osté[h]. Ou s'il est povres ou hors du païs, ou en tel lieu qu'il ne puet[i] estre justiciés[j], li parçonier de l'eritage puecnt bien aler autre[k] voie : car il puecnt requerre au seigneur qui les fers osta, qu'il soient remis, si[l] que li moulins puist mourre, et, quant ce venra au lever le gaaing du moulin, bien lieve la partie de celui qui ne fist envers lui ce qu'il dut de sa partie. Et li sires a qui ceste requeste est fete doit fere la requeste par .ii. resons : la premiere resons[m], pour ce que li parçonier ne doivent pas perdre pour le mesfet de leur compaignon ; la seconde resons[n] pour ce que c'est pour le commun pourfit au seigneur et[o] au païs et as parçoniers que li eritage soient fet a leur droit selonc leur nature[p]. Et se li sires ne veut fere ceste requeste et li parçonier s'en plaignent au souverain, li souverains les doit fere fere : c'est assavoir premierement li sires du[q] seigneur qui ne le vout fere, et puis de seigneur en seigneur dusques au roi, se li autre[r] ne le voudrent fere.

664. Mout de foibles justices de compaignie[s] ont esté fetes par ce que pluseur seigneur partissoient[t] a la justice, si comme il est en mout de viles que la justice est a .ii. seigneurs ou a .iii. ou a .iiii. ou a plus. Si avient que, se li uns ou li dui ont grant volenté de bien justicier, ne l'ont

---

a) *A B C F* s'il. — b) *E* li s. — c) *E H J K* ne puist m. — d) *A B* p. quoi tuit li parç. — e) *F* sont tout dam. — f) *G* omet ravoir; *F H J K* parç. avoir l. dam. — g) *G* dam. sor celui par qui. — h) *A B C F* li fers fu ostez. — i) *E G H J K* ne puist estre. — j) *F* just. pour ravoir les damages. — k) *C* aler droite voie. — l) *C* rem. et que. — m) *B C* res. si est; *H J K* .ii. res., l'une pour. — n) *B C F* res. si est; *H J K* comp.; l'autre pour. — o) *B E F* omettent et. — p) *F* a leur nature et a leur droit. — q) *C* le seigneur a chelui seign. — r) *E G H J K* autre seigneur ne. — s) *F* feblez compaingniez de justichez. — t) *E G H J K* seign. partissent a.

pas li autre[a]; ou a la fois li uns aime mieus celui qui doit
estre justiciés que li autres ; ou a la fois li uns li veut aidier
par priere ou par louier[b], ou par autre cause qui n'est pas
resnable. Et pour ce est il grans mestiers que li rois ou[c] cil
qui tienent en baronie, des queus la justice est tenue des
parçoniers[d], sachent comment il euvrent[e] de leur justices[f],
si que, s'il en font trop poi, la justice a celui qui trop poi
en fist li soit ostee pour son mesfet et la justice fete[g] par le
souverain.

665. Nous avons aucune fois tenus maufeteurs des
queus[h] la cours nous estoit requise[i] d'aucun des parçoniers
de la justice la ou il devoit estre justiciés. Mes nous n'en
vousismes[j] onques rendre court[k] se tuit li seigneur qui es-
toient[l] compaignon de la justice ne furent[m] au requerre ou
s'il n'i envoioient[n] procureeur soufisant. Car se nous en[o]
rendissons la court a l'un des seigneurs et il ne fist pas droite
justice, li autre parçonier s'en peussent escuser, ne ne[p]
m'en[q] peusse prendre fors a celui a qui la cours fust renduc.
Et pour ce est il bon que la cours soit rendue a tous les
seigneurs et qu'il leur soit commandé qu'il[r] en facent tant
que l'en n'i mete plus[s] la main par leur defaute; et adonques
s'il n'en font assés, en tel maniere en pueent il fere poi[t]
qu'il[u] en[v] pueent perdre[x] la justice. Et en quel maniere il[y]
en doivent ouvrer, il sera dit ou chapitre des mesfès[1], car

---

a) *G* justic. et li autre ne l'ont pas. — b) *F omet* ou par louier. — c)
HJK r. et cil. — d) *HJK* just. des parçoniers est tenue. — e) *B* il ouvre-
rent; *CG* il en euvrent. — f) *C* justice. — g) *EGHJKM omettent* fete.
— h) *C* mauf. dont. — i) *EGHM* li (*G* les) cors nous estoient requis de. —
j) *C* nous ne veismes. — k) *EGHJK* vous. riens fere se tuit. — l) *G omet*
seigneur qui estoient. — m) *G* fur. presens au req. — n) *ABF* envoierent;
E en avoient *corrigé en* en avoioient *par l'addition de* oi *dans l'interligne,
addition qui parait due au copiste de ce passage; G* envoient. — o)
EGHJK omettent en. — p) *C* ne je ne. — q) *B* ne s'en p. pr. — r) *AB*
comm. et qu'il. — s) *F* que il i metent le m. — t) *F omet* poi. — u) *B* f.
por coi il; *H omet* qu'. — v) *AF omettent* en. — x) *B* il en perdent le
just. — y) *A* man. qu'il en.

---

1. Chap. xxx.

la sera dite quele venjance doit estre prise[a] de chascun mesfet.

666. Toutes justices qui sont a pluseurs parçoniers doivent estre fetes en lieus communs[b] as seigneurs, et si doivent tenir[c] leur ples et fere fere leur jugemens en lieu commun, la ou la justice est commune. Car se li uns des parçoniers tenoit les ples qui apartienent a la communeté ou fesoit aucune venjance de justice seur le sien[d] propre ou seur l'autrui hors de la justice commune, il se mesferoit vers ses compaignons. Donques se aucuns le fet ainsi, il est tenus a resaisir le lieu commun de ce qu'il justiça ou esploita hors de la justice commune, et si chiet en l'amende du seigneur souverain par devant qui li ples vient[e].

667. Quant aucuns a a plaidier par devant pluseurs seigneurs qui sont parçonier d'une[f] justice, se[g] li ples est contre le seigneur, il n'est pas tenus a respondre se li seigneur n'i sont tuit ou s'il n'i a soufisant procureeur pour la court tenir. Et encore, se li seigneur sont demandeur, ne pueent il fere leur demande par procureeur. Dont s'il estoient .IIII. seigneur parçonier d'une justice, et li .III. fussent present et fissent leur demande, et li quars defailloit[h], ne seroit il pas tenus a respondre as trois[i] de riens[j] qui apartenist a la communauté. Et pour ce est il bon a ceus qui sont parçonier[k] d'une justice qu'il establissent aucune persone[l] laquele ait pouoir de tenir la justice commune pour aus tous; et que ce soit fet si sauvement[m] que ce qui sera fet par devant aus ne soit[n] pas a refere; et comment l'en le puet fere il est dit ou chapitre des procureeurs[1].

a) *B C F* venj. on doit prendre de ch. — b) *A B* l. qui soit com.; *C* qui sont. — c) *B omet* et si doivent tenir. — d) *E* s. le liu pr.; *G H J K* sur son lieu pr. — e) *C* ples en vient. — f) *C* parç. comme just. — g) *A B F* just. et se. — h) *F* dem. le quart deffalant. — i) *E* trois premiers de; *F omet* as trois. — j) *C* trois de nule choze qui; *G* trois en riens de chose qui. — k) *E G H J K* bon as parçoniers d'une. — l) *H J K* auc. justice qui. — m) *J K* si sainement *ou* saivement, *lecture douteuse dans les deux mss.* — n) *C* dev. aussi n'estoit pas.

1. Ch. IV.

668. Ce que nous avons dit que li parçonier d'une jus-
tice doivent estre ensemble pour justicier ou pour leur[a] court
requerre[b] ou pour leur court tenir[c], nepourquant il n'est
pas mestiers qu'il soient[d] tuit atendu[e] en tous les cas qui
pueent avenir, et especiaument es prises des maufeteurs.
Car il loit a chascun des parçoniers qu'il prengne ou face
prendre par toute la justice commune pour toutes manieres
de mesfès, soient grant ou petit. Mes la prise fete, cil qui le
prist ou fist prendre n'en puet ne ne doit fere delivrance
sans ses[f] compaignons. Mes recreance en puet il bien fere
se la prise fu pour fet au quel recreance apartiegne[g], en tel
maniere qu'il mete jour[h] a celui qui est recreus, par[i] devant
lui[j] et par[k] devant ses compaignons[l]; car, s'il esploitoit
l'amende[m] sans ses compaignons apeler, il se mesferoit.

669. Autrement seroit es lieus la ou li cuens partist a
aucun de ses sougiès en justice, car s'il esploite[n] aucunes
prises par[o] sa main en la commune justice de lui[p] et[q] de ses
sougiès par reson des cas des queus il a le resort comme
souverains par descur ses sougiès, — si comme par obli-
gacions[r] de letres, ou pour douaire, ou pour testamens, ou
pour sa dete ou pour nouvele dessaisine, — pour tous[s] teus[t]
cas n'est il pas tenus a pledier en la justice commune ne a
riens rendre des levees de ses parçoniers; car si[u] parçonier
ne pueent pas plus avoir de seignourie en la justice[v] la ou
il partissent au conte que se leur partie fust essieutee d'une
part; car s'il avoient leur justice d'une part[x], si i[y] avroit li

a) *E G H J K* p. la court. — b) *J K* requerir. — c) *F intervertit* requerre
et tenir. — d) *H* il i soient. — e) *C* t. entendu. — f) *G* ses autres comp.;
E H J K les autres comp. — g) *E G H J K* f. au quel il appartiengne re-
creance. — h) *F* jour par devant lui. — i) *G* recr. que dev.; *H J K* recr. que
par dev. — j) *F omet* par dev. lui. — k) *E G H J K omettent* par. — l)
E G H J K comp. sera car; *M* tel man. qu'il li doivent certain jour metre de
revenir par devant li et devant ses comp., car. — m) *M* esploitent de la de-
mande sans s. c. — n) *A F M* s'il esploitoit. — o) *C* prises en sa m. — p)
C H J K just. du lieu. — q) *C* ou de. — r) *A B* obligation. — s) *E G H J K*
omettent tous. — t) *E H J K* p. ces c. — u) *A* sil; *B* cil. — v) *H J K omet-*
tent en la justice. — x) *C omet* car s'il avoient ... justice d'une part. — y)
A B C F omettent i.

cuens la connoissance des cas dessus dis par la reson du resort qu'il a seur ses sougiès.

Ci fine li chapitres des compaignies d'eritages.

Expl.) *A F* Ici fine; *C* Chi define; *E H J* Explicit; *K* n'a pas d'explicit.

XXIII.

Ci commence li .xxiii. chapitres de cest livre qui enseigne queus choses sont mueble et queus choses sont eritage selonc la coustume de Beauvoisins.

670. Mout de ples sont meu[a] par pluseurs [b] fois de choses qui eschieent[c] en parties, que[d] l'une des parties en[e] vouloit porter les choses comme muebles et l'autre partie disoit[f] que c'estoit eritages. Et[g] pour oster les doutes qui de ce pueent[h] estre nous traiterons en cest chapitre queus choses sont mueble et queus choses sónt[i] eritage selonc nostre coustume et selonc ce que nous en avons veu user[j].

671. Mueble, a parler generaument, si sont toutes choses mouvables, c'est a entendre toutes choses qui pueent estre mutes[k] de lieu en autre; et aucunes choses sont il, selonc nostre coustume, qui ne pueent estre meues[l] devant le tans qu'eles sont meures[m] et si sont jugies pour muebles si comme vous orrés ça avant[n].

672. Eritage si sont choses qui ne pueent estre meues[o]

Rubr.) *A F* Ici comm. ; livre liqueus ; *A B G* et queus sont crit. ; *BEFHJK* omettent de cest livre ; *C D* donnent la *rubrique du chapitre* xxxiii ; *E* cap. qui parole et ensengne ; *F* li .xxii. cap. ; *FHJK* quelle cose est mueble ; *F* et quele est her. ; *H* et lequel est herit. ; *J K* et quelle chose est herit. — a) *C* si sont esmeus. — b) *F* meu aucunez f. — c) *A B F* qui escheoient ; *HJK* qui quieent. — d) *F* quar. — e) *B* omet en. — f) *A* disoient. — g) *B F omettent* Et. — h) *B F* d. qui i porroient estre. — i) *G* et quelez heritages. — j) *F* nous av. v. us. de no tanz. — k) *A B F* menees ; *C* meues ; *M* ch. qui sont mutes ou puent estre mutes. — l) *A B F* menees. — m) *B F omettent* qu'eles sont meures. — n) *E G H J K* orr. cy apres. — o) *A B C F* estre menees.

et qui valent par annees as seigneurs a qui il sont : si comme terres gaaignables, bois, pré[a], vignes[b], jardin, cens, rentes, four, moulin, pressoir, mesons[c] qui sont droites, tant comme eles tienent a chevilles, eaues, usage, — mes qu'il soient tenu[d] de[e] seigneurs, — corvees, homage, travers, tonlieu. Toutes teus choses sont eritage[f].

673. Mueble si sont toutes les choses qui des eritages issent, si tost comme eles sont cueillies, si comme bois quant il est coupés, bles si tost comme il est semés. Et du blé n'est il pas ainsi en mout de païs, ainçois est[g] eritages[h] dusques a tant[i] qu'il soit[j] soiés ; mes a Clermont nous avons par[k] .III. fois veu[l] aprouver[m] par jugement et[n] ça avant nous dirons les cas pour quoi ce fu jugié. Et des vignes aussi avons nous veu jugier que puis que la vigne est fete tant que li raisin sont[o] formé, la despueille est contee[p] pour muebles, et devant[1] le pris du gaaignage. Et aussi des bles avant qu'il soient semé, li gaaignages des terres est[q] contés pour muebles. Aveines[r], vin[s], denier, cheval[t], tuit metal et toutes[u] teus[v] manieres de[x] marcheandises qui puecent estre portees sont[y] contees pour mueble.

674. Il avint qu'uns escuiers qui avoit une damoisele espousee, vendi ses bles en terre et, avant que li poins venist de soier[z], il mourut ; et la damoisele vout renoncier as muebles et as detes, et en porter son douaire quite et de-

---

a) *B* pres, bois. — b) *E* vingnez, prez. — c) *C* press. et mes. — d) *C* et eyaues par usage mais que elles soient tenues. — e) *G* ten. des seign. — f) *F* erit. si comme vous orrez cha avant en chest capitre. — g) *E H* ainç. sont er. — h) *G* erit. de blé en terre dusq. — i) *B* omet dusques a tant : *F* erit. enchois que. — j) *E G H J K* il est soies. — k) *E G H J K M* omettent par. — l) *A* omet par .III. fois. — m) *C* av. veu user par .III. fois a prouver. — n) *A* jugem. que ce estoit muebles et. — o) *E* t. comme le rais. est f. ; *G* rais. qui sont f. — p) *B F* est tenue. — q) *M* semé et conté le pris du gaignage avant des terres sont contés. — r) *A B F* muebl. bles avein. — s) *A* vignez. — t) *J K* chevaulx, deniers. — u) *H J K* omettent et toutes. — v) *C* omet teus. — x) *A B* omettent manieres de. — y) *M* omet portees sont. — z) *C* p. dou soier venist ; *G* ven. de les soier ; *E H J K* ven. du soier.

---

1. *Devant*, c'est-à-dire auparavant.

livre, et de ses bles[a] qui estoient en terre[b] ele en vout porter la moitié par reson de son[c] douaire. Et li marcheans qui achetés les avoit, dist encontre[d] qu'ele n'i devoit riens avoir, car ses barons[e] qui estoit sires de la chose li avoit ce blé vendu[f], liqueus bles estoit muebles par la coustume[g] de la terre; et s'il eust[h] vendu, ou tans qu'il fist la[i] vente, tous ses autres[j] muebles, ne peust ele cele vente rapeler[k]; et comme blé en terre soient mueble[l] par la coustume de la terre et il li vendist le mariage durant, il requeroit que ses marchiés li fust tenus. Et seur ce se mistrent en droit, a savoir mon[m] s'ele l'en porteroit par reson[n] de son douaire ou s'il l'en[o] porteroit par reson de son achat[p].

675. Il fu jugié que li marcheans l'en porteroit par la reson de son achat, et par cel jugement puet l'en veoir apertement[q] que blé en terre sont mueble selonc nostre coustume; car se ce fust eritages, nus ne[r] doit douter qu'ele n'en eust porté[s] son douaire tout vestu.

676. Encore avons nous veu pluseurs fois que cil qui fesoient testament[t] a[u] prendre sur leur[v] muebles, que li executeur, pour le testament aemplir, en portoient les despueilles qui estoient semees ou point que cil qui fist le testament mourut. Et par ce apert il[x] que ce sont mueble, car se ce feust eritages li oir l'en portassent et non pas li executeur[y].

677. Nous avons dit[z] que blé en terre et aveines sont mueble et les cas que nous en[aa] avons veus par quoi il apert

---

a) *C* de ses muesbles. — b) *A B omettent* en terre. — c) *A omet* de son. — d) *C* dist a l'encontre. — e) *J K* son mary. — f) *B F* av. vendu cel (*F* du) blé. — g) *B F* m. selon l'usage de la t. — h) *A* s'il l'eust v. — i) *G* f. celle vente. — j) *F omet* autres. — k) *M* cle rappeller chelui marquier ne chale vente. — l) *E G H J K M omettent* et comme blé en t. s. mueble. — m) *G* sav. molt. — n) *A B* par la rezon. — o) *G omet* l'. — p) *H J K omettent* a savoir mon ... par reson de son achat. — q) *C* veoir tout espertement; *H J K omettent* apertement. — r) *C* nus n'en doit. — s) *B F* n'en portast; *G* eust emporté. — t) *A B C* fes. testamens. — u) *C* test. lessoient a pr. — v) *E H J K* s. les m. — x) *A B* il bien que. — y) *E G H J K omettent* car se ce feust ... pas li executeur. — z) *C* av. veu et dit. — aa) *C F omettent* en.

que ce sont mueble nous avons dit. Nepourquant[a] nous
avons veu jugement qui sembleroit a aucunes gens contraires
a ce que nous avons dit, car nous veismes[b] jugier que bles
en terre n'est pas muebles quant[c] au douaire, que[1] la fame
en deust avoir porté pour son douaire les bles que ses
barons vendi puis que ses douaires li vint avant que li
blé[d] peussent estre levé[e]. Mes la resons que[f] li jugeur
regarderent si fu pour ce que le marchié qui[g] fu fes le
mariage durant, ce qu'il[2] en eurent ala ou dut[h] aler en leur
commun pourfit; et si regarderent que male chose seroit
se li hons ne pouoit vendre et garantir ses bles[i] en terre[j].
Mes voirs est, quant douaires eschiet simplement et la
fame qui[k] en veut son douaire porter[l] quite et delivre a[m]
renoncié as muebles et as detes, ele en porte son douaire si
comme ele le trueve; et aussi fet cil qui vient a terre, quant
il a esté tenus en bail[n], s'il n'est ainsi que l'eritages ait esté
fes[o] par loial muiage ou[p] a moitié[q], car en tel cas n'en porte
li[r] douaires ne li[s] baus que le muiage ou la moitié[t]. En ces
.II. cas de bail et de douaire ne suient pas li blé en terre la
condicion de estre mueble, tout soit ce qu'il le sont en
autres cas.

678. L'en ne doit tenir a eritage nule chose qui muire,
car ce qui muert faut et eritages ne puet[u] faillir. Et pour ce
qu'aucuns pourroit dire que si fet et dire : « Ma vigne qui
est tenue pour bonne a failli .II. ans ou .III. ou .IIII., » il ne

a) *C* Et nepourquant quant. — b) *E omet* jugement qui sembl. ... car
nous veismes; *F* que n. av. veu jug. — c) *C* m. comme au d. — d) *GHJK*
av. qu'il peuss. — e) *AB omettent* levé. — f) *C* res. pour coi li jug. — g)
BFG omettent qui; *EHJK* marchié si fu f. — h) *C* en orent quant alors si
dut. — i) *BF* son blé. — j) *EGHJK* vendre ses bles en terre et garantir.
— k) *BF omettent* qui. — l) *GHJK* porter (*G* emporter) son douaire. —
m) *F* del. et a. — n) *C* esté en bail tenus. — o) *G* esté baillé. — p) *G omet*
ou. — q) *A* moitoierie; *B* moiterie; *C* a le moitié; *F* m. ou par loial waain-
gnage. — r-s) *G omet* li. — t) *C omet* car en tel cas ... ou la moitié; *F* ou
le moitcerie. — u) *E* poent f.

1. *Que* = attendu que.
2. *Il*, les deux époux.
3. Cf. § 541.

soufist pas[a] pour ce[b] a dire[c] que ce ne soit eritages ; car[d]
pour les aventures des eritages qui faillent a la fois, en por-
tent il mendre pris : si comme[e] l'en voit[f] qu'uns arpens de
vigne n'est prisiés[g] que .XL. s. par an et si voit l'en bien
avenir qu'ele aporte[h] .x. livrees de vin en .I. an, ou .xv. ou
.xx., si que, qui fust certains des[i] eritages[j] qu'il ne peussent
faillir, li pris fust[k] trop plus grans ; mes nule chose terrienne
n'est estable, et pour ce ne puet on tel chose jugier[l] fors
par avis[m].

679. Nous avons dit que mueble sont choses mouvables
et dessevrees d'eritages[n] et des eritages nessent li mueble ;
car si tost comme les despueilles des eritages[o] sont levees
ou li pié coupé de ceus qui tienent a racine, ce qui pouoit
devant estre dit[p] eritages doit après estre apelé muebles.
Donques puet on veoir que[q], — se denier de rentes sont deu[r]
a certain jour, ou blé ou aveines, — que[s] ce qui est deu[t] de
terme passé, — si comme de rentes et mout d'autres choses,
— et jours de paiement est venus, par la reson de teus
rentes, doit estre conté pour muebles[1] et, dusques au jour
que la rente est deue, c'est eritages.

680. Uns preudons, en son testament, lessa ses muebles
a departir pour l'ame de li en pluseurs lieus, et avint qu'il
trespassa le jour de la saint Remi ains eure[u] de prime et plu-
seurs rentes de deniers et d'autres choses li estoient deues[v]
chascun an au jour de la saint Remi. Et quant il fu mors, li

a) *E F G H J K* souf. mie p. — b) *B F* omettent pour ce. — c) *A* omet a
dire. — d) *C* crit. et pour. — e) *C* si comme quant l'en ; *G H J K* si que l'en.
— f) *G* voit aucune foiz. — g) *C* vigne ne vaut que. — h) *A B C F* (*F* il)
porte. — i) *A F* cert. de herit. — j) *F* heritagier. — k) *C* pris en fust. —
l) *C* jugier nule chose ; *F* jugier en tel coze f. — m) *H J K* omettent mes nule
chose terriene ... jugier fors par avis. — n) *A F* eritage. — o) *B F* omet-
tent des eritages. — p) *C* p. estre dit devant. — q) *F* omet que. — r) *C* den.
de r. quant on les doit paier a c. jour. — s) *A B F* av. et ce ; *C* ou che. — t)
C che que on doit. — u) *C* ains l'eure. — v) *C* est. douçez.

1. Phrase assez embrouillée : le sujet de *doit estre conté* est *ce qui est
deu* devant lequel *que* est répété comme il était habituel dans l'ancienne
langue lorsque la proposition dépendant de *que* était séparée de la principale
par un membre de phrase.

executeur voudrent[a] avoir les rentes de cele journee pour ce
que cil qui fist le testament avoit vescu dusques a tant que
jours de paiement estoit venus. Et li oir au mort les vouloient
avoir pour ce qu'il disoient que li jours du paiement n'estoit
pas passés et, devant[b] qu'il fust passés, ne devoit[c] on pas
dire que ce fust muebles ; et disoient encore que li termes
de paiement estoit de[d] toute la journee, car li rentier
pouoient paier a quel eure qu'il[e] leur plesoit puis qu'il ne
leur devoient a certaine eure, mes a certain jour[f]. Et seur
ce li executeur et li oir au mort se mistrent en conseil de
bonnes gens, a savoir mon[g] se les rentes de cele journee se-
roient mueble ou eritage.

681. Li consaus fu teus que li executeur en porterent les
rentes de cele journee comme muebles, car il disoient que
puis que les rentes n'estoient deues a certaine eure[h], si tost
comme li jours du paiement ajourna, jours de paiement es-
toit venus aussi bien au matin comme au vespre ; mes se
cure de[i] jour fust determinee, dedens laquele les rentes
deussent estre paiees, si comme prime, tierce[j], miedi, nonc,
vespres[k], et cil qui fist le testament fust mors devant l'eure,
li oir en eussent porté les rentes comme eritages.

*Ci fine li chapitres qui enseigne queus choses sont mueble et
queus choses sont eritage.*

a) *E G H J K* execut. vinrent et vaurent. — b) *G* et que dev. — c) *C* ne
doit on. — d) *C* termes dou paiem. si duroit encore toute la j. — e) *C* eure
qui miex leur ples. — f) *G* dev. qu'a certain jour et non pas a certainne
heure. — g) *G* omet mon. — h) *C* certainnes heures. — i) *C* se l'eure dou
jour. — j) *E* tierche, prime. — k) *C* a prime, a tierche, a miedi, ou a nonne
ou a vespres ; *E G H J K* et vespres. — Rubr.) *C* Chi define ; *E H J* Explicit ;
G omet choses sont *devant* eritage ; *K* n'a pas d'explicit.

XXIV.

*Ci commence li .xxiiii. chapitres de cest livre qui enseigne
quele chose est coustume et quele chose est usages, et liquel
usage valent et liquel non.*

682. Pour ce que tuit li plet sont demené selonc les cous-
tumes et que cest livres gencraument parole[a] selonc les cous-
tumes de la conteé[b] de Clermont, nous dirons en cest cha-
pitre briement quele chose est coustume et que l'en doit
tenir pour coustume[c], tout soit ce que nous en aions[d] parlé
especiaument en aucuns chapitres[e] selonc ce qu'il escon-
venoit[f] es cas de quoi nous parlions[g]. Et si parlerons des
usages et quel[h] usage valent et quel[i] non, et de la disfe-
rence qui est[j] entre usage et coustume.

683. Coustume si est aprouvee par l'une des[k] .ii. voies,
dont l'une des voies si est quant ele est generaus par toute
la conteé[l] et maintenue de si lonc tans comme il puet sou-
venir a homme sans debat : si comme quant[m] aucuns hons
de poosté connoist une dete, on[n] li fet commandement qu'il
ait paié dedens .vii. jours et .vii. nuis, et au gentil homme[o]

Rubr.) *A* Ici comm. ; *C D donnent le titre du chapitre* xxxiv ; *E F H J K
omettent* de cest livre ; *F H* li .xxiii. cap. ; *F H omettent* coust. et quel
chose est ; *J K* est usage et de la disference qui est entre coustume, *etc.*,
comme à la table. — a) *E G H J K* parole generalment. — b) *F* chastelenie.
— c) *H J K omettent* et que l'en doit ten. pour coust. — d) *C* en avons p.
— e) *A B E F* aucun chapitre ; *G* aucun ; *il omet* chapitre. — f) *B E G H J K*
convenoit ; *F* il le convenoit. — g) *C* nous parlons. — h-i) *C* et lesquiex. —
j) *G* et quelle difference est entre. — k) *C* une de ces .ii. ; *H J K* une de .ii.
— l) *E* t. le coustume. — m) *E G H J K omettent* quant. — n) *C* dete et
on. — o) *C* et aus gentiex hommes.

dedens[a] .xv. jours ; ceste coustume est si clerc que je[b] ne la vi[c] onques debatre. Et l'autre voie[d] que l'en doit connoistre et tenir pour coustume si est quant debas[e] en a esté et l'une des parties se[f] vout[g] aidier de coustume et fu aprouvee par jugement si comme il est avenu mout de fois en parties[h] d'oirs et en autres quereles. Et[i] par ces .II. voies puet on prouver coustume, et ces coustumes est li cuens tenus a garder et a fere si garder[j] a ses sougiès que nus ne les corrompe. Et se li cuens meismes les vouloit corrompre ou soufrir qu'eles fussent corrompues, ne le devroit pas li rois soufrir, car il est tenus a garder et a fere garder les coustumes de son roiaume.

684. La disference qui est entre coustume et usage si est que toutes coustumes font a tenir, mes il i a de teus usages que qui vourroit pledier encontre et mener dusques a[k] jugement, li usages seroit de nule valeur. Or veons[l] liquel usage valent et liquel non.

685. Usages de an et de jour pesiblement soufist a aquerre saisine : si comme quant aucuns a une terre labouree, — ou une vigne[m] ou autre[n] eritage, — et despoillie[o] pesiblement .I. an et .I. jour[p], et aucuns vient qui li empeeche, li sires li[q] doit oster l'empeechement, s'il en est requis, et tenir celi en sa[r] saisine dusques a tant qu'il pert par plet ordené la proprieté de l'eritage.

686. La seconde maniere d'usage si est de tenir l'eritage par .x. ans[s] pesiblement a la veue et a la sceu de ceus qui l'empeechement i[t] veulent metre. Teus maniere d'usage vaut[u] a aquerre proprieté et saisine de l'eritage[v], mes que l'en

a) *B F H* de .xv. — b) *A omet* je ; *B F* qu'en ne ; *C* que il ne. — c) *B C F* la vit onq. — d) *A omet* voie. — e) *C* q. le debat. — f) *C* part. si v. — g) *B C E G H J K* vout. — h) *G* en partages. — i) *H J K omettent* Et. — j) *H J K omettent* et a fere si gard. — k) *A B C* dusq. au jug. — l) *C* veons donques. — m) *F omet* ou une vigne. — n) *C* ou a un autre er. — o) *C H J K* et despucille. — p) *B F* pes. an et jour. — q) *E G H J K omettent* li. — r) *A B omettent* sa ; *C* en le sais. — s) *B F omettent* par .x. ans. — t) *A omet* i. — u) *E G H J K* teus manieres d'us. valent. — v) *B H J K* sais. d'erit. ; *F* aq. sais. et propr. d'erit.

mete avecques[a] l'usage cause soufisant dont l'eritages vint,
comme d'achat, ou de don, ou de lais, ou d'eschcoite[b], ou[c]
de succession, et avec ce que l'en le[d] tiegne de seigneur par
aucune redevance que l'en en doit.

687. La tierce maniere d'usage si est de .xxx. ans, car
cil qui puet[e] dire qu'il[f] a[g] tenu la chose[h] .xxx. ans[i] pesi-
blement, n'est tenus a alliguier la cause dont ce li vient ;
ainçois li vaut sa teneure[j] sans nule autre reson metre avant,
essieuté ce qui est tenu en douaire ou a vie, ou a ferme, ou
par engagement. Car se cil qui demande l'eritage qui a esté
tenus[k] .xxx. ans, vouloit prouver contre le tenant qu'il l'a[l]
tenu par la[m] reson de la fame qu'il avoit, laquele fame le te-
noit en douaire, et, dedens l'an et le jour que la fame fu
morte, il se traist avant pour demander l'eritage comme
oirs[n], nule[o] longue teneure ou tans de[p] douaire ne li puet
nuire puis qu'il puist prouver le douaire. Et aussi s'il puet
prouver que l'eritages ait esté tenus par engagement, si
comme il avient qu'uns hons engage sa terre a .x. ans ou
a .xII. et, quant ces annees sont passees, il engage a celi
meisme : teus teneures ne valent riens contre celi qui veut
prouver les engagemens. Et aussi se aucuns a vendues les
despueilles de ses terres a la vie d'un homme[q] et cil qui les
fruis acheta a sa vie les tient par .xxx. ans ou par plus et
puis muert, l'oirs du mort ne doit pas gaaignier[r] l'eritage
pour la teneure du pere ; ne pourquant il en porte la saisine
dusques a tant que l'engagemens a vie sera prouvés[s], par
bonne seurté qu'il doit fere de rendre les levees quant cil
qui l'eritage demande avra prouvee s'entencion. Et aussi ne
doit nus gaaignier proprieté d'eritage par teneure qu'il ait[t]

---

a) *E* m. avant l'us. — b) *F* d'escaange ; *EGHJK* esqueance. — c) *H* esc. et
succ. — d) *A* la t. — e) *EGHJKM* qui peuent d. — f) *BF* omettent puet
dire qu'il. — g) *EGHJKM* ont. — h) *CEHJK* le chose tenue. — i) *E* omet
.xxx. ans. — j) *A* sa longue teneure. — k) *A* omet tenus. — l) *ABE* omet-
tent l'. — m) *HJK* omettent la. — n) *JK* comme heritier. — o) *C* oirs ne
nule. — p) *ABF* tans du douaire. — q) *EGHJK* vie d'ome. — r) *C* pas
pour che gaaign. — s) *C* engag. sera prouves a vie. — t) *A* il i ait.

fete a ferme puis que l'en puist prouver la ferme contre celi qui le tient.

688. Or veons quel usage ne valent pas. Quant li sires voit aucun de ses sougiès tenir eritage[a] de quoi[b] il ne rent a nului cens, rentes ne redevances, li sires i puet jeter les mains et tenir loi[c] comme sien[d] propre[e], car nus, selonc nostre coustume, ne puet pas[f] tenir d'alues[g] et l'en apele aluef ce que l'en tient sans fere[h] nule redevance[i] a nului[j]. Et se li cuens s'aperçoit avant que nus de ses sougiès que tel[k] aluef soient[l] tenu en sa conteé[m], il les puet prendre comme siens[n] ne n'en est tenus a rendre[o] ne a respondre[p] a nul de ses sougiès[q] pour ce qu'il est sires de son droit de[r] tout[s] ce qu'il trueve[t] tenant[u] en aluef[v]. Et se uns de ses sougiès i avoit jeté les mains[x], si ne li doit[y] il pas demourer s'il ne prueve que ce fu de son fief ou de ce qui devoit estre tenu de li, qu'il a trouvé concelé ou esbranchié; et s'il ne le puet prouver, l'alues doit demourer au conte, ne cil qui en aluef le tenoit ne se puet aidier de lonc usage. Et pour ce lou je bien a ceus qui en tel maniere tienent que, avant que li cuens i mete les mains, il en viegnent fere homage au conte ou rendre aucune[z] redevance au gré dudit conte ; et en cel cas, s'il le font ainsi, il ne devront[aa] pas perdre, ainçois l'en[ab] doit on bon[ac] gré savoir quant il esclarcissent les choses que leur ancesseur tindrent orbement.

---

a) *A B J K* heritages. — b) *A J K* des queus ; *E G H* du quel. — c) *A* omet loi ; *J K* tenir les. — d) *A* le sieue pr. ; *J K* siens. — e) *J K* propres. — f) *C* pas ne ne doit ten. — g) *A* ten. des al. — h) *H J K* sans rendre. — i) *C* tenir si franchement se terre que il n'en paie nules redevanches a n. — j) *H J K* a nului nule redevance. — k) *G* que cil al. — l) *E G H* alues soit tenus. — m) *A* soit en sa conteé tenus ; *B F* s'aperç. qu'il ait en sa conté nul tel alues, il les ; *C* soug. que tele choze soit avenue en se terre. — n) *C* comme sieues. — o) *F* a nul rendre. — p) *B F* omettent ne a respondre ; *C* ne il n'en est tenus a respondre ne a riens rendre a nul. — q) *F* omet a nul de s. soug. — r) *C* dr. et de. — s) *B G* omettent tout. — t) *B* ce qui est tenu. — u) *A B* omettent tenant. — v) *B* en al. en sa conté ; *C* ten. en tele maniere. Et ; *F* dr. de che qui est tenu de aluez en se conté. — x) *E G H J K* jeté la main. — y) *E G H J K* li puet il. — z) *E G H J K* rendre au conte auc. — aa) *C* ne deveroient pas, *F* doivent. — ab) *B F* leur. — ac) *C* on molt grant gré.

689. Mes sires Pierres de Tivergni[a][1] proposa contre la vile des[b] Haies[2] que la dite vile, a tort et sans reson, envoioient[c] leur bestes pasturer[d] en ses pres[e] es queus il avoit toute justice et toute seignourie, comme cil qui de cel usage ne li rendoient cens, ne[f] rente[g], ne redevances[h] ; par quoi il requeroit qu'il de cel usage fussent debouté et qu'il leur fust dit par droit qu'il n'i avoient droit d'user[i]. A ce respondi ladite vile qu'il cel[j] usage avoient usé et maintenu de si lonc tans[k] comme il pouoit souvenir a memoire d'homme, et leur estoit bien usages[l] conneus dudit messire[m] Pierre ; par quoi il requeroient que l'en les[n] lessast[o] user pesiblement si comme il avoient usé de lonc[p] tans. Et seur ce se mistrent en droit.

690. Li homme de Creeil, après ce qu'il eurent pris tous leur[q] respis et qu'il s'en furent conseillié en mout de lieus, prononcierent par jugement que ladite vile des[r] Haies n'avoit[s] droit d'user[t] es prés monseigneur[u] Pierre dessus dit, que li lons usages qu'il avoient proposé ne leur valoit riens pour ce qu'il ne rendoient dudit usage[v] cens, rentes[x]

---

a) *A* Tingny ; *B* Tigni, *les lettres* ig *surmontées d'un* u *muni du signe abréviatif de* er ; *C* Tyverni ; *F* Tingni ; *G* Chiuni ; *E H J K* Chinni ; *M* Chimay ; *éd. La Thaumassière* Rigni. — b) *A* de Haiez. — c) *A B C F* envoient. — d) *C* rend. ne cens. — e) *A* en ses pres pasturer. — f) *F J K omettent* ne. — g) *C E F G* rentes. — h) *C F* ne nules redev. — i) *C* avoient nul droit en chestui usage ; *G* droit d'usage. — j) *C* que aus en chestui us. ; *G* que de tel us. — k) *B* lonc usage comme. — l) *C* bien led. usage : *G* estoit li usages. — m) *C* dud. seigneur P. ; *F* dud. monseigneur P. — n) *E F G H J K* qu'on leur lessast. — o) *C* les en less. — p) *C* de molt lonc. — q) *A B* tous les. — r) *A* .v. de Haiez. — s) *A* n'avoient. — t) *C* av. nul droit en user ; *G* user de leur usage. — u) *A B* pr. messire P. ; *C* pres qui estoient monseigneur P. — v) *B F omettent* du dit usage. — x) *C* ne chens ne rentes; *E F G* ne rentes.

---

1. Tiverny ou Thiverny, dans l'Oise, arrondissement de Senlis, canton de Creil. Petite commune dont l'origine remonte assez haut, car le portail et certaines parties de l'église sont du xie siècle.
2. Les Hayes, aujourd'hui petit hameau dépendant de la commune de Saint-Maximin, arrondissement de Senlis, canton de Creil. Les prés du sire de Tiverny devaient être situés sur les bords de l'Oise dont le cours sépare le territoire de Tiverny de celui de Saint-Maximin. Cf. Eug. de' Lépinois. *Recherches historiques sur l'ancien comté de Clermont,* p. 259.

ne redevances. Et par cel jugement puet on veoir que nus usages[a] qui damage autrui[b] ne vaut contre[c] le seigneur du lieu la[d] ou li usages est maintenus, se l'en ne rent au seigneur ou[e] au conte[f] rentes[g], cens[h] ou redevances[i].

691. Encore sont usage en aucun lieu liquel[j] ne vauroient riens s'il estoient debatu et mis en jugement : si comme se aucune vile ou aucune singuliere persone a usé d'envoier ses bestes en mes bois si tost comme li[k] bois est coupés, car teus maniere d'usage si est[l] essius et nus essius ne doit estre soufers, s'il n'est ainsi que cil qui ont teus manieres d'usages moustrent par[m] chartre que la chose leur fust otroïe du[n] seigneur du lieu et confermee[o] du souverain. Car nus, se n'est par l'autorité du souverain, ne puet otroier nul usage[p] qui tourt a essil.

692. Nus usages qui soit usés contre la general coustume du païs ne vaut riens s'il n'est otroiés et confermés[q] du souverain ou se l'en n'en[r] rent au seigneur aucune de ses droitures, c'est assavoir cens[s], rentes[t] ou redevances.

693. L'usages du sougiet contre son seigneur et en lui deseritant est de nule valeur, si comme il avient qu'uns hons paie meins de rentes qu'il[u] ne doit, ou qu'il concele[v] a son[x] seigneur aucunes[y] de ses droitures. Si tost comme li mesfès vient a la connoissance du seigneur, li sires ne pert pas pour l'usage[z] qu'il ne rait son droit. Mes voirs est en teus cas que[aa] li sougiet demeurent saisi[ab] selonc ce qu'il ont usé dusques a tant que li drois du seigneur est prouvés

---

a) *C* omet que nus usages. — b) *A B* dam. a autrui. — c) *C* vaut rien encontre. — d) *G H J K* omettent la. — e) *H J K* seign. ne au conte. — f) *C* seign. ou aucunnes rent. — g) *A* rente. — h) *C* ou chens ; *G* cens ou rentes ; *H J K* cens, rente. — i) *A E H J K* redevance ; *G* ou aucunes redevances. — j) *H J K* qui ne. — k) *B* omet li ; *F* mes. — l) *G* teus manieres d'usages sont. — m) *G* par letre ou par ch. — n) *E G H J K* otr. par le seign. — o) *E H J K* et afermé du s. — p) *B F* otr. usage nul. — q) *A B G* riens s'ele n'est otroiee (otroic) et confermee. — r) *A* l'en ne r. — s) *C* ou cens. — t) *C G* ou rentes. — u) *H J K* rent. qu'on ne. — v) *C* que i chelle. — x) *E G H J K* conc. au seign. — y) *E G H J K* seign. aucune de. — z) *A* cel usage. — aa) *H J K* omettent que. — ab) *C* que le seigneur si demeure saizis.

contre aus ; mes bien se gardent li sougiet qu'il ne mes-
prengnent en teus cas envers leur seigneur ; car quant li
seigneur ront par jugement ce qui leur estoit celé[a] ou for-
tret[b] de lonc tans, li sougiet sont tenu a rendre tous les ar-
rierages et l'amende de chascun terme qu'il deussent[c] avoir
paié : c'est assavoir se li contens fu de droit cens, la simple
amende qui[d] queurt par la coustume du lieu[e]. Mes se
li contens fu pour autres rentes[f], comme de blé[g], d'a-
veines[h] ou de vin[i], ou de chapons, lesqueles choses ne doi-
vent pas amende[j] s'on ne les paie au jour par la coustume
general, pour teus rentes li sougiès ne rendra que[k] les
arrierages.

694. Quiconques veut lessier ce qu'il tient a cens ou a
rentes[l] d'aucun[m] seigneur, il le doit aquitier dusques au
jour qu'il le lesse, et dire au seigneur de qui il le tient :
« Sire, j'ai tenu tel[n] eritage de vous a tel cens — ou[o] a tel
rente. — Ves ci[p] la rente de ceste annee, — *et s'il i a arrie-*
rages, il les doit paier aussi, — et des ore mes[q] je ne le
vueil plus tenir, ains vous lesse le gason[r]. » Et tant comme
il se test de dire qu'il li[s] lesse, il li doit tous jours les
rentes. Et s'il avenoit qu'il lessast les rentes a[t] paier, li
sires le[u] puet sommer qu'il li pait dedens an et jour les
rentes et les arrierages ; se c'est drois cens il puet demander
qu'il li pait les amendes aveques les cens. Et se li tenans
ne li paie dedens l'an et le jour, li sires puet prendre l'eri-
tage comme sien propre[v] et si ne demeure pas pour ce qu'il
ne puist suir[x] celi qui de lui le tient[y] pour ses[z] arrierages

---

a) *E G H J K* est. concelé. — b) *A* soutret ; *B* sostrait ; *F* soustrait. — c)
A B C E F G qu'il deust. — d) *A* am. du lieu qui. — e) *A* omet du lieu. —
f) *C* fu d'autres chozes. — g) *C E* bles. — h) *A B F J K* aveine. — i) *CF* vins.
— j) *H J K* amendes. — k) *A* rendra fors les arr. — l) *A B C F* rentes. —
m) *E F* omettent aucun. — n) *G H J K* omettent tel. — o) *G H J K* cens et a
t. r. — p) *H J K* Et veschi. — q) *B F* des ore en avant. — r) *C* ains le vous
lesse des ore mes en avant. Et tant. — s) *A B* omettent li ; *E* il le lesse. —
t) *F* Et s'il li delaisse a p. — u) *A B C F* omettent le ; *E* li. — v) *E H J K*
prendre comme sien le propre heritage. — x) *G* p. poursievir. — y) *G H J K*
qui le (*G* omet le) tint de lui ; *E* c. qui de li tint. — z) *E G H J K* t. des
arrierages.

de tant comme il fu en saisine[a] de l'eritage ; car autrement
pourroient gaaignier li baretecur en leur barat, s'il pouoient
tenir leur eritages et leur rentes conceler[b] une grant piece,
et puis dire[c] : « Je vous lesse l'eritage, » sans riens paier ;
car bien pourroit estre qu'il devroient plus d'arrierages que
li eritage ne vauroient, et ainsi perdroient li seigneur par
la tricherie de leur tenans, laquele chose ne seroit pas ave-
nans.

695. Voirs est que, par coustume general, l'en puet les-
sier, quant l'en veut, l'eritage que l'en tient d'un[d] seigneur ;
mes c'est a entendre en tel maniere que l'en l'ait aquitié
dusques au jour que l'en le lesse. Mes nepourquant conve-
nances[e] et[f] obligacions puent bien corrompre ceste cous-
tume : si comme quant aucuns prent bois a essarter ou vigne[g]
a planter a certaine redevance et s'oblige par pleges[h], ou
par foi, ou par contreacens[i] d'eritage, a paier les rentes du
lieu qu'il a pris par tel condicion qu'il ne le puet lessier :
en cel cas ne puet on pas[j] lessier l'eritage[k], ains convient
que l'en[l] tiegne sa convenance.

696. Selonc la coustume nus cors d'homme n'est pris pour
dete s'il n'a par letres son cors obligié[m] a tenir et a metre
en prison, se ce n'est pour la dete le roi ou le conte. Mes
pour ces deus puet on prendre les cors et les avoirs, et si ne
leur convient fere nul commandement[n] de paier, ne a
.vii.[o] jours ne a .xv., ainçois a li princes de son droit qu'il
les puet justicier, si tost comme termes[p] est passés, par la
prise de leur cors et de leur biens.

697. Pluseurs detes puent estre deues es queles il ne
convient point fere[q] de commandement[r] selonc la coustume

---

a) *CF* en le sezine. — b) *C* ten. les erit. et les rentes com chelees. — c)
C omet et puis dire. — d) *B* dou seign. ; *C* de son seign. ; *E H J K* de seign.
e) *A B F* convenance. — f) *A B C* conv. ou obl. — g) *E G H J K* vignes. —
h) *C* par painne ; *G* ou par pleige. — i) *B F* contracens. — j) *A B* omettent
ne *et* pas. — k) *F* omet en tel cas ... lessier l'eritage. - l) *B F* que il t. —
— m) *B C F* obligié son cors. — n) *A B* nus commandemens. — o) *A B E F*
a .viii. jours. — p) *C* comme li termes. — q) *C E F H* conv. fere point. —
— r) *B* conv. fere nul commandement.

general. La premiere si est quant l'en s'est obligié par
letres. La seconde maniere si est quant l'en doit a[a] manou-
vriers [b] par la reson de leur journees, car male chose seroit
s'il convenoit[c] a ceus qui se [d] doivent vivre de leur labeur a[e]
atendre le delai du commandement. Donques, si tost comme
li laboureres vient au juge, il li doit fere paier sans delai[f]
par la prise du sien prendre[g] et vendre. La tierce maniere
si est quant aucune dete est demandee et cil a qui l'en la de-
mande la nie, et li demanderes la prueve contre li : si tost
comme ele est prouvee, l'en le doit fere paier sans delai et
sans nul commandement fere. La quarte maniere si est quant
gent[h] ont a partir muebles ensemble par reson de succession
ou d'escheoite[i], et[j] li uns se met en la saisine de tous les
muebles ou[k] d'une partie contre[l] la volenté des autres qui
sont aussi prochien comme cil qui s'est mis[m] en la saisine.
Si tost comme il est moustré a la justice, il[1] doit tout[n]
prendre en sa main[o] et doit fere fere les parties sans delai ;
et s'il avient que cil qui est[p] mis en saisine veut alliguier
aucunes resons par lesqueles li autre n'i doivent pas partir,
toutes voies doit la justice tout tenir en sa main le plet pen-
dant, pour ce que cil ne puist alouer pour le delai[q] ce que
li autre requierent[r] s'il ont[s] reson.

698. Pluseur usage sont liquel sont si[t] commun a tous
qu'il[u] ne pueent ne ne doivent estre deveé, tout soit ce que
l'en n'en rende cens, rente[v] ne redevance : si comme d'aler
et de venir par les voies communes, car de cest usage ne

---

a) *B omet* a. — b) *C* doit aus gens qui ont faites besoingnes et œuvres de
leur cors par la r. — c) *HJK omettent* s'il convenoit. — d) *B omet* se ; *C*
che. — e) *AF omettent* a. — f) *G* paier ossy tost par. — g) *BF* par le
sien penre. — h) *BF* quant aucun ont. — i) *EFGHJK* d'esqueance. —
j) *B omet* et. — k) *AB omettent* ou. — l) *G* part. oultre la vol. — m) *A
omet* mis. — n) *A omet* tout. — o) *A* main tout et d. — p) *HJK* qui
s'est mis. — q) *C* le delaiement. — r) *C* autres acquierent ; *K* autr. i requie-
rent. — s) *EHJK* il y ont ; *F* autre i doivent avoir se il i a r. — t) *C omet*
si. — u) *CH* qui ne. — v) *C* rende point de chens ne nule rente ne nule re-
dev. ; *EG* rende ne cens ne rente ; *F* c. ne rentes.

---

1. *Il*, le juge.

rent nus[a] redevance, car[b] il est a chascun de son droit ; et
aussi de prendre caue en riviere commune[c] ou en puis
commun, teus usages ne puet ne ne doit estre deveés a
nului ; et aussi li moustiers est communs a tous pour fere
ses oroisons en tans et en lieu convenable, essicutés les[d]
escommeniés liquel n'i doivent pas aler devant qu'il iront[e]
par la grace[f] de sainte Eglise ; et aussi li gué pour les bestes
abruver ; et aussi maint aisement commun et qui sieent es[g]
lieus communs fes et establis de lonc tans, ne doivent[h] estre
deveé a nului. Et pour ce que toutes[i] teus manieres d'usages[j]
sont commun a tous, il est bien resons, quant il i[k] convient
metre[l] cous pour atenir que tuit cil i metent[m], chascuns se-
lonc son[n] avenant[o], qui ont pourfit en l'aisement des choses.
Et selonc nostre opinion nus n'en doit estre espargniés,
tout soit ce que li aucun de nos[p] gentius hommes ne s'i
vuelent acorder ; car nous ne veons pas pour quel reson
leur sougiet soient tenu a soustenir pour les gentius hommes
teus manieres de lieus[q] communs, car plus en usent li gen-
til homme selonc leur avenant que ne font[r] li homme de
poosté.

699. Il avient bien qu'aucuns suefre ses voisins a aler
par lonc[s] tans a son puis[t] qui est en sa court[u] ou dedens
son enclos[v], nepourquant teus usages ne vaut pas a aquerre
proprieté que cil qui li tresfons est ne puist defendre tel
usage et[x] enclore[y] ou estouper quant il li plest. Nepourquant
nous en avons bien veu en porter la saisine a ceus qui i[z]

---

a) *H J K* us. n'est nus tenus a rendre redev. — b) *A B* *omettent* car. —
c) *B* eve commune en riviere : *F* en le commune riviere. — d) *G* ess. aus
escom. — e) *C* escomm. les quiex si sont hors bouter de droit et si ne doivent
pas aler devant que il i aillent par ; *E G H J K* qu'il le ront. — f) *A E* le gré ;
B F le conseilg ; *C* le congié. — g) *A B F* soient en lieus. — h) *G* doiv.
point est. — i) *H J K* *omettent* toutes. — j) *B* d'usage. — k) *C G H J K*
omettent i. — l) *C* convient a metre. — m) *C* chaus qui met. — n) *C H* sel.
leur aven. — o) *A* met. selonc son avenant chascun qui. — p) *A* de nous
gent. — q) *B F* gent. hom. les lieus c. — r) *B* omet ne font. — s) *C* par
molt lonc. — t) *B* aler a son puis par lonc tans. — u) *F* aler a s. p. qui est
en sa cort par lonc tans. — v) *A B E* son clos. — x) *E G H J K* ou encl. — y)
C et encore encl. — z) *E G H J K* qui en avoient.

avoient usé d'aler[a]; mes il en perdoient puis la proprieté, car
male chose seroit, se je vouloie mon puis enclore ou es-
touper[b], se je ne le pouoie fere pour l'aisement que j'avroie[c]
fet a mes[d] voisins.

700. Bien se gardent cil qui ont certains usages et[e] en
certains lieus[1] par chartres ou par dons[f] de seigneurs qu'il
en usent ainsi comme il doivent, car s'il en mesusent[g],
c'est a dire s'il[h] en usent autrement qu'il ne doivent, il
doivent perdre par leur mesfet leur usage. Si comme il
avient qu'uns gentius hons ou une mesons de religion a es
bois d'un[i] seigneur une charetee de busche le jour et il en
envoie querre .ii. ou .iii. ; s'il est pris ainsi[j] mesusans et
li sires en quel bois[k] il avoit l'usage puet prouver que li me-
susers[l] fu par le consentement ou par le commandement[m]
de celui qui i avoit l'usage, il perdroit l'usage tout a net[n].
Mes ce seroit fort[o] a prouver contre religion, car il con-
venroit prouver que ce fu par le consentement de l'abé et du
couvent, se c'est[p] religions conventuaus ; et se c'est contre
l'evesque il ne[q] pourroit perdre la proprieté de l'usage[r].
Donques tel usage qui sont amorti se passeroient par
amende du mesfet ; et si feroient[s] li lai[2], cil contre[t] qui il[u]
ne pourroit estre prouvé que li mesusers[v] eust esté de leur
commandement. Et l'amende de teus manieres de prises si

---

a) *E G H J K* d'aler y ; *F omet* d'aler. — b) *G* p. estouper ou enclorre. —
c) *A B F* que j'en avr. — d) *A B C F* as voisins. — e) *E F H J K omettent* et.
— f) *A B F* par don de. — g) *A omet* car s'il en mesusent. — h) *A* dire
qu'il en. — i) *C* a ou bois le seign. ; *J K* bois du seign. — j) *H J K* est ainsi
pris mes. — k) *C omet* bois. — l) *C* le mauvaisement user. — m) *H J K* par
le commandement (*H* le commande) ou par le consentem. — n) *E* t. avec. —
o) *A B omettent* fort. — p) *C* se che n'est relig. — q) *E G H J K* il n'en
pourr. — r) *C* propr. de l'evesque. — s) *M* si seroient li l. — t) *C* si fer. le
soirement chaus encontre qui. — u) *G omet* il. — v) *C* le mauvaizement user.

---

1. *Certains usages et en certains lieus*, usages précis et dans des lieux
déterminés.
2. *Et si feroient li lai*, et il en serait de même pour les usages concédés
à des laïques, contre lesquels on ne pourrait prouver, etc. ; ces usages se-
raient donc traités comme ceux qui sont *amortis*, c'est-à-dire concédés à des
gens de mainmorte.

est de .LX. s. et du damage rendre. Et si[a] doivent estre[b] cil qui ont fet le mesfet, — si comme li charetons[c] et cil[d] qui sont au[e] conduire, qui bien savoient comment on en doit[f] user, — bani[g] du lieu ou[h] li usages est .I. an et .I. jour, si que par le banissement il se chastient de leur[i] mesfet; et s'il i sont après repris, longue prisons leur doit estre apareillie et puis banir[j] a tous jours du dit[k] usage.

701. Cil qui servent ne doivent pas[l] messervir[m] pour commandement qui leur soit fes de leur seigneur[n]. Cil messert qui[o] pour le commandement de son seigneur fet[p] a[q] autrui damage[r] ou larrecin ou[s] autre cas de crime. Et quant li serjans[t] d'autrui est pris en mesfet de[u] cas de crime[v], il n'est pas escusés du fet pour dire : « Mes sires me le fist fere. » Et fust[x] encore ainsi que ses[y] sires le[z] conneust ou que[aa] li serjans[ab] le prouvast contre son seigneur s'il le nioit, si seroit li serjans[ac] justiciés selonc le mesfet[ad], car nus qui mesfet en cas de crime n'est escusés pour[ae] dire qu'autres li fist[af] fere, pour ce que nus ne doit fere[ag] mal[ah] pour commandement d'autrui.

702. Questions puet estre fete, — se uns simples[ai] chevaliers a un manoir delés une forest et en cele forest usages li est otroiés du seigneur[aj] pour son ardoir et pour son[ak] mesoner et pour pasture[al] a ses bestes, a li et a ses oirs, et il ou si oir veulent vendre cel manoir atout l'usage a une[am] plus noble persone et plus riche, si comme a tel persone que[an]

a) *E G H J K omettent* si. — b) *E H J K omettent* estre. — c) *C* li chartiers. — d) *F* et cil qui ont fait le conduit et qui s. — e) *B C* sont a cond. — f) *E F G* en devoit us. — g) *H J K* estre bani. — h) *A B* lieu la ou. — i) *A B F* de son mesf. ; *C* dou mesf. — j) *A B F* puis bani a t. j. — k) *B F* t. jours hors de l'us. — l) *M omet* pas. — m) *H J K* pas mesuzer pour. — n) *A B* seigneurs. — o) *C* Chelui qui mesfet pour. — p) *C* seign. ou fet. — q) *B omet* a. — r) *E G H J K* damage a autrui. — s) *C* dam. en larr. ou en aut. c. — t) *J K* le serviteur. — u) *E G H J K M omettent* mesfet de. — v) *E G H J K M* crieme meffaisant. — x) *C* Et se feust. — y) *E G H J K* que li sires. — z) *A B* le conn. — aa) *C omet* que. — ab-ac) *J K* le serviteur. — ad) *F* just. dou mesfait; *H J K omettent* selonc le mesfet. — ae) *A* esc. par dire. — af) *A* li fet fere. — ag) *A omet* pour ce que nus ne doit fere. — ah) *H omet* mal. — ai) *C omet* simples. — aj) *H J K omettent* du seigneur. — ak) *C omet* son. — al) *A B* pastures. — am) *A omet* une. — an) *B F* pers. qui.

teus[a] .ii. tans[1] comme li venderes usoit[b] ne soufiroit pas a
l'ostel ne au menage[c] de l'acheteur[d], — a savoir mon se li
sires du lieu seur quoi[e] teus usages est pris, doit soufrir tel
vente? Nous disons que nennil, que[f] li venderes ne puet
pas[g] plus vendre qu'il avoit en la chose, et il n'i avoit
usage que selonc son estat. Donques, s'il vent tel[h] usage a
greigneur persone[i], estimacions doit estre fete a l'acheteur
selonc ce que li venderes en pouoit user; et en[j] ceste ma-
niere[k] doit la vente de teus manieres d'usages[l] estre sou-
ferte.

703. Nous avons oï aucune fois par devant nous[m] que,
— quant aucun des seigneurs demandoient leur[n] cens et leur
rentes a leur sougiès et il n'en estoient pas paié au[o] jour,
— il prenoient pour leur cens[p] ou[q] pour leur rentes et pour
l'amende[r] du[s] jour trespassé[t], et li oste en treoient a nous
et disoient qu'a[u] nul tans du monde il n'en avoient paié
amende ne point[v] n'en[x] vouloient paier, et si[z] ne[y] metoient[z]
pas avant chartre ne don de seigneur. Et comme nous veis-
sons[aa] en tel cas droit commun contre aus et la[ab] plus grant
partie de la conteé de Clermont[ac] usant[ad] en autre maniere,
nous ne les[ae] vousismes en ce oïr[af] de tant comme au droit
cens deu en deniers a certain jour pour eritages ou[ag] pour
masures[ah]. Et leur fu prononcié par jugement que cil qui ne

---

a) *A* que tel .ii. ; *C* pers. a qui i fauroit tez .ii. t. — b) *C* li useres en
us. ; *F* vend. vendroit. — c) *C* us. ne souffiroient pas a l'ostel ne a l'ardoir
ne au maingnage de l'ach. — d) *F* acheteur maintenir. — e) *CFG* seur
(*C* dessus) qui. — f) *E G H J K* nenni car li vend. — g) *C* omet pas. — h)
E G H J K vent cel us. — i) *C* omet persone ; *G* greign. pers. et de plus grant
estat. — j) *E* omet en. — k) *B E F* man. d'usages (*E* usage) doit; *H* en tex
manieres ; *J K* en telle maniere. — l) *A F* omettent maniere d'; *E* vente de
ces us. — m) *A* omet nous. — n) *B* omet leur. — o) *A* p. a jour. — p)
A omet cens. — q) *C* cens et pour. — r) *C* leur amendes. — s) *B E* am. de
jour. — t) *G* jour passé. — u) *G* omet a. — v) *G* omet pour. — x) *G* ne
voul. — y) *A* omet ne. — z) *C* mettent. — aa) *C* nous veismes. — ab) *B* omet
la. — ac) *H J K* omettent de Clermont. — ad) *A B E* usent. — ae) *C* le
vous. — af) *C* omet oïr. — ag) *C* crit. et pour. — ah) *C* mas. montoit.

---

1. *Teus* .ii. *tans*, c'est-à-dire deux semblables fois autant.
2. *Si* = cependant.

paieroient a[a] jour leur droit cens rendroient[b] le cens et l'amende simple, si comme[c] .v. s. par la coustume de Clermont et .vii. s. et demi[d] par la coustume de pluseurs viles qui sont en la conteé[e]. Mes voirs est que pour rentes de bles[f] et[g] d'aveines[h] et[i] de chapons et de gelines, n'avons nous pas veu user que l'en en pait amendes[j]; ainçois quant on ne les paie a[k] jour, s'eles sont deues pour masures, on puet[l] oster les uis et les fenestres, ou[m] prendre des muebles[n] a ceus qui les doivent[o]; et se l'en n'i[p] trueve riens, l'en puet saisir les eritages pour lesqueus les rentes sont deues et[q] tenir tant que l'en soit paié des rentes et des arrierages[r].

704. Une autre maniere de cens[s] i a que l'en doit apeler[t] seurcens ou cens costier[u], et de teus[v] cens a il mout as[x] bones viles[y]. Si comme il ont vendu a prendre[z] seur leur mesons[aa] deniers[ab] de rente, ou seur leur eritages[ac], et si ne demeure pas pour ce[ad] que li drois cens n'en[ae] soit paiés[af] a autrui; ou si comme aucuns baille a seurcens[ag] a autrui[ah] ce qu'il tenoit a droit cens d'autrui[ai] seigneur: en teus manieres[aj] de seurcens n'a point d'amende qui ne le paie a droit jour; ainçois convient que cil qui a[ak] le seurcens se plaigne au seigneur du tresfons quant l'en ne li paie au[al] jour, et[am] adonques se li seurcens est deus seur ostise, li sires doit fere oster les uis tant que li seurcens soit paiés. Et se[an]

---

a) *C G* au jour. — b) *A B C* ne paieroit pas a j. son dr. cens rendroit. — c) *B F* am. simple de .v.; *C* si comme de .v.; *E* amende de .v. s.; *G* simple est assav. de .v. — d) *E* .vii. s. et .vi. d. — e) *G* conté mesmes. — f) *G* blé. — g) *A C* omettent et. — h) *G* avaime. — i) *A E F* omettent et. — j) *C E H J K* p. amende. — k) *C E G* au jour. — l) *G H J K* on doit ost. — m) *G H J K* fen. et prendre. — n) *G* m. par justice a c. — o) *C* les devoient. — p) *A B C F* on ne tr. — q) *G H J K* deues a tenir. — r) *E F* arr. si comme j'ai dit par dessus. — s) *G H J K* man. de rentes. — t) *G H J K* qu'on apele. — u) *C* sorchens encontier chens. — v) *H J K* teus manieres de cens. — x) *C* a bon. vil.; *H J K* es bon. vil. — y) *G* molt a le bonne vile. — z) *C* vendu a .i. preudomme dessus l. mais.; *M* omet a prendre. — aa) *G H J K M* leur manoirs [*G* et maisons et sor lors heritages]. — ab) *G* somme de deniers. — ac) *G* omet ou seur leur eritages; *H J K* eritage. — ad) *G* pour tant que. — ae) *B C G* ne. — af) *E F* soit deus et paies; *G* ne se paient. — ag) *B E F omettent* a seurcens. — ah) *E* a aucuns. — ai) *B E F* autre. — aj) *E G* en tele maniere de s. — ak) *G H J K* qui y a. — al) *A B E F* a jour. — am) *B E F omettent* et. — an) *C omet* se.

li seurcens est seur autre eritage[a], l'eritages[b] doit estre[c] saisis et les despueilles levees tant que li seurcens soit paiés. Mes voirs est que pour teus seurcens li sires du tresfons qui le droit cens i a ne lesse pas pour ce qu'il ne se face avant paier de son droit cens et des amendes, se eles i sont. Et a la coustume qui maintenant queurt l'en ne puet vendre ne[d] donner de nouvel seurcens seur eritage qui ne le doit[e] de[f] lonc tans, sans le seigneur du lieu ; car il a esté defendu[1] pour ce que li aucun[g] chargeoient si leur mesons ou[h] leur eritages de teus cens quant il avoient mestier de deniers, que l'en lessoit après les mesons pour ce qu'eles estoient trop chargies ; ou, quant eles cheoient[i], on ne les vouloit refere ; et li autre eritage en demouroient aucune fois[j] en fries[k] parce qu'il ne trouvoient[l] qui oirs s'en fist[m] pour la charge[n] du seurcens. Et pour ce sont maintes mesons decheues et maint eritage agasti, et pour ce est la defense bonne.

705. L'en doit savoir quant pluseur gent ont seurcens seur aucune[o] meson ou seur autre eritage, et la chose dechiet en tel maniere qu'il ne puent pas estre tuit paié, li plus anciens cens[p] doit[q] estre premiers[r] paiés, et puis li autre en ordre selonc ce que chascuns est plus anciens. Et se perte i a, ele tourne[s] seur les darreniers, se ainsi n'est qu'il vueille prendre l'eritage et paier les drois[t] cens au seigneur et le[u] seurcens a ceus qui l'i[v] ont[x].

---

a) *E* s. heritage autre. — b) *C* omet l'eritages. — c) *C* est. pris et sais. d) *G H J K omettent* vendre ne. — e) *A C E F* doic. — f) *E* qui ne li doic maintenant de l. t. — g) *G H J K* ce qu'il. — h) *G H J K* mes. et l'erit. — i) *M* eles fondoient. — j) *M omet* aucune fois. — k) *C G* auc. f. a faire ; *M* dem. a faire ; *H J K omettent* et li autre eritage ... aucune fois en fries. — l) *M* on ne trouvoist qui s'en vauzist faire fort p. la ch. — m) *C* ne trouveroient ; *G H J K* qu'on ne trouvoit. — n) *B* la garde. — o) *B G* seur une mes. — p) *G H J K omettent* cens. — q) *J K* les plus anciens doivent. — r) *A* est premiercment p. ; *C* est. tout premierement p. ; *E F* tous premiers p.; *G* est. le premiers p. — s) *C* tournera. — t) *C E F* p. le droit c. — u) *G* et les seurc. — v) *G* qui les y. — x) *H J K* ont a cascun.

---

1. *Car il a esté defendu*, et on l'a défendu.

706. Aucun usage sont es bonnes viles de mesoner et de pluseurs autres choses qui ne sont pas es viles champestres ; car es viles champestres[a] nus ne puet mesoner si pres de moi que li degous de ma meson ne me demeurt tous frans et, si je fes cheoir mon degout en la terre de mon voisin, je doi estre contrains[b] d'oster loi. Mes es[c] bonnes viles queurent autre usage[d] de mesoner pour ce que les places sont plus estroites, car mes voisins puet apuier son mairien contre mon mur qui joint a li, vueille ou non[e], mes que li murs soit si fors que ma mesons ne demeurt[f] en peril. Et se li murs est trop foibles et il est tous en ma terre, il convient que mes voisins face soustenir son mairien[g] seur sa terre. Et s'il veut fere plus haute meson que la moie, je ne li puis deveer tout soit ce qu'ele nuise a la clarté de ma meson. Et se li murs est entre .ii. terres, chascuns a l'aisement du mur et puet mesoner dessus en tel maniere que chascuns mete[h] goutiere par devers soi, si que li degous ne chiee pas sur son voisin[i]. Et se les mesons sont d'une hauteur, bien se pueent passer a[j] une goutiere qui serve as .ii. mesons ; mes pour ce ne demourra pas, quant li uns vourra sa meson haucier[k], qu'il ne la hauce et que chascuns n'ait sa goutiere par devers soi.

707. Il ne me loit pas a fere mon lavoir[l] ne l'essau[m] de ma cuisine en lieu[n] par quoi l'ordure voist en la meson ne en la closture[o] de mon voisin ; mes en tel lieu le face qu'il[p] ne nuise a[q] autrui ; ou seur[r] rue le puis je bien fere se mes lieus est si estrois que je ne le puisse fere alieurs[s] convenablement, car bonne chose est que l'en tiegne les rues

---

a) *E F omettent* car es v. champ. — b) *C* est chertain de. — c) *H J K* m. en b. v. — d) *B E F* aut. coutumes. — e) *A E* weille ou ne vueille. — f) *C* ne me demeure. — g) *A* soust. sa mezon. — h) *C* chasc. i mete. — i) *E* ne quieche mie seur se maison ne seur s. vois. — j) *E F* pass. par une g. — k) *E F* demeure mie que se li .i. veut hauchier se maison. — l) *A B* non yauier ; *C* mon essvier ; *G H J K* mon manoir ; *M* mon mennoir. — m) *C E* ne mon essiau ; *F* ne fere l'ess. ; *M* ne les lieau. — n) *G H J K* en tel lieu. — o) *G* en l'enclosture. — p) *G* face qu'elle ne. — q) *E* a men voisin ne a. — r) *C* mes dessus. — s) *G H J K* p. aillors fere.

netes es lieus ou chascuns puet fere par devers soi son ai-
sement.

708. Quant aucuns fet son jardin ou son prael[a] en lieu
privé et la ou il n'a nule veue de voisins, et aucuns des
voisins[b] veut mesoner joignant[c], l'en ne li puet[d] pas[e] veer[f]
le mesoner, mes l'en li puet bien[g] deveer[h] qu'il ne face
ne[i] uis ne fenestre par quoi la privetés du prael ne[j] du
jardin soit empiriee; car aucun le feroient malicieusement
pour oster la priveté de leur voisins. Donques qui vourra
avoir clarté de cele partie, il i doit fere verriere; adonques
si avra[k] clarté et si n'en sera pas[l] li lieus du voisin em-
piriés.

709. Nous avons dit dessus qu'aucuns ne lesse pas sa
meson a lever[m] haut pour ce se[n] ele tout de la clarté a son
voisin et c'est voirs. Nepourquant il est[o] grans[p] mestiers
que l'en prengne garde[q] es bonnes viles[r] comment chascuns
puist estre aisiés[s] a son pourfit et au mendre damage d'au-
trui. Et pour ce pourroit aucuns si outrageusement oster[t]
la clarté et[u] la veue[v] de son voisin[x] que l'en ne li devroit pas
soufrir, tout fust il ainsi qu'il n'ouvrast fors seur[y] le sien
meisme, si comme se li voisins ne pouoit recouvrer veue de
nule part, car autrement pourroit il perdre sa meson par ce
qu'il n'i[z] avroit point de clarté.

710. Nient plus que li uns[aa] ne[ab] puet mesoner ne ede-
fier[ac] en[ad] la terre d'autrui au res de terre, nient plus ne le
puet il[ae] fere dedens terre ne en la hauteur de l'air. Donques

---

a) *C omet* ou son prael. — b) *C* et on veut. — c) *C* mes. a joignant. —
d) *B* on ne li doit ni li puet; *G omet* puet. — e) *B omet* pas. — f) *C* voer;
G H J K deffendre. — g) *A E F omettent* bien. — h) *C E F* veer. — i) *A B F*
omettent ne. — j) *E F omettent* du prael ne; *G H J K* pr. ou du j. — k) *E*
si i a on cl. — l) *E* n'est mie. — m) *A C* lesse pas a lever sa meson. — n)
G H J K pour ce que elle. — o) *A omet* est. — p) *C* est bien mest. — q) *C*
pr. bien garde. — r) *B omet* viles. — s) *G* aaisiez. — t) *M* oster si outra-
geusement. — u) *A B C E F M omettent* la clarté et. — v) *H J K omettent*
et la veue. — x) *B E* v. a ses voisins; *M* v. a son vois. — y) *A* fors que seur;
B E F omettent seur. — z) *A B C E F omettent* i. — aa) *H J K* que nus ne.
— ab) *A B C E F omettent* ne. — ac) *B E F G omettent* ne edefier. — ad)
H J K edef. sor la t. — ae) *A B C* le pueent fere.

convient il que cil qui veut bonner bonne en sa terre tant
seulement[a] sans passer en la terre de son voisin[b]. Et se li
lieus[c] ou l'en veut bonner joint ou[d] chemin, et il a mesons
d'une part et d'autre, et il bonne dessous[e] le[f] chemin en-
droit soi, il ne doit pas passer le milieu du chemin, car autel
aisement comme il a en cel lieu doit avoir cil qui maint en-
contre li, s'il veut bonner. Et bien se gart qui[g] euvre sous
terre qu'il face tel ouvrage[h] que les mesons des[i] voisins
ne fondent[j] par son fet, ne les voies communes, car il se-
roit tenus a restorer le damage[k]; car en sa terre meisme
pourroit on[l] fere tel chose par quoi[m] la mesons de son voisin
fondroit, et il est bien resons que cil qui fet tel damage le
rende.

711. Aucune fois avient il que l'en prent aucune chose
qui est a[n] autrui sans le congié et sans[o] la volenté[p] de celi
qui ele est, et quant on l'a par devers soi, l'en la met en tel
euvre qu'ele change sa nature et devient autre : si[q] comme
se aucuns prent mairien en autrui bois et le met en ouvrage
de meson ou de nef[r] ou de mout autres choses[s] que l'en puet
fere de mairien; ou si comme aucuns fet fondre deniers
d'argent qui furent a autrui et en fet fere pos, escueles ou
hanas. En tous teus cas et en semblables, je ne puis pas de-
mander la chose qui est fete puis qu'il a en la façon autre
chose que ce qui du mien vint; car je ne puis pas demander
la meson pour ce se[t] je vueil prouver qu'il i eust mis de mon
mairien[u]; ne je ne puis pas demander les pos ne les es-
cueles pour ce se je vueil prouver qu'il i eust de mon argent.

a) *M omet* tant seulement. — b) *GHJK* en me terre et son vois. ; *M* en
me terre ne le terre son vois. — c) *K* ledit lieu. — d) *AB* joint a chem. —
e) *C* b. dessus le chem. — f) *GHJK omettent* le. — g) *G* gart que il ouvre.
— h) *EF* s. t. que il œuvre en tel maniere que l. m. — i) *EF* mes. sen
vois. ; *G* mes. de ses vois. — j) *C* fond. pas par ; *EF* n'en fondent. — k)
GHJK rest. les dommages. — l) *GHJK* pourr. il f. — m) *BE* chose que
la mes. — n) *JK omettent* a. — o) *G omet* sans. — p) *E* s. le volenté et
s. le congié. — q) *C* dev. tout autressi comme. — r) *HJK* de nes. — s) *B*
mout d'autres ch. ; *E* n. d'autre coze ; *F* ou d'autre coze. — t) *GHJK* pour
ce que je. — u) *E* eut de mon mairien mis.

Et comment ravrai je donc[a] ma chose? Je doi poursuir celui qui la m'osta par action de larrecin, se je puis savoir qu'il la m'ostast par[b] courage[c] d'embler; mes se je sent[d] qu'ele ne fust pas ostee par courage d'embler[e], — si comme il avient qu'aucuns prent[f] autrui[g] chose et cuide qu'ele soit sieue[h] et ele est a[i] autrui; ou l'en acheta[j] de[k] celi qui n'avoit pouoir de loi vendre[l] et li acheteres cuidoit qu'ele fust au vendeur; ou ele fu achetee en marchié commun ou donnee d'aucun qui n'avoit pouoir de[m] donner, — par toutes teus voies[n] se puet cil qui la chose a defendre[o] du larrecin; mes il n'est pas excusés qu'il ne rende le pris que la chose valoit a celui qui ele fu et il quiere[p] son garant, car[q] mestiers li est[r] pour recouvrer son damage et pour soi escuser du larrecin.

712. Se une mesons ou une autre chose est fete des[s] choses qui furent[t] a pluseurs, et chascuns redemande[u] sa chose pour ce qu'il n'est pas paiés du pris qu'il la[v] vendi, et pour ce que l'en ne le veut ou puet paier, la mesons ne doit pas estre depeciee[x] pour rendre a l'un son mairien et a l'autre sa pierre et au tiers[y] sa tieule; ainçois se[z] doivent cil qui la chose baillierent ou vendirent[aa] soufrir de leur damage[ab], quant il la baillierent sans prendre pleges et a tel persone qui ne puet paier. Mes voirs est, se chascuns trueve sa chose entiere avant qu'ele soit mise en œuvre et après le

---

a) *GHJK* comm. donques ravr. je. — b) *M* omet action de larrecin ... m'ostast par. — c) *JK* courage de larrecin et d'embl. — d) *M* m. se set seu. — e) *CHJK* omettent mes se je sent ... par courage d'embler. — f) *CGHM* auc. parens (*C* parent) a autrui; *JK* auc. a chose pareille a autrui ch. — g) *E* pr. aucune ch. — h) *M* soit loic. — i) *H* omet a. — j) *AEF* achate; *B* achatace; *C* le chaste. — k) *EFGHJK* ach. a celi. — l) *C* de vendre la; *G* de le vendre; *EFHJK* du vendre. — m) *EFGHJK* pou. du donn. — n) *GHJK* teles choses. — o) *E* t. v. puet chiex qui le coze a acatee soi deffendre du larr.: *GHJK* puet defendre cil qui la ch. a du larr. — p) *B* il requiere. — q) *BEF* gar. quant mest. — r) *E* mest en sera; *F* mest l'en sera; *G* lui en est. — s) *B* fete de ch. — t) *A* omet qui furent. — u) *C* chasc. si demande. — v) *ABCEF* qu'il li vendi. — x) *C* estre pour che despec. pour. — y) *GHJK* et a l'autre. — z) *HJK* omettent se. — aa) *JK* vendirent ou baillerent. — ab) *HJK* leur damaces.

terme que l'en^a dut^b estre paié du pris, et ele est encore a celi qui l'acheta, l'en la puet redemander arrieres, se l'acheteres ne fet plein paiement ; car male chose seroit se je trouvoie mon mairien que j'avroie^c vendu sans estre mis en œuvre et en la main de l'acheteur, et je ne^d pouoie avoir le pris ne le mairien qui fu miens. Et par ce que nous disons du mairien pouons nous entendre des^e autres choses vendues.

713. L'en doit savoir que de toutes choses ouvrees es queus il a pluseurs materes, doivent demourer entieres, car ce seroit damages du^f depecier ; et se .ii. persones ou .iii. ou plus la demandent et la pruevent a leur, se c'est chose que l'en apeaut^g mueble et qui soit de tel nature qu'ele ne se puet depecier ne departir^h, si comme unⁱ cheval ou un jouel d'or ou d'argent, cil qui le plus a en la chose la doit avoir en tel maniere qu'il face restor as autres selonc ce^j que chascuns i a.

714. Se dui gent metent ensemble leurs bles, ou leur vins, ou leur deniers, ou leur marcheandise qui soit d'une nature, sans desconnoissance, sans deviser et sans motir^k quel partie chascuns i a^l, l'en doit entendre que chascuns i ait la moitié ; et tant en puet chascuns demander quant ce vient au partir^m. Mes autre chose seroit des choses mellees par mespresure ou par aventure, si comme se mes bles estoitⁿ en un^o grenier et^p li greniers fondoit ou perçoit en tel maniere que mes bles cheïst en un autre grenier seur le blé d'aucun^q ou^r en mout d'autres cas qui avienent chascun jour des choses qui se mellent ensemble. En teus cas doit on savoir, au plus pres que l'en puet, combien chascuns avoit de la chose et par le serement des parties et en toutes

a) *GHJK* qu'il [*G* en] dut. — b) *CEF* on doit. — c) *C* je arai v. — d) *G omet* ne. — e) *C* ent. les aut. ch. — f) *C* ser. molt grant dam. de desp — g) *C* on apele ; *GHJK* on apelast. — h) *EF omettent* ne departir. — i) *A omet* un. — j) *A omet* ce. — k) *A* motier ; *C* mentir. — l) *C* i avra. — m) *BEF* quant il vieut (*EF* veut) partir. — n) *GH* mi blé estoient. — o) *C* un grant grenier ; *JK* en mon grenier. — p) *E* en un gr. seur le blé d'aucun et li gr. — q) *C* blé d'autrui ; *E omet* seur le blé d'aucun. — r) *HJK* auc. et en m.

les manieres qu'il pourra estre seu, et puis rendre au plus pres[a] a chascun ce qu'il i avoit.

715. Nus usages ne puet ne ne doit estre donnés seur la proprieté d'autrui sans la volenté de celui qui la proprietés est et sans l'acort du seigneur de qui la proprietés muet[b], se ce n'est usages qui ait esté usés et[c] acoustumés de lonc tans. Et en tel maniere puet il estre demandés de nouvel[d] qu'il convient que li tresfonseres[e] et li seigneurs s'acordent[f], si comme en cas de necessité.

716. Cas de necessité si est ce[g] dont l'en ne se puet soufrir sans trop grant perte ou trop[h] grant damage : si comme une riviere a corrompu le chemin qui estoit seur les rives[i] et ma mesons ou ma vigne 'joint[j] au lieu corrompu, il convient que l'en prengne tant de ma chose et[k] convertisse en usage de[l] chemin que li chemins qui estoit corrompus[m] en soit restorés ; ou se j'ai mesons ou vignes fetes[n] de nouvel en aucun lieu ou il n'en eut onques mes point, l'en ne me puet deveer que je n'aie voie nouvele par le damage rendant pour aler a[o] ma meson ou a[p] ma vigne.

717. Par ce qui est dit en cest chapitre puet on savoir que l'en ne puet aler contre ce qui est aprouvé[q] pour[r] coustume[s], mes l'en va bien contre aucuns usages quant il sont usé a tort ou en essil sans rendre redevance a seigneur.

Ci fine li chapitres des coustumes et des usages, liquel usage valent et liquel non.

a) C rendre apres a. — b) E omet et sans l'acort ... la proprietés muet : F propr. est. — c) ABCF us. ou acoust. — d) A omet de nouvel. — e) BEFJK tresfonciers ; G tresfons. — f) ABEF s'i acord. — g) GHJK omettent ce. — h) EF ou sans trop ; GHJK omettent grant perte ou trop. — i) A s. la rive. — j) HJK v. i joint. — k) E du mien en conv. — l) BCEF us. du chem. — m) GHJK qui corrompus estoit. — n) ABEF ou vigne fete ; C mes. faites ou vingnes de nouv. — o-p) GHJK en. — q) C esprouvé. — r) CFHJK par coust. — s) E aler par coustume contre che qui est aprouvé. — Expl.) A Ici fine ; ABEF de coustume et de usage et liq. ; C Chi define : chap. des coust. et des us., lesquiex ; F cap. qui parole de c. ; H Explicit ; JK n'ont pas d'explicit.

XXV.

Ci commence li .xxv. chapitres de cest livre liqueus parole de quel largece li chemin doivent estre, et du conduit as marcheans et as pelerins, et des trueves en chemin.

718. Anciennement, si comme nous avons entendu des seigneurs de lois, fu fes uns establissemens comment l'on maintenroit la largece des voies et des chemins, si que li pueples peust aler de vile a[a] autre, et de chastel a autre[b], et de cité a autre, et que marcheandise peust courre sauvement[c] par le païs en la garde des seigneurs[1]. Et pour les marcheans garder et garantir furent establi li travers[d]; et de droit commun, si tost comme li marcheant[e] entrent en aucun travers, il et leur avoirs sont en la garde du seigneur qui li travers est[f]. Et mout doivent metre grant peine li seigneur qu'il puissent aler sauvement, car mout avroit li

---

Rubr.) *A B* Ici comm. ; *B E G H J K omettent* de cest livre ; *C J K* par. des chemins [*C* et] de quelle larguesche (*J* largeur) il doiv. et comment il doivent estre maintenu sans empirier ; *C* omet et du conduit ... en chemin ; *E G H J K* chap. qui parole ; *H* omet et as pelerins ... en chemin ; *après* empirier *J K ajoutent* et sans estrecier, et a qui, etc., *comme à la table.* — a) *G* v. en a. — b) *A B E F omettent* et de chastel a autre. — c) *C* march. peust aler sauvem. par tout et courre par le p. ; *G* c. souvent. — d) *G* fur. les travers establis. — e) *C* les marcheandizes. — f) *A* omet est.

---

1. On ne connaît pas d'ordonnance royale relative à cet objet. Ce que Beaumanoir dit dans ce paragraphe et le suivant paraît reposer sur une tradition assez vague. Voyez, sur les idées qu'on se faisait au moyen âge des travaux de voirie exécutés par les Romains, l'ouvrage de Nic. Bergier, *Histoire des grands chemins de l'Empire romain*, édit. 1728, particulièrement liv. I, ch. xxvi-xxx, t. I, p. 98 seq.

pueples [a] de soufraite [b] se marcheandise n'aloit par terre. Et
qui fet as [c] marcheans aucun tort ou aucun mesfet dont il
soient plaintif, les justices n'en [d] doivent pas ouvrer selonc
les delais que coustume donne a ceus qui sont resident ou
païs [e]; car avant que li marcheant eussent leur [f] droit de leur
mesfès [g] par ples de prevostés ou d'assises [h], pourroient il
perdre par le delai tant qu'il en leroient leur droit a pour-
chacier, et ce [i] ne seroit pas li pourfis des seigneurs ne du
commun pueple. Donques les doit on tost [j] delivrer et estre
debonaires vers aus es [k] entrepresures [l] qui leur avienent et
qu'il font plus par ignorance que par malice.

719. Il apert que, quant on tailla les chemins, que l'en
les devisa de [m] .v. manieres et en chascune maniere sa lar-
gece. La premiere de .IIII. piés de lé [n] que [o] l'en apele sen-
tier, et tel sentier si furent fet pour soi adrecier de grant
chemin a autre ou de vile a autre; ne en teus sentiers ne
doit aler nule [p] charete en nul tans qu'ele puist fere da-
mage as biens de terre [q] ne es choses qui sont edefiees pres.
— La seconde maniere de voie qui fu fete, si fu de .VIII. piés
de large et l'apele l'en chariere; et en tel voie puet aler
charete l'une après l'autres, mes [r] bestes n'i pueent aler fors
en cordele [s], ne .II. [t] charetes l'une delés l'autre, se ce n'est
ainsi [u] comme [v] eles [x] s'entrencontrent. — La tierce maniere
de voie qui fu fete si fu [y] de .XVI. piés de large ; et en cele [z]
pueent aler .II. charetes l'une decoste [aa] l'autre et sentier de
chascune part [ab]. Et si i puet on bestes mener a chace [1] sans

a) *G* le povre pueple ; *HJK* li siecles. — b) *C* p. grant souffrete. — c)
B omet as. — d) *GHJK* just. ne doiv. — e) *B* ou paiez. — f) *ABCEF*
euss. le dr. — g) *AC* leur meffet. — h) *C* pl. des prev. ou des ass. ; *E* p.
plet de prevosté ou des ass. — i) *GHJK* et si ne. — j) *F* on tantost del.
— k) *GHJK* v. eus et es entr. — l) *C* en leur mespresures. — m) *HJK*
dev. en .v. man. — n) *EFGHJK omettent* de lé. — o) *GHJK* la (*H* le)
quele. — p) *B omet* nule. — q) *EF omettent* as biens de terre. — r) *C*
que mes b. — s) *A* cordeles. — t) *BEF omettent* .II. — u) *B omet* ainsi.
— v) *GHJK* que. — x) *A* il. — y) *GHJK* si est de. — z) *G* en tele voie ;
HJK en ceste p. a. — aa) *C* l'une encoste l'aut. ; *G* deles l'une l'aut. ; *HJK*
l'une deles l'aut. — ab) *G* chas. partie.

1. *A chace*, en les chassant, en les poussant devant soi.

arester[a], de vile a autre ou de marchié a autre, en tel maniere qu'il n'i soient arestant pour pestre en tans ne en seson qu'eles facent[b] damage as biens d'entour. Et ceste maniere de voic si[c] fu taillie pour aler de chastel a[d] autre et de vile champestre a autre. — La quarte maniere de voie qui[e] fu fete si fu[f] de .xxxii. piés de large, et en ceste puecnt aler charetes[g], et[h] bestes i puecnt[i] pestre et arester et reposer sans mesfet, et toute marcheandise courre, car eles vont par les cités et par les chasteaus la[j] ou li travers sont deu, mes ce ne puecnt il pas fere par les voies qui sont devisees[k] dessus[l] en eschivant les droitures des[m] travers; et souvent avient qu'il en reçoivent grans damages quant il le font. Nepourquant il puecnt aler par toutes voies communes la ou charetes puecnt aler, mes qu'il n'en portent le droit d'autrui. — La quinte[n] maniere de[o] chemins qui furent fet, ce furent li chemin que[p] Juliens[q] Cesars fist[r] fere; et cil chemin furent fet a droite ligne es lieus la[s] ou ligne[t] se[u] pouoit porter[v] sans empeechement de tres grans montaignes[x], de[y] rivieres ou de marès, et de .lxiiii.[z] piés de large. Et la cause pour quoi il furent fet si large[aa] doit[ab] estre entendue[ac] que toutes choses terriennes et vivans dont hons et fame[ad] doivent vivre i[ae] peussent[af] estre menees et[ag] portees, et chascuns aler et venir et soi pourveoir pour[ah] tous ses aisemens en la largece du chemin, et aler par mi[ai] cités[aj] et par mi[ak] chasteaus pour chacier ses besoignes.

a) *B* sans s'arrester. — b) *A B E* qu'ele face; *C* qu'elles ne fachent. — c) *A G H J K* omettent si. — d) *G H J K* chast. en autre. — e) *C* voie si fu f. — f) *C* omet si fu. — g) *B* ceste char. i puecnt al. — h) *B* omet et; *E F* omettent char. et. — i) *B E F* omettent i puecnt. — j) *C E F* omettent la. — k) *H J K* sont dites dess. — l) *B E F* voies dessus dites. — m) *G H J K* droit. du trav. — n) *A C* cinquieme. — o) *A E F* man. des chem. — p) *M* si furent chil qui Jul. — q) *B E F* Julius. — r) *G H J K M* Jul. et Cesar firent f. — s) *C E G H J K* omettent la. — t) *C* ou la ligne. — u) *B E F* omettent se. — v) *B E F* pou. corre sans. — x) *A B E* grant montaigne. — y) *C E G* ou de. — z) *B* de .lx. pies, *mais le chiffre termine la ligne en sorte que c'est une faute par simple omission.* — aa) *E F* omettent Et la cause ... fut si large. — ab) *E F* Si doit. — ac) *E F* entendu. — ad) *A* fames. — ae) *B* viv. et puiss. — af) *F* f. puecnt vivre i puecnt e. m. — ag) *A B E* men. ou port. — ah) *G H J K* pourv. de tous. — ai) *G H J K* omettent mi. — aj) *H J K* p. quemins et. — ak) *G H J K* omettent mi.

720. Nous avons parlé de la division des chemins pour ce que nous regardons qu'il sont[a], ne s'en faut gueres, tuit corrompu par[b] la couvoitise de ceus qui i marchissent et par l'ignorance des souverains qui les deussent fere garder en leur largece[c] ; et pour ce que[d] la ou contens muet de largece de chemins, que l'en regart[e] se ce doit estre sentiers, ou chariere, ou voie[f], ou chemins, ou li[g] plus grans que l'en apele chemin roial[1] ; et selonc ce qu'il puet estre trouvé qu'il[h] fu anciennement, il doit estre ramenés a la[i] largece qui est[j] dessus devisee ; ne nus usages que l'en ait fet au contraire ne doit valoir, car usages qui est fes contre le commun pourfit ne doit pas valoir que la chose ne soit ramenee a son ancien estat[k].

721. De droit commun tuit li chemin, meismement cil de .xvi. piés, de .xxxii. piés ou de .lxiiii. piés[l], sont et apartienent en toutes choses au seigneur[m] de la terre qui tient[n] en baronie, soient li chemin par mi[o] leur demaine[p] ou par mi[q] le[r] demaine de leur sougiès, et est toute la justice et la seignourie des chemins leur. Mes de tant comme as chemins apartient nous avons la coustume contraire en Beauvoisins, car la coustume generaus[s] des chemins en Beauvoisins[t] est teus[u] que se[v] j'ai terre joignant du chemin d'une part et d'autre, en laquele terre j'ai[x] justice et seignourie, la justice du chemin est moie tant comme il dure par[y] mi ma terre ; et se je n'ai terre que d'une part du che-

---

a) *E omet* qu'il sont. — b) *C corr. et le couv.* — c) *E* en leur seignorie. — d) *G H J K M omettent* que. — e) *G H J K* l'en gart. — f) *F omet* ou voie. — g) *G H J K omettent* li. — h) *B E* ce que on trueve [*B* ne] que il ; *G* trouvé quel y fu. — i) *B omet* la. — j) *A* qui estoit dess. — k) *C* ram. en son estat anchien. — l) *A omet* piés. — m) *F* au seingneurs. — n) *B E F* qui tiennent. — o) *F* ch. en l. d. — p) *E* l. terre. — q) *G H J K omettent* mi. — r) *F* au ou dem. — s) *G H J K M* gen. en Beauvoisins des chemins. — t) *A B G H J K M omettent* en Beauvoisins. — u) *A B* teus en Beauvoisins que. — v) *A omet* se. — x) *B E F* j'aie. — y) *G* dure en me terre et par.

---

1. On peut rapprocher de cette dénomination celle d'Ulpien : « *Publicas vias dicimus quas Græci* βασιλικάς, *nostri prætorias, alii consulares vias appellant.* » (Digeste, l. XLVIII, tit. viii, loi 2, ii, § 22.)

min et uns autres[a] par[b][1] d'autre[c] part, la moitiés du chemin
par devers moi apartient a moi et l'autre moitié a celui qui
marchist par[d] d'autre part[e] si que, se mellee est fete seur
la moitié du chemin par devers moi, j'en doi porter toute
l'amende du mesfet, et s'ele est fete en[f] l'autre moitié[g], cil
qui marchist d'autre part l'en porte[h] ; et se la mellee est
fete[i] ou aucuns autres cas de justice avient[j] si ou milieu[k]
du chemin que l'en ne puet pas bien jugier[l] de certain de
quel part il fu plus[m] pres, li mesfès doit estre jugiés com-
munement[n] par les .ii. seigneurs qui marchissent au chemin.

722. Aucun sont qui contre ceste coustume vont[o] : c'est
assavoir que[p], en Beauvoisins[q], aucun sont[r] qui ont[s] jus-
tice[t] ès chemins qui vont par mi leur terre et par mi l'au-
trui, et ce sont cil qui ont voierie[u], laquele il tienent de
seigneur en fief et en homage. Et ces[v] voieries si[x] durent
dusques en certains lieus et tuit li cas de justice qui avie-
nent dedens les termes de[y] la voierie doivent estre justicié
par le seigneur qui la voierie est. Et qui ne puet prouver
par chartre ou par lonc usage pesible qu'il ait voierie en
autrui terre qu'en la sieue, la justice en apartient as mar-
chissans des chemins, si comme il est dit dessus[z].

a) *A omet* autres. — b) *E F* autres a par. — c) *C* par devers de l'autre
p. ; *M* uns aut. a terre de l'autre part. — d) *A omet* par. — e) *E* qui d'au-
tre part marchist. — f) *C* f. de l'autre ; *G* f. sur l'autre. — g) *E F* fete par
d'autre partie. — h) *G* march. de l'autre p. emporte toute l'amende. — i)
E omet est fete. — j) *E* just. est fais. — k) *E F* s'il est en milieu ; *H J* si
en milieu ; *K* si emmy lieu. — l) *E F* que on ne set mie bien de c. — m) *G*
le plus. — n) *G* jug. conjungement. — o) *A G H J K* coust. ont. — p) *C omet*
que. — q) *E F G H J K omettent* en Beauvoisins. — r) *E F* assavoir que
aucun sont en Beauvoisins. — s) *C* Beauv. si comme nous avons oi par le
coustume dessus dite si ont just. ; *G* qui en ont. — t) *A* justices ; *G H J K* ont
en Beauvoisins just. — u) *G* ont le voier. ; *H J K* ont leur voier. — v) *E F
omettent* voierie laquele il ... homage. Et ces ; *G* teles v. — x) *C* voier. li
durent. — y) *B E F omettent* les termes de ; *C* d. les lieus de. — z) *E F* dit
dessus et aveuc tout che il convient que il le tiengnent du seigneur en fief et en
hommage ; *G H J K* dit par dessus.

1. Avant *par* suppléez : *a la terre* ou *marchist* (confine) ; le copiste du
manuscrit auquel remontent *E F* dans ce passage et celui de *M* ont essayé de
corriger cette lacune qu'ils ont seuls vue et qui devait exister dans *O*.

723. Tout ainsi comme nous avons dit que li aucun en Beauvoisins ont voierie [a] par mi leur terre et par mi l'autrui, tout ainsi li cuens en pluseurs lieus [b] a voierie par mi [c] autrui terre et par mi son [d] demaine ; et est tout cler que nus n'a la [e] justice en [f] ces lieus fors que il [g], car autrement avroit il meins en sa terre que si homme n'ont [h] es [i] leur. Et la ou il a les voieries [j] seur les terres de ses [k] sougiès, il convient bien qu'il en ait usé pesiblement contre ses hommes, ou autrement si homme en porteroient la justice endroit [l] leur terres [m] par la general coustume du païs, si comme il est dit dessus. Et que teus [n] voieries soient il apert de cler, car a Clermont, a Creeil, a Gournay [o][1], a Remi [2], a Saci le Grant [p][3], il a ostes [q] qui tienent des hommes le comte et ont li homme [r] toute justice et toute seignourie [s] dedens les ostises qui sont d'aus [t] tenues ; nepourquant si tost [u] comme il [v] issent de leur uis seur les voies, il sont en [x] la justice le conte et tuit li cas qui i avienent doivent estre justicié par le conte. Et aussi hors des viles [y] durent [z] les voieries [aa], mes [ab] fors chose

a) *EF* auc. ont voieries en Biauvoisins p. mi. — b) *BEF omettent* en plus. lieus ; *C* plus. cas a v. — c) *HJK* voier. en autr. t. — d) *EF* et par raison de dem. — e) *C* n'a nule just. — f) *GHJK* just. parmi ces l. — g) *C* lui ; *EF* fors il ; *GHJK* fors li [*G* seulement]. — h) *HJK* si souget n'aroient. — i) *EF* n'ont en le leur. — j) *GHJK* a voierie. — k) *EF* s. le tere ses s. — l) *BEF* just. contre. — m) *ABC* terre ; *E* c. li ; *F* c. leur seigneur. — n) *GHJK* ces voier. — o) *HJK omettent* Gournay. — p) *C* a Sachi le Gr. et a Remi ; *E* Sacri le Gr. — q) *HJK* a homme qui. — r) *B* homme le conte t. j. — s) *EF omettent* et toute seign. — t) *EF* qui d'aus sont ten. — u) *JK omettent* si tost. — v) *HJK* qu'il. — x) *HJK* sont sor la j. — y) *M omet* aussi hors des viles. — z) *GHJKM* viles et durent (*M* dure). — aa) *M* le voirie. — ab) *GHJKM* voier. [*M* aussi] hors des viles mes.

1. Gournay-sur-Aronde, petite commune du canton de Ressons, arrondissement de Compiègne. La seigneurie en fut acquise au xiie siècle par le comte Raoul de Clermont d'Albéric de Hangest. En 1685, elle fut érigée en marquisat en faveur de Michel Amelot, ancien ambassadeur de France à Venise.
2. Sur Remy, voyez l'Introduction.
3. Sacy-le-Grand, canton de Liancourt, arrondissement de Clermont. Au xiiie siècle, cette petite localité comprenait six fiefs.

seroit a deviser tous les lieus, mes[a] nepourquant il sont bien
seu[b].

724. Tout soit il ainsi que li chemin par le droit com-
mun de Beauvoisins soient a celui qui au chemin marchist,
nepourquant il ne le puent estrecier ne empirier, car tout
est[c] tenu du conte ; si leur[d] doit li cuens fere tenir en leur
droite largece pour leur[e] commun pourfit, ne li cuens ne
doit pas soufrir que li grant chemin de .xvi. piés ou de plus
soient tresporté de lieu en autre en empirant. Donques[f],
qui ce vourra fere[g] il doit prendre congié au conte, et se li
cuens voit que ce soit li pourfis du païs[h] et li amendemens
du chemin, bien le puet[i] soufrir a tresporter. Et se li cuens
vouloit soufrir l'empirement des chemins, ne le souferroit
pas li rois ; ainçois, a la requeste du païs ou d'aucun de ceus
qui s'en dourroient et sans fere plet ordené, puet com-
mander[j] au conte qu'il face tenir les chemins de sa terre
en leur[k] droite[l] largece[m].

725. Se l'en veut bonner un chemin, l'en ne le[n] doit pas
fere en un lieu large[o] et en l'autre estroit, ainçois se doit
comporter d'une meisme largece. Nepourquant s'il a larges
places en aucuns lieus que l'en apele fros[p], — si comme il
semble que l'en les[q] lessast pour reposer ou pour pasturer[r],
ou pour ce que, pour la nature du terroir[s], il i a plus mau-
vese voie[t], — teus places[u] ne doivent pas estre ostees, car
c'est grans aisemens a tout le commun, ainçois doivent estre
maintenues en leur ancienne largece sans apeticier.

726. Quant l'en voit qu'uns chemins est corrompus en
pluseurs lieus et l'en le veut remetre en son droit point[v],

a) *EFHJK* et nep. — b) *C* bien sien ; *M* bien uzé par quoi on les con-
gnoit bien. — c) *B* est il t. — d) *C* si le d. — e) *AC* p. le com. — f) *II*
dont. — g) *C* qui les voudra tresporter. — h) *EF* omettent du païs. — i)
GHJK le doit soufr. — j) *C* puet li rois contremander au c. — k) *C* en se
dr. — l) *G* omet droite. — m) *AB* largeur ; *C* langueur. — n) *BEF* omet-
tent le. — o) *EF* faire largue en .i. costé et en. — p) *A* frez ; *BE* flos. —
q) *A* omet les. — r) *EFGHJK* p. pasture. — s) *A* terrour ; *B* terrouir ; *E*
teroiier. — t) *C* pl. mauveiz es voies. — u) *E* mauv. v. les voies ne doiv. ;
F mauv. v. que ez autrez lius telez voiez ne doiv. — v) *M* on le veut droite-
ment en estat.

ou doit l'en prendre[a] la largece certaine ? On[b] ne la doit pas prendre en[c] la largece des[d] fros[e] ne en l'issue des[f] viles, car il est en[g] mout de lieus que, es[h] issues des viles[i], li chemin sont plus[j] large qu'il ne doivent estre a plein champ pour l'aisement des viles, si comme pour l'issue des bestes, et pour l'amendement fere, et pour aler jouer. Ainçois la doit on prendre loin de la vile[k] a plein champ ou[l] lieu ou[m] il apert mieus ou par bonnes anciennes qui sont trouvees, ou par douves de fossés anciens[n] qui sont trouvees[o], et la doit on prendre la largece. Et se aucuns a labouré trop avant en la largece du dit chemin, ses usages ne li doit riens valoir pour ce que c'est contre le commun pourfit, mes amende ne l'en[p][1] doit[q] nus demander puis qu'il n'i avoit bonnes qui le chemin devisassent[r] ne douves de fossés anciens[s].

727. Toutes amendes qui sont pour empirement de chemins, si comme pour esboueler chemins[t], ou pour fere murs ou fossés ou edefices, ou terre oster en empirant[u] le[v] chemin[x], sont de .lx. s. et de remetre le chemin en autel point comme il estoit devant. Mes[y] de fere aucune chose par quoi chemins soit amendés, nus n'en[z] doit estre mis en amende, ainçois doit[aa] on bon gré savoir[ab] a tous ceus qui amendement i metent.

a) *B* point ou l'en doit le penre la larg. ; *C E F G H J K M* point on doit penre la larg. — b) *A* n'en ne la. — c) *M* et ne doit on pas prenre le mesure en. — d) *G H J K M* du fr. — e) *A* frez ; *B E* floz ; *C* friez ; *M* froc. — f) *C* en oissues de v. — g) *A M omettent* en. — h) *C* molt de villes et en molt de liex que les iss. ; *E F* que en l'issue. — i) *B omet* car il est ... issues des viles. — j) *C* s. molt pl. — k) *E F* dez villez. — l) *A* pl. champ pour l'aezement de la vile es l. — m) *A B E F* es lieus [*A* la] ou il. — n) *H J K* douv. anciennes de fosses. — o) *B E* trouvé ; *C F G omettent* ou par douves ... qui sont trouvees. — p) *C omet* l'en ; *J K* am. n'en doit. — q) *C* doit on nus. — r) *G H J K* qui devisassent le chemin ; *M omet* qui le chem. devis. — s) *G* anc. ne nulle apparissance ; *M* fos. anchiennes qui devizant le chemin. — t) *E F omettent* si comme ... esb. chemins. — u) *C* ost. ou empirement. — v) *A B C F* de ch. — x) *A B* chemins. — y) *B omet* en autel point ... est. devant. Mes. — z) *H J K* nus ne doit. — aa) *A omet* doit ; *H J K* en doit. — ab) *C* savoir bon gré.

. . 1. *L'en*, lui en. proclise du pronom datif avec *en* qui commence à devenir rare à la fin du XIII[e] siècle.

728. Quant aucuns a terre gaaignable d'une part et d'autre le chemin, et li chemins est de meins de .xvi. piés, il puet bien fere passer[a] sa charue au travers du chemin pour labourer[b] sa terre toute a une roie. Mes se li chemins est[c] de .xvi. piés ou de plus et il est bonnés, ou il i a[d] douves[e] de fossés anciens, il ne le puet pas[f] fere qu'il ne chiee en amende[g] de .lx. s.[h]

729. Puis qu'il est[i] dit que nus empiremens ne doit estre fes en chemins, il est certaine[j] chose que cil l'empire qui desfet la chauciee qui fu fete[k] pour le chemin amender, ou qui oste les pierres ou les planches qui i[l] furent mises pour les mauvès pas, ou qui coupe[m] les arbres qui furent planté pour les reposees et pour avoir ombre, et[n] tout soit il[o] ainsi que cil qui oste aucune de ces choses ait la justice du chemin, ne li doit pas li souverains soufrir, ainçois en doit lever l'amende et fere le chemin refere. Et s'il[p] coupa arbres, nous nous accordons que la valeur de l'arbre soit au conte si qu'il ne les[q] coupe[r] pas par couvoitise ; nepourquant se[s] li arbres est sès ou[t] s'il i a bois esbouli, li sires qui a la justice du chemin le[u] puet couper ou esrachier[v] sans mesfet[x]

730. Quant uns chemins est si durement empiriés[y] en aucuns lieus[z] que l'en ne le[aa] puet pas[ab] refere sans trop grant coust, il loit au souverain qu'il le face aler au plus pres[ac] du lieu la[ad] ou il estoit et de cele meisme largece dont[ae] il doit estre, en tel maniere que li damages soit rendus a

---

a) *G* f. torner sa ch. ; *HJK omettent* passer ; *M* piés bien peust aler le carue. — b) *BEF* pour fere sa t. — c) *AE omettent* est. — d) *G* ou qu'il y ait. — e) *C* bonnes. — f) *BE omettent* pas. — g) *CE* en l'am. — h) *A* omet de .lx. s. ; *G* s. parisis. — i) *B* omet est. — j) *EF* est aperte coze. — k) *GHJK* les chaucices qui furent fetes. — l) *EHJK omettent* i. — m) *AC* coupent. — n) *GHJK omettent* et. — o) *C* omet soit il. — p) *B* Et cil coupa. — q) *BEF* le. — r) *B* coupa. — s) *C* nep. quant li a. — t) *C* et. — u) *A* les. — v) *HJK* coup. et essarter. — x) *GHJK* sanz nul mesfet. — y) *C* empiriés si durement. — z) *BEF omettent* en aucuns lieus. — aa) *B* omet le. — ab) *EGHJK omettent* pas. — ac) *ABF omettent* pres. — ad) *EGHJK omettent* la. — ae) *EF* larg. que il.

ceus qui[a] terre l'en prent pour le chemin refere[b]; et li coust doivent estre[c] pris seur le commun des marchissans qui le plus grand aisement ont[d] du chemin.

731. Bien puet cil qui tient en baronie donner une fausse coustume entre ses sougiès .i. an ou .ii. ou .iii., selonc ce que mestiers est, pour amender et pour fere bons[e] les chemins[f] qui sont convenable[g] a la communeté[h] du païs et as marcheans[i] estranges[j], mes a tous jours ne puet il establir[k] tel coustume nouvele, se ce n'est par l'otroi du[l] roi.

732. Se li seigneur des viles[m] qui ont la justice[n] ès chemins voient qu'il soit grans mestiers d'amender les et si sougit ne s'i vuelent acorder pour les cous, il[o] ne les doit pas pour ce[p] lessier a fere amender, mes que ce ne soit a cous trop grans[q] ne trop outrageus pour grever ses sougiès. Et si puet et doit contraindre ses sougiès[r], soient gentil homme ou de[s] poosté a ce que chascuns pait des fres selonc[t] son avenant, et l'estimacions doit estre fete par le serement de[u] bonnes gens esleus[v] de par le seigneur.

733. Il avient a la fois que cil qui font assiete pour cous de chemins, ou d'eglise, ou d'aucun commun pourfit, et sont il meisme de l'assiete, se[x] metent a meins en[y] leur persones[z] que les autres; et ce doit li sires amesurer quant il le set et leur doit fere paier leur avenant; et si leur doit defendre qu'il ne facent trop outrageus despens seur leur assiete selonc[aa] leur estat et selonc ce que la besoigne est grans ou petite. Et, s'il font trop outrageus despens[ab] ou il

---

a) *C* chaus quelle terre. — b) *A B C* chem. fere. — c) *E F omettent* en tel maniere ... coust doivent estre. — d) *A omet* ont. — e) *C omet* bons. — f) *G* f. les chem. bons. — g) *B E F* porfitablez. — h) *E* as communes du p.; *F* au commun du p. — i) *C E* aus marchissans. — j) *B E F* march. qui sont estrange. — k) *B E* fere. — l) *A* otr. lou roi. — m) *E F omettent* des viles. — n) *E F* les justiches. — o) *G* cous qui y sont trop grans. — p) *G H J K* pour aus less. — q) *A E F G* a trop grans cous. — r) *A E omettent* Et si puet ... contraindre ses sougiès. — s) *A C* ou homme de p. — t) *E F* fr. a son. — u) *E F omettent* le serement de. — v) *E F* es lieus. — x) *C* s'i m. — y) *A omet* en. — z) *H* persone. — aa) *E F* ass. mes sel. — ab) *A omet* seur leur assiete ... trop outrageus despens.

assieent trop[a] peu seur aus selonc leur estat[b], et li communs
s'en plaint ou l'une[c] partie[d] du commun, li sires i doit
metre conseil, car autrement pourroient il chargier autres
pour aus alegier.

734. Il est dit dessus que l'assiete des cous qui sont fet
pour le commun pourfit doit estre assise par le serement de
bonnes gens[e], et c'est voirs[f]; nepourquant seur clers ne
seur gentius hommes, par nostre coustume, ne pueent il
metre assiete. Or veons donques comment l'en les con-
traindra a metre[g] leur avenant es cous, car nus n'en doit
estre quites[h] qui ait[i] eritage[j] et[k] residence[l] seur le lieu. Il
convient que li clerc soient contraint par leur ordinaire et
li gentil homme par le conte en tel maniere que, s'il i me-
tent de leur volenté soufisanment, l'en les doit lessier en pes ;
et, s'il ne vuelent, li cuens doit[m] metre estimacion seur les
gentius[n] hommes, et l'officiaus seur les clers; ne ce n'est pas
bon[o] a soufrir que li povre paient l'aisement[p] que li riche
ont es choses communes, car plus sont riche et plus grans
mestiers leur est que li chemin et les choses communes
soient amendees.

735. Se char[q] ou charetes ou sommier[r] ou gent[s] char-
gié s'entrencontrent en destrois[t] de[u] chemins, cil qui est li
meins chargiés et des choses meins perilleuses[v] se doit des-
tourner : si comme se une charete menoit pierre[x] et ele en-
contre[y] une autre[z] charete qui meint[aa] un tonel de vin[ab],
mieus se doit destourner cele qui mene la pierre que cele

a) *B E F omettent* trop. — b) *H J K omettent* sel. leur estat. — c) *H J K omet* l'. — d) *G* l'une des parties du c. — e) *A B H* bone gent; *C* gent. — f) *J K* vray. — g) *C* contr. a faire leur mestre leur av. — h) *A omet* quites. — i) *C* qui a. — j) *A B* heritages. — k) *E F* er. ne res. — l) *E* ne maison resident, maison *écrit postérieurement en marge avec signe de renvoi.* — m) *G H J K* s. y doit. — n) *A B C E F omettent* gentius; *E F* ses hom. — o) *A* bien. — p) *C* p. paiassent tout l'ais.; *E* p. les aaisemenz. — q) *C* .I. chars; *J K* charios. — r) *C* ou une char. ou un somm. — s) *C omet* ou gent. — t) *C* estrois. — u) *C E G H J K omettent* de. — v) *E F* et des mains perill. cozes. — x) *C* pierres. — y) *E F* encontroit. — z) *A omet* autre. — aa) *C H J K M* qui maine; *E omet* une autre char. qui meint; *F* qui menroit. — ab) *G* char. chargie de vin de .I. tonnel.

qui mene le [a] tonel de [b] vin [c], car ce ne seroit pas si grans
damages ne si grans perius [d] de la pierre comme [e] ce seroit [f]
du [g] tonel [h] de [i] vin ; et par ce qui est dit de la pierre et du
vin [j] poués vous entendre de toutes autres choses, que les
meins perilleuses se doivent destourner. Et se cil qui les
meins perilleuses [k] conduisent sont si [l] outrageus qu'il ne
vuelent ne ne deignent lessier leur voie [m], et il mesavient
as denrees perilleuses par leur outrage [n] ou par leur niceté [o],
ou pour ce qu'il ne se voudrent [p] destourner [q] et si le peus-
sent bien fere s'il vousissent, il sont tenu au damage rendre,
et fust encore ainsi qu'il eussent receu aucun damage de ce
meisme qu'il menoient ; car se je me fes damage par ma
sotie et a autrui aussi, je ne sui pas escusés de l'autrui da-
mage [r] pour le mien [s].

736. Grans perius est d'user mauvesement des choses qui
sont trouvees es chemins et maint mal en sont avenu [t]. Cil
en usent mauvesement qui truevent aucunes [u] choses et se-
vent bien qu'eles ne sont [v] pas leur [x], ains la mucent ou il
l'aproprient a aus [y] ; et c'est [z] une maniere de larrecin, tout
soit il ainsi qu'il sont [aa] une maniere de gent si negligent [ab]
qui ne le cuident pas, ainçois cuident que ce [ac] doie estre leur,
meismement quant nus ne leur demande. Mes non est, ain-
çois en doivent ouvrer en la maniere qui ensuit [ad].

---

a) *A* ,I. ton. — b) *BEF omettent* tonel de. — c) *C omet* mieus se doit ·
... tonel de vin. — d) *GJK omettent* ne si grans perius. — e) *C* p. que ce
s. — f) *EF omettent* ce seroit. — g) *A* d'un. — h) *BEHJK omettent* ce
seroit du ton. — i) *BEHJK* du ; *M* vin, car plus grand peril puest avoir en
chelle qui maine le vin que en chelle qui maine la pierre. — j) *G* du tonneau
de vin ; *HJK omettent* qui est dit. — k) *CEF* perill. choses cond. — l) *C*
estoient si orguilleus et si outr. — m) *C* ne se vausissent destourner ne
daingnassent laissier l. v. ; *EF* il ne se vuelent ne ne d. destorner ; *G* outr.
qui ne vueillent ou daignent eulx destourner ne laissier les voies. — n) *C omet*
par l. outrage. — o) *B omet* ou par leur niceté. — p) *A* v. pas dest. ; *B*
vosissent. — q) *E omet* et il mesavient ... se voudrent destourner. — r) *G*
esc. du dommage d'autry. — s) *EF* escuses de mon damage pour autrui. —
t) *AB* sont venu. — u) *C* tr. les ch. ; *GHJK* autrui choses. — v) *B* ele
n'est p. ; *EF* che n'est. — x) *E* leur avoirs. — y) *B* apr. as leurs ; *F* a leur.
— z) *EF* ch'est mauvaisement uzé et une man. — aa) *ABEF* soit. — ab) *AC*
gens si negligens. — ac) *C* qu'il d. — ad) *JK* qui s'ensuit.

737. Quant aucuns trueve en chemin aucune chose cheue[a], lever la[b] puet et porter en[c] apert, et se aucuns la siut[d] et fet[e] pour sieue[f], s'il en dit[g] vraies enseignes, rendre li doit. Et se nus ne siut la chose trouvee, cil qui la trouva doit aler a la justice qui a[h] la haute justice[i] du[j] lieu ou la trueve[k] fu fete et li doit baillier ; et adonques la justice doit fere dire[l] au prone ou[m] en[n] plein marchié que teus chose a esté trouvee et, se nus vient avant qui la prueve a sieue, ravoir la doit; et se nus ne la prueve a sieue, ele demeure au seigneur comme chose espave. Et ainsi poués vous entendre que li trouveres n'i a riens se cil qui la chose est ou li sires ne l'en fet aucune courtoisie de sa volenté. Et se li trouveres en use autrement, avoir en puet honte et damage, et se nus ne l'en demandoit[o] riens, si ne[p] la puet il retenir qu'il ne l'ait mauvesement et contre l'ame de lui.

738. Nus ne doit prendre autrui[q] chose ne lever qu'il truist hors de chemin commun, car il puet estre qu'ele i fu mise a escient par une entencion de revenir la querre. Nepourquant l'en puet bien trouver aucune[r] chose en si repost lieu, si comme chose[s] perdue de lonc tans, que l'en la puet[t] lever et porter[u] au seigneur, si comme il est dit dessus[v]. Et teus trueves[x] qui les[y] retient a soi, li sires l'en[z] puet suir comme d'espave concelee; et creons en tel cas que l'amende devroit[aa] estre d'autant de valeur comme la chose qui fu[ab] trouvee[ac] laquele li trouveres vout retenir a soi.

a) *G* cheue a aucune persone ; *M* tr. aucune coze en chemin qui est a autruy ceue. — b) *HJK* lev. l'en p. — c) *G* et emporter tout en ap. — d) *GHJKM* auc. l'en poursiut. — e) *GHJKM* et la fet. — f) *C* fait poursieurre ; *G* fet sieue ; *M* et le fet soie. — g) *G* s. et donne vr. ens. ; *JKM* et lui en dist. — h) *C* just. si comme a chelui qui en a. — i) *BGHJKM* omettent qui a la haute just. ; *E* justiche haute. — j) *A BEF* just. ou lieu. — k) *M* aler a le justiche et qui est sires lou le trueve. — l) *BEF* fere crier. — m) *HJK* pr. et en. — n) *A* omet en. — o) *ABE* demande. — p) *C* r. sieue ne. — q) *GHJK* pr. l'autrui. — r) *GHJK* trouv. une ch. — s) *EF* omettent en si rep. l. si com. chose. — t) *EF* on ne le puet ; *GHJKM* puet bien lev. — u) *A* aporter ; *E* lev. et se on le lieve que on ne le doie porter. — v) *HJK* si com. dit est. — x) *HJK* teus choses qui. — y) *C* tr. que on ret. — z) *AB* s. le p. ; *EF* s. les p. — aa) *GHJK* am. doibt e. — ab) *GHJKM* omettent qui fu. — ac) *G* omet trouvee.

739. Quiconques perde la chose et la trueve en autrui main qu'en la sieue par[a] vente ou par[b] garder[c] ou en autre maniere, cil qui a sa[d] chose perdue la puet demander, s'il li plest, a celui qui la trouva; et convient que li trouveres[e] l'en responde et[f] qu'il[g] li rende la chose ou la valeur s'il ne puet la chose ravoir. Et s'il plest[h] mieus a celui qui demande, a poursuir celi qui a la chose de[i] celui qui la trouva, ou d'autrui[j], — si comme choses se remuevent de main en main, — fere le puet[k] et est cil qui a la chose[l] tenus a respondre. Mes s'il le requiert, il doit avoir jour de garant[m] de celui qui la chose li bailla; et s'il ne le[n] puet avoir ou li garans ne li puet garantir pour[o] povreté ou pour[p] autre cause, pour ce ne demourra[q] pas que cil qui demande sa[r] chose ne la rait de celui qui l'a[s], essieutés aucuns cas, si comme se cil qui a la chose l'acheta en[t] marchié commun comme cil qui creoit que li venderes eust pouvoir du vendre et ne connoist le vendeur, ou il est en tel lieu qu'il ne le puet avoir a garant : en tel cas cil qui poursiut sa chose qu'il perdi ou qui li[u] fu emblee ou tolue[v], ne la ravra pas[x] s'il ne rent l'argent[y] que l'acheteres en paia, car puis qu'il l'acheta sans fraude et en marchié[z] il ne doit pas recevoir la perte de son[aa] argent[ab] pour autrui mesfet; mes s'il l'avoit achetee hors de marchié[ac] par mendre pris que la chose ne vauroit, le tiers ou la moitié, et il ne pouoit trouver son garant, li demanderes ravroit[ad] sa chose sans l'argent de

a-b) *C* pour. — c) *A* p. garge. — d) *EHJK* a le ch. — e) *EF* li responderres. — f) *HJK* ou. — g) *GHJK* qui li. — h) *A* omet plest. — i) *BEF* ch. que cel. — j) *GHJK* autr. fere le puest. — k) *GHJK* omettent fere le puet. — l) *EF* et chiex qui a la ch. est ten. — m) *B* gar. avoir dé. — n) *A* ne la p. — o-p) *CHJK* par. — q) *C* dem. il pas. — r) *E* c. qui a le coze ; *F* chix qui perdi le coze. — s) *BEF* omettent de celui qui l'a. — t) *A* ach. el m. — u) *HJK* omettent li. — v) *BF* ou qu'on li embla ou toli; *E* on li toli ou embla. — x) *ABEF* ne l'avra. — y) *GHJK* rent ce que. — z) *C* en plain marchié ; *G* en marchié commun. — aa) *E* omet la perte de son. — ab) *E* l'argent *biffé et remplacé au* xv*e siècle par* damache. — ac) *E* ach. en marquié ou hors p. m., *ou écrit au* xv*e siècle dans l'interligne; F* acaté en marquié hors, en marquié *mis entre guillemets sans doute peu après la date du manuscrit.* — ad) *HJK* avroit.

la vente[a] paier, pour ce que l'en doit avoir grant presomp-
cion[b] contre ceus qui ainsi achatent.

740. Encore se aucuns a presté deniers seur la[c] chose
qui fu tolue[d] ou emblee ou perdue, et cil qui la chose fu la
demande a celui qui l'a en gages, et cil qui presta seur le
gage[e] ne puet avoir son garant de celui qui li bailla en gages,
il ne ravra pas sa chose s'il ne paie l'argent qui fu prestés
sus; et[f] ce qu'il presta[g] a[h] usures, li demanderes ne paiera
fors le[i] chatel. Et s'il puet estre seu ou la justice voie[j] grans
presompcions[k] que cil qui presta seust ou creoit[l] que la chose
venist[m] de mauvès lieu, en tel cas nous nous acordons que li
demanderes rait sa chose sans paier ce qui fu presté, car
autrement pourroit on eschiver l'acheter et feroit on le
prest en entencion que la chose ne seroit[n] pas[o] rachetee.
Et grans presompcions seroit a celi qui presteroit seur
un cheval a la requeste d'un povre homme qui l'en menroit[p]
et diroit qu'il seroit siens et n'en[q] moustreroit nule certai-
neté, ainçois aparroit a son estat ou[r] a la connoissance du
presteur qu'il n'avroit pas usee tel marcheandise et qu'il ne
seroit pas siens; et par ceste presompcion puet on entendre
les autres qui puecnt avenir en tel cas[s].

741. Coustume est en mout de lieus que l'en fet crois
de pierre ou de fust es quarrefours des chemins ou en autres
lieus[t] hors des[u] sains lieus qui sont dedié, et la coustume
est bonne pour la remembrance[v] de Nostre Seigneur Jhesu
Crist qui, pour notre redempcion, i[x] voust soufrir[y] mort et
passion. Nepourquant teus crois qui sont assises hors des

---

a) *E* omet de la vente ; *FHJK* la chose. — b) *HJK* grans presompcions.
— c) *BEF* seur aucune ch. — d) *B* fu trouvee ou. — e) *EF* omettent le
gage. — f) *C* pr. dessus car chc. — g) *B* et cil qui pr. ; *EF* a cheli qui pr.
[*E* l'argent]. — h) *A* presta sus a. — i) *AB* p. que le ch. ; *HJK* paiera fors
l'argent du ch. — j) *G* just. y voie ; *HJK* voit. — k) *BE* grant presompcion.
— l) *HJK* creust. — m) *A* cr. que l'avenist ; *EGHJK* venoit. — n) *GHJK*
ne fust pas. — o) *EF* seroit mie trouvee ne rac. — p) *C* qui le menroit ; *G*
qui l'amenroit. — q) *GHJK* et ne m. — r) *EF* omettent ou ; *GHJK* est.
et a. — s) *G* autres qui tous les jours puecnt avenir en tiex cas. — t) *A* au-
tre lieu. — u) *BEHJK* h. de s. l. — v) *GHJK* pour l'onneur. — x) *AB*
il voult ; *CEF* omettent i. — y) *G* red. y soufrit.

lieus sains ne[a] garantissent pas les maufeteurs, tout soit il ainsi qu'il i voisent en entencion d'avoir garant de leur mesfet, car se teus crois pouoient garantir les maufeteurs, li murtrier et li robeur de[b] chemins et li mellif avroient[c] trop grant[d] marchié de leur mesfès, et en pourroient mout de maus estre[e] fet apenseement. Et se teus crois portoient garant, aussi bien pourroit[f] porter garant une crois qu'aucuns porteroit[g] seur soi[h], et ainsi pourroient li maufeteur tous jours estre saisi de leur garant[i] par la crois qu'il porteroient seur aus[j].

742. Entre les autres choses que nous avons dites des aisemens communs que chascuns doit avoir es chemins[k] pour aler et pour venir pesiblement, tuit li seigneur doivent mout prendre garde que li pelerin ne[l] soient pris ne destourbé pour petite achoison[m], car c'est mal de destourber ceus qui sont en voie de bien fere; et se aucuns les areste ou[n] destourbe a tort ou pour[o] petite achoison[p], li souverains les doit fere delivrer et rendre leur damages, et aussi de tous autres estranges qui vont par les chemins.

Ci fine li chapitres des chemins et des trueves qui i sont fetes, et du conduit as marcheans et as pelerins.

a) *C* Et nepourquant tiex mors si ne son assize hors des liex que pour assener aus chemins ne il ne garant. — b) *C H J K* rob. des chem. — c) *H* en aroient. — d) *C* trop bon m. — e) *B* mout de mal en estre. — f) *A E G* pourroient; *F* porteroient. — g) *A C* pourroit porter; *B* auc. feroit seur; *E F* auc. feroient seur. — h) *E F* s. aus; *H J K* s. lui. — i) *A B* garans; *E F* estre warni et saisi de leur meffaiz. — j) *E F* aus si comme j'ai dit. — k) *C E F omettent* es chemins. — l) *B* omet ne. — m) *C* petit d'achoison. — n) *E F omettent* areste ou. — o) *G* ou a p. — p) *C* et a petit d'achoisons. — Expl.) *A* Ici f. : *il omet* i; *B* des trives; *C* Chi define; *E F* ch. qui parole des; *E omet* i; *H J* Explicit; *K n'a pas d'explicit.*

XXVI.

*Ci commence li .*xxvi*. chapitres de cest livre qui parole des*
mesures et des pois a quoi l'en poise.

743. Dit avons ou chapitre devant cestui de quel largece
li chemin doivent estre maintenu si que li marcheant et li
pelerin et autre gent[a] qui en ont mestier i puissent aler sau-
vement ; et pour ce que mout de marcheandises queurent
par[b] pois et par mesures et especiaument es choses qui par
mesure[c] doivent estre livrees, nous parlerons en cest cha-
pitre ci endroit des mesures et des choses qui[d] sans mesure[e]
ne[f] se pueent marcheander, et du peril qui est en vendre
et en acheter[g] pour ce que les mesures se diversefient[h] selonc
la coustume[i] de chascune vile[j], et quele mesure est gene-
raus selonc nostre coustume.

744. Jehans proposa contre Pierre et dist a Pierre qu'il
li[k] devoit .i. quartier de blé quant il[l] mouloit .x. mines a
son moulin[m], et de .v. mines demi quartier ; et comme[n] cius[o]
demis quartiers[p] ne fust pas fes, ains prenoit Pierres au
quartier par esme et certaine mesure ne pouoit estre fete[q]

Rubr.) *A* Ici comm.; *C donne la rubrique du chapitre* xxxvi; *EFH*
omettent de cest livre ; *F* li .xxv. c. ; poise et mesure ; *H* l'en poise et me-
sure ; *JK ont la même rubrique qu'à la table.* — a) *C E* et les autres
gens. — b) *E* par le roiaume par ; *G* par le pais par p. — c) *H* mesures. —
d) *E omet* qui. — e) *HJK* sans mesures. — f) *E* qui ne. — g) *E omet* et
du peril ... et en acheter ; *F* peril qui est en marcheander. — h) *E* divers,
en pluseurz lieuz sel. — i) *E F* sel. les coustumes. — j) *E* coust. des villes.
— k) *G* dist que P. li dev. ; *HJK* dist qu'a P. il dev. — l) *C* q. on moul. —
m) *E F* m. a son molin .x. mines [*E* de blé]. — n) *G* comment. — o) *J* ce ;
K se. — p) *G H* dem. quars ne. — q) *A B omettent* fete.

en tel maniere, requeroit il qu'il eust demi quartier certain[a] ou moulin[b] pour soi aquitier de .v. mines. A ce respondi Pierres qu'il avoit usé de tous jours a prendre le demi quartier au quartier par[c] avis[d], ne autrement ne le vouloit fere, ains requeroit qu'on le tenist en son usage.

745. Il fu jugié que puis que Pierres connoissoit que Jehans li devoit certaine mesure[e] de .x. mines et de .v. mines, que ses usages ne li vauroit[f] pas qu'il ne li fist quartier et demi quartier. Et par cest jugement puet chascuns entendre que toute chose qui se doit paier par mesure doit avoir droite mesure selonc la coustume du lieu ou la chose est deue.

746. Il est certaine chose[g] que les mesures ne sont pas en la conteé de Clermont egaus[h], ains se diversefient en pluseurs viles. Or est assavoir[i], — se Jehans vent a Pierre en la vile de Creeil .x. muis de blé rendus[j] a Clermont a certain jour, — a quel mesure Pierres le[k] recevra, ou a cele de Creeil ou li marchiés est fes, ou a cele de Clermont la ou il le doit recevoir? La moie[l] opinions est qu'il le doit recevoir[m] a la mesure de Clermont. Mes se Jehans eust dit au vendre : « Je vous vent .x. muis de blé conduis a Clermont », je deïsse[n] qu'il les deust livrer a Clermont a la mesure de Creeil ou li marchiés fu fes, car par le mot du conduire il semble qu'il soit tenus au mener.

747. Quiconques mesure a fausse mesure et en[o] est atains, la mesure doit estre arse et li damages rendus a tous ceus qui pourront prouver[p] qu'il aient[q] eu[r] par la mesure ; et si est a .lx. s. d'amende envers le seigneur s'il est hons de pooosté ; et s'il est gentius hons l'amende est de .lx. lb.

---

a) *A omet* certain. — b) *E F* quart. au molin certain. — c) *C* et par. — d) *G* par esme. — e) *C* conn. chertaine mesure a devoir a Jehan de .x. ; *G H J K* certaines mesures. — f) *G H J K* valoit. — g) *H J K* Certaine coze est. — h) *C* omnies. — i) *E* Or veons se. — j) *A B* vendus. — k) *E F* P. les r. — l) *A J K* Mon op. ; *E F G* Nostre op. ; *H* M'op. — m) *A B C E F* le recevra a. — n) *E* nous disonz ; *F* nous deissons. — o) *C omet* en ; *E F* et il en ; *G H J K* et y est. — p) *H J K* pourr. moustrer. — q) *A* qu'il l'aient. — r) *E F* en damage par.

748. Chascuns par nostre coustume puet avoir mesure mes qu'ele soit juste selonc la coustume du lieu ou il en vourra user.

749. Il est dit que chascuns puet avoir juste[a] mesure[b] selonc le lieu[c] ou il en vourra[d] user, mes c'est a entendre que l'en n'en[e] doit pas user en damajant les[f] marchiés usés[g] et acoustumés[h] de lonc tans : c'est a dire que nus ne puet ne ne doit fere nouvel marchié, mes pour son user et pour son[i] mesurer ce qui est creu en son eritage et pour vendre puet chascuns mesurer en sa meson sans fere estaple de nouvel lieu. Et qui veut avoir certaine mesure et oster soi de peril, si face sa mesure seingnier au seing le conte et adonques pourra mesurer sans peril.

750. Mesure de tous grains si est par toute la conteé qu'il a[j] ou[k] mui .XII. mines ; mes[l] les mines sont plus grans en un lieu[m] qu'en un autre, et pour ce, qui vent ou achate il doit bien regarder en quel lieu et a quel mesure[n] il fet son marchié, qu'il ne soit deceus par les mesures.

751. Mesures de vins ne sont pas onnies ; nepourquant[o] on conte chascun[p] mui pour[q] .XXIIII. setiers, mes li setier ne sont pas tuit aussi grant li un comme li autre[r] ; ainçois i[s] a mout de viles en la conteé qui prenent et mesurent leur vin[t] a jauge et a la mesure de Chastenoy[1], et de teus viles i

---

a) *GHJKM omettent* juste. — b) *E* mesure juste ; *M* chasc. par nostre coustume puet avoir mesure juste. — c) *E* sel. le coustume et ou ; *GHJK omettent* le lieu ; *M* mes. juste selonc nostre coustume du lieu. — d) *M* verra. — e) *ABC* l'en ne doit. — f) *GHJKM* en autrui damachant ne les m. — g) *M* march. qui sont uzés. — h) *GHJKM omettent* et acoustumés. — i) *ABEF omettent* son. — j) *BEF omettent* qu'il a. — k) *A* en mui. — l) *AB omettent* mes. — m) *HJK* sont en .I. lieu plus grans. — n) *EF* et en quele maniere. — o) *C* et nep.; *G* mais nep. — p) *A* conte un mui ; *EF* c. pour ch. m. ; *GHJK* conte en chasc. — q) *EFGHJK omettent* pour. — r) *EG* si en ung lieu comme en ung (*E* l')autre. — s) *HJK omettent* i. — t) *CEGHJK* vins.

---

1. Catenoy, canton de Liancourt, arrondissement de Clermont, petite localité fort intéressante. La châtellenie, appelée *Villa Castiniacus* dans la charte donnée en 1015 par le roi Robert (Loisel, *Mémoires des pays, villes, ... de Beauvais et Beauvoisis*, p. 248, éd. 1617), et portant confirmation de la donation du comté de Beauvais à l'évêché, appartenait à ce comté, tandis

a qui le prenent a la mesure de Clermont, et si i a de teus viles qui ne le prenent ne a Clermont ne alieurs, ainçois ont certaines mesures acoustumees de lonc tans. Et il est bien resons que l'en tiegne chascune vile en l'usage de tel mesure comme ele a acoustumé[a], meismement quant li usages n'apetice de riens[b] le droit[c] au[d] seigneur. Car en mout de cas ne vaut riens usages contre seigneur si comme vous orrés ou chapitre qui enseigne quel[e] usage valent et liquel[f] non[1].

752. Les mesures des terres[g] ne sont pas onnies ne que celes du grain. Nepourquant communement la[h] ou la mesure du grain est petite la mesure de terre est petite, et la ou la mesure de grain est grans la mesure de terre est grans, si qu'il[i] semble merveilles[j] bien que l'en fist anciennement les mesures[k] de terre[l] selonc la mesure du[m] grain[n], car aussi comme l'en conte .xii. mines de blé[o] pour .i. mui[p] en chascune vile de la conteé, tout aussi en[q] chascune vile[r] l'en conte[s] .xii. mines de terre pour .i. mui de terre[t]. Et si voit on clerement qu'en chascune vile, peu s'en faut, l'en seme

a) *G acoust. a mesurer.* — b) *B apet. point le.* — c) *HJK le droiture.* — d) *AB dr. le seign.* — e) *HJK liquel.* — f) *A queus.* — g) *A de terre ; C de terres.* — h) *GHJKM omettent la.* — i) *M si comme il.* — j) *M omet merveilles.* — k) *AC la mesure.* — l) *M mes. des terres.* — m) *A mes. de gr.* — n) *BEF anc. les mes. dou grain sel. la mes. (EF les mesures) des terres ; M sel. les mesures des grains.* — o) *C omet de blé ; G de grain.* — p) *HJK mui de blé.* — q) *A pour chasc.* — r) *B omet de la conteé ... chascune vile ; EF omettent en chasc. vile.* — s) *EF conte en (E de) chascune vile .xii. m.* — t) *B omet pour .i. mui de terre.*

que la seigneurie de Villiers-lès-Catenoy, hameau dépendant de la paroisse, était du comté de Clermont. C'est sur son territoire que Charles de Navarre défit et massacra trois mille Jacques (Froissart, *Chroniques*, V, 102, S. Luce). Il s'y tenait le 29 septembre une foire très importante, ce qui explique comment la mesure du pays a pu être adoptée dans les environs. Il est question de la mesure de vin de Catenoy dès 1202 dans une charte de Catherine de Clermont relative à une redevance due par l'abbaye d'Ourscamp aux seigneurs de Villiers (*Cartulaire de l'abbaye d'Ourscamp*, éd. Peigné-Delacour, p. 154 et 162). Il y avait aussi à Catenoy une mesure particulière pour les grains, qui contenait un tiers de plus que la mesure de Clermont et qui servait seulement à percevoir les cens de la seigneurie. Cf. en outre Graves, *Précis statistique sur le canton de Liancourt*, s. l. ni d., in-8°.

1. Ch. xxiv.

une mine de terre d'une mine de blé. Car a Clermont la
mine de terre est de .LX. verges de .xxv. piés la verge, et si
la seme l'en d'une mine de blé[a] a la mesure de Clermont ; et
a Remi la mesure[b] de terre a .IIII[xx]. verges[c] de .xxII. piés et
pleine paume la verge, et si la seme l'en d'une mine[d] de blé
a la mesure de Remi, et li muis de blé[e] de Remi fet a
Clermont .xIIII. mines et demie, si que c'est onques selonc
l'avenant a ce que la mesure de Remi est plus grans que
cele de Clermont. Et tout aussi comme je vous ai dit de ces
.II. viles que la mesure de terre suit cele du blé, tout ainsi
es autres viles la mesure de la terre[f] suit cele du blé[g].

753. Bois, vignes, aunoi[h], jardin[i], pré communement ne
se mesurent pas selonc la mesure des terres par mines[j],
ainçois se mesurent par arpens, liquel arpent selonc la
coustume se mesurent[k] en .II. manieres : la premiere ma-
niere[l] si est que l'en tient pour[m] .I. arpent cent verges en
autel verge comme il queurt ou lieu a mesurer les terres
gaaignables, si que il est en aucuns lieus[n] que la verge n'a
que .xx. piés, et[o] en teus lieus i a plus et en teus lieus[p] i a
meins, si que .c. verges a la verge du lieu sont contees pour[q]
.I. arpent. Et l'autre maniere d'arpent si est l'arpens li-
queus contient .c. verges de .xxv. piés la verge, et c'est li
drois arpens le roi. Et a tel arpent deust on mesurer tous
les eritages dessus dis qui par arpent se mesurent. Mes les
acoustumances de lonc tans le[r] corrompent en pluseurs
lieus, si qu'il convient garder en teus mesures la coustume
de chascun lieu.

754. Quant aucuns doit livrer a autrui eritage par mesure
dusques a certain nombre de mesures par ventes ou par don

---

a) *A omet* de blé. — b) *E F* Remi le mine de t. — c) *G* a .xxIIII. verg.
— d) *A* d'une mesure. — e) *B E F omettent* de blé. — f) *G H J K* mes. des
terres. — g) *E* la mes. de blé sieut chele de le tere. — h) *A omet* aunoi ;
C et aun. — i) *G* gardins, aulnois. — j) *A B* minces. — k) *G H J K* arp. se
mesur. selonc la coust. en. — l) *F G omettent* maniere. — m) *H J K* ma-
nieres : l'une pour .I. arp. — n) *E F H J K* en aucun lieu ; *G* si comme il est
dit en ung autre lieu que. — o) *G omet* et. — p) *G H J K omettent* lieus.
— q) *B E F* lieu font .I. arp. — r) *G H J K* les.

ou par autre titre, il le doit livrer a la mesure du lieu la ou li eritages siet qui doit estre mesurés, tout soit ce que li marchiés ou la convenance fu fete en tel lieu ou la mesure couroit plus grans ou plus petite. Nepourquant ele est raportee a la mesure du lieu la ou li eritages siet, se convenance ne le tout; car se l'en convenance a fere greigneur mesure que la coustume du lieu ne donne, la coustume ne tout pas que l'en ne doie aemplir[a] sa convenance.

755. S'il avenoit qu'il convenist mesurer aucun eritage du quel nus ne seroit remembrans qu'il eust[b] onques esté[c] mesurés, l'en doit prendre garde a la coustume des plus prochains eritages[d] qui ont esté mesuré; et se li eritages siet en marche, si que l'en a usé en l'un des costés a mesurer a l'arpent de .c. verges et[e] de[f] .xxv. piés la verge, et en l'autre costé a[g] plus petit arpent, l'en doit prendre la mesure[h] a la plus grant verge[i], car ele est fete et establie par le souverain, ne les autres mesures ne sont venues fors par acoustumance et par soufrance de seigneurs qui ont baillié leur eritages a cens ou[j] a rente anciennement et les livrerent par convenance a leur tenans a plus petite mesure que li souverains n'avoit establie, et li tenant ont usé depuis a livrer a tel[k] mesure[l] comme il leur estoient livré[m] des seigneurs; et par ce est la droite mesure du souverain corrompue en pluseurs lieus si comme il est dit dessus.

756. Il loit a chascun seigneur qui a justice et seignourie en sa terre a fere garder justement teus mesures comme l'en a usé de lonc tans, soit en[n] grain, soit en[o] liqueur, soit en eritages; et quiconques l'apetice, s'il est hons de poosté,

---

a) *A* doie par aempl. ; *B C* acomplir. — b) *G H J K* qu'il y eust. — c) *G* onq. eu mes.; *H J K omettent* esté. — d) *G H J K* coust. du pl. prochain eritage. — e) *B C G omettent* et. — f) *G omet* de. — g) *G H J K* au pl. — h) *E F* pr. le grant mesure car. — i) *B E F omettent* a la pl. gr. verge ; *G H J K omettent* verge. — j) *G H J K* cens et a r. — k) *H J K* a chele m. — l) *C* mes. par usage ; *G* tiex mesures. — m) *Tous les manuscrits ont* comme eles leur estoient livrees (*M* elle leur avoit esté livree) *leçon évidemment fautive, quoique remontant à O, puisque ce ne peut être que les héritages qui sont livrés.* — n) *G H J K* soit a gr. — o) *G* soit a liqueur.

l'amende est de .LX. s., ne croistre ne la puet il ; mes s'il fet greigneur mesure que droit et il est clere chose qu'il vende plus a cele mesure qu'il n'achate[a], l'en li doit ardoir sa mesure ; mes il ne doit pas estre tres[b] en amende, car l'en puet veoir apertement qu'il ne le fesoit pas par malice, ainçois i perdoit. Mes s'il avoit .II. mesures, l'une trop grant et l'autre trop petite, et il achetoit communement a la grant et vendoit communement a la petite, en tel cas l'amende seroit a la volenté du seigneur.

757. En aucunes viles[c] est il que nus n'i[d] puet avoir mesures a grain, s'ele n'est seingniee au seing du seigneur ; et s'il font mesures qui ne soient seingniees et il i[e] vendent ou[f] achatent en ces[g] viles ou ceste coustume queurt, il chieent[h] en l'amende du seigneur, et est l'amende[i] de .LX. s. Et ceste coustume est generaument en toutes les viles ou marchiés queurt.

758. L'en fist entendant a Pierre qui sires estoit d'une vile, qu'il i avoit aucuns taverniers qui mesuroient leur vin[j] a trop petite mesure. Pierres ala par les tavernes et prist les pos a quoi[k] il mesuroient[l] ; et entre les autres[m] il i eut .I. tavernier qui, si tost comme il vit que Pierres aloit par les tavernes[n] et qu'il prenoit les mesures, il prist les sieues[o] mesures et les depeça, si que[p] quant Pierres i vint, il n'i trouva que les tessons des mesures qui estoient depecies. Pierres demanda au tavernier pour quoi il avoit ce fet, et li taverniers[q] respondi[r] pour ce qu'il li plesoit ne autre reson n'en vout rendre, car il n'avoit[s] point de bonne reson de depecier les[t] ou point que ses sires les queroit. Pierres

a) *A B* n'acheta. — b) *G H J K* estre mis en. — c) *A B E F* aucune vile. — d) *A H J K* ne puet. — e) *G H J K omettent* i. — f) *B E F* vend. ne ach. ; *C* vend. et ach. — g) *A* ach. es vil. — h) *A B E F* il chiet. — i) *H J K omettent* et est l'amende. — j) *C* vins ; *G H J K omettent* leur vin. — k) *A C* p. as quiex. — l) *B* mesurent. — m) *E F omettent* et prist les ... entre les autres. — n) *C* vit P. aler par mi les taverniers. — o) *G* pr. les siennes ; *H J K* pr. ses mes. — p) *A B omettent* que. — q) *H J K* et il resp. — r) *G* tav. lui resp. — s) *G H J K* il n'y avoit. — t) *E* de les dep. ; *F* de ellez dep. ; *H* res. del dep.

prist le tavernier et le mist en prison et fist juster[a] toutes
les[b] mesures qu'il avoit prises es autres tavernes; et celes
qu'il trouva bonnes et justes[c], il les rendi sans damage; et
celes qu'il trouva petites il contrainst[d] les taverniers[e] qui i
vendoient a ce qu'il li fu amendé. Et de celui qui brisa[f] ses
mesures, il vout qu'il li amendast pour ce qu'il les avoit
brisiees et que par la briseure il fust atains du mesfet de
mesurer a petite mesure, car il aparoit et sembloit par clere
presompcion qu'il avoit brisiees ses mesures quant il seut la
venue de son seigneur pour ce qu'il les sentoit a mauveses.
A ce respondoit li taverniers qu'il ne vouloit pas estre tenus
a fere amende, car il li loisoit bien a depecier ses pos[g] a
sa volenté meismement quant nule defense ne l'en estoit
fete, ne il n'estoit pas clere chose ne prouvee que les
mesures fussent mauveses ne trop petites, par quoi il ne
vouloit pas estre[h] atains du mesfet. Et seur ce se mistrent
en droit.

759. Il fu jugié que li taverniers seroit en amende envers
Pierre et[i] en[j] aussi grant amende comme se ses mesures
eussent esté trop petites, c'est a dire de .LX. s. Car presomp-
cions estoit si clere de son mesfet qu'il ne deust[k] pas gaai-
gnier en son malice. Mes s'il eust depecices ses mesures
avant qu'il fust nule mencions que li[l] sires les[m] queïst[n], il
n'en deust estre tres en nul damage[1]. Et par cel jugement
puet on entendre que l'en condamne bien en jugement par
clere presompcion en amende de laquele on ne puet perdre
fors que l'avoir[o]; car en cas ou il i a[p] peril de cors n'est
pas li cors[q] condamnés par presompcion, ainçois convient

a) *C* justoier. — b) *G H J K* les autres mes. — c) *H J K omettent* et justes.
— d) *E G* contraindi. — e) *A omet* les taverniers. — f) *H J K* depecha.
— g) *E* ses mesures. — h) *E F* estre tenus pour at. — i) *A omet* et.
— j) *A B omettent* en; *E* et a. — k) *A B E F* doit; *C* devoit. — l)
E F H J K ses sires. — m) *H* s. le q. — n) *G* requist. — o) *M* laq. nus se
porroit perdre forque de son avoir. — p) *M* il aroit. — q) *E* peril puet on
bien justichier par presumpcion, mais ou il a peril de cors li cors n'est mie
cond. p. pres. ; *M* corps ly corps ne doit pas estre condamnés.

que la chose par quoi il est condamnés soit trouvee clere et
aperte. Nepourquant l'en puet bien trouver tant de pre-
sompcions en cas de crime que li cors a deservi a tenir[a] en
prison a tous jours sans issir[b], si comme il est dit ou chapitre
qui[c] parole des[d] tesmoins et des[e] prueves[f][1].

760. Par ce que nous avons parlé[g] des mesures des terres
et des choses qui a mesure doivent estre livrees puet on en-
tendre des choses qui sont livrees[h] a pois. Mes il n'a pas
tant de disference[i] es pois comme il a es mesures, car il[j]
ne se changent pas en tant de lieus. Nepourquant il[k] se
changent, car li pois est plus grans en une bonne vile qu'en
une autre. Si doit l'en peser en chascune vile au pois qui i[l]
est acoustumés de lonc tans, car qui seroit pris[m] pesans[n] a
mendre pois qu'a celui qui seroit establis ou lieu, il[o] seroit
aussi[p] punis comme cil qui seroit pris mesurans a fausse
mesure, et aussi seroit cil qui seroit pris aunans[q] a trop petite
aune. Car aussi comme les mines droites ont mestier a me-
surer les blés et les aveines et les autres grains, aussi ont
mestier li setier et les quartes[r] a mesurer les liqueurs, si
comme vins et[s] huiles et miel, et aussi les aunes a mesurer
les dras et les toiles, et les verges a mesurer les critages, et
les toises a mesurer les ouvrages, et les pois a peser[t] les
laines et tous les avoirs de pois. Et tout soit ce que toutes
ces mesures dessus dites ne s'entresemblent pas, nepour-
quant qui mesfet en aucune de ces mesures, il est aussi punis
pour l'une comme pour[u] l'autre, car autant mesfet cil qui

a) *B E F* a estre en. — b) *M* a tousj. mais; *il omet* sans issir. — c) *B*
chap. qui ensuit qui par. — d-e) *A* de. — f) *H J K omettent depuis* de la-
quele on ne puet perdre … *jusqu'à la fin du paragraphe.* — g) *A* av.
dit. — h) *H J K* baillees. — i) *H J K* disferences. — j-k) *Tous les manus-*
crits ont eles; cf. var. m, p. 388. — l) *A B C E F omettent* i. — m) *M*
atains. — n) *H J K omettent* pesant. — o) *E F* seroit acoustumes ou lieu [*E*
ou il seroit] il ser. — p) *A omet* aussi. — q) *E F* pris mesurant a fausse me-
sure et aussi seroit chieuz qui seroit pris aunant. — r) *C F* les quartiers; *E*
li demi setier. — s) *E F omettent* vins et. — t) *A B C E F* a mesurer les. —
u) *G* pun. de l'une comme de l'autre.

1. Chap. xxxix. — Cf. *Olim*, 1, 745, xvii.

livre son drap a trop petite^a aune comme cil qui livre son blé a trop petite mine^b, et aussi puet on l'entendre des pois et des autres mesures.

Ici fine li chapitres des mesures et des pois.

---

a) *E* a fausse aune. — b) *A E F* mesure. — Explic.) *B* Ici faut ; *C* Chi define ; *G H J K* Explicit.

XXVII.

Ci commence li .xxvii. chapitres de cest livre liqueus parole des values qui pueent venir as seigneurs de ce que l'en tient d'aus, et si parole de pris d'eritages.

761. Or est bon après ce que nous avons parlé que li seigneur doivent fere garder les mesures selonc les coustumes des lieus, que nous parlons en cest chapitre ci après[a] des esplois qui pueent venir as seigneurs par reson d'eritages[b] qui sont tenu d'aus en[c] fief et en vilenage ; et si parlerons du pris d'eritage[d], queus il doit estre quant il convient qu'il viegne[e] en pris, selonc la coustume de Beauvoisins, si que li seigneur sachent queles redevances il doivent demander a leur tenans, et que li tenant sachent queles redevances il doivent a leur seigneurs, et queus pris d'eritage doit estre quant il en est mestiers.

762. Quant fiés eschiet a oirs qui sont de costé, il i a rachat et li rachas si est de tant[f] comme li fiés[g] vaut[h] .i. an. Et li sires qui loiaument le veut prendre doit regarder combien li fiés puet valoir en .iii. ans et puis prendre pour son

---

Rubr.) *A* Ici com. ; *C donne le titre du chapitre* xxxvii ; *E F G J K omettent* de cest livre ; *E F* des pris d'eritage ; *F* Ichi parole li .xxvi. (*sic*) cap.; *G J K ont la même rubrique qu'à la table* ; *H omet* de cest livre ... par. de pris d'eritages. — a) *A C* chap. ici apr. ; *H J K omettent* ci après. — b) *E H* d'eritage ; *F* des erit. — c) *A B* d'aus et en f. — d) *E F omettent* d'eritage ; *G H J* d'eritages ; *K* des eritages. — e) *F G H J K* viegnent. — f) *G* est d'autant. — g) *A* comme il v. — h) *J K* f. si vaut.

rachat[a] la tierce partie; car il avient souvent qu'uns fiés gist en terres gaaignables, lesqueles sont toutes en une roie, ou la greigneur partie, si que la greigneur valeurs n'est qu'une fois en .III. ans, c'est assavoir[b] l'annee[c] que la greigneur roie porte blé; et se li fiés escheoit[d] en cele annee[e] que li fiés[f] est de greigneur valeur[g], il ne seroit pas resons que li sires en portast cele[h] annee; et aussi se li fiés escheoit[i] ou tans[j] que les terres sont vuides, il ne seroit pas resons que li sires s'en[k] tenist a paiés et pour ce doit on regarder ce[l] que les terres doivent valoir par loial pris en .III. ans et prendre la tierce partie, si comme j'ai dit dessus[m].

763. Quant fiés eschiet, liqueus fiés[n] siet[o] en bois, se li bois est sous aage[p] de .VII. ans, il n'est pas resons que li sires atende tant que li bois soit aagiés, ne il n'est pas resons qu'il[q] coupe le bois dessous l'aage[r] de .VII. ans. Donques convient il qu'il soit[s] regardé que chascuns arpens vaut par loial pris par an et, de tant comme[t] li pris d'une annee monte, li oir[u] a qui li fiés est escheus doivent[v] finer au seigneur pour le[x] rachat. Et se li bois estoit de .VII. ans ou de plus, ja pour ce li pris n'en doit estre graindres, car se li sires en portoit pour son rachat le pris des despueilles du bois aagié[y], li oir n'i prenroient riens devant .VII. ans entiers[z] s'il ne le coupoient[aa] sous aage, et ainsi seroient li oir durement damagié[ab].

764. En fief qui vient[ac] a oirs[ad] en descendant de pere ou

---

a) *E F* et puis (*modifié en* puet *dans E*) pour sen racat penre. — b) *HJK omettent* assavoir. — c) *C* assav. en l'aunce. — d) *E F* estoit, *ce mot d'ailleurs presque illisible dans F où l'on voit* es, un blanc, puis t̄, o, *qui paraît modifié en* .p, it; *C G H J K* esquiet. — e) *E* ann. prisiez. — f) *B E F* que il est. — g) *E* e. en le gr. roie; *F* e. de gr. roie. — h) *E F* port. le greigneur ann. — i) *C G H J K* esquiet. — j) *B F* esch. [*F* en] cele anee que; *E* aussi se au sire esqueoit chele anee que. — k) *B E F G* s. se ten. — l) *HJK omettent* ce. — m) *HJK omettent* si comme j'ai dit dessus. — n) *G* omet fiés; *H J K* esch. qui siet. — o) *C* f. eschiet en; *E F* f. est en. — p) *A* souz l'aage; *C* dessous l'aage. — q) *B E* res. que li sires coupe; *F omet* atende tant que ... pas resons qu'il. — r) *B* b. soz aage; *G* desous aage. — s) *E F omettent* soit. — t) *H J K* tant que li pr. — u) *J K* le heritier. — v) *J K* doit. — x) *J K* p. son rach. — y) *C* bois soubz aage. — z) *C* ans touz entiers. — aa) *C* copent. — ab) *G* damagié durement; *HJK omettent* et ainsi seroient ... durem. damagié. — ac) *G H J K* venra. — ad) *A* oir.

de mere, d'aiol ou d'aiole, ou de plus haut degré, mes qu'il viegne en descendant, n'a point de rachat, fors es[a] fiés et es[b] arrierefiés moüvans[c] de Bules et de Conti[d][1]; mes en quel que[e] maniere que cil fief vienent de main en autre, soit[f] en escheoite[g] ou en descendement[h], ou par eschange, ou par don, ou par lais[i], il i a rachat.

765. Li aucun dient que quant eschanges est fes de fief a autre sans nule soute d'argent qu'il n'i a point de rachat, et il dient voir[j] quant li sires veut soufrir l'eschange sans debat; mes il[k] n'est pas tenus a changier son homme pour autre[l] s'il ne li plest[m] sans rachat. Donques convient il que l'eschanges se face par le gré du[n] seigneur et en puet li sires prendre[o] ce qu'il[p] li plest dusques a[q] la valeur d'un an[r] pour soufrir l'eschange, ou l'eschanges ne se fera pas. Et nepourquant quant[s] li sires voit qu'il puet avoir homme du quel il se puist aussi bien aidier comme de[t] celui qu'il avoit, il doit soufrir l'eschange.

766. Quant eritages est donnés, s'il est de fief[u], il i a[v] rachat, et, s'il est de vilenage, il n'i a fors que[x] saisine, lesqueles saisines sont diverses. Car il i a teus[y] viles la[z] ou[aa] on ne doit que .ii. d. de saisine et teus[ab] ou l'en en[ac] doit .iii.[ad], et de teus ou on doit[ae] .iii.[af] d. de gans et[ag] .xii. d. de

a) *B G H* fors en fief. — b) *C* fies des arr. f.; *J K omettent* es. — c) *A C E* nouviaus; *dans E* nouviaus *a été corrigé en* mouvaus *en ajoutant postérieurement un jambage à l'*m *et en exponctuant l'*i *qui est resté surmonté d'un apex; F omet* mouvans. — d) *A* Coucy; *F* et de Conti mouvans. — e) *G omet* que. — f) *F* autre ou en d. — g) *E F* esqueanche. — h) *G H J K* soit en descendement (*G* descendant) ou d'esqueance. — i) *J* don ou plais. — j) *J K* d. vray quant. — k) *E* mais s'il li plaist il n'est. — l) *A omet* pour autre. — m) *E omet* s'il ne li plest. — n) *E F omettent* gré du. — o) *H J K* p. penre li sires. — p) *B* ce que li; *G* ce qui li — q) *A omet* ce qu'il li plest dusq. a; *H J K* pl. selonc la val. — r) *G H J K* val. du lieu. — s) *J K* nep. se li s. — t) *B E F* comme il fesist (*E F* feist) de c. — u) *H J K* quant li heritages est de fief et il est dones. il. — v) *A C* il i avra. — x) *B E F H J K omettent* que. — y) *C* i a de teles v. — z) *B E F omettent* la. — aa) *C* viles que on. — ab) *E F G* et de teles. — ac) *A omet* en. — ad) *A* doit .iii. deniers; *C E F omettent* et teus ou l'en en doit .iii. — ae) *C* teles que on ne doit que; *F* on en doit. — af) *A* .iiii. den. — ag) *H J K* gans ou .xii. d.

1. Pour Bulles et Conty, voyez p. 225, notes 1 et 2.

vins, et de[a] teus viles i a en l'une plus et en l'autre meins :
et pour ce en cas de saisine[b] il convient garder la[c] cous-
tume de chacune[d] vile. Et je croi que teus[e] coustumes qui[f]
sont diverses et qui ne suient[g] la coustume du chastel de
Clermont ne[h] vindrent fors par[i] la coustume que li homme
firent anciennement seur leur sougiès ; et nepourquant l'en
les doit tenir[j] en ceste coustume quant ele est maintenue de
si lonc tans et meismement quant li tenant l'ont souferte[k]
sans debat.

767. Quant eritages est vendus, s'il est de fief, li sires a
le quint denier du pris[l] de la vente, c'est assavoir de .c. s.
.xx. s., de .x. lb. .xl. s., et[m] du plus plus et[n] du meins
meins. Et quant la vente est fete d'eritage qui est tenus en
vilenage, li sires a le douzisme denier de la vente, c'est a
entendre[o] de .xii. lb. .xx. s., de[p] .xxiiii. lb. .xl. s.[q], et[r] du
plus plus et[s] du meins meins.

768. Quant eritages est vendus soit[t] de fief ou[u] de vile-
nage, li venderes et li acheteres se[v] pueent bien, s'il leur
plest, de leur commun assentement repentir avant que sai-
sine de seigneur soit fete[x], car après saisine fete[y] ne puet li
venderes[z] revenir[aa] a l'eritage, se n'est[ab] par nouvele vente.

769. S'il avient qu'eritages soit vendus et la vente crean-
tee a tenir, et li venderes se[ac] repent si qu'il veut que mar-
chiés[ad] soit nus, il ne puet fere le marchié nul, se ce n'est
pas l'acort[ae] de l'acheteur. Ainçois le puet li acheteres fere
contraindre qu'il se dessaisisse comme de vente par le sei-

---

a) *A* omet de ; *B C* et en t. v. — b) *E* cas de coustume. — c) *E* gard. le
saizine et le coust. — d) *G* omet de chascune. — e) *G* ces coust. — f) *G*
omet qui. — g) *C* sievent pas. — h) *G* Clerm. et ne v. — i) *G H J K* fors
que par. — j) *E* maintenir. — k) *A B C* soufert. — l) *H J K* omettent du
pris. — m) *A B C G* omettent et. — n) *A B C* omettent et. — o) *B E F*
c'est assavoir. — p) *G H J K* et de. — q) *B* de .xx. liv. .iiii. liv. — r-s) *B*
omet et. — t) *A* vend. se il est de f. — u) *E* f. soit de v. — v) *C* si p. ;
G H J K s'en p. — x) *C* que le sezine dou seign. en soit f. ; *G* que sais. en
soit faicte du seign. — y) *C* apr. le sais. faite ; *G* mais quant la saisine est
faicte par le seigneur. — z) *G* le venderres ne puet. — aa) *C* vend. venir a.
— ab) *C G H J K* se ce n'est. — ac) *H J K* s'en rep. — ad) *C H J K* que li
march. — ae) *H J K* par le volenté.

gneur de qui li eritages muet, tout soit ce que li venderes soit couchans et levans dessous autre seigneur[a].

770. Pierres proposa contre Jehan par devant le seigneur de qui cil Jehans tenoit eritage, qu'il li avoit cel heritage vendu par certain pris d'argent et comme il fust pres de l'argent[b] paier, il requeroit que li dis Jehans fust contrains a ce qu'il se dessaisist[c] de l'eritage. A ce respondi Jehans qu'il n'estoit pas tenus a respondre par devant le seigneur de qui il tenoit cel eritage pour ce qu'il estoit couchans et levans dessous[d] autre seigneur et, par la coustume general, li sires dessous qui l'en est couchans et levans doit avoir la connoissance des convenances et[e] des[f] muebles et des[g] chateus son couchant et son levant[h], et, comme Pierres ne le sivist[i] que de convenance, il n'estoit pas tenus a responde ileques. Et Pierres disoit que si estoit pour ce que la convenance despendoit de l'eritage. Et seur ce se mistrent en droit.

771. Il fu jugié que Jehans respondroit en la court du seigneur de qui[j] li eritages mouvoit pour ce que la convenance dependoit de l'eritage, car se la convenance fust conneue ou prouvee devant le seigneur dessous qui li venderes estoit couchans et levans, ne peust il metre la chose a execucion puis que la chose ne[k] fust tenue de li. Et teus manieres de convenances l'en les apele[l] reeles[m][1] et en convient respondre devant le seigneur de qui les choses muevent dont li ples est.

772. Aussi comme li acheteres n'est pas tenus a clamer quite, s'il ne li plest[n], le marchié qui li est convenanciés[o],

---

a) *A B* autres seigneurs. — b) *B E F* de lui paier. — c) *B E F* dessaisesist; *G* dessaisisit. — d) *G H J K* et lev. soz a. seign. — e) *C E F* omettent et. — f-g) *C* de. — h) *J K* chat. ou il sont couch. et lev. — i) *A B* suit; *C G* sieut; *J K* suist. — j) *B E F* seign. dont li erit. — k) *B* omet ne. — l) *G* conven. sont apelees. — m) *A B* reelees. — n) *B E F* tenus, s'il ne lui plest, a clamer quite le m. — o) *J K* est enconvenancié.

---

1. Cf. § 228 à 234.

aussi li venderes ne[a] clamera pas quite l'acheteur s'il ne
veut[b]; mes s'il le veut suir de convenance, il le doit suir[c]
devant le seigneur dessous qui il est couchans et levans.

773. Drois pris d'eritage, selonc la coustume commune
en la conteé de Clermont[d], si est le mui de terre .LX. s. par
an quant[e] la terre est teus que[f] l'en trueve[g] qui la labeure a
moitié; et s'ele est meilleur que moitoierie[h], li pris de .LX. s.
doit croistre selonc le plus; et s'ele est pieur que moitoierie[i],
l'en doit abatre du pris de .LX. s. selonc ce qu'ele vaut
meins. Et li muis moitoiers que nous entendons qui vaut[j]
.LX. s., c'est a la mesure en laquele il a .XII. mines ou mui
et[k] .IIII[xx]. verges de .XXII.[l] piés la verge. Mes les mesures
des terres se diversefient, poi s'en faut, en chascune vile, et
pour ce doit on regarder lesqueles sont graindres[m] et les-
queles sont mendres, et la valeur du terroir, et la charge
que les terres doivent, et selonc ce qu'eles valent meins de
moitoierie[n] ou plus de moitoierie[o] l'en doit prisier si comme
il est dit dessus, et de la diverseté des mesures poués vous
veoir pleinement se vous voulés regarder[p] ou chapitre[q] des
mesures[1].

774. Li arpens de bois selonc droit pris est prisiés .X. s.[r]
l'arpent; mes l'en doit regarder le siege du bois et la valeur
qu'il vaut quant il vient a[s] coupe, et de quel revenue il est,
et comment il est tenus, et, selonc ce que l'en le veoit meil-
leur de pris commun par dessus[t] la charge qu'il a, l'en

a) *A* v. nen cl. — b) *B E F* quite s'il ne li plaist l'acheteur ; *G H J K* quite
s'il ne veut l'acheteur. — c) *B omet* de conven. il le doit suir. — d) *E F*
Dr. pr. d'erit. si est selonc le coustume [*F* et] de le conté [*E* de Clermont]
communement le m. — e) *E* an que la t. — f) *C* t. quant on tr. — g) *E F*
truist ; *G* t. que on puest trouver qui ; *H* t. qu'on le truist. — h) *C* que a
moitesrie ; *F* que moitoere ; *G* que a moitier ; *H* que moitiere — i) *C* p.
que au pris de moitesrie ; *F* p. que moitoiere ; *G* p. que de moitier ; *H* p.
que moitiere. — j) *H J K* entend. de .LX. s. — k) *C* m. ou. — l) *G H J K* de
.XX. pies. — m) *C* sont greingneurs ; *J K* sont grandes. — n) *C* moitesrie ;
E moitoieries ; *G H* moitoieres. — o) *B E* moitoieries ; *C* moitesrie ; *F* moi-
toieres ; *G H* moitieres ; *J K* moittier. — p) *H J K omettent* se vous voul.
regarder. — q) *B* ou champart. — r) *C G* pris a .X. s. — s) *J K* v. en coupe. —
t) *B E F H* par deseur.

_____

1. Ch. XXVI.

doit[a] le pris de .x. s. haucier, et se l'en voit qu'il vaille meins par mauvès terroir, ou par mauvese vente, ou par mauvese revenue, l'en puet et doit[b] rabaissier du pris.

775. Voirs[c] est que bois tant comme il tient a racine est eritages et si tost comme il est coupés c'est muebles ; et ce ai je veu aprouver[d] par jugement en la maniere qui ensuit.

776. Uns chevaliers fu et[e] fist en sa derraine volenté la partie de ses enfans. Li uns de ses[f] enfans si eut sa partie en eritage de bois, liqueus bois estoit aagiés[g] de[h] couper et estoit vendus au vivant du chevalier et bonne seurtés prise de l'argent ; et ou point que li chevaliers mourut, li marcheans avoit une partie du bois coupé, et l'autre partie estoit a couper et li chevaliers en son testament ordena et devisa que l'en prist le[i] devis de son testament seur ses muebles[j] par la main de ses executeurs. Et quant il fu mors, li oirs[k] qui avoit le bois en sa partie[l], defendi le bois a couper dusques a tant que bonne seurtés li fust fete du bois qui estoit a couper selonc la vente que ses[m] peres avoit fete ; contre ce[o] disoient li executeur du pere que li marcheans n'i estoit pas tenus[p] ne[q] qu'il ne[r] devoit riens avoir en ce que ses peres avoit vendu par .ii. resons, si comme il disoient : la premiere resons si est[s] pour ce que despueille de bois, puis qu'ele est[t] en aage de couper, estoit[u] muebles, et li mueble apartenoient[v] a aus et les[x] devoient[y] avoir[z] par la reson de l'execucion du[aa] pere. La[ab] seconde resons[ac] pour ce que li[ad]

---

a) *H* l'en le doit. — b) *H* on doit et pot rab. — c) *JK* Vray est. — d) *B* aprouvé. — e) *C* fu qui fist. — f) *B* uns des enf. — g) *HJK* estoit en aage de c. — h) *F* aag. a coup. — i) *ABC* pr. les dev. — j) *GHJKM* seur le bois. — k) *JK* le heritier. — l) *GHJK* av. a sa partie le bois. — m) *GHJK* a que li peres. — F) *BEF* la vente qui avoit esté faite. — o) *A* omet ce. — p) *A* omet tenus. — q) *EF* ten. et qu'il. — r) *HJK* il n'en dev. — s) *HJK* omettent resons si est. — t) *E* eles sont en. — u) *HJK* coup. est m. — v) *A* muebles apartenoit ; *C* omet et li mueble ; si apartiennent. — x) *A* et le dev. — y) *C* les doivent. — z) *C* omet avoir. — aa) *C* exec. leur pere. — ab) *A* Et la sec. — ac) *C* res. si estoit ; *E* res. si est pour ; *HJK* omettent resons. — ad) *JK* son peres.

peres, a[a] son vivant, avoit[b] la chose vendue et bonne seurté prise[c] par quoi il aparoit clerement que ce qui estoit tourné[d] en dete apartenoit a aus par reson[e] de mueble. Et seur ce se mistrent en droit a savoir mon[f] se la dete du bois a couper demourroit as executeurs par les resons dessus dites ou se li oirs en porteroit[g] de[h] la vente le[i] pere[j] selonc ce qu'il i avoit a couper de bois ou tans de sa mort comme son[k] eritage[l].

777. Il fu jugié que li executeur n'avroient riens[m] en la vente du bois qui estoit[n] a couper ou tans de la mort au[o] pere, ainçois l'en porteroit l'oirs[p] comme son eritage. Et par cel jugement il fu regardé combien il i avoit de[q] bois coupé et combien a couper[r] ou tans que li peres mourut, et fu estimacions fete seur l'un et seur l'autre selonc la vente du pere et en porterent li executeur de[s] la dete selonc ce qu'il i avoit de[t] bois coupé, et l'oirs[u] en porta[v] le remanant ; et par cel jugement apert il clerement que bois tant comme il tient a racine est eritages.

778. Li pris des vignes selonc nostre coustume si est l'arpent .XL. s., me ce sont celes qui sont moitoieres ou que l'en feroit volentiers a moitié a eritage, et s'eles sont de mendre valeur, on doit rabatre du pris selonc ce qu'eles valent meins.

779. Prisie[x] de prés selonc nostre coustume, c'est l'arpent[y] .xx. s., mes c'est[z] a entendre quant il sont bon[aa] et bien seant et en bon lieu. Et s'il valent meins selonc les lieus

---

a) *E G J* p. en s. — b) *A B C H* peres avoit a son vivant. — c) *A C* seurté faite et prise. — d) *H J K* est. trové en d. — e) *H J K* par le res. — f) *C* omet mon ; *G* sav. molt se. — g) *F* li oir emportoient ; *G* l'emporteroit. — h) *B* omet de. — i) *C* v. son pere ; *G* v. du pere. — j) *E F* en port. le dette selonc. — k) *B F* comme de son. — l) *H J K omettent depuis* a savoir mon se ... *jusqu'à la fin du paragraphe.* — m) *B E F* avr. nient. — n) *B E F omettent* qui estoit. — o) *C H J K* mort du pere. — p) *J K* port. l'eritier. — q) *H J K* av. du bois. — r) *E* de bos a cauper et de caupé ou t. ; *F* av. de copper et de coppé ou t. — s) *J K omettent* de. — t) *H J K* av. du bois. — u) *J K* l'eritier. — v) *B* en porte ; *F* en porterent. — x) *C E F H J K* Pris ; *G* Prise. — y) *C H J K* coust. si est. — z) *A* omet c'est. — aa) *A omet* bon.

ou[a] il sieent, on doit rabaissier du pris ; et generaument li lieu se diversefient si de valeur que a peine puet on fere nule[b] prisie[c] fors en regarder[d] combien l'en pourroit avoir de chascune piece d'eritage a tous jours et, les fres de l'eritage rabatus, l'eritages doit estre prisiés tant comme il vaut de remanant par desseur ce qu'il est chargiés.

780. Drois pris de rentes a la mesure de Clermont, se c'est bles moitoiens[e], li muis est prisiés .xx. s. a pris de terre, et purs fourmens[f] .xxv. s., et soiles purs .xv. s., et aveine .xv. s.[g] ; et se la mesure est plus grans qu'a Clermont, si comme ele est en aucunes viles, l'en doit croistre du[h] pris.

781. Chapons de rentes, chascuns chapons est prisiés .vi. d., et la geline .iiii. d.

782. Li pris de[i] deniers de rente si est teus que se denier sont deu de rente en gros, si comme seurcens qui ne puet valoir fors le[j] nombre d'argent que l'en paie chascun an[k], iteus pris d'argent ne croist ne n'apetice, ainçois est prisiés tant comme il vaut[l] par an tant seulement. Mes il i a une autre maniere de rentes de deniers que l'en apele menu cens, — si comme il avient que l'en tient de son seigneur .i. arpent de vigne qui vaut .xl. s. de rente a .i. d. de cens ou a .vi. d.[m] de cens[n] ou a .xii. d. de cens[o], ou a plus ou a meins, ou autres eritages que l'en tient a cens d'argent, — teus maniere de cens, quant ce vient a prisie[p], doit doubler pour la justice et pour les ventes qui pueent avenir as seigneurs par la reson de teus censives[q] ; c'est a entendre se[r] aucuns a .x. lb. en autel rente[s] et il vient en prisie[t] de terre, les .x. lb. seront prisies .xx. lb., et combien qu'il i ait de

a) A B lieus la ou. — b) A nul. — c) C E H J K nul [C droit] pris fors. — d) G en regart comb. — e) G H J K M bles moitiers. — f) M omet .xx. s. a... purs fourmens. — g) G H J K M omettent et soiles purs ... aveine .xv. s. — h) A F cr. le pris. — i) G H J K pris des den. — j) A fors que le n. ; E val. que nombre ; F val. que le n. — k) H omet an ; J K omettent chascun an. — l) A omet il vaut ; E F vaut d'argent. — m) E omet d. — n) C E F G H J K omettent de cens. — o) B omet de cens ; E F G omettent d. de cens. — p) C E F vient au prisier ; H J K a pris. — q) B censius ; E chensieus ; F chensius ; G H J K M saisines. — r) A ent. que se. — s) E tes rentes. — t) H J K en pris.

tel cens, soit poi ou[a] auques, l'en doit tous jours prendre le double a[b] pris[c] de terre.

783. Qui veut prisier edefices, si comme mesons ou pressoirs ou moulins, il doit regarder le lieu la[d] ou l'edefices est et en quel point il est, et combien on en pourroit avoir a tous jours par desseur les cous[e] que l'edefices[f] couste a retenir ou point qu'il[g] est[h] quant la prisie est fete[i] ; car en toutes choses qui sont contees pour eritages, li coust doivent estre rabatu quant il vienent a[j] prisie[k], car pris d'eritage si est a entendre ce que l'eritages vaut par an et a durer a tous jours par desseur les cous, et les mises rabatues qu'il[l] convient metre pour les eritages maintenir et retenir[m].

784. Pris de courtius et d'aunois et de jardins si[n] doit estre selonc les lieus la ou il sieent tant comme il puecnt valoir par an a tous jours et par desseur les rentes que tel lieu doivent ; ne[o] en teus manieres[p] d'eritages n'a point de pris commun, car les values[q] ne sont pas onnies, et a peine en trueve l'en nul semblable[r] que li uns ne vaille mieus que[s] li autre, et pour ce convient il teus eritages prisier selonc la valeur.

785. Vivier[t], sauvoir[u] et[v] fossé ou poisson se puecnt nourrir et frutefier, quant il vienent a prisie[y], l'en doit regarder, quant on les pesche de .iii. ans en .iii. ans, combien il valent par desseur les cous et les mises et la garde et les clostures, et puis doit on metre en prisie[z] la tierce partie du remanant.

---

a) *B E F* soit peu soit auq. — b) *C* omet a. — c) *A B* prisie de t. — d) *C F H J K omettent* la. — e) *G* dess. les choses que. — f) *H J K* cous qu'il couste. — g) *G H J K* point la ou il. — h) *E* omet qu'il est. — i) *C H J K* le pris [*C* en] est fet. — j) *E F* v. en pr. — k) *H J K* a pris, car. — l) *G H J K* rabat. car il conv. — m) *E F omettent* et retenir. — n) *E F H J K omettent* si ; *G* jard. il doit. — o) *E F omettent* ne. — p) *B F* tel maniere. — q) *F* les valures ; *J K* les valeurs. — r) *A* nus semblables ; *B* nus sanblans ; *H* nul samblant. — s) *A E F* mieus de li aut. — t) *C J K* viviers. — u) *A H* et sauv.; *B* ou sauv. ; *C J K* sauvouers. — v) *B E F* sauv. ou f. — x) *B E F G* poissons se puisse (*G* puest). — y) *C* a prisier ; *E* en prisie ; *G H J K* a pris. — z) *G H J K* en pris.

786. Fours, quant il vient[a] en prisie[b], doit[c] estre prisiés en la maniere que nous deismes dessus des edefices, car c'est edefices ; et bien doit l'en prendre garde, quant l'en prise fours ou moulins ou pressoirs, s'il i a nul banier[d] ou se l'en i vient de volenté ou se li voisin pueent fere teus edefices pres, par quoi cil vaillent meins, car il n'est pas resons que l'en prise tant un tel[e] eritage[f] quant l'en n'i vient fors de volenté ou quant il pueent[g] estre grevé par set aparant, comme quant l'en voit qu'il ne pueent[h] estre grevé[i].

787. Corvees[j] de rentes doivent estre prisiees, chascune journee a .II. chevaus .II. s.[k] par an[l] et a .I. cheval .XII. d. Et se la corvee est d'homme[m] sans cheval, si comme il est en pluseurs viles[n], la corvee de[o] l'homme est prisie chascune[p] .IIII. d.[q] par an[r].

788. Pluseur eritage sont dont pourfit pueent venir as seigneurs[s], nepourquant il ne chieent pas en prisie[t] de terre, si comme justices, ventes de fief, homage qui sont tenu en arrierefief, car justice si couste mout souvent[u] a garder et a maintenir plus qu'ele ne vaut, et ventes de fief si n'avienent pas souvent, si que nus n'i set metre pris. Et homage qui sont tenu en arrierefief ne font nules redevances[v] fors a leur seigneurs[x] de qui il tienent nu a nu, et donques ne doivent il cheoir en nule prisie[y] d'eritage au seigneur de qui leur sires tient, tout soit ce qu'il puisse aprochier[z] et revenir a estre tenu nu a nu du seigneur de qui il estoit tenus en arrierefief par mout de resons qui sont

a) *JK* vienent. — b) *C* a prisier ; *GHJK* en pris. — c) *JK* doivent. — d) *AJK* nus baniers ; *G* nul baniers. — e) *EF omettent* tel. — f) *GHJK* un hiretage tel quant. — g-h) *EF* puet. — i) *J omet* par set aparant ... pueent estre grevé. — j) *GH* Carues ; *JK* Charues ; *M* Corvee. — k) *A omet* s. — l) *BEF omettent* par an. — m) *C* est d'un homme ; *G* est donnee sans. — n) *BEF* plus. lieus. — o) *EF* corv. a l'homme. — p) *EF* est de .IIII. ; *HJK omettent* si comme il ... est prisie chascune. — q) *B omet* d. ; *G* pr. a .IIII. d. — r) *CHJK omettent* par an. — s) *ABE* ven. a (*E* au) seigneur; *F* a sen seingneur. — t) *GHJK* pris. — u) *BEF omettent* souvent. — v) *HJK* nule redevance. — x) *AB* seigneur. — y) *GHJK* nul pris. — z) *HJK* p. raprocier.

dites ou chapitre qui enseigne comment li fief pueent alon-
gier et aprochier[a] de leur seigneur[b] par coustume[1].

789. Ventes de vilenages, comme[c] de chans[d] a cham-
part, pueent bien cheoir en pris de terre, car l'en puet bien
veoir, quant aucuns a pluseurs teneures a champart[e], com-
bien il i[f] en vient[g] en .x. ans ou en .xii., et puis doit on
metre estimacion seur[h] chascune[i] annee selonc ce que l'en
voit qu'il valent en .x. ans ou en .xii.[j]. Et s'il est[k] aucuns[l]
eritages de quoi nous n'avons[m] pas fet mencion, par ce qui
est dit, selonc la valeur de l'eritage l'en doit fere le pris, et
tous jours les cous et les mises qui sont mis es eritages ra-
batus[n].

790. Drois pris de vins de rentes[o] selonc la coustume
doit estre prisiés en .iii. manieres de[p] vins : c'est assavoir vin
fourmentel, vin de moreillons, vin de gros noirs[q]. Li vins
fourmenteus[r], a la mesure de Clermont, doit estre prisiés
chascun mui .xii. s.[s] de rente, et li vins de moreillons chas-
cun mui .ix. s. de rente chascun an[t], et li vins de gros noirs
ou de gouet[u] chascun mui .vi. s. de rente.

791. Travers, tonlieu et autre eritage[v] qui chascun an
montent et abaissent ne pueent estre prisié fors par esti-
macion. Et a l'estimacion fere l'en doit regarder combien on
en[x] avroit a ferme dusques[y] a .x. ans par desseur les cous,

a) *HJK* p. raprocier. — b) *CHJK* l. seignours ; *EF* apr. au seigneur.
— c) *EFGHJKM omettent* comme. — d) *AB* de ceus ; *E* de cenz ; *F* de
chaus ; *M* de terre tenue. — e) *E* ten. campartieuz ; *GHJKM omettent* a
champart. — f) *EHJK omettent* i ; *M* c. on en. — g) *G* en doibt ; *M* en
vent. — h) *GHJK* estim. en. — i) *G* en aucune a. — j) *EFM omettent*
et puis doit on ... ou en .xii. ; *HJK omettent* selon ce que ... ou en .xii.
— k) *C omet* est ; *JK* il sont. — l) *ABC* en auc. crit. — m) *FGHJK* n.
n'aions. — n) *A* les c. et les m. rabat. qui sont m. es erit. ; *EF* erit. [*E* pre-
mierement] rabatues que il convient metre pour les heritages (*F* leur heritage)
maintenir si comment il est dit dessus. — o) *ABEF* vins de rentes. — p)
EF de pris de vins. — q) *E* gr. nereus ; *F* gr. noireus. — r) *EF* Li four-
mentieux vins. — s) *GHJK* pris, .xii. s. le mui. — t) *E omet* chascun an.
— u) *E* v. de gohes ou de nereus ; *F* v. de noireus ou de gouhez. — v) *C* et
les autres heritages ; *E* autres rentes. — x) *AB omettent* en. — y) *EF*
omettent dusques.

1. Ch. i.i.

et puis prendre la disisme partie pour le pris d'une annee, ne autrement l'en ne[a] puet fere certain pris.

792. Il avint qu'un gentius hons devoit[b] et[c] n'estoit pas aisiés de paier fors que[d] par la vente de[e] son eritage. Il[f] s'acorda entre lui et ses deteurs[g][1] que li deteur[h] avroient de l'eritage au dit escuier[i] par le pris que li homme de Clermont i metroient par jugement[j]. Et la chose aportee par devant les hommes, il regarderent par jugement que l'en priseroit l'eritage selonc le droit pris que coustume donne ainsi comme il est dit ci dessus[k] en cest chapitre meisme[l] et, le pris fet, l'en bauroit as deteurs .xx. soudees de terre pour .x. lb. en tel maniere que li venderes paieroit les ventes et metroit les acheteurs es homages[m] des[n] seigneurs. Et par cel jugement puet l'en veoir que, quant eritages vient[o] a prisie[p] pour vente ou pour autre chose, les .xx. soudees a eritage[q] sont prisies .x. lb.[r] en deniers. Et aussi bien comme les .xx.[s] soudees de fief sont prisies .x. lb.[t], eritages[u] qui sont tenu en vilenage, quant il vienent en pris pour vente, les .xx. soudees doivent estre prisies .xii. lb. ; car li fiés doit estre meins prisiés pour les services et les autres redevances que l'en en doit as seigneurs, liquel service sont grief si comme vous orrés au chapitre après cestui.

Ci fine li chapitres des values qui pueent venir as seigneurs et de pris d'eritage.

a) *G* on n'en p. — b) *E F omettent* devoit. — c) *C E F* qui n'estoit. — d) *E G omettent* que. — e) *E* vente de sen· seigneur de s. er. — f) *E F* erit. si s'ac. ; *G H J K* erit. et se ac. — g) *H* ses creanciers ; *J K* ac. avec ses creanciers. — h) *H J K* que il avr. — i) *J K* avr. de son eritage par. — j) *G H J K omettent* par jugement. — k) *E F omettent* ci dessus. — l) *H J K omettent* meisme. — m) *E* metr. les detteurs en saisine et en l'oumage des s. ; *F* metr. les deteurs en l'ommage des s. — n) *G H J K* homm. as seigneurs. — o) *E* veoir que li heritages qui est en pr. ; *F* erit. quiet en pr. — p) *C* v. a prisier; *G* v. en pris; *H J K* v. a pris. — q) *A* omet a eritage; *B* d'eritage. — r) *E* pour ventes ou autres choses n'est prisies que .xx. saudeez de terre que .x. lb. — s) *G* les .x. soud. — t) *C* omet en deniers. Et ... prisies .x. lb. — u) *E* lb., a heritage. — Explic.) *A* Ici fine ; ven. as serjans et queus pris doivent estre mis en heritages ; *C* Chi define ; cap. qui parole des explois qui p. v.; il omet et de pris. d'eritage ; *E* pueent avenir ; *G H* Explicit ; *J K n'ont pas d'explicit.*

<hr>

1. *Deteurs*, voyez p. 250, note 1.

XXVIII.

Ci commence li .xxviii. chapitres de cest livre liqueus parole
comment l'en doit servir son seigneur de ronci de service
par reson de fief, et quel damage on en puet avoir se on ne
fet ce qu'on doit.

793. Cil qui est semons pour ronci de service, selonc la
coustume de Beauvoisins, a droit jour de quinzaine ou de
plus ne^a doit pas contremander, mes essoinier puet^b une
fois s'il a essoine. Or veons comment il doit servir que ses
sires ne le puist tourner^c en defaute^d, car c'est la querele^e
qui queure en la conteé^f dont li povre gentil homme sont
plus grevé par leur seigneurs, pour ce que certaine estima-
cions n'est pas fete par jugement queus roncis il doivent et
de quel pris. Et pour ce vueil je moustrer une voie par la-
quele cil qui sont semont^g en tel cas se puissent defendre
et^h offrir assés a leur seigneursⁱ.

794. Il est certaine chose que tuit cil qui tienent de^j
fief en la conteé de Clermont doivent a leur seigneur^k pour

Rubr.) *A* Ici comm. ; *A B* liq. ensaigne ; *A B omettent* et quel damage ...
ce qu'on doit ; *B E F G H J K omettent* de cest livre ; *C* doit son seign. serv.;
pour la reson de f. et en quel damage, *etc., comme à la table* ; *E F H J K*
cap. qui par.; *G omet* Ci commence *et* liqueus ; fief et en quel dam. ilz sont
si ne servent leur seigneur ainsi qu'il doivent ; *H* Chi parole li ; *H J K omet-
tent* de service *et* se on ne fet ce qu'on doit. — a) *E F* plus ne ne doit. — b)
G H J K omettent puet. — c) *B F* p. trouver. — d) *H J K* en nule deffaute.
— e) *A* la quere qui. — f) *G H J K omettent* en la conteé. — g) *E* sont tant
semons. — h) *A C* def. en tel cas ; *C* cas si se p. — i) *A B* seigneur. — j)
E F tien. en fief. — k) *C E F* leur seigneurs.

chascun fief un ronci de service se li sires le veut ᵃ prendre.
Mes se je tieng d'aucun seigneur et il me suefre que je ne
serve ᵇ pas tant que¹ ce que je tieng de lui va d'une main ᶜ
en autre ᵈ, li sires ne le ᵉ me ᶠ puet mes ᵍ demander, car je ne
sui mes ses hons, par quoi je ne li doi point de ʰ service ; ne
il ne le puet demander a celi qui est ses hons de la chose
que je tenoie, pour cause de moi, mais pour soi, par la .re-
son de son homage, le puet il bien ⁱ avoir s'il veut ʲ.

795. Se je sui semons pour paier ronci de service, je
doi au jour de la semonse mener ronci sain de tous membres
et offrir loi a mon seigneur, et dire en tel maniere : « Sire,
semont m'avés de ronci de service ; ves ci un ronci que
je vous offre sain de tous membres. Si vous requier que vous
le prengniés ᵏ et, s'il ne vous plest a ˡ prendre, donnés moi
jour soufisant et je vous amenrai autre ᵐ. » Donques s'il ne
li plest a prendre, il me doit donner jour d'amener autre a
.xv. jours, et ainsi me puet fere par trois fois s'il li plest.
Et quant je li menrai ronci a ⁿ la tierce fois, je doi offrir et ᵒ
le ᵖ ronci et deniers, et dire en tel maniere : « Sire, semont
m'avés de ronci de service ; amené vous en ai un, deus �q, et
ves ci le tiers qui est sains de tous membres. Si vous requier
que vous le prengniés ʳ et, se le roncis ne vous plest ˢ, je
vous offre .lx. s. pour le ronci et ves ci ᵗ les deniers. Et se
vous ne voulés prendre le ronci ne les deniers, je vous requier ᵘ
que vous ᵛ du service me ˣ lessiés en pes. Et se vous voulés
dire que je ne vous aie fet offre soufisant, je vous requier que

---

a) *A* se li seigneur les vuelent pr. — b) *F* je n'en s. — c) *E* serve mie et
il va de main. — d) *A* autre main ; *G* en une autre. — e) *E* omet le. — f)
C omet me ; *JK* ne me le puet. — g) *AB* puet puis dem. — h) *BEF* doi
nul service. — i) *JK* omettent bien. — j) *EF* veut par le coustume et ch'est
droiz. — k) *GHJK* le prenes. — l) *H* plest au pr. — m) *CGHJK* amenr.
un autre. — n) *A* omet a. — o) *BCEF* omettent et. — p) *CEF* omettent
le. — q) *C* un, voire deus. — r) *GHJK* prenes. — s) *GHJK* vous siet. —
t) *C* veez ichi. — u) *F* vous pri que. — v) *CFGHJK* omettent vous. —
x) *F* service et des deniers vous me l. ; *G* service vous me l.

---

1. *Tant que*, pendant tellement de temps que.

vous me faciés dire par droit et par mes pers quel ronci je vous doi et de quel pris ; et je vous offre a servir sans delai dusques a l'esgart de leur jugement. » Et[a] se je vois en ceste maniere avant, mes sires[b] ne me puet cel jugement veer ne moi tourner en nule defaute qu'il ne me face tort[c]. Et s'il prent ne[d] saisist[e] le mien, s'il ne le fet[f] par le[g] jugement de mes pers, il est tous jours tenus a moi resaisir avant que je responde a riens qu'il me[h] demant en plet.

796. Se mes sires a pris de moi un ronci de service et il ait tenu le ronci .XL. jours continués[i] sans renvoier le moi[j], je sui quites de mon service. Et s'il le me renvoie dedens les .XL. jours sain de tous membres, je ne puis[k] refuser que je ne le reprengne[l], et serai de rechief ses redevans d'un ronci de service. Mes se je l'ai servi de[m] ronci[n] sain et il l'afole[o] tant comme il le tient et il le me renvoie, je ne sui pas tenus a reprendre[p] loi[q], ainçois doi estre quites de servir[r].

797. Quant j'ai servi mon seigneur de ronci du quel il s'est[s] tenus a paiés, ou lequel il a tenu .XL. jours sans renvoier, je sui quites du[t] service a tous les jours de ma vie ne ne sui tenus a aler puis lueques[u] en avant aveques mon seigneur ne en sa[v] guerre[x] ne en[y] sa meson defendre, se ja ne vueil; mes je ne doi pas pour ce lessier a aler a ses semonses et[z] a ses jugemens[aa].

798. Il sont aucun fief que l'en apele fiés abregiés. Quant l'en est semons pour service de teus fiés, l'en doit

a) *HJK omettent* Et. — b) *JK* mon seigneur. — c) *EF* puet torner en nule defaute que il ne me fache tort ne il ne me puet che jugement veer. — d) *ABCF* prent ne ne sais. — e) *GHJK* pr. ne [*G* ne] lesse ; *M* pr. ne lieve. — f) *CM* mien se che n'est par. — g) *AB omettent* le. — h) *HJK* riens que je dem. — i) *HJK* jours continuelz. — j) *EF* continues sanz moi renvoier le ronchi. — k) *E* ne le puis. — l) *AB* le prengne. — m) *EF* servi d'un ronci. — n) *BEF* ronci de service sain. — o) *B* il l'a affolé ; *CG omettent* l' ; *G* a foulé ne grevé ; *J* il la folle. — p) *C* a prendre. — q) *G* a le reprendre ; *HJK* que je le reprengne. — r) *HJK omettent* de servir. — s) *GHJK* il est. — t) *HJK* quites de mon serv. — u) *C* illuec ; *JK* ilec. — v) *A omet* sa. — x) *B* sa terre. — y) *A omet* en ; *CE* ne a sa. — z) *BEF omettent* a ses semonses et ; *CG* sem. ne a s. j. — aa) *E* a sen jugement.

offrir a son seigneur ce qui est deu[a] par la reson[b] de l'abre-
gement, ne autre chose[c] li sires n'i puet demander se li
abregemens est prouvés[d] ou conneus, et il[1] est fet[e] soufi-
saument par l'otroi[f] du conte. Car je ne puis soufrir a
abregier le plein service que l'en tient de moi sans l'otroi
du conte, combien qu'il i ait de seigneurs dessous le conte
l'un après l'autre, soit ainsi qu'il se soient tuit[g] acordé a
l'abregement. Et s'il s'i sont tuit acordé et li cuens le set,
il gaaigne l'homage de celui qui tient la chose ; et revient
l'homages en[h] la nature de[i] plein service, et si le doit
amender cil qui l'abreja a son homme, de .LX. lb. au conte.

799. Se aucuns abrege le fief a son homme et s'oblige a
li garantir comme fief abregié, et li sires par dessus i met
la main pour ce qu'il ne veut pas soufrir l'abregement, li
sires qui l'abregement fist pert l'homage si comme nous
avons dit dessus[j]. Et pour ce n'est il pas quites qu'il ne
doie fere restour a celui qui fief il abreja, de tant comme il
est damagiés en ce qu'il revient a[k] devoir plein service. Et
pour ce est ce grans perius de fere abregemens de fief, se
ce n'est par l'assentement des seigneurs par[l] dessus[m] de
degré en degré dusques au conte.

800. Li rois ne cil qui tienent[n] en baronie ne doivent
lever nul ronci[o] de service pour ce qu'il puent prendre les
cors armés[p] et montés toutes les[q] fois[r] qu'il en ont mestier.

Ci fine li chapitres des roncis de service.

·

a) *C* ce que on doit. — b) *B E F omettent* par la reson. — c) *A B* autres
choses. — d) *A omet* est prouvés. — e) *C omet* fet : *E F omettent* et il est
fet. — f) *G H J K* par letres du c. — g) *E F omettent* tuit. — h) *G H J K* rev.
a la nat. — i) *G H J K* nat. du pl. serv. — j) *H J K omettent* dessus. — k)
A B E F rev. en dev. — l) *G H J K omettent* par. — m) *B* p. desoz. — n) *J K*
qui tient en bar. — o) *A* lev. nus roncins. — p) *A* cors tous armés. — q)
F J K omettent les. — r) *A* fois qu'il vuelent et qu'il en. — Explic.) *A J K*
n'ont pas d'explicit; *B* Ici faut; *C* Chi define; *G H* Explicit.

1. *Il* = cela.

XXIX.

Ci commence li .xxix. chapitres de cest livre liqueus parole
des services fes par louier ou par mandement ou par vo-
lenté, et des contes as serjans.

801. Il est parlé ou chapitre devant cestui d'une ma-
niere de services [a] que li homme doivent a leur seigneurs
par la reson des fiés [b] qu'il tienent d'aus [c] : si parlerons en
cest chapitre qui ensuit après [d] d'autres manieres de ser-
vices, c'est assavoir des [e] services [f] qui sont fet par louier,
et [g] des services qui sont fet [h] par mandement [i], et [j] des ser-
vices qui sont fet [k] par [l] commandement, et des services qui
sont fet [m] par volenté sans mandement [n] et [o] sans comman-
dement et sans louier. Et si parlerons de ceus qui s'entre-
metent de plus grant service [p] qu'a aus n'apartient, et du
peril qui i gist ; et des contes que li serjant doivent fere a
leur seigneurs [q], si que cil qui servent sachent comment il
doivent servir et li seigneur sachent comment il se doivent
maintenir envers ceus qui leur font services.

Rubr.) *A* Ici comm. ; *A B* pour loier ; *B E F G H J K* cap. qui parole ; *C* omet
et des contes as serj. ; *C G J K* serv. qui sont fet ; *E F H* par quemandement ;
dans G la rubrique est en tête du ch. xxx ; *J K* as serj. et des autres
services, etc., *comme à la table.* — a) *A B C* service. — b) *E F* par
raison de fief. — c) *G H J K* f. qu'il en tienent. — d) *E F omettent* après ;
G ensieut cy apres ; *H J K omettent* qui ensuit après. — e) *C F* ass. de serv.
— f) *G H J K omettent* c'est assav. des services. — g) *F* ou *exponctué.* —
h) *F* omet et des services qui sont fet. — i) *B* par commandement. — j)
F omet et. — k) *E* omet des services qui sont fet. — l) *G H J K omettent*
mandement et des ... sont fet par. — m) *E F omettent* des services qui sont
fet. — n) *G H J K omettent* sans mandement. — o) *F G omettent* et. — p)
C E F G H grans services. — q) *E F* seigneur.

802. Li serjans se doit[a] entremetre de l'office qui li[b] est bailliés tant seulement ; et s'il s'entremetoit[c] d'autre sans le commandement et[d] sans le mandement de son seigneur et aucuns damages en avenoit, li sires l'en pourroit suir ou depecier le marchié qu'il avroit fet, mes que ce fust si tost comme la connoissance du fet[e] de son[f] serjant[g] venroit a li. Et ce entendons nous quant li serjans s'entremet des choses qui ne li sont pas baillies[h] a serjanter, car des choses qui li sont baillies puet il ouvrer selonc le pouoir qui li est donnés[i] tant seulement.

803. Se aucuns sires baille a son serjant le pouoir de justicier et li serjans, en justiçant, fet aucune chose qui soit contre le droit du seigneur de qui ses sires tient, et li sires contre qui li serjans a mesfet ou[j] desobeï s'en veut prendre au seigneur du serjant qui ce fist, fere le puet ; ne li sires ne puet pas desavouer le fet de son serjant, car[k] adonques[l] pourroient il fere fere[m] par leur serjans les desobeïssances a leur seigneurs et après dire que ce ne seroit pas par aus. Et se li serjans l'amendoit, liqueus ne seroit pas gentius hons, l'amende ne seroit que de .LX. s. qui[n] puet estre, quant li sires du serjant[o] l'amende, de .LX. lb., se li mesfès le requiert, et liquel mesfet doivent tel amende[p] il est dit ou chapitre des mesfès[1]. Et pour ce est il bon as seigneurs qu'il gardent par qui[q] il font leur justice[r] garder, puis qu'il ne pueent desavouer ce que leur serjant font en justiçant, et ce[s] avons nous veu jugier[t] en l'ostel le roi[u2]. Nepourquant

a) *E* doivent. — b) *E* leur. — c) *E* entremetent; *F G H J K* entremet. — d) *H* comm. ou sans. — e) *B E F* la conn. de le choze. — f) *G H J K* fet du serj. — g) *A* servant ; *B E F omettent* de son serjant. — h) *E* s'entr. de le coze qui ne li est mie baillie a serj. — i) *H J K* est baillies t. seul. — j) *A* mesf. et des. — k) *A B omettent* car. — l) *A B G H J K* donques. — m) *A B omettent* fere. — n) *A* s. qu'il puet. — o) *C* estre que le serjant du seigneur l'am. — p) *J K* mesf. doivent estre amendez, il. — q) *A B* gard. que il. — r) *G* font leurs justiciers et leurs justices gard. ; *H J K* font leurs justices gard. — s) *C* et cheste choze. — t) *G* veu justicher. — u) *J K* ost. du roy.

1. Ch. xxx.
2. Voyez, p. 218, note 2.

li cas de crime en sont excepté, car se mes serjans, par sa folie ou par s'astiveté, mesfet en cas de crime, l'en ne s'en puet prendre a ma persone mes a lui qui fist le mesfet, s'il n'est prouvé contre moi que je li[a] fis[b] fere ou le[c] pourchaçai, car[d] en tel cas pourroie je perdre.

804. Mout de seigneurs ont eu damage[e] par mauvès serjans et aucune fois aveques le damage vilenie, car li serjant font mout de choses qui ne sont pas du commandement leur seigneur, la ou il a a reprendre; et pour ce, se li serjans fet aucun mesfet du quel ses[f] sires est damagiés pour ce qu'il ne le puet desavouer, il a action contre son[g] serjant de demander li[h] le damage qu'il a par son mesfet. Mes ce entendons nous es mesfès que li serjant font[i] a escient et malicieusement[j]; car[k] il avient aucune fois qu'il mesfont[l] et si[m] ne cuident pas mesfere, — si comme quant il prenent[n] en justiçant en autrui terre et il cuident[o] prendre en la terre leur[p] seigneur, ou quant il tienent prisonniers en[q] prisons[r] qui sont acoustumees[s] selonc les[t] mesfes et li prisonnier eschapent en aucune maniere sans l'aide et sans le consentement des serjans, — en teus cas et en semblables doivent il estre escusé; mes s'il le fesoient a escient et sans commandement, adonques leur pourroit on demander le damage. Et ce avons nous mout de fois veu que se uns vachiers ou uns[u] bergiers ou uns[v] porchiers[x] mene les bestes son seigneur en lieu[y] la[z] ou eles soient prises en forfet, il convient que li sires des bestes en face l'amende et qu'il la pait s'il aime tant les bestes qu'il les vueille ravoir et qu'il rende[aa] le

a) *A B E F* je le f. — b) *C* li fais f. — c) *A B E F G omettent* le. — d) *C omet* car. — e) *C H J K* damages. — f) *G H J K* du q. li sires. — g) *G H J K* c. le serj. — h) *J K omettent* li. — i) *B omet* font. — j) *B E F* malicieusement et a escient. — k) *C* malic. quant il av.; *E F* que il av. — l) *G H J K omettent* et malicieusement; car ... fois qu'il mesfont. — m) *H J K* et s'il ne. — n) *H J K* prendent aucun en j. — o) *H J K* il cuide. — p) *H J K* t. son seign. — q) *H J K* pris. es pris. — r) *A B C E F* prison. — s) *A B C E F H J K* acoustumé. — t) *G H J K* sel. lor mesf. — u-v) *F omet* uns. — x) *H omet* ou uns porchiers; *J K* vach. ou un porcher ou un bercher. — y) *G H J K omettent* en lieu. — z) *E H J K omettent* la. — aa) *B E F* qu'il pait le dam.

damage que ses[a] bestes firent avec l'amende[b]. Mes tout cel damage puet il demander a celi qui ses bestes devoit garder[c], car pour ce met on serjant[d][1] a ses bestes garder qu'eles ne voisent en[e] forfet; et se cil qui les gardent n'en pouoient[f] estre damagié, teus manieres de serjans s'acoustumeroient[g] plus legierement[h] a aler en autrui forfès.

805. Trois manieres de services sont. Li premiers par convenance, si comme aucuns me fiance a servir bien[i] et loiaument ou a estre mes procureres dusques a certain tans et de certain service, — si comme quant[j] il leur est devisé en la convenance que il feront, s'il garderont justice ou bois ou vignes, ou s'il s'entremetront de toutes ces[k] choses garder, si comme aucuns sires baille bien a son[l] serjant l'aministracion de pluseurs choses, — et en ceste maniere de service doit li sires baillier[m] a son serjant ce que mestiers li est pour son service fere, s'il n'est convenancié qu'il le doie fere pour son louier ou par ses gages[n]; car, s'il convient le serjant armer pour le service son seigneur et convenance ne le tout, li sires li[o] doit prester[p] armes; et s'il l'a[q] retenu entour soi pour aucun autre office[r], si comme pour charpenter ou pour[s] maçoner, teus manieres de menestrieus[t] ont de coustume qu'il aportent leur oustius la ou il se[u] sont

---

a) *JK* que les best. — b) *AB omettent* avec l'amende. — c) *HJK* qui devoit ses bestes guarder. — d) *JK* serviteur. — e) *GHJK* en dommage ne en f. — f) *BEF* ne puecnt estre. — g) *A omet* s'. — h) *EF* s'acoust. volentiers a. — i) *B omet* bien. — j) *C omet* quant. — k) *C* s'entrem. de ses choses. — l) *C* baille a aucun serj. — m) *H* sires a baill. — n) *HJK omettent* fere s'il n'est … par ses gages. — o) *ABEF omettent* li. — p) *HJK* d. livrer arm. — q) *A omet* l'. — r) *HJK* aut. service. — s) *AB omettent* pour. — t) *A G* man. de mestriers; *B* menestreis; *C* man. d'ouvrages; *H* menestrix; *J* menestrelz; *K* menestriez. — u) *GHJK omettent* se.

---

1. Ici et partout (je signale le fait une fois pour toutes) le scribe du manuscrit du xve siècle sur lequel *J* et *K* ont été copiés a remplacé *serjant* par *serviteur* toutes les fois que *serjant* désignait un homme au service d'un autre, domestique ou ouvrier, conservant *serjant* pour indiquer un officier de justice. La synonymie de *serviteur* et de *serjant* (celui-ci pouvait toutefois être pris dans un sens plus étendu) n'existait donc plus pour ce scribe, et la spécialisation de sens des deux mots était établie ou tout au moins en voie de s'établir à cette époque.

loué, car selonc ce s'en[a] louent il mieus. Nepourquant s'il
sont loué dusques a certain tans et leur oustil brisent ou
empirent, il doivent estre refet au coust du seigneur ; mes
ce n'est pas fet quant il euvrent[b] a leur tasche ou a leur
journees[c], car adonques est li perius de leur[d] oustius leur ;
et[e] pour ceste voie que nous avons dite de livrer as serjans
ce que mestiers leur est pour leur services et as menestrieus[f]
non, en aucun[g] cas puet on entendre d'autres[h] manieres de
serjans[i] dont nous n'avons pas fet mencion.

806. La seconde maniere de[j] serjans si[k] sont cil qui
ne sont ne fiancié ne serementé ne retenu dusques a terme,
nepourquant il s'entremetent du[l] service d'autrui par priere
ou par mandement. Et ceste voie de serjanter[m] puet estre en
mout de manieres, car ele est a la fois[n] par priere de bouche[o],
si comme Pierres prie à Jehan : « Je vous pri que vous
m'achetés la terre Guillaume pour moi, et je m'en tenrai a ce
que vous en ferés[p]. » En tel cas, se Jehans l'achate, Pierres
est tenus au[q] paier ; nepourquant li dis Pierres n'est pas[r]
obligiés vers Guillaume, car il n'a a lui nule convenance ne
marchié, mes Guillaumes puet suir Jehan qu'il li tiegne son
marchié et Jehans puet suir Pierre qu'il le delivre de ce
qu'il li fist fere de son commandement ou de sa priere ; et a
ce puet l'en veoir que Jehans est obligiés par le marchié qu'il

a) *C G H J K* ce se louent. — b) *H* il en euvrent. — c) *J K* leur journee.
— d) *H J K* per. des oust. — e) *G* ad. est il perilz de leurs oustix. Lors par
ceste v. ; *J K omettent* et. — f) *A* menesteriex ; *B K* menestrez ; *C* ouvriers ;
G mestiers ; *H* menestrix ; *J* menestrelz. — g) *H J K* en aucuns cas. — h)
C G H J K ent. des autres m. — i) *E* man. de services. — j) *A B C* man. des
serj. — k) *C H* serj. se sont ; *J K* serj. ce sont. — l) *H J K* s'entr. de serv. —
m) *E F* v. de serjanz ; *J K* v. de service pot. — n) *C E F* est aucune fois ; *le
reste du chapitre* xxix *manque dans É; la fin de la colonne* c *et la co-
lonne* d *du folio* 72, *le recto du folio* 73, *la colonne* c *et la plus grande
partie de la colonne* d *de ce folio sont restés en blanc; le texte reprend
à l'explicit du chapitre* xxix *et d'une autre main; cette lacune a tou-
jours existé dans le manuscrit.* — o) *A B* bouche ou par mandement si c.
— p) *C* P. prie a J. que il li achate la terre G. pour lui et il s'en tendra a
che que Guilliaumes en fera. En t. c. — q) *B C F* ten. a paier ; *G* ten. a le
paier. — r) *A omet* pas.

fist et[a] Pierres est obligiés envers Jehan pour ce que Jehans fist[b] le marchié pour li et pour sa priere.

807. Aucune fois avient il que priere n'est pas fete de bouche, mes l'en le mande par letres, si comme aucuns mande a son ami par ses letres qu'il li face aucune besoigne et teus mandemens puet estre[c] perilleus a celui a qui li mandemens[d] est[e] fes se les letres du mandement[f] ne sont pendans. Car se cil qui le mandement fist ou la priere par[g] letres le renie[h] et cil a qui il fu mandé ne le puet prouver, il demeure tous seus obligiés, tout soit ce qu'il fist marchié en entencion .qu'autres le prist, car l'en ne puet suir de marchié ne de convenance fors celui qui le marchié fist, tout fust il fes pour autrui, se n'est de ce que procureeur font en court pour[i] leur seigneurs[j] de quoi il lessent bonne procuracion par devers la court, car li sires est[k] obligiés en tout ce que ses procureres fet selonc la vertu de la procuracion, et de ceste matere est il parlé assés soufisaument ou chapitre des procureeurs[1].

808. Nous avons dit que mandemens oblige celi qui le mandement fet envers celui a qui il fet le mandement[l] et si avons dit que cil qui le mandement[m] du mandement[n] d'autrui fet[o] est obligiés envers celui a qui il fet le marchié ou la convenance tout soit ce qu'il le face pour autrui ; mes ce entendons nous es mandemens et es prieres qui sont fetes selonc bonnes[p] meurs, si comme se je mande ou prie a aucun qu'il tue un homme ou qu'il arde une meson ou qu'il face aucun[q] autre mal, je ne sui pas obligiés envers celui a qui je

a) *F* obl. par le quemandement que il eust dou marquié que il fist a Pierre et Pierres. — b) *A omet* fist. — c) *C F* mand. est per. — d) *B omet* puet estre ... li mandemens. — e) *J K* mand. sont f. — f) *A B omettent* du mandement. — g) *H J K* pr. sans letres. — h) *H J K* le nie. — i) *F* font es cozes de l. s. — j) *A omet* en court pour l. seign. — k) *A omet* est. — l) *A F omettent* envers celui ... le mandement. — m) *C omet* et si avons ... qui le mandement. — n) *C* dou commandement d'a. — o) *F* c. qui le mandem. fait au mandement d'autrui est obl. — p) *G H I J K* sel. les bon. m. — q) *G H J K* face un a. mal.

fis le mandement ou la priere, car s'il fet le mesfet il doit estre condamnés pour le mesfet, et cil qui est condamnés selonc droit ne puet autrui condamner. Nepourquant on l'a aucune fois soufert quant l'en voit grant presompcion[a] contre celi qui devoit avoir fete la priere ou le mandement ; mes se cil qui font teus malices pour mandement d'autrui en sont encoupé[b], c'est a bon droit, car nus ne doit obeïr a fere autrui priere ou autrui mandement en vilain cas ; et bien se gart qui fet autrui mandement qu'il ne le face fors en la maniere qu'il[d] est commandés ou priés ; car, s'il en fesoit plus, cil qui le mandement ou la priere li fist ne seroit pas obligiés au plus, si comme se je mande ou prie[e] a aucun qu'il m'achate la vigne que Pierres veut vendre et qu'il en doint .c. lb. tant seulement et il, après cel mandement, fet cel marchié pour .vi^{xx}. lb. sans avoir nouvel mandement de moi, je ne sui pas obligiés es .xx. lb. ; donques convient il que li marchiés li demeurt pour les .vi^{xx}. lb. ou qu'il le[g] me lesse[h] pour les .c. lb.[i], et ainsi pourroit il perdre[j] .xx. lb., pour ce qu'il n'avroit pas usé selonc mon mandement[k].

809. Se je prie ou mande a[l] aucun qu'il face pour moi aucun marchié[m] et il dit que si fera il volentiers et, après, quant il a fet le marchié, il le veut retenir pour soi ou il donne plus du marchié que je ne li dis qu'il en donnast pour moi[n], malicieusement pour moi donner a entendre qu'il ne le peust[e] avoir pour tant comme je li avoie dit[o], il doit estre a mon chois d'avoir le marchié pour tant comme il li[p] couste[q], car des lors[r] qu'il m'eut convent[s] qu'il l'acheteroit pour moi, il ne le puet puis acheter pour li sans mon otroi.

---

a) *HJK* grans presompcions. — b) *FH* en coupe ; *G* en soit occupé ; *JK* sont occupez. — c) *GHJK* en [*HJK* toz] tex cas. — d) *GHJK* man. qui lui est. — e) *BF* pri aucune chose a. — f) *H* ou qu'il ne laist a moi pour ; *JK* ou qu'il laisse a moi. — g) *F* omet le. — h) *F* demeure. — i) *G* lb. que lez manday et ainsi. — j) *HJK* ainsi perdroit il. — *G* mon commandement; *HJK* omettent pour ce qu'il ... selonc mon mandement. — k) *HJK* omettent a. — l) *BF* f. aucun marchié pour moi. — m) *HJK* omettent pour moi. — n) *AB* pueent; *C* pooit; *GHJK* pot. — o) *A* omet dit; *HJK* omettent comme je li av. dit. — p) *A* omet li. — q) *B* cousta. — r) *GH* tres donques. — s) *C* m'ot en convenant; *GHJK* m'ot en convent.

810. Se je fes aucune priere ou aucun mandement et je le rapele avant que la chose soit fete ne convenanciee, li mandemens est faillis ; et se cil a qui je fis le mandement ou la priere le fesoit après mon rapel, je ne seroie de riens obligiés vers lui par reson de mandement puis que je l'avroie[a] rapelé, car je puis rapeler ce que j'ai prié[b] ou mandé[c] ou commandé[d] a fere tant comme la chose est entiere.

811. Chascuns doit savoir que se priere ou mandemens est fes a aucun et cil qui la priere ou le mandement fist muert[e] en tant comme la chose est encore[f] entiere, li mandemens est faillis, ne ne le doit pas cil fere[g] a qui li mandemens fu fes. Nepourquant s'il le fet pour cause de bonne foi, — si comme s'il cuide que cil qui fist le mandement[h] vit encore, ou il voit que c'est li pourfis as oirs de fere loi[i], — li oirs est obligiés vers lui par la reson de la priere ou du mandement[j] de son predecesseur, car male chose seroit que cil qui s'entremetent de fere autrui service[k] par priere ou par mandement receussent damage ou service qu'il font pour cause[l] de bonne foi.

812. Tout soit il ainsi que cil qui font autrui service par priere ou par mandement ne soient pas serjant serementé ne convenancié a ceus qui firent la priere ou le mandement[m], pour ce ne demeure pas que, s'il metent[n] cous[o] ne[p] despens resnables et convenables[q] pour fere les choses qui furent prices ou mandees[r], que ce ne doic estre as cous[s] de celui qui fist la priere ou le mandement, car, si comme nous avons dit alieurs[1], nus n'est tenus a servir autrui a son

---

a) *A B* le ravroie r. — b) *G* que je prie. — c) *A omet* ou mandé : *FHJK* mandé ou prié. — d) *C omet* ou commandé. — e) *G* muert encore en t. — f) *G omet* encore. — g) *G* pas faire chil a. — h) *HJK omettent* qui fist le mandement. — i) *CHJK omettent* de fere loi ; *F omet* loi ; *G* fere lay. — j) *GHJK* res. du mandement ou de la priere. — k) *C* s'entr. d'autrui service fere. — l) *C omet* damage ou ... pour cause. — m) *CHJK* le commandement. — n) *C* il i metent. — o) *HJK* met. ne coz ne. — p) *G* cous ou despens. — q) *F omet* et convenables. — r) *B* ou commandees ; *F fur.* quemandees ou priees, que. — s) *GHJK* estre au coust.

---

1. Cf. § 158.

418 COUTUMES DE CLERMONT EN BEAUVAISIS.

cousta s'il n'a par quoi il le doie fere, si comme li gentil homme qui en tienentb les fiés et en doivent les servicesc, oud si comme li serf as queus il convient servir leur seigneurse au leur quant il plest a leur seigneursf parce que tout ce qu'il ont est a leur seigneursg.

813. Nous avons parlé de deus manieres de services : ce sont de ceus qui sont convenancié ou loué et de ceus qui servent par priere ou par mandement. Or i a encore autre maniere de service, si comme de ceus qui s'entremetent de servir autrui sans mandement et sans priere et sansh estre loué ne convenancié. Et ceste voie de service si est mout perilleuse a ceus qui s'en entremetent s'il n'est ainsi qu'il leur conviegne fere a force, car aucune fois me convient il servir autrui maugré mieni, sans priere et sans mandementj, ou je pourroie avoir damage et vilenie et de ce touchasmes nous ou chapitre de compaigniek de ceus qui serventl leur compaignons parce que leur compaignonm ne s'enn pueent ou neo vuelentp entremetreq1. Et encore est il d'autresr services que l'en fet touts sans mandementt et sans priere d'autrui, et si sont li service a guerredoner pour cause de bonne foi : si comme se je voi mon cousin ou mon ami ou mon voisin seur le point d'avoir grant damage et je le destourne d'avoir damageu, si comme se sa mesons art et je desteingv le feux, ou se je le garanti en ma meson pour doute de ses anemis, et je met cous a li garder ou au feu de sa meson esteindre,

---

a) *GHJK* a ses coustz. — b) *G* en ont l. f. — c) *G* doiv. le service. — d) *G* omet ou ; *HJK* et si c. — e) *AF* seigneur. — f-g) *AB* seigneur. — h) *B* omet et sans. — i) *C* omet maugré mien ; *F* serv. aut. par forche s. pr. — j) *C* mandem. tout maugré moy ou je. — k) *CFM* ch. [*M* qui parle] des compaignies. — l) *M* qui louent. — m) *BF* p. ce qu'il ne ; *M* che qui ne. — n) *BCF omettent* s'en ; *F* ne sevent ou ne pueent ; *GM* ne se pueent. — o) *G* omet ne. — p) *BF* ne s'en vuel. — q) *H* vuel. merler ne entrem. ; *HJK omettent* de ceus qui ... ne vuelent entremetre ; *M* entr. des besoignes. — r) *F* omet d'. — s) *F* omet tout. — t) *GHJK* s. commandement. — u) *A* d'av. le damage ; *F* je li destourne che damage ; *H* d'avoir le ; *JK* d'avoir loy. — v) *C* je destraing le f. ; *F* je estaing le f. — x) *HJK* et je l'estaing.

---

1. Voyez ch. xxi, § 654.

il est bien[a] tenus a moi rendre teus damages[b]. Et aussi se je labeure son eritage en entencion que je cuidoie[c] qu'il fust miens et il en porte[d] les despeuilles par son[e] droit, il me doit bien rendre[f] mon labourage. Et aussi se je sui en aucune court de court[g] laie ou de court de[h] crestienté et l'en le veut metre en defaute et je l'escuse pour ce que je sai son essoine, tout ne le m'eust il pas mandé, et j'i met[i] aucuns[j] cous resnables pour li defendre, il les me doit bien rendre ; nepourquant en cest[k] cas[l] il ne le fera pas s'il ne veut par nostre coustume. Et ce que nous avons dit que services sans louage et sans mandement est perilleus, nous l'entendons en deus manieres : la premiere, pour ce que se je m'entremet d'autrui servir sans estre loués ou priés[m] ou sans mandement, cil qui service je fes[n] n'est tenus a moi[o] riens[p] rendre, ne despens ne louier, fors es cas dessus dis et[q] es[r] semblables. La seconde maniere[s] si est pour ce qu'en tel maniere se puet on entremetre d'autrui service, tout n'i pensast on fors a[t] bien, que l'en en pourroit avoir honte et damage, si comme se l'en s'entremetoit de recevoir les choses d'aucun sans mandement et sans estre loués a ce fere, car qui se pourroit[1] en tel cas escuser par cause de service, li larron qui prenent[u] autrui choses[v] par cause de larrecin s'en escuseroient, et pour ce n'est ce pas tenu pour service mes pour larrecin. Nepourquant l'en prent aucune[x] fois autrui chose[y]

---

a) *B* omet bien. — b) *F* r. tel damage. — c) *G* je cuide. — d) *G* il emporteroit ; *HJK* il emportoit. — e) *GHJK* par bon droit. — f) *GHJK* rendre bien. — g) *AB omettent* de court ; *F* court ou de laie court ou de. — h) *ABCF omettent* court de. — i) *C* je meisse. — j) *F omet* aucuns. — k) *BF* en ce c. — l) *C* omet en cest cas. — m) *C* sans louer ou prier ou s. m. ; *G* sans louier ou sans priere ou s. m. — n) *F* je fis. — o) *AB* n'est a moi tenus. — p) *AB* a riens r. ; *C* omet riens ; *F* riens paier ne rendre. — q) *C* d. ou es. — r) *H* et en sembl. — s) *HJK omettent* maniere. — t) *HJK* fors qu'a b. — u) *C* qui portent a. ch. — v) *AC* a. chose. — x) *H* pr. aucunes f. — y) *GHJK* autrui choses.

---

1. *Qui se pourroit escuser ..., li larron ... s'en escuseroient*, si on se pouvait excuser..., les larrons... Sur cette tournure de l'ancien français, voyez Marchot dans la *Zeitschrift für romanische Philologie*, XX. 525, en y ajoutant les réserves faites par M. Gaston Paris, *Romania*, XXVI. 141.

que ce n'est pas larrecins ne services, — si comme quant
l'en cuide que la chose soit sieue et ples nest pour savoir a
qui ele est, et cil qui la prist la pert par jugement, — en tel[a]
cas prent l'en aucune fois l'autrui chose et si n'est pas lar-
recins, car larrecins n'est pas sans avoir courage d'embler.

814. Li conte qui sont fet du serjant au seigneur sont
aucune fois fet mout priveement sans apeler tesmoins au
conte fere, car li seigneur ne vuelent pas aucune fois que li
estrange sachent comment leur besoignes vont. Or veons
donques, se descors muet pour[b] le conte[c] entre le seigneur
et le serjant[d], — si comme se li sires dit que li serjans a
plus receu qu'il ne li conte, ou qu'il li veut conter despens[e]
qui n'ont pas esté fet[f] ou plus grans[g] qu'il ne furent fet[h];
ou se li serjans requiert a son seigneur qu'il li[i] rabate de
ses reçoites aucuns paiemens ou aucunes despenses[j] et li
sires ne veut[k], — que l'en[l] en doit fere.

815. Se li serjans renie aucune reçoite[m], il[n] le puet au-
cune fois prouver par deus de sa mesnie, soient homme ou[o]
fames, aveques presompcion, si comme se li[p] serjans est es-
tablis a ce[q] recevoir: car cil qui est establis a autrui detes
recevoir, ou il[r] doit dire qu'il les a receues ou[s] il doit dire
que cil qui les doivent[t] les doivent encore; et s'il dit que
les detes sont encore deues, li sires les puet[u] demander as
deteurs; et s'il alliguent qu'il en firent paiement au serjant[v]
et li serjans le nie, il convient que li deteur[x] le pruevent
ou qu'il paient la dete au seigneur; et s'il[y] pruevent le paie-

a) *J K* en ce cas. — b) *C* muet pour le c. — c) *B F* omettent pour le
conte. — d) *B F* serj. pour le conte, si c. — e) *A H J K* cont. despenses qui;
C cont. les desp. — f) *A H J K* esté fetez. — g) *A* omet grans. — h) *A H J K*
qu'eles ne fur. fetes; *F* omet ou plus grans qu'il ne f. fet. — i) *H J K* omet-
tent li. — j) *B F* aucuns despens. — k) *A B F* omettent et li sires ne veut.
— l) *J K* veut, ce que on en d. f. — m) *G H J K* aucunes rechoites. — n) *F*
reç. li sires le p. — o) *G* s. h. soit fam. — p) *C* se .i. serj. — q) *A B* omet-
tent ce. — r) *G* rec. on li doit d. — s) *C* dire: je les ai recheues et en doi
rendre conte ou il d. d. — t) *A H J K* qui l. devoient l. d. — u) *C* les doit
dem. — v) *A* p. as serjans. — x) *F* conv. qu'il le pr. — y) *G H J K* et si pr.

1. *Il*, le seigneur cité à la fin de la phrase précédente.

ment contre le serjant qui a ce [a] recevoir fu establis [b], il doivent estre quite et li serjans le [c] doit rendre au seigneur et doit rendre les damages resnables que li deteur eurent par sa niance et l'amende de la niance [d], et si demeure mal renomés, car niance fere [e] de ce que l'en a receu pour autrui damagier n'est pas sans tricherie ne sans volenté de recevoir autrui chose a tort.

816. Se li serjans a l'aministracion de vendre bles, aveines ou autres denrees, il convient qu'il conte du pris qu'eles furent vendues ou qu'il moustre les denrees qu'eles ne soient pas encore vendues ; et se li serjans conte meins qu'eles ne furent vendues et li sires puet [f] prouver par les acheteurs ou par autres que les denrees [g] furent plus vendues qu'il ne li conta, il est tenus ou [h] seurplus a son [i] seigneur. Nepourquant en cel cas doit estre escusés li serjans aucune fois, quant il moustre que li [j] seurplus ala es cous [k] des [l] choses vendues, si comme pour le [m] charier ou pour autres fres [n] resnables [o] qui pueent estre en denrees mener [p] avant qu'eles soient vendues, si qu'il ne conta fors ce qu'il eut des choses par desseur les fres. Mes tout soit il escusés par ceste voie, ce ne fu pas sagement conté, car cil qui content des choses vendues a leur seigneurs doivent conter en leur reçoites tout le pris des choses [q] qu'il vendirent et toutes autres reçoites qu'il ont fetes [r] entierement et par chascune partie en [s] par soi et par escris doubles, dont li sires en [t] ait l'un et li serjans l'autre, tout mot a mot. Et quant toutes les parties des reçoites sont dites et somme fete, après [u] doit

---

a) *B F omettent* ce. — b) *H J K omettent* qui a ce recev. fu establis. — c) *A B F* serj. les d. — d) *C omet* et l'amende de sa niance. — e) *G H J K* niance faite de. — f) *F G H J K* sir. le puet pr. — g) *H J K* autr. qu'eles furent. — h) *A* ten. el seurpl. ; *G H J K* ten. du seurpl. — i) *G H J K* seurpl. au seign. — j) *A* que cil seurpl. ; *C* que che seurpl. — k) *C* es coustemens. — l) *H J K omettent* cous des. — m) *C omet* le ; *G H J K* p. les char. — n) *C F* aut. cous resn. — o) *H J K omettent* resnables. — p) *A C* denr. demener. — q) *A* choses vendues qu'il vend. — r) *A B E* ont fait ; *G* qu'ils firent. — s) *F G H J K* part. a par. — t) *C* doubl. dou seigneur qui en. — u) *C* apres che si doit.

estre fete la somme des ͣ despenses ͤ et de toutes manieres ͨ
de fres et de ͩ paiemens que li serjans a fes pour les re-
çoites dessus dites trere ͤ a soi ou du commandement son
seigneur. Et qui ainsi conte il conte sagement et loiaument,
car, se descors muet ͬ entre le seigneur et le serjant, si
comme s'il dit : « Vous ne me ͢ contastes pas de cel ͪ vin ou
de cel ͥ blé que vous vendistes lors », ou se li serjans dit a
son seigneur : « Vous ne me rabatistes pas teus ͫ despenses
que je fis en tel point », tous jours puet l'en retrouver ͫ la
verité par les escris, se ce qui est demandé fu conté ou non.

817. Aucune fois se prueve li contes a mauvès que li
serjans fet[1] a son seigneur par l'aparence de soi ͫ meisme,
— si comme se li serjans conte si ͫ grans parties de des-
penses ͦ que li sires li ͥ doit de restor grant ͧ somme d'ar-
gent et il est aperte chose qu'il n'avoit pas tant vaillant
comme il dit que ses sires li doit, et si ne trueve pas la ou il
les doie pour son seigneur, — en teus contes ͬ a grant pre-
sompcion ͩ contre le serjant s'il ne moustre apertement dont
ce li est venu qu'il a presté et pour quel reson il fu meus au
prester, — si comme se ses ͭ sires estoit hors du païs ; ou si
comme se li serjans vit si grant damage de son seigneur
aparoir, comme de sa maison qui vouloit ͧ cheoir, ou de ses
eritages fere ͮ qui demouroient en fries, ou d'autres choses
pourfitables ͯ au seigneur, — en tel ͫ cas ne doit pas li ser-
jans perdre ͫ ce qu'il presta du sien, ainçois l'en doit ses
sires savoir ͣͣ bon gré comme de bon service.

818. Quant il avient que li sires veut estre paiés de son
serjant des reçoites ͣͤ qu'il a fetes et il ne li veut rabatre

a) *B* s. de desp. — b) *BCF* des despens et. — c) *G* tout. autres man. —
d) *CGHJK* et des paiem. — e) *A* d. d. traite a s. — f) *C* desc. est entre ;
G desc. se muet. — g) *BF* ne m'en cont. — h-i) *H* cest ; *JK* ce. — j) *JK*
ces. — k) *C* recouvrer ; *F* on puet tous jours trouver ; *GHJK* p. on trouver.
— l) *G* serj. fist a s. s. — m) *GHJK* de li meisme. — n) *C* conte a gr. part.
— o) *BCF* de despens que. — p) *F* omet li. — q) *GHJK* ret. a gr. somme.
— r) *HJK* teus cozes. — s) *GHJK* grans presomptions. — t) *GHJK* se li
sir. — u) *BF* de ses mesons qui vouloient ch. — v) *BF* omettent fere. —
x) *GHJK* choses fere pourfitables. — y) *JK* telz cas. — z) *HJK* d. p. perdre
li serjans. — aa) *A* savoir ses sires. — ab) *B* des rentes.

les^a despenses^b resnables qu'il fist en son service, li serjans ne doit pas estre contrains de tant comme il^c dit qu'il i a de reçoites^d devant que contes soit fes entre lui et son seigneur. Mes tant comme^e li serjans connoist, ses^f despenses rabatues^g, tant doit il paier: si comme se je connois^h que j'ai reccu des biens mon seigneur dusques a .xx. lb. et je di après que .x. lb. m'enⁱ doivent estre rabatues^j pour despenses^k resnables des queles^l je sui pres de conter, je ne doi estre contrains que de paier des^m .xx. lb. les .x. lb. devant que li contes soit fes, car perilleuse chose seroit a tous lesⁿ serjans s'il convenoit^o qu'il rendisissent^p toutes^q les reçoites^r qu'il ont fetes pour leur seigneurs et après il leur convenoit pledier des despenses.

819. Il ne seroit pas ainsi de mout de reçoites qu'autres persones que serjans pueent fere pour autrui; car^s se aucuns me prie que je reçoive .xx. lb. pour lui d'aucun qui^t li doit, ou il me baille^u .xx. lb. a garder et je les prent en garde, ou aucuns me prie que je li port ce qu'on^v li doit, et après je ne li^x vueil baillier ne rendre ces choses ou aucunes^y de ces choses^z pour ce que je di qu'il me doit assés et sui pres^{aa} de^{ab} moustrer par bon conte, ce ne me^{ac} vaut riens qu'il ne .me^{ad} conviegne avant toutes choses^{ae} que je li rende ce qui li fu envoié par moi ou que je reciu^{af} pour li ou qui me fu baillié a garder; et après, s'il est tenus a moi, si le pourchace^{ag} par justice^{ah}, car se je les^{ai} retenoie^{aj} en ceste maniere pour moi,

a) *G H J K* rab. ses desp. — b) *B C F* les despens resn. — c) *G H J K* tant qu'il dit. — d) *A* de despenses; *B C F M* de despens. — e) *G H J K* tant que li s. — f) *B* conn. les desp. — g) *B C F* despens rabatus. — h) *H J K* je reconnois. — i) *G H J K* lb. me doiv. — j) *A B E F* rabatu; *C* rabatus. — k) *B C F* p. despens resn. — l) *B C F* des quex je. — m) *A* p. de .xx. — n) *F* omet les. — o) *H J K* serj qu'il convenist que. — p) *A G H* rendissent. — q) *J* rendis. comptes tout. les recceptes, comptes *souligné*. — r) *H* omet les reçoites. — s) *B F* aut. que se a. — t) *J* auc. qu'il li d. — u) *A B F* me baut. — v) *G H J K* ce qu'il li d. — x) *A C* omettent li. — y) *J K* aucune. — z) *C* omet ou auc. de ces choses. — aa) *C* sui tous pres. — ab) *A* pr. du m. — ac) *C* omet me; *F* ne li vaut. — ad) *A H J K* omettent me. — ae) *G* av. toute euvre. — af) *C* que j'ai recheu; *F* rechu; *G H J K* je reting. — ag) *C* moi je le doi pourchassier p. just. — ah) *F* just. se je veulg, car. — ai) *C* je le ret. — aj) *G* les devoie en; *H J K* les tenoie en.

donques seroie je justice de[a] moi fere paier, laquele chose ne doit pas estre souferte.

820. Chascuns doit savoir que li serjant doivent estre contraint de rendre conte de ce qui apartient a ce pour quoi il furent serjant; et se li sires[b] ne veut[c] conter pour ce qu'il pense qu'il doie de restor a son serjant[d], si comme il avient souvent que les despenses[e] sont plus grans que les reçoites[f], li serjans a bonne reson de fere contraindre son seigneur par celi qui il est justiçables, que contes soit fes ; et se li sires[g], quant il est contrains a conter, nie[h] les despens[i] que li serjans met avant, il convient que li serjans les[j] prueve, et en cel cas li serjans a deus voies de[k] prouver : la premiere[l] si est par prueves s'il les a ; la seconde[m] si est[n], s'il n'a prueves, par l'aparence du fet. Si comme s'il fist mener denrees[o] a la bonne vile pour vendre a voituriers[p] estranges lesqueus[q] il ne puet[r] avoir pour tesmoignier, l'en puet bien savoir que les denrees ne volerent pas de lieu en autre[s] : donques apert il par l'aparence des choses que la voiture doie estre[t] contee[u] selonc la grandeur des choses et selonc le tans ; ou si comme se li serjans veut conter manouvrages de terres ou de vignes ou d'autres eritages et li sires le[v] nie, li serjans en doit estre creus par l'aparence des eritages qui sont fet dont les despeuilles sont venues ou pourfit du[x] seigneur, se li sires ne moustre[y] apertement contre le serjant que li dit labourage[z] aient esté paié[aa] du sien par

---

a) *A B* just. pour moi. — b) *C* s. serjant si comme il avient souvent que les despens sont plus grans que on ne cuide et le seigneur ne v. — c) *A* ne me veut. — d) *C* doie a sont serjant de retour et que les rechoites sont petites. — e) *F* les despens. — f) *C omet* si comme il ... que les reçoites. — g) *C* le seigneur nie quant. — h) *C omet* nie. — i) *A G H J K* les despenses. — j) *C F* serj. le pr. — k) *A B C* voies a prouv. — l) *C* la prem. raison ; *G* la prem. voie ; *H J K* l'une si. — m) *H J K* l'autre. — n) *H J K omettent* si est. — o) *C* denrees mener. — p) *B F* a voiturez estr. — q) *A B C F* estr. les queles il. — r) *C* vile a voituriers pour vendre lesquieus voituriers estoient estranges si ques il ne les puest. — s) *C J K* d'un lieu a [*C* l'] autre[*s*]; *F* de l. a autre. — t) *H J K* voit. soit contee. — u) *B F* les voitures doivent estre contees. — v) *A B* sir. les nie. — x) *H J K* pourf. de son seign. — y) *H J K* sir. ne veut moustrer apert. — z) *G H J K* li d. ouvrages. — aa) *C* lab. ait esté paies.

autrui[a] main[b] que par le serjant qui en veut conter; ou se li
serjans veut conter d'aucun ouvrage retenu[c] pour ce qu'il
perdoit, ou d'aucun ouvrage nuef fet[d] pour le pourfit de
son[e] seigneur, et li sires li nie que la chose n'a pas esté
fete, et il est trouvé que la[f] chose est[g] fete[h], si comme me-
sons[i] ou pressoir[j] ou vivier ou moulin[k], li serjans doit
estre creus par l'aparence de la chose fete. Et se li sires ne
veut conter aucunes des choses dessus dites ou semblables
pour ce qu'il dit qu'eles ne furent pas fetes par li ne par
son commandement, ce ne li doit riens valoir[l] que l'en ne
le[m] face conter au serjant, car griés chose seroit a ceus qui
servent s'il leur convenoit prouver que tout ce qu'il font en
leur services[n] fust du commandement de[o] leur seigneurs[p],
ainçois soufist se l'en voit que li serjans l'ait fet en bonne
maniere pour son seigneur. Ne cil ne seroit pas bons serjans
qui ne feroit nule chose se ses sires ne li commandoit es-
peciaument, ne li serjant ne doivent pas atendre tant que
leur seigneur leur commandent[q] chascune chose, ainçois
doivent fere ce qui a leur service apartient tant comme il
sont ou[r] service; car des donques[s] que services[t] est bailliés
a aucun, li est donnés li pouoirs de fere ce qui au service
apartient tant comme il demeure ou service.

821. Ce que nous avons dit des services des serjans en
cel chapitre et des services qui doivent estre fet par[u] la re-
son des fiés[v], nous entendons en tous cas de services, aussi
pour les fames comme pour les hommes; car s'eles tienent
fief[x], eles doivent cel[y] meisme service qu'uns hons devroit

---

a) *G* p. autre m. — b) *A B omettent* main. — c) *C* ouvr. recheu; *G H J K*
ouvr. retenir p. ce. — d) *C omet* fet. — e) *A B* pourf. du seign. — f) *C* que
la maison ou la ch. — g) *H J K* a esté. — h) *G omet* et il est … ch. est fete.
— i) *H J K* mes. a esté faite ou. — j) *G* press. ont esté fais. — k) *G* mou-
lin et il est trouvé que la chose ait esté faite, li serj. — l) *F* riens pour-
fiter. — m) *F* ne l'en f. ; *H J K omettent* le. — n) *A omet* services; *B F*
service. — o) *F G H J K omettent* de. — p) *F H J K* seigneur. — q) *G H J K*
leur commande chasc. — r) *H J K* sont en serv. — s) *A* des lors que; *B C F*
des ce que. — t) *H J K* que li services. — u) *A B F* f. pour la r. — v) *G H J K*
res. de fief. — x) *A C* tien. fiés; *H J K* tien. en fief. — y) *G H J K* doiv. tel
m. serv.

s'il le tenoit; et[a] s'eles se metent en autrui service, eles doi-
vent fere ce qui a leur service apartient, sauf ce qu'eles se
pueent escuser en mout de cas que li homme ne pourroient[b]
pas fere : si comme se ses sires la semont[c] d'ost ou de che-
vauchiee ou pour sa meson garder, il soufist[d] s'ele i envoie[e]
un[f] homme soufisant pour li, — s'ele est dame, qu'ele i en-
voit chevalier et, s'ele est damoisele, qu'ele i envoit escuier,
— car de tous cas d'armes sont fames escusees en leur per-
sones. Et aussi se fames sont en autrui service, eles se
pueent departir ains[g] terme[h] de leur mestres pour leur es-
soines, ne il ne leur convient pas dire leur essoine[i] s'il ne
leur plest[j]. Et aussi ne doit nus baillier a fame service qui
ne soit honestes a fames[k], car nule serjanterie ne nule garde
es queles on doie porter aucune armeure ne leur doit estre
bailliee, ne avocacions, ne procuracions[l], ne garde de che-
vaus, car tuit tel service apartienent as hommes et non pas
as fames. Et se aucuns sires[m] baille aucun service deshoneste
a fame et damages l'en vient pour ce que la fame ne s'en set
ou ne[n] puet[o] entremetre[p], il n'en doit a la fame riens[q] de-
mander[r], ainçois s'en prengne a sa folie.

822. En aucun cas puet l'en redemander[s] ce que l'en a
paié, tout fust il ainsi que l'en[t] fust tenu a fere[u] le paiement
quant on le fist : si comme se je fes procureeur et je li baille
deniers pour fere mes besoignes[v] ou pour son[x] louier dus-
ques a certain terme a venir[y] et après, par aucune cause, il
lest a estre mes serjans et a moi servir, en cel[z] cas je li
puis redemander ce que je li paiai[aa], non pas tout s'il issi de

a) *A omet* et. — b) *G* ne puest : *HJK* ne poent. — c) *G* semondoit ; *JK*
semonoit. — d) *JK* il soufiroit. — e) *JK* envoioit. — f) *HJK omettent*
un. — g) *C* pueent partir au t. — h) *A* termes ; *BF* lor terme. — i) *C omet*
ne il ne ... dire leur essoine. — j) *C* plest et sans dire leur essoine. — k)
FG fame ; *JK omettent* a fames. — l) *A omet* ne procuracions. — m)
GHJK omettent sires. — n) *B* s. ne ne p. — o) *A* ne s'en puet. — p) *C*
set ou ne veut entremetre ne ne puet ; *F* set entremetre ou ne puet. — q)
HJK il n'en puet riens a le feme dem. — r) *G* doibt riens demander a la
femme. — s) *BF* ou bien redem. — t) *GHJK* ainsi qu'il en fust. — u) *G*
fere ent le paiem. — v) *BF* fere me besoigne ou. — x) *GHJK omettent* son.
— y) *HJK omettent* a venir. — z) *CGH* en tel cas. — aa) *GHJK* li ai paié.

mon service par resnable cause, mes selonc le tans qu'il
m'avoit a servir. Et s'il s'en partoit sans resnable cause ains
son terme je li pourroie le tout redemander. Et aussi comme
nous avons dit des procureurs entendons nous de tous au-
tres services qui sont convenancié a certain terme quant li
terme du service ne sont[a] acompli. Et aussi se aucuns m'a
convenancié a servir dusques a certain terme et je l'oste[b]
de mon service sans resnable cause, je sui tenus a li paier
tout son louier pour ce qu'il ne demeure pas en lui qu'il ne
fet[c] le[d] service tel comme il l'eut en convent[e]; et pour ce
ont aucune[f] fois li avocat et li fisicien grans salaires a poi
de peine.

*Ici fine li chapitres des services fes par louier ou par man-
dement ou par volenté, et des contes que li serjant doi-
vent fere.*

a) *JK* sont pas ac. — b) *A* je l'ai osté de. — c) *GHJK* ne fache. — d)
C f. tout son serv. — e) *A* il eut couvent; *C* il est en couvent; *GJK* il l'ot
(*G* l'ost) enconvenenchié. — f) *ABF* ont a la fois. — Explic.) *A* chap. fes
des ; contes as serjans que il doiv. f. ; *C* Chi define : *il omet ou par mande-
ment ... serj. doivent fere* ; *CE* serv. qui sont fet ; *E omet et des contes
... doivent fere* ; *F* par commandement ; *GHJ* Explicit ; *K* n'a pas d'ex-
plicit.

XXX.

Ci commence li .xxx. chapitres de cest livre liqueus parole des mesfès et queus venjance doit estre prise de chascun mesfet, et queus amendes sont a volenté; et des bonnages; et des banis et des fans tesmoins; et combien gage doivent estre gardé; et des aliances; et de queus cas on se passe par son serement; et de quoi on est tenus a rendre a autrui son damage; et de mener sa prise par autrui seigneurie, et de ceus qui sont apelé ou emprisonné pour cas de crime; et de ceus qui en menent la fame ou la fille d'autrui; et des lais dis et des mellees.

823. La chose dont il est plus grans mestiers a tous ceus[a] qui maintienent justice, c'est qu'il sachent connoistre les mesfès quel il sont, ou grant ou petit, et qu'il sachent queus venjance doit estre prise de chascun mesfet. Car aussi comme li mesfet ne sont pas onni, ne sont pas les venjances onnies[b], ainçois sont aucun mesfet liquel doivent estre vengié de diverses mors, si comme li cas de crime qui sont fet par

---

Rubr.) *A* Ici commence ; *A B F* par. de pluseurs mesfes ; *A B F* de chasc. mesf. soit en cas de crime ou en autre (*A* autres) cas [*A* qui ne sont pas de crieme desquiex la venjance est plus petite] ; *ils omettent* et queus amendes ... et des mellees ; *B E F G H J K omettent* de cest livre ; *C* de che livre ; comb. de tans gage ; et des quiex cas ; *il omet* son damage et ... prise par autrui, *et* et de ceus ... la fille d'autrui; *E F G H J K* chap. qui par. ; *E omet* et de quoi on ... et des mellees ; *G donne ici le titre du chapitre* xxix ; *au chapitre* xxxi *il a le titre du chapitre* xxx : Cy ensieut ; volenté de bonnages; *il omet* et des aliances ... et des mellees; *H omet* et queus amendes ... et des mellees ; *J K* de quelle chose on est t. ; de lais d. ; *K* et des hommages. — a) *A omet* ceus. — b) *B omet* onnies.

les maufeteurs en diverses manieres ; et la seconde maniere de [a] mesfès doit [b] estre vengie par longue prison [c] et par [d] perte d'avoir et non pas onniement, mes selonc ce que li fes [e] le requiert ; et [f] la tierce maniere de [g] mesfès doit [h] estre vengie par perte d'avoir sans mort et [i] sans mehaing et sans prison, et n'est pas l'amende onnie ne que des autres que nous avons dites dessus [j], ainçois est l'une grans et l'autre petite selonc le mesfet, et selonc la persone qui mesfet, et selonc la persone a qui l'en mesfet. Et pour ce que li communs pueples sachent [k] comment il devront [l] estre puni s'il mésfont [m], et chascuns en sa persone [n] s'il mesfet, et que li seigneur [o] sachent [p] quel venjance il doivent prendre de chascun mesfet, nous traiterons en cel chapitre de chascun mesfet que [q] l'en puet fere [r] et de la venjance de chascun mesfet queus ele doit estre [s].

824. Quiconques est pris en cas de crime et atains du cas, si comme de murtre, ou de traïson, ou d'homicide, ou de fame esforcier [t], il doit estre trainés et pendus et si mesfet [u] quanqu'il a vaillant [v], et vient la forfeture [x] au seigneur dessous qui [y] li siens [z] est trouvés et en a chascuns sires ce qui en est trouvé en sa seignourie [aa].

825. Murtres si est quant aucuns tue ou fet tuer autrui [ab] en aguet apensé [ac] puis soleil esconsant [ad] dusques a soleil le-

---

a) *EF* sec. man. est des mesf. ; *G* li seconds cas des mesf. — b) *AB* doivent ; *C* si doit ; *EF* mesf. qui doivent. — c) *C* par diverses prisons et par longues et p. perte. — d) *HJK omettent* par. — e) *E* li melfais le req. ; *G* le cas le req. — f) *ABFGHJK omettent* et. — g) *CE* man. des mesf. — h) *AB* doivent. — i) *BEF omettent* et. — j) *HJK omettent* dessus. — k) *JK* puepl. sache comm. — l) *GH* il doivent estre ; *JK* il doit. — m) *JK* s'il mesfet et. — n) *BEF omettent* en sa personne. — o) *G* seign. et justiciers. — p) *C omet* comment il devront ... li seigneur sachent. — q) *EF* chap. des cas que on mesfait et que. — r) *HJK* p. mesfere et. — s) *EF* et quele venjanche doie estre prise de chascun melfait. — t) *A* fame esforcie. — u) *G* si forfait. — v) *HJK* mesf. tout le sien quanques il a vail. — x) *BEF* la mesfeture. — y) *GHJK* dess. qui il est et li siens. — z) *HJK* dess. qui il est trouv. — aa) *BF* trouvé desoz li ; *E* trouvé seur sen lieu et desous se seignorie. — ab) *C omet* autrui. — ac) *B* ag. a apensé. — ad) *AGHJK* sol. couchant dusq.

vant, ou quant il[a] tue[b] ou fet tuer en trives ou en asseure-
ment.

826. Traïsons si est quant l'en ne moustre pas[c] sem-
blant de haine et l'en het mortelment si que, par la[d] haine,
l'en tue ou fet tuer[e], ou bat ou fet batre dusques a[f] afoleure
celui qu'il het par traïson.

827. Nus murtres[g] n'est sans traïson, mes traïsons puet
bien estre[h] sans murtre en mout de cas ; car murtres n'est
pas sans mort d'homme, mes traïsons est[i] pour batre ou
pour afoler[j] en trives ou en asseurement ou en aguet
apensé ou pour porter faus tesmoing[k] pour celi metre a
mort, ou pour li[l] deseriter[m], ou pour li fere banir[n], ou
pour li fere haïr de son seigneur lige, ou pour mout d'autres
cas semblables.

828. Homicides si est quant aucuns tue autrui[o] en
chaude mellee, si comme il avient que tençons nest et de la
tençon vient laide parole et de la laide[p] parole[q] la mellee
par[r] laquele aucuns reçoit mort souventes fois.

829. Fame esforcier si est quant aucuns prent a force
charnel[s] compaignie a fame contre la volenté de la fame et
seur ce qu'ele fet son[t] pouoir du[u] defendre[v].

830. Cil .iiii. cas dessus dit qui sont de crime doivent
estre puni et vengié par un meisme jugement, mes il i a au-
tres cas de crime liquel doivent estre vengié par autre ma-
niere de jugement, et orrés les cas et la venjance de
chascun.

831. Qui art meson a escient il doit estre pendus et forfet[x]
le[y] sien en la maniere dessus dite.

a) *C* quand on t. — b) *A B* il le tue. — c) *A G omettent* pas. — d)
B omet la. — e) *A* tuer autrui ou. — f) *B F omettent* a. — g) *G* nuls
murdriers. — h) *G H J K M* traïs. est bien sans. — i) *H J K* est bien pour. —
j) *E* ou tuer en. — k) *J K* faus tesmoignage pour. — l) *C omet* mettre a …
pour li. — m) *H J K omettent* ou pour li desheriter. — n) *A* fere batre ou ;
E fere blasmer ou. — o) *G H J K* tue aucun en. — p) *H J K omettent* laide.
— q) *G* vient l. par. et puis la mell. — r) *G H J K* mellee pour laq. — s)
C force charnelment comp. — t) *C* fet tout son ; *G H J K omettent* son. —
u) *A B C J K* pou. de def. — v) *C* de lui def. ; *G* deffendre et garder son
honneur ; *H J K* def. soi. — x) *B E F* et pert le s. — y) *G H J K* forf. tout le s.

832. Qui emble autrui chose il doit estre pendus et mesfet[a] le[b] sien en la maniere dessus dite[c].

833. Qui erre contre la foi comme[d] en[e] mescreance de laquele il ne[f] veut venir a voie de verité, ou qui fet sodomiterie, il doit estre ars et forfet tout le sien si comme il est dit devant[g].

834. Li faus monoier doivent estre bouli[h] et puis pendu et forfont[i] tout le leur si comme il est dit devant[j].

835. Pluseurs manieres sont de faus monoiers. Li un si sont cil qui font monoie a escient de mauvès metal et la[k] vuelent alouer pour bonne ; et s'il estoient pris fesant[l] avant qu'il en eussent point aloué, si seroient il justicié par la reson de la[m] fausse despoise[n]. — La seconde maniere de faus monoiers[o] c'est cil qui la font de bonne despoise, mes la monoie n'a pas son droit pois. — La tierce[p] maniere de faus monoiers[q] si est[r] cil[s] qui fet monoie en repost tout soit ce qu'ele soit bonne et juste et de droit pois, mes il la fet sans congié de[t] seigneur qui puist[u] fere et doie[v] tel monoie, car il emble le droit[x] au[y] seigneur qui fet monoie en sa terre sans son congié. — La quarte[z] maniere de faus monoiers[aa] si est quant aucuns rooignent les[ab] monoies[ac], car la monoie[ad] en pert son droit pois et si emble cil qui la rooigne ce qui n'est pas sien. — La quinte[ae] maniere de faus monoiers si sont cil qui achatent a escient fausse monoie et l'alouent pour bonne. — Toutes teus manieres de faus mo-

---

a) *BEF* et pert le. — b) *GHJK* forf. tout le sien. — c) *HJK* man. que nous avons dit dessus. — d) *B* omet comme. — e) *C* omet en. — f) *ABC* il n'en v. — g) *G* est dessus dit ; *HJK* sien en la maniere dessus [*JK* dite]. — h) *B* est. rebouli et. — i) *ABEF* et forfet tout. — j) *G* est dessus dit : *H* leur en la maniere de dessus ; *JK* leur ou la maniere devant ditte. — k) *H* et les veul. — l) *BEF* omettent fesant ; *JK* pris la faisant. — m) *BEF* omettent reson de la. — n) *C* fausse monnoie ; *JK* fausse espece. — o) *ABEF* monoier. — p) *C* omet maniere de faus … pois : La tierce. — q) *ABEF* monoier. — r) *HJK* mon. c'est cil. — s) *C* est de celui qui. — t) *GHJK* sans le congié du seign. — u) *CEF* puet ; *H* pot ; *JK* peut. — v) *CHJK* doit. — x) *CHJK* semble la droiture. — y) *JK* droit, du seign. — z) *C* La tierce man. — aa) *ABE* monoier. — ab) *CG* rooign. le m. ; *HJ* omettent les. — ac) *CGH* monoie. — ad) *F* car les monoies en. — ae) *C* La quarte.

noiers doivent estre pendu et ont forfet le[a] leur en la ma-
niere dessus dite et, avant qu'on les pende, bouli[b].

836. Encore i a[c] autres cas de crime : si comme se au-
cuns est pris et mis en prison pour la[d] soupeçon d'aucun cas
de crime, et il brise la prison et puis est repris[e], il est
atains du fet pour lequel il estoit tenus et doit estre justiciés
selonc le mesfet pour lequel[f] il estoit tenus[g]. Et aussi s'il
est apelés pour cas de crime et il ne vient pas, ains atent
qu'il est[h] banis, s'il est puis repris il doit estre justiciés
selonc le mesfet pour quoi il est banis.

837. Encore sont il dui cas de crime : li premiers cas[i] si
est d'autrui empoisoner[j] et li secons cas[k] si est[l] d'estre homi-
cides de lui meisme, si comme de celui qui se tue[m] a escient.

838. Nous avons parlé des cas de crime et des venjances
qui i apartienent, or parlerons des[n] mendres[o] mesfès.

839. Qui fiert ne bat[p] autrui, par la coustume de Cler-
mont, hors de trive[q] et[r] d'asseurement[s] et hors de jour de
marchié, et il n'a point de sanc en la bateure, cil qui bat,
s'il est hons de poosté, est a .v. d. d'amende et, s'il est gen-
tius hons, il est a .x. s. ; et se la[t] bateure est[u] fete en mar-
chié ou en alant ou en[v] venant du[x] marchié, l'amende du
païsant est de .lx. s. et du gentil homme de .lx. lb., car
tuit cil qui sont ou marchié, ou en alant ou en[y] venant du[z]
marchié, sont ou conduit le[aa] conte et doivent avoir sauf[ab]
aler et sauf venir.

---

a) *G* forf. tout le l. — b) *C* pende boulir; *EF* estre bouli; *GHJK* pende
il doivent estre bouli. — c) *BF omettent* i a; *E* enc. sont autr., sont *écrit
dans l'interligne.* — d) *C* omet la; *EFGH* le soup. — e) *GHJK* et il
est repris puis (*JK* depuis), il e. — f) *HJK* pour quoi. — g) *G* omet et
doit estre... il estoit tenus. — h) *AC* qu'il soit ban.; *E* qu'il en est. — i)
HJK crime li uns si. — j) *BCEF* emprisonner; *dans F l'r paraît avoir été
corrigée en o en faisant remonter la boucle inférieure; G* empoisonner
autrui. — k) *G* omet cas. — l) *HJK omettent* cas si est. — m) *EF* comme
chiex qui se tuent a. — n) *ABEF* parl. de m. mesf.; *G* parl. cy apres des.
— o) *E* de meneurs mesf. — p) *GH* fiert ne ne bat. — q) *CHJK* trives.
— r) *BEF* tr. ou d'ass. — s) *C* et hors d'asseur. — t) *EG omettent* la.
— u) *AB omettent* fete. — v) *H* omet en. — x) *BEF* ven. au marc. —
y) *H* omet en. — z) *BEF* ven. au marc. — aa) *JK* cond. du conte. —
ab) *JK* avoir aler sauf al., aler *souligné dans J, souligné et biffé dans K.*

840. Encore se cil qui est batus saine par le nes pour[a] la[b] bateure, pour tel sanc l'amende ne croist de riens; mes s'il i a sanc dont cuirs soit perciés ou il i a cous orbes de poing garni comme de baston ou d'autres choses, li bateres doit estre pris et tenus sans recreance fere dusques a tant que l'en voie que par ladite bateure il n'i[c] a[d] point de peril de mort; adonques, se l'en voit que le perius soit hors, l'amende de l'homme de poosté est de .LX. s. et du gentil homme de .LX. lb.; et se li batus muert de la bateure, li bateres ou[e] li bateur, s'il sont pluseur, doivent estre justicié en la maniere qu'il est dit dessus la[f] ou il parole des occisions[g].

841. Qui navre autrui ou afole il li doit rendre ses damages, c'est a entendre les cous des mires et les despens du blecié et restorer ses journees selonc le mestier dont il estoit[h]. Et s'il i a mehaing, l'en doit regarder la maniere du mehaing et l'estat de la persone qui est mehaignie[i] et l'avoir de celui qui le[j] mehaigna, et selonc ce qu'il a vaillant l'en doit donner largement du sien au mehaignié. Et selonc l'ancien droit, qui mehaignoit autrui l'en li fesoit autel mehaing comme il avoit a autrui fet, c'est a dire pour poing poing, pour pié pié[k]; mes l'en n'en[l] use mes par[m] nostre coustume en ceste[n] maniere, ains s'en passe on[o] par[p] amende, si comme[q] j'ai dit dessus, et par longue prison et par[r] fere rendre[s] au mehaignié selonc son estat[t] son[u] damage[v] et selonc ce qu'il est et selonc l'avoir que cil a[x] qui le mehaigna[y].

a) HJK par la b. — b) G pour telle bat. — c) E voie quele part!ledite bateure est et qu'il; F voie quel part le dite bat. si l'i a. — d) GHJK i ait. — e) C omet li bateres ou. — f) C omet la. — g) HJK omettent la ou il par. des occis. — h) GHJK il est. et. — i) BEF mehaigniez. — j) C qui la meh. — k) EFGHJK dire poing pour poing pié pour pié. — l) AF omettent n'; G omet n'en. — m) G use plus selonc n. coust.; HJK use pas selonc n. coust. — n) GHJK en tel man. — o) A p. s'en par; EFHJK omettent on. — p) GJK pour am. — q) G ainsi que j'ay. — r) HJK et por fere. — s) EF omettent rendre. — t) HJK estat soufisant. — u) E est. restor de son dam. — v) F s. damage rendre, rendre écrit dans l'interligne. — x) CG selonc che que chelui a d'avoir qui le meh. — y) HJK omettent son damage et... qui le mehaigna.

842. C'est anieuse chose quant[a] nostre coutusme suefre qu'uns petis hons de poosté puet ferir un[b] homme vaillant[c] et si n'en paiera que .v. s. d'amende, et pour ce je m'acort que longue prisons li soit bailliee si que par la doute des prisons[d] li musart[e] se[f] chastient de fere teus folies.

843. Se bateure est fete devant juge en court vestue, l'amende est a la volenté du seigneur. Dont il avint qu'uns bourjois de Clermont feri un homme la ou li prevos[g] tenoit ses ples ; j'en levai .xxx. lb. d'amende ; il s'en ala plaindre au roi et empetra une letre que je li feisse l'amende jugier par les hommes de Clermont. Je ne vous[h], ainçois alai au parlement et, le bourjois present, je proposai le fet : il fu regardé qu'il ne convenoit[i] pas metre tel[j] cas[k] ou[l] jugement des hommes le[m] conte pour ce que li fes touchoit despit[n] au[o] seigneur, et fu di au bourjois qu'il en avoit bon marchié quant il en estoit quites pour .xxx. lb. Et pour ce poués vous savoir qu'en pluseurs cas qui touchent despit au seigneur[p] les amendes sont a la volenté du seigneur[q].

844. Autres manieres de mesfès sont, si comme de lais dis. Or veons[r] donques se uns hons dit vilenie a autrui et cil se[s] plaint a qui la vilenie est dite[t], l'amende est de .v. s. s'il est hons de poosté, et s'il est gentius hons l'amende est de .x. s. ; et encore m'acorde[u] je, se uns hons a dit vilenie a un vaillant homme, qu'il ait peine de prison si que par la[v] prison li musart[x] en soient chastié.

845. Se vilenie est[y] dite devant juge, si comme la ou li

---

a) *GJK* ch. que n. coust. — b) *A omet* un. — c) *C* une vaillant personne ; *EF* vaillant homme. — d) *C* des longues pris. — e) *JK* pris. les autres se. — f) *AB* mus. s'en chast. — g) *GHJK* homme devant le prevost [*G* de Clermont la] ou il ten. — h) *E* je ne le veul onques faire jugier anchois al. ; *F* je ne voil anchois. — i) *BEF* convenoit mie. — j) *BEF* metre ce. — k) *BEF omettent* cas ; *CHJK* conv. tel cas metre ou. — l) *B omet* ou. — m) *E* hommes mon seigneur le c. — n) *AHJK* touch. le desp. ; *CE* touch. a desp. — o) *H omet* au ; *JK* desp. du seigneur. — p) *GHJK* desp. as seigneurs. — q) *GHJK* vol. des seigneurs. — r) *E* Or vous dirons donq. — s) *HJK* cil s'en pl. — t) *G omet* et cil se ... vilenie est dite. — u) *E* m'acort je. — v) *GHJK* par le paine de [*HJK* le] pris. — x) *JK* pris. les autres en. — y) *K* De vilenie qui est.

prevos tient ses ples ou li baillis, entre gens de poosté l'amende est de .lx. s. et entre gentius gens[a] l'amende est de .lx. lb.

846. Se li uns tient l'autre en court vestue[b] devant juge pour mauvès ou pour traitre[c] ou il[d] li met sus aucun vilain cas de crime, il convient, se li juges veut, qu'il le face pour tel comme il a dit ou il l'amendera a la volenté du seigneur.

847. Se vilenie est[e] dite as[f] prevos ou as[g] serjans, d'homme de poosté l'amende est de .lx. s., et du gentil homme de .lx. lb. [h].

848. Quant aucuns est tenus en prison pour lait dit, ou pour ce qu'il ne veut respondre en court, ou pour dete, ou pour aucun cas liqueus n'est pas de crime, qui brise la prison l'amende est en la volenté du seigneur, car mout fet grant despit au seigneur qui brise sa prison. Nepourquant je n'en vi onques lever que[i] .lx. s.

849. Li prevos tenoit un homme en prison pour dete; il li donna .xv. jours de respit en tel maniere que dedens les .xv. jours il paiast ou il revenist en la prison seur peine de prison brisie. L'hons ne paia pas ne il ne revint pas[j] en la[k] prison. Li prevos le fist prendre et le vout suir de prison brisiee; mes il fu regardé[l] que ce n'estoit pas prisons brisiee et qu'il s'en passeroit par .v. s. d'amende comme de[m] commandement trespassé, car mout de simple gent[n] pourroient estre deceu parce qu'il s'en iroient de prison par respit et ne savroient pas le peril qui est en prison brisier.

850. Il i a encore un cas de crime dont je ne parlai pas[o] devant, qui touche larrecin: c'est de bonnes esrachier et puis rasseoir en autrui desheritant pour soi aheritier. Qui en seroit atains il seroit[p] punis comme de larrecin. J'entent de

---

a) *A C G* gent. houmes. — b) *A B F* devant juge en court vestue. — c) *K* pour tristre. — d) *A B J K* omettent il. — e) *K* De vilenie qui est. — f) *B F* au prev.; *H J K* a prev. — g) *G H J K* ou a serj. — h) *E* omet les § 846 et 847 entiers. — i) *B* omet que. — j) *E F* omettent pas. — k) *E F* omettent la. — l) *G* fu jugié que; *H J K* fu jugié et resgardé que. — m) *G H J K* am. du command. — n) *A* omet gent; *C G J K* simples gens. — o) *A* je n'ai pas parlé. — p) *F G H J K* il en seroit.

bonnes qui ont fet devises de lonc tans, car se la bonne est mise joignant[a] de mon eritage sans moi apeler de nouvel, ce n'est pas cas de crime se je l'esrache[b] sans rasseoir. Nepourquant s'eles fussent[c] assises par justice tout fust ce en derriere de moi, j'en[d] paieroie[e] amende de[f] .lx. s. se je sui hons de poosté et, se je sui gentius hons, de .lx. lb., car je doi requerre a la justice que ce qui a esté fet en derriere de moi soit rapelé et osté, et il le doit fere[g] et puis fere bonner les parties presentes[h]. Se[i] cil qui a moi joignent bonnent sans justice et sans moi apeler[j], se je m'en perçoif[k] ainçois qu'il ait esté de cel bonnage[l] en saisine an et jour, se je l'esrache[m], je ne mesfès en riens[n]; ou, se je vueil, je me[o] puis plaindre[p] de nouvele dessaisine. Et se je les esrache[q] puis qu'eles i avront[r] esté an et jour, cil avra[s] action[t] de soi plaindre de nouvele dessaisine[u] et convenra qu'eles soient rassises[v] avant toute euvre; et puis sera li ples sur la proprieté se je ne[x] vueil que les bonnes soient[y] tous[z] jours ou lieu la[aa] ou la ressaisine sera fete.

851. Toutes gens qui requierent bonnage le doivent avoir et bien pueent[ab] les parties, s'eles s'acordent, bonner sans justice, mes que ce ne soit en[ac] divers seignourages[ad] ou il ait pluseurs seigneurs; car en devise de pluseurs seigneurs li tenant ne pueent bonner sans les seigneurs apeler. Nepourquant il i a pluseurs viles en la conteé, tout soit ce qu'il tiegnent d'un seignourage, ou il ne pourroient bonner sans leur seigneur, et s'il bonnoient l'amende seroit de

---

a) *C* mise a joignant de. — b) *A B* je les esr.; *E* je le lais esrachier s. rass.; *F* je les arache; *J K* je l'arache. — c) *E F G H J K* el. furent. — d) *G H J K* je p. — e) *C E F G H J K* paierai. — f) *B E F omettent* amende de; *C* l'amende de. — g) *A omet* et il le doit fere. — h) *G* bonn. present les parties. — i) *G H J K* Et se. — j) *A* et a moi apel.; *C* sans apel. moi. — k) *C* je m'aperchoif. — l) *B E F omettent* de cel bonnage. — m) *A B E F* je les errache; *J K* arrache. — n) *G H J K* mesf. neant. — o) *G H J K* je m'en. — p) *G H J K* puis clamer de. — q) *C* les arrache; *J K* l'arrache. — r) *J K* qu'ele y a esté. — s) *G* chil qui le bonna ara. — t) *E* avra accusation. — u) *A omet* Et se je les ... de nouvele dessaisine. — v) *J K* qu'ele soit rassise. — x) *A omet* ne. — y) *A* b. sieent; *J K* la bonne soit. — z) *B E F* s. ensi tous j. — aa) *G H J K omettent* ou lieu la. — ab) *J K* et puis peuent. — ac) *A* soit pas en. — ad) *G H J K* en diverses seignouries.

.LX. s. ; et pour ce se convient il garder en chascune vile selonc la coustume.

852. Cil qui a le champart en autrui tresfons, toute la justice et la seignourie apartient a lui par nostre coustume ; et qui ne fet de son champart ce qu'il doit il chiet en .LX. s. d'amende et si doit rendre le champart. Cil ne[a] fet pas de son champart ce qu'il doit qui en porte ses gerbes ains[b] qu'eles soient champartees[c].

853. Qui brise saisine de seigneur, s'il est hons de poosté, il doit .LX. s. d'amende et si est tenus a lui[d] resaisir ; et s'il est gentius hons et la saisine est seur fief, il est a .LX. lb. d'amende et est tenus a resaisir[e] le lieu. Mes se li[f] sires saisist et cil n'en set mot seur qui[g] la saisine est fete, — si comme s'il n'est pas trouvés a la saisine fere et[h] qu'on la face a[i] sa mesnie, ou que l'en saississe en derriere de lui sans fere li savoir, — s'il brise la saisine et[j] on l'en[k] veut metre a[l] amende, il se[m] passe par son serement qu'il ne seut riens de la saisine[n], mes toutes voies il est tenus a lui[o] resaisir.

854. Qui trespasse le commandement de[p] son seigneur, — si comme se li sires commande qu'une dete soit paiee dedens le terme, c'est assavoir a l'homme de poosté .VII. jours et .VII, nuis et au gentil homme .XV. jours, — l'amende de l'homme de poosté est de .V. s. et du[q] gentil homme de .X. s. ; et tout ainsi est il s'il defaillent a venir as jours as queus il sont ajourné de par leur[r] seigneurs[s].

855. Li serjant le conte serementé sont creu de leur ajournement[t] sans alliguier encontre[u]. Mes se li serjans tes-

---

a) *J K* Celui qui ne. — b) *HJK* ançois qu'eles. — c) *BEF* gerbes sans champarter ; *K* champartees enqueurt pareille amende. — d) *GHJK* ten. au lieu res. ; *M* ten. a res. le lieu. — e) *BEF* omettent et s'il est gent. ... tenus a resaisir. — f) *A B E F* omettent li. — g) *A* seur quoi la. — h) *GHIJK* fere ou qu'on. — i) *C* face par devant sa m. — j) *A* sais. ou on. — k) *C* on le veut. — l) *A* omet a ; *B E F* metre en amende. — m) *GHJK* il s'en passe. — n) *CGHJKM* omettent qu'il ne seut riens de la saisine. — o) *G* ten. de li res. ; *HJKM* ten. du lieu res. — p) *HJK* omettent de. — q) *A B C* et cele du. — r) *C* aj. par devant l. seign. ; *E* aj. de plusieurs seign. ; *GHJK* omettent par. — s) *B* seigneur. — t) *GHJK* leur ajour- nemens. — u) *GHJK* allig. contre.

moigne qu'il ne le trouva pas a l'ajournement fere, mes il le
commanda fere a sa fame ou a sa mesnie qu'il li feissent sa-
. voir, se cil veut jurer seur sains qu'il ne seut riens de
l'ajournement, il se passe de la defaute.

856. Assés est ajournés qui se part de court par conti-
nuacion de jour et, pour ce qu'il[a] ne revient a son jour ou
qu'il ne[b] contremande ou essoine, se[c] contremans ou essoi-
nemens i afiert[d], il chiet en pure defaute aussi bien comme[e]
s'il estoit ajournés de nouvel.

857. Qui va contre la defense au seigneur, — si comme
se li sires defent en sa terre jeu de dés et aucuns i joue; ou
li sires defent a porter coutel[f] a pointe ou aucune[g] autre
arme[h] molue[i] ou arc et saietes et aucuns les porte; ou li
sires fet aucune autre defense semblable[j], — quiconques
fet[k] contre teus manieres de[l] defenses[m], li hons de pousté
est a .v. s. d'amende et li gentius hons a[n] .x. s. Mes autre
chose est[o] se uns gentius hons va armés nule part en la
conteé hors de son fief, car, s'il i[p] est pris, il est[q] a .LX. lb.
d'amende.

858. En son fief se puet bien li gentius hons qui se
doute tenir armes[r], et ses amis aveques li, mes qu'il ne mes-
face a autrui, ains le fet proprement pour son cors garder
et defendre, comme pour guerre aoouverte[s] ou pour menaces
qui li ont esté fetes[1].

859. Qui reçoite[t] le bani de son seigneur sur la hart,
il desert qu'on li[u] abate sa meson et est l'amende a la vo-

a) *E* pour che chil qu'il, 1 *de* il *exponctuée; GHJK* ce qui ne. — b)
GHJK ou qui ne; *M omet* qu'il ne. — c) *E* ess. sans contrem. — d) *M* en
cas lou essoyne ou contremant apartient, il. — e) *GHJK* bien que s'il. —
f) *G* port. baston ou cout. — g) *G omet* aucune. — h) *GHJKM* armeure.
— i) *GM* arm. nouvelle. — j) *GHJKM* fet (*M* deffent) aucunes autres def-
fenses samblabes. — k) *GHJK omettent* fet; *M* quic. va. — l) *GHJK*
omettent manieres de. — m) *GHJK* def. va, li h. — n) *A* hons est a. —
o) *A* autre seroit se. — p) *GHJKM omettent* i. — q) *B omet* il est. — r)
GHJK hons tenir armes qui se doute et s. a. — s) *JK* guer. ouverte ou.
— t) *C* Qui rechoit. — u) *GHJK omettent* li.

1. Cf. *Olim*, II, 104, XXIII, et 105, XXVI.

lenté du seigneur, soit gentius hons ou hons[a] de pooté cil qui le reçoite, s'il set qu'il soit banis ; ne il ne se[b] puet escuser qu'il ne le seust s'il fu ou lieu ou[c] li bannissemens fu fes, ou se commune renomee queurt ou païs de son banissement, ou s'il est de son lignage.

860. Qui est pris en[d] alant en[e] faus sentier, ou coupant en[f] bois, ou soiant en prés, en bles ou en mars[g], s'il est hons de pooté, il est[h] tenus au damage rendre et en[i] amende[j] de .v. s., et li[k] gentius hons de[l] .x. s.

861. Qui entre en eritage par titre de don, ou[m] de lais[n], ou d'achat, ou d'eschange, sans saisine de seigneur, il est a .lx. s. d'amende s'il est hons de pooté ; et s'il est gentius hons et il entre en eritage de[o] fief par un des[p] titres dessus dis, il est a .lx. lb. d'amende[q].

862. L'hons de pooté qui doit droit cens a son[r] seigneur a certain jour ou a autrui, de quoi il tient eritage, s'il ne paie a jour, il est a .v. s. d'amende ; et aussi seroit li gentius hons qui tenroit eritage a cens. Mes s'il doivent aveines ou chapons ou autres rentes de grain, l'en n'en a pas usé a[s] lever[t] amendes, mes oster puet on les uis de leur mesons se les rentes sont deues par[u] la reson des masurages[v]. Et se les rentes sont deues par[x] la[y] reson d'autres eritages, li sires puet, s'il n'est paiés, les eritages saisir, — et aussi fet il les masures, — et fere siens toutes les issues et tous les esplois des lieus dusques a tant qu'il sera paiés de tous les[z] arrierages ; et se li sires veut sommer ses tenans a ce qu'il perdent les lieus s'il n'est paiés de tous les arrierages, il leur

---

a) *HJK* omettent hons. — b) *ABC* ne s'en puet. — c) *GH* lieu la ou. — d) *HJK* omettent en. — e-f) *BEF* omettent en. — g) *GHJK* en bles ou en mars ou en prés. — h) *B* omet hons de pooté il est. — i) *E* et a am. — j) *GHJK* et l'amende de. — k) *AC* et .i. gent. — l) *HJK* omettent de. — m) *AB* omettent ou. — n) *G* omet ou de lais. — o) *GHJK* omettent eritage de. — p) *E* fief parmi les tit. — q) *ABC* dis, l'amende est de .lx. lb. ; *EF* omettent d'amende. — r) *G* a son leurs seign., son *écrit dans l'interligne* ; *HJK* cens au seign. — s) *HJK* usé de penre ne lev. — t) *G* lever ne a ent prendre amende. — u) *GHJK* deues pour la res. — v) *AEG* des masures et. — x) *GHJK* deues pour la r. — y) *E* omet la. — z) *ABF* omettent les ; *E* paiés de tous les damages et de tous les arrierages.

doit enjoindre devant bonnes gens qu'il aquitent leur eri-
tages dedens an et jour; et s'il ne le font, li sires puet
prendre les eritages comme siens propres et fere ent sa
volenté, s'il n'est ainsi que li tenant fussent enfant sous
aage ou l'eritages fust tenus en douaire. Mes en ces deus
cas puet li sires tenir les pourfis de l'eritage pour les[a] de-
fautes[b] de ses[c] rentes dusques a l'aage des enfans, le douaire
le vivant de la fame, se l'oirs[d] a qui li douaires doit venir
ne se tret avant pour aquitier.

863. Quant eritages est tenus en douaire et il doit cens
ou rentes, et li sires le prent en sa main parce[e] qu'il n'est
pas paiés, l'oirs puet fere fere commandement a cele qui le[f]
tient en douaire par le seigneur de qui l'eritages est tenus
qu'ele l'aquit dedens an et jour ; et, s'ele ne le fet, ele se fet
morte comme a cel douaire et i puet l'oirs venir par[g] paier
ce que li lieus[h] doit de viés et de nouvel ; et des arrierages
il a bonne action de demander les a cele qui en douaire les[i]
tenoit[j], car qui[k] tient en douaire[l] il[m] doit[n] aquitier ce qu'ele
en tient ou renoncier a son douaire avant qu'il i ait nus ar-
rierages[o], et tantost comme ele avra[p] renoncié l'oirs i puet
entrer comme en son eritage.

864. Qui ne paie les ventes de l'eritage qu'il achate
dedens .VII. jours et .VII. nuis entre gens de poosté, se
l'achas est de vilenage, il i a .V. s. d'amende aveques les
ventes[q] paier ; et se c'est de fief entre gentius hommes
l'amende est de .X. s. Mes se l'en lesse passer an et jour
sans ventes paier, li sires puet prendre l'eritage en sa main
pour ventes concelees ; et se cil qui l'acheta veut ravoir[r]

---

a) *G omet* les. — b) *A C H J K pour* la defaute. — c) *F def. des* rentes.
— d) *JK, ici et dans le § suivant,* critier *partout où il y a* oirs. — e)
G H J K pour ce. — f) *H omet* le. — g) *C* ven. *pour* paier. — h) *C* li vies
doit. — i) *HJK* dou. le ten. — j) *G* qui les tenoit en douaire. — k) *EF* car
cele qui. — l) *AB omettent* car qui... en douaire. — m) *EF* ele doit. —
n) *G H J K* il le doit. — o) *G H* ait nul arrierage. — p) *G H J K* ele i avra.
— q) *A* les rentes paier. — r) *C* v. avoir; *E F* cil le veut ravoir qui (*F*
qu'il) acata l'erit. ; *G H J K M* acheta vent l'erit., *lecture assurée pour* veut
dans tous ces manuscrits.

l'eritage, se c'est vilenages, il en puet lever .LX. s. d'amende,
et se c'est^a de^b fief .LX. lb.

865. Se gentius hons tient vilenage et il mesfet de ce
qui apartient au^c vilenage, les amendes sont d'autel condi-
cion comme s'il estoit hons de poosté, c'est a dire qu'il se
passe^d des^e mesfès de vilenages^f, de^g petites amendes par
.v. s., de^h grans amendes parⁱ .LX. s. ; et ce s'estoit fiés, il
paieroit des petites^j .x. s. et des grans .LX. lb.^{k l}

866. Vous devés savoir que, par nostre coustume, se
gentius hons maint^l en vilenage, il puet estre ajournés d'ui
a demain^m et si li puet on fere commandement de paier, s'il
doit, dedens .VII. jours et .VII. nuis; et de tous autres cas il
est demenés aussi comme uns hons de poosté seroit, excepté
le fet de son cors, car s'il fesoit aucun mesfet de son corsⁿ il
seroit justiciés^o selonc la loi des gentius hommes.

867. Se hons^p de poosté maint en franc fief, il^q est^r de-
menés comme gentius hons comme d'ajournemens et de
commandemens et puet user des franchises du fief[2].

868. Qui porte faus tesmoing^s et en est atains il doit
estre tenus longuement en prison^t et puis mis^u en l'eschiele
devant le pueple, et si est l'amende a la volenté du sei-

---

a) *A omet* se c'est. — b) *B E F omettent* de. — c) *A C tient* a vilen. —
d) *G* il s'en passera. — e) *B E F* passe de mesf. — f) *B E F* de vilenage;
G H J K M omettent des mesf. de vilen. — g) *G H J K M* par pet. am. — h)
A .v. s. d'amende des gr.; *G H J K* des gr.; *M* am. de .v. s. et par gr. — i)
M am. de .LX. — j) *C* petites amendes; *H J K omettent* des petites. — k)
B E F paieroit des granz [*E F* amendes] .LX. lb. et des petites .x. (*E* .LX.) s.
— l) *J K* hons demeure en vil. — m) *G H J K* ajourn. du jour a l'endemain.
— n) *M omet* car s'il ... son cors. — o) *A G H J K omettent* justiciés; *C* scr.
jugiés sel.; *M* scr. demenez sel. — p) *A B C E F* Se li hons. — q) *A* fief et
il. — r) *B E F* il sera dem. — s) *J K* faulx tesmoignage. — t) *G H J K* ten.
(*J K* mis) en longue prison. — u) *G* puis est remis en; *H J K* puis estre
mis en.

---

1. *A* contient ici le passage suivant qui paraît bien être une interpolation :
*Se hons de poosté tient en fief et il mesfet de chose qui au fief apar-
tiengne, les petites amendes sont de .x. s. et les grans amendes de*
.LX. lb.

2. Voy. ch. XLVIII.

gneur; et tout aussi est il de celui qui amene faus[a] tes-moing[b] a escient.

869. Cil est faus tesmoins qui dit a escient mençonge en son tesmoignage, — après ce qu'il a juré[c], — pour amour ou pour haine, pour louier ou pour pramesse ou pour paour[d]. Nus ne doit dire autre chose en son serement que verité, neis pour son frere sauver de mort; et qui autrement le fet il n'est pas loiaus.

870. Qui nie ce qui li est demandé en court, s'il est prouvé contre li, cil qui nia est a .v. s. d'amende et si est atains de ce qui est prouvé contre li; et s'il est gentius hons l'amende est de .x. s. Et s'il ne puet prouver, il pert sa demande et si est l'amende de .v. s., et[e] de .x. s. s'il est gentius hons.

871. Qui n'obeïst au commandement qui est fes de paier ce qui est deu[f] dedens le terme qui est donnés, c'est assavoir .xv. jours au gentil homme et .vii. jours et .vii. nuis a l'homme de poosté, se cil se reclaime[g] pour qui li commandemens est fes, cil qui n'a tenu le commandement, s'il est gentius hons, est a .x. s. d'amende et l'homme[h] de poosté a .v. s.; et si doit on prendre de celi qui eut le commandement pour la dete paier, et avant doit on fere[i] paier la dete que l'amende lever[j], car de la reson de la dete vient l'amende. Mes se l'en trueve tant a prendre que la dete et l'amende soit païe, la justice puet prendre a un coup[k] pour la dete paier[l] et pour l'amende[m].

872. Se cil a qui la dete est deue se replaint a tort, — si comme se bons gages li a esté offers dedens le commandement et il ne le vout prendre; ou s'il ne vout puis sa dete demander pour celui metre en damage; ou il donna, puis le

a) *A* am. le faus. — b) *GHJK* am. les faus tesmoins. — c) *CGHJKM* il jure. — d) *G* paour de perdre ou pour convoitise de gaagner. — e) *BEF* s. ou de. — f) *C* paier che que on doit. — g) *G* se clame. — h) *BEF* et de l'homme. — i) *C* doit on penre bon gage pour faire p. — j) *AB* que lever l'amende. — k) *BEF* païe tot a un cop, la justice puet tout lever pour. — l) *BEF omettent* paier. — m) *G* pour la dette et l'amende paier.

commandement, a celui respit[a], — il chiet en l'amende[b] la ou cil seroit s'il se plaignoit[c] a droit.

873. Li gage qui sont pris pour dete de[d] gentil homme[e] doivent estre gardé .XL. jours sans vendre, s'il n'est ainsi que li gentius hons n'ait[f] mis pleges d'hommes[g] de pooesté et que li plege aient[h], pour tenir plegerie, baillié[i] leur[j] nans, car en cel cas il ne les gardera, s'il ne veut[k], que .VII. jours et .VII. nuis.

874. Quant uns gentius hons baille pleges pour sa dete de[l] gens[m] de pooesté et cil a qui la dete est deue veut avoir nans de ses pleges, et li gentius hons veut baillier de ses nans au creancier pour ses pleges aquitier, li creanciers[n] ne[o] les prenra pas s'il ne veut, car il convenroit garder les nans de son deteur .XL. jours et il n'est tenus a garder les nans de ses pleges que .VII. jours et .VII. nuis. Mes se li plege sont gentil homme, aussi bien est il tenus a garder les nans .XL. jours comme du deteur. Donques poués vous savoir, se uns gentius hons baille pleges de gentius hommes et il veut baillier nans pour ses pleges, li creanciers les doit prendre, car li nans sont d'une meisme condicion ; et aussi se uns hons de pooesté baille pleges d'homme de pooesté, il puet baillier ses nans pour ses pleges aquitier, car li nant sont aussi[p] d'une condicion ; et se li detés[q] est hons de pooesté et si[r] plege sont gentil homme, se li detés veut baillier nans pour ses pleges, encore les doit mieus prendre[s] li creanciers, car en cel cas[t] il n'est tenus a garder les nans

a) *G H J K* donna respit puis le commandement. — b) *H J K omettent* l'. — c) *H J K* se replaignoit. — d) *B E F* pour le dete du gent. — e) *G H J K* pris pour gentil homme de dete doiv. — f) *A B E F omettent* n'. — g) *A B E F* plege d'homme ; *J K* pleige hommes. — h) *J K* plege ait. — i) *C* que les pleges de hommes de pooesté soient souffisant pour tenir le plegerie n'aient. — j) *A B E F* bail. les n. ; *C omet* leur ; *J K* baill. ses nans. — k) *A* se il ne li plest. — l) *A omet* de. — m) *B E F* gent. — n) *G H J K omettent* pour ses pleges aquit. li creanciers. — o) *G H J K* il ne. — p) *H J K omettent* aussi. — q) *G J K* li detteur. — r) *H* li pl. ; *J K* les pl. — s) *G* pleg. tant mieux les doibt prendre ; *J K* doit croirre. — t) *G H J K omettent* en cel cas.

du deté[a] que .vii. jours et .vii. nuis, et il garderoit les nans
de ses pleges .xl. jours.

875. Quant li nant sont baillié au creancier et il les a
tant gardés comme[b] coustume porte[c], si comme il est dit
dessus, il doit moustrer par devant bonne gent a celi de qui
il tient les nans qu'il viegne a ses nans vendre ou qu'il les
rachate. Se cil ne les veut racheter ne aler au vendre, li
creanciers les puet[d] vendre et est creus de la vente par son
serement. Et se li creanciers les vent sans li moustrer ou
avant que li tans de la garde soit faillis, cil qui les nans
bailla a tous jours action[e] en quel tans qu'il vourra de[f] re-
demander ses nans pour l'argent ; et doit estre li creanciers
contrains as nans fere revenir ou a rendre le damage a celi
qui les nans bailla teus comme[g] il les[h] pourra prouver.

876. Or veons des rescousses qui sont fetes au[i] seigneur
qui prent ou fet[j] prendre en justiçant. Se li sires prent ou
fet prendre seur[k] son homme de poosté ou son cors ou du
sien, se li hons se resqueut ou il resqueut ce que l'en prent
du sien, il chiet en amende de .lx. s. Et en tel maniere
puet il fere la rescousse[l] que l'amende est a la volenté du
seigneur : si comme se l'hons met main par felonie a celui
qui a pouoir du prendre en justiçant, car mout fet l'hons[m]
grant despit a son seigneur qui son serjant li bat.

877. Se la fame d'un homme fet[n] la[o] rescousse, ou sa
mesnie[p], li hons respont du mesfet, car il doit avoir tel fame
et tel mesnie qu'il ne facent pas tel vilenie au seigneur ; c'est
a entendre dusques a l'amende de .lx. s., car se l'hons
n'estoit pas ou lieu la[q] ou la rescousse seroit fete, et sa
mesnie batoient[r] ou vilenoient[s] le preneur, il ne seroit pas

---

a) *B* nans de se dete ; *EGJK* du (*E* de sen) debteur ; *F* nans sen detté. —
b) *GHJK* tant que. — c) *HJK* coust. donne. — d) *H* les doit v. — e)
A omet action. — f) *A* vourra action de. — g) *HJK* teus qu'il. — h)
A omet les. — i) *A* fet. a seign. — j) *GHIJK* fet aux seigneurs qui pren-
nent ou font pr. — k) *A B* omettent seur ; *C* pr. dessus son. — l) *JK* fere
les rescousses. — m) *C* car li hons fet moult gr. desp. — n) *C* homme ou sa
mesnie fet. — o) *GHJK* omettent la. — p) *C* omet ou sa mesnie. — q) *HJK*
omettent la. — r) *GHIJK* batoit. — s) *E* faisoient vilenie ; *GHJK* villenoit.

resons que li preudons fust raens[a] pour le mesfet, ains s'en prenroit li sires as persones qui ce avroient fet; et se l'hons les tenoit puis en son service qu'il savroit qu'il avroient fet tel[b] mesfet, li sires l'en pourroit tenir a coupable.

878. Toutes rescousses qui sont fetes de gentil homme vers son seigneur, l'amende de chascune rescousse est de .LX. lb.; et se li preneres est batus, l'amende est a la volenté du seigneur; et qui met main a son seigneur par mautalent, il pert quanqu'il tient de li et l'a li sires aquis par le mesfet de son sougiet.

879. Bestes qui sont prises en damage a garde fete[c], — si comme en taillis, ou en vignes[d] ou tans qu'eles sont defendues, ou en prés puis mi mars dusques a tant qu'il sont fauchié, ou en bles, ou en mars[e], — doivent .LX. s. d'amende et le damage restorer[f]. Et les autres prises qui ne sont pas a garde fete, l'amende est de .v. s. Et s'il i a beste liee et la beste[g] ront son lien et va en damage, se cil qui la beste est[h] veut jurer seur sains que la beste rompi son lien et, si tost comme il le seut, il la rala[i] querre[j], il se[k] passe sans amende, mes il est tenus au damage rendre que sa[l] beste a fet, car la negligence d'aucun ou la mauvese garde ne s'escuse[m] pas contre autrui damage.

880. Se uns[n] chevaliers fet aucun fet ou amende apartiegne et il mene aveques li escuiers pour li aidier au fet fere[o], se li chevaliers tret le fet a li, il garantist les escuiers qu'il n'en paient point d'amende, essiêutés les cas de crime; car s'il fesoient murtre ou homicide ou aucun autre cas dont on perde le cors[p] et le sien, il ne les garantiroit[q]

---

a) *A* fust rains; *B* riens; *CEF* raiens; *G* recheus; *JK* reus. — b) *HJK* fet le mesf. — c) *HJK* prise a garde fete en damage (*H* damaces). — d) *E omet* si comme ... en vignes. — e) *EF* ou en mars ou en bles. — f) *A* dam. rendre et rest. — g) *GHJK* et ele ront. — h) *B omet* est. — i) *G* il ala; *HJK* il l'ala. — j) *G* requerre. — k) *GHJK* il s'en passe. — l) *HJK* que le beste. — m) *CGHJK* n'escuse pas. — n) *G* Se aucuns chev. — o) *GHJK* escuiers au fet fere pour li aidier. — p) *C* cas de coy on puet perdre son cors. — q) *ABF* les en garantir.; *C* ne garderoit pas.

pas, ains en seroient tuit coupable cil qui seroient alé a[a] l'aide du fet.

881. Se chevaliers mene chevaliers, il ne les garantist pas, ne escuiers escuiers[b], ains convient que chascuns amende[c] le mesfet[d] en sa persone.

882. Toutes les amendes qui sont dites en cest livre de .v. s. par la coustume de Clermont ne sont a La[e] Vile Nueve[f] en Hes[1] ne a Saci le Grant[2] que de[g] .xii.[h] d.[i] par le[j] lonc usage qu'il en ont[k], tout soit ce qu'eles soient des membres de la conteé ; et[l] a Remi[3] et a Gournay[4] eles sont de .vii. s. et[m] .vi. d.[n], et en pluseurs autres viles qui sont as hommes le conte. Mes les amendes des gentius hommes ne celes des hommes de pooosté de plus de .x. s. ne se changent de la commune coustume de nule part en la conteé.

883. Bonne chose est que l'en queure au devant des maufeteurs et qu'il soient si radement[o] puni et justicié selonc les mesfès[p] que, pour la doute de la justice, li autres en prengnent essample si qu'il se gardent de mesfere. Et entre les autres mesfès dont nous avons parlé ci-dessus[q], l'uns des plus grans et dont li seigneur se doivent prendre plus pres de prendre venjance[r] si est des aliances fetes contre seigneur ou contre le commun pourfit.

884. Aliance qui est fete contre le commun pourfit si est

---

a) *B F G H* alé en l'aide. — b) *E* ne escuiers il n'en warandit nul, ains conv. — c) *G* chasc. l'amende. — d) *G* omet le mesfet. — e) *G H J K* omettent la. — f) *A E* Nueve Vile. — g) *B* omet de. — h) *A* de .xx. den. — i) *C* omet que de .xii. d. — j) *C* omet le. — k) *G H J K* ont eu tout. — l) *B E F* omettent et. — m) *A J K* omettent et. — n) *G* .vii. s. et demi. — o) *F* si hardiement puni. — p) *E* omet selonc les mesfès; *G H J K* sel. lor meffet. — q) *A* av. ci desus parlé. — r) *B E F* pres de venjance prendre.

---

1. La Neuville en Hez, arrondissement et canton de Clermont. Le château, dont il ne reste plus qu'un tertre et quelques souterrains, fut habité par saint Louis à diverses reprises dès son enfance; on a même souvent prétendu qu'il y était né.

2. Voyez p. 372, note 2.

3. Voyez l'Introduction.

4. Voyez p. 372, note 1.

quant aucune maniere de gent fiancent ou creantent ou convenancent qu'il n'ouverront mes[a] a si bas fuer comme devant, ains croissent le fuer de leur autorité et s'acordent[b] qu'il n'ouverront[c] pour[d] meins et metent entre aus peine ou menaces seur les compaignons qui leur aliance ne tenront. Et ainsi qui leur[e] souferroit seroit ce contre le droit commun, ne jamès bons marchiés d'ouvrages[f] ne seroit fes, car cil de chascun mestier s'esforceroient de[g] prendre plus grans louiers que reson et li communs ne se puet soufrir que li ouvrage ne soient fet. Et pour ce si tost comme teus aliances vienent a la connoissance du souverain ou d'autres[h] seigneurs, il doivent jeter les mains[i] a toutes les[j] persones qui se[k] sont assentues a teus[l] aliances[m] et tenir en longue prison et destroite[n] ; et quant il ont eue longue peine de prison, l'en puet lever de chascune persone .LX. s. d'amende.

885. Une autre maniere d'aliances ont esté fetes mout de fois par lesqueles maintes[o] viles ont esté destruites et maint seigneur honi et desherité, si comme quant[p] li communs d'aucune vile ou de pluseurs viles font aliances[q] contre leur seigneur en aus tenant a force contre li, ou en prenant ses choses a[r] force[s], ou en metant main vilainement[t] a[u] leur seigneur ou a sa gent[v]. Donques si tost comme li sires s'aperçoit que teus aliance est fete, il les doit prendre a force ; et, s'il les prent si tost qu'il n'i ait encore riens du fet fors que l'aliance fete, il doit punir tous les consentans par longue prison et raembre a sa volenté selonc leur avoirs[x] ; et s'il puet savoir les chevetains qui l'aliance pourchacierent, s'il les fet pendre, il ne leur fet nul tort, car il

a) *G H J K* ouver. plus a. — b) *H J K* omettent s'. — c) *C* omet mes a si ... qu'il n'ouverront. — d) *C* pas pour. — e) *H J K* qui ce leur. — f) *A* marchiés des ouvrages ; *C* d'ouvrage. — g) *A C* s'esforc. a pr. — h) *G H J K* ou des autres. — i) *G H J K* jet. la main. — j) *A* omet les. — k) *B* omet se. — l) *B E F* a ces al. — m) *C* a teles chozes. — n) *B E F* et estroite. — o) *H J K* lesq. mout de v. — p) *C* omet quant. — q) *C H J K* f. alianche c. — r) *C* par force. — s) *G* force malgré li ; *H J K* force outre li. — t) *G* met. vilainement la main. — u) *C* en metant les mains dessus leur seign. ; *H J K* vilain. en leur. — v) *C* gent vilainnement. Donq. — x) *B G H J K* leur avoir.

ne demoura pas en aus que leur sires ne fust honis par leur
pourchas, et pour ce puet dire li sires qu'il[a] sont[b] si[c][1]
traitre. Et quant li sires les prent puis le fet qu'il avront
mesfet contre li par l'aliance[d] fete, tuit li consentant qui
sont au fet ont mort deservie se li sires veut, et ont perdu
quanqu'il[e] ont, car il est clere chose qu'il[f] sont tuit traitre
a leur seigneur. Nepourquant s'il n'i a homme mort, li sires,
s'il li plest, s'en puet passer par prendre le leur a sa vo-
lenté et par aus tenir en longue prison ; et bon est qu'il en
face tant que li autre qui le verront s'en chastient.

886. Pour donner essample as seigneurs qu'il se pren-
gnent pres de punir et de vengier teus aliances si tost
comme il[g] voient[h] qu'il[i] nessent[j] ou doivent nestre par au-
cun mouvement, je vous conterai que il en[k] avint en Lom-
bardie[2]. — Il fu que toutes les bonnes viles et 'li chastel de
Lombardie furent a l'empereeur de Rome en son demaine
ou[l] tenues de lui, et avoit ses baillis, ses prevos et ses ser-
jans par toutes les viles qui justiçoient et gardoient les drois
l'empereeur, et avoient esté par devant[m] tuit[n] li Lombart[o]
mout[p] obeïssant[q] a l'empereeur comme a leur seigneur. Or[r]
avint qu'en l'une des bonnes viles avoit .III. riches Lom-
bars[s] a qui li baillis n'avoit pas fet leur volentés, ains avoit[t]
fet pendre un leur parent pour[u] sa deserte par[v] droit de[x]
justice. Li Lombart en furent meu par mauvese cause et
pourchacierent malicieusement un homme soutil, malicieus

a) *GHJK* que ce sont. — b) *K* omet sont. — c) *C* omet si; *GJK* ses
tr. — d) *C G* omettent l'. — e) *C* perdu tout che que il. — f) *C* ch. car il.
— g) *HJK* tost qu'il v. — h) *A* voit. — i) *C E F* qu'eles. — j) *C* veulent
ou doiv. — k) *E F* cont. comment il av.; *GHJK* omettent en. — l) *CGHJK*
dem. et [*C* estoient] ten. — m) *B* omet devant; *C E F G* omettent par de-
vant. — n) *GHJK* omettent tuit. — o) *CG* Lomb. par devant mout. — p)
F tout mout. — q) *EF* obeiss. par devant a l'emp. — r) *GHJK* Et av. —
s) *HJK* Lombars riches. — t) *A B* omettent avoit. — u) *GHJKM* par sa.
— v) *A C* des. et pour. — x) *GHJK* p. droite justice.

1. *Si* = ses.
2. Il s'agit de la ligue formée en 1167 par les principales villes de Lom-
bardie contre Frédéric Ier Barberousse.

et bien parlant. Cil, par l'enortement de ceus, se mist en tapinage et ala par toutes les bonnes viles de Lombardie; et, quant il venoit en une vile[a], il enqueroit .x. ou .xɪɪ. des plus fors[b] de lignage et d'avoir et puis parloit a chascun a[c] par soi, et leur disoit que les autres bonnes viles s'estoient acordees priveement qu'eles ne vouloient plus estre en obeïssance de seigneur et que la vile qui ne s'i[d] acorderoit seroit destruite par les autres bonnes viles[e], et seroit chascune bonne[f] vile dame de soi sans tenir d'autrui. Tant fist et tant pourchaça cil messages qu'il mist .v.[g] ans au pourchacier que[h], au chief de .v. annees, en un seul jour et en une cure[i] toutes les viles de Lombardie coururent sus a ceus qui estoient a l'empereeur et les pristrent[j] comme ceus qui ne s'en donnoient[k] garde. Et quant il les eurent pris, il leur couperent les testes a tous et puis establirent en leur viles teus lois et teus coustumes comme il leur pleut, ne onques puis ne trouverent empereeur qui cel fet venjast ne adreçast. Et par ce poués vous entendre que c'est grans perius a tous seigneurs de soufrir teus[l] aliances entre ses[m] sougiès, ains doivent tous jours courre au devant si tost comme il s'en pueent apercevoir[n] et fere venjance selonc le mesfet si comme j'ai dit dessus.

887. Grans mesfès est d'autrui metre a mort: donques[o] doit estre la justice aspre et crueus, comme de trainer et de[p] pendre celui qui le fet. Nepourquant l'en puet bien metre a mort autrui en tel maniere que[q] l'en n'en pert ne vie ne membre ne le sien, en deux manieres : la premiere si est quant guerre est aouverte entre gentius hommes et aucuns

---

a) *HJK* une bone vile. — b) *AB* omettent fors. — c) *ABCEF* omettent a. — d) *H* omet i. — e) *H* autr. viles bones. — f) *GHJK* omettent bonne. — g) *AG* mist en .v. ans. — h) *CG* pourch. et au ch.; *E* pourch. dusques au; *F* pourch. seques au. — i) *E* en une nuit; *F* heure *écrit dans l'interligne*; *GHJK* une seule cure. — j) *H* les prist. — k) *GHJK* s'en donnerent. — l) *C* soufr. a faire teus al. — m) *JK* entre leur soug. — n) *BEFJK* puent percevoir. — o) *ABCEF* mort et doit. — p) *HJK* omettent de. — q) *A* omet en tel man. que.

ocist son anemi hors de trives et d'asseurement ; la seconde
maniere [a] si est de tuer autrui seur soi [b] defendant [c].

888. Metre autrui a mort seur soi [d] defendant est quant
aucuns ne se donne garde que l'en le doie assaillir et l'en
l'assaut par haine ou [e] pour li rober [f] ou a la [g] requeste d'au-
trui par louier. Se cil qui en tel maniere est assaillis voit
qu'il gietent a lui sans merci cous qui portent peril de mort,
et est si apressés [h] qu'il ne se puet metre a garant, il li loit a
soi [i] defendre ; et s'il, en soi [j] defendant, en met aucun a
mort, on ne l'en doit riens demander, car il le fet pour la
mort eschiver. Et s'il est apelés en jugement seur cele occi-
sion, il puet bien venir avant et atendre droit, mes qu'il
puist bien estre prouvé qu'il le fist seur soi [k] defendant, si
comme il est dit dessus [l].

889. Quant uns hons est assaillis en chaude mellee de
poins et de piés [m] tant seulement sans armeure dont l'en
puist [n] metre a mort, et cil que [o] l'en bat, pour soi defendre,
tret aucune armeure et en met aucun a mort de ceus qui
l'assaillirent, il n'a pas bonne reson de dire qu'il l'ocist seur
soi [p] defendant, car il ne li loisoit a soi [q] defendre que [r] de
poins et de piés, puis qu'il n'estoit assaillis d'armeure dont
il ne pouoit [s] estre tres a mort. Donques qui autrui met
ainsi [t] a mort il doit estre justiciés.

890. Qui amesure son sougiet pour avoir amendes de
pluseurs cas, li sougiet se passent par leur [u] serement qu'il
en ont [v] bien fet [x] ce qu'il doivent [y], et orrés les cas es queus
il se [z] puent [aa] passer par leur [ab] serement.

a) *BEFHJK omettent* maniere. — b) *HJK* seur lui def. — c) *G* desfen-
dant si comme vous orres; *K* defend. c'est assavoir. — d) *HJK* seur li
def. — e) *C* omet par haine ou. — f) *B* li torber; *C* lui desrober; *GHJK*
ou par roberie. — g) *BEF* ou pour req. — h) *C* et que chelui est si apres
que; *JK* si oppressé. — i) *GH* a lui def.; *K omet* soi. — j) *GHJK* en lui
def. — k) *HJK* seur li def. — l) *HJK* comme dit est. — m) *C* de pies et
de poins. — n) *CEF* dont on le puisse m. — o) *ABCEFH* cil qui l'en. —
p) *GHJK* seur li def. — q) *GH* a li def.; *JK omettent* soi. — r) *A* def. fors
de. — s) *BEF* ne peust. — t) *GHJK* qui ainsi met autrui. — u) *GHJK*
se (*HJK* s'en) passe par son ser. — v) *GJK* en a b. f. — x) *A* fet bien. —
y) *JK* il doit. — z) *HJK omettent* se. — aa) *JK* peut. — ab) *GHJK* omet-
tent leur.

891. Li premiers cas si est quant aucuns qui a travers met[a] sus a aucun[b] qu'il en a son travers porté[c]. Se cil a qui il le[d] met sus veut dire qu'il en a bien fet ce qu'il dut par son serement, il s'en passe quites et delivres; mes bien se gart qu'il n'entre en connoissance ne en niance ains son serement, car il avroit au serement renoncié, si comme s'il disoit: « J'ai paié mon travers », ou: « Je ne[e] doi point de travers[f] », ou: « Je ne cuidoie pas devoir travers[g]. » S'il disoit une de ces choses il ne venroit pas après au serement; car s'il[h] disoit: « J'ai paié mon travers », et on li nioit, il convenroit qu'il le moustrast[i] par prueves[j]; et s'il disoit: « Je ne doi point de travers[k] », il convenroit qu'il deïst[l] reson pour quoi et qu'il mist la reson en[m] voir, s'ele li estoit nice[n]. Mes il pourroit dire tel reson qu'il en seroit creus par sa foi, si comme s'il disoit: « Je sui clers », ou: « Ces denrees sont a clerc, — *ou* a gentil homme, *ou* a persone privilegiee, — et sont pour leur user », de teus resons seroit li acusés creus par sa foi. Et s'il disoit: « Je n'en cuidoie[o] point devoir de travers », il renonce au serement et si doit paier le travers et l'amende, car ses cuidiers ne l'escuse pas du mesfet; car chascuns qui mene marcheandise doit enquerre les coustumes des lieus par la ou il passe, si qu'il puist paier ce qu'il doit sans en porter le droit des seigneurs[p].

892. Voirs est que clers ne gentius hons ne doivent point de travers de chose[q] qu'il achatent pour leur user ne de chose[r] qu'il vendent qui soit creue en leur eritages. Mes s'il

---

a) *B E F* auc. a travers et il [*F* le] met. — b) *G H J K omettent* a aucun. — c) *G H J K* trav. emporté. — d) *G H J K omettent* le. — e) *B E F* je n'en d. — f) *A omet* ou je ne ... de travers; *B E F omettent* de travers. — g) *G* paié m. trav. la ou je n'en quidoie point devoir, ou je ne doibs point de trav. — h) *E* s'il li nioit ou dis. — i) *J K* le prouvast p. pr. — j) *C omet* par prueves. — k) *E omet* et on li nioit... point de travers, *et donne en place* ou je n'en doi point. — l) *C* qu'il moustrast res. — m) *G* res. en droit et en v. — n) *C* reson pour quoi et que il le moustrat par prueves, ou se il disoit: je ne cuidoie point devoir de travers, il convendroit que il meist avant ses deffenses en voir se elles li estoient nices. Mes il. — o) *G H J K* ne cuide (*H* cuit). — p) *G H J K* port. les drois du seigneur. — q-r) *H J K* de cozes.

achetoient[a] pour revendre si comme autre marcheant, il convenroit que les[b] denrees s'aquitassent du travers et des chauciees et des tonlieus en la maniere que les denrees des marcheans s'aquitent. Et ce que j'ai dit des travers j'entent[c] de toutes manieres de[d] paages et de tonlieus, car tout soit ce que les reçoites ne soient pas onnies, nepourquant toutes manieres[e] de redevances[f] doivent estre demenees selonc la coustume dessus dite[g] fors en tant que[h] qui en porte travers et en est atains, l'amende est de .lx. s. et du travers rendre, et qui en porte son[i] tonlieu ou sa chaucice[j] l'amende est de[k] .v. s.

893. Li secons cas dont li acusés se passe par son serement si est quant aucuns sires acuse son tenant qu'il ne li a pas paié son cens a jour. En cel cas se l'acusés veut dire qu'il en a bien fet ce qu'il dut[l], il s'en passe par son serement. Mes bien se gart qu'il n'entre en connoissance ne en niance, car il renonceroit au serement, si comme j'ai dit dessus de[m] ceus qui sont acusé de[n] travers en porté[o].

894. Li tiers cas dont l'acusés se[p] passe par son serement si est quant aucuns sires acuse son tenant qu'il ne li a pas paié champart si comme il doit. Se l'acusés veut dire qu'il en a bien fet ce qu'il dut[q] par son serement, il s'en passe s'il le fet en la maniere que j'ai dit des autres cas dessus, sans entrer en connoissance ne en niance et sans alliguier autre reson que le serement. Et aussi[r] de toutes rentes deues qui renouvelent chascun an se passe l'acusés par son serement qu'il en a bien fet ce qu'il dut[s]. Mes quant il s'en est passés[t] une fois par son serement[u], de[v] celui cas dont

---

a) *A* s'il achatent pour. — b) *C* que leur denr. — c) *C* je l'entent; *E* je en tieng, *l'i a été gratté*; *F* je enteing. — d) *C* man. de travers, de paag. — e) *ABC* tout. teus man. — f) *E* man. de rechevages. — g) *JK* sel. les coustumes dess. dites. — h) *GHJK omettent* que. — i) *A E omettent* son. — j) *C* rendre et dou tonlieu et de le chaussee; *G* porte se cauchie ou son tonnelieu. — k) *AC* est simple de. — l) *HJK* il doit. — m) *ABCEF* dess. a ceus. — n) *ABCEF* ac. pour trav. — o) *C E* emporter. — p) *G H omettent* se. — q) *AHJK* il doit; *C* il devoit. — r) *GHJK* ainsi. — s) *JK* il doit. — t) *EF* il s'en passe. — u) *C omet* qu'il en a ... par son serement. — v) *C* Et de.

il s'est passés[a] il ne s'en puet pas passer une[b] autre fois[c], car s'il s'en passoit tous jours, li seigneur en pourroient estre mout damagié par les tricheeurs qui metroient poi a aus parjurer pour estre quite de leur redevances et de leur mesfés[d].

895. Pierres si champarta a un sien tenant une piece de terre et commanda a son tenant qu'il li amenast[e] .xxx. gerbes qu'il i avoit de champart, car[f] de droit commun chascuns est tenus a[g] amener[h] le champart de son seigneur tout avant que le remanant ; et li tenans charja les gerbes dessus dites et les mena en la grange du dit Pierre[i]. Et quant il les conta il n'i en trouva que .xxix. ; et quant li tenans vit ce, il dist a Pierre[j] son seigneur : « Sire, il me faut une gerbe de vostre droit. Je ne sai s'ele m'est cheue ou ele[k] m'est mescontee, mes je la vois querre[l] et lerai ci mes chevaus et ma charete dusques a tant que je l'avrai raportee[m]. » A ce respondi Pierres qu'il ne le vouloit pas, ainçois vouloit qu'il li amendast ce qu'il ne li avoit pas paié son champart si comme il devoit et comme il li avoit commandé. Et seur ce se mistrent en droit a savoir mon[n] s'il i[o] avoit amende en cel cas[p].

896. Il fu jugié qu'il n'i avoit point d'amende par la reson de ce[q] que li tenans meismes s'acusa avant qu'il se departisist[r] de la grange et vouloit aler querre la gerbe ainçois qu'il en menast[s] ses chevaus ne sa charete. Mes se li tenans en eust menés ses chevaus et sa charete hors de la grange sans soi acuser[t] et sans le congié du[u] seigneur, l'amende i fust. Et par ce puet on entendre que les amendes sont establies pour ce que l'en se gart de mesfere pour paour d'avoir

---

a) *E* il se passe; *F* il est passés. — b) *E* pass. un a. — c) *E* omet fois. d) *E* leur fais. — e) *EF* qu'il li menast [*E* son campart] .xxx. g. — f) *ABCEF* champ. que de. — g) *GHJK* ten. de. — h) *CHJK* mener. — i) *HJK* granche de son seigneur. — j) *GHJK* omettent Pierre. — k) *EFHJK* ou s'ele. — l) *HJK* v. requerre. — m) *GHJK* avr. aportee. — n) *G* sav. molt; *HJK* omettent mon. — o) *ABF* omettent i. — p) *C* omet a savoir mon... en cel cas. — q) *CGHJK* omettent de ce. — r) *BEF* se partisist. — s) *JK* il admenast. — t) *GHJK* sans soy accuser hors de le grange. — u) *HJK* cong. de son seign.

damage; mes cil n'a pas tres bonne conscience qui lieve amende de chose qui n'est pas fete malicieusement, tout soit[a] ce qu'on l'en[b] puet lever par la coustume[c] en pluseurs cas.

897. Pierres si[d] aresta les denrees de Jehan pour ce qu'il li metoit sus qu'il en portoit son travers. A ce respondi Jehans[e] qu'il l'avoit paié a un sien serjant et le nomma; et après, quant Pierres li eut nié, il s'en vout passer par son serement. Et seur ce se mistrent en droit a savoir se Jehans avoit renoncié au serement pour ce qu'il avoit dit qu'il l'avoit paié.

898. Il fu jugié que Jehans ne s'en passeroit pas par son serement, ains convenroit qu'il prouvast le paiement par prueves. Et par cel jugement puet on entendre que qui se veut passer par serement des amesures dont l'en se puet passer par coustume, l'en doit dire tout simplement : « J'en ai bien fet ce que je dui », et adonques il s'en passe une fois si comme j'ai dit dessus.

899. Pierres et Jehans si avoient en un grant terroir le champart la ou il avoit mout de tenans. Et, de si lonc tans comme il pouoit souvenir, li tenant avoient mené le champart[f] de ces lieus[g] en une grange et la partissoient Pierres et[h] Jehans si comme il s'acordoient[i], moitié a moitié[j]. Puis avint que Pierres ne vout pas que li tenant de ces lieus menassent plus[k] sa moitié des champars[l] ou lieu la[m] ou il avoient[n] tous jours mené, ainçois vouloit[o] qu'il la menassent en une meson qu'il avoit hors du terroir et hors du fief dont li champart[p] mouvoient. A ce respondirent[q] li tenant qu'il ne vouloient pas estre[r] tenu a ce fere[s] ne mener[t] ne le vou-

a) JK omettent soi. — b) AB que l'en en p.; C on en p. — c) GHJK omettent par la coustume. — d) EFHJK omettent si. — e) A omet Jehans. — f) AB les champars. — g) G mené de ces lieus le champart. — h) E Pierres a Jeh. — i) C s'acorderent. — j) EF moitié a moitié si comme il s'acordoient. — k) ABCEF omettent plus. — l) GHJK moitié de campart. — m) CHJK omettent la. — n) ABEF il l'avoient. — o) JK ainç. voult que. — p) ABC li champartel mouv. — q) ABC respondoient. — r) C qu'il n'estoient pas tenus a che faire ne. — s) C omet a ce fere. — t) GHJK ne admener ne.

loient fors ainsi comme il avoient acoustumé a[a] mener et, se li dis Pierres ne vouloit pas qu'on menast plus en cel lieu, il le menroient quel part que Pierres vourroit ou terroir duquel li champart sont tenu[b].

900. Il fu jugié que li homme ne le menroient pas hors du terroir et qu'il offroient assés[c].

901. Li quars cas du quel[d] li accusés se passe par son serement si est quant li sires demande aucune defaute d'ajournement et l'ajournemens ne fu pas fes a sa persone, ainçois fu commandé a sa fame, ou a sa mesnie, ou as voisins de l'ajourné[e] qu'il li deïssent[f] qu'il fust a tel jour par devant son seigneur: se l'ajournés[g] veut jurer qu'il ne li fu pas dit[h], il se passe de la defaute[i] tant de fois[j] comme il[k] est[l] ainsi ajournés. Mes commander leur[m] puet li sires qu'il metent[n] teus gens en leur osteus qui leur[o] facent savoir[p] les ajournemens, et s'il ne le font li sires puet lever d'aus amende de[q] commandement trespassé. Et se li serjant qui ont pouoir d'ajourner dient par leur serement qu'il firent l'ajournement a sa persone, l'ajournés[r] est en la[s] defaute ne ne[t] s'en[u] puet escuser par son serement. Et tout ainsi est il des gentius hommes qui sont ajourné par pers par reson de fief: se l'ajournemens est fes a sa[v] persone, il ne s'en puet[x] escuser[y]; mes s'il est fes en son ostel en la maniere dessus dite, il se passe de la defaute[z] par son serement.

902. Li quins cas du quel[aa] l'acusés se passe par son se-

<hr>

a) *HJK* il ne l'av. acoust. de men. — b) *C* terroir et par tant seroient delivres dou mener. — c) *C omet* Il fu jugié ... qu'il offroient assés; *E* assés en cel cas. — d) *GHJK* cas de quoy li. — e) *AB* ajourneur; *C* de l'ajorner; *EM omettent* de l'ajourné; *F* de l'ajorneur; *GHJK* de l'ajournement. — f) *E* vois. et n'i eust nul qui deist qu'il f.; *M omet* qu'il li deissent. — g) *JK* se celui qui fu adjourné. — h) *C* dit ne segnefié. — i) *G* def. par son serement sans amende tant. — j) *E omet* de fois. — k) *HJK* fois qu'il. — l) *ABH* il sont; *C* il soit; *EF* il fu. — m) *GJK* comm. li puet. — n) *JK* il mete. — o) *HJK omettent* leur. — p) *ABC* f. assavoir. — q) *G* lev. amende d'aux du comm.; *HJK* amendes du comm. — r) *G* pers. et l'ajourn. — s) *EF* en propre def.; *G omet* la. — t) *E* def. et ne; *G* def. il ne s'en. — u) *BEF* ne se puet. — v) *B* a la pers.; *EF* a leur pers.; *G* en se pers. — x) *EF* puecnt esc. — y) *A omet* par son serement ... s'en puet escuser. — z) *A omet* de la defaute. — aa) *E* cas dont l'ac.; *F* cas de quoi l'ac.

rement[a] si est quant li sires met sus a aucun qu'il li a sa sai-
sine brisiee et la saisine fu fete en derriere de celui qui la
brisa. Se l'acusés veut jurer qu'il ne seut mot[b] de la saisine,
il se passe de l'amende de saisine brisiee, mes toutes voies
doit il le lieu resaisir.

903. Pierres proposa contre Jehan qu'il li avoit brisie
sa saisine, par quoi il vouloit qu'il resaisist le lieu et qu'il
li[c] amendast ce qu'il li[d] avoit sa saisine brisiee. A ce res-
pondi Jehans qu'il ne savoit riens de la[e] saisine, car ele ne
fu pas fete a li ne[f] en sa presence et ce vouloit il[g] jurer; et
seur ce se mistrent en droit s'il s'en passeroit par son se-
rement.

904. Il fu jugié que Jehans se[h] passeroit de l'amende de
saisine brisiee par son serement puis que la saisine ne fu
pas[i] fete a li ne en sa presence; mes il seroit tenus au lieu[j]
resaisir et, la resaisine fete, s'il la brisoit puis[k], il cherroit
en l'amende de saisine brisiee, car adonques ne se[l] pourroit
il escuser qu'il ne seut la saisine quant il meismes avroit le
lieu resaisi[m].

905. Bien se gart qui fet a[n] autrui[o] damage en bles se-
més, ou en mars, ou en bois, ou en prés[p], que cil qui i est
pris damage fesans est tenus a rendre tout le damage qui
est prouvés[q] par l'aparence du lieu, tout soit ce que cil
qui i est pris n'a[r] pas fet tout le damage[s], ainçois le firent
autre gent qui n'i furent pas trouvé. Car se cil qui i est
pris ne rendoit que le damage qu'il a fet presentement,
donques avroit il grant avantage d'aler en mesfet, que
toutes les foïs qu'il n'i seroit trouvés il seroit quites du da-

a) *HJK omettent* du quel l'ac. ... son serement. — b) *HJK* seut riens
de. — c) *A* il l'am.; *GHJK omettent* li. — d) *AB omettent* li. — e) *HJK*
r. de se sais. — f) *BEF omettent* a li ne. — g) *A omet* il. — h) *HJK*
Jehans s'en pass. — i) *A omet* fu pas. — j) *AG* ten. a lui res. — k) *E* et le
saisine f. se ele estoit puis brisie. — l) *GHJK* ne s'en pourr. — m) *E* lieu
saisi; *HJK omettent* qu'il ne seut ... le lieu resaisi. — n) *HJK omettent* a.
— o) *G* qui a autrui fet dam. — p) *BEF* sem. ou en bois ou en prés ou en
mars. — q) *BEF* est trouvés par; *K* est trouvé ou prouvés par. — r) *GHJK*
n'ait. — s) *A* dam. qui est prouvés ainçois.

mage et ainsi pourroient estre mout de biens essillié. Et pour ce est bonne la coustume que cil qui i est trouvés rende tout le damage et l'amende. Mes l'amende est simple, c'est assavoir de .v. s., et en teus lieus i a de[a] .vii. s. et[b] .vi. d., et en teus lieus i a de[c] .xii. d., selonc la coustume de chascun[d] lieu. Et en tel maniere pourroit estre fes li damages que l'amende seroit de .lx. s., si comme qui en porteroit despueilles ôuvrees[e] comme blé ên javele ou en[f] gerbe[g], ou pré[h] fauchié, ou bois coupé; en tel maniere l'en pourroit on porter que l'en le pourroit tenir a larrecin, si comme qui l'en porteroit par nuit a cheval ou a[i] charete ou autrement dusques a la valeur[j] de .ii. s.

906. Les coustumes[k] des damages qui sont fet en[l] vignes se diversefient en tant de lieus que l'en n'i puet metre droit commun es amendes, ainçois en convient user selonc la coustume[m] de chascun lieu ; car cil qui est pris es vignes et ne prent des roisins que pour son mangier, se passe en mout de lieus[n] pour[o] .i. d., et en teus lieus i a pour[p] .vi. d. ; et pour ce convient il garder la coustume de chascune vile en cel cas. Mes qui en porteroit en vendenjant pour fere vin ou pour fere verjus par nuit dusques a la valeur[q] de .ii. s., ce seroit larrecins et doit estre[r] cil qui est pris en tel cas justiciés[s] comme lerres. Et s'il en porte si peu que l'en ne l'ose pas jugier a larron, si est l'amende de .lx. s. quant il l'en porte par nuit.

907. Chascuns puet prendre en son eritage ou fere prendre celi qu'il trueve[t] mesfesant[u], comment qu'il tiegne eritage de seigneur, ou en fief ou en vilenage. Mes se la prise

---

a) *A B omettent* de. — b) *A omet* et. — c) *A B omettent* de. — d) *G H J K* coust. du lieu. — e) *A B E F* despueille (*E* coze) ouvree. — f) *A B G* omettent en. — g) *G* garbes de blé ou. — h) *H J K* ou blé fauc. — i) *A* ou en ch. — j) *C H J K* la value. — k) *A B E F G H J K* La coustume. — l) *A B E F* f. es vign. — m) *B E F* sel. les coustumes. — n) *B E F* en aucun lieu. — o-p) *H J K* par. — q) *C F* valure; *E* value. — r) *H J K* omettent estre. — s) *H J K* cas estre justiciés. — t) *G H* il i tr. — u) *J K* tr. y mesfesant.

est fete en ce qu'il tient de seigneur[a] en[b] vilenage[c], il le doit
tantost[d] fere[e] mener en la prison du seigneur de qui il tient
l'eritage et doit requerre au seigneur qu'il li face rendre[f]
son damage ; et adonques li sires doit demander a celi qui
est pris se c'est voirs dont cil qui le prist l'acuse[g], et s'il le
connoist, il doit fere rendre le damage a son tenant par es-
timacion de bonnes gens; et s'il le nie, il convient que cil
qui le prist en son vilenage le prueve par lui et par un autre,
et s'il le prueve, ses damages li doit estre rendus et li pris[h]
est en[i] .ii. amendes au seigneur : la premiere amende[j] si
est du mesfet et[k] la seconde si est de la niance dont il est
atains. Et se cil qui en ceste maniere prent en ce qu'il tient
en vilenage ou fet prendre, s'il metoit le pris[l] en sa prison[m]
ne s'il[n] esploitoit du mesfet[o] comme justice[p], et ses sires le
savoit a qui la connoissance apartient, tout ce qu'il avroit
fet seroit rapelé et si amenderoit[q] a son seigneur ce qu'il
avroit usé de la justice, et seroit l'amende de .lx. s., fust
gentius hons ou hons[r] de poosté.

908. Se cil qui est trouvés en damage se resqueut a celui
qui le prent, tout soit ce que cil qui l'eritages est le pren-
gne, il l'amende[s] de .lx. s. ; mes l'amende est au seigneur
de qui l'eritages est tenus, et se la rescousse est niee, il la
convient prouver a celui qui la prise fist en son vilenage par
deus tesmoins. Et se li rescoueres[t] s'en va en[u] rescouant
maugré le preneur, li preneres le doit moustrer a son sei-
gneur et li sires le puet[v] suir pour s'amende et pour sa res-
cousse et pour fere rendre le damage a son tenant. Mes[x] se
li sires veut poursuir, la connoissance en apartient au sei-

a) *JK omettent* de seigneur. — b) *H omet* seigneur en. — c) *G omet*
Mes se la ... en vilenage. — d) *G omet* tantost. — e) *AB* fere tantost. —
f) *GHJK* f. restorer s. dam. — g) *C* l'acusa. — h) *JK* et celui qui est pris.
— i) *C* pr. en est a .ii. — j) *HJK* seign. l'une si est. — k) *AB omettent*
et. — l) *JK* le prisonnier en. — m) *B* sa personne; *CJK* sa maison. — n)
C et s'il en espl. — o) *C omet* du mesfet. — p) *BEF* mesf. en justiciant.
—q) *ABE* si l'amenderoit. — r) *EFHJK omettent* hons. — s) *BEF* pren-
gne [*EF* est] en amende de; *GHJK* il y a amende. — t) *JK* et se celui qui
se resqueut s'en. — u) *J omet* en. — v) *C* le doit sievir. — x) *GH omet-
tent* Mes; *JK* ten. et se.

gneur dessous qui cil qui fu pris est couchans et levans. Et
se li sires en qui justice la prise fu fete ne le [a] veut poursuir,
pour ce ne lera pas cil qui le prist en son vilenage a lui
poursuir de son damage [b].

909. Li serjant de chascun seigneur qui [c] sont establi
par foi ou par serement a garder justice, sont [d] creu de leur
prises et des [e] rescousses qui leur sont fetes, mes que ce soit
contre persones des queus la rescousse ne puet monter
qu'a [f] .LX. s. d'amende ; car se uns gentius hons estoit acusés
d'un serjant qu'il li eust fet rescousse et li gentius hons le
nioit, il convenroit qu'il fussent .II. serjant a prouver, ou uns
loiaus tesmoins avecques un serjant, pour ce que la rescousse
du gentil homme porte .LX. lb. d'amende et il n'est pas
resons qu'une seule persone soit creue de si grant chose en
tesmoignage.

910. Il avient souvent qu'uns serjans prent en la justice et
en la seignourie de son seigneur et, quant il a [g] pris et il le [h]
mene en la prison son seigneur, il [i] convient qu'il passe par
autrui [j] seignourie, et quant cil qui est pris se voit en autre [k]
seignourie qu'en cele ou il fu pris, il se resqueut et s'en va
a force. Que fera donques li serjans a qui teus rescousse est
fete ? Il le puet poursuir et fere arester ou qu'il [l] le trueve,
hors de lieu saint [m]. Et cil en qui [n] seignourie il est arestés
le doit rendre au seigneur en qui seignourie il fu premie-
rement [o] pris, et la doit estre punis du damage pour quoi il
fu pris et de l'amende. Et se li serjans ne le poursuit [p] pas
ou il ne le puet [q] poursuir pour ce que cil qui se resqueut se
met en bois ou en buissons ou en lieu saint, pour ce ne lera
pas li sires en qui [r] seignourie il fu pris a li suir par devant
le seigneur dessous qui il est couchans et levans, et li doit

a) *A* ne la veut. — b) *G* dam. lou qu'il soit. — c) *C* omet qui. — d) *C*
just. et sont. — e) *BEF* et de leur resc. — f) *J K* mont. que .LX. — g)
BHJK il l'a pris. — h) *E* il l'en mene. — i) *ACGHJK* seign. et il conv. —
j) *B* en autre seign. — k) *B* en autrui seign. — l) *CJK* arest. en quelque
lieu qu'il ; *H* en quel liu qu'il. — m) *GH* saint lieu. — n) *BCFJK* en quele
seign. ; *E* qui le seign. — o) *H* fu primes. — p) *HJK* porsivent. — q) *HJK*
le poent. — r) *GJK* en quelle seign.

estre renvoiés pour rendre son damage et pour s'amende[a].
Et l'amende de la rescousse doit estre au seigneur en qui[b]
terre ele fu fete s'il l'en veut suir.

911. Nus ne ra sa court d'homme qui est pris en present
mesfet, soit en mellee soit en damage fesant a autrui,
ainçois en[c] apartient la connoissance au seigneur en
qui[d] terre la prise est fete. Mes se li maufeteres[e] s'en part
sans estre arestés, la connoissance en apartient au seigneur
dessous qui il est couchans et levans, excepté le conte[f] qui
connoit des mesfès qui li sont fet.

912. En tous les cas la[g] ou l'en se puet passer par loi selonc
nostre coustume, quant li seremens est fes, l'en ne puet
puis trere a amende celui[h] qui le fet ; et se l'en demandoit
a aucun[i] aucun mesfet duquel il ne se devroit pas passer
par loi[j] et il avenoit que cil qui l'acuse en prenoit loi, il
avroit renoncié a tel droit comme il avróit en l'amende, et a
ce puet on veoir que qui prent loi, cil doit estre creus qui
la loi fet[k] ; mais cest[l] cas entendons nous en acusacion[m] de
travers en portés[n], ou[o] tonlieus, ou[p] champars[q] ou[r] cens, ou
rentes, ou de menues amesures[s] des queles l'en se puet
passer par son serement ; car nous veons bien aucuns[t] cas
es queus il convient bien fere serement et si pourroit on[u]
bien autre chose perdre[v] qu'estre parjures, et dirons comment.

913. Quant bien vienent[x], quel[y] bien que ce soient,
mueble ou eritage, il[z] convient bien que chascune partie
qui a aucune des[aa] choses qui a partie doivent[ab] venir, jurt[ac]

a) *GHJK* pour l'am. — b) *GJK* en quelle terre. — c) *HJK omettent* en.
— d) *FGJK* en quelle terre. — e) *BE* li meffeterres. — f) *C* conte de Clermont.
— g) *BCHJK omettent* la. — h) *GHJK* trere amende de celui qui.
— i) *GHJK omettent* a aucun. — j) *CHJK* par la loy. — k) *C* creus par
le loi faisant. — l) *GHJK* ces cas. — m) *GHJK* en accusations de. — n)
C trav. emporter. — o-p) *E* ou en ; *G* en. — q) *J* champs. — r) *HJK omettent*
ou. — s) *ABF* ou demaines (*A* demeinnes) en masurez ; *C* ou de menues
masures ; *E* ou demaines ou masures ; *GHIJKM* ou de menues amessures (*K* a
messures). — t) *ABC* aucun. — u) *EF omettent* on. — v) *C* perdre autre
chose. — x) *E* vien. en partie ; *G* v. a partir quel. — y) *JK* quelque
bien. — z) *GHJK* erit. si conv. — aa) *FGHJK* auc. [*G* chose] de ces ch.
— ab) *ABEF* part. doie ven. — ac) *BEFGHJKM omettent* jurt ; *C* jurent.

qu'ele[a], sans riens retenir ne celer[b], qu'ele aportera[c] tout[d], et s'il avient que cil qui jure en[e] cele riens[f] ou[g] detiegne contre son serement et l'en le puet prouver contre li, il pert tout ce qui fu[h] concelé[i] ou ce qu'il detient[j] contre son serement et l'en porte la partie qu'il cuide[k] conchier[l], et[m] demeure mal[n] renomés. Et si en puet encore ses sires dessous qui il est couchans et levans lever grant amende pour le[o] mauvès serement de quoi[p] il est atains, c'est assavoir .LX. lb. s'il est gentius hons, et s'il est hons de poosté .LX. s.[q]. Et tous jours puis l'en le puet debouter de tesmoignage[r], car ce n'est pas drois que cil soit puis creus en serement qui est prouvés a[s] parjures. Et ce que nous avons dit des parties, nous entendons aussi des rapors[t] qui doivent estre fet par coustume entre enfans qui revienent a partie après les[u] decès des[v] peres et des[x] meres[y].

914. Nous avons parlé d'aucuns[z] cas en cest chapitre meisme par lesqueus il apert[aa] que l'hons de poosté puet bien mesfere tel mesfet[ab] que l'amende passe .LX. s., tout soit ce qu'il n'ait pas mort deservie pour le mesfet, et encore en dirons nous d'autres cas que nous avons veu jugier et esploitier de nostre[ac] tans.

915. Dui frere pledoient en l'assise de Clermont par devant nous pour leur parties et proposa l'uns en tel maniere[ad] contre l'autre[ae] : « Sire, a un jour qui passa nous fismes convenances de nos parties et furent les convenances escrites et seelees du scel de la baillie a la requeste de nous,

a) *ABGHJKM omettent* qu'ele; *C* que il. — b) *BEF* celer jurt qu'ele. — c) *A omet* qu'ele aportera; *C* raporteront sans r. reten. ni celer; *GHJKM* celer l'aport. — d) *ABCGHJK omettent* tout; *M omet* il convient ... aportera tout. — e) *E* j. ou c. — f) *CE omettent* riens. — g) *E* e. en det. — h) *F* qui est. — i) *C* fu chelé; *E* qui est fors chelé. — j) *F* il detint. — k) *HJK* il cuida c. — l) *EF* c. dechevoir. — m) *GHJK* et s'en (*JK* si en) dem. — n) *C* dem. trop mal. — o) *G* pour le raison du mauv. — p) *G* serem. dont il. — q) *G* et .LX. s. s'il est h. de poosté. — r) *H* de tesmoignier. — s) *EF omettent* a. — t) *C* ent. des rapors aussi qui. — u) *ABEF* apr. le dec. — v-x) *G* de leur. — y) *EF omettent* et des meres. — z) *ABCEF* d'aucun cas. — aa) *AB* il pert; *C omet* il pert. — ab) *GHJK omettent* tel mesfet. — ac) *E* de nos tans; *F* de no t. — ad) *JK omettent* en tel maniere. — ae) *JK* l'autre en disant: Sire.

et furent ces lettres baillies a garder a mon frere pour moi et pour li ; dont je requier que ces letres soient aportees avant et que l'en nous face[a] nos parties tenir selonc la teneur des letres. » A ce respondi l'autres freres : « Certes[b] ces letres n'aporterai je pas[c], car eles furent faussement empetrees et scelees. » Et nous qui tenions la court, quant nous oïsmes qu'il disoit[d] paroles qui touchoient a la court et a la partie, nous li deismes : « Gardés que vous dites! » Et il dist encore de rechief qu'eles estoient faussement empetrees et scelees. Et adonques nous proposames contre li et deismes : « Teus paroles avés[e] dites ; si vous commandons que vous aliés avant ainsi[f] comme vous devés aler en tel cas, se vous connoissiés que vous aiés ainsi dit ; et se vous le niés, nous le metrons en voir[g]. » Et maintenant il ne vout[h] connoistre ne nier : si fu retenus[i] en prison. Et puis la fins fu teus qu'il l'amenda connoissanment et requist que l'en li[j] fist l'amende[k] jugier[l]. L'amende jugiee[m] par le conseil le[n] roi de France et le conseil[o] le[p] conte de Clermont son frere, ele fu jugiee que li cuens en pouoit[q] lever selonc sa volenté[r], et fu sa volentés a .iii[c]. lb. qui en furent levees. Et par cel jugement puet l'en veoir apertement qu'en pluseurs cas hons de poosté puet bien mesfere plus de .lx. s.

916. Encore[s] cil qui garda[t] la forest de Hes[1] pour le conte[u] et uns hons de poosté si contencierent[v] ensemble et

---

a) *G H J K* et qu'eles nous facent. — b) *E omet* certes. — c) *E* n'aporteroit il mie car. — d) *B E F omettent* qu'il disoit. — e) *C* av. vous dites. — f) *B E F* av. si comme. — g) *J K* en vray. — h) *J K* ne le voult. — i) *G* fu detenus. — j) *F* l'en le f. — k) *E F omettent* l'amende. — l) *G H J K* fist jugier l'amende. — m) *C* jugier; *E F* l'am. fu jug. — n) *G J K* cons. du roi. — o) *J K omettent* le conseil. — p) *G J K* du conte. — q) *H J K* en porroit lev. — r) *C* pouoit jugier sel. sa vol. et lever. — s) *E F omettent* encore. — t) *E F* Il avint qu'uns sergans qui wardoit la for. — u) *C* conte entre li et un. — v) *G* s'entretencherent ens.; *H J K* se (*J K* si) tencherent.

---

1. La forêt domaniale de Hez-Froidmont s'étend sur le territoire de la Neuville-en-Hez (voy. p. 446, note 1) et sur celui de Hermes, canton de Noailles, arrondissement de Beauvais. Voy. Eug. de Lépinois, *Recherches sur l'ancien comté de Clermont*, p. 75.

tant monterent les paroles que l'hons de poosté donna une bufe au dit[a] forestier[b] et puis le nous amenda connoissanment; et l'amende fete, il n'en osa atendre jugement, ainçois s'en mist en nostre volenté et nous en levames .xx. lb. Et si creons[c] par le conseil que nous en eumes[d], que, s'ele fust venue dusques a jugement, ele eust esté jugiee a la volenté du conte, car mout fet grant despit a son seigneur qui son serjant li bat.

917. Nous avons parlé en cest chapitre meisme[e] comment cil doivent estre apelé qui sont acusé de cas de crime et ne vienent a court si comme il doivent. Or veons de ceus qui sont pris et emprisonné pour cas de crime, contre lesqueus nus ne se fet partie ne li fes n'est trouvés notoires[f] par quoi l'en les doie justicier, combien selonc nostre coustume l'en les doit tenir emprisonnés. Nous disons que tant de tans comme il ont, quant l'en les apele par coustume, avant qu'il doient estre bani, tant de tans l'en les doit tenir en prison avant qu'il soient delivré du fet par jugement. Et ce entendons nous es apeaus que li gentil homme ont, car il est dit[g] que l'hons de poosté n'est apelés que par .iii. quinzaines en prevosté, et puis a une assise de .xl.[h] jours au meins; et s'il ne vient a cele assise, il doit estre banis. Et li gentius hons[i], aveques les .iii. quinzaines de prevosté, il doit estre apelés a .iii. assises dont chascune contiegne .xl. jours au meins[j]. Or poués donques veoir, quant[k] l'en tient homme emprisonné[l] si comme il est dit dessus[m], soit gentius hons[n] ou hons[o] de poosté, l'en doit crier par .iii. quinzaines en prevosté et après par .iii. assises dont chascune contiegne au meins .xl. jours[p] : « Nous tenons tel homme en prison et pour la soupeçon de tel cas — *et doit*

---

a) *EFG omettent* dit. — b) *HJK* d. au forestier une bufe. — c) *GH* si errions; *JK* si trouvions; *M* si en ouvrasmes. — d) *G* nous avions; *H* nous avienmes; *JK omettent* que nous en eumes. — e) *HJK omettent* meisme. — f) *EF* n'est prouvés par. — g) *C omet* dit. — h) *C* .x. jours. — i) *EF* hons aussint av. — j) *C omet* et s'il ne vient … jours au meins. — k) *F* veoir que on t. — l) *E* h. en prison. — m) *HJK* comme dit est, soit. — n) *H omet* hons. — o) *A omet* hons. — p) *GHJK* .xl. jours au meins.

on dire le cas. — S'il est nus qui li sache que demander, nous sommes apareillié de fere droit. » Et quant tuit cil cri sont fet et nus ne vient avant qui droitement se vueille fere partie, ne li juges de son office ne puet trouver le fet notoire, l'emprisonnés doit estre delivrés par jugement, ne ne l'en puet nus puis la delivrance acuser.

918. Nous tenismes[a] un homme pour soupeçon emprisonné pour la cause d'une occision tant[b] de tans comme il est dit dessus, et fismes crier en la maniere qu'il est dit[c]; et après ce que tuit li cri furent fet et les quarantaines passees, partie se traist avant et l'acusa droitement de cel[d] fet. Et l'emprisonnés mist en sa defense qu'il avoit tant esté[e] tenus[f] en prison et tant de fois l'avoit on crié comme[g] coustume l'aportoit[h], ne en cel tans[i] nus ne s'estoit fet partie contre li, par quoi il requeroit sa delivrance par jugement comme l'en venist trop tart a li acuser. A ce respondi l'acuseres qu'il i[j] venoit assés a tans puis que sa delivrance n'estoit pas encore fete par jugement. Et seur ce se mistrent en droit.

919. Il fu jugié que l'acuseres venoit assés a tans puis qu'il trouvoit cil qu'il acusoit[k] en main de justice avant que delivrance li fust fete par jugement, mes se li jugemens de la delivrance fust fes, l'acuseres venist a tart[l]; mes[m] pour ce qu'il vint[n] avant, li gage furent receu. Et par cel jugement puet on veoir le peril qui puet estre en estre tenus en prison plus que coustume ne porte, et pechié fet li juges qui ne haste le jugement de la delivrance quant[o] il ont[p] tant esté[q] tenu en prison comme il est[r] dit dessus, et il ne[s] trueve le fet notoire ne nului[t] qui se face partie dedens le tans dessus dit.

a) *G H J K* N. tenions un. — b) *G H J K* occis. et le tenismes tant. — c) *G H J K* man. qui est dite. — d) *G H* de tel f.; *J K* de ce f. — e) *H J K* av. esté tant. — f) *C* omet tenus. — g) *G H J K* crié que coust. — h) *E F* coust. [*F* le] portoit. — i) *G H J K* en tel cas nus. — j) *B E F* omettent i. — k) *C* p. qu'il tenoit c. qu'il encusoit. — l) *E F G* ven. trop tart. — m) *B E F* tart et pour. — n) *H* il vinrent. — o) *G* del. comme il. — p) *G H J K* il ha t. e. — q) *A* esté tant t. — r) *A* il a esté dit. — s) *G* dess. ne ne tr. — t) *G H J K* not. ne ami qui se; *M* amis.

920. Li prevos de Clermont proposa encontre[a] .x. hommes qu'il vouloit avoir de chascun une amende de .v. s. pour ce qu'il leur avoit fet commandement qu'il feissent comme[b] bons pleges[c] dedens les nuis d'une dete de laquele il avoient conneu plegerie. A ce respondirent li homme qu'entre aus tous[d] ne devoient qu'une seule amende de .v. s., pour ce que li commandemens qui fu fes a tous fu d'une seule querele ou d'une meisme dete. Et seur ce se mistrent en droit assavoir se[e] chascuns paieroit sa part d'une amende de .v. s. ou se[f] chascuns paieroit une amende[g] de .v. s[h].

921. Il fu jugié que chascuns paieroit .v. s. d'amende. Et par cel jugement puet l'en veoir que nule amende de commandement trespassé ne se fet par partie, et aussi ne fet ele en nul autre cas. Mes bien est voirs, quant l'en fet pes d'aucune querele et aucune amende est escheue par l'errement du plet et les parties s'acordent a fere l'amende d'une main, en tel cas l'une partie doit autant de l'amende comme l'autre[i].

922. Il ne convient pas que semonses soient fetes en tous cas puis que l'en truist celui de qui l'en se veut plaindre en court de seigneur qui a haute[j] justice en sa terre, si comme qui poursuit aucune chose qui li a esté mautolue[k], ou quant on le veut acuser d'aucun vilain[l] cas de crime. Nepourquant entre[m] ces .ii. choses a disference, car s'il est poursuis[n] pour chose qu'il ait en son commandement et l'en li met sus qu'il l'ait emblee ou tolue[o], cil en qui[p] court il en[q] est atains ou arestés en a la connoissance et puet vengier le mesfet, quant il en est atains. Mes s'il est acusés[r] de

a) *E G H J K* pr. contre. — b) *C* feiss. d'une dette comme b. pl. — c) *B E F* bon plege. — d) *B* omet tous. — e) *A* ass. mon se. — f) *A B E F* omettent se. — g) *A B E F* paier. toute l'amende. — h) *H J K* omettent depuis assavoir se chascuns *jusqu'à la fin du paragraphe.* — i) *E* omet ce paragraphe *tout entier.* — j) *E* a toute just. — k) *C* esté tolue; *G* esté mal ostee. — l) *G H J K* omettent vilain. — m) *J K* nep. en ces. — n) *G H J K* est sievis. — o) *C H J K* tolue ou emblee. — p) *A J K* en quel court. — q) *J K* omettent en. — r) *A* omet acusés.

cas de crime sans poursuite de chose qui soit entour li[a] ou en son commandement, l'acusés puet dire a la justice : « Sire, je me ferai bons et loiaus[b] et sui pres que je m'espurge de ce qu'il me met sus en la court de mon seigneur la ou je doi estre justiciés, c'est assavoir du seigneur dessous[c] qui je sui couchans et levans ou du souverain de qui mes sires tient. » Et s'il dit ainsi, il doit estre renvoiés a[d] la court de son seigneur ; et s'il va en sa defense tout simplement[e] sans requerre qu'il soit renvoiés[f] a son seigneur, li sires ne fet nul tort s'il maintient le plet de l'acusacion qui est fete par devant li.

923. L'en doit mout secourre les negligens qui ne sevent pas les coustumes pour ce qu'il n'ont pas repairié es[g] ples ne es[h] jugemens, quant il sont acusé soudainement de ce dont il ne se donnent[i] garde, quant il passent la coustume en aucune chose sans malice. Si comme il avint que Pierres trouva Jehan en court sans ce qu'il li eust fet ajourner, et l'acusa de traïson et dist le cas comment, et l'offroit a prouver par gages[j] s'il le nioit. Et Jehans qui de ce ne se donnoit garde respondi qu'il manderoit de ses amis et de son conseil, et ne fu pas si sages qu'il demandast congié a son seigneur de remuer soi[k] de devant li, ainçois ala a une part du pourpris parler a ses amis qu'il eut mandés et revint pour respondre au claim qui estoit fes contre li avant que li plet fussent failli. Et pour tant qu'il[l] s'estoit partis de devant le juge, Pierres le vout[m] avoir ataint de la traïson qu'il li avoit mise sus ; et fu mis en jugement.

924. Il fu jugié que Jehans ne seroit pas condamnés de si vilain cas pour si petite negligence, mes s'il se fust mis en pure defaute sans revenir en[n] la journee, tout fust il

a) *C* crime sans avoir entour lui nulle chose qui affiere au fet ou. — b) *GHJK* fer. pour bon et pour loiel. — c) *JK* seign. soubz qui. — d) *ABE* renv. en la c. — e) *JK* va tout simplement en sa defense. — f) *F* omet a la court ... qu'il soit renvoiés. — g-h) *GHJK* as. — i) *A* se donoient garde. — j) *C* gages de bataille s'il. — k) *G* soi remuer ; *HJK* li remuer. — l) *AC* tant comme il. — m) *BEF* le (*E* l'en) vouloit av. — n) *BCEF* rev. a la journee.

ainsi[a] qu'il ne fust pas ajournés a respondre contre Pierre seur cel cas, il venist puis a tart a sa defense. Et par cel jugement puet l'en veoir le peril qui est en defaillir quant l'en est acusés de[b] vilain[c] cas, et aussi comme[d] on ne doit pas condamner de si grant chose pour un poi de negligence.

925. Il avient mout souvent que li aucun fortraient les fames d'autrui[e] ou leur filles ou leur nieces ou celes qui sont en leur gardes[f] ou en leur mainburnie[g], et s'en vont atout hors de la contree[h]; et de teles i a qui en portent ou font porter par ceus qui les en menent ce qu'eles pueent avoir et[i] prendre es osteus dont eles se partent. Et quant teus cas avienent et cil en sont poursui qui les en menent[j], l'en doit mout regarder a la maniere du fet et qui mut celi qui la fame en mena[k] a ce fere, — ou l'amours de la persone, ou volentés de fere larrecin, — et pour ce que nous en avons veu mout de ples[l] nous en toucherons d'aucun.

926. Se Pierres en mene la fame[m] de Jehan, ou sa fille[n], ou sa niece, ou cele qui est en sa garde et il n'en porte riens avec la fame fors ce qu'ele a acoustumé a vestir, et Jehans veut acuser Pierre et metre en gages par dire que Pierres li ait[o] mautolue et traitrement[p], cil[q] gage gisent en la reconnoissance[r] de la fame et en sa renomee, car s'ele reconnoist[s] qu'ele s'en ala aveques li de son bon gré sans force fere, il n'i a nus gages[t]; mes s'ele disoit que force li[u] fust[v] fete et disoit la force fete[x] et comment, et que[y] pour paour de mort[z] ele obeï a sa[aa] volenté et, si tost comme[ab] ele peut, ele

---

a) *HJK* fust ce qu'il. — b) *BEF* est ajornez pour. — c) *G* de si vilain. — d) *JK* aussi que on. — e) *H* f. d'aucun; *JK* f. d'aucuns. — f) *CF* l. garde. — g) *ACH* l. mainburnies. — h) *B* omet et s'en ... la contree. — i) *AB* av. ne pr. — j) *AC* en menerent; *G* amenerent; *JK* admainent. — k) *C* qui emmena le fame; *HJK* qui l'emmena. — l) *A* omet de ples. — m) *BEF* m. la fille de. — n) *BEF* ou sa fame. — o) *AC* li a maut. — p) *C* et fortraite traitr. — q) *HJK* traitr. li gage. — r) *HJK* la connissance. — s) *HJK* ele connoist. — t) *BCEFH* nul gage. — u) *AB* f. l'en fust. — v) *C* disoit en quele maniere ele li fu fete; *GHJK* lui eust esté fete. — x) *C* omet et dis. la force fete; *HJK* omettent fete. — y) *BEF* omettent que. — z) *GHJK* omettent de mort. — aa) *E* a fere sa vol. — ab) *HJK* tost qu'ele peut.

se mist hors de son pouoir pour estre a sauveté, adonques i seroient li gage pour la reson du rat. L'en apele rat[a] fame esforcier.

927. Se Pierres en mene la fame qui soit en la garde de Jehan et il fet fardel de l'avoir Jehan et l'en porte aveques la fame, et il est poursuis de Jehan ou d'autrui de par Jehan, Pierres doit estre arestés en quel que[b] justice qu'il soit trouvés. Et se l'en le poursuit de larrecin, la fame ne l'en[c] puet pas escuser puis qu'ele ne puet dire que les choses fussent sieues; mes de son cors le puet ele escuser s'il en est poursuis si comme il est dit dessus[d]. Donques puet estre Pierres justiciés[e] comme lerres pour les biens de Jehan qu'il li[f] embla, non pas pour la fame, puis qu'ele s'en ala aveques li[g] de son bon gré.

928. Or regardons[h], — se Pierres en mene la fame de Jehan et en porte aveques la fame des muebles[i] Jehan[j] autre chose que les robes et les jouaus de la fame, — se Jehans peut poursuir Pierre de larrecin ou se la fame en[k] pourroit Pierre escuser par dire: « Je pris des muebles comme des miens. » Nous disons qu'en cel cas la fame ne puet Pierre escuser du larrecin puis qu'il les aît despendus ou aloués ou vendus comme les siens, car la fame n'a riens en la proprieté des choses son mari, tant comme il vive, pour mauvesement user[l]; car s'ele perdoit par fere mauvès marchié, si le pourroit ses barons rapeler. Nepourquant ele en sa persone, tout soit ce qu'ele en use mauvesement, ne doit pas estre justicie comme larronesse pour la reson de la compaignie et du droit que li mariages donna[m]. Donques puet l'en veoir en cel cas qu'ele en sera delivre et Pierres qui ouvra mauvesement des choses sera justiciés comme lerres.

---

a) *C* dou rat que on apele f. esf. — b) *G* en quelconques just.; *JK* en quelle just. — c) *HJK* ne le puet. — d) *HJK* comme dit est. — e) *HJK* justiciés Pierres. — f) *GHJK* omettent li. — g) *HJK* omettent aveques li. — h) *EF* Or eswardons se; *HJK* Or veons se. — i) *BEF* aveq. li des choses Jeh. — j) *GHJK* muebl. de Jehan. — k) *HJK* omettent en. — l) *GHJK* omettent pour mauvesement user. — m) *A* mar. li douna.

929. En tel maniere se pourroit plaindre fame que force li avroit esté fete qu'ele n'en feroit pas a croire[a], si comme il pourroit avenir que Pierres en avroit menee la fame de[b] Jehan ou cele qui seroit en sa garde, et après Jehans feroit tant qu'il la ravroit[c] par devers li et li feroit par amour ou par prieres[d] ou par menaces qu'ele acuseroit Pierre de force, ou puet estre qu'ele le feroit de sa propre volenté pour cuidier couvrir sa honte pour[e] donner a entendre que ce ne fu par son gré qu'ele en fu menee. Donques se teus acusacions est fete, mout de demandes apartienent a fere a la justice. Premierement, s'ele cria au prendre, et s'ele dit : « Oïl », et ele estoit pres de plenté de gent, ele ne doit pas estre creue s'il n'est seu par aucun que l'en[f] l'oït[g] crier ; et s'ele dit : « Nennil », on li doit demander pour quoi ele ne cria ; s'ele dit : « Pour peril de mort, pour ce qu'il disoit[h] qu'il m'ocirroit se je crioie », ele respont assés quant a cele demande. Après on li[i] doit demander ou il la mena et combien il la tint et quel vie il menoient[j] et se l'en la trueve a men-çonge[k] par si[l] que[l] li contraires soit prouvés, l'en ne la doit pas croire. Après l'en li doit demander s'ele se consenti puis a li de sa bonne volenté sans force, par plevine ou par[m] mariage. S'ele dit : « Oïl », li gage sont hors. Mes s'ele dit : « Il fist tant par force et pour paour de mort que je le plevi », ou « Il amena un[n] prestre en secré[o] lieu[p] qui m'es-pousa et je ne l'osai veer qu'il ne m'ocisist », elle respont assés quant a cele demande. Et s'il semble a la justice qu'ele responde assés as demandes qui li sont fetes[q] et que ce puist bien estre voirs, li gage sont a recevoir. Et s'ele est contraire

---

a) *B omet* li avroit esté … pas a croire. — b) *BEFH omettent* de. — c) *BEFGHJK* qu'il l'aroit. — d) *BEF omettent* ou par prieres. — e) *GHJK* honte et pour. — f) *C* auc. qu'il l'oït. — g) *GHJK* qu'on l'ait oï. — h) *EF* il dist que. — i) *HJK omettent* li. — j) *ABEF* vie il [*AB* li] menoit. — k) *E* a nienche. — l) *ABCEF* par ce que. — m) *C* plev. de mar. — n) *HJK* il me mena a un pr. — o) *GJK* en un secret. — p) *EF* en lieu secré. — q) *HJK omettent* qui li sont fetes.

---

1. *Par si que*, de telle sorte que.

a soi meisme a respondant as demandes, par quoi il apere
qu'ele vueille entrer[a] en faus gages, l'en ne les[b] doit pas re-
cevoir, car au refuser les gages c'est li pourfis des deus
parties, et grant pechié fet la justice qui reçoit gages en
cas ou il ne doivent pas estre, car il metent les parties en
peril de perdre cors et avoir.

930. La forfeture de l'homme et de la fame qui sont en-
semble par mariage[c] n'est pas d'une meisme nature de tant
comme as biens apartient, car se la fame qui est mariee[d]
mesfet tant que ses cors perde la[e] vie[f], li sires, pour son
mesfet, n'en porte pas[g] sa part des muebles, mes[h] les[i] eri-
tages qui sont de par li, soit d'aqueste soit de son eritage,
en portent[j] li seigneur et tuit li autre mueble demeurent
au baron. Mes se li barons mesfet son cors, il pert tous les
muebles aveques les[k] eritages, que nul[l] des muebles ne[m]
demeurent[n] a la fame. Et par ce apert il que tuit li mueble
sont a l'homme le mariage durant, car après la mort de l'un
ou de l'autre partissent li oir aussi bien[o] devers la fame
comme par devers l'homme.

931. Se fame mesfet et puis se destourne si que l'en ne
la puet avoir pour justicier[p] pour le[q] fet, quant ele est banie
par jugement[r] pour ses defautes, li seigneur pueent[s] pren-
dre les aquestes et les eritages qui a sa part apartienent[t],
si comme il est dit dessus, et as muebles et[u] as eritages du
baron[v] il ne doivent touchier. Mes il est tout autrement
quant li barons est banis pour son mesfet et la fame de-
meure sans coupe ; car tout n'i eut ele coupe, ele pert tous

---

a) *GHJK* vueille ouvrer en f. g. — b) *ABEF* ne le doit. — c) *GHJK*
omettent par mariage. — d) *ABCEF* omettent qui est mariee. — e) *BEF*
omettent la. — f) *H* p. l'ame, li s. — g) *C* omet n' et pas. — h) *AC* mueb.
et les. — i) *BEF* mes des erit. — j) *ACJK* emporte. — k) *C* mueb. les
acques et les hiret. — l) *ABCEH* nus. — m) *E* mueb. ne des hiretages ne
ne dem. — n) *AHJK* ne demeure a. — o) *GHJK* part. aussi bien li oir. —
p) *G* av. par justice pour. — q) *HJK* just. du fet. — r) *HJK omettent*
par jugement. — s) *G* seign. puest pr. — t) *G* part apartenoient. — u) *A*
omet et ; *C* muebl. aussi et as ; *GHJK* muebl. ne as. — v) *JK* du mari ;
leur original commun a partout dans la suite remplacé baron (= époux)
par mari ; *je ne relèverai plus cette variante.*

les muebles qu'ele n'en porte riens[a], et encore toutes les levees des eritages qui sont de par li, et les levees de tous ses conquès sont en la main des seigneurs tant comme ses barons vit, fors que[b] leur meson tant[c] seulement en laquele ele doit avoir le couvert pour son cors garantir[d] ; et ainsi comperent eles malement les forfès[e] de leur barons[f] tout soit ce qu'eles n'i aient coupe. Et se li baron muerent bani ou ataint du mesfet, adonques joïssent eles de leur eritages qui muevent[g] de par eles et de leur aquestes et de leur douaires ; et la resons pour quoi eles n'en joïssent pas tant comme leur baron vivent[h] en tel point, c'est pour ce qu'au baron apartienent tuit li mueble et toutes[i] les[j] levees de leur eritages tant comme il vivent, et encore pour ce que[k] se les fames[l] joïssoient[m] des[n] levees, li maufeteur en seroient sousten. Nepourquant pour cause de pitié, se la fame qui est sans coupe demeure[o] en tel point, et ele[p] n'a pas amis qui ne li puissent ou ne li vueillent aministrer[q] son vivre[r], trop grans cruautés seroit que l'en la lessast mourir de faim ou desesperer par povreté qu'ele n'avroit pas aprise[s], et pour ce li seigneur qui tienent ce qui sien fust se ses barons fust mors, li doivent donner soustenance de vivre et de vestir ; et s'il ne le vuelent fere, il en doivent estre contraint par[t] le[u] souverain, car tout soit la coustume si crueus contre eles comme il est dit dessus, nepourquant li rois ou cil qui tienent[v] en baronie i puecent metre remede pour cause de pitié.

932. Entre[x] les autres mesfès de quoi nous avons parlé,

---

a) *HJK omettent* qu'ele n'en porte riens. — b) *BEF* fors que en la m. — c) *BEF omettent* tant. — d) *EF* couv. pour soi gar. ; *GHJK* cors garder et garant. — e) *G* le mesfait ; *HJK* les mesfès. — f) *G* lors maris. — g) *GHJK* qui vienent. — h) *G* goïssent point le vivant de leurs barons en t. p. — i) *BEF omettent* toutes. — j) *JK omettent* les. — k) *G omet* se. — l) *HJK* se eles joiss. — m) *ABEFG* joissent des ; *C* fam. issoient des. — n) *GHJK* joiss. de leur lev. — o) *ACGHJKM* coupe et demeure. — p) *GHJKM omettent* ele. — q) *GHJK* vueill. aidier a amin. — r) *G* am. sa vie. — s) *G* apris ; *HJK omettent* qu'ele n'avroit pas aprise. — t) *G* contr. de par. — u) *HJK* par leur souv. — v) *EF* chiex qui tient. — x) *G* Encore les.

li plus grans après les cas de crime est de metre sus a aucun
par mautalent que l'en a geu a sa fame charnelment, car
c'est la vilenie que nus puist dire de quoi cil a qui ele est
dite se courouce plus ; et par le grant courous qu'il en a
pueent avenir mout de maus a celui qui le dist. Et si comme
nous avons entendu des anciens, il avint au tans le bon roi
Phelippe [1] qu'uns hons [a] dist a autre par mautalent : « Vous
estes cous et de moi meisme. » Et cil a qui teus vilenie fu
dite cheï [b] tantost en si grant ire qu'il sacha son [c] coutel et
ocist celui qui la vilenie li eut dite ; et quant il eut celui
ocis, il se mist en la prison le roi Phelippe et reconnut le
fet ; et dist qu'il l'avoit [d] ocis comme [e] son anemi, car il di-
soit qu'il le connoissoit [f] a son anemi en tant comme il [g] li
reprouvoit qu'il li avoit fet si grant honte, et bien en re-
queroit a avoir [h] droit. Et seur ce il fu delivrés par jugement
par le roi [i] Phelippe et par son conseil [j]. Et comme teus cas
ne soit pas puis avenus que nous sachons, nous creons que
s'il avenoit, que cil qui l'ociroit en tel cas n'en perdroit ne
cors ne avoir.

933. Comment que nous soions en doute du cas [k] dessus
dit [l] pour ce qu'il n'est pas avenus en nostre tans, nous som-
mes certains d'autres cas qui sont avenu en no tans [m] pour
teus mesfès. Car il est clere chose que se uns hons defent a
un autre par devant justice ou par devant bonnes gens qu'il
ne voist plus entour sa fame ne en son ostel pour li pour-
chacier tel honte, et il, après la defense, le trueve en fet pre-
sent gisant a sa fame, s'il ocist l'homme et la fame, ou l'un
par [n] soi, il n'en pert ne cors ne avoir. Et en tel cas nous

a) *AJK omettent* hons. — b) *C* dite tele i chei. — c) *GHJK* sac. un
cout. — d) *G omet* l'. — e) *G omet* comme. — f) *ABCEF* qu'il le re-
connoissoit. — g) *GHJK* tant qu'il li. — h) *C* req. a rechevoir droit ; *EF*
req. droit a avoir ; *GHJK omettent* a avoir. — i) *E* par le jug. le roi ; *HJK*
le bon roi. — j) *C* droit. Et dessus che la court du conseil juga par juge-
ment que il en seroit de cheste choze quites et delivres. Et comme. — k) *C* .
du fet. — l) *C omet* dessus dit. — m) *E omet* en no tans. — n) *B* l'un en
par ; *C* l'un tout par ; *HJK* l'un a par.

1. Philippe-Auguste.

les avons veus delivrer par jugement .iii. fois en l'ostel le
roi avant que nous feissions cest livre.

934. Pour ce que c'est mout fors chose de trouver gisans
charnelment deus persones ensemble après la defense dessus
dite, pour ce puet estre qu'il s'enferment[a] en tel lieu que
l'en ne puet venir a aus sans fere noise pour les uis[b] qu'il
convient brisier[c] ou pour autre reson, par quoi il s'aper-
çoivent qu'il sont guetié, dont il se traient l'uns en sus de
l'autre, ce ne les escuse pas quant il sont trouvé seul a seul
en lieu privé, si comme s'il sont trouvé vestant ou chauçant
du lit ou il estoient couchié. Mes nepourquant puis qu'il
ne[d] sont trouvé en fet present, il convient que les pre-
sompcions soient mout apertes, ou cil seroit trainés et pen-
dus qui les metroit a mort. Et aussi comme nous avons dit
que cil ne perdent[e] ne cors ne avoir qui truevent le fet
d'avoutire present de leur fames après la defense dessus
dite, ainsi l'entendons nous de ceus qui vont en autrui me-
son seur la defense du seigneur pour sa fille ou pour sa
suer ou pour sa niece, fors en tant que, s'il ocioit ou sa fille
ou sa suer ou sa niece[f], aveques l'homme, tout la trouvast
il en fet present, il n'en[g] seroit pas escusés aussi[h] comme
de[i] sa fame, ainçois seroit pendus et trainés[j]; car la fille qui
fet fornicacion contre la defense son pere, ou sa suer ou sa
niece n'a pas mort deservie, mes ce a bien[k] fame[l] mariee
quant ses maris en veut prendre venjance en la maniere des-
sus dite. Mes bien se gart li maris qui tel venjance veut
prendre de sa fame qu'il ne lesse passer le fet present, car
s'il l'ocioit après ce qu'il s'en seroient parti, l'hons[m] ou
la fame[n], et offrist a prouver qu'il avroient esté trouvé
ensemble puis sa defense, ce ne li vauroit riens qu'il ne

a) *G H J K* s'enf. ensemble en. — b) *G H J K* pour l'uis qu'il. — c) *H J K*
l'uis qu'on brise. — d) *C omet* ne. — e) *G* ne perdroit ne; *H J K* ne per-
droient ne. — f) *G H J K M omettent* fors en tant ... ou sa niece. — g)
G H J K il ne ser. — h) *G* pas ainsi excusés comme. — i) *G H J K* comme il
seroit de sa. — j) *J K* trainés et pendus. — k) *G H omettent* bien. — l) *J K*
mes sa fame mar. — m) *H J K* ou l'hons. — n) *H J K omettent* ou la fame.

fust trainés et pendus puis qu'il avroit lessié passer le fet
present[a].

935. Aucunes gens cuident que cil qui sont pris en pre-
sent mesfet, emblant connins ou autres grosses bestes sau-
vages[b] en autrui garenne ancienne[c], ne soient pas pendable,
mais si sont quant il sont pris par nuit, car il apert bien
qu'il i vont par courage[d] d'embler. Mes s'il i vont par jour,
si comme jolivetés mene[e] les[f] aucuns a folie fere, il s'en
passent par amende d'argent : c'est assavoir li gentius hons
par .lx. lb.[g] et l'hons de poosté par[h] .lx. s.[i]. Et autel
comme nous avons dit des garennes, disons nous des pois-
sons qui sont es enclos et es[j] viviers. Et par ce puet on
veoir qu'il sont mout de cas qui sont tenu pour larrecin
quant il sont fet de[k] nuit, qui ne le[l] seroient pas se li fet[m]
estoient fet de jour ; et pour ce que li un des larrecins sont
couvert[n] et li autre sont apert[o], nous desclerrons ou cha-
pitre après cestui plus pleinement des larrecins que nous
n'avons fet, et en ferons[p] propre chapitre[q].

936. Nous avons parlé en cest chapitre de mout de mes-
fès et de[r] la venjance qui i apartient[s]. Nepourquant nous
n'avons pas parlé de tous, ainçois sont li mesfet de quoi nous
n'avons pas ici[t] parlé[u] es[v] autres chapitres de cest livre
selonc ce qu'il[x] parole[y] des cas ; que[1] poi s'en faut, toutes

---

a) *HJK omettent* puis qu'il avroit ... le fet present. — b) *G* bestes sau-
vages grosses. — c) *EF omettent* ancienne ; *HJK* autr. garennes anciennes.
— d) *JK* par courable d'embl. — e) *C* comme les jolivetés mainent. — f)
BCEF omettent les. — g) *G* assav. par amende de .lx. lb. s'il est gentil
hons ; *HJK* assav. .lx. lb. li gentix hons. — h) *G* par amende de .lx. —
i) *HJK* et .lx. s. li hons de poosté. — j) *BF* sont en clos et en viv. ; *EG*
sont enclos es viv. ; *HJK* dis. nous des enclos qui sont lau il a poissons et es
viv. — k) *EGHJK* fet par nuit. — l) *HJK omettent* le. — m) *EGHJK*
pas s'il est. — n) *GHJK* sont en couvert. — o) *E* sont descouvert ; *GHJK*
sont en apert. — p) *G* en feray. — q) *C* un pr. chap. ; *HJK omettent* et en
fer. pr. chapitre. — r) *HJK omettent* de. — s) *GHJK* y allient. — t) *AB*
pas ci parlé ; *EFHJK omettent* ici. — u) *H* parlé cci. — v) *JK* parlé es-
crips es aut. — x) *CG* ce qui par. — y) *EFHJK* parolent.

---

1. *Que* = car.

choses qui vienent en plet sont pour le mesfet de l'une des parties, si que tous nostres livres est fondés seur la venjance des mesfès, car se nus[a] ne mesfesoit li uns a[b] l'autre nus ples ne seroit[c].

Ci fine li chapitre de pluseurs mesfès et de la venjance qui i apartient.

a) *C* se li uns. — b) *H omet* a. — c) *G* ne seroit ne jamais ne seroit mestier de plaidier. — Explic.) *A* Ici fine; *C* Chi define; chap. des mesf.: *il omet* et de la ... i apartient; *F* chap. qui parole de; *G H J* Explicit; *K* n'a pas d'explicit.

XXXI.

Ci commence li .xxxi. chapitres de cest livre liqueus parole
des larrecins qui sont cler et apert, et de ceus qui sont en
doute et de ceus qui se pruevent par presompcions.

937. Pluseurs manieres de larrecins sont, car li un sont
apert et se pruevent d'aus meismes, et li autre ne sont pas
si apert et nepourquant il se pruevent par presompcions[a]
et par renomee, et li autre sont en doute a savoir se c'est
larrecins ou non. Si traiterons en ceste partie des[b] .iii. ma-
nieres de larrecins et dirons premierement que[c] est lar-
recins[d].

938. Larrecins est prendre l'autrui[e] chose en[f] non seu
de celui qui ele est, par courage de tourner loi en son pour-
fit et ou damage de celui qui ele fu.

939. Li apers larrecins est cil qui est trouvés saisis et
vestus de la chose emblee, tout soit ce que l'en ne le[g] vit
pas embler, car pour ce l'apele[h] l'en larrecin[i] que li lerres
espie l'eure et le point que nus ne le voie, ne plus apers
larrecins ne puet estre que cil qui est trouvés saisis et vestus
de la chose emblee, ne il n'i a point de disference se l'en

Rubr.) *A* Ici comm.; *BEFHJK omettent* de cest livre; *C* des larrec.
apers et de ceus; doute et comment larrechins se preuve; *il omet* par pre-
sompcions; *EFHJK* ch. qui par.; *FHJK omettent* et de ceus qui sont en
doute. — a) *EF omettent* par presompcions. — b) *GHJK* part. de .iii. —
c) *E* prem. qui est; *GHJK* prem. quelle chose est. — d) *C* omet et dirons
... est larrecins. — e) *ABEF omettent* l'. — f) *C* ch. et non; *EF* ch. a
tort en (*E* et a) non; *G* ch. au non; *H* ch. el non; *JK* ch. ou non. — g)
A B omettent le. — h) *C omet* l'. — i) *EF* ce est il apelés larrecins.

trueve la chose emblee seur li ou se l'en li voit jeter hors
d'entour soi quant l'en le suit pour prendre, car autant vaut
se l'en li voit jeter ou cheoir d'entour soi comme s'il estoit
pris atout.

940. Aucun larron sont qui, par malice, la chose qu'il
ont emblee baillent a garder[a] a autrui[b] pour ce que, se li
larrecins est suis, qu'il ne soient pas[c] trouvé saisi et vestu[d],
et qu'il se puissent destourner se l'on prent[e] celi qui n'i a
coupes et nie[f] le fet. Quant[g] teus cas avient, se[h] cil qui est
pris atout le larrecin puet trouver son garant qui li bailla,
il est delivres ; et s'il ne puet[i], si comme s'il s'en est fuis
ou s'il est en lieu ou il[j] ne puist estre justiciés, bonne re-
nomee puet bien aidier a celi qui est pris a toute la chose
emblee[k] et pluseurs demandes li doit[l] on fere, car s'il a
coupes en la chose, par diverses demandes pourra estre
atains du fet[m]. Et si li puet avoir loiaus espurge[n] grant[o]
mestier, si comme s'il dit le lieu la[p] ou il estoit quant li lar-
recins fu fes et le prueve, et l'en voit que ce fu en tel lieu
qu'il ne peust pas fere le larrecin ; et se cil se tret avant
qu'il tret a garant et li nie qu'il ne li bailla pas, gage en
pueent nestre ; et si l'avons veu debatre et nepourquant li
gage furent jugié. Mes ce doit estre gardé entre per-
sones soupeçoneuses, car se uns hons de mauvese renomee
acusoit un homme[q] de bonne renomee de tel cas, il ne de-
vroit pas estre oïs[r] pour ce que nus lerres pris[s] saisis et
vestus[t] n'est qui ne mist volentiers son fet seur autrui pour

---

a) *B* baill. en garde; *EF* baillent en warde le coze qu'il ont emblee a
aut. — b) *GHJK* baill. a autrui a garder. — c) *GHJK omettent* pas. — d)
BEF trouvez seur aus et qu'il. — e) *HJK* on en prent. — f) *BEF* et nient
le; *C* et nier le; *JK* et qu'ilz nyent le. — g) *BEF* Et quant. — h) *C* av.
et se. — i) *C omet* et s'il ne puet. — j) *C* lieu qui ne; *GHJK* lieu qu'il
ne. — k) *GHJK* pris atout le larrecin et plus. — l) *JK* li peut on. — m)
AB fet s'il i a coupes et si. — n) *BCEF* loiaus espurgemens; *C* espurg.
dou fet il est molt gr. mest. — o) *BEF omettent* grant. — p) *BCHJK
omettent* la. — q) *A* une personne de; *B omet* homme. — r) *G* ouis ne
creus pour. — s) *GHJK omettent* pris. — t) *G* vest. pris n'est.

eschaper de son mesfet; et pour ce doit on[a] mout regarder en teus[b] cas entre queus persones teus acusemens gist.

941. Li larrecins qui n'est pas apers mes toutes voies il se prueve par presompcions, si est de ceus qui sont pris par nuit en autrui meson[c] par force[d] ou a cri ou a hu, par souclaves[e], ou par eschieles ou par fenestres[f], ou par fosses[g] fere, avant qu'il aient fet le larrecin; et par ceus meismes qui sont pris[h] saisi et vestu qui sont de la[i] compaignie a ceus qui vont de nuit. Et teus manieres de larrecins se pruevent par mauvese renomee ou par menaces, si comme s'il menacierent celui en qui meson il furent trouvé estre eure[j][1] a fere damage.

942. Li larrecin qui sont en doute si sont cil dont l'en n'est pas pris seur le fet ne aveques ceus qui furent pris[k] saisi et vestu, mes li larrecins est trouvés en leur lieu : si comme quant aucuns a perdu et il fet garder par la justice par les[l] mesons des voisins se l'en trouvera la chose emblee et on la trueve en la meson d'aucun. En teus larrecins a grant doute, car il puet estre que li sires de la meson ne l'embla pas, mes aucuns de sa mesnie ou aucuns de ses voisins et mist le[m] larrecin par haine ou pour soi escuser du mesfet. Et pour ce, quant tel[n] larrecin sont fet[o], la justice doit prendre tous les soupeçoneus et fere mout de demandes pour savoir s'il[p] pourra fere[q] cler ce qui est orbe; et bien les doit en[r] longue prison et destroite[s] tenir[t], et tous ceus qu'il[u] avra soupeçoneus par mauvese renomee. Et s'il[v] ne

a) *C* ce dit on que on doit m. reg. — b) *CHJK* en tel cas. — c) *GHJK* mesons. — d) *EF* p. nuit par forche en autrui maison. — e) *EF* sousclez. — f) *C* omet ou par fenestres. — g) *G* p. forche fere. — h) *E* omet qui sont pris. — i) *GHJK* de leur comp. — j) *C* outre œvre. — k) *HJK* omettent seur le fet ... qui furent pris. — l) *BEF* just. es mes. — m) *A* mist la le. n) *EF* omettent tel. — o) *EF* fet itel. — p) *JK* si elle. — q) *F* omet fere. — r) *ABEF* doit on en. — s) *A* et estroite. — t) *C* doit tenir en longue prison et estroite et t. c.; *EF* tenir longuement en destroite prison et t. c.; *GHJK* prison tenir et destroite et t. c. — u) *JK* que elle a. — v) *JK* se elle.

1. *Estre eure* (*extra horam*), passé l'heure, après le couvre-feu.

puet en nule maniere savoir la verité du fet, il[a] les doit de-
livrer se nus ne vient avant qui partie s'en vueille fere d'aus
acuser droitement du larrecin.

943. Cil qui reçoite[b] la[c] chose emblee a escient et set
qu'ele fu emblee, et cil qui la pourchace a embler, et cil
par quel[d] conseil ele est[e] emblee et par quel consentement,
et cil qui partist a la chose emblee tout ne fust il pas au
larrecin fere, tuit cil sont coupable du larrecin[f] aussi bien
comme s'il i eussent esté et doivent estre justicié pour le fet
quant il en sont ataint.

944. Cil est bien atains de receter larrecin contre qui il
est prouvé qu'il prist louier de[g] garder a autrui ce qu'il sa-
voit[h] qui estoit emblé a autrui persone qu'a celi qui li bailla,
ou qu'il acheta[i] a mendre pris la moitié qu'ele ne valoit et
bien savoit que la chose[j] estoit a autrui qu'a celi qui la
vendoit; et pour ce doit il estre punis du fet.

945. Il est resons[k] que cil soit coupables du larrecin qui
en a fet fuir les bestes d'aucun[l] en tel lieu que[m] ses com-
pains les puist embler ou qui donne lieu au[n] larrecin fere :
si comme se aucuns[o] de ma mesnie euvre l'uis as larrons[p],
ou se aucuns est establis a garder mes biens quel qu'il soient
et il fet lieu a escient[q] as larrons pour embler les. Et de
ceste maniere de larrecin a l'en trouvé pluseurs serjans qui
estoient establi a garder bois ou viviers ou garennes, et sou-
froient[r] a escient que larron i[s] fesoient damage par louier[t]
ou pour partir a aus au larrecin; et tous manieres de ser-
jans doivent estre plus haut pendu qu'autres larrons[u] pour ce
que l'en se fioit en aus de la garde qu'il avoient promise[v].

---

a) *JK* elle. — b) *F* qui rechoit; *GHJK* qui tient. — c) *F* omet la. — d)
HJK par qui cons. — e) *AEG* ele fu emb. — f) *A* du fet; *C* coupables qui
rechoivent larrechin aussi. — g) *CGHJK* l. du gard. — h) *GHJK* sav. bien
qui. — i) *BEF* il l'acheta. — j) *GHJK* sav. qu'ele est. — k) *CJK* est bien
res. — l) *ABEF* d'auc. a escient en. — m) *BEF* lieu ou ses. — n) *E* lieu
a li autre pour larrec. — o) *AHJK* omettent se; *C* comme quant auc. —
p) *E* mesnie donne lieu au larron. — q) *BEF* omettent a escient. — r)
GHJK et savoient a esc. — s) *GHJK* que li larron en fes. — t) *GHJ* par le
nier; *K* par le vyer, vyer *biffé et remplacé dans l'interligne par* mener.
— u) *H* autre larron. — v) *A* promise a fere.

946. Cil est fors lerres qui vent cuivre pour or, ou estain pour argent, ou pierre de voirre pour pierre precieuse, car se teus maniere de larrecin pouoit courre sans estre justiciés comme lerres[a], mout de gens pourroient estre deceu par ceus qui cuvrent d'or et d'argent et par autres. Et pour ce cil qui vent teus choses doit dire la verité de la chose qu'il vent, et[b] de quel metal ou de quel matere ele est[c]. Et s'il en est trouvés[d] a[e] mençonge, il doit estre justiciés comme lerres, et pour ce dit on : « Marcheans[f] ou lerres[1]. »

947. Aucun larron sont qui n'osent fere le[g] larrecin ne fere fere[h] par persones soupeçoneuses, mes il le[i] font fere par les fius ou par les filles des preudommes a leur peres ou a leur meres pour ce que, s'il sont perceu[j], li pere et les meres[k] s'en tesent pour la honte de leur enfans couvrir ; et s'il ne s'en vuelent tere, que toutes voies il soient escusé[l] pour ce qu'il sont sousaagié et en la poosté de leur peres et de leur meres. Mes ce ne vaut riens a ceus qui ce leur font fere, car tout en soient li enfant[m] delivre, li receteur et cil par qui il le font doivent estre justicié pour le mesfet.

948. Ne se fie nus de fere si[n] vilaine chose[o] comme de[p] larrecin pour lignage ne pour autre chose, car cil qui sont en aage de .xv. ans ou de plus, s'il emblent[q] soit a[r] pere ou[s] a mere[t] ou[u] a autres[v], il ont deservi a estre justicié comme larron, tout soit ce que li aucun en ont[x] esté deporté pour l'amour des peres et[y] des meres. Nepourquant en tel

---

a) *EF* courre sans faire justiche mout de. — b) *AC* omettent et. — c) *C* mat. est la chose ; *GHJK* met. et le matere de quoy la chose (*HJK* ele) est. — d) *C* omet trouvés. — e) *A* trouv. atains a menç. ; *G* trouv. en menç. — f) *BC* d. on ou marcheant. — g) *A* omet le. — h) *EF* os. fere ne fere fere larrecin. — i) *J* il les font. — j) *CJK* sont apercheuz. — k) *ABH* la mere. — l) *B* soient acusé. — m) *JK* car ja soit ce que les enfans en soient del. — n) *C* fere nule vil. — o) *EF* si vilain cas. — p) *JK* omettent de. — q) *CGHJK* omettent s'il emblent. — r) *EF* s au p. — s) *G* p. soit a. m. — t) *E* a le mere. — u) *C* a mere se il emblent ou a aut. — v) *GHJK* autre. — x) *EGHJK* en aient esté. — y) *HJK* per. ou des.

---

1. Ce proverbe est encore dans le *Dictionnaire* de l'Académie sous cette forme : « Il faut être marchand ou larron. »

cas puet[a] avoir lieu[b] misericorde[c] : si comme se li peres ou
la mere sont riche et, par mauvestié ou par angoisse, sans
le mesfet[d] des enfans, il ne leur vuelent donner leur soustenance et li enfant, pour leur vivre, prenent du[e] leur pere
ou[f] du[g] leur mere[h 1], en cel[i] cas en doit on avoir pitié s'il
n'en porterent partie soufisant[j] quant il se partirent de leur
mainburnie, car s'il avoient le leur folement aloué, il n'ont
pas a recouvrer[k] a leur peres ne a leur meres sans leur volenté.

949. Aucune fois avient il qu'aucuns prent la chose de[l]
son parent ou de[m] son voisin ou de son ami, sans son seu et
en derriere de lui, — si comme il avenroit que j'iroie en la
meson d'un mien ami pour emprunter son cheval et je trouveroie le cheval en l'estable et non pas le seigneur, et je,
par la fiance que j'avroie en li, en menroie le cheval et cil
qui li chevaus seroit s'en courouceroit[n] quant il le savroit et
me vourroit suir de larrecin, si comme il avient que l'en
cuide tel son[o] ami qui ne l'est pas[p], — se teus cas avient,
l'en doit mout regarder s'il avoit entre nous deus semblant
d'amour ou compaignie, si comme s'il me presenta onques
l'aide de lui ne de ses choses, et par quel reson je me fioie
tant en li, et se l'en i[q] voit[r] familiarité, il ne doit pas estre
oïs de la poursuite du larrecin contre moi, pour ce que l'en
doit croire que je ne pris pas la chose par courage de larrecin. Nepourquant pour soi oster de toute soupeçon[s], il est
bon que cil qui prenent le prengnent[t] a la veue ou a la seue[u]

a) *C* puet on av. ; *E* cas en doibt on av. — b) *B C E omettent* lieu. — c)
A lieu de miser. — d) *B E F* le fait des. — e) *G* pr. de lor p. — f) *A B H J K*
p. et. — g) *H J K* de lor m. — h) *E F omettent* ou du leur mere. — i)
G H J K en tous cas. — j) *C E* part. soufissanment ; *G H J K* parties soufissans.
— k) *G H* pas a retourner ne a recouvr. ; *J K* pas a restourner a leur p. —
l-m) *B E F omettent* de. — n) *G H* s'en courouçoit. — o) *B* tel soit son a. ;
H tel a son a. — p) *E* ami qui est son anemi, se. — q) *H J K omettent* i.
— r) *G* i perchoit fam. — s) *C* de toutes soupechons. — t) *B E F omettent*
le prengnent ; *C* que chaus qui les chozes prennent le fachent a la ; *G H J K*
qui le prent le prengne a la. — u) *C H J K* a la seue ou a la veue.

1. *Du leur pere ou du leur mere*, du bien de leur père ou du bien de
leur mère.

de sa[a] mesnie ou de ses[b] voisins. Et comment qu'ele soit prise, se cil veut qui la chose est, il puet ravoir sa chose et en puet celi trere en damage de l'amende d'autrui chose prise sans son congié, laquele amende est[c] de .LX. s., car ele puet estre tournee a nouvele dessaisine. Et pour ce se[d] doit on bien garder en qui l'en se fie tant que l'en prengne sans son congié sa chose.

950. Chascuns puet poursuir le larron, qui est saisis et vestus soit de sa chose soit de l'autrui, soit en sa justice soit en l'autrui[e], et arester loi et prendre en quel que[f] lieu qu'il le truist[g] hors de lieu saint et baillier loi a la justice du lieu, car c'est li communs pourfis que[h] chascuns soit serjans[i] et ait pouoir de prendre et d'arester les maufeteurs, ne la justice en[j] qui terre[k] la prise est fete n'en empire pas, ainçois en esclarcist, car a lui en apartient la justice et l'execucions du mesfet. Mes autrement est de ceus qui ne sont pas saisi ne vestu, car se aucuns le veut acuser de larrecin il le doit acuser par devant le seigneur dessous qui il est couchans et levans, s'il a arestance ; car, s'il n'a point de certain lieu la[l] ou il demeure, si comme mout de gent qui n'ont point d'arestance, cil en qui justice il est arestés pour li suir de vilain cas en doit avoir la connoissance.

951. Nus ne puet autrui suir[m] de larrecin se la chose ne li a esté emblee ou s'il n'a damage[n] en ce qu'autres la[o] perdi, ou s'il n'est pris saisis du larrecin si comme il est dit dessus[p]. Il a bien damage se la chose emblee[q] li estoit prestee, par quoi il la puet suir, car s'il ne queroit[r] qu'il la reust[s] il convenroit qu'il restorast le damage a celi qui li presta[t].

---

a) *A B C* de la mesn. ; *E* des mesn. — b) *A B C* ou des vois. — c) *B E F* cong. et est l'amende de. — d) *B E F omettent* se. — e) *A B omettent* l'. — f) *G* en quelconque lieu. — g) *E F* le puisse trouver hors. — h) *A omet* que. — i) *E* soit en grans et a. — j) *A* just. a celui en. — k) *E* just. en le quele le pr. ; *F omet* terre; *G M* en quel terre le pr. — l) *B C E F omettent* la. — m) *A* suir autrui. — n) *B E F* n'a eu damage. — o) *B E F omettent* la. — p) *H J K* comme dit est. — q) *A omet* emblee. — r) *B* ne creoit que; *J K* ne requeroit que. — s) *A B C E* il l'eust, il. — t) *G H J K* li aroit presté.

Et si i[a] a bien damage[b] s'il est oirs de celi qui la chose perdi, car[c] ele li puet venir ; et si i[d] a bien damage se la chose li estoit baillie a garder et il ne perdi fors ce qu'il avoit en garde, car il est tenus a rendre la[e] a celi qui en garde li bailla, puis qu'il ne[f] perdi riens du sien ; et pour ce puet il suir le larron en tous teus cas. Mes se cil qui la chose li presta ou bailla en garde veut poursuir le larron de la chose qu'il bailla en la main d'autrui, fere le puet; et si tost comme il le poursuit du larrecin, cil a qui la chose fu baillie en garde ou prestee est delivres, car il ne puet pas l'un poursuir de chose prestee ou baillie en garde et l'autre de larrecin d'une meisme chose. Ainçois se doit tenir au commencement au quel il[g] li plera[h] : ou[i] poursuir celui[j] a qui la chose fu prestee ou[k] baillie[l], ou celui[m] qui a celi qui[n] ele[o] fu baillie l'embla[p].

952. Se une chose est louee a aucun et ele est emblee, la poursuite en apartient a celi qui la loua, car il est tenus a rendre la chose qui li fu louee o[q] tout le louage qui fu convenanciés. Nepourquant s'il ne l'a[r] de quoi rendre, cil qui la chose li loua la puet poursuir ou qu'ele[s] soit alee, soit par larrecin ou en autre maniere, car chascuns a lieu de demander ce qui doit estre sien a celui qui le tient ; et cil qui le tient, s'il l'a d'autrui main que de celui qui le[t] chalenge, quiere son garant ; et comment il le doit querre il est dit ou chapitre qui parole[u] de porter[v] garantise[x] [1].

---

a) *A B C F omettent* i. — b) *E omet* a celi qui ... a bien damage. — c) *B E F* perdi quant ele. — d) *A B C E F omettent* i. — e) *J K omettent* la. — f) *H J K* qu'il le perdi. — g) *A B F* quel qui li; *C* que il li; *E* qu'il li. — h) *C* li plet. — i) *G H* plera au (*H* a) poursievir; *J K omettent* ou. — j) *G* pours. ou a celui. — k) *C G H J K omettent* prestee ou. — l) *B E F* cel. qui il bailla ou; *G* baillie ou prestee ou. — m) *G* ou a celui. — n) *C omet* qui. — o) *C* la choze. — p) *B E F G* ou celui qui la chose embla. — q) *A G* louee ou tout; *C E F* atout; *J K* avec. — r) *B omet* l'. — s) *H J K* ou que le coze soit. — t) *B* qui la chal.; *E* qui li chal. — u) *H J K omettent* qui parole. — v) *A omet* porter; *E F* par. comment on doit porter. — x) *G H J K* garantie.

---

1. Ch. xliii.

953. Se aucuns tient un larron en prison ou il l'en mene[a] pris et on li brise sa prison, ou l'en li resqueut a force par quoi li lerres eschape, cil qui la prison brisierent ou qui la rescousse firent doivent estre pendu, car il tolirent droite justice a fere ; et aussi entendons nous des rescousses et des prisons qui sont brisiees pour ceus sauver de mort qui par droit ont mort deservie, et aussi de ceus qui abatent les fourches et qui despendent les pendus.

Ci fine li chapitres des larrecins.

a) *BJK* l'amaine; *C* le mainne. — Explic.) *A* Ici fine; *C* Chi define; larrec. apers; *GHJ* Explicit; *K* n'a pas d'explicit.

XXXII.

*Ci commence li .xxxii. chapitres de cest livre liqueus parole
de nouvele dessaisine et de force et de nouvel trouble,
comment l'en en doit ouvrer ; et de l'obeïssance que l'ostes
doit a son seigneur.*

954. Après ce que nous avons parlé de pluseurs mesfès
et[a] des[b] cas de crime et d'autres et de la venjance qui
apartient a chascun mesfet, il est bon que nous parlons en
cest chapitre ci après[c] d'autres manieres de mesfès seur les-
queus li rois a establi nouvele voie de justicier[d] et nouvele
venjance contre ceus qui les font. Et cil mesfet de quoi nous
voulons traitier[e] sont devisé en .iii. manieres, c'est a savoir
force, nouvele dessaisine et nouvel tourble. Si desclerrons
queus chose est force et queus chose est nouvele dessaisine
et queus chose est nouveaus tourbles, et comment l'en se
doit plaindre de ces .iii. choses ou de chascune a[f] par soi,
quant l'en en[g] a mestier ; et si dirons comment cil qui tie-
nent[h] le lieu le[i] conte en doivent[j] ouvrer selonc l'establis-
sement le roi[1].

Rubr.) *A* Ici comm. ; *A B E F H* omettent et de l'obeissance ... a son sei-
gneur ; *B E F G H J K M* omettent de cest livre ; *E F G H J K M* ch. qui par. ; *F*
omet de nouvele ; *H* omet nouvele. — a) *A* omet et. — b) *B E F* et de cas.
— c) *C* omet après ; *H J K* omettent ici après. — d) *E* de justiche ; *G* nou-
velles voies de justiches. — e) *G H J K* nous avons traitié sont. — f) *A B*
omettent a. — g) *A B* omettent en. — h) *A G* qui tient le. — i) *A G H J K*
lieu du conte. — j) *A G H* en doit ouvrer.

---

1. Il ne semble pas, malgré ce qu'en dit Beaumanoir, qu'il y ait eu une
ordonnance royale à ce sujet. Cf. Glasson, *Hist. du droit et des institutions*

955. Nouvele dessaisine si est se aucuns en porte la chose de laquele j'avrai[a] esté en saisine an et jour pesiblement.

956. Pour ce, se je tieng la chose ou vueil esploitier de laquele j'avrai esté an et jour en saisine pesiblement, et on la m'oste de ma main ou de la main[b] a mon commandement, ou l'en me veut oster la[c] chose a grant plenté de gent ou a armes, si que je n'i ose estre pour paour de mort, en tel cas ai je bonne action de moi plaindre de force et[d] de nouvele dessaisine. Vous poués veoir[e] que nule tele force n'est sans nouvele dessaisine, mais nouvele dessaisine est bien[f] sans force, si comme il est dit dessus.

957. Nouveaus tourbles si est se[g] j'ai esté en saisine an et jour d'une chose pesiblement et on se[h] m'empeeche si que je n'en[i] puis pas joïr en autel maniere comme je fesoie devant, tout soit ce que cil qui le m'empeeche n'en port[j] pas la chose. Aussi comme se l'en oste mes vendengeurs ou mes ouvriers d'une vigne ou d'une terre dont j'avrai esté en saisine an et jour, ou en[k] assés d'autres[l] cas semblables, ce sont nouvel tourble et me puis plaindre et ai bonne action de moi plaindre, si que la chose me soit mise arriere en pesible estat.

958. De ces .III. cas de nouvele dessaisine, de force[m] et[n] de nouvel tourble, est il ordené et establi comment on en doit ouvrer par une nouvele constitucion que li rois a fete en la maniere qui ensuit.

959. Se aucuns[o] se plaint d'aucune[p] nouvele dessaisine,

---

a) *B F* laq. j'ai esté; *E* j'aie. — b) *B* omet ou de la main. — c) *G H J K* ost. ma chose. — d) *H J K* force ou de. — e) *G H J K* pou. savoir. — f) *E* dess. et bien est nouv. dessaisine. — g) *B E F* est si comme se. — h) *A B* omettent le. — i) *H* je ne puis. — j) *A G* n'emporte pas. — k) *A B* omettent en. — l) *A* ass. autrex cas; *B* ass. anciens cas; *C* ass. d'autres tiex cas. — m) *B E F* cas de force, de nouv. dessais. et. — n) *A* omet et. — o) *C* Cil de qui on se pl. — p) *C* omet aucune.

·de la France, VII, 281 et 296, P. Viollet, Etablissements de saint Louis, I, 336, et Ad. Tardif, Procédure civile et criminelle, p. 37, note 3.

s'il est gentius hons il doit estre ajournés a quinzaine, et
s'il est hons[a] de poosté il doit estre ajournés[b] d'ui a[c]-demain, et li ajourné doivent venir sans contremander. Adonques doit cil fere son claim en ceste maniere : « Sire, ves ci
Pierre qui m'a dessaisi de nouvel de[d] tel chose, — *et la
doit nommer,* — de laquele j'avoie esté en saisine[e] an et
jour pesiblement[f]. S'il le connoist, je requier a estre resaisis.
S'il le nie, je l'offre a prouver. » Et se la chose li fu ostee a
force, il puet metre la force en son claim aveques la nouvele
dessaisine. Et se l'en ne li fist force ne l'en n'en porta pas la
chose, mes l'en li empeecha si qu'il n'en[g] pouoit[h] user[i] en
la maniere de devant, il doit fere son claim seur nouvel
tourble. Quant[j] li clains est fes, li cuens[k] doit contraindre
la partie a connoistre ou a nier. Mes tant i a de delai que[l],
s'il veut, il avra jour de veue ; et au jour de la veue li cuens
doit envoier, et s'il trueve le lieu dessaisi, il le doit fere re-
saisir tout a plein avant qu'il en oie[m] nules[n] des[o] defenses[p]
au[q] defendeur ; et le lieu resaisi, il doit tenir les choses en
la main le conte et puis connoistre de la nouvele dessaisine
au jour après la veue[r].

960. Se cil qui se deut[s] puet metre en voir par[t] la con-
noissance de son aversaire ou par prueves, s'il li[u] est nié, qu'il
avoit esté en saisine an et jour[v] pesiblement de la chose
dont il est dessaisis, il doit estre resaisis tout a plein et cil
qui le dessaisi le doit amender au conte de .LX. s. Et s'il ne
le puet prouver ou le defenderes met bonnes resons[x] avant

---

a) *HJK omettent* hons. — b) *A E F* l'en le puet ajourner. — c) *B* d'ui
en dem. — d) *C* nouv. et de t. ch. — e) *G* sais. paisiblement an et; *HJK*
sais. pesible an et. — f) *GHJK omettent* pesiblement. — g) *G* il ne. —
h) *E F* puet; *GHJK* n. pot user. — i) *G* us. de sa chose. — j) *EFHJK*
Et quant. — k) *G omet* cuens. — l) *GHJK omettent* que. — m) *AF* il en-
voie. — n) *EFG* nule. — o) *CGHJK omettent* des. — p) *C* defense. —
q) *C* dou def. — r) *BEF* dess. au jour de la v. ; *GHJKM* apres le jour de
v. [*M* se elle y est]. — s) *GHJK* qui dist puet; *M* se plaint. — t) *GHJKM*
voir qu'il avoit esté [*GM* en saizine de la chose] paisiblement an et jour
(*HJKM* an et jor pesiblement) par la conn. — u) *GHJK omettent* li. —
v) *BEF omettent* an et jour. — x) *BEFG* m. bone raison avant.

par quoi il n'i a nule nouvele dessaisine, il chiet en autel amende et dechiet de sa quercle.

961. Quant ples de nouvele dessaisine est faillis, cil qui pert la[a] saisine puet fere rajourner seur la proprieté celi qui en porte la saisine, mes que ce soit dedens l'an et le jour que la saisine li fu bailliee ; et s'il lesse passer l'an et le jour, il a renoncié a la proprieté et ne l'en puet on[b] jamès riens demander.

962. Se chascune[c] partie dit qu'il est en la derraine saisine d'an et de jour pesiblement, prueves doivent estre oïes de chascune partie, et qui mieus prueve il en doit porter la saisine.

963. Mes hons ou cil qui de moi tient ne se puet[d] plaindre de moi de nouvele dessaisine pour chose que je prengne ne ne saisisse en chose qu'il tiegne[e] de moi, car entre seigneur et tenant n'a point de nouvele[f] dessaisine, pour ce que par mout de resons puet li sires prendre et saisir en ce qui est de lui tenu. Donques cil qui se plaint de nouvele dessaisine de son[g] seigneur de qui il tient la chose, il l'amende au conte[h] de .LX. s. et est renvoiés en la court de[i] son seigneur pour prendre droit s'il li[j] veut[k] demander par autre voie que par voie de[l] nouvele dessaisine.

964. Qui se veut plaindre de force, de nouvele dessaisine ou de nouvel tourble, il se[m] doit plaindre avant que l'ans et le jours soit[n] passés puis la dessaisine. Et s'il lest l'an et le jour passer, l'actions qu'il avoit de nouvele dessaisine est anientie et ne puet mes pledier fors seur[o] la proprieté.

965. L'amende de nouvele dessaisine, qui en est atains, est tout autel au gentil homme comme a l'homme[p] de poosté, c'est assavoir de .LX. s.[q]

966. Se[r] la[s] chose de quoi l'en se[t] plaint de nouvele

---

a) *HJK* pert se sais. — b) *HJK omettent* on. — c) *C* Se aucune part. — d) *HJK* moi tienent ne se poent pl. — e) *HJK* qu'il tienent de. — f) *GHJK omettent* nouvele. — g) *ABEF* dessais. du seign. — h) *A omet* au conte. i) *BEF omettent* de. — j) *GHJK* s'il le v. — k) *HJK* veulent dem. — l) *A omet* voie de. — m) *GHJK* il s'en doit. — n) *G* soient pass. — o) *A omet* seur. — p) *ABEF* a celi de. — q) *B* de .XL. s. — r) *BCH* De la ; *F omet* Se. — s) *E omet* la. — t) *B omet* se.

dessaisine, de force ou de nouvel tourble, desire haste de [a] justice [b], — si comme se l'en [c] soie [d] mes bles, ou [e] vendenge mes vignes, ou fauche mes prés, ou coupe mes bois, — si tost comme il est denoncié au conte, il doit prendre la chose en sa main et esploitier sauvement, et puis demener le plet de la [f] nouvele dessaisine [g] en la maniere que j'ai dit dessus [h].

967. Se aucuns me defent, a qui je ne sui [i] pas tenus a obeïr, que je ne lieve ne esploite [j] aucune chose, je n'ai pas action de nouvele dessaisine envers [k] li, car [l] je ne doi pas lessier a esploitier pour sa defense de [m] ce de quoi je sui en la [n] saisine.

968. Cil qui tient autrui terre a ferme de grain ou de deniers a certain tans, se li tans [o] est passés et je me remet en ma terre, il ne se puet pas plaindre de moi de nouvele dessaisine. Et aussi s'il l'a par reson d'eritage [p] qu'il ait [q] engagié a annees et les annees sont hors, et je rentre en la chose, il n'a pas action de nouvele dessaisine contre [r] moi, car male chose seroit se cil qui tient mon eritage a muiage [s] ou par reson d'engagement [t] après son tans passé pouoit aquerre saisine contre moi. Mes se je li oste [u] la chose le tans durant de sa ferme ou [v] de son engagement, il a [x] bien action de nouvele dessaisine contre moi.

969. Mes [y] serjans qui a levee et mainburnie ma chose en mon non, se je li oste ma [z] chose [aa] et je li oste le pouoir de ma chose recevoir, il n'a pas action contre moi de nouvele dessaisine.

---

a) *EF omettent de.* — b) *AHJK de juge; C tourble doit on sieure en haste de juge.* — c) *C se je soie.* — d) *GHJK l'en me soie.* — e) *G bles ou gaains ou.* — f) *GHJK omettent la.* — g) *BEF omettent de la nouv. dessaisine.* — h) *CF dessus dit; GHJK man. qui est dite dessus.* — i) *ABEF ne soie pas.* — j) *GHJK je n'esploite ne ne lieve.* — k) *EF dess. encontre li; GHJK dess. devers li.* — l) *GHJK li que je.* — m) *C omet de.* — n) *BEF omettent la.* — o) *B omet se li tans.* — p) *C res. de gage qu'il; GHJK res. de muiage.* — q) *A qu'il ait; C qu'il avoit eng.* — r) *B dess. de moi; CE encontre moi; G envers moi; HJK vers moi.* — s) *E erit. a wage.* — t) *ABCEF res. de gage.* — u) *BF li ostoie la; E li otriai la.* — v) *HJK omettent de sa ferme ou.* — x) *EF il aroit b. act.* — y) *GHJK Le serj.* — z) *EF le coze.* — aa) *GHJKM omettent en mon non ... ma chose.*

970. En aucun cas me puis je bien plaindre de nouvele dessaisine, tout soit ce que je n'aie pas esté en saisine de la chose dont je me plaing, an et jour : si comme se je sui en saisine d'un cheval, ou d'une autre beste, ou de deniers, ou de mueble[a] queus qu'il soit, ou d'aucune despueille que j'aie gaaignie et labouree en mon non sans autorité d'autrui, se l'en m'oste[b] aucune de ces choses et je la requier, j'en[c] doi estre resaisis et chiet cil[d] en amende. Mes, moi resaisi, se cil qui la m'osta[e] prueve la chose a sieue, il la ravra. Et par ce puet l'en entendre que l'en puet bien estre resaisis par coustume[f] de tel chose[g] que l'en en porteroit après la hart, si comme se l'en avoit[h] la chose de quoi on est[i] resaisis, mautolue ou mal[j] emblee et il est[k] prouvé clerement.

971. Une fame qui tient en douaire, se l'en la despueille de son douaire, se puet bien plaindre de nouvele dessaisine, tout soit ce contre l'oir[l] a qui la chose venroit se la fame estoit morte, car il n'i a riens tant comme ele[m] vive.

972. Uns chevaliers proposa contre un[n] autre chevalier qu'il avoit retenu en sa vile de nouvel un sien oste, liqueus ostes avoit manu[o] dessous li par la reson de s'ostise un an et un jour et s'en estoit partis sans ce qu'il n'avoit sa masure donnee[p], vendue[q], quitiee[r] ne lessié oste dedens, ainçois l'avoit lessiee toute gaste et toute vuide, par quoi il requeroit qu'il fust contrains a ce qu'il renvoiast[s] son oste couchant et levant dessous li, si comme il avoit esté, tant qu'il eust fet envers li de s'ostise ce qu'il devoit. A ce respondi li chevaliers qu'il n'estoit pas tenus a ce fere, car il loisoit a

---

a) *AC* muebles; *E* d'autre mueble; *F* d'autres muebles. — b) *F* on moustre auc. — c) *GHJK* omettent en. — d) *A* et cil chiet. — e) *EF* qui m'osta le coze. — f) *C* omet par coustume. — g) *GHJK* res. de telle chose par coustume. — h) *BEF* av. après la ch. — i) *HJK* ch. dont on seroit. — j) *HJK* omettent mal. — k) *EF* il estoit pr. — l) *JK* contre l'eritier. — m) *ABEF* comme la fame vive. — n) *F* contre Jehan autre. — o) *JK* av. demouré dess. — p) *E* omet donnee. — q) *A* don. ne vend.; *F* vendue, donnee. — r) *ABCEF* ne quitiee. — s) *BCEF* il li renvoiast (*C* envoiast).

chascune franche persone a aler manoir[a] quel part qu'il li plest et a[b] lessier s'ostise au seigneur pour les rentes, par quoi il vouloit qu'il demourast dessous li comme ses ostes tant comme il[c] li pleroit. Et seur ce se mistrent en droit a savoir mon s'il li renvoiast[d] ou non[e].

973. Il fu jugié qu'il li renvoieroit couchant et levant dessous li et qu'il ne le pouoit receter devant qu'il avroit fet son devoir[f] de s'ostise vers[g] son seigneur ou[h] par quitance ou par vente, ou[i] par don[j], ou par eschange[k]. Mes ces voies ne puet defendre li sires[l] a son oste puis qu'il est ses frans ostes sans servitude. Et fu encore dit a cel jugement fere, si comme il avoient oï tesmoignier a leur peres et a leur[m] taions[n] que ceste concordance fu fete entre le conte Raoul de Clermont[o][1] et ses hommes[p] de la contée de Clermont[q] pour ce que li cuens Raous[r] avoit fet crier ou lieu de La[s] Vile Nueve[t][2] franches masures et[u] a petites rentes, et les[v] donnoit[x] a ceus qui i vourroient[y] abiter franchement, et usage en[z] bois sec en la[aa] forest de Hes[3]. Et pour la franchise et l'aisement li oste de ses hommes i venoient[ab] sans fere envers leur seigneurs[ac] ce qu'il devoient de leurs ma-

---

a) *JK* al. demourer. — b) *HJK omettent* a. — c) *HJK* tant qui li. — d) *E* s'il le raroit ou ; *F* s'il l'averoit ou ; *G* s'il li renvoieroit ou. — e) *HJK omettent* a savoir … ou non. — f) *E* sen redevoir v. — g) *GHJK* envers s. seign. — h) *AB omettent* ou ; *E* seign. ou par deniers ou par vente ou p. quit. ; *F* seign. ou par don ou par vente ou p. quit. — i) *AB omettent* ou. — j) *GHJK omettent* ou par don. — k) *EF omettent* ou par vente … ou par eschange. — l) *GHJK* puet li sires deffendre a. — m) *J* a leurs meres taions. — n) *C* a leur aieus que. — o) *AB omettent* de Clermont. — p) *dans E et ses hommes a été écrit postérieurement dans la marge.* — q) *E omet* de la contée de Clermont. — r) *A omet* Raous. — s) *A omet* la. — t) *AC* Vile Nueve en Hez ; *EFJK* la Nueve Vile. — u) *E omet* et. — v) *BEF omettent* les. — x) *B* devoient a ; *C* donroient a ; *HJK* donnoient a. — y) *BEF* i voloient ab. ; *GJK* venoient ab. ; *H* venroient ab. — z) *CE* us. ou bois. — aa) *A* en sa for. ; *FGHJK* usage es boz cest en la for. — ab) *E* franch. alerent li hoste de ses hommes manoir ens sans f. ; *F* hommes menoient sans. — ac) *AB* l. seigneur.

---

1. Raoul, comte de Clermont, connétable de France, mort pendant le siège d'Acre en 1191.
2. Voy. p. 446, note 1.
3. Voy. p. 462, note 1.

sures ª, ainçois les lessoient gastes. Si en furent plaintif li
homme au conte Raoul ᵇ leur seigneur et adonques il fu
acordé entre leur seigneur et aus qu'il ne pourroient receter ᶜ
les ostes ᵈ li uns de l'autre devant qu'il avroient fet de leur os-
tises leur avenant ᵉ a leur seigneurs ᶠ si comme il est dit
dessus ᵍ.

974. Chascuns doit savoir que puis que j'ai ajourné mon
oste ou que je le tieng en plet par devant ʰ moi, il ne puet
lessier m'ostise l'ajournement ou le plet pendant, ainçois
convient qu'il se delivre avant du plet ou de l'ajournement
qu'il a par devant nous ⁱ, soit contre moi, soit contre au-
trui, et puis, quant il est en sa delivre poosté sans plet et
sans jour ʲ, il puet aler manoir ᵏ la ˡ ou il veut, mes qu'il face
de s'ostise ce qui est dit dessus ᵐ.

975. L'en ne puet pas par nostre coustume contraindre
son oste a ce qu'il doint ou qu'il plege s'il ne lui plest; mes
on le ⁿ puet contraindre a paier ᵒ les cens et les rentes qu'il
doit de sa masure. Et en aucuns lieus ᵖ est il que l'en puet
prendre en chascun ostel une coute pour les sourvenans,
mes ce n'est pas partout; et pour ce, ou cas de la coute
prendre �q, on en puet user es lieus ou l'en en ʳ a usé pesi-
blement et es ˢ autres lieus non.

976. Chascuns sires puet prendre ses ostes ᵗ a son be-
soing pour son cors ou pour sa meson garder dedens le fief
dont ᵘ les ostises sont mouvans et autre part non. Et s'il les
mene hors du fief par leur volenté pour son besoing ᵛ, il
doit a chascun a pié ˣ .viii. d. pour sa journee, ou .ii. s. s'il

a) *HJK* seign. de lor masures (*JK* maisons) ce qu'il devoient. — b) *BEF*
omettent Raoul. — c) *C* pourr. rechevoir l'oste. — d) *ABCEF* rec. l'oste.
— e) *F* leur devoir a l. s. — f) *ABCEF* l. seigneur. — g) *HJK omettent*
si comme il est dit dessus. — h) *BEF* par devers moi. — i) *CHJK omet-*
tent qu'il a par devant nous; *EF* dev. moi. — j) *C omet* sans jour. — k)
GJK al. demourer. — l) *CEHJK omettent* la. — m) *HJK* est dessus devisé.
— n) *A omet* le. — o) *GHJK* contr. qu'il paie les. — p) *GHJK* en aucun
lieu est. — q) *ABH omettent* prendre. — r) *ABEF omettent* en. — s) *E*
pesibl. pour ses cors ou por sa maison warder dedenz et en aut. l. — t) *BEF*
ostes paisiblement a s. bes. — u) *GHJK* fief ou les ost. — v) *E* p. se be-
soigne il. — x) *E* a chasc. paier .viii. d.; *F* doit paier a chascun .viii. d.

estoit a cheval[a]. Nepourquant il ne sont pas tenu a issir hors du fief s'il ne vuelent, s'il n'est ainsi que li cuens semoigne ses hommes et qu'il leur commant qu'il aient leur ostes en certain lieu[b] dedens la conteé; car en cel cas ne se pueent escuser li oste le conte ne li oste des sougiés qu'il n'i voisent.

977. En aucuns lieus est il dedens la conteé que li oste d'aucun doivent par an certaine somme d'argent[c] par reson de taille aveques leur cens et leur rentes. Mes nous ne savons nule part[d] en la conteé ou l'en les puist taillier a volenté si comme on fet en mout de païs. Mes quant il doivent par la[e] reson de leur fres communs et[f] de leur aisemens, et il i[g] a contens au paier, li sires puet asseoir seur[h] chascun selonc[i] son avenant.

978. Aucune fois avient qu'aucuns est plaintius de nouvele dessaisine et prueve[j] qu'il a esté dessaisis de nouvel si qu'il convient qu'il soit resaisis, et après cil qui dessaisi avoit et a resaisi[k] a bien action de soi plaindre de nouvele dessaisine de celui meisme qu'il a resaisi[l] par jugement et de la chose meisme dont la resaisine[m] est fete. Et veons[n] comment, car aucunes gens cuideroient[o], quant ples a esté de nouvele dessaisine et cil qui se plaint est resaisis, qu'il n'i puist jamès avoir[p] plet de nouvele dessaisine, mes si fet en aucuns cas et dirons comment[q].

979. Pierres estoit entrés en une terre ou mois de mars et la[r] fist areer et semer[s] pesiblement, et quant vint a l'aoust et il cuida l'aveine[t] soier[u] et i estoient si ouvrier[v], adont vint[x]

a) *GHJK* journ. et s'il est a cheval .II. s. — b) *BEF* ostes a certain jor dedens. — c) *BEF* doiv. certaine somme d'arg. par an. — d) *GHJK* sav. nul lieu en la. — e) *EH* omettent la. — f) *EF* comm. ou de leur. — g) *F* il li a; *HJK* omettent i. — h) *EF* ass. a chasc. — i) *A* omet selonc. — j) *C* et le prueve. — k) *B* omet avoit et a resaisi. — l) *C* omet a bien action ... qu'il a resaisi. — m) *E* la saizine est. — n) *C* Et si vous dirons comm. — o) *E* gens cuidoient quant. — p) *E* qu'il n'en puist jamais estre plet. — q) *C* et si vous dir. comm. et en quele maniere. — r) *A* omet la. — s) *C* fist atourner et areer de che qui li convenoit molt pesibl. — t) *ABF* cuida l'annee (*A* anee) soier; *E* cuida le terre soier. — u) *C* cuida tout presentement la terre despoullier de chelle annee et i est. — v) *C* ouvr. ja dedens pour cueillir les biens. — x) *C* ad. i vint delivrement Jehans.

Jehans et en osta les ouvriers du dit[a] Pierre et contre son
gré, et i mist les siens[b] ouvriers et en porta l'aveine[c]. Adon-
ques fist Pierres ajourner Jehan seur[d] nouvele dessaisine et,
quant il vindrent en court, Pierres requist a estre restablis
de l'aveine[e] que Jehans en[f] avoit portee[g], laquele il avoit
areée et semee et labourée[h] pesiblement[i] et i estoit entrés[j]
pesiblement. A ce respondi Jehans qu'il li[k] connoissoit bien
que Pierres avoit la terre labourée et semee et entrés ou[l]
soier, mes a tort[m] l'avoit fet si comme il disoit, car[n] la
terre[o] estoit sieue, mes[p] il n'i estoit pas entrés par li[q], par
quoi il ne vouloit pas estre[r] tenus a li resaisir ne restablir[s],
et meismement pour ce que Pierres ne disoit pas qu'il eust
esté en saisine an et jour[t], par quoi il ne pouoit demander
saisine[u], comme[v] il fust apareilliés de prouver que l'eri-
tages fust siens. Et seur ce se mistrent en droit se[x] Pierres
seroit restablis[y] ou non.

980. Il fu jugié que Pierres seroit resaisis et restablis
de l'aveine[z] laquele il avoit labourée[aa] pesiblement, tout
n'eust il pas esté en[ab] saisine an et jour. Et par cel jugement
puet on veoir que[ac] de quel que chose je soie en saisine et

a) *C* osta tantost les ouvr. qui i estoient de par le dit P. — b) *A omet*
siens. — c) *ABEF* en porta l'anee (*A* ennee). — d) *C* et emporta que lui que
sa mesnie toute la despueille de chele annee. *(alinea)* Quant Pierres vit et
aperchut cheste besongne que Jehans li avoit faite, il le fit au plus tost que
il pot ajourner dessus le point de nouv. dess. — e) *ABEF* de l'anee (*A* en-
nee) que Jeh.; *C* rest. de toute de despueille que Jeh. — f) *G omet* en. —
g) *C* que Jeh. devant dit en avoit par sa forche emportee; *GHJK* av. em-
portee. — h) *ABEF omettent* et labouree. — i) *C* port. le quele il avait
toute labouree dou sien propre et semee bien paisiblement qu'onques nus
a chelui temps de lors n'i mist arrest ne contens pour debater le labourage
et si i estoit. — j) *C* entr. dedens le terre pesibl. — k) *AEF omettent* li.
— l) *C* lab., semee et arree, et si estoit entres ou s.; *EF* ent. i estoit pour
soier. — m) *C* tort et sans raison. — n) *AB* dis. que la. — o) *EF* le coze
est. — p) *C* terre si n'estoit pas a Pierre de nulle choze mes siene et il n'i
est. — q) *C* li ne par son commandement par quoi. — r) *C* estre de riens
ten. — s) *E* ne estauler. — t) *C* sais. ne an ne jour que de che il n'avoit
point parlé et par quoi. — u) *E* pou. saisine demander. — v) *AB* sais. et
comme. — x) *C* droit pour savoir mon se. — y) *B* ser. establis; *G* ser. re-
saizis. — z) *ABCEF* de l'anee laquele. — aa) *C* av. semee et labouree; *G* av.
labouree et semee. — ab) *CG* en de sais. — ac) *GHJK omettent* que.

quel saisine que ce soit[a], soit[b] bonne ou mauvese, et de quel que tans que ce soit, soit grans ou petis, qui m'oste de cele saisine sans jugement ou sans justice, je doi estre resaisis avant toute euvre, se je le requier. Donques s'il avenoit qu'uns lerres eust emblé aucune chose et cil qui la chose seroit la tousist au larron sans justice, et li lerres requeroit a estre resaisis avant toute euvre, il le resaisiroit et puis li convenroit trouver bon garant de la chose ou il seroit justiciés du mesfet.

981. Or veons comment cil qui est tenus a resaisir par jugement se puet puis plaindre de nouvele dessaisine de celui qu'il a resaisi et de ce meisme dont il l'a[c] resaisi. Quant Jehans eut resaisi de l'aveine[d] dessus dite et aempli le jugement, il fist Pierre ajourner qui resaisis estoit, seur[e] nouvele dessaisine et proposa contre li qu'a tort et sans cause[f] estoit entrés en la saisine et en la possession[g] de son eritage[h] et sans saisine de seigneur, et de nouvel[i] puis un an et un jour[j], par quoi il requeroit que cele saisine fust ostee au dit[k] Pierre et baillie[l] au dit[m] Jehan[n] comme a celui qui avoit esté en la derraine saisine d'un an et un jour[o] et dusques au jour[p] qu'il entra en la terre labourer et semer. A ce respondi Pierres qu'il avoit pledié au dit[q] Jehan de cele meisme chose et seur nouvele dessaisine[r], et li avoit esté delivree la saisine par jugement; par quoi il ne vouloit estre tenus a fere nule resaisine[s] ne a respondre se ce[t] n'estoit au plet de la proprieté quant il seroit seur la proprieté ajournés. Et seur ce se mistrent en droit.

982. Il fu jugié que Pierres[u] respondroit au claim que

---

a) *GHIJK omettent* que ce soit. — b) *C omet* soit. — c) *A omet* l'; *G* il le res. — d) *ABCEF* res. de l'ance (*A* ennee) dess. — e) *AB* est. de nouv. — f) *C* cause resgnable. — g) *A omet* et en la possession. — h) *EF* entr. en son hiretage et en la possession et sans. — i) *BEF omettent* et de nouvel. — j) *BEF* puis an et jour. — k) *HJK* ost. a Pierre. — l) *C* et li baillie. — m) *HJK* bail. a Jeh. — n) *ABC omettent* au dit Jehan. — o) *BEF* sais. d'an et de jour. — p) *A omet* et dusques au jour. — q) *BEF* pled. a Jeh. — r) *A omet* et seur nouvele dessaisine. — s) *GHIJK* ten. a nulle ressaizine faire. — t) *GH omettent* ce. — u) *BF* que Jehans resp.

Jehans[a] avoit fet contre li, car pour ce, se Pierres[b] avoit
esté resaisis de ce dont il avoit esté trouvés en saisine et il
n'avoit pas[c] maintenu la saisine d'un an et d'un jour[d] entic-
rement, ne demeure pas que Jehans[e] qui maintenoit sa sai-
sine d'un an et d'un jour[f] entierement[g], ne se peust plaindre
de nouvele dessaisine de Pierre[h] qui derrainement estoit en
la saisine entrés et n'i avoit pas esté an et jour[i].

983. Tout ainsi comme il se[j] convient plaindre de nou-
vele dessaisine dedens l'an et le jour qu'ele est fete[k] ou
l'en ne[l] seroit pas puis oïs, tout aussi qui se veut plaindre
que force li ait esté fete, ja soit ce qu'il n'i[m] ajoute pas nou-
vele dessaisine en son claim, doit il fere[n] sa plainte dedens
l'an et le jour que la force li a esté[o] fete ou il n'en doit pas
puis estre oïs, se ce n'est seur la propricté de la chose et le
peril[p] de la force mis hors.

984. Se l'en me veut ma chose esforcier, je la puis bien
rescourre a force, se la force en est moie, mes que ce soit
presentement quant l'en me veut la force fere et que ce ne
soit contre le seigneur qui de la chose me puet justicier.
Mes se j'atent tant[q] que l'en ait ma chose en portee[r] par[s]
force, je ne l'ai pas a repourchacier[t] par force[u] mes par jus-
tice, et requerre que[v] drois me soit fes et[x] ma[y] chose
rendue.

985. Male chose seroit, se l'en me toloit mon cheval ou
vouloit tolir, et je avoie pouoir du rescourre[z], se je ne le
pouoie[aa] rescourre sans estre justiciés de la justice[ab]. Mes se

a) *BF* que Pierres avoit. — b) *BF* se Jehans avoit. — c) *GHJK omet-*
tent pas. — d) *BEF* sais. de an et de jor. — e) *B* que Pierres qui. — f)
B d'an et jor. — g) *EF omettent* ne demeure pas ... d'un jour entierement.
— h) *BF* dess. de Jehan. — i) *C* esté .I. an et .I. jour. — j) *EF omet-*
tent se. — k) *HJK* fete en l'an ou. — l) *HJK* on n'en ser. — m) *A omet* i.
— n) *GHJK* fere son claim et sa. — o) *GHJK* f. li est fete. — p) *GHJK*
les perilz. — q) *G omet* tant. — r) *BEF* qu'on en ait ma ch. portee. —
s) *EF* port. a forche. — t) *EF* a pourchacier. — u) *C omet* je ne l'ai ...
par force. — v) *C* par le justiche le puis resqueurre et non pas par me forche
si que dr. — x) *EF omettent* drois me s. fes et. — y) *AC* et la ch. —
z) *BEF omettent* ou vouloit tolir ... pouoir du rescourre. — aa) *BEF* ne
l'osoie resc. — ab) *A omet* de la justice.

la force n'est pas moie, si qu'il m'est tolus et en est li to-
leres en saisine, je ne le doi pas aler retolir, mes arester le
puis fere par justice et moi plaindre de la toute. Et se li che-
vaus est conneus a miens, il me doit estre rendus, — ou se[a]
je le prueve, — ne l'en ne doit nus gages[b] recevoir en tel cas,
car se li toleur et li robeur[c] pouoient venir a gages de leur
mesfés, il s'ameroient[d] mieus a[e] combatre qu'a estre pendu
sans bataille, pour esperance d'eschaper ; et male[f] chose
seroit qu'il me convenist[g] combatre pour mon cheval qu'il
m'avroit esté tolus et que l'en savroit communement qu'il
seroit miens. Nepourquant cil a qui je metroie sus la toute
pourroit alliguier tel cause et estre de si bonne renomee
que, seur la prueve de la cause qu'il alligueroit, pourroient
cheoir li gage : si comme s'il me metoit sus que je li eusse
vendu ou donné pour son service ou presté, et je ne pouoie
la toute prouver et je li nioie le don, le prest ou la vente,
bien en[h] pourroit venir a gages. Et tout autel que nous
avons dit du cheval entendons nous des autres choses tolues
ou esforcies.

986. Il souloit estre, quant aucuns[i] gentius hons qui
avoit justice en sa terre prenoit seur un autre gentil homme,
que cil seur qui l'en prenoit ne[j] raloit pas tant seulement
querre[k] la chose qui lui avoit esté tolue ou esforciee, mes
quanqu'il pouoit trouver du[l] gentil homme qui ce li avoit
fet[m], en[n] sa terre ou en la terre[o] de celi[p] qui ce li avoit fet[q].
Et[r] pour ce que c'estoit[s] droitement[t] esmouvemens[u] de
guerre et de morteus haines, tel contregagement[v] sont de-

a) *A B omettent* se. — b) *G H J K* doit nul gage rec. — c) *B E omettent*
et li robeur ; *F* tol. et li toleur. — d) *E F* il ameroient ; *G* ilz ameroient. —
e) *C* mieus trop durement a comb. — f) *C* et trop male. — g) *G H J K* se-
roit s'il me convenoit comb. — h) *G H J K omettent* en. — i) *E F* quant un
gent. — j) *B omet* ne. — k) *A omet* querre. — l) *C* trouv. de choses au
gent. — m) *A omet* fet. — n) *E* fet seur sa t. — o) *B omet* ou en la terre.
— p) *E omet* ou en la terre de celi. — q) *C omet* ou en la terre ... li avoit
fet ; *F* li avoit ce fet. — r) *G H J K* fet il prenoit et pour. — s) *A* c'estoient.
— t) *C omet* droitement. — u) *B E F G H J K* droit. mouvement de guerre.
— v) *B E F* tel contraignement sont ; *C* tieux besoingnes si sont.

fendu du pouoir et de l'autorité nostre[a] souverain[b] le roi de
France. Et est l'establissemens[1] teus que, se je me dueil
de ma chose que l'en m'a tolue ou esforciee et je la vois[c] re-
querre par force ou autre chose de celi qui ce m'avra fet, je
sui tenus a lui[d] resaisir[e] par la reson de[f] la contreprise et a
lui rendre son damage que je li avroie fet en contreprenant.
Et si sui chens en l'amende le roi pour ce que je sui alés contre
son establissement, laquele amende, se je sui gentius hons,
est de .lx. lb. et, se je sui hons[g] de poosté, de .lx. s. Et ne-
pourquant l'amende n'est pas si taussee que se li rois voit
qu'aucuns de ses barons ou de ses[h] nobles hommes[i] puis-
sans de son roiaume face teus contregagemens[j], qu'il n'en
puist bien plus grosse amende lever, car de tant comme li
hons est plus fors et plus puissans, de tant fet il plus grant
despit au roi quant il va contre l'establissement que li rois
a fet[k] pour le commun pourfit de son[l] roiaume.

987. Aucune fois avient il que cil qui font ajourner seur
nouvele dessaisine, quant ce vient a leur claim fere, metent
tout ensemble en leur claim nouvele dessaisine et proprieté:
si comme se Pierres dit que Jehans l'a dessaisi de nouvel
de l'eritage dont il avoit esté en saisine an et jour, et puis
dit[m] .x. ans, .xx. ans ou[n] de tel tans que la chose li est
aquise par longue teneure. Et quant teus cas avient li ples doit
estre demenés selonc ce que l'en doit demener plet de pro-
prieté; c'est a dire que Jehans qui fu ajournés seur[o] nou-
vele dessaisine et fu toutes voies trouvés en pesible saisine
de la chose, avra les delais que coustume donne en plet de

---

a) *GHJK* autor. du souver. — b) *C* souver. terrien nostre seigneur le roi.
— c) *BEF* esforc. que se je la vois (*EF* vous). — d) *HJK* a celi res. — e)
G a celui restablir et res. — f) *C omet* la reson de. — g) *HJK omettent*
se je sui hons. — h) *ABHJK* ou des nobles. — i) *A omet* hommes; *F* auc.
de ses nobles hom. ou de ses barons puiss. — j) *BEF* teus contraignement.
— k) *BEF* contre son establ. qui est fet; *C* a fet mesures et par son conseil
et pour le. — l) *BCEF* pourf. du royaume. — m) *A omet* dit. — n) *A* ans
et de. — o) *GHJK* seur le nouvele.

---

1. C'est l'établissement déjà visé au § 954.

proprieté, et avra Pierres renoncié à l'establissement que li rois a fet^a de^b nouveles dessaisines pour ce qu'il fonda le plet seur la proprieté.

988. S'il avient qu'aucuns plede tant seulement seur saisine et il gaaigne la saisine par jugement, et cil qui pert la saisine le fet rajourner seur la proprieté et la gaaigne par jugement, l'eritages li doit estre rendus aussi bons et aussi soufisans comme il estoit quant la saisine fu gaaignie contre li. Et se cil qui gaaigna la saisine leva aucune chose de l'eritage le plet pendant de la proprieté, il doit rendre toutes les^c levees qu'il fist puis le jour qu'il fu ajournés seur la proprieté, tout fust ce qu'il eust gaaignie la saisine par jugement, car l'en gaaigne souvent saisine tout soit ce que l'en n'ait^d point de droit ou tresfons de l'eritage. Et quant il apert que l'en n'avoit point de droit en tenir loi, dont apert il que ce qui fu levé fu levé a tort. Ne jugemens de saisine ne fet point de damage a celi qui le pert, fors en tant qu'il plede dessaisis dusques a tant que ses drois est conneus par jugement ; et quant il ra^e la saisine par son droit, adonques puet il demander les arrierages qui furent levé a tort. Et ce que nous avons dit de rendre^f teus arrierages veismes nous passer par jugement en l'ostel le roi.

Ici fine li chapitres de nouvele dessaisine et de force et de nouvel tourble.

---

a) *E F omettent* a fait. — b) *A B E* des nouv. — c) *A omet* les. — d) *A B* l'en n'a ; *E F* gaigne tele foiz sais. que on n'a ; *G* on n'y ait. — e) *E G H J K* il ravra. — f) *B omet* arrierages qui... dit de rendre. — Explic.) *G H J* Explicit ; *K n'a pas d'explicit.*

XXXIII.

Ci commence li .XXXIII. chapitres de cest livre liqueus parole
que ce qui est fet par force ou par tricherie ou par trop
grant paour ne fet pas a tenir.

989. Tuit li damage qui sont fet[a] par force ou par tri-
cherie[b] doivent estre rendu quant la force ou la tricherie est
prouvee soit en court laie ou en court de crestienté : teus
damages comme l'en[c] puet prouver[d] soufisaument que l'en
eut[e] par la reson du fet[f], car les despens qui sont[g] fet ou
plet[h] ne rent l'en pas par la coustume de la[i] court laie ; mes
en[j] la court de crestienté les rent cil qui enchiet de quel
que cause que ce soit.

990. Li pleges ouvra[k] tricheressement qui[l] bailla ses
gages pour son deteur[m] et après fist contraindre celui qui le
mist en pleges qu'il li rendist .c. lb. pour ses gages, et
après il fist tant a celui a qui il avoit baillié les gages qu'il
les rent pour .LX. lb. Et quant cil qui en plege le mist le

Rubr.) *A* Ici comm.; *A B E* liq. (*E* qui) enseigne quele choze est forche
et quele chose est (*ces trois mots manquent dans B*) tricherie; *A B* et
comment l'en doit aler avant contre les tricheurs et contre ceuz qui par mau-
veze cause force font ou peeurs; *B E F G H J K* omettent de cest livre; *C* par.
de ce qui; paour qui; *E F G H J K* ch. qui par. (*E* ensengne); *F H* par. com-
ment on doit restorer damages; *G* omet trop. — a) *B E F* omettent fet. —
b) *B E F* trich. feiz doiv. — c) *E* tel damage quant on le puet; *H J K* dam.
qu'on puet. — d) *F* tel damage quant il pueent estre prouvé soufis. — e)
E F que on ne les eust mie par; *G H J K* l'en a eus par. — f) *F* reson devant,
car. — g) *E F* desp. que on fet. — h) *A* omet qui sont f. ou plet. — i) *J K*
omettent la. — j) *H J K* mes a la c. — k) *C* omet ouvra. — l) *C* omet
qui. — m) *B E F* pour ses deteurs.

scut, il vout ravoir .XL.[a] lb. des .c.[b] lb. qu'il li avoit bail-
lies, car il aparoit qu'il n'estoit[c] damagiés pour li que de
.LX. lb. puis qu'il reut ses gages pour tant pour tous des-
pens[d] et pour tous empiremens, et li pleges vouloit main-
tenir que les .c. lb. li devoient demourer pour ce qu'il disoit
que li gage li eussent bien tant valu ou tans que li deteres[o1]
les tint, comme as .LX.[f] lb. monte et[g] pour ce que li gage
avoient esté tant gardé[h] qu'il estoient forgagié et en pouoit
li deteres[i1] fere sa volenté ; et s'il avoit fet son bon marchié,
il[j] ne vouloit pas que li pourfis fust a autrui. Nepourquant
ses resons ne li valurent riens, ainçois convint qu'il rendist
les .XL.[k] lb. des .c. lb. qu'il avoit levees, car nus pleges ne
doit enrichir de ce dont il est pleges ou damage de celui qui
en plege[l] le mist[m], mes tant seulement estre[n] desdamagiés[o]
et remis[p] ou point qu'il[q] estoit quant il devint pleges.

991. L'en ne doit pas oïr toutes persones en plet de tri-
cherie. Car se li fius veut pledier a son pere ou a sa mere en
aus metant sus tricherie ; ou li serjans a son seigneur tant
comme il est en son service ; ou li hons de fief a celui[r] a[s]
qui il est hons tant comme il est en son homage ; ou li sires
contre le franc homme ; ou li escommenié ; ou li parjure ;
ou cil qui sont ataint de vilain cas de crime, tout soit ce
qu'il en fissent pes, contre persones qui sont delivres de tous
teus cas ; ou cil qui sont disfamé contre ceus qui sont de
bonne renomee : toutes teus manieres de gens ne sont pas a
oïr en plet de tricherie, li un pour ce qu'il sont en si[t] vilain

---

a) *A E* rav. .LX. lb. — b) *A* des .LX. lb. ; *B E F* de .c. — c) *E F G* car
il n'aparoit (*E* n'apartenoit) [*E F* mie] qu'il fust dam. — d) *E F* tous cous.
— e) *E F* le creanciers. — f) *C* en .LX. ; *F G H J K* as .XL. lb. — g) *B E F*
omettent et. — h) *B E F* gage i avoient tant esté qu'il est. — i) *E F* li cre-
diteres fere. — j) *F* marc. que il. — k) *A F* les .LX. lb. — l) *B E* en ple-
gerie le. — m) *F* qui le mist en plegerie. — n) *E F* omettent estre. — o)
E G des damages ; *F* dez damagiez. — p) *E* dam. doit estre remis ; *G* et
estre remis ; *H J K* et estre mis. — q) *G H J K* point la ou il est. — r) *G H J K*
omettent a celui. — s) *C* omet a. — t) *E* omet si ; *F* sont ainsi vil.

---

1. *Li deteres*, le créancier.

point qu'il semble que il meisme soient en l'estat[a] de tri-
cherie, et li autre pour les obeïssances qu'il doivent a
leur[b] peres et a[c] leur meres et a leur seigneurs.

992. Se aucuns est atains de tricherie, l'en doit regarder[d]
le cas pour quoi la tricherie fu fete, s'ele fu fete[e] pour eri-
tage, ou pour mueble, ou pour autrui deseriter, ou pour
autrui fere despit ou vilenie, ou pour cas de crime; et[f] selonc
ce que li cas[g] est grans, l'en doit punir celui qui est atains de
la[h] tricherie et fere rendre les damages qui par la tricherie
furent fet. Et nous nous[i] acordons, se la tricherie fu fete pour
autrui deseriter ou pour[j] porter faus tesmoins ou pour cas
de crime, que l'amende soit a la volenté du[k] seigneur de
l'avoir[l]. Et se vilains fes avint[m] par la tricherie, pour[n] lequel
cas li feseur doivent recevoir mort, cil par qui tricherie ce
fu fet[o], en doit porter autel peine comme cil qui le firent,
car poi[p] de disference a entre tricheeur[q] et traiteur. Car li tri-
cheres veut couvrir sa tricherie souvent avient par beles[r] pa-
roles et souvent avient qu'il la pourchace si traitrement et si
malicieusement que l'en ne puet avoir tesmoins contre[s] li.

993. Cil qui est acusés de tricherie se puet bien de-
fendre[t] contre celui qui l'acuse par[u] gages de bataille par
nostre coustume, s'il li plest; ou, s'il li plest[v], il puet[x] de-
bouter celi qui l'acuse parce[y] qu'il est persone qui ne puet[z]
acuser de tricherie, se[aa] ce[ab] sont des[ac] persones qui sont
dites ci dessus; ou se[ad] ce sont clerc qui vueillent acuser

<hr>

a) *A* en estat; *C* que il soient aus meesmes en l'estat de. — b) *GHJK* obeïss. qu'il ont es peres. — c) *G* et en leur. — d) *H* doit garder le. — e) *C* omet fete; *EF* omettent s'ele fu fete. — f) *HJK* omettent et. — g) *BEF* li fais est. — h) *JK* omettent la. — i) *CGHJK* omettent nous. — j) *AB* omettent pour. — k) *AB* soit a volenté de seign. — l) *C* avoir que chil a qui fit le tricherie. — m) *BEF* vil. [*E* cas et vilains] fes (*F* cas *écrit en marge d'une autre main*) avient par. — n) *E* trich. par leq. — o) *EFGHJK* cil par qui le triquerie fut fete en doit. — p) *C* fir. que peu de. — q) *ABC* ent. tricherie et. — r) *G* par les beles. — s) *GHJK* tesm. en-contre li. — t) *GHJKM* bien escuser et defendre. — u) *B* qui la cause est. — v) *C* omet s'il li plest; *E* s'il ne li pl. — x) *GHJK* puet bien debouter. — y) *GHJK* pour ce. — z) *EFM* parche qu'il n'est mie persone qui puist — aa) *C* omet se. — ab) *F* se ce ne sont; *HJK* se ne sont. — ac) *C* sont ac. de pers. — ad) *CF* omettent se.

homme lai, pour ce qu'il ne puet entrer en gages ; ou se c'est fame qui ait mari et ele sans l'autorité de son mari[a], vueille acuser de tricherie ; ou procureres pour autrui, car procureres ne puet acuser de tricherie[b] se ce n'est en defendant sa querele ; mes en defendant[c] la[d] querele[e] son[f] mestre puet il dire que la chose fu fete tricheressement[g] par quoi il ne veut pas qu'ele[h] tiegne[i] et quant il avra ce[j] dit, jours li doit estre donnés d'amener son mestre pour savoir s'il vourra poursuir droitement[k] en sa persone le plet[l] de la[m] tricherie que ses procureres mist avant ; et s'il le veut poursuir li ples tient, et s'il ne veut, il revienent[n] au[o] plet en l'estat qu'il[p] estoit[q] quant li procureres proposa la tricherie ; et adonques li procureres doit amender la vilenie[r] qu'il dist en court a partie[s], que ses mestres ne vout pas[t] poursuir[u], mes l'amende n'est fors autele[v] comme cele[x] de[y] lait dit.

994. Se je convenance aucune chose[z] ou donne pour ce que mi anemi estoient entré[aa] en ma terre pour moi venir prendre en ma meson[ab], bien le puis redemander ; car j'ai action de paour resnable s'il est ainsi que mi anemi fussent tant que je ne me peusse[ac] defendre[ad] d'aus pour foible meson ou pour ce que j'eusse peu[ae] de gens[af] en ma meson. Car se ma mesons estoit bonne pour moi defendre et je, par defaute[ag] de[ah] cuer, ne m'osai defendre, je ne m'acort pas que je raie ce

---

a) *B F* autor. son baron vueille. — b) *B E F* acus. pour autrui se ce ; *ils omettent* de tricherie. — c) *G omet* mes en defendant. — d) *G* ou la quer. — e) *C E F omettent* mes en defendant la querele. — f) *C E F* pour son m. — g) *G H J K* fete malicieusement ou tricheress. — h) *B* pas que le choze tiegne. — i) *E F* par quoi il veut que la choze ne tiegne mie. — j) *C omet* ce. — k) *F* vourra droitement demener en. — l) *C* voura droitement poursievir le plet en se persone. — m) *G H J K omettent* la. — n) *B C E F* il revient. — o) *E* rev. en pl. — p) *G H J K* [*G* la] ou il. — q) *C* il estoient. — r) *E F* vil. et le triquerie. — s) *G H J K* a le part. — t) *B E F omettent* pas. — u) *H J K omettent* que ses m. ... pas poursuir. — v) *E F* fors tele c. — x) *E F omettent* cele : *H J K* fors que de. — y) *E omet* de. — z) *A* conv. aucunes chozes. — aa) *A* est. venu et entré. — ab) *C* ma prison. — ac) *C G H J K* peusse pas def. — ad) *F* peus. rescoure ne def. — ae) *C* trop peu. — af) *G H J K* de gardes en. — ag) *C* par le defaute ; *G H J K* par me defaute. — ah) *A B* def. dou cuer.

que je donnai[a], puis que l'en[b] n'avoit pas mise la main a moi ne a ma meson, car cil qui est[c] assaillis se puet et[d] doit defendre.

995. Force[e] est bien[f] fete sans main metre[g], — si comme aucuns me veut esforcier[h] mon blé ou mon vin ou mes autres choses, et il vient a[i] armes[j] et il me trueve desarmé[k] et en non pouoir de rescourre, et me dit, se[l] j'i met la main, qu'il[m] me mehaignera ou ocira[n], — se je, pour ceste paour, i lesse a metre la main et il en porte ma chose, bien me puis plaindre de force; et se j'en donnai aucune chose en ce point pour la sauveté de mon cors ou pour le mien sauver, redemander le puis et le doi ravoir, car il apert que[o] je le fis par paour[p].

996. Tout soit il ainsi que li gentil homme, par nostre coustume, puissent guerroier et ocire et[q] mehaignier[r] li uns l'autre hors de trives et hors d'asseurement, pour ce ne pueent il pas prendre li uns de[s] l'autre, ne ardoir li uns seur l'autre. Ainçois[t] s'il prenent[u] li uns seur l'autre par la guerre[v], il doit estre conté pour roberie; et s'il ardent li uns seur[x] l'autre[y], il mesfont as seigneurs de qui les choses sont tenues[z], par quoi il sont tenu a restorer le damage[aa] au[ab] souverain[ac] en quel[ad] terre il vienent et a li[ae] amender de

o

---

a) *A* je donne puis; *E F* acort mie que che que donnai puisse ravoir puis que. — b) *E* puis qu'il n'av. — c) *G H J K* qui seroit ass. — d) *E F* omettent puet et. — e) *B* Porce; *E* Pour che; *F* Por che. — f) *B* est bon f.; *G* omet bien. — g) *G H J K* sans metre [*G* le] main. — h) *E F* auc. m'esforche mon. — i) *G H J K* omettent a. — j) *E F* omettent et il vient a armes. — k) *F* pouoir de saisine. — l) *B E F* dit que se. — m) *B E F* omettent qu'. — n) *J K* ou tuera. — o) *G H J K* omettent il apert que. — p) *C* par droite paour. — q) *A B C* oc. ou meh. — r) *E F M* omettent et mehaignier. — s) *B* omet de. — t) *E F* omettent Ainçois. — u) *G H J K* il prenoient. — v) *F* par leur mal gré. — x) *A B* omettent seur. — y) *C* omet par la guerre ... uns seur l'autre. — z) *E F* qui le coze est tenue. — aa) *C* le grant damage; *G H J K* rest. les damages. — ab) *A B* dam. et au souv. — ac) *C* dam. que il font envers le souverain de leur seigneurs en; *G* dam. as seigneurs en. — ad) *B* en qui terre; *C E* en lequele terre. — ae) *G H J K* omettent a li.

l'amendée de [a] .LX. lb. Mes arsion [b] fere [c] ou roberie [d] hors de [e] tans de guerre en porte plus grant peine [f], car li cors en desert a estre justiciés [g] ; mes ceste peine oste la guerre et condamne tant seulement au damage [h] rendre et [i] a [j] l'amende dessus dite.

997. L'en apele tricherie [k] tout ce qui est fet a escient par mençonge [l] que l'en veut afermer pour verité pour autrui grever, tout soit il ainsi que l'en ne mete pas en son pourfit ce qui par la tricherie est gaaignié [m]. Et quant a Dieu [n] entre tricherie et larrecin a poi de disference [o] ; mes il avient a la fois [p] qu'aucuns [q] fet aucune chose et semble qu'il la fet [r] par tricherie, nepourquant il n'i entendi nul mal au [s] fere, ainçois cuidoit bien fere [t]. Et pour ce que c'est [u] fors chose a entendre que l'en ait fet tricherie a escient, se suefre l'en de tenir tricherie pour larrecin.

Ci fine li chapitres de force et de tricherie.

a) *C* vienent por tel mespresure faire, car il ne sont pas tenus a destruire les terres ne les fies aux autres gentiex hommes quant il leur mesfont d'aucunes chozes. Ainchois convient que il chieent en tel forfet, que il l'amendent au souverain seigneur qui doit estre par dessus de .LX. — b) *GHJK* arsions. — c) *C* ars. faites ou. — d) *C* roberies ; *EFGH* ars. ou roberie (*E* reubie) faire ; *JK* m. ardoir ou roberie fere. — e) *BEF* h. dou t. — f) *C* emporte trop greigneurs painnes. — g) *C* estre trop griement justichies ; *GHJK* omettent car li cors ... a estre justiciés. — h) *C* au grant damage. — i) *ACG* omettent et. — j) *FHJK* omettent a. — k) *C* omet tricherie. — l) *BEFG* fet par mençonge escient. — m) *G* ce que par le tricherie on gagne. — n) *E* omet quant a Dieu. — o) *EF* [*E* molt] a peu (*F* peu a) de difference entre triquerie et larrechin. — p) *EFGHJK* av. aucune fois. — q) *EF* fois que .I. hons fet. — r) *EFGH* le feist par ; *JK* la face par. — s) *EF* mal a le coze fere. — t) *C* omet ainçois cuid. b. fere. — u) *GHJK* pour ce est ce. — Explic.) *A* Ici fine ; *AB* tricherie et nepourquant il en parlera encore el chapitre des convenancez et en autres chapitres la ou li cas moustreront que l'en en doie parler ; *B* de la force ; *C* Chi define li chap. de che qui est fet par forche ou par trich. ; *E* chap. qui enseigne quele coze est force et quele cose est triquerie ; *dans F la place de l'explicit est restée en blanc ; GHJ* Explicit ; *K n'a pas d'explicit.*

TABLE DE CONCORDANCE DES PARAGRAPHES

DE L'ÉDITION BEUGNOT AVEC CEUX DE CETTE ÉDITION
POUR LE PREMIER VOLUME[1].

Beugn.	Prés. édit.	Beugn.	Prés. édit.	Beugn.	Prés. édit.	Beugn.	Prés. édit.
prol. p. 11	1 à 8						
table p. 1	9, 10	31	42	18	74	13	112
		32	43	19	75	14	113
CHAP. I.		33	44	20	76	15	114, 115
		34	45		77, 78	16	116
1	11	35	46, 47	21	79, 80	17	117
2	12	36	48		81, 82	18	118
3	13	37	49	22	83, 84	19	119
4	14	38	50	23	85	20	120
5	15	39	51	24	86	21	121
6	16	40	52	25	87	22	122
7	17	41	53	26	88, 89	23	123
8	18	42	54	27	90	24	124
9	19	43	55	28	91	25	125
10	20	44	56	29	92	26	126
11	21			30	93	27	127
12	22	CHAP. II.		31	94	28	128
13	23			32	95	29	129
14	24	1	57	33	96	30	130
15	25, 26	2	58	34	97	31	131
16	27	3	59			32	132, 133 / 134
17	28	4	60	CHAP. III.		33	135
18	29	5	61				
19	30	6	62	1	98	CHAP. IV.	
19-20	31	7	63	2	99, 100		
21	32	8	64	3	101	1	136
22	33	9	65	4	102	2	137, 138
23	34	10	66	5	103	3, 4	139
24	35	11	67	6	104	4	140
25	36	12	68	7	105, 106	5	141
26	37	13	69	8	107	6	142
27	38	14	70	9	108	7	143
28	39	15	71	10	109	8	144
29	40	16	72	11	110	9	145
30	41	17	73	12	111		

1. La Thaumassière n'ayant pas numéroté les paragraphes de son édition, une concordance qui n'aurait pu être établie que sur sa pagination et notre numérotation, aurait été le plus souvent illusoire et sans utilité pour le lecteur à qui le fort long travail de dresser une table n'aurait pas évité l'obligation d'avoir les deux éditions en même temps sous les yeux pour les citations des *Coutumes*, relativement rares d'ailleurs, faites d'après l'édition de 1690.

Beugn.	Prés. édit.	Beugn.	Prés. édit.	Beugn.	Prés. édit.	Beugn.	Prés. édit.
10	146			14	248	6	299
11	147		CHAP. VI.	15	249	7	300
12	148, 149	1	196	16	250	8	301
13	150	2	197	17	251	9	302, 303
14	151	3	198	18	252, 253	10	304
15	152	4	199	19	254	11	305
16	153	5	200	20	255	12	306
17	154	6	201	21	256	13	307
18	155	7	202	22	257	14	308
19	156	8	203	23	258	15	309, 310
20	157	9	204	24	259		CHAP. XI.
21	158	10	205	25	260		
22	159	11	206	26	261	1	311
23	160	12	207, 208	27	262	2	312
24	161	13	209			3	313
25	162	14	210		CHAP. VIII.	4	314
26	163	15	211	1	263	5	315
27	164	16	212	2	264	6	316
28	165	17	213	3	265	7	317
29	166	18	214	4	266	8	318
30	167	19	215	5	267	9	319
31	168	20	216	6	268	10	320
32	169	21	217	7	269	11	321
33	170	22	218	8	270	12	322
34	171	23	219	9	271	13	323
35	172	24	220	10	272	14	324, 325
36	173	25	221	11	273, 274 / 275	15	326
	CHAP. V.	26	222			16	327
		27	223		CHAP. IX.	17, 18	328
1	174	28	224	1	276	19	329
2	175	29	225	2	277, 278 / 279	20	330
3	176	30	226			21	331, 332
4	177	31	227	3	280	22, 23	332
5	178	32	228, 229 / 230, 231	4	281	24	333
6	179			5	282	25	334
7	180	33	232	6	283, 284	26	335, 336
8	181	34	233, 234	7	285, 286 / 287	27	337
9	182		CHAP. VII.	8	288	28	338
10	183			9	289	29	339
11	184	1	235	10	290	30	340
12	185, 186	2	236	11	291	31	341
13	187	3	237	12	292	32	342
14	188	4	238	13	293	33	343
15	189	5	239		CHAP. X.	34	344
16	190	6	240	1	294	35	345
17	191	7	241	2	295	36	346
18	192	8	224	3	296	37	347
19	193	9	243	4	297	38	348
20	194	10	244	5	298	39	349
21	195	11	245			40	350
		12	246			41	351
		13	247			42	352

Beugn.	Prés. édit.	Beugn.	Prés. édit	Beugn.	Prés. édit.	Beugn.	Prés. édit.
43	353	42	407, 408	3	463	17	{528, 529
44	354	43	409	4	464		{530, 531
45	355	44	410	5	465	18	532
46	356	45	411	6	466	19	533
47	357	46	412	7	467	20	534
48	358, 359	47	413	8	{468, 469	21	535
49	360	48	414, 415		{470, 471	22	536
		49	416	9	472, 473	23	537
Chap. xii.		50	417	10	474	24	538
1	361	51	418	11	475	25	539
2	{362, 363	52	419	12	{476, 477	26	540
	{ 364	53	420		{ 478	27	541
3	365	54	421	13	479, 480	28	542, 543
4	366	55	422	14	481	29	544, 545
5	367	56	423	15	482	30	546
6	368	57	424	16	483	31	547, 548
7	369	58	425, 426	17	484	32	549
8	370	59	427	18	485	33	550
9	371	60	428	19	486		
10	{372, 373			20	487, 488	**Chap. xvi.**	
	{ 374	**Chap. xiii.**		21	{489, 490	1	551
11	375	1	429		{491, 492	2	552
12	376, 377	2	430	22	493	3	553
13	378	3	431	23	494, 495	4	554
14	379	4	432	24	496	5	555
15	380	5	433	25	497	6	556
16	381	6	434, 435	26	498	7	557
17	382	7	{436, 437	27	499, 500	8	558
18	383		{ 438	28	501, 502	9	559
19	384	8	439	29	503	10	560
20	385	9	{440, 441	30	504	11	561
21	386		{ 442	31	505	12	562
22	387	10	443			13	563
23	388	11	444	**Chap. xv.**		14	564
24	389	12	445	1	506	15	565
25	390	13	446	2	507	16	566
26	391	14	447	3	508	17	567
27	392	15	448	4	509	18	568
28	393	16	449	5	510	19	569
29	394	17	450, 451	6	511, 512		
30	395	18	452	7	513	**Chap. xvii.**	
31	396	19	453, 454	8	514	1	570
32	397	20	455	9	515	2	571
33	398	21	456	10	{516, 517	3	572
34	399	22	457		{ 518	4	573
35	400	23	458	11	519	5	574
36	401	24	459	12	520	6	575
37	402	25	460	13	521	7	576
38	403			14	{522, 523	8	577
39	404	**Chap. xiv.**			{ 524		
40	405	1	461	15	525, 526	**Chap. xviii.**	
41	406	2	462	16	527	1	578

Beugn.	Prés. édit.	Beugn.	Prés. édit.	Beugn.	Prés. édit.	Beugn.	Prés. édit.
2	579	6	626	5	674, 675	9	726
3	580	7	627	6	676	10	727
4	581	8	628	7	677	11	728
5	582	9	629	8	678	12	729
6	583	10	630	9	679	13	730
7	584	11	631	10	680, 681	14	731
8	585	12	632			15	732
9	586	13	633	CHAP. XXIV.		16	733
10-11	587	14	634	1	682	17	734
11-12	588	15	635	2	683	18	735
13	589	16	636	3	684	19	736
14	590	17	637	4	685, 686	20	737
15	591	18	638		687	21	738
16	592	19	639	5	688	22	739
17	593	20	640	6	689, 690	23	740
18	594, 595	21	641	7	691	24	741
19	596	22	642	8	692	25	742
20	597	23	643	9	693		
21	598	24	644	10	694	CHAP. XXVI.	
22	599	25	645	11	695	1	743
23	600	26	646	12	696	2	744-745
24	601	27	647	13	697	3	746
25	602	28	648	14	698	4	747
		29	649	15	699	5	748
CHAP. XIX.		30	650	16	700	6	749
1	603	31	651	17	701	7	750
2	604, 605	32	652	18	702	8	751
3	605, 606	33	653	19	703	9	752
	607	34	654	20	704	10	753
4	607, 608	35	655	21	705	11	754
	609			22	706	12	755
5	609	CHAP. XXII.		23	707	13	756
6	610	1	656	24	708	14	757
		2	657	25	709	15	758, 759
CHAP. XX.		3	658	26	710	16	760
1	611	4	659	27	711		
2	612	5	660	28	712	CHAP. XXVII.	
3	613	6	661	29	713	1	761
4	614	7	662	30	714	2	762
5	615	8	663	31	715	3	763
6	616	9	664	32	716	4	764
7	617	10	665	33	717	5	765
8	618	11	666			6	766
9	619	12	667	CHAP. XXV.		7	767, 768
10	620	13	668	1	718	8	769
		14	669	2	719	9	770, 771
CHAP. XXI.				3	720	10	772
1	621	CHAP. XXIII.		4	721	11	773
2	622	1	670	5	722	12	774
3	623	2	671	6	723	13	775, 776
4	624	3	672	7	724		777
5	625	4	673	8	725	14	778

Beugn.	Prés. édit.	Beugn.	Prés. édit.	Beugn.	Prés. édit.	Beugn.	Prés. édit.
15	779	7	829	61	883	8	944
16	780, 781	8	830	62	884	9	945
17	782	9	831	63	885	10	946
18	783	10	832	64	886	11	947
19	784	11	833	65	887	12	948
20	785	12	834, 835	66	888	13	949
21	786	13	836	67	889	14	950
22	787	14	837	68	890, 891	15	951
23	788	15	838	69	892	16	952
24	789	16	839	70	893	17	953
25	790	17	840	71	894		
26	791	18	841	72	895, 896	CHAP. XXXII.	
27	792	19	842	73	897, 898	1	954
		20	843	74	899, 900	2	955, 956
CHAP. XXVIII.		21	844	75	901	3	957, 958
1-2	793	22	845	76	902	4	959
3	794	23	846	77	903, 904	5	960
4	795	24	847	78-79	905	6	961
5	796	25	848	80	906	7	962
6	797	26	849	81	907	8	963
7	798	27	850	82	908	9	964
8	799	28	851	83	909	10	965
9	800	29	852	84	910	11	966
		30	853	85	911	12	967
CHAP. XXIX.		31	854	86	912	13	968
1	801	32	855	87	913	14	969
2	802	33	856	88	914, 915	15	970
3	803	34	857	89	916	16	971
4	804	35	858	90	917	17	972, 973
5	805, 806	36	859	91	918, 919	18	974
6	807	37	860	92	920, 921	19	975
7	808	38	861	93	922	20	976
8	809	39	862	94	923, 924	21	977
9	810	40	863	95	925, 926	22	978
10	811	41	864	96	927	23	979, 980
11	812	42	865	97	928	24	981, 982
12	813	43	866	98	929	25	983
13	814, 815	44	867	99	930	26	984
14	816	45	868	100	931	27	985
15	817	46-47	869	101	932	28	986
16	818	48	870	102	933	29	987
17	819	49	871	103-104	934	30	988
18	820	50	872	105	935		
19	821	51	873	106	936	CHAP. XXXIII.	
20	822	52	874			1	989
		53	875	CHAP. XXXI.		2	990
CHAP. XXX.		54	876	1	937	3	991
1	823	55	877	2	938	4	992
2	824	56	878	3	939	5	993
3	825	57	879	4	940	6	994
4	826	58	880	5	941	7	995
5	827	59	881	6	942	8	996
6	828	60	882	7	943	9	997

TABLE DES MATIÈRES

DU TOME PREMIER

LIBRAIRIE ALPHONSE PICARD ET FILS, ÉDITEURS

82, RUE BONAPARTE, 82

COLLECTION DE TEXTES

POUR SERVIR

A L'ÉTUDE ET A L'ENSEIGNEMENT DE L'HISTOIRE

La *Collection de textes pour servir à l'étude et à l'enseignement de l'histoire*, fondée en janvier 1886 par l'initiative d'un certain nombre de membres de l'Institut, de l'Université, de l'École des Chartes et de l'École des Hautes-Études, et placée sous le patronage de la Société historique, est publiée par les soins d'un comité composé de MM. Giry, Jalliffier, Langlois, Lavisse, Lemonnier, Luchaire, Molinier, Prou, Thévenin et Thomas.

Elle se compose d'éditions de sources historiques importantes, annales, chroniques, biographies, documents divers, ainsi que de recueils de textes propres à éclairer l'histoire d'une époque déterminée ou d'une grande institution.

Sans exclure aucune période ni aucun pays, l'histoire de France doit cependant y occuper la place principale. Chaque document ou recueil forme un volume, publié séparément, dont le prix, pour les souscripteurs à la collection, est établi à raison de 0 fr. 25 c. la feuille d'impression, sans que le prix des publications d'une année puisse dépasser la somme de 10 francs. La collection s'adressant entre autres personnes aux étudiants, il a paru que le montant de la souscription ne devait pas être plus élevé. Chaque volume est du reste vendu séparément.

Nous avons publié les ouvrages suivants :

GRÉGOIRE DE TOURS, *Histoire des Francs*, livres I-VI : texte du manuscrit de Corbie, publié par H. OMONT ; livres VII-X : texte du manuscrit de Bruxelles, publ. par G. COLLON (fasc. 2 et 16).

    Les deux fascicules réunis. . . . . 12 fr. 50
    Pour les souscripteurs à la collection.. . . . . . . 9 fr. »

GERBERT, *Lettres* (983-997), publ. par Julien HAVET (fasc. 6) ; *ne se vend plus séparément.*

    Pour les souscripteurs à la collection.. . . . . . . 5 fr. 50

RAOUL GLABER, *Les cinq livres de ses Histoires* (900-1044), publiés par Maurice PROU (fasc. 1). *Ne se vend plus séparément.*

    Pour les souscripteurs à la collection.. . . . . . . 3 fr. 50

Chronique de Nantes (570 environ-1049), publiée par René MERLET, archiviste du département d'Eure-et-Loir (fasc. 19). . . . . . 5 fr. 50
    Pour les souscripteurs à la collection.. . . . . . . 3 fr. 75

ADHÉMAR DE CHABANNES, *Chronique*, publiée par Jules CHAVANON, archiviste du département de la Sarthe (fasc. 20). . . . . 6 fr. 50
    Pour les souscripteurs à la collection.. . . . . . . 4 fr. 50

EUDES DE SAINT-MAUR, *Vie de Bouchard-le-Vénérable, comte de Vendôme, de Corbeil, de Melun et de Paris (X^e et XIe siècles)*, publiée par Ch. BOUREL DE LA RONCIÈRE (fasc. 13). . . . 2 fr. 25
    Pour les souscripteurs à la collection.. . . . . . . 1 fr. 50

Liber miraculorum sancte Fidis, publié d'après le manuscrit de la Bibliothèque de Schlestadt, avec une introduction et des notes par M. l'abbé A. BOUILLET (fasc. 21). . . . . 7 fr. 50
    Pour les souscripteurs à la collection.. . . . . . . 5 fr. 25

HARIULF, *Chronique de l'abbaye de Saint-Riquier* (ve siècle-1104), publiée par Ferdinand LOT (fasc. 17). . . . . . . 10 fr. »
    Pour les souscripteurs à la collection.. . . . . . . 7 fr. »

SUGER, *Vie de Louis le Gros* suivie de l'*Histoire du roi Louis VII*, publiées par A. MOLINIER (fasc. 4) ; *ne se vend plus séparément.*
    Pour les souscripteurs à la collection.. . . . . . . 4 fr. 50

GALBERT DE BRUGES, *Histoire du meurtre de Charles le Bon, comte de Flandre* (1127-1128), suivie de poésies contemporaines, publiées par H. PIRENNE (fasc. 10). . . . . 6 fr. »
    Pour les souscripteurs à la collection.. . . . . . . 4 fr. 25

PIERRE DUBOIS, *De recuperatione Terre sancte*, traité de politique générale du commencement du xive siècle, publiée par Ch.-V. LANGLOIS (fasc. 9). . . . . 4 fr. »
    Pour les souscripteurs à la collection.. . . . . . . 2 fr. 75

Chronique Artésienne (1295-1304), nouv. édit., et *Chronique Tournaisienne* (1296-1314), publiée pour la première fois d'après le ms. de Bruxelles, par Frantz FUNCK-BRENTANO (fasc. 25) avec carte. 4 fr. »
    Pour les souscripteurs à la collection.. . . . . . . 2 fr. 75

EXERCICE 1897

SOUS PRESSE :

ROBERT DE SORBON, *De conscientia*, publié par M. CHAMBON, sous-biblio-thécaire à la Bibliothèque de l'Université.

GUILLAUME DE SAINT-PATHUS, confesseur de la reine Marguerite, *Vie de saint Louis*, publ. par M. Fr. DELABORDE, sous-chef de la section his-rique aux Archives nationales.

Lois de Guillaume le Conquérant, textes français et latin, publiés par M. MATZKE « fellow of the Stanford University » (Californie), précédés d'une préface par M. Ch. BÉMONT.

Les grands traités du règne de Louis XIV, t. III (La succession d'Es-pagne, traités d'Utrecht, de Rastadt et de Bade), publiés par M. H. VAST.

Documents relatifs à l'histoire de l'Industrie et du Commerce en France, t. II, XIVe et XVe siècles, par M. G. FAGNIEZ.

———————

Recueil de documents sur l'histoire et la géographie de l'Afrique chré-tienne, publ. par M. l'abbé DUCHESNE, membre de l'Institut.

Vie de Louis le Pieux, par l'ASTRONOME, publ. par MM. A. MOLINIER, professeur à l'École des Chartes, et A. VIDIER.

Monuments de l'histoire des abbayes de Saint-Philibert (Noirmoutier, Grandlieu, Tournus), publ. par M. A. GIRY, membre de l'Institut.

FLODOARD, *Annales*, publiées par M. COUDERC, bibliothécaire au Départe-ment des Manuscrits à la Bibliothèque nationale.

LÉTALD, *Le livre des miracles de saint Mesmin, abbé de Micy*, publié par M. M. POÊTE, bibliothécaire de la ville de Besançon.

Recueil d'Annales normandes, publié par M. J. TARDIF, archiviste-paléo-graphe.

ANDRÉ DE FLEURY, *Vie de Gauzlin, abbé de Saint-Benoît-sur-Loire et archevêque de Bourges*, publiée par M. A. VIDIER, ancien élève de l'École des Chartes et de l'École des Hautes Études.

HELGAUD, *Vie du roi Robert le Pieux*, publiée d'après le manuscrit ori-ginal par M. F. SOEHNÉE, ancien membre de l'École française de Rome.

GUIBERT DE NOGENT, *Histoire de sa vie*, publiée par MM. LEFRANC, secré-taire du Collège de France, et LEVILLAIN, archiviste-paléographe, pro-fesseur agrégé au lycée de Brest.

Gesta Innocentii III, publiés par M. Paul FABRE, professeur à la Faculté des lettres de Lille.

Extraits des chroniqueurs néerlandais relatifs à l'Histoire de France, traduction française, publiée par M. Frantz FUNCK-BRENTANO, docteur ès lettres, bibliothécaire à la bibliothèque de l'Arsenal.

MICHEL DU BERNIS, *Chronique des comtes de Foix*, publiée par M. H. COURTEAULT, archiviste aux Archives nationales.

Philippe de Commynes, *Mémoires*, publiés par M. B. de Mandrot, archiviste-paléographe.

Marie Mancini, connétable Colonna, *Mémoires*, publiés par M. A. Morel-Fatio, professeur suppléant au Collège de France.

Recueil des principales règles des hôpitaux du moyen âge, publié par M. L. Legrand, archiviste aux Archives nationales.

Textes relatifs aux rapports de la royauté avec les villes en France depuis le XIVe jusqu'au XVIIIe siècle, publiés par M. A. Giry, membre de l'Institut.

Textes relatifs à l'histoire des institutions de la France depuis 1515 jusqu'en 1789, publiés par M. J. Roy, professeur à l'École des Chartes.

Textes relatifs à l'histoire des colonies françaises (xviie et xviiie siècles), publiés par M. Ch. Grandjean, secrétaire-rédacteur au Sénat.

Documents relatifs aux rapports du clergé avec la royauté de 1705 à 1789, publiés par M. Léon Mention, docteur ès lettres.

Cette liste peut donner une idée du caractère de la collection : Grégoire de Tours, Gerbert, Raoul Glaber, Suger, Galbert de Bruges, ont inauguré les textes originaux dont nous nous proposons de donner des éditions nouvelles ; les recueils de textes, comprenant des diplômes, des chartes, des formules, des actes législatifs ou judiciaires, groupés de manière à éclairer l'histoire d'une époque ou d'une institution, mettront à la portée de tous une catégorie de documents depuis longtemps en faveur auprès des historiens, mais restée jusqu'ici assez difficilement accessible en dehors des bibliothèques aux étudiants et aux travailleurs.

Dans le choix des documents et des recueils que nous nous proposons de publier, nous nous préoccupons avant tout de créer des instruments de travail utiles et commodes, analogues à ceux qui existent depuis longtemps pour l'étude de l'antiquité. Nous ne recherchons ni les textes inédits ni les curiosités vaines, notre choix s'est porté et se portera de préférence sur les documents qui nous paraissent les plus utiles, les plus propres à fournir la matière d'explications dans les chaires d'enseignement supérieur, ou la base d'études nouvelles pour les étudiants.

La faveur avec laquelle nos éditions ont été accueillies nous a prouvé que notre tentative répondait à un véritable besoin. En province surtout, où les travailleurs sont moins favorisés qu'à Paris, nous avons recueilli des adhésions et des encouragements précieux.

Beaucoup de nos souscripteurs sont entrés en relation avec nous pour nous presser de publier tels ou tels documents ou pour nous conseiller certaines améliorations. Nous avons ainsi décidé, à la demande de plusieurs d'entre eux, que nos éditions de chroniques seront accompagnées de courts sommaires en français, qui faciliteront la lecture du texte et y rendront les recherches plus aisées.

Nous ne saurions, en revanche, comme on nous l'a demandé de divers côtés, augmenter le nombre de nos publications, ni en développer beaucoup les notes grammaticales et historiques. Nous sommes liés, en effet, par les conventions acceptées par nos souscripteurs, et, d'autre part, nous proposant de créer des instruments d'études, nous ne devons pas, en multipliant les notes, prévenir tout effort pour l'intelligence des textes. Nous voulons avant tout donner des éditions correctes et maintenir à l'ensemble de l'œuvre l'unité de la méthode et un caractère rigoureusement scientifique. En parlant d'unité dans la méthode, nous ne voulons pas dire — et les volumes publiés jusqu'ici le montrent assez — que nous entendons imposer à nos collaborateurs un cadre et des procédés uniformes. Il nous a paru que chacune de nos publications, selon les textes qu'elle contient, devait au contraire avoir son individualité propre et que l'unité résulterait de l'application à tous nos recueils des méthodes scientifiques les meilleures et les mieux appropriées. Un index alphabétique de noms propres, nécessaire aux éditions des chroniques, nous paraît avantageusement remplacé par des tables de matières, méthodiques ou alphabétiques, dans des recueils de textes, comme ceux qu'ont publiés MM. Thévenin, Langlois et Cosneau. Les notes explicatives qui peuvent être très rares dans des textes relativement faciles comme ceux de Raoul Glaber et de Suger, ou souvent commentés et traduits comme celui de Grégoire de Tours, nous ont paru, au contraire, indispensables pour les lettres si souvent énigmatiques de Gerbert. Les biographies de Grégoire de Tours, de Raoul Glaber, de Suger, sont assez connues pour qu'il ait paru suffisant d'en rappeler seulement les faits principaux; celle de Gerbert, au contraire, demandait à être écrite avec détail, car elle a pour objet de justifier les dates attribuées à chacune de ses lettres.

Notre intention est de ne publier que des éditions critiques, dont les textes doivent reposer sur le classement des manuscrits; nous avons cru cependant pouvoir déroger exceptionnellement à cette règle pour l'*Histoire des Francs*, de Grégoire de Tours : la valeur, l'autorité et l'intérêt philologique des deux manuscrits employés nous ont paru une justification suffisante.

Nous n'avons plus besoin d'insister aujourd'hui sur l'utilité de cette Collection. Nos volumes ont servi à des explications et à des exercices dans les Facultés et dans les Écoles ; plusieurs d'entre eux ont été choisis pour les épreuves des concours d'agrégation. Réunis, ils formeront une bibliothèque qui convient non seulement aux professeurs, aux étudiants des Facultés, aux élèves de l'École normale, de l'École des Chartes et de l'École des Hautes-Études, mais aussi à tous ceux qui sont curieux d'étudier l'histoire à ses sources mêmes.

A. GIRY, Membre de l'Institut, professeur à l'École des Chartes et à l'École des Hautes-Études ;

R. JALLIFFIER, professeur au lycée Condorcet ;

Ch.-V. LANGLOIS, chargé de cours à la Faculté des lettres de Paris ;

E. LAVISSE, de l'Académie française, directeur d'études pour l'histoire à la Faculté des lettres de Paris ;

H. LEMONNIER, professeur d'histoire à l'École des Beaux-Arts ;

A. LUCHAIRE, Membre de l'Institut, professeur à la Faculté des lettres de Paris ;

A. MOLINIER, professeur à l'École des Chartes ;

M. PROU, bibliothécaire à la Bibliothèque Nationale ;

M. THEVENIN, directeur d'études adjoint à l'École des Hautes-Études ;

A. THOMAS, chargé de cours à la Faculté des lettres de Paris.

Adresser les souscriptions à MM. Alphonse Picard et fils, éditeurs, rue Bonaparte, n° 82, à Paris.

CHARTRES. — IMPRIMERIE DURAND, RUE FULBERT.

www.ingramcontent.com/pod-product-compliance
Lightning Source LLC
Chambersburg PA
CBHW060916220326

41599CB00020B/2979